KB260967

학민글밭 • 65

인물로 보는 중국사

강용규 지음

학민사

□책 머리에

역사라는 말 속에는 끊임없이 역동하는 진행형의 의미가 내포되어 있다. 아주 까마득한 태고의 역사라 할지라도 문명의 세계를 살아가는 현대인들과 밀접한 관련이 있기 때문에 역사가들은 자기 시대의 현재와 미래를 위해 과거의 역사에 천착하는 것이다. 그러므로 크로체는 "모든 역사는 현재의 역사"라고 말했다.

그런데 역사를 언급할 때 빼놓을 수 없는 것이 인물이다. 흔히 시대를 잘 타고나야 된다고 말한다. 아무리 뛰어난 인물이라 하더라도 시대를 잘못 만나면 그는 역사 속에서 이름없는 한 줌의 재로 흩어질 수밖에 없다는 뜻이리라. 또한 이것은 시대와 사회의 조건이 필연적으로 인물을 역사의 무대에 등장시킨다는 의미이기도 할 것이다.

하지만 어떤 사람은 몇몇 뛰어난 인물이 시대를 주도해 역사를 만든다고 말하기도 한다. 그러나 이런 논제는 어쩌면 그 자체가 진부한 것이라고 할 수 있다. 한 시대를 가름하고 새 물결을 일으키는 인물들은 시대의 창조물인 동시에 스스로 역사를 창조하는 사람이기 때문이다. 그렇기 때문에 시대적 배경과 사건이 있도록 작용한 인물이 없는 역사를 생각할 수가 없다. 인물들의 주위를 에워싼 수많은 사람들과 시대 상황의 인과관계로 사건이 발생하고, 이런 사건과 인물이 실타래처럼 얽히고 설키거나, 또는 끊어지면서 새로운 시대로 발전되는 과정이 곧 역사가 되는 것이다.

그러므로 인물들이 자기에게 주어진 시대 상황과 사건들 속에서 나름의 사고와 행동으로 동시대 사람들에게, 또는 현재의 우리에게 무언가를 남긴 기록이 역사라고 할 수 있다. 이런 의미에서 복잡한 현대를 사는 우리는 오천년 중국 역사 속에 존재했던 다양한 개성의 인물과의 만남을 통해 그들이 자신에게, 또는 시대상황에 도전하거나 응전하는 모습을 더듬으며 '과거와의 대화'를 할 수 있다.

중국의 인물 가운데 무왕·진 시황·한 무제·당 현종·송 태조·청 건륭제 등과 같은 황제들은 창업과 수성의 치적, 그리고 쇠퇴로 향하는 길을 보여주었다. 주공·상앙·이사·원세개·손문 등과 같은 정치가는 다양한 정치활동을 제시했다. 또 한신·위청·고선지·정성공은 피비린내나는 전쟁의 수행을 통해 각 왕조의 위업 달성을 보좌하고, 기반을 확고히 하는데 공적을 쌓거나 새로운 분열의 씨를 잉태하기도 했다. 굴원·도연명·이백·소식과 같은 문학가들은 사상과 감성으로 다듬은 아름다운 시와 문장으로, 노자·공자·묵자·한비자와 같은 철학자들은 왕조가 바뀌어도 변하지 않고 지속되는 철학사상으로, 그리고 다른 많은 사람들도 나름의 도전과 응전으로 역사의 수레바퀴를 굴리거나 그 밑에 깔리면서 역사를 짜깁기해 왔다.

그들이 남긴 족적에 대한 평가는 사람마다 다를 것이다. 그러나 우리는 역사 속의 인물을 평가하기에 앞서 그들이 살아온 삶의 궤적을 통해 새로운 시대를 열어가는 인물의 다양한 모습을 살필 수 있다. 또한 그들이 살아온 과정과 결과를 토대로 오늘의 삶의 교훈도 얻을 수 있을 것이다.

이렇게 볼 때 역사는 더 이상 낡고 고리타분한 책갈피 속에서 잠자는 것이 아니라 현대를 살아가는 우리의 모습을 비춰볼 수 있는 거울이 될 수 있으리라 생각된다.

끝으로 이 책의 기획·탈고에 이르기까지 많은 도움이 되었던 서적들을 저작하신 저자분들께 진심으로 감사를 드리며, 기꺼이 출간에 응해 주신 학민사 여러분에게도 고마운 마음을 전하고 싶다.

1994년 5월

강 용 규

인물로 보는 중국사

차 례

제6부 명·청나라 시대

고대 · 춘추전국 시대

　　이 장에 수록된 인물 외에 이 시대의 인물로는 탕왕을
보좌하여 걸왕을 축출하는데 성공한 상나라의 재상 이윤
(伊尹), 춘추시대 오패로 일컬어졌던 제환공(齊桓公)·진
문공(晉文公)·진목공(秦穆公)·송양공(宋襄公)·초장왕
(楚莊王), 합종론으로 전국시대 6국의 재상이 된 소진(蘇
秦), 연횡론으로 6국으로 하여금 진나라를 섬기게 한 장
의(張儀), 제환공을 보좌해 패업을 달성한 관중(管仲),
춘추시대 제나라의 명재상 안영(安嬰), 전국시대 명장으
로 병서 『오자(吳子)』를 남긴 오기(吳起), 전국시대 명장
염파(廉頗), 음양가를 주장한 추연(鄒衍), 농가를 주장한
허행(許行) 등이 있다.

오제(五帝)

성인(聖人)의 출현

중화민족의 특색은 상고주의(尙古主義)에 있으며, 이런 민족성은 오제(五帝)에서 시작한다고 할 수 있다. '제(帝)'라는 것은 본래 최고의 신(神)을 말하며 천제(天帝), 또는 상제(上帝)의 뜻으로 땅을 통치하는 왕에게는 붙이지 않았다. 이것은 탕왕(湯王), 주왕(紂王), 무왕(武王)과 같은 고대 통치자들의 칭호에서도 엿볼 수 있다.

그러나 춘추전국시대에 군웅이 할거하면서 너도나도 모두 '왕'이란 칭호를 쓰자 이것의 가치가 격상되었다고 여긴 진 시황제가 이것을 사용하지 않고 '제'를 사용함으로써 '천자(天子)'의 칭호로 변했다.

여기에서 말하는 '오제'는 다섯 사람의 천자, 덕망있는 성인으로 고대 중국을 다스린 황제(黃帝), 전욱(顓頊), 제곡(帝嚳), 요(堯), 순(舜)을 말한다.

황제의 성은 공손(公孫)씨로 태어난 지 얼마되지 않아 곧 말을 하는 신동으로, 남달리 지혜가 뛰어났다. 당시 천하는 사회의 풍기가 쇠미하고 강력한 지도자가 없어 각 제후들간에는 반목과 알력이 심해 제후국간의 전투가 끊이지 않는 난세였다. 이런 때에 등장한 황제는 일찍부터 병법과 군사 통솔력을 익혀 마침내 제후들을 정벌하였다. 이로 인해 많은 제후국들이 귀순하여 그는 천하를 호령하는 통치자인

‘황제’로 불리게 되니, 그가 바로 최초로 중국을 통일한 천자이다.

또한 그는 처음으로 음악과 문장을 만들어 이것을 배우도록 하여 사람의 귀하고 천함을 구별하였으며, 역법, 화폐, 배와 수레를 만들었다. 이 소식을 들은 각지의 제후와 오랑캐들이 그의 명성을 듣고 앞다투어 조공을 바쳤다고 한다.

그러면 ‘황(黃)’은 어디에서 유래된 것일까? 그것은 화북지방에 퇴적되어 있는 황토(黃土)를 가리키는 것으로, 이 토양은 비옥하여 씨를 뿌리면 풍작이 들어 많은 백성들을 먹여 살릴 수 있는 땅이다. 이런 황색 대지가 가지고 있는 생장력과 덕을 가지고 있는 사람이라야 비로소 이런 명칭을 붙일 수 있는 자격이 있는 사람인 것이다.

황제는 수천 년 이래로 중국 사람들의 존경을 받으며, 도교에서 노자와 함께 가장 추앙받는 인물이기도 하다.

황제의 뒤를 이은 전욱은 황제의 손자로 성품이 온화하고 사물에 대해 풍부한 지식을 가지고 있어 농작물마다 적합한 채취방법을 연구하여 백성들을 가르쳤다. 또한 그는 귀신을 섬겨 존귀함과 비천함의 질서를 바로잡고, 네 계절과 오행(水·火·木·金·土)의 이치로 백성을 교화했으며, 성심으로 제사를 거행하여 모든 초목과 짐승들도 그의 가르침에 복종했다.

전욱 다음으로 나타난 성인은 바로 전욱의 아들이자 황제의 증손자인 제곡이다. 그는 태어나자마자 자기의 이름을 말할 정도의 신동으로, 어려서부터 인정이 많아 백성들의 고통을 깊이 인식하곤 백성들에게 이로운 물건이라면 아낌없이 나누어 주었다. 그리고 자기의 필요를 위해 사사로이 재물을 취하지 않고 하늘의 뜻을 어기지 않았다. 또한 그는 자기의 허물을 살피고 고치는 데 게을리 하지 않아 온 천하가 기꺼이 그에게 복종하였다.

전욱과 제곡은 아주 뛰어난 인물이면서 덕망있는 인물들로 전통적인 중국의 관념으로 볼 때 이상적인 영도자라 할 수 있다.

이들의 뒤를 이은 요와 순 또한 군주의 모범으로 추앙받으며, 이들이 다스리던 시대를 흔히 이상적인 태평시대라고 한다. 요는 제곡의 아들로 마치 태양이 그 따사로운 햇빛을 만물에 고루 비추어 생장하게 하듯 온후한 덕으로 백성들을 사랑했다. 그리고 천하를 통치하는 지존의 신분이면서도 항상 겸손하여 백성들의 추앙을 한 몸에 받았다.

그에 관한 일화로 가장 널리 알려진 것이 바로 「격양가」와 관련된 일이다. 요는 자신이 나라를 다스린 지 50년이 지나자 스스로 밤낮을 가리지 않고 백성들의 안녕을 위해 노력했다고 자부하고 있지만 마음 한 구석에서는 백성들이 자기의 통치에 대해 어떻게 느끼는지 직접 확인하고 싶었다.

그래서 어느 날 요는 변복을 하고 시종들 몰래 궁중을 빠져 나가 백성들이 사는 거리로 미행을 나갔다. 그가 번화한 대로에 이르렀을 때 한 노인이 배불리 먹고 난 후 기분이 좋아서, 한손으로는 잔뜩 부풀어 오른 배를 쓰다듬으면서 다른 손으로는 한가로이 땅을 두드려 박자를 맞추며 노래를 부르고 있는 모습을 보게 되었다. 그 노인의 모습에 호기심이 생긴 요는 가까이 가서 노인의 노래를 들었다.

해뜨면 일하고, 해지면 쉬고
우물을 파서 물마시고, 밭 갈아 먹으니
제왕의 힘이 내게 무슨 소용이 있으리오
(日出而作, 日入而息, 鑿井而飮, 耕田而食, 帝力於我何有哉)

이 노래는 요 임금의 덕치로, 나라가 다스려지는 것조차 느끼지 못하는 백성들이 오히려 임금의 권세도 부러울 것 없다고 큰소리치며 만족해 하는 모습을 잘 나타내고 있다. 노인의 노래를 들은 요는 비로소 정치가 자기 뜻대로 잘되어 백성들이 편안하게 살고 있음을 알고 흐뭇해져서 궁으로 돌아갔다는 이야기이다.

요에게서 천자의 자리를 물려받은 사람은 요의 아들이 아닌 순이다. 요는 당시 효자로 이름난 순에게 제위를 물려주니 이것이 선양의 시작이다. 순의 아버지 고수(瞽叟)는 사리를 판단할 줄 모르는 완고한 사람이다. 아버지의 후처는 자기가 낳은 아들 상(象)만 사랑하여 늘 전처 소생인 순을 못마땅하게 여겨 기회만 있으면 그를 해치려고 하였다. 상은 부모의 총애를 한몸에 받고 자라 이기주의적이며 아주 교만해 다른 사람은 안중에도 없었다. 이런 상에게 항상 겸손하게 자신을 희생하고 양보하는 순은 어리석고 허위에 가득찬 인물이라고 생각되었다.

또한 상은 요의 존재로 인해 재산 상속이 불리함을 깨닫고 자기의 어머니와 공모해 순을 죽이기 위해 우물에 빠트리기도 하고, 지붕을 고치라고 올려보낸 후 사다리를 치워 순이 지붕에서 뛰어내리게 하는 수법으로 그를 해치려 했으나 번번이 실패했다.

그러나 순은 그들이 자기를 해치려 하는 것에도 아랑곳하지 않고 자식된 도리로 부모의 뜻에 순종하고, 형제의 우애로서 동생을 대했다. 이런 순의 덕망이 세상에 널리 알려져 마침내 요 임금에게까지 전해졌다. 이에 요 임금은 자기의 두 딸 아황(娥黃)과 여영(女英)을 순에게 시집보내고, 천자의 제위를 물려주었다.

제위에 오른 순은 요의 뜻을 받들어 인자한 마음으로 백성을 사랑하여 태평성대를 이루며 두 아내와 행복하게 살았다. 그리고 순도 요와 같이 아들 상균(商均)이 백성을 잘 다스릴만한 인물이 아니라는 것을 알고 자신의 후계자를 물색하고 있었다. 이때 그가 눈여겨 본 사람이 바로 황제의 증손 곤(鯀)의 아들로 중국 땅의 대홍수를 잘 다스려 국토를 기름지게 한 우(禹)였다.

우는 아버지 곤이 9년간의 노력에도 불구하고 다스리지 못한 홍수를 13년에 걸친 연구와 노력으로 중국의 모든 하천을 잘 정리했다. 그는 자주 범람하는 곳에는 제방을 쌓고, 물이 모자라는 곳에는 물이 흐르는 다른 지역의 하천과 연결하는 물길을 터서 백성들이 아무 걱정없이 농사에 전념하며 살도록 힘썼다.

　그의 공로를 인정한 순은 우가 자신의 뒤를 이어 후계자가 될만한 인물이라 여기고, 그에게 제위를 물려주고는　자신은 두 아내와 함께 남방 제후국을 여행하다 창오(蒼梧)라는 곳에서 세상을 떠났다.

　천하를 물려받은 우도 요순의 뜻을 받들어 모범적인 통치로 백성들의 추앙을 받았다. 그 후 우는 세상을 떠나면서 후덕한 인물을 가려 뽑아 후계자로 지명했으나, 백성들은 그의 아들 계(啓)를 추대했다. 이때부터 중국의 역사에 세습왕조가 등장했다.

백이와 숙제

최초의 반체제 인사

역사의 낡은 페이지를 넘기다 보면 언제나 새로운 시대에 접어드는 역사의 길목에 우뚝 서서 그 흐름을 차단하고자 하던 사람들이 있다. 그들은 자신들의 거부와 항거가 역사의 도도한 흐름을 한 치라도 비껴가게 할 수 없다는 것을 알면서도 그 흐름에 길 내주길 거부하여 육신은 물결 따라 쓸려가도 정신만은 올곧게 자리매김하고 있다.

백이(伯夷)와 숙제(叔齊)가 바로 이런 역사의 새로운 변화를 막아보고자 했던 최초의 반혁명론자이다. 모든 민심이 떠나버린 주왕(紂王)의 뒤에서 전통과 보수를 옹호하고 지키려 했던 그들은 현대인의 시각으로 볼 때 시대착오자라고 할 수도 있다.

그러나 백이와 숙제에겐 목숨을 바치더라도 아깝지 않을 소중한 것이었고, 그들의 이런 정신을 이어받은 사람들이 오늘날에도 혁명을 바라는 사람들 사이에서 묵묵히 자신의 것을 지킴으로써 역사를 만들어 가고 있다.

백이와 숙제는 고죽군(孤竹君)의 아들들이다. 고죽군이 임종할 무렵 왕위를 작은 아들 숙제에게 물려준다고 유언을 하고 세상을 떠났다. 고죽군은 큰아들 백이가 숙제보다 영도력이 떨어진다고 여겼기 때문이다. 그러나 숙제는 형 백이가 장자로서 계승하는 것이 정당하다고 여기고 형에게 양보하고자 했다. 숙제의 마음을 안 백이는 펄쩍 뛰며 부친의 유언을 거역하는 것은 자식된 도리가 아니라는 이유로 왕위를 사양하고 아무도 모르게 은둔하였다. 형 백이가 은둔하자 숙제는 자신도 몰래 궁을 빠져나와 유랑길에 올랐다. 이렇게 두 형제가 서로 왕위를 양보하기 위해 나라를 떠나자 대신들은 고죽군의 셋째 아들을 추대해 왕으로 모셨다.

한편 조국을 떠나 각자 각지를 떠돌아 다니던 백이와 숙제는 서백후(西伯候) 희창(姬昌 : 文王)이 덕망있는 사람이라는 소문을 듣고 그를 섬기려고 찾아갔다.

그러나 그들 형제가 도착하였을 때 서백후는 이미 세상을 떠났다. 그리고 그의 아들인 무왕(武王)이 제위를 계승하여 장사들에게 상복을 입히고, 그들을 대열의 선두에 세워 문왕의 목주(木主)를 받들고 상(商)나라의 주왕을 토벌해 학정에 시달리는 백성들을 구하겠다고 선포했다. 이 소식을 들은 백성들은 크게 기뻐하며 남녀노소 가리지 않고 거리로 뛰쳐나와 승리를 기원하며 전송했다.

조정의 문무백관이 무왕을 옹위하며 위풍당당하게 지나갈 때 의관이 단정하고 머리가 희끗희끗한 두 사람이 군중들 사이를 뚫고 나와 무왕의 수레의 말고삐를 잡으며 가로막았다. 갑작스런 두 사람의 행동에 길가의 백성들과 관원, 위병들은 아연실색하였다. 이때 한 노인이 무왕에게 말했다.

"왕께서는 선친이 돌아가셨는데 장례도 치르지 않고 손에 피를 묻히기 위해 떠나니 이것을 효라고 생각하십니까? 또한 남의 신하된 자로서 어떻게 천자를 토벌한다고 말할 수 있습니까?"

그 노인의 말이 끝나자 비로소 정신을 차린 위병들은 일제히 칼을 뽑아들고 그들을 포위하여 잡으려 했다.

이때 태공망 여상이 소리쳤다.

"칼을 거두어라!"

태공망은 이 두 사람이 서로 왕위를 양보하기 위해 각자 홀연히 방랑의 길을 떠난 고죽국왕의 아들 백이와 숙제라는 것을 알았기 때문이다. 그러나 이미 오래 전부터 계획한 대업을 이루기 위한 출병을 저지하는 이들의 무례함과 자신을 힐난하는 말에 화가 치민 무왕은 땅에 엎드려 군대의 진군을 가로막는 그들을 죽이려고 하였다.

이때 태공망 여상이 무왕에게 간언하였다.

"이 두 사람이 비록 우리의 대업에 반대하지만 상나라의 신하된 자로서 그들의 의기는 높이 살만 합니다. 하늘의 뜻을 받들어 백성을 구하러 가는 대업을 눈 앞에 두고 이런 의인들의 피를 흘리게 한다는 것은 좋지 않으니 그들을 놓아주십시오."

무왕은 태공망의 말에 따라 위병들에게 그들을 대열 밖으로 쫓아내게 하고 출전하여 마침내 주왕을 몰아냈다. 그러자 오랫동안 주왕의 학정에 시달려 온 백성들은 가뭄에 단비를 만난 듯 기뻐하며 주나라로 귀속하였다.

그러나 고지식한 백이와 숙제는 백성의 고통이 아무리 극심하다 해도 신하된 자로서 천자를 토벌해서는 안된다는 신념을 떨쳐버리지 못하고 있었다. 세상 사람들이 무왕을 반대하기는 커녕 앞을 다투어 그를 따르는 것을 보고 세상의 도덕이 땅에 떨어진 것에 실망해 시를 읊었다.

서산에 올라 고사리를 캐며 사세.
폭력으로 폭력을 바꾸면서
그 그릇됨을 모르는구나.
신농, 우순, 하우가 홀연 사라졌도다.
나 어디로 가야 하는가
아아, 명이 다했도다.
(登波西山兮, 采其薇矣, 以暴易暴兮, 不知其非矣,
神農虞夏忽焉沒兮, 我安適歸矣, 于嗟徂兮, 命之衰矣)

그리고 백이와 숙제는 무왕을 섬기기를 거부하고 주(周) 땅에서 나는 음식을 먹지 않겠다며 함께 수양산(首陽山)으로 들어가 은거하면서 고사리를 캐먹고 살다 굶어 죽었다.

당시 어떤 사람들은 그들을 조롱하여 말했다.

"주의 음식을 먹지 않겠다고 하였는데, 그들이 먹은 고사리는 주의 영토에서 나는 것이 아닌가?"

이들 최초의 반혁명론자들에 대한 사람들의 비평에 대해 후세의 공자는 말했다.

"백이와 숙제는 자기들이 인(仁)을 구하고자 하여 인을 얻었으니, 무슨 여한이 있겠는가?"

'인'을 최고의 윤리로 삼는 공자는 백이와 숙제를 인의 실현자로 높이 평가했으나 사마천은 그들이 부른 「채미의 노래」는 그들의 비통함과 절망감을 드러내고 있는데, 공자가 이를 간과하고 있다고 반박하고 있다. 어쨌든 백이와 숙제는 자기들에게 주어진 평온한 생애를 거부하고 혁명을 반대하는 길을 택해 오늘날까지 중국 역사의 한 부분을 빛내고 있다.

강태공과 주공

보좌의 명수

　은나라가 멸망하고 주나라가 흥기하는 과정에서 치열한 전쟁이 일어났다. 은나라는 각지의 토족 제후들의 연합세력 위에 건립된 것이기 때문에 제후국들은 늘 상호 견제하고 있었다. 그러므로 만약 제후들 가운데 은나라를 위협할 정도로 세력을 확장하고 있다면 즉시 이를 감지하고 그 제후를 토벌할 수 있다.

　주나라는 서쪽 관중(關中)지방을 근거지로 삼고 있기에 농업을 주로 하고 있었다. 주나라가 강성해지던 때에 은나라의 통치는 이루 말할 수 없이 가혹한 것이었다. 주나라의 입장에서 볼 때 자기들이 멸망당하느냐, 아니면 은나라를 멸망시키느냐 하는 갈림길에 놓여 있었다. 더우기 문왕은 일찌기 폭군 주왕에게 간언했다가 죽을뻔 했으나 다른 대신들이 미녀, 명마와 온갖 금은보화를 바치자 물욕에 어두운 주왕이 그를 석방했다. 이런 일을 겪고난 문왕은 은나라를 멸망시키겠다는 목표를 세우고 사방에서 인재를 모아, 태전(太顚), 산의생(散宜生), 신갑(辛甲), 그리고 태공망 여상을 얻을 수 있었다.

　태공망은 주(周)의 동해(東海) 사람으로 성은 강(姜)이고, 이름은 상(尙)이다. 그러나 조상때 왕으로부터 여(呂)지방을 하사받아 일명 여상이라고도 하며, 자(字)는 자아(子牙)이다. 그는 비록 뛰어난 능력을 가지고 있으나 때를 만나지 못하여 늘 위수(渭水)에서 곧은 바늘을 한 낚시를 드리우면서 세월을 보내고 있었다.

어느 날 문왕은 사냥을 나가기 전에 태사(太史)에게 그날의 노획물이 무엇인가를 점치게 했다. 점괘를 뽑아본 태사는 크게 기뻐하며 말했다.

"오늘의 점괘가 아주 좋습니다. 만약 위수로 가시면 용(龍)이나 교(蛟 : 교룡)가 아니고, 호랑이나 곰도 아닌, 나라를 다스리는데 보좌할 큰 인물을 얻게 될 겁니다."

이 말을 들은 문왕은 크게 기뻐하며 말을 달려 위수로 갔다. 위수로 간 문왕은 그곳 백성들이 곧은 낚시를 하는 강태공에 대해 수군거리는 얘기를 듣고 강가로 가니 한 노인이 큰 돌 위에 앉아 흰 눈썹과 백발을 강바람에 흩날리며 한가로이 낚시줄을 강물에 넣은 채 앉아 있었다. 그를 본 문왕은 급히 말에서 내려 그에게 다가가 말을 건넸다.

문왕과 한담을 시작한 강태공은 그의 모든 질문에 명료하게 대답하며 세상 돌아가는 이치에 대해 모르는 것이 없었다. 점괘에서 말한 인물이 바로 이 사람이라고 생각한 문왕이 공손히 말하였다.

"선생님, 일찌기 저희 조부께서 한 성인이 우리 주(周)로 오시면 나라가 흥할 것이라고 말씀하셨습니다. 그 분이 바로 선생님입니다. 저희 가문에서 선생님을 기다린 지 오래되었습니다."

그리하여 강태공은 문왕과 함께 궁으로 들어가 그를 보좌하고, 문왕은 그를 태공이 바라던 사람이라는 뜻으로 태공망(太公望)이라 하여 함께 국사를 의논했다.

그러면 태공망 여상은 어떤 사람일까? 태공망은 본래 중국 역사 최초의 첩자였다. 그는 일찌기 은나라로 들어가 은의 수도 조가(朝歌)에서는 푸줏간을 하는 백정의 신분으로 위장하며 정세를 살피고, 또 어떤 때는 돗자리 장수가 되어 각지를 떠돌아 다니기도 했었다. 여상은 장사에서 항상 손해를 보았는데, 이것은 그의 목적이 장사가 아니라 많은 사람들과 사귀면서 정보를 얻기 위한 것이기 때문이었다. 그러므로 『손자병법』의 '용간(用間)'편에, "주나라가 흥한 것은 여아(呂牙 : 태공망)가 은나라에 있었기 때문이다"라고 기록하고 있다.

태공망은 문왕을 도와 주나라의 기반을 확고히 하였고, 문왕이 죽은 후 계승한 무왕은 그를 사상보(師尙父)라고 불렀다. 서주시대의 '사(師)'나 '보(保)'는 대개가 후세의 재상에 해당하는 사람에게 붙이는 것이며, '보(父)'라는 것은 남자에게 붙이는 공경의 칭호이다. 그러므로 이 칭호에서 태공망 여상이 당시 대권을 장악하였고, 무왕이 그를 스승으로 섬겼다는 것을 알 수 있다.

그동안 태공망은 끊임없이 은나라의 수도 조가로 첩자를 파견하여 정보를 수집했다. 그로부터 2년이 지난 후 파견되었던 한 첩자가 황급히 달려와 보고하였다.

"지금 조가에서는 주왕에게 간언하던 숙부 비간이 가슴을 갈라 죽고, 다른 숙부는 미치광이로 가장하여 죽음은 면했으나 노예의 신분으로 되어 옥에 갇혔으며, 주왕의 형인 미자(微子)는 조가를 떠나 도망갔습니다. 그리고 백성들은 거리에서도 감히 말을 하지 못하여 조가는 마치 죽은 도시와 마찬가지로 조용합니다."

이 말을 들은 무왕과 태공망은 크게 기뻐하며 출전 준비를 갖추었다. 당시 사람들은 무슨 일을 하기에 앞서 항상 점복을 치는 것이 관례로 되어 있었다. 무왕은 태사에게 이번 대사에 관한 점괘를 뽑아 길흉을 점치게 했는데, 그 결과는 크게 흉하다는 것이었다. 이를 본 문무백관은 하늘이 노했다고 여기고 크게 당황하여 어쩔 바를 모르고 있었다. 이때 대오를 정돈하고 돌아온 태공망이 이것을 알고 거북 껍질과 산가지를 땅에 던져 부수고는 큰소리로 말했다.

"죽은 거북의 껍질과 말라 비틀어진 나뭇가지가 어찌 길흉을 안다고 이 난리요! 이런 일 때문에 우리의 대사를 망칠 수는 없소. 자, 출병!"

이렇게 해서 마침내 주군이 출병하게 되었고, 그들은 황하를 건너 은의 수도 조가를 함락시켰다. 허둥지둥 도망가던 주왕은 평소 달기와 함께 쾌락을 즐기던 녹대(鹿臺)로 올라가 시종들에게 자기의 주위를 궁중의 진기한 보물로 겹겹이 두르게 하곤 불을 붙여 자살했다.

이렇게 주나라는 천하의 패업을 이루게 되었고, 문왕은 태공망의 공로에 대한 보답으로 제나라를 하사하여 그는 제(齊)의 시조가 되었다. 주나라는 천하의 패권을 얻었으나 무왕은 천하를 통일하기 위한 격무로 자신의 건강을 돌보지 않아 창건 수년만에 세상을 떠났다.

무왕의 뒤를 이어 어린 태자 송(誦)이 제위에 올라 성왕(成王)이 되고, 황태후 읍강(邑姜)이 섭정을 하고 삼촌인 주공(周公)이 보좌했다.

주공은 성은 희(姬), 이름은 단(旦)으로 주 문왕의 넷째 아들로 성왕의 숙부이기에 숙단(叔旦)이라고 부르기도 한다. 또한 흔히 그의 채읍 주(周)를 따서 주공이라고 하고, 상(商)을 멸망시킨 후에 노의 곡부(曲阜)를 하사받아 역사서에 노공(魯公)이라고도 기록되어 있다.

부모에게 효성이 지극하고 형제간에 우애가 깊으며 아랫사람에게도 후덕한 인품을 보이고 있는 주공은 많은 사람의 존경을 받고 있었다. 무왕이 부친의 유업을 계승한 후 강태공과 함께 주왕을 토벌했으며, 무왕이 맹진(盟津) 대회에 가서 제후들을 토벌할 때에 보좌하여 많은 공을 세웠다.

또한 주공의 건의로 무왕은 주왕에게 간언하다 옥에 갇힌 상의 충신들을 모두 방면하고, 주왕의 아들 무경(武庚)에게 멸망한 상나라 영토의 호족과 유민들을 관리하게 하고, 동생 관숙(管叔), 채숙(蔡叔), 그리고 곽숙(霍叔)을 파견하여 무경의 행동을 감시하게 했다. 역사에서는 이를 삼감(三監)이라 한다. 이때부터 주나라의 정국은 차츰 안정되기 시작했다.

그러나 호경(鎬京)으로 돌아온 무왕이 오래지 않아 중병이 들었다. 자신의 병이 심상치 않음을 깨달은 무왕은 왕위를 주공에게 계승하도록 했으나 주공은 이를 완강하게 사양했다. 결국 무왕이 세상을 떠나자 성왕이 즉위하고 주공은 충성으로 보좌했다. 또한 주공은 조카 성왕을 가르치면서, 만약 성왕이 잘못을 저지르면 함께 가르치던 아들 백금(伯禽)의 종아리를 때리며 제왕으로서의 자질을 배양할 수 있도록 세심한 교육을 했다.

그런데 관숙과 채숙은 형 주공이 혼자 중앙에서 권력을 휘두르고 있다고 생각하고 불만을 가졌다. 마침내 그들은 무경과 산동 방면의 엄국(奄國), 그리고 주나라에 불만을 가졌던 상나라 귀족들의 세력과 연합하여 반란을 일으키도록 부추겨 주나라를 위험에 빠뜨렸다.

그러자 주공은 각 제후국에 격문을 보내는 한편 성왕과 황태후 읍강에게 직접 출전하기를 청했다. 성왕이 직접 출전함으로써 모든 사람들에게 반란군을 토벌한다는 대의명분을 분명히 밝히려고 한 것이다. 그 결과 크게 승리를 거두어 관숙은 자살하고, 채숙과 곽숙을 사로잡아 귀양을 보내 반란을 평정하게 되었다.

또한 주공은 상나라의 잔존세력을 완전히 뿌리뽑으면서, 그 승세를 타고 희성(姬姓)을 가진 종실들과 반란군을 토벌하는데 공을 세운 사람들을 제후로 봉하여 주 왕조를 중심으로 한 엄격한 봉건체제를 형성했다. 당시 모든 제후는 천자에게 정기적으로 직접 봉토의 상황을 보고해야 하고, 조공과 군사상 복종의 의무가 있다. 만일 이것을 어기면 즉시 봉토를 박탈당하게 된다.

또한 각 제후들은 천자에게서 봉토와 백성을 받을 뿐만 아니라 모든 예악과 문물제도까지 주의 방식에 따랐다. 이 개혁으로 주 왕조는 명실상부한 천자국이 되었고, 주의 통치기반이 확고해지면서 순탄한 번영의 길로 들어서게 되었다. 그러므로 『순자』에서는 이를 두고 "주의 자손으로 미치광이를 빼고 제후가 아닌 자가 없다"고 기록하고 있다.

주공의 보좌로 나라의 기반을 공고히 하고 통치하게 된 성왕이 주공의 은혜에 보답하고자 백금을 노나라의 제후로 봉한 것도 바로 이 시기이다. 당시 주공은 임지로 떠나는 아들을 불러 경계하며 말했다.

밥을 먹다가는 먹던 밥을 세 번이나 뱉아가며 손님을 영접했다. 내가 이렇게까지 한 것은 천하의 현인을 잃을까 두려운 마음에서였다. 그러니 너도 삼가하여 백성들에게 교만하지 않도록 하여라."

이와 같이 겸손하게 최선을 다해 보좌한 주공이 있었기에 오늘날의 역사서에서 주나라의 이름이 남아 있을 수 있었고, 그는 동양의 현인 공자가 존경하고 왕이나 천자를 보필하는 사람들의 모범이 되었다.

봉건제도의 수립과 문물제도의 규정과 아울러 주공은 종법제(宗法制)를 실시하여 정권과 족권(族權)을 통일했다. 주공은 7년간 섭정한 후 성왕 친정시대를 여는 한편 형의 제위를 동생이 물려 받던 상나라의 제도를 적장자가 계승하는 제도로 바꾸었다. 이것은 모든 제후국은 물론 경(卿), 대부(大夫)들도 마찬가지였다. 제후국은 천자에 대해 소종(小宗)이고, 경과 대부는 제후국의 소종이 되어 각 소종들은 대종에 절대 복종하고, 천자가 모든 소종들의 대종이 되어 제후들을 영도하도록 했다. 이렇게 함으로써 정권과 족권이 한 계통으로 통일되고 자리다툼으로 인한 분쟁을 방지할 수 있게 했다.

이런 종법제도의 실시와 더불어 동성금혼제(同性禁婚制)를 실시했다. 이 금혼제로 희씨인 천자와 이성(異性)의 제후간에 인척관계를 맺어 정치에서 상호 결속을 다지도록 했다.

성왕 4년 여름에 주공은 주 왕조의 법전인 『형서(刑書)』9편을 제정했으나 유실되어 전하지 않는다. 또한 사상 방면에 있어서도 제후를 통제하고, 백성을 가르치기 위해 가옥, 종묘, 복식, 제사, 악대, 연회, 그리고 죽은 사람의 호칭에 이르기까지 여러 등급으로 나누어 엄격하게 규정했다.

주공의 이런 노력들은 모두 정치제도를 도덕화하여 천자, 제후, 경, 대부, 선비, 백성이 주왕조 내에서 하나의 통일된 조직을 이루어 주 왕실이 확고하게 유지되기를 바라는 마음에서이다. 그리고 각 대종들은 덕을 밝히고 형벌을 삼가하고, 예악(禮樂)으로 천하를 다스려 소종을 진심으로 복종하도록 했다. 주공의 이런 노력으로 천하가 태평성대를 이루어 역사에서 이 시기를 '성강지치(成康之治)'라 부른다.

성왕의 친정과 함께 정계에서 물러난 주공은 다시는 성왕의 정사에 간여하지 않았다. 주공은 죽음에 임박하자 자신은 영원한 성왕의 신하로서 곁에서 보필하고 싶다는 뜻으로 시신을 호경에 묻어달라고 유언했다. 주공의 뜻에 따라 성왕은 그를 호경 부근의 필(畢)에 안장시키고, 그 업적을 기리기 위해 노국(魯國)은 자손대대로 천자의 예악으로 주공의 제사를 지내도록 했다.

부차와 구천

패자(霸者)의 패자(霸者)

　주나라는 유왕(幽王)에 이르러 폭정으로 제후와 백성들의 신임을 잃고 견융(犬戎)의 공격을 받았다. 이 전쟁으로 유왕이 여산(驪山)에서 죽자 주 평왕(平王)은 낙읍(洛邑)으로 수도를 천도했다. 이때부터 주나라는 소국으로 전락하고 제후국들의 세력은 점차 확대되어 마침내 제후들간에 패권 쟁탈전이 끊이지 않았다. 이로써 서주시대가 끝나고 동주와 춘추시대로 들어섰다. 춘추시대에 활약했던 패자로 제 환공, 진 문공, 초 장왕, 오왕 합려, 월왕 구천의 춘추오패(春秋五覇)를 꼽을 수 있다.

　기원 전 6세기 중원에서 진(晉)과 초(楚)의 패권 다툼이 치열할 때 중국 양자강과 한수(漢水) 남쪽에서는 오(吳), 월(越)이 세력을 키우고 있었다. 오왕 합려(闔閭)가 초나라를 공격하고 중원 진출을 꾀하고 있는 사이 월의 충상(充尙)이 오나라를 침입했다. 이에 합려가 초나라로부터 회군해 월나라를 공격했다가 휴리(携李)에서의 싸움에서 대패했다. 이 싸움에서 합려는 화살에 맞아 큰 부상을 입어 죽고, 충상의 뒤를 계승한 월왕 구천(勾踐 : B.C 496~465)은 국가의 어려운 상황을 잘 막아낼 수 있었다.

　오왕 합려는 자기의 죽음이 임박할 무렵 아들 부차(夫差 : B.C ?~

465)에게 원수를 갚아 달라고 유언했다. 눈물을 흘리며 원수를 꼭 갚겠다고 맹세한 부차는 합려의 뒤를 이어 왕위에 오르자 매일 저녁마다 섶나무 위에 누워서 자고 문지기에게 자기가 드나들 때마다 외치게 했다.

"부차야! 너는 구천이 아버지를 죽인 일을 잊었느냐?"

그러면 부차는 대답했다.

"내가 어찌 잊겠는가. 나는 반드시 이 원수를 갚으리라."

부차는 백비(伯嚭)를 재상으로 삼고, 초 평왕에게 아버지 오사(吳奢)와 형 오상(吳尙)을 잃고 복수의 칼날을 갈고 있는 오자서(吳子胥)와 함께 매일 활쏘기와 군대를 훈련시키는 데 전념했다. 부차가 아버지의 원수를 갚기 위해 주야를 가리지 않고 훈련한다는 소식은 곧 월왕 구천에게까지 전해졌다. 이 소식을 들은 구천은 마음을 놓지 못하고 대책을 궁리하던 끝에 부차가 공격해오기 전에 자기가 먼저 오나라를 공격하기로 마음먹었다.

그러자 중신 범려(范蠡)는 지금의 월나라 군대로는 복수심에 불타 맹훈련을 쌓은 오나라를 이기기 힘드니 부차가 공격해오길 기다리면서 군사훈련을 더욱 강화하도록 간언했다.

그러나 합려와의 싸움으로 자만심이 생긴 구천은 범려의 말을 듣지 않고 군대를 일으켜 출병했다. 월나라를 공격할 기회를 호시탐탐 노리던 부차가 이 기회를 놓칠 리가 없었다. 부차는 자신이 훈련시킨 정예부대를 직접 통솔하고 구천의 군대가 쳐들어 오는 진입로를 향해 출발해 마침내 오나라의 부숙산(夫椒山)에서 쌍방이 생사를 건 전쟁을 했다. 이 전쟁에서 월군이 오군에게 크게 패하자 월왕 구천은 남은 군사를 이끌고 회계산(會稽山)으로 가서 숨었다. 이에 오나라 군사들은 구천을 잡기 위해 회계산을 포위하고 포위망을 좁혀 들어가고 있었다. 이때 범려가 구천에게 말했다.

"이대로 계속 싸우다가 죽는 것은 쉬운 일입니다. 그러나 우리 월나라의 부흥과 먼 장래를 보아 일시적인 굴욕을 참고 항복하는 것이 옳다고 생각됩니다.”

구천은 범려의 충고에 따라 대부 문종(文種)을 오나라의 재상 백비에게 보내 선물을 바치고 신하의 예로 오나라를 섬길 수 있도록 강화를 주선해 주도록 요청했다. 한편 오자서는 오왕 부차에게 이 기회에 월나라를 전멸시켜 후환을 없애야 한다고 주장했다. 그러나 부차는 이미 구천에게 매수된 재상 백비의 말을 듣고 결국 월과 강화를 맺었다. 간신히 목숨을 부지한 구천은 부차에게 충성을 맹세하고 곁에서 시중들며 그의 신임을 얻기 위해 병든 부차의 대변을 맛보는 수모까지 감수했다. 온갖 노력 끝에 마침내 부차의 신임을 얻게 된 구천은 부차의 특별 방면으로 무사히 고국으로 돌아가게 되었다.

이때부터 구천은 자기가 기거하는 방문에 쓸개를 걸어놓고, 드나들 때마다 그것을 핥으며, “회계에서의 치욕을 잊지 말아라”라며 스스로를 일깨웠다. 그리고 구천은 끊임없이 온갖 보물과 미인을 부차에게 보냄으로써 변함없는 충성을 표시하는 것을 잊지 않았다.

한편 합려의 뒤를 이어 중원 제패를 노리던 부차는 진(陳), 노(魯)를 공격하고, 황지(黃池)에서 중원 각국과 회맹(會盟)을 개최하여 맹주로 자처하는 등 자만에 빠져 있었다. 또한 제 경공이 죽고 새로 즉위한 제왕이 어리석고 유약한 인물이라는 것을 알고 제나라를 합병하려고 했다. 그러나 오자서가 이를 만류하며 말했다.

“월왕 구천이 군사훈련에 전력을 기울이면서 백성을 위로하여 온 백성이 단결하여 그를 위해 물불을 가리지 않을 정도로 따르고 있으니 멀지않아 우리나라의 화근이 될 것입니다. 그러니 제나라를 정벌하기에 앞서 월나라를 정벌해 후환을 없앤 후 나중에 제나라를 정벌해도 늦지 않습니다.”

그러자 월나라로부터 많은 뇌물을 받고 있던 재상 백비는 평소 자기의 의견에 사사건건 반대를 하는 오자서를 눈엣가시로 여겨 그가 제나라와 결탁하였기 때문에 제나라를 공격하지 못하도록 한다고 모함했다. 자신의 병세를 알기 위해 대변까지 먹었던 구천을 철저하게 믿은 부차는 백비의 말을 곧이듣고 오자서에게 자신이 패용하고 있던 명검 속루(屬樓)를 내려 자결하라는 명령을 내렸다. 속루를 손에 쥔 오자서는 부차의 어리석음을 한탄하며 가족에게 말했다.

"내가 죽으면 내 두 눈을 빼서 동문에 걸어라. 나는 동쪽으로 쳐들어오는 월나라에 의해 멸망하는 오나라의 모습을 보고 싶다."

또한 부차는 오나라의 멸망을 예언하고 간언하던 공손성(公孫聖)을 죽이고 노 애공(哀公)과 연합하여 제나라를 공략했다. 위급한 사태에 크게 놀란 제 간공(簡公)은 결국 많은 보물을 보내 사죄하며 강화를 요청했다. 이 승리로 더욱 기고만장한 부차의 눈에 월왕 구천은 자신을 두려워 하는 일개 신하에 불과했다. 이에 부차는 전승을 축하하러 온 월왕 구천을 위해 성대한 잔치를 베풀어줌으로써 자기의 위세를 과시하고 그대로 돌려보내 나라의 위기를 만회할 수 있는 마지막 기회를 놓치고 말았다.

한편 월왕 구천은 백성의 수를 늘리고 국가 재정을 견실하게 다진 지 10년이 지난 후 호시탐탐 오나라를 침입할 기회를 엿보고 있었다. 구천은 오나라에서 융숭한 대접을 받고 돌아온 후, 때가 되었음을 감지하고 만반의 준비를 갖추고 있었다.

그러던 어느 날 구천은 오나라에 있던 첩자로부터 오왕 부차가 제후들과 회맹하기 위해 황지로 떠났다는 보고를 받았다. 이 소식을 들은 구천은 직접 군대를 인솔하여 오나라를 공격했다. 이번 출병에서 비록 완전히 항복시키지는 못했으나 오나라의 태자 우(友)를 살해하는 전과를 올렸다. 이에 왕자 지(地)는 성문을 굳게 잠그고 수비하는 한편 황지에서 패자가 되기 위해 제후들과 한창 협상을 벌이던 오왕 부차에게 사자를 보내 급보를 전했다. 부차가 크게 놀라 어찌할 바를 모르고 있을 때 백비가 칼을 뽑아 사자를 죽이며 말했다.

"일의 허실이 아직 명확하지 않은데, 만약 사자의 말이 다른 제후들에게 누설된다면 대왕께서 어찌 안전하게 귀국하실 수 있겠습니까? 그러니 우선 이곳에서의 일을 마무리진 후 돌아가도 충분히 사태를 만회할 수 있을 것입니다.”

결국 부차는 백비의 말에 따라 다른 제후들과 삽혈을 하여 회맹을 끝낸 후 회수(淮水)를 통해 회군했다. 그가 회군하는 도중에도 급보는 끊임없이 날아오고 있었으나 그 자신도 먼 길을 급히 행군하느라 피로에 지쳐 싸울 여력이 없었다. 이에 부차가 백비에게 말했다.

“오자서가 구천이 반드시 모반할 것이라 했으나 나는 그대의 말을 믿어 일이 이 지경에 이르렀구나. 이 모든 것이 그대의 책임이니 반드시 월나라와 강화를 맺어 시간을 벌도록 하라. 만약 이 일을 이루지 못한다면 그대는 속루의 날카로움을 알게 될 것이다!”

이때 월나라 또한 오나라의 타격이 심해 앞으로 더이상 회복하기 힘들다는 것을 알고 백비의 요청을 받아들여 회군했다.

월군이 회군한 뒤로 실의에 빠진 부차는 술과 서시의 품에 빠져 헤어나지 못하고 정사는 전혀 돌보지 않았다. 더우기 월나라에서는 몇 해 동안 연이은 흉작으로 민심은 날로 흉흉해지고 있었다. 이때 구천이 다시 오나라의 공략하기 위해 군사를 일으켜 국경을 침범했다. 구천은 직접 군대를 인솔하고 오나라로 진군해 입택(笠澤)에서 오나라의 본진을 격퇴하고, 오군을 산산이 흩어놓으니 부차는 도망다니느라 끓인 음식도 제대로 먹지 못하고 길가의 논에서 훑은 한 줌의 날벼를 씹는 처지가 되었다. 백비가 병을 핑계로 나오지 않자 부차는 왕손락(王孫駱)에게 육단슬행(肉袒膝行 : 웃통을 벗고 무릎으로 기어감)하게 하여 구천에게 사죄를 청했다.

“신 부차가 옛날에 회계에서 죄를 지었으나 감히 천명을 거역하지 못하고 대왕과 화의를 했습니다. 이제 대왕이 군대를 일으켜 신을 주살하려 하시나 신이 했던 것처럼 은혜를 베푸시어 회계에서의 죄를 사하여 주십시오.”

그 말을 들은 구천이 허락하려고 하자 곁에 있던 범려가 말했다.

“군왕께서는 어떻게 지난 20여 년간의 노력을 순간의 인정으로 포기하려 하십니까?”

결국 범려의 한 마디로 화의는 이루어지지 않고, 사자가 일곱 번이나 오가며 간청하였으나 구천은 냉정하게 그 요청을 거절했다. 오나라의 재상 백비는 이미 일찌감치 월군에 투항했고, 부차가 양산(陽山)으로 도망가자 월군이 산을 겹겹이 포위했다. 이때 부차가 활에 편지를 묶어 범려의 진영으로 쏘았다. 월군이 이를 주위 문종과 범려에게 보내니 거기에는 다음과 같은 글이 적혀 있었다.

나는 일찌기 교활한 토끼가 죽으면 좋은 사냥개는 삶아 죽인다고 들었소. 적국이 완전히 멸망하면 모신도 또한 죽는 법인데, 대부께서는 왜 나를 살려줌으로써 자신의 후일을 도모하지 않는 것이오?

그 글을 읽은 문종이 회답을 적어 활로 쏘아 부차에게 보냈다.

오나라에는 여섯 가지 큰 잘못이 있소. 첫째는 충신 오자서를 죽인 것이고, 둘째는 직언한 공손성을 죽인 것, 셋째는 재상의 간사함을 믿은 것, 넷째는 아무 죄없는 제와 진나라를 수 차례 공격한 것, 다섯째는 오나라와 월나라는 같은 형제의 땅인데 침범했으며, 나머지 여섯번째는 월나라는 오나라 선왕의 원수인데 원수를 갚지 않고 적을 놓아줌으로써 후환을 기른 것이오. 당신은 이런 여섯 가지 큰 잘못이 있으면서 어찌 살기를 바랄 수 있겠소. 예전에 하늘이 월을 오나라에게 주고자 했는데 오나라가 받지 않았소. 이제 하늘이 오나라를 우리 월나라에게 주고자 하니 월이 어찌 감히 하늘의 명령을 거역할 수 있겠소.

이 회답을 받아든 부차는 여섯번째 잘못을 지적하는 대목을 읽다가 눈물을 흘리며 말했다.
"내가 선왕의 원수를 잊고 구천을 죽이지 않아 불효자가 된 것이 하늘이 오나라를 버리는 이유였구나……. 죽어서 오자서와 공손성을

볼 면목이 없으니 내가 죽은 후 내 얼굴을 비단으로 둘둘 말아 가리
도록 해라.”

　부차의 죽음과 함께 오나라가 멸망하고, 승리한 구천은 그 길로 고
소성으로 들어가 백관의 환영을 받았다. 그런데 백비 또한 그 자리에
있었다. 그의 모습을 본 구천이 말했다.

　“그대는 오나라의 태재가 아니오? 그대의 군주 부차는 양산에 있
는데 어찌 그를 따르지 않소?”

　그 말을 들은 백비는 얼굴이 붉어져 그 자리를 물러났다. 이에 구
천은 병사들을 보내 그를 죽이라는 명령을 내렸다. 오나라를 병합한
구천은 그 후 군대를 이끌고 북방으로 진공, 회하를 건너 서주(徐州)
에서 제(齊), 진(晉)나라 등의 제후국들을 소집하여 천하의 패자가 되
었다.

서 시

시인이 사모하는 가인(佳人)

일본의 시인 마쯔오 바시오는 서시(西施)의 자색을 흠모해 중국의 옛 월나라 땅을 유람하며 서시의 흔적을 탐색했다. 그가 중국에 갔을 때 마침 가랑비와 장대같은 장마비가 오락가락하는 계절로, 빗속에 진홍빛 합환화(合歡花)가 만개한 풍경이 그윽한 묵향을 풍기는 중국의 산수화와 오왕 부차를 매혹시켜 오나라를 망하게 한 월나라의 절세가인 서시를 더욱 생각나게 했다.

서시는 당시 초나라의 전형적인 미인으로 '허리가 가늘고 섬약한 체질'로 사람의 보호본능을 일으키게 하는 부드럽고 온순한 모습을 갖춘 여인이다. 그러므로 마쯔오 바시오는 빗속에 우아한 자태를 드러내고 있는 합환화를 서시로 상징하고 있는 것이다.

서시는 제기(諸暨)의 우라산(苧蘿山)에서 땔나무를 파는 사람의 딸로 태어났다. 어려서부터 타고난 미모로 인해 회계현 일대에서 제일가는 미녀로 손꼽히고 있었다. 그녀의 미모에 얽힌 유명한 일화가 『장자』에 기록되어 있다.

어느 날 서시가 마음 속의 근심으로 인해 자신도 모르게 이마를 찌푸리며 마을을 걷고 있었다. 그런데 이 마을에서 가장 추녀인 여자가, 찡그렸으나 여전히 아름다운 서시의 모습을 바라보곤 자기도 서시와 같이 하면 아름다워 보일까 하여 얼굴을 잔뜩 찌푸린 채 걸어갔다. 그런데 마을 사람들은 이 추녀의 모습을 보고는 모두 고개를 돌려 외면하고는 황급히 집으로 들어가 대문을 잠그고 나오지 않았다고 한다.

당시 오·월 양국이 남북으로 대치해 있다가 월왕 구천이 회계산에서 부차에게 항복한 후, 월나라 사람들은 그 치욕을 갚기 위해 밤낮으로 방법을 연구하며 국력을 축적하고 있었다. 이때 범려가 한 가지 방법을 제안했다.

"우리는 오나라를 정면으로 공격할 필요없이 뒷문으로 들어가 가볍게 그들을 패배시킬 수 있습니다."

범려가 왜 이런 방법을 생각했을까?

그때 오왕 부차는 회계에서 크게 승리한 뒤로 월나라가 다시는 재기하지 못하리라 여기고 있었다. 그러므로 오자서를 제외한 모든 오나라 사람들은 점점 일상생활에서 풍요로운 물질이 주는 쾌락 속에 빠져 들어갔다. 범려는 부차의 이런 생활을 더욱 부추겨 그가 국사를 돌보지 못하도록 미인을 선물로 보내고자 하는 것이다.

구천은 범려의 제안에 따라 전국을 뒤져 20여 명의 미인을 선발하고, 그들 가운데 다시 두 사람을 선발하니 그들은 바로 서시와 정단(鄭旦)이다. 범려는 서시와 정단의 집에 각각 백 냥씩의 금을 주고 수레에 태워 도성으로 향했다. 이때 백성들은 전국 제일의 미녀들을 보려고 거리는 물샐 틈이 없을 정도였다. 그러자 범려는 잠시 행렬을 멈춰 객사에 머무르며, 부하에게 돈을 넣을 수 있는 궤를 준비하라 명령하며 말했다.

"누구든지 한 냥을 내면 미인들을 볼 수 있도록 해주겠다."

그들 일행이 그곳에서 3일간을 머무르는 동안 모인 돈은 헤아릴 수 없었으며, 범려는 그것으로 빈약한 국고를 충당했다. 이들이 도성에 이르자 구천은 직접 서시와 정단을 따로 마련된 성으로 보내고, 범려의 지휘 아래 이들은 궁중에서의 예의범절, 시화, 가무에서부터 잠자리에서 남자를 사로잡는 법에 이르기까지 철저히 훈련되었다.

3년 동안 범려의 지시에 따라 모든 훈련을 완벽하게 익힌 서시는 그녀와 전혀 다른 분위기의 미모를 갖춘 정단과 함께 구천이 오왕 부차에게 바치는 선물로 보내졌다. 두 미녀를 데리고 부차를 배알한 범려가 말했다.

"동해의 천신(賤臣) 구천이 늘 대왕의 은혜에 감읍하던 중 두 미인을 얻었기에 작은 정성으로 바치고자 합니다."

범려의 이같은 계획은 적중하여 부차는 오나라의 모든 미녀들이 모여 있는 자기의 비빈, 궁녀들과는 비교될 수도 없이 아름다운 미녀를 보자 첫눈에 반했다. 이때 이미 넋이 나간 듯한 부차의 모습을 보며 오자서가 간언했다.

"신이 들기로 하(夏)나라는 매희(妹喜)로 인해 망하고, 은나라는 달기(妲己), 주나라는 포사(褒姒) 때문에 망했다고 들었습니다. 미녀는 군주를 주색에 빠지게 해서 결국 나라를 망하게 하니 이들을 돌려 보내야 하옵니다."

"미인을 좋아하는 것은 모든 사람이 마찬가지인데 구천이 이같은 미인을 얻고도 자신이 거느리지 않고 내게 보낸 것은 나에 대한 충성의 증거이니 그대는 더이상 의심하지 마시오."

그때부터 부차는 두 미녀, 특히 서시를 총애하여 그녀와 함께 신선과 같은 생활을 하며 정사를 돌보지 않아 오나라는 차츰 혼란에 빠지기 시작했다. 또한 부차는 왕손웅에게 서시를 위해 영암(靈巖) 위에 관애궁(館娃宮)을 짓게 하고 온갖 보석으로 호화롭게 장식하였다. 또한 향섭랑(響屧廊)을 만들었는데, 향섭랑은 땅을 파서 큰 옹기를 묻어 평평하게 한 후 그 위를 다시 두꺼운 나무로 덮은 회랑이다. 그곳을 서시가 궁녀들과 함께 지나면 그녀의 신발 끄는 소리가 청아하게 울린다는 뜻으로 향섭랑이라 했다. 오늘날의 영암사(靈巖寺) 원조탑(圓照塔) 앞의 작고 기울어진 주랑이 바로 그 터이다.

산 위에는 완화지(玩花池), 완월지(玩月池)가 있고, 오왕정(吳王井)

이 있다. 서시가 맑고 푸른 오왕정을 거울삼아 단장을 하면 부차는 직접 흑단처럼 고운 서시의 머리를 빗겨 주었다. 서시가 연꽃을 딸 때는 비단으로 돗폭을 만든 금범경(錦帆涇)을 타고, 성의 남쪽 장주원(長洲苑)에서 사냥하며, 여름에는 삼면이 산으로 둘러싸이고 남쪽만이 문처럼 열려있는 소하만(消夏彎)으로 피서가곤 했다. 부차는 서시를 얻은 후부터 고소대(姑蘇臺)에서만 기거하며 서시와 함께 가무, 산수를 즐기는 데에만 열중했다.

재상 백비와 왕손웅만이 늘 주위에서 시중을 들어 오자서가 부차를 만나려 하면 언제나 거절당했다. 결국 오자서는 백비의 모함에 의해 죽고 구천의 부추김으로 교만해진 부차는 수만 명의 병졸을 동원하여 성(城)을 쌓고, 도랑을 뚫으니 동북으로는 양호(陽湖)를 가로지르고, 서북으로는 회수와 합하며, 북쪽으로는 기수(沂水)에 달하고, 서쪽으로는 제(濟)나라에 이르렀다.

그리고 부차는 왕손미(王孫彌)에게 나라의 수비를 맡기고 직접 정병을 인솔하여 황지의 회맹에서 패자가 될 꿈을 꾸며 출발했다. 이것은 바로 월왕 구천이 오랫동안 바라던 절호의 기회였다. 구천은 해로를 통해 오나라를 공격하여 태자 우(友)를 죽이는 쾌거를 올렸다. 황급히 회군한 부차는 전력을 다해 오군과 싸웠으나 그동안 서시를 위한 낭비로 국고는 피폐되어 있었고, 군대의 기강은 해이해져 제대로 싸우지도 못하고 계속 패퇴했다. 결국 그 후 오와 월이 세 번 싸워 오나라가 세 번 모두 패하고, 부차는 고소성까지 쫓겨간 후 자살했다.

범려는 월나라의 장군이 성으로 진격하기 전에 그에게 서시를 찾아오라고 명령했다. 병사들은 부차가 자살한 후 월군에게 투항한 사람들 중에 오나라로 보내졌던 미녀가 끼어있는 것을 발견하고 그녀를 수레에 태워 범려에게 보냈다. 그러나 그녀는 서시가 아니고 함께 보내졌던 정단이었다.

고소성이 함락되기 전에 부차는 병사들에게 명해 서시를 호위해 북으로 도망가게 했던 것이다. 그리고 그 수레 안에서 고소성이 함락되

는 것을 바라보던 서시는 품고 있던 작은 칼로 가슴을 찔러 자살했
다. 한떼의 오군들이 수레 한 대를 호위하고 급히 도망가는 것을 본
월군들이 그들을 추격하여 수레를 빼앗아 그 안을 살펴보니, 그곳에
는 마치 깊은 잠에 빠진 듯한, 한 나라를 멸망시킬 만한 아름다운 여
인이 있었다.

서시는 비록 죽었으나 창백한 안색의 모습은 더욱 청초하고 아름다
워 월군들의 마음을 비통하게 했다. 이에 범려는 조국을 재건하는 데
큰 공을 세운 서시의 시신을 화려하게 장식한 배에 실어 장강의 하신
에게 바쳤다. 이렇게 서시는 가랑비가 뿌리는 강물 속으로 사라져 갔
다.

일설에는 범려가 구천의 곁을 떠나면서 서시를 데리고 함께 서호
(西湖)로 유람을 떠났다고도 한다.

공 자

동양의 영원한 스승

사마천은 『사기』에서 천하를 떠돌아 다니며 유세를 하는 공자(孔子 : B.C 551~479)를 '상가집 개'라고 말했다. 다시 말해서 밥을 주는 사람은 있어도 돌아갈 집이 없는 개라는 뜻이다.

일찌기 공자는 제자들과 함께 정나라에 갔었다. 어느 날 그가 제자들과 떨어져 혼자 동문 성곽 위에 서서 골똘히 생각에 잠겨 있었다. 그때 어떤 정나라 사람이 그의 모습을 보고 자공(子貢)에게 말했다.

"당신 스승의 옷차림이 아주 궁색해 보여 마치 상가집 개와 같구료."

이 말을 들은 자공이 그에게 벌컥 화를 내곤 나중에 공자에게 이야기했다. 그러나 공자는 조금도 개의치 않고 도리어 빙그레 웃으며 말했다.

"나는 확실히 상가집 개같다. 그의 말이 조금도 틀리지 않구나."

만약 공자가 그대로 노나라에 안주하고 있었다면 충분히 편안한 생활을 누릴 수 있었으나 그는 조국을 떠나 천하를 주유하고 있었다. 그러나 좋게 말해 '천하주유'이지 실상은 '유랑'인 것이다. 이상을 펼칠만한 나라를 찾아 떠돌아 다녔으나 자기의 의견을 받아들이는 제후가 없어 번번이 실망하고 다른 나라를 향해 떠나는 그의 모습은 안주

할 집이 없는 '상가집 개'일 수밖에 없음을 자인한 것이다.

공자에 관해서 『사기』의 「공자세가」는 다음과 같이 기록하고 있다.

공자는 노나라 창평향 추읍에서 태어났으며, 그 선조는 송나라 공방숙이다. 방숙은 백하를 낳고, 백하는 숙량흘을 낳았다. 흘이 안씨라는 여자와 사통하여 니구에 기도하여 공자를 낳았다. 노 양공 22년에 태어났는데, 출생하면서 머리 위가 오목하여 이름을 구라고 했고, 자는 중니이고, 성은 공씨이다.

노나라 창평향 추읍은 지금의 산동성 곡부현(曲阜縣) 남쪽으로 약 80리 가량 되는 곳이다. 공자의 이름이 구가 된 것은 그 모친이 니구에 기도해 얻은 자식이라는 것과, 태어나면서 머리가 오목해 붙은 것이라는 두 가지 설이 있음을 알 수 있다. 공자가 태어난 지 얼마되지 않아——일설에는 공자가 세 살 때——아버지가 세상을 떠나 어머니와 함께 살았는데, 당시 곡부는 노나라의 도성으로 종묘가 있었다. 종묘 가운데 가장 크고 유명한 것이 주공묘(周公廟)였는데, 공자가 사는 집과 얼마 떨어지지 않아 그는 제사가 있을 때마다 구경하면서 제사지내는 놀이를 했다.

공자가 정치에 관심을 가졌을 때는 마침 삼환씨(三桓氏 : 노나라 제후와 동족인 계손씨, 숙손씨, 맹손씨)가 오랫동안 나라의 정권을 잡고 전횡하고 있던 시기였다. 그는 이런 하극상의 정국에 불만을 품고 마침내 제나라로 유랑길을 떠났다.

그가 제나라에 머무를 때 순 임금이 지었다는 소악(韶樂)을 듣고 감동하여 3개월 동안은 고기를 먹어도 그 맛을 느끼지 못하였다고 한다. 우리는 여기에서 공자가 감동한 폭과 음악에 대한 그의 심오한 이해의 경지를 감지할 수 있다.

공자는 하극상에 대한 불만으로 노나라를 떠났지만, 제나라의 형세는 노나라보다 심각했다. 당시 제나라의 정권을 잡고 있던 최씨(崔氏)

는 자기의 부인과 제 장공(莊公)이 사통하는 것을 알고 분을 참지 못해 제 장공을 살해하는 사태까지 벌어졌던 것이다.

한편 오래지 않아 노 소공(昭公)이 울분을 삭이지 못해 세상을 떠나고 그의 동생이 즉위하자 공자는 다시 고국으로 돌아와 제자들을 가르쳤다. 그때 공자의 제자들 가운데 가장 나이 많은 제자가 39세의 자로이며, 나머지는 20여 세의 청년들이었다.

공자의 교육방식은, 스스로 뜻을 세우지 않는다면 절대로 나서서 가르치지 않고, 의문이 있어도 묻지 않는다면 자기가 나서서 그를 깨우쳐주지 않는다는 계발주의(啓發主義)였다. 그러므로 당시의 교육방식과는 완연한 차이가 있어 많은 주목을 끌었다.

공자가 50세가 되었을 때, 노나라의 실질적인 권세가인 계손씨가 죽고 노신 양호(陽虎)가 이 기회를 틈타 권세를 잡고 정국을 요리했다. 양호의 이런 야망은 맹손씨와의 충돌을 불러 일으켰고, 이 싸움에서 패배한 양호는 목숨만 겨우 부지한 채 제나라로 도망갔다. 양호가 권력을 잡고 좌지우지하던 때부터 그가 제나라로 도망가던 시기까지 노나라의 정치는 사실상 공백상태나 다름이 없었다.

이때 공자와 그의 제자들은 한편으로는 삼환씨의 군대를 각지로 분산시켜 그들의 세력을 약화시키고, 다른 한편으로는 주공의 이상적인 정치를 펴고자 했다. 그러나 이를 눈치챈 삼환씨는 공자의 의도를 따르지 않고, 제나라에서 가무에 뛰어난 미녀를 노 제후에게 진상했다. 그러자 노 제후는 그 미녀에게 빠져 정사를 돌보지 않았다. 이로 인해 공자는 자기의 정치사상을 펼 수가 없었다. 결국 크게 실망한 공자는 B.C 498년 다시 다른 나라로 떠나고 말았다.

공자가 먼저 도착한 나라는 중원의 문화국인 위나라이다. 위 영공(靈公)은 의지가 박약하고 그의 부인 남자(南子)는 음탕하기로 유명한 여자였다. 남자는 위 영공이 공자를 현인으로 우대하자 이를 못마땅하게 여겨 공자를 홀대했다. 한번은 영공이 사람을 보내 공자에게 자기의 수레에 오르도록 했다. 공자가 주렴을 걷고 수레에 오르려 할 때, 그는 남자가 곱게 단장한 모습으로 영공의 옆에 앉아있는 것을 보았다. 그녀는 수레에 오르려는 공자에게 자리를 양보할 생각은 하지 않고 생글생글 웃으며 영공을 바라보았다. 그러자 영공은 하는 수 없다는 듯이 공자에게 다른 수레를 타라고 했다. 다음 날 공자 일행이 위나라를 떠나면서 탄식하며 말했다.

"나는 덕을 여색보다 좋아하는 사람을 아직까지 보지 못했다."

그 후 공자 일행은 각국을 유랑하면서 진(陳)나라로 가는 길에 황하를 건너는 나룻배가 있는 광진(匡鎭)이라는 작은 마을에서 양호로 오인받아 죽을 뻔하기도 하고, 진과 채나라의 국경 부근에서는 식량이 떨어져 1주일을 굶어 제자들이 제대로 서지도 못할 지경에 이르기도 했으며, 초 소왕(昭王)이 공자를 초빙하자 초나라가 강대해질 것을 두려워 한 진과 채나라의 대부가 평원에서 공자 일행은 포위하여, 이 소식을 들은 초왕이 군대를 보내기도 했다.

13년간 각국을 다니며 유세했던 공자는 68세가 되었을 때 늙고 지친 몸을 이끌고 고향 곡부로 돌아가 제자들에게 자기의 사상을 가르침으로써 자신이 그토록 갈망하던 주공시대를 회복하려는 정치에의 꿈을 제자들에게 심어주었다.

공자는 인생 말년에 역(易)에 깊은 흥미를 가지고 대나무 책을 엮은 가죽끈이 세 번이나 끊어질 정도로 되풀이해 읽고, 노나라의 기록을 바탕으로 『춘추(春秋)』를 지었다. 그리고 73세가 되어 병으로 7일간 앓다가 B.C 479년 세상을 떠났다.

일반적으로 공자의 학설은 종교와 윤리사상, 교육사상, 정명사상, 정치사상 및 이상사회 등으로 서술할 수 있다.

종교의 관점에서 볼 때 하늘에 대해서 공자는 안회가 죽었을 때 "하늘이 나를 버렸구나"라고 말한 것에서 엿볼 수 있는 권위의 주재(主宰)로서의 하늘, "죽음과 삶에는 운명이 있고 부귀는 하늘에 있다"는 운명의 부여자로서의 하늘, "하늘에 죄를 지은 사람은 기구할 데가 없다"는 어길 수 없는 최고의 절대자와 같은 형체로서의 하늘이라는 관념을 가지고 있다. 이것으로 보아 그는 아주 농후한 종교사상을 가지고 있음을 알 수 있다.

또한 공자는 윤리를 매우 중요시여겨 무엇보다 먼저 덕과 원칙이 있는 사람이 되도록 노력한 후에야 인생에 대해 이상을 가질 수 있고, 사람마다 윤리적인 생활을 할 수 있으며, 이런 생활 속에서 이상사회가 성립된다고 보고 있다. 그러므로 모든 사람마다 "선입견을 가지지 말고, 모든 것을 가져야 한다고 하지 말고, 자기를 견지하지 말고, 완고하지 않으며, 자기중심적이지 않음을 통해 사람됨의 원칙을 배양해야 한다고 했다. 이렇게 함으로써 사람에 대해 믿음이 있고 예의가 생긴다는 것이 그의 사상이다.

공자의 교육사상은 '인(仁)'에 가장 최고의 가치로 두는 것으로, 이것을 갖춘 사람이라야 군자라고 할 수 있음을 일관되게 주장하고 있다. 또한 그는 모든 사람이 군자가 될 수 있다고 보고, 사람마다 그의 자질에 적절한 방법으로 교육하여 학습에 흥미를 일으켜 이상적인 인격을 가진 사람에 이르도록 한다. 이런 가운데 "배우되 생각하지 않으면 견식이 없고, 생각만 하고 배우지 않으면 위태롭다"고 하여 학습과 사상의 상호작용을 중시한다.

공자의 정치사상은 덕치주의로 일관된다고 할 수 있다. "정치를 덕으로서 하면 이것은 북극성이 제자리에 있어도 모든 별들이 그것을 향해 운행하는 것과 같다"고 했다.

그러면 어떻게 덕이 모든 사람이 다 따르는 방침이 되게 할 수 있는가? 이는 백성을 교육하는 한편 위정자 자신이 갖추고 있는 덕행이 가장 중요한 것이다. 그러므로 공자는 정치(政治)라는 것은 정직무사(正直無私)해야 한다고 말한다.

그러나 다른 한편으로 어떤 위정자가 만일 바른 명분으로 그가 마땅히 앉아야 할 자리를 얻지 않거나, 아니면 그 자리로 인해 명분을 얻는 것은 안되는 것이다. 그러므로 공자가 주장하는 정명주의(正名主義)는 "명분이 바르면 말이 순하고, 말이 순하면 일이 이루어지며, 일

이 이루어지며, 일이 이루어지면 예악이 흥하고, 예악이 흥하면 백성이 손발을 가지런히 할 수 있다"는 것이 그 내용이다.

공자가 살던 당시의 사회는 자식이 아버지를 죽이고, 신하가 임금을 살해하는 천하가 혼란한 시기였다. 그러므로 공자는 정명을 주장하는 것이다. 사람마다 "임금은 임금답고 신하는 신하다우며, 아버지는 아버지답고 자식이 자식답다"면 각자는 자기의 자리에서 자기의 일을 하고, 이와 같이 하면 명분이 바를 수 있으며, 민심과 사회가 안정되고 정치는 점차 이상적인 덕치주의로 가게 된다는 것이다.

이상사회는 덕치(德治)와 예치(禮治)를 거친 정치이상과 사람마다 자기의 명분을 지킨 후에 이상적인 사회가 한 발 한 발 실현되어 나간다. 그러므로 공자는 "큰 도가 행해지면 천하를 공(公)으로 하고 어진이를 뽑고 능한 사람을 골라 신(信)을 연구하고 화목함을 닦는다. 그러므로 사람들은 자기의 부모만 부모라 여기지 않고, 자기의 자식만을 자식으로 여기지 않아 늙은이들이 여생을 마칠 곳이 있게 하고, 젊은이는 쓰일 곳이 있게 되고, 어진이가 자랄 곳이 있게 하고, 늙어 아내가 없는 사람, 늙어 남편을 잃은 여자, 어려서 부모를 여윈 사람, 늙어 배우자나 자식이 없는 사람과 질병에 걸린 사람들이 모두 부양되게 한다. 남자는 직분이 있고, 여자는 돌아갈 곳이 있었다. 재물을 땅에 버리는 것은 미워하지만 감추어 두지 않았고, 힘쓰지 않음을 미워했으나 자기만을 위해 쓰지 않았다. 그러므로 간사한 꾀가 닫혀 일어나지 않으며, 도둑질과 난적(亂賊)이 생기지 않았다. 이로 인해 바깥문을 닫지 않으니 이것을 대동(大同)이라 한다"고 했다.

간략히 살펴본 그의 생각 속에서도 우리는 공자의 위대한 인격과 박학한 학식, 높은 이상을 엿볼 수 있으며, 사람을 구하고 세상을 바르게 세우려는 그의 모습을 통해 그가 동양의 석학이며 영원한 스승으로 자리매김하여 추앙받는 것이 결코 과장되지 않다는 것을 새삼 깨달을 수 있다.

의 돈

가난한 선비에서 대부호로

중국 고대에서 부호가 출현한 것은 춘추시대이다. 사마천은 『사기』의 「화식열전」에 이런 부호들에 관한 기록을 남겨 오늘날의 우리들에게 귀중한 역사적 자료를 제시해 주고 있다.

오늘날에도 빈털터리로 시작해서 완전히 자기의 능력 하나로 대부호가 되는 것은 쉬운 일이 아니다. 이런 사정은 고대에는 더욱 어려운 일이다. 진, 한나라 때의 고급관리들은 재물을 모으기에 가장 유리한 지위를 가지고 있었고, 이때부터 약 2천 년의 세월 동안 중국은 '제국'의 상태로 존재해 있었다. 그러므로 일반 사람들은 높은 지위를 추구하는 것을 매우 중요시했다.

수나라에서 시작하여 당나라 때에 이르러 완성된 과거제도, 즉 고급관리를 선발하는 제도는 제국의 체제를 더욱 공고히 하는 결과를 낳았다. 이렇게 황제가 고급관리들을 등용해 백성들을 착취하는 통치체제는 청나라까지 계속되어 1911년 신해혁명으로 청나라가 멸망할 때까지 이어졌다. 이런 제도의 틀 속에서 고관이 아니고서 부호가 된다는 것은 결코 말처럼 쉬운 일이 아니다. 고대의 상황은 더 말할 나위가 없다.

그러나 역사 속에는 언제나 입지전적인 인물이 등장함으로써 후세의 사람들에게 안위와 꿈을 심어주곤 한다. 벼슬하지 못한 평범한 인물로 거부가 된 의돈(倚頓)이 바로 이에 해당된다고 할 수 있다.

고대의 부호들 가운데 가장 대표적인 인물은 도주공(陶朱公)과 의돈을 꼽을 수 있다. 도주공의 원래 이름은 범려로 바로 오왕 부차와의 전쟁에서 월왕 구천을 도와 천하의 패자가 되게 한 인물이다. 범려는 오왕 부차의 "교활한 토끼가 죽으면 좋은 사냥개는 삶아진다"는 말에 크게 깨달았다. 승리에 도취한 월왕 구천은 회수 상류의 땅을 초나라에 떼어주고, 사수(泗水)의 동쪽 백여 리를 노나라에, 오나라가 병합한 송나라의 땅을 송에게 돌려주면서 제후들을 설복하여 패자(覇者)가 되었다. 또한 회계에 하대(賀臺)를 지어 옛날의 수치스러웠던 자리를 덮고, 오궁 문대(文臺)에서 주연을 베풀어 악사에게 오나라를 공략한 노래를 지어 부르게 하며 군신이 함께 어우러지고 있었다.

이때 오직 범려만이 조금도 즐거운 기색없이 남몰래 한숨을 쉬며 중얼거렸다.

"월왕은 모든 공로를 신하에게 돌리고 싶어 하지 않고 벌써 신하가 모반하지 않을까 의심을 하는 것같구나."

월왕 구천이 고생은 함께 할 수 있지만, 성공한 후 그 성공을 같이 즐길만한 인물이 아니라는 것을 깨달은 범려는 구천에게 사직을 요청했다. 그리고 홀로 일엽편주에 몸을 싣고 삼강(三江)을 건너 오호(五湖)로 들어가 제나라에 살면서 이름을 치이자피(鴟夷子皮)로 바꾸고 재산을 사람들에게 나누어주고 몇 가지 보물만 가지고 도(陶)라는 곳에 살며 주공(朱公)이라고 일컬으면서 살았다. 주공은 그곳에서 재물을 잘 관리해 큰 부자가 되었다. 후세에 전해진 치부의 방법을 기록한 기서(奇書)는 그가 남긴 것이라고도 한다.

그러나 본래 권력과 재산이 있으면서, 가지고 있던 재물을 잘 활용해 대부호가 된 도주공과 달리 의돈은 가난한 선비였다가 사업을 성취하여 성공한 인물이다. 그러므로 후세 사람들은 이 두 사람의 이름을 함께 거론하며 부호의 대명사로 삼았다.

의돈은 본래 노나라의 선비로 공자의 제자 안회(顏回)와 비슷한 점이 많았다. 안회도 노나라의 선비로 이루 말할 수 없이 가난했으나 배우기를 좋아하여 열심히 노력했다. 그러나 애석하게도 요절해 공자가 "하늘이 나를 망하게 하는구나!"하고 한탄했었다. 의돈 또한 비록 배우기를 좋아하는 선비이지만 궁핍한 생활은 더 이상 배움에만 전념할 수 없게 했다.

그래서 마침내 그는 배우기를 그만두고 농사에 전념하고, 아내는 누에를 길러 베를 짜는 것으로 호구지책을 삼고자 했다. 그들 부부는 밤낮을 가리지 않고 열심히 노력했으나 생산량이 많지 않아 여전히 의식주를 해결하지 못하고 궁핍한 하루하루를 지내고 있었다.

어느 날 도주공이 의돈이 사는 마을을 지나게 되자 그는 큰 부자가 되는 비결을 가르침 받기 위해 도주공을 방문했다. 의돈이 성실히 일을 하는데도 의식주를 해결하기 힘들다는 사정을 들은 도주공은 의돈에게 말했다.

"지금 현재 가장 빠른 방법은 소와 양을 기르는 것이라네."

도주공의 상세한 가르침을 들은 의돈은 그의 말대로 소와 양을 열심히 길렀더니 10년이 지난 후에는 아주 큰 목축업자가 되었다. 그리고 그가 성공한 비결의 하나는 자기가 기른 소나 양을 왕족, 귀족에게만 팔았기 때문에 일반 백성들에게 파는 것보다 비싼 가격을 받을 수 있었고, 외상을 주더라도 돈을 못받는 일이 없었기 때문이다.

그 다음에 의돈은 제염업에 손을 대기 시작했다. 소금은 일상생활에서 필수불가결한 물품이기 때문에 그쪽으로 머리를 돌린 것이다. 여기에서 우리는 그가 예리한 장사꾼의 안목이 있음을 알 수 있다.

중국에서 제염하는 방법에는 세 가지가 있었다. 첫째 제나라의 바다로 가서 제염하는 것, 두번째는 하동의 염지(鹽池)에서 제조한 해염(解鹽), 그리고 마지막으로 사천의 염정(鹽井)에서 나오는 소금물로 제조하는 정염(井鹽)이다. 그런데 지리적으로 보아 가장 중요한 것이 하동의 염지에서 제조한 해염이다. 그래서 의돈은 목축을 해서 벌은 돈으로 제염업을 장악했고, 그의 이런 생각이 맞아 떨어져 천하에 둘째가라면 서러워 할 대부호가 되었다.

『한비자』「해지편」에 "천하에 축복받은 부호로 의돈과 도주가 있다"라는 기록이 있으니, 이것으로 미루어 그가 얼마나 유명한 부호였던가를 짐작할 수 있다.

굴 원

비운의 애국시인

굴원(B.C 343~277)의 이름은 평(平)이다. 그의 조상은 초왕(楚王)과 혈연관계가 있는 명문귀족의 후예이며, 풍부한 상상력과 뛰어난 창작력을 가진 천재시인이다. 그의 출현으로 『시경』의 4언 형식이 계승·발전되었으며, 초나라의 민가는 생동감있게 새로이 다듬어져 초사체라는 신시가 형식이 창조되어 중국의 시문학사는 『시경』이래 두번째의 봄을 맞게 되었다.

또한 굴원 이전의 대부분의 시는 작자가 밝혀지지 않았고, 집체창작의 형태를 띠며, 어떤 것은 철학과, 또 어떤 것은 역사와 짜깁기되었다. 그러나 굴원의 등장으로 시단은 귀족계층에 의해 정형화된 문학을 뛰어넘어 민중문학을 자각한 작가의 창조시대로 들어섰다고 할 수 있다. 그러므로 중국은 진정으로 시가 예술의 창작에 헌신하여 자신의 정신과 정감을 고유의 언어로 표현한 시인을 갖게 되었다고 해도 과언이 아니다.

굴원은 문학과 역사에 정통하여, 안으로는 초 회왕(懷王)과 함께 국사를 연구하고, 밖으로는 절도있는 예의범절로 각국에서 온 빈객들을 접대하였다. 늘 많은 일에 쫓기면서도 모든 일을 철두철미하게 잘 처리해 회왕의 신임을 한몸에 받았다.

당시 초나라는 장강 일대에서 세력을 장악하고 있는 '전국칠웅' 중의 하나였다. 은, 주나라 시대에 중국의 중심무대는 화북지방이었고, 초나라는 후진국이었기 때문에 형초(荊楚)라고 불리웠다. 초나라는 비록 땅은 넓고 산물은 풍부했지만 문화수준이 다른 나라들에 비해 뒤떨어져 있었다.

중국 역사에서 볼 때 전국시대는 하나의 큰 전환기였기에 많은 나라들이 앞다투어 법률을 제정하고, 농민들에게 조세를 거두어들이는 한편 적극적으로 관료제의 중앙집권체제를 강화하려고 노력하고 있었다. 이런 시대의 흐름을 따르는 데 회왕도 예외는 아니었다. 회왕은 굴원의 재능을 신뢰하여 그가 견식이 풍부하므로 초나라의 법령 초안을 만들 수 있는 적당한 인물이라 여기고 그에게 이 중책을 맡겼다.

그러나 초나라의 보수파들은 회왕이 나라의 제도를 대폭 개혁하려는 것에 대해 찬성하지 않았다. 더우기 강력한 세력을 가지고 있던 귀족들은 회왕이 이런 중대한 일을 굴원에게 맡긴 것에 대해서도 강한 불만을 표시했다. 또한 대부 근상(靳尙)은 그 관직이 굴원과 똑같아 그에게 항상 경쟁심을 느끼고 있었다.

그러나 그의 재능은 굴원을 따르지 못하고, 또 회왕이 굴원만을 총애하고 신임하는 것에 대해 시기심을 느끼고 언젠가는 그를 제거하리라 결심하고 있었다.

이때 자기의 세력을 지키기에 급급했던 보수파들은 어떻게 해서든지 굴원이 만드는 법령 초안의 내용이 무엇인지, 그 법령의 테두리 안에서 자기들에게 이롭지 못한 조목이 있는가 하는 것을 알고자 했다. 이에 그들은 대부 근상이 굴원에 대해 좋지 않은 감정을 가지고 있는 것을 이용해 그를 충동질하여 말했다.

"당신이 굴원이 작성하고 있는 법령의 개요를 알아내고, 초안을 우리에게 알려준다면 앞으로 당신에게 큰 이익이 있을 거요."

한편 굴원은 자기가 기초하는 법령이 장래 초나라의 운명에 큰 영향을 마치리라는 것을 잘 인식하고 있었기 때문에 관계없는 사람들하고는 그 일에 대해 일체 언급하지 않았다. 이렇게 신중을 기하는 굴원이 근상에게 법령의 개요를 알려줄 리가 없었다. 결국 아무 것도 알아내지 못한 근상은 굴원에 대한 원한이 더욱 깊어져 기회만 주어지면 회왕에게 굴원을 헐뜯었다.

"왕께서 굴원에게 법령을 기초하라고 명령한 일을 모두가 알고 있습니다. 그런데 굴원은 이 일을 빙자해서 교만하기가 이를 데가 없어, 자기 외에는 법령을 기초할 사람이 없다고 떠들고 다니는가 하면, 나라의 장래가 걸려있는 이 일을 아무하고도 의논하지 않습니다."

사실 회왕은 굴원을 아주 깊이 신뢰하고 있었기에 법령을 기초하는 중요한 일을 그에게 일임한 것이다. 그러나 이 일로 인해 회왕은 주위의 모든 신하들과 귀족들로부터 강력한 반발을 사서 난처한 입장에 처해 있었다. 그래서 회왕은 다른 사람들의 반발을 가라앉히기 위해 굴원에 대해 일부러 화를 내고, 그를 멀리하는 태도를 취하곤 했다.

그러나 회왕의 진의를 이해하지 못한 굴원은 회왕이 다른 사람의 참언을 믿고 자기를 멀리하자 크게 실망했고, 그 우울한 마음을 「이소(離騷)」를 지어 하소연했다. 이 시에 대해 사마천은 "이소는 '우울함을 떠난다'는 뜻이다……, 굴원은 올바르게 행동하고 충성과 지혜를 다해 회왕을 위해 노력했으나 사람들의 중상을 받아 의심을 받고, 충정이 모함을 당하니 어찌 한탄하지 않으리오"라고 기록하고 있다. 사마천은 굴원의 성격을 분석해 그 마음을 꿰뚫어본 것이다.

그 후 초 회왕은 진왕(秦王)에게 속아 우호관계를 맺었던 제나라와 단교하여 우방을 잃게 되었다. 이때부터 초·진 사이에 전쟁이 일어났고, 초는 이 전쟁에서 크게 패해 한중(漢中)을 진나라에 빼앗기고 대장 굴개는 포로로 잡혔으며, 장군 당매는 피살당했다. 또한 진국은 온갖 수단을 써서 회왕을 속여 진의 무관(武關)까지 유인한 후 억류하여 회왕은 다시는 고국으로 돌아가지 못하고 그곳에서 죽었다.

굴원은 몸은 비록 밖에 있지만 마음은 항상 국가의 일을 걱정하여 여러 차례 돌아가고자 하였다. 그러나 근상은 굴원이 돌아오면 자기에게 불리하다 여겨 경양왕(頃襄王)에게 모함했다. 게다가 경양왕의 동생 또한 굴원을 비방하여 결국 굴원은 다시 한북(漢北)지방으로 쫓겨났다.

그 뒤 굴원은 한북에서부터 호남의 멱라강(汨羅江)까지 유랑하였다. 그가 강변을 헤매며 시를 읊을 때 한 어부가 그를 알아보고 왜 여기까지 왔느냐고 묻자 굴원이 대답하였다.

"세상 사람이 모두 혼탁한데 오직 나 홀로 청백하고……, 모두 술에 취했으나 오로지 나만이 깨어 있어 그들이 나를 쫓아낸 것이다."

어부는 그를 위로하며 세상의 흐름에 따르라고 권했다. 그러자 굴원이 말하였다.

"누가 자기의 깨끗한 몸에 더러운 것을 묻히려 하겠는가? 그러느니 차라리 저 강물에 뛰어들어 내 몸을 물고기의 뱃속에 장사지내리……."

그리고는 「회사부(懷沙賦)」를 짓고 음력 5월 5일에 몸에 돌을 묶고는 멱라강으로 뛰어들어 자살하였다.

굴원의 작품으로는 『사기』에 기록된 것으로 「이소(離騷)」, 「천문(天問)」, 「초혼(招魂)」, 「애영(哀郢)」 다섯 편이 있고, 『한서』「예문지」에 굴원의 부(賦) 25편이 있으며, 왕일이 지은 『초사』에 「구가(九歌)」, 「구장(九章)」, 「원유(遠遊)」 등이 있다.

손무와 손빈

손자병법의 두 손자

　병법서로서 최고의 권위를 자랑하는 것으로 『손자병법』을 들지 않을 수 없다. 오늘날 전하여지는 『손자병법』 13편은 삼국시대 위나라의 조조가 주석을 달고 편찬한 것으로 시계(始計), 작전(作戰), 모공(謀攻), 군형(軍形), 병세(兵勢), 허실(虛實), 군쟁(軍爭), 구변(九變), 행군(行軍), 지형(地形), 구지(九地), 화공(火攻), 용간(用間) 등으로 되어 있다.

　병법에 있어 타의 추종을 불허하는 손자는 역사가들의 판단에 의하면 두 사람의 '손자'일 가능성이 있다고 한다. 한 사람은 춘추시대 오왕 합려에게 중용된 손무(孫武)이고, 다른 한 사람은 전국시대 제나라의 군사(軍師)였던 손빈(孫殯)이다.

　『사기』 「손자열전」에 보면 손무가 오왕을 알현했을 때 오왕이 "그대의 13편의 병서를 모두 읽었소"라고 말한 기록이 있다. 그래서 대부분의 사람들은 『손자병법』의 작자는 손무라고 생각하고 있다. 그러나 어떤 사람들은 손빈도 『손자병법』의 작자일 가능성이 있다고 말한다. 왜냐하면 「손자열전」에 손빈에 대해, "이름이 천하에 드러나고, 그 병법이 전한다"라고 기록되어 있기 때문이다.

　『사기』의 작자 사마천이 책을 쓸 당시에는 손무의 「오손자병법(吳孫

子兵法)」82편, 손빈의 「제손자(齊孫子)」89편이 전해지고 있었다. 그러므로 그들을 함께 존칭해서 두 사람의 '손자'가 된 것이다.

오늘날 전해지는 『손자』는 이미 언급한 바와 같이 조조가 편찬한 것이다. 그리고 손무나 손빈의 병법 내용은 전해오지 않는다. 이로 인해 아무도 손무가 『손자』의 진정한 저자라고 말할 수는 없다. 사마천이 고심하여 『사기』에 '13편'이라고 쓴 것도 꼭 그렇지만은 않을 수 있다. 게다가 『손자』의 내용으로 보아 춘추시대의 것이라고 보기에는 어려운 점이 있다. 그러므로 『손자』는 손무와 손빈 두 사람의 작자를 가지고 있다고 봐야 할 것이다.

오늘날 전해지는 『손자』의 작자가 손무, 또는 손빈인가에 상관없이 이 책은 어떻게 용병하고, 어떻게 책략을 쓰는가 하는 문제를 다루고 있다. 이 책에서 손자는 나라와 나라 사이에는 반드시 충돌이 있게 마련이며, 충돌이 벌어지면 전쟁을 하게 되고, 전쟁은 곧 생사존망과 연결된다. 그러므로 어떤 왕이라 하더라도 계속 생존해 나가기 위해서는 반드시 도(道), 천(天), 지(地), 장(將), 법(法)의 다섯 가지 특성을 이해해야 한다고 말한다.

그가 말하는 도란 백성이 기꺼이 윗사람과 더불어 생사를 함께 하고자 결심하고 위태로움을 만나도 두려움이 없는 것이고, 천이란 것은 음양, 추위, 더위, 때와 같이 하늘로부터 주어지는 자연의 혜택이다. 또 지라는 것은 땅이 가져다 주는 지리적 조건으로, 전쟁을 하는 당사자간의 거리, 지형, 땅의 면적 등을 말하고, 장이란 군을 통솔하는 장수가 지(智), 신(信), 인(仁), 용(勇), 엄(嚴)을 갖추었는가 하는 문제이다. 마지막으로 법이라는 것은 군대의 편성과 그 조직, 명령계통이 잘 되어 있는가 하는 것과 병기를 말한다.

이 다섯 가지를 이해하게 되면 언제 용병을 하며, 어느 때는 용병을 해서는 안된다는 것을 알게 된다. 이렇게 용병을 적절히 하게 되면 승패의 결과는 불을 보듯 명확한 것이며, 만일 이것을 모른다면 지금 승세를 타고 있다 해도 언젠가는 반드시 패배의 쓴 맛을 보게 된다는 것이다.

위의 관점으로 볼 때 손자는 천시(天時), 지리(地利), 인화(人和)를 매우 중시한다는 것을 알 수 있다. 만약 백성들이 전쟁을 싫어한다면 어떤 작전을 쓴다 해도 소용이 없는 것이다. 그러므로 병사를 거느리면 반드시 그 마음도 함께 거느려야 한다고 한다. "병사를 자식 사랑하듯 여기니 그와 함께 죽는다"라는 말도 이런 의미에서 한 말이다.

또한 그는 전쟁의 가장 높은 경지는 모략의 운용이라고 생각하여 군사를 운용하는 최상의 방법은 적의 계략을 파악하여 이를 치는 것이라 했다. 또 잘 싸우는 사람은 먼저 적을 이길 만한 모든 태세를 갖추고 난 후 상대방을 이길 수 있는 기회와 허점이 있기를 기다릴 줄 알아야 한다고 한다. 그러므로 상대를 알고 자신을 알면 백번을 싸워도 위태롭지 않으며, 전쟁을 잘하는 사람은 상대를 조정하여 자기가 있는 곳으로 오게 만들어 싸움터로 허겁지겁 달려가야 하는 수고로움을 아끼는 것이다.

그러나 이 모든 것보다 우선하는 것은 백전백승하는 사람이 아니라, 싸우지 않고 상대를 굴복시키는 자가 선 가운데 선이라 하였다. 이것은 모략을 주장한 것으로, 모략전의 최고 경지는 "싸우지 않고 상대를 굴복시키는" 것이라 할 수 있다.

그러므로 손자는 반드시 물리적인 접촉을 통한 싸움을 주장하는 것은 아니다. 만약 이런 상황이 벌어진다면 그 승패에 관계없이 양측이 모두 큰 손실을 입게 되기 때문에 최대의 이익을 얻을 수 있는 것은 모략의 운용이며, 이것은 바로 지극히 높은 사상의 발휘이다.

이런 손자의 전술은 완전히 '변(變)'이라는 한 글자로 압축할 수 있다. 물이 높은 곳에서 낮은 곳으로 흐르고, 땅으로 인해 흐름을 만들듯 적으로 인해 스스로 변화하여 이기는 것이 신(神)이며, 싸움은 거짓으로 서고, 이로움으로 움직이며, 나누고 합하는 것으로 변화한다. 그러므로 그 변화 속에서 빠르기는 바람과 같고, 느리기는 숲과 같고, 공격은 불과 같고, 움직이지 않음은 산과 같으며, 알기 어려움이 그늘과 같고, 한번 움직이면 번개와 같다는 병법의 대명사라 할 풍림화산(風林火山)이 운용되어지는 것이다.

손자는 적군의 동태를 두 가지로 나누었는데, '林·山'은 '陰'으로 군대가 적군을 공격할 시기를 기다리기 위해 고요함을 유지하는 것을 말하고, '風·火'은 '雷霆'으로 때가 왔을 때 적군을 섬멸하는 움직임을 뜻한다. 위의 구절을 간략히 축소한 말이 '풍림화산'이다.

'난지여음(難知如陰)'은 경각심을 높여 적군으로 하여금 이쪽의 동정을 알아채지 못하게 고요함을 유지하여 이쪽의 동태를 철저히 봉쇄하는 것을 의미한다. 그리고 '일동여뢰정(一動如雷霆)'은 아군이 공격을 개시할 때는 공세를 크게 하여 불시에 적군의 간담을 서늘하게 만들어 그 기세로 적군을 누르고, 맹렬히 공격하는 것을 말한다.

오늘 날 우리에게 전해지고 있는 손무의 일화로 널리 알려진 것은 『사기』「손자열전」의 기록이다. 손무는 오왕 합려를 만난 자리에서, 궁녀 180명을 두 진영으로 나누고 오왕의 총희 두 명을 대장으로 삼은 후 훈련을 시켰다.

그러나 궁녀들은 마치 새로운 유희를 하듯 희희낙락하며 명령을 따르지 않았다. 이에 손무는 대장된 자의 책임을 물어 오왕 합려의 두 총희를 참수한 후 다시 훈련을 시키자 궁녀들은 순식간에 섶을 지고 불속에라도 뛰어들 수 있을 정도로 훈련이 되었다. 오왕 합려는 손무의 능력을 인정하여 그를 장군으로 삼았다. 손무는 초·제·진을 위협하여 마침내 오왕 합려가 패업을 이루는 데 큰 공을 세웠다.

손무가 죽은 다음 백여 년이 지난 후에 아(阿), 인지방 사이에서 손빈이 태어났다. 손빈은 4세가 되던 해 어머니를 잃고, 9세가 되던 해엔 아버지마저 세상을 떠나 숙부에게 양육되었다. 후일 성년이 된 손빈은 양성(陽城)의 귀곡(鬼谷)에 은거하는 귀곡 선생의 명성을 듣고 그의 문하가 되었다. 당시 귀곡 선생의 문하에서는 위나라 사람 방연(龐涓)과 손빈이 결의형제를 맺고 병법을 배우고 있었고, 장의(張儀)

와 소진(蘇秦)이 결의형제를 맺고 나란히 유세(遊說)을 배우고 있었다.

어느 날 방연은 위 혜왕(惠王)이 인재를 모집한다는 소식을 듣고 스승에게 하직 인사를 드렸다. 이때 귀곡자가 방연을 위해 장래를 점쳐 주며 말했다.

"양(羊)을 보면 너의 앞날이 빛나겠으나, 만약 말(馬)를 본다면 죽을 것이다."

방연은 손빈에게 자신이 등용되면 위나라로 와서 함께 위왕을 섬기자 말하고 하산했다. 위나라로 간 방연이 위 혜왕(惠王)을 배알할 때 마침 요리사가 혜왕에게 양요리를 올렸다. 그 후 방연은 위나라의 장군으로 중용되어 위(衛), 송(宋)을 정벌하니, 그 위세에 놀란 노(魯), 정(鄭) 등 각국이 앞을 다투어 조공을 바쳤다.

한편 손빈은 귀곡 선생이 보여준 자신의 조부 손무자병법 13편을 익히며 병법 연구에 몰두했다. 그러면서 한편으론 방연의 부름으로 하루빨리 세상으로 나가 그 동안 갈고 닦은 실력을 발휘할 날만을 기다리고 있었다.

어느 날 귀곡 선생을 찾아 온 묵자는 손빈의 뛰어남을 알고 위나라로 가서 혜왕에게 추천했다. 본래 손빈을 추천할 생각이 없었던 방연은 혜왕의 명령으로 할 수 없이 손빈을 불러들였으나 자기보다 뛰어난 손빈이 마음에 걸려 불안감을 갖게 되었다. 결국 방연은 손빈에게 자기의 병권을 나누어 주지 않기 위해 그를 실질 권한이 없는 객경(客卿)으로 추천한 후 기회를 노리다 마침내 제나라의 첩자로 몰아 손빈의 무릎 아래를 자르고 얼굴에 문신을 새기는 형벌을 가했다.

손빈은 이 모든 것이 자신이 친형제처럼 믿던 방연의 음모임을 알고 거짓으로 미친 척하여 겨우 목숨만을 부지하며 지냈다. 그러던 어느 날 제나라의 사절단으로 온 묵자의 제자 금활(禽滑)의 도움으로 제나라로 탈출했다. 묵자로부터 이미 손빈의 재능을 들은 제나라의 대장 전기(田忌)는 그를 제 위왕(威王)에게 추천하였고, 위왕은 손빈을 제나라의 군사(軍師)로 삼았다.

한편 손빈이 제나라에서 전기와 함께 병력 양성에 힘쓰고 있을 때 방연이 조나라를 공격했다. 맹렬한 방연의 공격에 다급해진 조 성후(成侯)는 제 위왕에게 원병을 요청했다. 이때 손빈은 '전도팔문진(顚倒八門陣)'을 사용하여 간단히 방연의 공격을 막아냈다.

그 후 방연이 위의 태자 신(申)과 함께 한나라를 공격하자 한나라도 제나라에 원조를 요청했다. 이에 제왕은 전기와 손빈에게 한나라를 도울 것을 명령했다. 대장 전기는 손빈의 작전에 따라 한나라에 구원병을 보낸다는 것을 통지했다. 그리고 한나라가 구원병을 기다리며 사력을 다해 버티고 있을 때 자신과 손빈은 병마를 이끌고 직접 위나라를 공격했다. 한나라를 공격하던 방연은 제나라가 한나라 공격에 전국의 병마가 동원되어 텅 비다시피 한 위나라를 급습했다는 전갈을 받고 급히 회군하였다. 방연이 회군한다는 소식을 들은 손빈이 전기에게 말했다.

"위군은 우리 제나라의 병력을 얕보고 있습니다. 그러니 우리는 그들에게 더욱 약한 모습을 보여주고 유인한 후 섬멸해버리는 것이 좋을 듯합니다. 즉 아군이 주둔하던 곳에 첫날에는 십만 개의 솥을, 이튿날은 오만 개, 그 다음 날에는 삼만 개를 만들어 아군의 도망병이 많다고 생각하게 하여 그들이 안심하고 전력을 다해 추격해 오는 것을 기다리는 것입니다."

전기는 손빈의 계책대로 위병과 제대로 싸우지도 않고 연일 도망치기만 했다. 한편 한나라를 공격하여 대패시킨 방연은 기고만장하여 제군을 추격하다 제군이 주둔했던 곳의 솥가마가 점점 줄어드는 것을 보고 크게 기뻐하며 보병을 남겨둔 채 기동력이 빠른 기마병을 직접 인솔하여 밤낮을 가리지 않고 추격했다.

이때 손빈은 이미 병사가 매복하기 적합한 마릉(馬陵)에 진을 치고 있었다. 손빈은 방연의 군대가 밤이 되어야 이곳에 이르리라 예상하고 울창한 나무들을 모두 베어버리고 한 그루만을 남겨두었다. 그리고 그 나무의 껍질을 벗기고 글자를 새긴 후 궁사들을 매복시키고 위병이 횃불을 켜면 일제히 활을 쏘라고 명령하였다.

얼마가 지났을까? 사위가 어두운 가운데 다급한 한떼의 말발굽 소리가 지축을 흔들었다. 과연 손빈의 예측대로 방연이 이 길로 추격해 오고 있었다. 방연은 지나가면서 큰나무 위에 글자가 새겨져 있는 것을 보았으나 희미한 달빛 아래서는 무슨 글자인지 분명치가 않아 부하에게 횃불을 켜라고 명령했다.

환한 불빛 아래 나타난 글자는 〈방연. 이 나무 아래에서 죽다(龐涓死於此樹之下)〉라는 8글자였다. 방연이 크게 놀라 말머리를 돌리려 할 때 사방에서 활시위 소리가 들리며 화살이 어지럽게 날아왔다. 이미 때가 늦었음을 안 방연은 크게 탄식하며 말했다.

"손빈을 죽이지 않았더니 도리어 내가 당해 그의 이름을 빛내게 하는구나."

각국 제후들을 두려움에 떨게 했던 방연이 제나라에 패해 죽자 제후국들은 앞을 다투어 제나라로 와서 조공을 바쳤다. 원수를 갚은 손빈은 벼슬을 마다하고 조부의 손무자병법을 제 선왕(宣王)에게 바친 후 한적한 곳에서 은둔하여 지내다 어느 날인가 홀연히 자취를 감추었다.

묵 자

싸우는 평화주의자

묵자(墨子)의 이름은 적(翟)이며 노나라 사람으로 일찍기 송나라에서 대부를 지내기도 했다. 그의 정확한 생존시기는 알려지지 않았으나 공자 말년에 태어나 자사(子思)와 동일한 시대를 살았으리라 추정되는 수수께끼의 인물이다.

묵자에 관해서 그가 인도인, 아라비아 회교도라는 주장이 있고, 그의 성을 보아 경형(黥刑 : 죄인이라는 표시로 이마에 먹물을 새기는 고대의 형벌)을 받은 사람이라는 뜻으로 풀이하는 사람도 있다. 이 설에 따르면 묵자는 죄인이라는 의미가 된다.

그러나 묵자는 결코 죄인이라고 할 수 있는 인물이 아니다. 이것은 그의 학설과 행동이 귀족주의를 기초로 하는 유가(儒家)와 위배되기 때문에 묵자학파를 반대하는 사람들이 그를 천시여겨 '묵'이라고 부른 듯하다.

묵자의 사상으로 우리에게 가장 널리 알려진 것은 겸애(兼愛)와 공리(功利)이다. 그는 "하늘은 사람들이 서로 사랑하고 이롭게 하기를 바라고, 사람들이 서로 미워하고 해치는 것을 바라지 않는다"고 주장한다. 또 하늘은 "모든 것을 아울러 사랑하고, 모든 것을 아울러 이롭게 한다"고 여긴다. 이것을 알 수 있는 것은 하늘이 "아우름으로써 모든 것을 있게 하고, 아우름으로써 그것을 먹이기” 때문이다.

하늘이 본래 아울러서 사람을 사랑하고, 만물을 사랑하니 사람도 자연히 서로 사랑하여, “만약 천하가 서로 아울러 사랑하여 남을 자기 사랑하듯 하면 어찌 도리에 어긋나는 짓을 하는 자가 있겠으며, 부형이나 군주를 자신과 같이 여기면서 어찌 도리에 어긋나는 짓을 하겠는가”라고 반문한다. 이와 같은 도리는 대부, 군주, 제후라도 마찬가지로 “남의 나라를 보되 자기 나라와 같이 여긴다면 누가 공격을 하겠는가”라고 말한다.

그러므로 천하가 서로 사랑한다면 남을 해치지 않고, 남의 나라를 공격하지 않을 것이니 이에 따라 천하가 자연히 다스려지니 “남을 사랑하라고 권장하지 않을 수 없다”고 결론짓는다. 아울러 사랑하라는 목적은 천하가 크게 다스려져 사람마다 하늘의 뜻을 지켜 천하 만민이 평화롭게 자기의 직분에서 각자의 이로움을 얻게 하는데 있다. 이로 인해 하늘의 뜻은 ‘사랑’으로 세워진 ‘평화’에 있는 것이라 할 수 있다.

묵자는 “사람을 사랑하고 이롭게 하여 하늘의 뜻에 순응하는 사람”으로는 요(堯), 순(舜), 우(禹), 탕(湯), 문(文), 무(武)가 있고, “사람을 미워하고 해치는 사람”으로 걸(桀), 주(紂), 유(幽)를 꼽고 있다. 그는 사람들이 하늘의 뜻을 행하게 하기 위해 유세하고, 의로움을 행하기 위해 동분서주하였다. 이런 묵자에게 그의 친구가 당시와 같이 의로움이 행해지지 않는 세태에 혼자 너무 애쓰지 말라고 권했다. 그러자 묵자가 대답했다.

“어떤 농부에게 자식이 열 명이 있다네. 그 가운데 한 사람만이 농사짓고 나머지 아홉 사람은 일을 하지 않고 빈둥거린다면, 농사짓는 사람은 더욱 열심히 농사에 힘쓰지 않으면 안될 걸세. 왜냐하면 먹는 사람은 많고 농사짓는 사람은 적기 때문이라네. 이와 같이 지금 천하에 의로움을 행하는 사람이 없으니 자네는 내게 더욱 열심히 의로움을 행하라고 권해야 옳거늘 어찌 나를 말린단 말인가?”

이런 자신의 이념을 실현하기 위해 묵자는 의로움이라는 것이 비록 작지만 한 두 사람의 '공(功)'으로라도 오직 노력하기만 하면 아무도 그것을 행하는 사람이 없는 것보다 낫다고 여기고, 스스로 세상을 "돌아다니며 점을 쳐주는 무당"이 되었다.

묵자의 '공리'는 결코 자기자신만을 위한 공리주의가 아닌, 모든 사람들을 위한 공리이다. 그는 일생을 많은 고생을 하며 스스로 노력했는데, 그 목적은 오로지 사람과 나라에 이로움을 가져오게 하여 천하를 평화롭게 하고자 하는 이상을 실현하기 위해서이다. 이런 공리주의가 바로 묵자사상의 기본 이념이라 할 수 있다.

묵자의 이런 '겸애'와 '공리' 사상은 끊임없는 전쟁으로 백성들이 한시도 편할 날이 없던 전국시대에 어떤 사상가의 논리정연한 이론보다 더욱 두드러진다.

또한 묵자에게 있어서 전쟁이란 "남의 나라를 공격하여 자기 나라를 이롭게 하려는" 부당한 행위이므로 어떤 명목으로든 그것을 정당화하는 것을 부정, 비판한다. 여기에서 한발 더 나아가 묵자는 당시 열강들이 천하의 패권을 손에 넣기 위해 소국을 침략했을 때, 소국의 입장에서 적극적인 방어를 할 수 있는 방법에 대해서도 깊이 연구했다. 다음의 일화는 이런 묵자의 사상과 태도를 엿볼 수 있다.

어느 날 묵자는 초나라 군사 공수반(公輸般)이 운제기계(雲梯機械: 높은 성벽을 타고 올라가 공격할 수 있는 사다리)를 발명해 송나라를 공격하려 한다는 소식을 들었다. 이에 묵자는 급히 제나라에서 초나라의 수도 영으로 가서 공수반을 만나 말했다.

"내가 사는 고장의 많은 사람들이 나를 얕보는데, 당신이 나를 도와 그들을 전부 죽여 주었으면 하오."

묵자의 말에 공수반은 달갑지 않은 표정으로 퉁명스럽게 말했다.

"나는 평소 의로움을 신조로 삼고 있는 사람인데, 어찌 함부로 사람을 죽일 수 있겠소."

그러자 묵자가 안색을 바꾸며 말했다.

"초나라의 영토는 광대하고 인구는 적은데 왜 조그만 송나라를 공격하려는 거요. 게다가 송나라가 초나라에 잘못한 일도 없는데 무기를 제조하여 그들을 공격해 죽이려고 하는 것은 당신의 신조인 의로움과 위배되는 것 아니오?"

묵자의 말을 들은 공수반은 얼굴이 빨갛게 되어 부끄러움을 느끼곤 그를 데리고 초왕을 알현했다. 초왕을 만난 묵자가 초왕에게 물었다.

"호화로운 장식을 한 마차를 가진 사람이 이웃의 다 헐은 마차를 빼앗으려 하고, 비단 옷을 입은 사람이 이웃이 입은 낡은 옷을 훔치려 하며, 산해진미를 먹는 사람이 이웃의 술지게미를 훔치려는 것에 대해 왕께서는 어떻게 생각하십니까?"

"내가 생각하기에 그 사람은 도벽이 있는 사람같구려."

초왕의 대답에 묵자가 이어서 말했다.

"그러면 왕의 나라는 오천 리의 토지를 가지고 있고 자원도 풍부하며 식량이 부족하지도 않은데, 겨우 오백 리의 국토에 식량과 자원도 부족한 송나라를 치는 것이 제가 말한 비유와 다르지 않습니까?"

그의 말을 들은 초왕이 뭐라 대답해야 좋을지 몰라 우물쭈물하다가 더듬더듬 말했다.

"아닐세, 나는 결코 송나라를 공격할 생각이 없네. 단지 공수반이 심혈을 기울여 새 기계를 만들었다기에 그 연구결과를 실제로 시험해 보고 싶어서……."

그들이 단지 연구결과를 실제로 보고 싶다는 말을 하자 묵자는 종이 위에 그림을 그려가며 공수반과 전쟁을 했다. 그 결과 공수반이 비록 9차례나 임기응변으로 묵자를 공격했으나 묵자의 대응 또한 만만치 않아 공수반은 마침내 더이상 펼칠 전략이 없었다. 그러나 묵자는 수비할 수 있는 방법이 무궁무진해 결국 공수반은 자기가 졌음을 시인했다. 이것이 바로 유명한 '묵수(墨守 : 묵적의 수비)'의 유래이다.

"공수반은 송나라와 싸우면 자기가 승리하리라고 생각하는 것같습니다. 그러나 지금 내 제자 금활(禽滑)이 초나라의 공격에 대항할 수 있는 기계를 가지고 송나라로 가서 초나라의 침략을 막을 준비를 갖춰 놓고 있습니다."

묵자의 이 말에 초왕과 공수반은 더이상 송나라를 공격할 엄두를 내지 못했고, 묵자는 초나라의 침략행위에 쐐기를 박았다.

묵자는 이와 같이 무차별 박애주의와 전쟁반대론을 제창했고, 그의 이론은 결코 소극적인 무저항주의가 아니라 방어의 정당성을 강조하여 자위의 필요성과 관념상에 있어서 평화주의를 표방한 것이다.

묵자는 자기의 의견을 따르는 사람들의 힘을 모아 묵자 집단을 조직해 영도자 거자(鋸子)를 선출하고, 그에게 묵자 집단을 통솔하게 하여 어떤 공격에도 완벽한 수비를 할 수 있는 체제와 방법을 연구했다. 이로 인해 묵가는 당대와 같은 난세에 상당한 주목을 끌었다.

노자와 장자

도가의 철인과 존재의 사상가

노자는 수수께끼와 같은 인물이다. 그러므로 어떤 사람들은 정말 노자라는 사람이 존재했는가에 대해서도 회의를 품고 있다. 노자에 대해 알려진 것은, 그의 성은 이(李), 이름은 이(耳), 자는 백양(伯陽), 시호는 담(耼)이라는 것이다. 우리가 흔히 말하는 노자의 '老'는 노인이라는 뜻의 '老'이다.

『사기』의 기록에 의하면, 그는 초나라 고현(苦縣) 여향 곡인리(曲仁里)에서 태어났다. '곡인'이라는 지명은 우리에게 유가의 '인(仁)'의 사상을 왜곡해서 해석한다는 느낌을 준다. 즉 노자는 유가사상에 반대하는 사람이라는 뜻이 함유되어 있다. 이것은 당나라 때에 도가를 믿는 사람들이 마음대로 『사기』를 고쳤기 때문이며, 원전에는 노자가 훗날 초나라의 영토로 된 진(陳)나라에서 출생했다고 한다.

그의 생존기간에 대해서는 여러가지 견해가 있으나 공자가 노자를 찾아갔을 때의 나이가 34세였고, 공자가 주의 예의와 문물전제(文物典制)에 대한 가르침을 청할 만하다면 노자는 풍부한 학식과 경험을 갖춘 사람일 것이다. 더우기 공자가 노자를 방문했을 때, 그는 이미 원숙한 나이에 이른 사람이니, 공자의 눈에 원숙한 사람으로 보이고 그가 존경하여 배움을 청할 정도의 사람이라면 대략 50세 정도가 되지 않았을까 한다. 그러므로 노자의 생존기간은 공자보다 약 20여 년 앞선 것으로 추정된다.

고향을 떠난 노자는 오늘날 낙양지방의 주나라에서 도서관 관리원을 지냈다. 노자는 쉬지 않고 도덕을 수양해 마침내 '무위(無爲)'를 주장, 사회를 떠나 이름을 감추고 은둔하고 싶어했다. 또한 그는 수도에 오래 머물면서 주나라(당시 東周)의 국위가 이미 상실됐음을 보고 마침내 더이상 머무를 이유가 없다 생각하곤 우마(牛馬)를 타고 서쪽 국경을 향해 갔다. 그가 함곡관(函谷關)에 이르렀을 때, 관문을 지키는 장관 윤희(尹喜)가 노자에게 말했다.

"당신의 모습을 보니 당신의 주장을 몸소 실천하려는 것같은 데, 만약 은거하려 한다면 우리를 위해 책 한 권을 써주시지 않겠습니까?"

노자는 그의 부탁에 따라 잠시 가던 길을 멈추고 그곳에 머무르면서 은둔과 자연주의의 색채가 짙은 『도덕경』 5천여 자를 남겼다.

노자의 오직 한 권뿐인 저서 『도덕경』은 비록 아주 간결한 문장이지만, 말의 영역을 초월한 심오한 '도(道)'에 대한 그의 깊은 사색을 잘 드러내 다른 많은 사상가들과의 차이를 잘 보여주고 있다.

유가의 학설과 다른 사상가들이 도를 언급할 때에 그것은 늘 '인도(人道)'의 의미만을 가지고 있었다. 그러나 노자에 의하여 그것은 형상(形上)의 의미를 가지게 되었고, 『주역』의 "형이상(形而上)이라는 것을 도라 하고 형이하(刑而下)라는 것을 기라 이른다"에서의 도도 인도의 의미를 멀리 벗어나 노자와 결합했다.

이런 노자의 도는 일체 만물의 근원으로서의 '도'이고, 이것은 모든 것의 규범이 되어 천지(天地)보다 먼저이고, 천하의 모태가 되는 것으로 그 이름붙일 것이 없어 할 수 없이 '도'라는 것으로 그것을 표시한다. 그에게 있어 "도라고 말할 수 있는 것은 도가 아니고, 이름지을 수 있는 것은 이름이 아니며, 이름없는 것이 천지의 시작이고 이름있는 것은 만물의 어머니"이다. 그러므로 "천지만물은 있음에서 생겨나고 있음은 없음에서 생긴 것"이다.

이것은 바로 '도'를 '무'와 연결하여, 천지의 시작은 하나의 혼돈상태로 그것은 비록 '도'가 되나, 또한 '무'가 되는 것이면서 모든 것을 생성하는 능력이 있는 것이다. 이 생성의 과정은 도(道)에서 시작하며, 그 도란 즉 무(無)이고, 정(精)이며, 이것은 바로 음(陰)이다. 음과 정은 천지의 근원으로 그것 자체에 생성하는 능력이 있으며, 음과 정의 도가 생성될 때 양(陽)이 생성되고, 음과 양이 교감하여 만물이 생긴다. 그러므로 도는 생동감 넘치고, 끊임없는 능력이 있다.

그 도에는 황홀한 속에 "물상(物象)이 있고, 정기가 있으며, 그 정기는 참되고 그 가운데 믿음이 있어 옛부터 지금에 이르기까지 사라지지 않고 만물의 시초가 되는 것"이다. 그러므로 도는 영(零)이 아닌 것이 없으면서 공(空)이 아니어서 여전히 존재하는 것이다.

그러므로 노자는 "보아도 보이지 않는 것을 이(夷)라 하고, 들어도 들리지 않는 것을 희(希)라 하며, 잡으려 해도 잡을 수 없는 것을 미(微)라 하여 이 세 가지는 말로 할 수 없기 때문에 섞어서 하나〔一〕로 한다. 그것은 위라 하여 밝지 않고, 아래라 하여 어둡지 않으며, 끈과 같이 길게 이어져 있으나 이름할 수 없으니 결국 다시 아무 물상이 없는 상태로 돌아간다. 이것이 형체없는 상(狀)이고, 물상없는 상(象)이니 이것을 황홀하다고 이른다"라고 한다.

황홀함이 도의 본체이니 도의 존재상태는 황홀하면서 물(物)이 있고, 상(象)이 있으며, 또한 정(精)이 있으니 "도가 그것을 낳고, 덕이 그것을 길러 물상이 그것을 형체로 하고, 세력을 이루게 한다. 그러므로 만물이 도를 높이고 덕을 귀하게 여기지 않을 수 없으니 도의 존귀함과 덕의 귀함은 누가 명령하는 것이 아니고 늘 저절로 그렇게 되어지는 것"이다. 이것은 바로 덕이 도를 물상에 머무르게 하며, 또한 만물이 도를 얻어 물상이 되는 것도 바로 덕이 있기 때문이다.

그러므로 도와 덕이 있은 후에 물상이 형체가 있고, 세력을 이루는 것이다.

노자의 존재론은 도(道)를 근본으로 삼으나 도라는 것은 또한 무(無)이다. 이로 인해 우리가 도를 구할 때는 절대로 장사꾼들이 물건을 사고파는 것과 같은 구체적인 방식으로 그것을 행해서는 안되고, 반드시 사상으로써 마음을 기울여 느껴야 비로소 도를 얻을 수 있다. 노자의 도가 만물에 응용될 수 있고, 또한 만물 생성의 총원리가 될 수 있는 까닭은 바로 도 본래가 항구하고 지대한 특성을 가지고 있기 때문이다. 이런 항구하고 지대한 특성이 우주에 충만하여 항구불변의 근원과 표준이 되는 것이다.

노자의 정치에 대한 사상은 그의 이와 같은 존재론에 입각하여 유위(有爲)가 아닌 바로 무위(無爲)로 다스려지는 이상사회를 주장한다. 하나의 완전한 사회에는 어떤 제도의 규제같은 것이 필요하지 않은 것이다. 규제가 많으면 많을수록 사람의 욕망도 갈수록 깊어지고, 욕망이 깊어지면 싸움과 살인이 발생하게 되고, 이것을 방지하기 위해서는 다시 또다른 제도 제정이 요구된다.

이것이 악순환되고 인위적인 것은 갈수록 많아지고, 그 결과로 사람의 천진하고 거짓이 없는 자연 그대로의 순수한 마음이 파괴되어 영원히 돌이킬 수 없는 지경에 이르게 되기 때문이다. 그러므로 노자는 나라의 지도자가 어떤 작위(作爲)를 하지 않고 모든 것을 자연 그대로 놓아두면 사람의 마음도 스스로 변화한다고 여긴다.

이런 이유로 "성인은 내가 하는 일이 없으면 백성이 저절로 변화하고, 내가 고요함을 좋아하면 백성은 저절로 바르게 되며, 내가 일이 없으면 백성이 저절로 부자가 되고, 내가 욕심이 없으면 백성이 저절로 소박해진다"고 말했고, 이렇게 백성이 저절로 변화하고, 바르게 되고, 부자가 되고, 소박하게 하는 사람이라야 천하를 다스릴 수 있다고 했다.

나라를 다스리는 데는 현인도 필요없다. 이른바 현인이라고 하는 것은 모두 거짓이니 "지혜를 가지고 나라를 다스린다는 것은 나라를 해치는 것이고, 지혜로 나라를 다스리지 않는 것은 나라의 복"이기 때문이다. 그리하여 "백성들이 앎과 욕망이 없게 하고, 지혜있는 자라 하더라도 그로 하여금 감히 하지 않게 하는 무위를 하면 다스려지지 않는 것이 없다"는 것이 노자의 주장이다.

이런 무위로써 다스릴 수 있는 이상사회란 당시 대부, 제후들이 무력으로 이웃나라를 정복, 병탄하여 대국을 형성하는 그런 것이 아니다. 노자가 그리는 이상적인 사회는, '작은 나라와 적은 수의 백성(小國寡民)'과 같은 촌락사회를 표방했다고 말할 수 있다.

노자의 이상사회는 "배와 수레가 있어도 타는 일이 없고, 갑옷과 병기가 있어도 그것을 늘어놓지 않으며, 백성들로 하여금 다시 노끈을 엮어 쓰게 하고, 그 음식을 달게 먹고, 그 옷을 아름답게 여기고, 그 집을 편안히 여기고 풍속을 즐기게 한다. 그리고 이웃나라가 바라다 보이고, 닭과 개짖는 소리가 들려도 백성들은 늙어 죽을 때까지 왕래하지 않는" 그런 소박한 사회이다.

유가나 묵가는 모두 광대한 토지, 다수의 국민을 기초로 하고 있으나 노자는 오히려 그들의 논점을 완전히 부정하고, 유위로 인한 폐해를 통해 무위의 오묘함을 밝혔다.

그에게 있어서 "천하는 신비로운 그릇과 같아 사람으로선 만들 수 없으며, 이것을 만들려는 자는 도리어 이것을 깰 것이고, 이것을 잡으려 하면 이것을 잃게 되는 것"이다. 그러므로 "성인은 심한 것을 버리고, 지나친 것을 버리며, 큰것을 버리는" 것이다.

또한 노자는 무력으로 분쟁을 해결하는 것에 대해 반대하고, 전쟁의 위험에 대해 엄중하게 경고했다. 무력을 사용하는 것은 흉사(凶事)이기에 성인은 결코 부득이한 경우가 아니면 그것을 사용하지 않으며, 또한 자랑하지도 않는다. 그러므로 "도로써 군주를 돕는 사람은 병력으로 천하를 강하게 하지 않는다. 그런 일은 마땅한 댓가가 자기에게 돌아오게 마련이다. 그리고 군대가 주둔하던 곳에는 가시나무가 나고, 큰 전쟁이 있은 후에는 반드시 흉년이 든다"고 말하고 있다.

노자는 처음부터 끝까지 '작은 나라, 적은 수의 백성'과 같은 이상

향을 위하여 전국시대 열강들이 부국강병책을 쓰는 것에 비판했다. 그러나 이런 그의 사상이 도시에 사는 젊은 사람이나 지식인들이 농촌사람들이 생활 속에서 겪는 어려움을 간과한 채 농촌생활을 낭만적이고 아름다운 전원생활로 찬미하는 것과 마찬가지라는 견해도 있다.

『노자』에는 당시의 부패한 정치사회와 부국강병책에 대한 실망을 묘사하고, 이것이 자연주의 사상으로 급전하여 '무위'의 날을 향수하는 것같은 현상이 눈에 띈다. 그러므로 그는 은둔한 전국시대 초기의 지식분자라고 일컬어지기도 한다.

장자의 일생에 대한 자세한 기록은 없다. 그러나 대략 양 혜왕(惠王), 제 선왕(宣王), 초 위왕(威王)의 시대인 기원전 369년 경에 태어나 기원전 286년 경에 사망했으리라 추정한다. 장자의 시대는 맹자(孟子), 혜시(惠施)와 같은 시대로, 당시 교통관계로 장자가 맹자를 만난 일은 없었지만 혜시와는 친한 친구 사이이다. 그러나 이들은 각자의 길이 달랐고, 이로 인해 장자는 늘 혜시를 놀렸으나 그의 박학함에 대해서는 장자도 깊이 인정하여 「천하(天下)」에서 "혜시의 학설은 다방면에 걸쳐 그 저서가 다섯 수레이다"라고 말했다.

장자의 학적의 근원은 노자의 사상이다. 그러므로 후세 사람들은 그와 노자의 사상을 합해 '노장사상'이라고 한다.

장자의 이름은 주(周)이며 송나라 몽(蒙 : 하남성) 사람으로 일찌기 고향에서 낮은 직급의 관리직에 있었다. 이것 외에는 어떤 벼슬을 통해 발전할 계획을 가진다든가 하는 것이 없었다. 그는 자유로운 '자연(自然)' '소유유(逍遙遊)'의 사상을 품고 있으며, 그의 모든 행위는 이런 사상이 기초가 된다. 비록 생활이 빈궁하지만 그 속에서 깊은 만족감과 편안함을 느끼고 있다. 일찌기 초 위왕이 많은 재물과 재상직으로 장자를 초빙하려 하자 그는 위왕의 사자에게 말했다.

"천금은 막중한 이(利)이고, 재상직은 중직이나 그대는 제사 때에 희생되는 소를 보지 못했는가? 그것을 여러 해 길러서 아름답게 수

놓은 옷을 입힘은 대묘(大廟)에 들어가는 때를 드러내게 함이오. 그때 그 소가 비록 외로운 돼지가 되고 싶어하나 어찌 그렇게 될 수가 있겠는가? 그대는 빨리 돌아가 나를 더럽히지 마시오. 나는 오물 속에서 노느니 차라리 스스로 즐기며 나라있는 자의 구속을 받지 않겠소.”

여기에서도 장자가 세상의 명리(名利)에 눈돌리지 않고 오로지 자신의 의지대로 자유롭게 살고자 하는 것을 알 수 있다.

그는 유가의 ‘인애도덕(仁愛道德)’은 인류의 아주 조그마한 지혜의 행위로 여기고 이를 극력 배척하고 있다. 그는 ‘무위자연’을 제창하고, 또한 정신상의 자유로운 경지를 추구했으니 그것이 ‘도’의 세계이다. 장자는 천마가 하늘을 자유롭게 나는 듯한 문장과 기세로 특유의 독특한 풍자와 우화의 방식으로 자신의 사상을 발전시키고 있다. 다음의 우화는 『장자』의 「천지(天地)」에 있는 이야기이다.

요 임금이 화 지방(話地)으로 순행할 때 그곳의 봉인(封人 : 국경을 지키는 사람)이 요 임금 앞에 와서 말했다.
“대왕, 행복하게 오래 사시고, 백 세까지 사십시오.”
요 임금은 잠시 뭔가를 생각하는 듯하더니 웃는 얼굴로 말했다.
“나는 백 살까지 살기를 바라지 않네.”
“저는 또 대왕의 재물이 날로 불어나기를 축복합니다.”
“아닐세. 나는 재물이 느는 것을 원하지 않네.”
“그러면, 저는 많은 자손이 있으시길 축복하겠습니다.”
“나는 전혀 생각지도 않네.”
“모든 사람이 장수, 재물, 그리고 자손이 많기를 기대하고 바라는데 대왕은 왜 이것들을 거절하십니까? 정말 그 이유를 알 수가 없습니다.”
“왜냐하면 자손이 많으면 불효한 자손이 있는 것을 피하기 어려워 도리어 번거로움만 더하는 것이고, 재물이 증가하면 반드시 일도 또한 많이 증가할 것이며, 장수한다면 치욕을 당하는 때도 마찬가지로 증가할 것이라네. 그러므로 이 세 가지는 내가 덕을 쌓는데 아무런 쓸모도 없으니 나는 그것들을 포기한다네."

이 말을 들은 관리는 비록 겉으로는 요 임금에게 듣기 좋은 말을 했지만 실망과 경멸의 표정을 나타내며 혼자 중얼거렸다.

"아! 이게 어떻게 된 일이야? 모두들 요 임금이 성인이라고 하는데 내가 보기에 그는 군자(君子)라면 알맞을 것같군. 만약 자녀가 많으면 적당한 일을 아이들에게 시키면 속썩이거나 번거로운 일이 없을테고, 재물이 증가되면 증가된 부분을 다른 사람에게 나누어 주면 해결되잖아. 진정한 성인이라면 마치 하늘을 자유자재로 날아다니는 새처럼 어떤 흔적을 남기지 않지. 사회가 안정된다면 다같이 태평한 세월을 즐기고, 사회가 혼란하다면 자기 몸을 수신하거나 아니면 은거해서 천백 살까지 살면 되고, 사회에 염증을 느낄 때는 신선이 되어 구름을 타고 신선의 세계로 유람하면 되지. 이렇게 하면 병이 나거나 늙는 것, 그리고 죽는 것과 같은 곤경에 의해 재난을 받지 않을테니 장수하여 치욕이 많아질까 하는 따위는 더욱 걱정할 필요가 없지 않은가……."

봉인의 이 말을 들은 요 임금이 돌아서는 그의 뒤를 따르면서 가르침을 청했다. 그러자 봉인은 "물러가시오"하고 가버렸다.

장자는 이 우화를 빌어 유가에서 성인이라고 받드는 요 임금과 상반된 설명으로 '도'의 세계에서 자유자재로 사는 사람, 다시 말해서 도가에서 내세우는 성인의 모습을 독자들에게 암시하고 있다.

장자의 존재론은 '무(無)'의 절대성을 천명하는데 그 목적이 있다. 장자에게 있어서 '도'는 '무'이고, 이것은 시간과 공간을 초월한 것으로 어느 곳에나 존재하여 그것이 존재하지 않는 곳이 없다. 이런 그의 생각을 잘 알 수 있는 것이 「지북유(知北遊)」에 있는 동곽자와의 대화이다.

동곽자가 장자에게 물었다.

"이른바 도라는 것이 어디에 있습니까?"

"없는 곳이 없소."

"어디에 있는지 지적해 주십시오."

"청개구리나 개미에게도 있소."

"어떻게 그런 하등한 것에 있습니까?"

"기장이나 피에도 있소."

"왜 자꾸 하등한 것으로 내려갑니까?"

"기와나 벽돌에도 있소."

"어째서 더욱 하등한 것으로 내려갑니까?"

"똥이나 오줌에도 있소."

장자의 이 말에 동곽자는 더이상 아무 대답이 없었다. 그러자 장자가 말했다.

"당신의 질문은 도의 본질에 미치지 못했소. 예를 들어 시장의 감독자에게 돼지의 살찐 여부를 알아보게 했을 때 꼬리나 다리같은 부분을 조사해도 다른 부분의 살찐 정도를 잘 알 수 있소. 이와 같이 당신은 도가 어디 있는가를 한정해서는 안되고, 도가 물(物)을 초월한 것으로 생각해서도 안되오. 도는 이와 같이 어디에나 있는 것이오. 주(周:두루), 편(遍:고루), 함(咸:골고루)의 세 글자는 이름은 다르나 그 실제는 똑같이 하나를 가리키는 것이오."

도는 천지만물이 생성되게 하는 총원리이므로 모든 물건에 다 도가 존재하니 도가 있지 않는 곳이 없이 어디에나 있다. 그러므로 장자는 "도는 정(情)과 신(信)이 있고, 행위와 형태가 없다. 그것을 마음으로 전할 수 있으나 손으로 받을 수 없고, 체득할 수는 있으나 볼 수 없다. 그것의 근본은 천지가 있기 전부터 굳건히 존재하여 귀신과 상제를 신령스럽게 하고 하늘과 땅을 생성했다. 그것은 태극(太極) 위에 있어도 높다 여기지 않고, 육극(六極) 아래 있어도 깊다 여기지 않으며, 천지보다 앞서 생성되었어도 오래되었다 여기지 않고, 상고(上古)보다 오래 되었어도 늙었다 여기지 않는다"고 했다.

이렇게 시공을 초월하고 행위와 형태도 없고 정과 신이 있는 것이 바로 도의 특질이며, 이것이 본래 천지보다 먼저 있었으니 그것이 천지만물 사이에 응용되며 작용하는 것도 지극히 자연스러운 것이다.

장자는, "기(技)는 일(事)에 포섭되고, 일은 의(義)에 포섭되며, 의는 덕에 포섭되고, 덕은 도에 포섭되며, 도는 하늘에 포섭된다"고 말하고, 또한 "무위인 채로 그것을 하는 것이 하늘"이라고도 했다. 이것은 바로 하늘, 도가 모두 하나의 자연스러운 것이고, 이런 자연스러운 것은 구체적으로 볼 수 있는 사물이 아니기 때문에 또한 '무'라고 부르는 것이다.

그리고 "태초에 '무(无)'만 있고 유(有)가 없으니 이름도 없었다. 이 무에서 하나가 생겼으나 아직 형태는 있지 않았다. 만물은 이를 얻음으로써 생겨났으니 이를 덕이라 한다. 아직 형태가 없는 것은 나뉨이 있으나 간격이 없으니 그를 명(命)이라 한다. 그것이 유동하여 만물을 생성하니 만물이 생성하는 이치를 형(形)이라 한다. 그 형체가 정신을 보전하고 각자 그 법칙을 따르는 것이 성(性)"이라 한다.

여기에서 말하는 태초에 있던 '무(无)'가 바로 '도'를 가리키는 것이다. 그러므로 장자의 마음 속의 도는 우주, 천지만물의 본체이고, 천지가 있는 것은 모두 도를 그 존재의 근원으로 삼는 것이다. 이런 존재하지 않는 곳이 없이 어느 곳에나 있는 도가 있은 후에 우주의 생성변화가 그것으로 풀이될 수 있게 되었다.

맹 자

유가의 성선론자

전국시대 각국 제후들의 패자 쟁탈전이란 혼란 속에서 도덕이 땅에 떨어지고, 그런 역사의 급류 속에서 힘없는 백성들은 내일을 바라보지 못한 채 하루하루를 보내고 있었다. 이런 시대상황 속에서 제후들의 휘하에서 제자백가가 흥성하고, 인의 도덕을 부르짖는 유가는 도리어 다른 학설들에 눌려 있었다.

그러나 맹자가 등장함으로써 유가는 그의 유창한 웅변에 힘입어 빛을 발하기 시작했다. 이로 인해 후세 사람들은 그를 공자 다음가는 성인이라 하여 '아성(亞聖)'이라고 불렀다.

맹자의 이름은 가(軻), 자는 자여(子輿)로 노나라 남쪽의 추(鄒 : 산동성)에서 기원전 372년 경에 태어나 기원전 289년 경에 세상을 떠났다. 맹자는 어렸을 때 아버지가 돌아가셔서 현명한 어머니의 정성과 노력으로 교육을 받았다. 오늘날까지 아들을 교육시키는 맹자 어머니의 열성을 나타내는 이야기가 '맹모삼천(孟母三遷)', '맹모단기(孟母斷機)'라는 성어로 널리 전해지고 있다.

성년이 된 맹자는 공자의 손자이며 『중용』의 저자로 널리 알려진 자사를 스승으로 섬겨 학문을 닦은 후 어지러운 세상으로부터 나라와 백성을 구하고자 했던 공자의 뜻을 펴기 위해 제나라의 객경(客卿)이 되어 제왕이 인정(仁政)을 펼 수 있도록 성심으로 보좌했다.

그러나 그는 수년이 지난 후 자신의 주장, 이상과 현실의 상황이 너무 동떨어져 있음을 깨닫고 조용히 제나라를 떠났다. 그때 그의 나이 약 45, 6세였다.

제나라를 떠난 맹자는 각국을 주유하기 시작하여 송(宋), 설(薛), 노(魯), 추(鄒), 등(鄧), 양(梁)나라 등을 다녔으나, 이들 나라의 왕들은 맹자의 주장을 채용하지 않았다. 당시의 진나라는 상앙의 부국강병책에 온힘을 쏟고 있었고, 초와 위나라는 오기(吳起)를 중용하여 싸움마다 승리하여 적을 약화시켰으며, 제 위왕(威王)과 선왕(宣王)은 손빈(孫臏), 전기(田忌)와 같은 사람들을 기용해 제후들이 동쪽 제나라를 섬기게 했다. 또한 소진의 '합종'과 장의의 '연횡'으로 각국이 침략과 방어에 골몰하니 어느 나라에서나 당시 상황에서 현실적으로 아무 힘도 발휘하지 못하는 맹자의 왕도(王道)를 채용하지 않는 것은 당연한 일이었다.

이런 현실에 무력감을 느낀 맹자는 하는 수없이 물러나 만장(萬章)의 무리와 시서(詩書)를 나누고, 중니(仲尼)의 뜻을 술회하며『맹자』7편을 쓰고, 대략 83, 4세 때에 세상을 떠났다. 이런 맹자의 일생은 그가 사상의 스승으로 섬기는 공자와 마찬가지로 큰 뜻이 있으나 때를 잘못 만나 그 뜻을 제대로 발휘하지 못한 불우한 인물이라 할 수 있다. 그러나 그의 사상은 오늘날 동양사상에서 빼놓을 수 없는 중요한 위치를 차지하고 있다.

일반적으로 흔히 맹자가 언급되면 자연히 그의 정치사상을 떠올리게 될 만큼 유명한 데, 그 이유로는 아무 힘없고 보잘것없는 백성을 '하늘'이라고 함으로써 그 존재가치를 긍정해 당시의 관념으로 볼 때 '혁명'이라 할 만한 발언을 했기 때문이다.

맹자의 정치사상에는 민본주의(民本主義) 외에 왕도사상, 민족주의, 혁명사상이 있다. 그는 군주는 오직 인의(仁義)로써 사람을 대해야 하며 위계로 남을 속이거나 위협해서는 안된다고 주장한다. 그러므로 그가 혜왕을 만났을 때 양 혜왕이 그에게 물은 '이로움'은 맹자에 의해 배척되었다. 맹자는 사람과 사람, 국가와 국가 사이에서 오직 이로움만을 이야기할 수 없으며, 반드시 인의로 마음을 삼고 행동해야 하며, 인의로 다른 사람을 복종시킬 수 있어야 비로소 천하를 얻을 수 있다고 여겼다.

그러므로 그는, "무력으로써 인(仁)을 가장하는 자는 패자(覇者)이며 패자는 반드시 큰 나라를 소유한다. 그러나 덕으로 인을 행하는 자는 왕자(王者)로, 그의 나라는 큰 것을 바라지 않아 탕(湯)은 칠십 리, 문왕(文王)은 백 리로 왕자가 되었다. 무력으로 남을 복종시키는 것은 마음으로 복종하는 것이 아니고 힘이 모자라기 때문이며, 덕으로써 남을 굴복시키는 사람은 마음으로 기뻐하며 진심으로 굴복하니 그것은 칠십 인의 제자가 공자에게 굽히는 것과 같다"고 말한다.

이와 같이 덕으로써 다른 사람을 복종시키는 것이 바로 왕도정치이며, 왕도정치는 바로 백성을 보호하고 기르는 것이니 "백성을 보호하여 왕자가 된다면 아무도 그를 막지 못할 것"이라 주장하고, 또한 "백성이 산 사람을 부양하고, 죽은 사람을 장례하는데 유감이 없게 하는 것이 왕도의 시작"이라 하여, 굶주리고, 산과 들판에 내던져지듯 죽어가는 백성들을 대변하여 윤택한 민생을 주장했다.

그러면 왕도정치를 펼쳐 백성을 보호하고 기르고자 할 때 군왕은 먼저 무엇을 염두에 두어야 하는가? 그것은 역사로부터 얻은 교훈을 거울로 삼아야 하는데, 그 가운데 바로 탕(湯)이 걸(桀)을 쫓아내고, 무왕(武王)이 주를 토벌한 이야기로, 한 군왕이 인정(仁政)을 행하지 않으면 언젠가는 누군가가 혁명을 일으켜 그의 폭정을 타도한다는 것을 명심해야 한다고 말한다.

맹자는 백성들이 폭정을 뒤엎을 권리가 있음을 인정하고 이것은 바로 하늘이 도(道)를 행하는 것이라고 했다. 그러므로 군왕된 자는 반드시 삼가하고 조심하여 모든 사람이 죽이고 싶어하는 폭군이 되지 않도록 노력해야 한다고 말한다. 만약 군왕이 인정을 행하여 백성에게 베풀고자 한다면 먼저 "사람은 나라의 근본이니 근본이 굳건하면 나라가 평안하다"는 것을 이해해야 한다. 그러므로 맹자는 "백성이 귀하고, 사직은 그 다음이며, 군왕은 가볍다(民爲貴, 社稷次之, 君爲輕)"라는 혁명적인 주장을 했다.

이것은 "하늘이 보는 것은 우리 백성들이 보는 것으로부터 보고, 하늘이 듣는 것은 우리 백성들이 듣는 것으로부터 듣는다"는 것을 강조함으로써 모든 정책은 백성의 뜻에 따라야 한다고 했다. 이로 인해 그는 군왕으로서 인재를 등용할 때 그 인재에 대해 "좌우에 있는 사람들이 다 어질다고 해도 안되고, 모든 대부가 어질다고 해도 안되며, 나라 사람들이 다 어질다고 말한 후에 그를 살펴 어질다고 여겨지면 등용하라"고 말한다. 이것은 모든 군왕에게 백성들의 뜻을 잘 살피어 그들의 뜻에 따라 정치를 행하면 오랑캐도 동화시킬 수 있어 천하가 하나가 된다는 것이다.

맹자의 학설은 공자의 정신과 사상을 근간으로 하였으며, "마음을 다하여 성(性)을 알고, 그것으로써 하늘을 안다"는 것을 더욱 강조하였고, 하늘을 알고자 하는 목적에 이르기 위해 일신의 힘을 다해야 한다고 했다. 그러므로 맹자는 "하늘은 사람에게 장차 큰 일을 맡기기 위해 먼저 그 사람의 마음을 괴롭히고, 그의 살과 뼈를 피로하게 하며, 그의 배를 굶주리게 하고, 그를 곤궁하게 하며, 그가 하는 일을 어긋나게 한다. 이것은 그가 분발하여 인내심을 가지고 그가 못하던 일을 더 많이 할 수 있도록 해주기 위해서이다"라고 했다.

그리고 이와 같이 남보다 더욱 많은 시련을 겪고 그것을 이겨낸 사람이라야만 비로소 하늘의 뜻에 따라 큰 일을 도모할 수 있으며, 그가 수행하는 일을 통해 "상하가 천지와 함께 흐르고(上下與天地同流)", 하늘과 사람이 하나(天人合一) 되는 경지에 다다를 수 있다고 주장한다.

맹자의 주장 가운데 정치사상 외에 유명한 것으로는 '성선설'이다. 인간의 본성에 관한 이 문제를 둘러싼 고자(告子)와의 쟁론은 유명하다. 맹자는 인간의 본성이 선하다는 것을 주장하는데, 그 이유로 사람은 누구나 남에게 나쁘게 하지 못하는 착한 마음과 양지(良知 : 배우지 않아도 선천적으로 아는 것), 양능(良能 : 배우지 않아도 선천적으로 할 수 있는 것)이 있기 때문이다. 이런 남에게 나쁘게 하지 못하는 마음과 양지, 양능은 모두 천부적인 것으로 배우지 않아도 저절로 갖추어져 있는 것이다.

맹자가 이것에 대한 비유로 든 것이 널리 알려진 다음의 '우물에 빠지려는 아이'의 이야기이다.

이른바 사람에게 차마 남을 상해하지 않는 마음이 있다고 하는 것은, 예를 들어 어떤 사람이 겨우 걸음마를 하는, 아직 아무 것도 모르는 아이가 막 우물에 빠지려고 하는 것을 보곤 누구라도 다 공포심과 연민의 마음이 일어나 가서 아이를 구한다. 이것은 그가 아이의 부모와 사귀고자 하는 것이 아니며, 또한 마을 사람들이나 친구들의 칭찬을 받으려고 하는 것도 아니고, 다른 사람의 질책을 받을 것이 두려워 구하는 것은 더더욱 아니다. 이런 관점으로 볼 때 측은해 하는 마음이 없는 사람은 사람이 아니고, 옳고 그름을 가리는 마음이 없는 것도 사람이 아니다. 측은해 하는 마음은 어짐의 실마리요, 악을 부끄러워 하는 마음은 의로움의 실마리이다. 사양하는 마음은 예의의 실마리이고, 옳고 그름을 가리는 마음은 지혜로움의 실마리이다. 사람에게 이 네 가지 실마리가 있음은 그에게 사체(四體)가 있는 것과 같다. 이 사단이 있으면서 할 수 없다고 말하는 자는 스스로를 해치는 것이다.

이런 "어짐, 의로움, 예의, 지혜는 밖으로부터 들어오는 것이 아니라 본래 내가 가지고 있는 것이나 생각하지 않았을 뿐이다. 그러므로 구하면 그것을 얻고, 버리면 그것을 잃는 것"이다.

이렇게 사람에게 어짐, 의로움, 예의, 지혜의 네 실마리가 있는 것은 마치 입, 코, 혀, 몸의 사체가 있는 것과 같이 자연스럽게 모두 태어나면서 있는 것이며, 거짓으로 꾸며서 얻을 수 있는 것이 아니다. 사람은 이 네 실마리가 갖추어져 있음으로 어짐, 의로움, 예의, 지혜가 있는 착한 행동이 있다. 이와 같은 논리에서 맹자의 '성선설'이 출현했다.

맹자가 성선설을 제기한 후 당시 고자, 공도자(公都子)는 사람의 본성은 선하다거나, 선하지 않다고 얘기할 수 없는 것이 아닌가 하는 의문을 제기했다. 고자에게 있어 사람의 마음은 시냇버들과 같아 물이 저쪽으로 흐르면 저쪽으로 쏠리고, 물이 이쪽으로 향하면 이쪽으로 흐르는 것이다. 또한 본래 아무 것도 없는 백지상태인 사람의 마음이 사회라는 커다란 염색독에 들어간 후, 그 독 속에 들어있는 색깔, 즉 선과 악이라는 물이 든다고 말한다. 이 말은 본래 백지와 같은 사람의 본성이 후천적인 환경의 영향을 받아 선과 악으로 나뉘게 되니 좋은 환경이 갖추어져야 비로소 선하게 된다는 것이다. 그러나 맹자는 그들의 말에 반박하여 말했다.

"그대는 냇버들의 본성에 순응하여 배권(杯棬：나무를 구부려 만든 술잔)을 만들 수 있다고 여기는가? 그대의 생각은 냇버들의 본성을 해쳐서 배권을 만들려고 하는 것이다. 이같이 냇버들의 본성을 해쳐서 배권을 만드는 것은 사람의 본성을 해쳐서 어짐과 의로움을 만드는 것과 같다. 천하 사람의 어짐과 의로움에 화(禍)를 가져오게 하는 것은 그대의 말일 것이다."

또한 "물은 동서의 분별이 없지만 상하의 분별도 없겠는가? 인성의 선한 것은 마치 물이 아래로 흘러내려 가는 것과 같은 것이다. 사람은 선하지 않은 이가 없고 물은 아래로 흘러내려 가지 않는 것이 없다. 이제 물을 쳐서 뛰어오르려 하면 이마를 넘어가게 할 수 있으며, 하류를 막아서 물을 역류케 하면 산에까지도 오르게 할 수 있으나, 이것이 어찌 물의 본성이겠는가? 이것은 그 세(勢)가 그렇게 만든 것이다. 사람을 선하지 않게 만드는 것도 이와 같은 것이다."

  그러므로 맹자에게 있어 본성에 거스르는 것은 악이고, 본성에 순응하는 것은 선이니, 성이 사람에게 있는 것과 사물에 있는 것은 완전히 다르다. 사물에 있는 성은 선하지도 악하지도 않다고 말할 수 있다. 그러나 사람에게는 양지, 양능이 있고, 이것이 사람이 사람다운 조건이 되는 것이니 만약 그렇지 않다면 짐승과 다를 바 없지 않겠는가? 맹자는 그 마음을 다해 성을 알고, 양지, 양능을 발휘하여 성선을 구하고, 이 성선의 마음으로 하늘을 알아야 비로소 적절한 견해라고 주장했다.

  맹자는 말년에는 아무도 그의 정치사상을 받아들이지 않았기 때문에 정치를 단념하고 제자 양성에 힘을 쏟았다. 그는 제자인 만장(萬章) 등과 함께 학문을 논의한 것을 책으로 엮었는데, 이것이 바로 오늘날 우리가 볼 수 있는 7권의 『맹자』이다.

순 자

유가의 성악론자

　순자의 이름은 황(況)이고 자는 경(卿)으로, 기원전 298년에 태어나 기원전 238년에 세상을 떠났다. 그는 50세가 되었을 때 제나라로 갔는데, 제 양왕(襄王) 때 그의 나이가 많고 학식이 풍부하여 직하의 제주를 맡았었다. 그러나 제나라 사람이 순자를 비방하여 그는 초나라로 갔고, 초나라의 춘신군(春申君)은 그에게 난릉령(蘭陵令)이 되어주기를 청했다. 춘신군이 죽은 후 순자는 난릉령의 직위를 박탈당했으나 여전히 그곳에 머물렀다.

　이사(李斯)는 일찌기 순자의 문하에서 배우다 후일 진나라의 재상이 되었다. 순자는 각국의 흥망이 잇따르고 세상이 어지러워져 더이상 왕도를 행할 수 없음을 예감하고 물러나 저술에 힘썼고, 세상을 떠난 후에 난릉에 묻혔다.

　한비자(韓非子)는 그의 「현학(顯學)」편에서 "공자가 죽은 후 유가는 여덟로 나뉘었는데, 그 중에 맹씨(孟氏)의 유가와 순씨(筍氏)의 유가가 있다"고 했다. 맹자와 순자가 유교 안에서 서로 대립했다는 것은 오래 전부터 알려져 있다.

　순자가 활동하던 시기는 전국시대 말기로, 당시는 오늘날 알려진 대부분 사상가들의 학설이 모두 출현한 상태였다. 그러므로 순자는

각 사상가들의 설법을 광범위하게 수집하여 유가의 입장으로 그 사상
들의 득과 실을 설파했다.

순자는 「비십이자(非十二子)」 편에서 12사람을 비평했는데, 이 12사
람은 그들의 사상으로 볼 때 여섯 파로 나눌 수 있고, 이들과 함께
노장(老莊)을 합하여 모두 일곱 파가 순자의 날카로운 비평을 벗어날
수 없었다.

노자에 대해 순자는 "굽히는 것만을 알았을 뿐 신(信)을 알지 못했
고…… 굽히는 것만 있고 펴짐이 없다면 귀천에 분별이 없다"라고 했
고, 장자는 "무위자연의 천(天)의 사상에 마음이 가려져 인위적인 노
력의 가치를 모르고…… 자연에 순응한다는 점 한 가지만을 다할 뿐
이다"라고 비평했다.

「비십이자」 편에서는 도가의 타효(它囂)와 위모(魏牟)가 방종하기를
성정(性情)이 움직이는 대로 하고, 방자한 마음을 옳은 듯이 여겨 행
위는 짐승 같으며, 예문(禮文)이 합치되고 치란의 도에 통하기에는 부
족하면서 그 주장을 견지함에 이유를 붙이고, 말할 때는 조리를 이루
어 족히 어리석은 대중을 기만하고 미혹시킨다고 비평함으로써 도가
에 반대하는 입장을 표명했다.

또한 은사파(隱士派)의 진중(陳仲)과 사추(史鰌)는 성정을 억지로 참
아가며 초연하게 앉아 사람과 다른 것을 고상하게 여기면서 이것으로
대중을 영합시키고, 큰 분별을 밝히기에는 부족하다고 했다. 묵가의
묵적(墨翟)과 송견(宋銒)은 천하를 통일하고 국가를 건설하는 근본법
도를 모르면서 공리와 절용을 중시하여 검약을 크게 부르짖고, 등급
의 차이에는 태만하여 사회의 계급적 분별을 몰라 군신의 상하를 밝
히지 못한다고 했다.

그리고 법가의 신도(愼到)와 전병(田騈)은 "말로는 법을 숭상하면서
법이 없고, 수양하는 것을 가볍게 여기면서 자기의 주장을 글로 짓기
를 좋아하여, 위로는 임금이 귀를 기울이고 아래로는 속된 사람들이
듣고 순종하도록 종일 담론을 펴서 그것으로 문전(文典)을 짓는데, 자

세히 검토하면 소원(疏遠)하여 구절을 이루는 부분이 없으며, 국가를 다스리고 법도를 정하지 못한다”고 했다.

명가(名家)의 혜시(惠施)와 등석(鄧析)은 선왕을 본받지 않고 예의에 찬동하지 않으며, 괴이한 변설을 논하기 좋아하고, 이상한 말로 장난하면서 비록 잘 살피는 것같아도 세상에 은혜롭지 않고, 말이 유창해도 쓸모가 없고, 일은 많이 하지만 공은 적어 기강을 세워 다스릴 수가 없다고 했다.

마지막으로 그는 유가의 대표적인 인물인 자사와 맹자를 비평했는데, 그들은 대충 선왕을 본받았으나 그 체통을 모르며, 점잖고 조용하며 재질이 번다하고, 뜻은 크지만 문견이 잡박하고, 옛일을 기초로 하여 스스로 말을 만들고, 인의예지신(仁義禮智信)의 오행을 운운하지만 심히 괴팍하여 갈래가 없고, 뜻이 깊이 감추어져 있으면 해설하지 못하면서도 언사를 수식하여 자기 학설을 무겁게 하며 이것을 진정 옛 군자의 언론이라는 것이며, 자사가 제창하고 맹자가 호응하였다고 비평했다.

이것으로 볼 때 순자는 거의 모든 사상을 비판했는데, 이것이 바로 순자가 공자의 뜻을 계승하고 사설(邪說)을 멀리하여 천하에 성도(聖道)를 드러내려는 까닭이다.

후세 사람들에게 있어 순자와 맹자는 같은 유가의 길을 걸은 사상가들이지만 순자의 주장이 맹자와 확연히 다름을 가장 잘 알 수 있는 것은 아마도 사람의 본성을 보는 관점일 것이다.

순자는 맹자의 ‘성선설’이 옳지 않다고 여기고, 더우기 고자(告子)의 사람의 본성은 선하지도 악하지도 않다는 주장에 대한 맹자의 반대에는 더욱 반기를 표시하고 있다. 이로 인해 순자는 다음의 ‘성악설(性惡說)’을 주장했다.

사람의 본성은 악한 것이며, 그것이 착하다고 하는 것은 위선이다. 사람의 본성은 태어나면서 이로움을 좋아하니 그것을 순응하면 다투고 빼앗는 일이 생기고 사양한다는 것은 없다. 또 사람은 태어나면서 질투와 미워하는 마음이 있어 그것을 순응하면 남을 해치는 일이 생기고 믿음이 없어진다. 그리고 사람은 태어나면서부터 귀와 눈의 욕구가 있어 좋은 소리와 아름다운 것을 좋아하니 그것을 순응하면 음란함이 생기고 예의와 문리(文理)가 없어진다. 그러므로 사람의 본성과 정(情)에 순응한다면 반드시 다투고 빼앗는 일이 생겨 구분을 범하고 이치를 어지럽히니 폭력을 하게 된다. 그러므로 반드시 스승의 감화와 예의의 법도가 있은 후에야 사양함이 생기고 문리에 부합하고 다스려진다. 이렇게 볼 때 사람의 본성은 악한 것이 분명하고 그것이 선하다는 것은 위선이다.

순자의 성악설과 맹자의 성선설은 크게 다르지만, 그들의 출발점은 어떻게 성왕(聖王)의 가르침으로 백성을 교화하는가라는 문제로부터 시작한다.

순자는 사람의 본성은 악하니, 만약 모든 사람이 본성에 따라 일을 한다면 자연히 세상이 혼란에 빠지게 되고, 사람들에게 이것을 분명히 함으로써 악에서 선으로 옮아갈 수 있다는 것이다. 또한 순자에게 있어 '하늘'이라는 것은 어떤 이상이나 도덕이 존재하지 않는 물질적인 우주의 한 부분에 불과하다. 이로 인해 우리 사람들은 하늘로부터 어떤 '사법지기(師法之紀)', 예의의 다스림을 얻을 수 없으니 반드시 자신의 깨달음을 통하고 예의로써 바로잡으면 누구나 악에서 선으로 옮아갈 수 있다고 말한다.

순자가 비록 성악설을 주장하지만, 그가 주장하는 목적은 사람들에게 본성의 악함의 무서움을 깨우치게 하여 이것을 고쳐나가려는 마음을 일으키고자 강한 언사로 많은 사람들의 주의를 끈 것이다.

순자가 진나라를 방문했을 때 범수(范雎)가 순자에게 진나라에서 강한 인상을 받은 것이 무엇이냐고 물었다. 그러자 순자가 대답했다.

"진나라는 천연적인 요새로 되어 있고, 산천이 아름다우며 생산물이 풍부한 아주 좋은 나라입니다만, 진나라의 백성과 정치가가 이 모든 것보다 우수합니다. 만약 당신이 진나라를 떠나 다른 곳에서 산다면 풍속습관이 완전히 다르다는 것을 알게 될 것입니다. 진나라는 옛부터 민간풍속이 순박하고 음악이 고아하며, 옷차림은 사치를 부리지 않고 관리에 대해서 지극히 공손한 태도를 갖추고 있습니다. 이전에 나는 지방을 방문한 적이 있습니다. 그때 영접나온 관리의 태도는 엄숙하면서 예의바르고, 일을 열심히 하며 뇌물을 받지 않는 신뢰할 만한 사람입니다. 아마 고대의 정치가도 그와 같았을 것입니다. 뒷날 제가 귀국의 수도에 왔을 때 고급 관리들이 출퇴근하는 모습을 자세히 관찰했습니다. 그들은 집을 나서자마자 곧바로 관청으로 가고 절대로 개인 일을 먼저 본 다음 출근하지 않더군요. 게다가 관리들끼리 파벌의 구별없이 서로 협조하여 일을 하는 태도가 공평하고 합리적이었습니다. 저는 또 회의하는 광경을 구경한 적이 있는데 안건에 대한 재결(裁決)이 명쾌하고, 회의의 분위기가 활기차 모든 정치가 정상이라는 것을 느낄 수 있었습니다. 아마 옛날에 흥왕했던 나라들이 이와 같았으리라 생각합니다. 만약 어떤 사람이 이상적인 정치를 하는 나라를 묻는다면 나는 진나라를 거론할 것입니다."

제나라 직하에서 자유로운 학풍의 영향을 받은 순자는, 진나라가 법가의 정치사상을 효과적으로 적용해, 관리는 엄숙하게 규정을 준수하고, 단순한 국민성과 소박한 생활, 아울러 정부의 전체주의(全體主義)의 통치 속에 잘 복종하여 조화를 이루는 이상적인 정치를 하는 나라로 묘사하고 있다. 그러나 순자는 또 자기의 독특한 사상과 관념으로 진나라에 대해 의미심장한 말을 한다.

"그러나 진나라에도 걱정이 되는 부분이 있습니다. 비록 진나라의 뛰어난 점이 많지만, 정치를 주관하는 사람들의 업적이라는 면에서 볼 때 아직 완비되지 않았습니다. 이것은 유교사상이 없기 때문일 것입니다. 제가 듣기로 만약 유교를 완전하게 채택한다면 나라의 왕이 되고, 그것이 어느 수준에 다다르면 천하의 패자가 될 수 있다고 합니다. 그러나 만약 이것을 채택하지 않으면 국가가 멸망한다고 하니, 이것이 진나라의 가장 큰 결점이라고 생각합니다.”

순자의 이 말이 적중하여 후일 진나라는 법가사상을 채택하여 나라를 흥왕시켰으나, 지나치게 법가에 편중되어 결과적으로 역대 왕조 가운데 수명이 가장 짧은 나라가 되고 말았다.

『순자』는 본래 한나라의 유향(劉向)이 순자의 사상을 정리하여 『손경신서(孫卿新書)』라고 했다. 그 후 당나라 때의 양경(楊倞)이 주를 달면서 이것을 20권 32편으로 정리한 것이 오늘날 전하는 『순자』이다.

한비자

법가를 집대성한 인물

한비자(韓非子)는 전국시대 한나라 왕족으로 기원전 280년에 태어나 기원전 233년, 진시황 14년에 세상을 떠났으니, 이때는 진나라가 한나라를 명망시키기 3년 전이다. 그의 성은 '한', 이름은 '비'이며, '자'는 그에 대한 경칭으로 붙여진 것이다.

그는 선천적으로 말을 더듬는 결점이 있었다. 이로 인해 그는 다른 사상가들이 각국을 다니며 자기의 사상을 주장하여 열변을 토하고, 그것으로 제후나 대부들을 설복하여 중용되는 것과 같이 할 수가 없었다. 한비자는 다른 사람을 그다지 신뢰하지 않는데, 아마 이것 또한 그의 언어장애가 원인이 되어 형성된 성격 때문이라 생각된다.

한비자는 이사(李斯)와 마찬가지로 순자로부터 교육을 받았다. 그러나 그의 사상은 순자에게 배운 유가사상 외에도 법가의 정수를 모두 받아들여 융합했다.

한비가 나오기 전에 법가는 세 파로 나뉘어져 있었다. 그것은 신도(愼到)가 대표적인 인물인 중세파(重勢派), 신불해(申不害)가 대표인 중술파(重術派), 그리고 상앙이 대표적인 인물로 꼽히는 중법파(重法派)이다. 중세파는 세력을, 중술파는 치국책을, 그리고 중법파는 법으로의 통제를 중시하고 있다.

그러나 한비는 이 세 파의 이론 모두가 제왕이라면 갖추어야 할 것으로 어느 하나에 치우쳐서는 안된다고 여기고, 이것을 하나로 통합하여 자신의 이론을 세워나갔다. 또한 그는 노자와 장자의 도가사상에도 정통하고, 묵가, 명가 등의 논리학의 영향도 받았다. 그러므로 한비자는 비록 법가사상에 속하면서 큰 성취를 이룬 사람이기는 하지만, 모든 제자백가의 사상에 대해서도 깊은 견해를 가지고 있다.

한비는 한나라의 국세가 날로 쇠퇴하는 것을 보고 한왕에게 여러 번 자신의 의견을 간언하였으나 한왕은 그것을 받아들이지 않았다. 이에 한비는 「고분(孤憤)」, 「오두(五蠹)」, 「내외저(內外儲)」, 「설림(說林)」, 「설난(說難)」 등으로 그의 주장을 썼다. 후일 이것이 진나라에 전해지고, 마침내 진왕이 이것을 보고 감탄을 하며 말했다.

"과인이 이 사람을 한번 보고 함께 얘기를 나눌 수 있다면 죽어도 여한이 없겠구나!"

이 말을 들은 이사가 말했다.

"이것은 한나라 한비의 저서입니다."

이런 일이 있은 후 진나라가 한나라를 공격하였고, 한왕은 한비를 사신으로 파견했다. 한비를 만나게 된 진왕은 크게 기뻐하였으나 한비를 신용하지 않아 등용하지 않았다. 더우기 이사는 한비의 재능이 자기보다 뛰어남을 질투하여 요가(姚賈)와 함께 공모하여 한비를 등용하지 않는다면 죽여야 후환이 없다고 간언했다.

진왕이 그들의 말에 동의하자 이사는 즉시 한비에게 독약을 내려 자살하도록 했다. 한비를 죽이는데 동의한 진왕은 곧 후회하고 사람을 파견하여 그를 사면한다는 명령을 내렸으나 한비는 이미 독약을 마시고 죽은 후였다. 이렇게 한비는 자신의 사상을 운용하여 천하를 정복한 나라에서 죽음을 당했다.

한비자는 그의 스승 순자와 마찬가지로 성악설을 따르고 있다. 순자는 사람의 악한 본성을 변화시키기 위해 인위적인 교화를 해야 한다고 주장했다. 즉 문리(文理)를 이용하여 예의의 방법으로 백성들을 교육하여 그들이 진심으로 감동해 즐거이 선을 행하도록 해야 한다는 것이 순자의 견해이다.

그러나 한비는 예의로 다스려 백성들이 충심으로 감동하기를 기다린다는 것은 말처럼 그리 쉬운 문제가 아니라고 여기고, 가장 빠르고 직접적인 방법은 바로 상벌을 이용하는 것이라고 주장한다. 천하를 인정으로 다스리면 반드시 감정의 좋고 나쁨에 따르게 되니, 일정한 표준을 정하고 그에 따라 철저하게 상벌을 집행하면 인정의 사사로움과 이해를 좇는 것을 면할 수 있고, 백성들은 자연히 자신들을 다스리는 세력에 순응하여 정도를 걷게 된다고 한다.

한비의 성악설이 비록 순자에게서 나왔으나 그 방법상의 문제에 있어서는 전혀 다르다.

한비자는 사람들이 유가와 묵가의 공통된 사상인 '인애', '겸애'와 같은 '사랑' 때문에 다른 사람을 대접하는 것이 아니라고 부정한다. 기근이 든 봄에는 나이 어린 아이들조차도 밥을 못먹게 하지만, 풍성한 수확의 가을에는 그리 친밀하지 않은 손님도 좋은 음식으로 대접한다. 그것은 단지 수입의 많고 적음이 만들어내는 차이일 뿐이다.

그러나 이런 종류의 비유는 한 면만 본 관점이라고도 할 수 있다. 가령 어떤 사람이 본질적으로 공리(功利)를 중시하고 이기적이라면 「오두」편에 씌어진 것과 같은 현상은 일어나지 않을 것이다. 인류를 한 사람 한 사람 분해하거나, 혹은 부모 자녀의 관계를 하나하나 분리하여 고립된, 혹은 하나의 단위인 사람을 가지고 사람과 사람간의 이해관계를 조정한다면 그것은 극단적인 이론이 될 수밖에 없다.

한비자의 사상은 정치가 중심이 된다. 유가는 정치에서 덕치를 가장 중요시 여기지만, 한비는 정치를 법으로 다스리는 것이 가장 중요하다고 생각한다. 법으로 백성들이 나쁜 짓을 하지 않도록 한다면 나라는 잘 다스려질 수 있기 때문이다. 그러므로 통치자는 고매한 덕을 가지기보다 법을 효율적으로 이용하여 백성을 다스릴 수 있는 능력만이 필요하며, 통치자는 '명실(名實)'로써 신하들을 통치한다. 여기에서 '명(名)'이란 관직이고, '실'이란 그 관직을 맡은 인물을 말한다. 통치자는 아랫사람에게 법에 따른 관직을 수여하고, 그가 맡은 일에 대한 책임을 지워 결과에 따라 상벌로 통제하는 것이다.

통치자가 아랫사람을 통제할 때 특별히 견지해야 할 것은 바로 상벌의 표준이다. 사사로운 정에 가려지면 법명(法名)은 있으나 법실(法實)이 없는 결과를 초래한다. 그러므로 한비자는 법을 집행하는 과정에서 착한 행위에는 상을 주고 악한 행위에는 벌을 주는 것을 반드시 지켜야 한다고 했다. 통치자는 '상벌'을 '권력의 두 손잡이(二柄)'로 삼고, 그것에 의거하면 이익에 좇고 해로움을 피하고자 하는 본성이 있는 사람들은 모두 그것을 따르니, 백성들에게 상벌의 표준을 이해시키기만 하면 나라를 잘 다스릴 수 있다는 것이다. 그러므로 한비의 정치사상은 사람의 본성이 악하다는 것을 기초로 하여 법치를 주장하고, 아울러 상벌을 법치에 다다르는 목적과 방법으로 삼는다.

한비자는 현인이나 지혜로운 자를 막론하고 그가 진력을 다해 지혜를 낸다 하더라도 군주의 옆에 소인배가 있어 그들의 헌책을 왜곡해서 해석한다면 만사가 모두 허사임을 강조한다. 정치도 다른 것들과 마찬가지로 사람이 하는 것을 취해 결정하는 것이다. 다만 한비자는 이 점을 특별히 강조해서 촛점을 사람의 태도에 맞추고 있는 것이다. 한 나라가 멸망했다고 말하는 것은 그 나라의 국토나 성이 없어졌다는 의미가 아니라, 군주가 백성을 통제하지 못하고, 나라를 다스리지 못해서 다른 사람의 손으로 정권이 넘어갔다는 것을 뜻한다. 이것으로 보아 한 나라의 멸망은 또한 통치자의 변화에 따라 정의되는 것이고, 세력다툼에서 이긴 사람이 바로 통치자가 되는 것이다.

한비자의 사상이 크게 빛을 발하게 된 것은 당시의 시대배경이 중요한 작용을 했다. 한비자가 사약을 받고 죽은 때가 기원전 234년, 혹은 233년으로 진나라가 중국 통일(B.C 221)을 달성하려는 시기이다. 이때는 이미 하극상의 풍조가 점점 소멸되어 가고, 관료제도가 형성되며, 군주의 권한이 강화되어 관리를 통치해 군주가 정권을 완전히 장악하는 승리자가 되었다. 이것은 모두 한비자의 정치이론을 실현한 것이다. 군주의 권력이 신하들에 의해 방해받아 충분히 관철되지 못하고 있음을 깨달은 한비자는 중앙의 강력한 관료체제를 주장한 것이다. 이런 한비자의 사상은 강력한 절대권력을 꿈꾸던 진 시황제를 매료시켰던 것이다.

또한 한비자는 통치자의 절대성과 신비성을 강조했다. 이것은 신불해(申不害)가 말한 '세(勢)'와 완전히 일치한다. 절대적 권위를 가진 군주의 의도를 신하들이 예측하지 못하게 되면 군주는 쉽게 신하를 다루고 백성을 다스릴 수 있어, 통치자와 신하의 거리가 멀수록 군주의 권위는 높다는 것이다.

그러나 통치자의 절대권력과 고독, 그 앞에서 전전긍긍하며 정책의 실패에 따른 벌이 두려워 제대로 자기의 재능을 발휘할 수 없는 신하들이 조정을 채운 나라가 오래 유지될 수는 없었다. 진 왕조가 42년으로 역사의 장에서 사라진 것이 좋은 본보기라 할 수 있다.

형　가

진 시황제를 암살하려던 자객

　　중국의 자객이라고 하면 가장 먼저 떠오르는 사람이 형가(荊軻)이다. 그만큼 자객들 가운데 그의 지명도가 높다. 형가는 제나라에서 위(衛)나라로 도망친 정치가의 후예로 위나라 사람들은 그를 존칭하여 경경(慶卿 : 형가의 본래 성은 경씨임)이라고 불렀다. 후에 그가 연(燕)나라로 가서 살자 ‘荊’과 ‘慶’의 발음이 같아(‘형’의 발음이 ‘경’으로도 읽힘) 연나라 사람들은 그를 ‘형경(荊卿)’이라고 불렀다.

　　형가는 어려서부터 독서와 검술을 좋아하고, 또한 병법도 익혀 성인이 되자 각처를 다니며 배웠다. 그는 먼저 조나라의 수도 한단(邯鄲)에 도착해 그곳에서 머물렀다. 한번은 노구천(魯句踐)과 주사위로 도박을 하다 길에서 서로 싸움이 벌어지자 온갖 욕설을 다 들으면서도 형가가 묵묵히 제 갈길을 재촉했다. 일단 싸우게 되면 그 결과가 뻔하다는 것을 잘 아는 형가는 하찮은 일로 다른 사람의 귀중한 생명을 다치게 하고 싶지 않았던 것이다.

　　형가가 각 나라를 돌아다니다 마지막으로 간 곳이 연나라였다. 그는 그곳에서 축(筑 : 거문고 비슷한 옛날 현악기)을 잘 타는 고점리(高漸離)의 연주에 맞추어 노래를 부르곤 했다. 이들은 늘 술집에서 함께 술을 마시며 즐겨, 슬프면 통곡을 하고 기쁘면 호탕하게 웃는데 마치이 세상에 그들만 존재하는 듯했다.

전국시대에는 나라와 나라 사이에는 우호, 신의를 표시하기 위해 태자를 다른 나라의 인질로 보내는 경우가 흔했다. 당시 연나라는 조나라와 함께 그 세력이 점차 강대해져가는 진나라에 대항하고 있었다. 이들의 연합을 분열시키기 위해 진왕은 채택(蔡澤)을 연나라로 보내, 태자 단을 인질로 보낸다면, 진은 연을 위해 진나라의 유능한 대신을 파견하여 연나라의 재상으로 삼도록 하고 서로 우호관계를 다지자고 설득했다. 본래 조나라와 연나라로서는 강력한 진나라와 동맹을 맺는다는 것에 솔깃하지 않을 수 없었다. 더우기 진과 연합하여 조나라를 공격한다면 연나라의 오랜 숙원을 풀 수도 있었다. 이에 연왕은 태자 단(丹)을 인질로 진나라에 보냈다.

그러나 진왕은 진과 연의 연합소식을 듣고 크게 당황하고 있던 조왕에게 이제 겨우 12세의 감라(甘羅)를 사신으로 보내 만약 다섯 개의 성을 할양하면 연과 단교하고 조를 동맹국으로 삼겠다고 제의했다. 이 말을 들은 조왕은 안도의 숨을 내쉬며 어린 사신에게 허리를 굽히며 다섯 성을 할양했다. 결국 진왕은 조나라와의 약속에 따라 연나라에 대신을 보내지 않았다.

진왕의 속임수로 인질의 신분이 되어 진나라에 억류되어 있던 연의 태자 단은 원한을 품고 언젠가는 이 복수를 하리라 결심했다. 그러다 마침내 단은 감시가 소홀한 틈을 타서 연나라로 도망하였고, 이때부터 자신의 재물을 털어 인재를 모으는데 전력을 기울였다.

그러나 진나라의 세력은 날로 강대해져 주위의 나라들을 차례로 멸망시키고 머지않아 연나라까지 위태로운 지경에 이르렀다. 사태가 이에 이르자 태자 단의 복수심은 더욱 불타 올라, 어떤 방법이든 가리지 않고 진왕에게 직접 위협을 주는 것이 지금의 형세를 역전의 국면으로 돌아서게 하는 근본적인 방법이라 생각했다.

이런 일은 굉장히 비밀스러운 상황 아래에서 진행해야 하며, 일을 하는 사람은 진정으로 믿을 만한 사람이어야 했다. 태자 단이 자신의 속마음을 협사 전광(田光)에게 털어놓자 그는 태자 단에게 형가를 소개하곤 단이 이 일이 누설될까 걱정하는 마음을 없게 하고, 동시에 형가의 의지를 더욱 굳게 하기 위해 그들이 보는 앞에서 자결했다.

태자 단은 형가가 옛날 노나라의 용사 조말(曹沫)이 회의석상에서 손에 칼을 들고 제 환공을 위협해 환공이 침략한 땅을 돌려주게 한 것처럼 진왕 가까이에 가서 직접 살해하면, 자기는 진나라가 동요하는 기회를 이용, 각국과 동맹을 조직해 진나라를 공격하겠다는 계획을 털어놓았다.

태자 단의 말을 들은 형가는 이 일을 거절하며 말했다.

"이것은 나라의 대사인데, 신은 그 임무를 맡기에 능력이 부족합니다."

그러나 태자 단이 끈질기게 부탁을 하는데다 전광이 비밀을 지키기 위해 자살하는 것을 보자 마침내 일을 하기로 뜻을 굳혔다.

태자 단은 형가가 뛰어난 인물이라는 것을 알고 마치 신하가 군주를 섬기듯 형가를 후히 대접했다. 한번은 태자 단과 형가가 동궁(東宮)을 산책하다 호수에 이르러 형가가 거북이를 발견하고 호숫가의 깨진 기와를 들어 던지려고 했다. 그러자 단은 금환(金丸)을 주며 기와 대신 던지라고 했다. 또 어느 날 태자 단이 하루에 천리를 달린다는 말을 시험하기 위해 형가와 함께 말을 타고 나갔을 때, 형가가 무심코 말의 간(肝)이 천하진미라고 말하자, 귀가 후 그의 식탁에는 그 천리마의 간이 올려졌다. 또 한번은 태자 단, 형가, 번어기가 함께 술을 마시다가 형가가 곁에 앉아 거문고를 타는 미녀의 손이 옥과 같이 아름다운 것을 보고 감탄을 했다. 연회가 끝나고 각자 처소로 돌아간 후 태자 단은 그 미녀의 두 손을 잘라 옥쟁반에 담아 형가에게 선물했다.

이와 같이 형가가 극진한 태자 단의 정성 속에서 생활하고 있을 때 진왕이 조나라와 연합하여 연을 공격하려 한다는 소식이 전해졌다. 이 소식을 듣자 형가는 비로소 때가 왔음을 알고 태자 단에게 말했다.

"지금 진나라에서는 번어기(樊於期)의 수급을 가져오는 자에게 천근의 금과 만호(萬戶)의 봉토를 내리겠다고 현상금을 걸어놓고 있습니다. 그러므로 번장군의 수급과 연나라 수도 독항(督亢)의 지도를 바치겠다고 한다면 저는 직접 진왕 가까이 접근하여 암살할 수 있는 기회가 있습니다. 이 방법 외에는 의심많은 진왕의 곁을 갈 수 없을 것 같습니다."

번어기는 본래 문신후 여불위가 자신의 첩을 이용하여 나라를 도둑질했다고 여기고, 장안군(長安君)을 진왕으로 추대하기 위해 반란을 일으켰었다. 그러나 진왕의 세력을 겁낸 장안군이 번어기가 성 밖에서 정부군과 싸우는 사이에 성문을 닫고 항복의 깃발을 꽂았다. 결국 번어기는 진퇴양난에 빠져 죽음을 무릅쓰고 포위망을 뚫어 연나라로 도망갔다. 크게 노한 진왕 정은 장안군의 목을 벤 후 번어기의 목에 막대한 현상금을 걸었던 것이다.

형가의 말에 태자 단은 선뜻 대답할 수가 없었다. 그로서는 살길을 찾아 연나라로 도망온 번어기의 목을 벤다는 것은 차마 못할 일이었다. 태자의 마음을 안 형가는 직접 번어기를 찾아가 이 모든 사실을 털어놓았다. 형가의 말을 들은 번어기는 자신이 죽어야 위기에 처한 연나라를 구하고, 피난처를 마련해 준 태자의 은혜에 보답할 수 있다는 것을 깨달았다. 더우기 이 계획이 성공한다면 자신도 처자식의 원수를 갚게 되는 것이었다. 마침내 번어기는 칼을 뽑아 형가가 보는 앞에서 자결했다.

형가가 번어기의 수급과 독항의 지도를 가지고 진나라로 출발하려고 할 때, 역수(易水)가에서 친구 고점리가 그를 위해 축을 탔다. 잠시 아름다운 축의 운율에 귀를 기울이던 형가가 그 축 소리에 맞추어 격양된 목소리로 노래를 했다.

바람은 쓸쓸하고, 역수는 차도다.

장사가 한번 가면 다시 돌아오지 않으리.

(風蕭蕭兮易水寒 壯士一去兮不復還)

  그 자리에서 그의 노래를 듣는 사람들은 새삼 마음 속으로 형가가
연나라를 위해 설욕해 줄 것이라는 믿음에 충만하였으나, 한편으론
형가가 살아서 돌아오기 어렵다는 것을 알기에 누구도 말하는 사람이
없이 엄숙한 모습으로 서 있었다.

  모든 것이 계획대로 잘 진행되어 진나라에 도착한 형가는 번어기의
수급이 든 상자와 독항의 지도가 든 합을 들고 진왕 정을 배알할 수
있었다. 그리고 그의 오른쪽 소매 속에는 독을 바른 비수가 감추어져
있었다. 지극히 만족한 표정으로 번어기의 수급을 확인한 진왕은 형
가에게 지도를 보여 달라고 했다. 그러자 형가는 지도가 든 상자를
공손히 받쳐들고 진왕 가까이 접근했다. 계획한대로 좋은 기회가 왔
다고 생각한 형가는 손에 든 상자를 던지고 오른손으로 잽싸게 칼을
뽑고 왼손으론 진왕의 옷소매를 잡고 찔렀다.

  그러나 때는 마침 5월이라 진왕은 얇은 홑명주옷을 입고 있었는데,
놀란 진왕이 무섭게 공격해오는 형가를 피하면서 벌떡 일어나자 옷소
매가 찢어져 가까스로 몸을 피할 수 있었다. 형가가 재빨리 그의 뒤
를 쫓았으나 진왕은 전각 기둥 뒤로 숨으면서 서로 쫓고 쫓기는 급박
한 상황이 벌어졌다. 당시 군주를 알현한 때는 누구를 막론하고 아무
도 몸에 쇠붙이를 지니지 못하게 되어 있었다. 이에 신하들은 맨손으
로 형가의 공격을 막고, 시의는 약낭으로 형가를 치는 등 큰 소동이
벌어졌다.

  이때 환관 조고(趙高)가 진왕에게 허리에 찬 칼을 등에 업으라고 소
리쳤다. 진왕이 허리에 찬 칼이 너무 길어 칼날이 자루에서 빠지질
않았기 때문이다. 사태가 여의치 않음을 깨달은 형가는 최후의 방법
으로 진왕을 향해 비수를 던졌다. 그러나 비수는 진왕의 귓가를 아슬
아슬하게 빗나가 기둥에 부딪쳐 불꽃을 튕기며 바닥으로 떨어졌고,

그때를 틈타 칼을 뽑은 진왕이 형가의 오른쪽 허벅지를 내리쳤다. 마침내 사로잡히게 된 형가는 그 자리에서 온몸이 갈갈이 찢겨 죽었다.

이 일로 크게 노한 진왕이 연나라를 공격하자 연왕은 그의 노여움을 풀기 위해 진왕에게 태자 단의 목을 바쳤다. 이것으로 일시적으로 연나라가 망하는 것을 미룰 수 있었으나, 그로부터 3년이 지난 후 진나라의 대군이 파죽지세로 연나라를 공격하여 결국 멸망하고 말았다.

피비린내 나는 광란의 소용돌이가 끝나고, 역수는 오늘도 마치 아무 일도 없었던 것처럼 예나 다름없이 조용히 흘러 사람의 가슴 깊은 곳에 쓸쓸함을 금치 못하게 한다.

상앙과 이사

비참한 최후의 법가 정치가들

상앙(商鞅)은 상군(商君) 위(衛)의 서자로 위앙(衛鞅), 공손앙(公孫鞅)이라고도 한다. 상앙은 신불해와 같은 시대를 살았으나 맹자보다는 앞시대의 사람이다. 그는 어려서부터 형명의 학(刑名之學)을 익히기 좋아했으나 서자인 자신이 국내에서 중용되지 못하리라는 것을 알고 위 상공(相公) 숙좌(叔佐)를 섬겼다.

상앙이 뛰어난 재능을 갖춘 사람이라는 것을 안 위 상공은 그를 위 혜공(惠公)에게 천거했으나 혜공은 그를 중용하지 않았다. 혜공이 상앙을 임용할 뜻이 없음을 안 위 상공은, 만약 그를 임용하지 않는다면 상앙이 다른 나라로 가서 후일의 화근이 되지 않도록 죽여야 한다고 간언했다. 그리고 그는 자신이 혜공에게 한 말을 상앙에게 전하고 빨리 도망가라고 했다. 그의 말에 상앙이 빙그레 웃으며 말했다.

"당신의 천거에도 저를 중용하지 않는 사람이 어찌 당신의 간언대로 저를 죽이겠습니까?"

그 후 상앙은 진 효공(孝公)이 인재를 구한다는 소식을 듣고 진나라로 갔다. 환관 경감의 주선으로 진 효공을 알현한 상앙은 먼저 '제도(帝道)'를 이야기했다. 그러나 효공이 별 흥미를 보이지 않자 '왕도(王道)'를 설파하기 시작했다. 하지만 효공은 여전히 그의 이야기에 관심을 보이는 기색이 없었다. 이에 상앙이 '패도(覇道)'를 이야기하자 진 효공은 크게 기뻐하며 말했다.

"정말 좋도다! 그것에 대해 계속 얘기하게나."

패도에 관한 얘기가 시작되자 효공은 여러 날을 듣고도 싫증내는 기색이 없었다. 당시 진 효공에게 가장 급선무는 부국강병이며, 이것은 결코 '제도'나 '왕도'의 범위가 아니기 때문이었다. 이에 기원전 395년, 효공은 상앙을 재상으로 삼아 법치, 부세 및 병법 등의 변법(變法)을 실시했다. 이 상앙의 변법 내용은 당시 진국의 경제발전과 군사확장이라는 두가지 요구를 모두 충족시키는 것이었다. 그래서 진은 십 년도 채 못되어 막강한 군사력과 부를 갖게 되었다.

상앙의 부국강병책에는 세 가지 방법이 있는데, 첫째는 농전(農戰)이다. 농전이란 백성들에게 평상시에는 농업에 종사하게 하고, 전쟁이 발발했을 경우에는 전 백성이 군사가 되어 전쟁을 수행하는 것이다. 국가가 병력을 양성하는 목적은 오직 전쟁에 필요한 것을 대비하기 위해서인데, 전쟁이 없는 평화로운 시대에 병력을 유지하기 위해 필요한 군비는 국가에 큰 부담이 된다. 그러나 만약 그들에게 평상시에는 농사를 짓는 것에 전념하게 하고, 전쟁 때 나라를 방위하게 한다면 국가는 그 부담을 경감할 수 있는 것이다. 그러므로 상앙은 농업을 위주로 한 농전정책을 실시했다.

또한 상앙은 백성들이 어리석고 순박할수록 법을 잘 지키고, 지식이 있으면 종종 국가의 정책에 반대를 표명하여 혼란을 가져오니 시서예악(詩書禮樂)을 완전히 없애야 한다고 주장했다.

두번째는 사치를 금지시키고 상인의 수를 줄이고 농민을 늘려 땅을 개간해 농전정책을 보충하는 것이고, 세번째는 '신상필벌(信賞必罰)' 정책을 명확히 하는 것이다. 이것은 법가의 가장 기본적인 주장으로 모든 것을 법으로 다스려 법을 지키는 사람에게는 상을 주고, 법을 어기는 사람에게는 벌을 준다는 원칙을 공평하게 견지해야 한다는 것이다.

　상앙은 이 모든 법을 실시하기 전에 먼저 3장 높이의 목패(木牌)를 함양의 남문에 걸고, 그 옆에 만약 누구든지 목패를 북문에다 옮기면 상금으로 금 열 돈을 준다는 방을 붙였다. 아무 영문도 모르는 백성들은 모두 이상하게 여겨 선뜻 나서서 그 목패를 옮기려는 사람이 없었다. 아무도 나서지 않자 관에서는 금 오십 돈으로 상금을 올렸다. 그러자 어떤 사람이 목패를 북문으로 옮겼고, 관에서는 방에 쓰인대로 그 사람에게 금 오십 돈을 주었다. 이 소식은 아주 빠르게 전국으로 퍼졌고, 백성들은 조정에서 거짓말을 하지 않는다는 것을 믿게 되었다.

　또한, 상앙은 법률 앞에는 누구나 평등해야 한다고 주장했다. 그러므로 태자가 법을 어겼을 때 태자 대신 보필하는 사람에게 그 책임을 물어 태자의 스승을 경형에 처하기도 했다. 이로 인해 백성들은 모두 법을 준수하여 아무도 감히 법에 어긋나는 일을 하지 못했다. 여기에서 상앙이 법가의 '신상필벌'이란 특색을 충분히 발휘한 것을 볼 수 있다.

　국내의 법률을 확고히 한 후 국외로 시선을 돌린 상앙은 진 효공에게 위(魏)가 제나라의 공격을 받아 크게 쇠퇴한 때를 틈타 일격을 가해 합병할 것을 주청했다. 마침내 상앙이 군대를 인솔하여 위나라를 공격하자 위나라의 공자 앙(央)이 대장이 되어 오만 명의 군사를 인솔하여 오성(吳城)에 주둔하고 있었다. 이때 상앙이 공자 앙에게 편지를 보냈다.

　저와 공자는 서로 좋은 친구였는데 이제 서로 다른 주군을 섬겨 적수가 되었다 하나 어찌 서로에게 창끝을 들이댈 수 있겠습니까? 저는 잠시 각자 병기와 갑옷을 버리고 옥천산(玉泉山)에서 만나 회포를 풀며 양국의 싸움을 피할 수 있는 방법을 함께 의논하고 싶습니다. 저는 우리 두 사람의 우정이 관중, 포숙아와 같다고 생각하는데 공자께서는 어떨지 모르겠습니다.

어떻게 하면 화의를 할 수 있을까 고민을 하던 공자 앙은 상앙의 편지를 받고 크게 기뻐하여 군사를 물리치고 시종들에게 술과 음식을 들리고 악공들을 데리고 옥천산으로 갔다.

그러나 상앙은 이를 이용해 공자 앙과 시종들을 포로로 잡은 후, 그들의 복장으로 갈아입은 병사들을 오성으로 잠입시켜 순식간에 성을 공략했다. 이 싸움으로 상앙은 진나라의 영토를 황하 서쪽의 광대한 지역에까지 확장시켰다. 상앙의 공로를 크게 기뻐한 진 효공이 그를 열후(列侯)로 봉하고 옛날 위나라의 영토였던 하남성 상읍(商邑)을 비롯한 15개의 읍을 주어 식읍으로 삼게 하고, 호를 상군(商君)이라 불렀다.

상앙이 엄격하게 각종 개혁을 집행하면서 진의 정치는 점점 본궤도로 들어섰으나, 왕실 종친들과 공로가 없는 귀족의 작위를 박탈한다는 상앙의 법에 의해 피해를 본 수많은 사람들이 그에게 복수할 때를 기다리고 있었다.

그 후 진 효공이 병으로 세상을 뜨고 태자가 혜왕(惠王)으로 즉위했다. 그러자 변법에 반대하는 많은 왕족, 귀족, 그리고 대신들은 한 목소리로 상앙을 비판하기 시작했다. 이때 상앙의 법으로 코를 베인 공자 건(虔)이 공손가(公孫賈)와 함께 혜왕에게 간언했다.

"신하된 자의 권력이 너무 크면 나라가 위태롭다고 했습니다. 지금 어리숙한 부녀자와 아이들은 나라를 다스리는 것은 상앙의 법이라 말하고 있습니다. 더우기 그의 봉읍이 15개에 이르니 그 권력이 막대하여 후일 반드시 모반할 것입니다."

태자 시절 자신의 잘못을 질책하여 사부의 코를 벤 상앙에 대해 좋지 않은 감정이 있던 혜왕은 기다렸다는 듯이 그의 상인(相印)을 거두고 관직에서 물러나게 했다. 상앙이 사직하고 상읍으로 돌아가는데 그의 행렬은 제후에 못지 않았고, 아직 그의 세력을 두려워 한 대신들이 그를 전송하느라 조정이 텅비다시피 했다. 그러자 혜왕은 이 기회에 상앙을 제거해야겠다고 결심하고 군대를 보내 그를 체포하라는 명령을 내렸다. 이 소식을 들은 상앙은 재빨리 위나라로 도망갔다.

그러나 위나라도 그의 안식처가 되지 못했다. 상앙의 속임수로 공자 앙이 포로가 되고 많은 성을 잃었던 위 혜왕은 상앙이 위나라로 왔다는 것을 알고 그를 잡기 위해 도처에 군사들을 풀어 놓았다. 결국 상앙은 자신의 봉토인 상(商)으로 가서 세력을 규합하여 재기하려 했으나 추격해 온 공손가에게 사로잡히고 말았다.

진 혜왕은 상앙을 그가 정한 법률에 따라 거리에서 사지를 찢는 형벌에 처했고, 그 화는 구족(九族)에까지 미쳤다. 진나라를 부강하게 하기 위해 혼신의 노력을 기울였던 상앙은 기원전 338년 처참하게 자기의 생을 마감하고 말았다.

법가 사상의 뛰어난 실천가로 진 시황제의 재상으로 정치적 재간을 발휘했던 인물 이사(李斯)를 거론하지 않을 수 없다. 이사는 초나라의 상채(上蔡)에서 태어나 젊었을 때는 지방의 낮은 관리직에 있었다.

어느 날 그는 창고에 서식하고 있던 쥐가 살이 포동포동 찌고 사람이 와도 조금도 무서워하지 않는데, 시궁창에서 사는 쥐는 먹지 못해 삐쩍 말라 더럽고 사람을 보면 기겁하여 달아나는 것을 보았다. 그때 이사는 현명한 사람도 때를 잘못 만나면 환경의 영향을 받아 시궁창 속의 쥐와 같아질 것이라 한탄하곤, 그 길로 관직을 버리고 순자를 스승으로 섬겨 '제왕의 도'를 배웠다.

그 후 학업을 마친 이사는 초나라를 떠나 진나라로 가서 재상 여불위(呂不韋)의 식객으로 있다가 그의 눈에 띄어 관직을 얻었다.

그러나 진 시황제 10년, 진나라 관직에 있던 한나라 사람이 시황제에게 개발이란 명목으로 수로(水路)를 만들기를 권했는데, 후일 이것은 진나라의 국력을 소비시키려는 책략이라는 것이 발각됐다. 그러자 진의 종실과 대신들은 이것을 기화로 지금 진나라에서 봉록을 받고 있는 타국인을 모두 추방해야 한다는 '축객령(逐客令)'이 대두되었다. 이때 이사가 축객령에 반발하여 상소를 올렸다.

옛날 목공(穆公)은 융(戎)의 유여(由余), 완(宛)의 백리해(百里奚), 송(宋)의 건숙(蹇叔), 그리고 진(晉)의 비표(조豹)와 공손지(公孫支)를 맞이하여 서융의 패자가 되었고, 효공은 상앙을 중용하여 지금 진나라의 영토가 천리인 강대국으로 번영했으며, 혜왕은 장의(張儀)의 '연횡책(連橫策)'을 써서 6국의 합종(合縱)을 해체시켜 진나라에 복종하게 했습니다. 또 소양왕(昭襄王)은 범휴를 중용해 '원교근공책(遠交近政策)'으로 진나라 제왕의 업을 이룩했습니다. 만약 이 네 사람을 다른 나라 사람이라 하여 중용하지 않았다면 오늘과 같이 강대한 진나라는 없었을 것입니다.

태산(太山)은 한 덩어리의 흙이라도 양보하지 않았기에 크고, 바다는 작은 물줄기도 자기에게 들어오는 것을 거절하지 않았기에 깊을 수 있으며, 임금은 한 사람의 백성이라도 물리치지 않기에 그 덕이 밝다고 하는 것입니다. 그런데 지금 들어온 인재를 물리치고 외객을 추방하려는 것은 원수에게 군사를 꾸어주고 도둑에게 식량을 공급해주면서, 진나라는 안으로는 인재 부족을 감수해야 하고, 밖으로는 각 나라의 원한을 사게 되니 어떻게 나라가 편하기를 바라며, 천하의 패자가 되고자 하는 위업을 이룰 수 있겠습니까?

이사의 상소로 그의 존재를 새롭게 인식하게 된 진 시황제는 축객령을 포기하고 그를 참모로 임명했다. 진 시황제의 신임을 얻게 된 이사는 먼저 적국의 군신 사이를 이간시켜 불안을 조성하고, 이 기회를 틈타 적국을 일거에 멸망시켰다. 이런 교란전술은 법가정치에서 가장 많이 사용하는 수법으로, 진나라는 이 방법으로 한(韓), 조(趙), 위(魏), 연(燕), 제(齊), 초(楚) 등 여섯 나라를 멸망시키고 중국 역사상 최초의 통일제국이라는 위업을 달성했다.

그리고 이사는 일인지하 만인지상(一人之下 萬人之上)인 재상의 신분으로 진시황제를 보좌하여 통일제국에 각종 새로운 정책을 실행해 모든 권력이 시황제 한 사람의 손에 좌우되게 했다.

또한 군현제를 실시하고, 법령을 새로 개정하였으며, 도량형과 문자를 통일하고, 상앙의 시서예악을 없애야 한다는 것과 같은 맥락으로 세계에서 유례를 찾아볼 수 없는 '분서갱유(焚書坑儒)'를 통해 사상의 통일을 꾀했다.

이 모든 것은 이천 년 중국 제국체제의 역사에 큰 영향을 끼쳤고, 이사는 진 시황제의 비호 아래 자기의 능력을 충분히 발휘할 수 있었다. 이런 이사에게는 자기의 이상을 마음대로 펼 수 있도록 전폭적으로 지지해주는 진 시황제의 신임이 무엇보다 중요한 것이다. 그러기에 이사는 진 시황제가 한비에게 관심을 보이자 남을 잘 의심하는 그의 성격을 교묘히 이용했다. 진 시황제가 한나라의 사신으로 온 한비와 담론하고 난 후 이사가 시황에게 물었다.

"한비가 우리 나라를 위해 어떤 고견이 있었는지요?"

"내게 조나라를 먼저 공격하라고 권하더군."

"그 친구가 자기 조국을 생각하는 마음이 지극하군요."

이 말을 들은 진 시황제는 한비에 대한 의심을 품고 그를 중용하지 않았다. 그리고 결국 한비는 고국으로 돌아가지 못하고 감옥에서 죽고 말았다.

진 시황제 37년(B.C 210), 시황제는 아들 호해(胡亥), 이사, 조고 등과 함께 다섯 번째 순행을 하다 50세의 한창 나이로 사구(沙丘)에서 갑작스레 죽었다. 사태가 이에 이르자 재상 이사는 나라가 혼란해질 것이 두려워 환관 조고와 결탁하여 장자 부소(扶蘇)에게 함양으로 와서 제위를 계승하라는 황제의 유서를 '부소는 불효'하니 자살하라는 내용으로 고쳤다.

이것을 진짜로 믿은 부소가 자살하고, 둘째 호해가 제위에 올라 진이세(秦二歲)가 되었다. 진 이세는 의지가 박약하고 무능해 황제가 될 만한 인물이 아니었다. 이로 인해 조고는 진 이세를 마음대로 농락하며 서서히 자기의 야심을 드러내기 시작했다.

그러나 조고의 정권을 장악하려는 계획에 방해가 되는 것은 바로 재상 이사였다. 그리하여 조고는 이사와 그의 아들 이유(李由)가 반란을 도모한다고 무고하여 감옥에 넣고, 마침내 진나라 최대의 공신이었던 이사는 함양의 거리에서 자기가 제정한 법령에 의해 허리를 잘리는 형벌을 받고 죽었으니, 이때가 진 이세 2년(B.C 208), 한여름의 태양이 뜨겁게 내리쬐는 7월이었다.

진·한나라 시대

이 장에 수록된 인물 외에 이 시대의 인물로는 진나라 장양왕의 재상으로 진 시황제를 있게 한 여불위(呂不韋), 만리장성의 축조자인 명장 몽념(蒙恬), 평준법으로 한나라를 부흥시킨 상홍양(桑弘羊), 『공북해집』을 남긴 문인 공융(孔融), 유방을 보좌해 한나라를 건립한 소하(簫何)·장량(張良), 『가장사집』『신서』 등을 남긴 문인 가의(賈誼), 『사마문원집』을 남긴 문인 사마상여(司馬相如), 『동방태중집』을 남긴 문인 동방삭(東方朔), 『설원』『유자정집』을 남긴 문인 유향(劉向), 교지국을 정벌한 명장 마원(馬援), 『논형』을 남긴 사상가 왕충(王充), 혼천의·지중의를 발명하고 『장하간집』을 남긴 문인 장형(張衡), 『설문해자』를 남긴 정치가 허신(許愼), 역·시·서·예·논어·효경에 주석을 달은 정현(鄭玄), 『채중랑집』을 남긴 문인 채옹(蔡邕) 등이 있다.

진 시황제

중국 최초의 법가황제

진나라는 중국 역사의 분기점을 가르는 아주 중요한 시대이다. 진나라에 이르러 중국은 분열의 시대를 마감하고 최초로 통일의 대업을 완성했으며, 최초로 전제주의 중압집권체제 국가를 세웠다. 진나라의 이런 위업은 진 시황제(秦始皇 : B.C 259~210)에게서 시작되었다.

진 소양왕(昭襄王) 48년 정월 초하루 아침, 이인(異人 : 후일의 장양왕)의 아내 조희(趙姬)가 아기를 잉태한 지 12개월만에 남자아이를 순산했다. 그날 산실에는 붉은 빛이 가득하고 온갖 새들이 창가로 날아오는 등 상서로운 징후가 있었다 한다.

갓 태어난 아기는 이마가 넓고 눈동자가 또렷하며, 입 안에는 이미 몇 개의 치아가 자라고 있었고, 등에는 용의 비늘같은 것이 있으며, 그 목소리가 우렁차서 길거리의 사람들도 들릴 정도였다. 이인은 크게 기뻐하며 말했다.

"한 시대의 주인이 될 인물은 태어날 때 이상한 징조가 있고, 그 골상이 비범하다고 들었다. 더구나 이 아이가 정월에 태어나니 반드시 천하를 다스릴 것이다."

이에 그의 이름을 정(政)이라 했다. 정사에 기록되어 있는 그의 성은 영(嬴)이나, 일설에는 진나라와 조나라가 같은 조상이기에 조정(趙

政)이라고 부르기도 한다. 그가 바로 후일 진왕(秦王)이 되어 6국을 병합, 천하를 통일한 진 시황제이다. 일찌기 여불위의 세객인 위료(尉繚)는 진 시황제에 대해 다음과 같이 말했다.

"진왕은 코가 높고 허리가 가늘며, 눈은 높고 가슴이 넓으며, 목소리가 승냥이같고 호랑이와 같은 마음을 가지고 있어 정을 단호히 끊을 수 있는 냉정한 인물이다. 또한 그는 빈곤할 때에는 남의 밑에 굴복하지만, 한번 뜻을 발휘하게 되면 잔혹하고도 무정한 사람으로 돌변할 것이다."

조희가 아들을 낳았다는 소식이 전해지자 남몰래 크게 기뻐한 사람이 있으니 그가 바로 여불위이다. 여불위는 초나라에 인질로 와서 궁핍한 생활을 하고 있는 진나라의 공자 이인에게 물질적 풍요를 맛보게 했고, 또한 그가 자식이 없는 안국군(安國君)과 화양부인(華陽夫人)의 양아들이 되어 장양왕(莊襄王)으로 즉위하는데 중요한 역할을 했다. 당시 여불위는 한단에서 가무에 뛰어난 절세의 미인을 찾아내어 자기의 첩으로 삼았는데, 그녀가 바로 조희이다.

어느 날 여불위는 조희가 임신한 것을 알고 이인을 초대해 그녀를 소개했고, 그녀의 뛰어난 미모에 반한 이인은 짐짓 술에 취한 듯 가장하여 조희를 아내로 삼게 해달라는 청을 했다. 여불위는 겉으로는 크게 화를 냈지만 모든 일이 자기의 계획대로 진행되어 속으론 크게 기뻐하며 이인과 조희의 성례를 주선해 주었다.

진 소양왕 50년, 정이 3세가 되었을 때 진나라의 대군이 한단을 공격하자 조나라에 인질로 잡혀있던 이인의 생명은 태풍의 한 가운데에 있는 작은 돛단배와도 같았다.

이때 여불위는 황금으로 이인을 감시하는 병사를 매수, 안전한 곳으로 피난시켜 그들 일가족의 목숨을 구했다. 그 후 정(政)이 태어난 지 6년째 되는 해에 안국군이 효문왕으로 즉위하자 자초(子楚 : 안국군이 이인을 양아들로 삼고 '자초'로 개명해 줌)가 태자가 되었다.

그러나 병약한 효문왕이 오래지 않아 세상을 떠나고 자초가 장양왕으로 즉위했다. 장양왕은 오랜 세월 자기를 도와준 여불위의 공로를 잊지 않아 승상으로 임명하고 문신후(文信侯)로 봉했으며, 아들 정(政)을 태자로 삼으니 이때 그의 나이 겨우 10세이다. 하지만 장양왕 또한 즉위한 지 3년만에 세상을 떠나 어린 정이 진왕이 되었다. 당시 진왕의 나이 겨우 13세이니 국정을 다스리는데 반드시 누군가의 도움이 필요했다. 이에 태후가 된 조희는 어린 왕의 보좌로 여불위를 임명했고, 그는 상국(相國)으로 봉해지고 중부(仲父)라고 불리웠다. 이른바 중부라는 것은 아버지의 다음이라는 뜻이다.

그때부터 여불위는 국정을 의논한다는 구실로 공공연하게 태후의 내실을 드나들었다. 어린 진왕은 이미 궁 안에서 공공연한 비밀이 된 모후와 여불위의 관계에 대해 겉으로는 전혀 개의치 않는 듯 내색을 하지 않아 누구도 그의 마음을 헤아릴 수가 없었다.

후일 진 시황제가 윤리를 중시하는 유가에 대해 내심으로 배척하고 성악설의 이론에 많은 관심을 보인 것은 이런 자신의 혈통에 대한 의구심과 남모르는 고민이 그의 심리에 큰 영향을 끼쳤으리라 생각된다. 그러므로 진 시황제가 엄격한 '신상필벌'을 주장하는 법가사상으로 쏠리는 것은 당연한 귀결이라고도 할 수 있다.

한편 천하를 한 손에 좌지우지하는 여불위이지만 지나치리만치 총명한 어린 왕이 자라는 것을 서서히 의식하기 시작했다. 비록 아무 거리낌없이 태후의 침실을 드나드는 여불위였지만, 언젠가는 이 일로 자신에게 화가 미치리라 여기고 자기를 대신하여 음탕한 태후의 욕망을 채워줄 노애라는 인물을 물색해 하인으로 삼았다.

당시 진나라의 풍속에 한 해의 농사가 끝나면 나라에서는 그 동안의 노고를 위로하기 위해 3일간 노래, 춤, 각종 기예를 벌이곤 했다. 이때 여불위는 힘이 좋고 양근(陽根)이 큰 노애에게 오동나무 수레바퀴축에 양근을 끼워 넣고 돌리게 했다. 노애에 관한 소문은 입에서 입으로 전해져 결국 궁중의 태후에게까지 들어갔다. 여불위와의 관계에서도 채워지지 않은 정욕을 주체하지 못해 애쓰던 태후는 이 소문을 듣고 여불위에게 노애를 자기가 부릴 수 있도록 해달라는 요청을 했다.

마침내 여불위는 노애를 가짜 궁형(宮刑)에 처한 후 환관의 신분으로 궁으로 들여보냈다. 그 후 노애를 총애한 태후는 비밀리에 노애의 아들 둘을 낳았고, 그의 세력은 문신후 여불위와 세력을 다툴 정도가 되었다. 그리고 궁궐 밖에 있는 노애의 사가(私家)에는 재물을 실은 수레와 그를 만나려는 사람들이 물밀듯이 몰려들고 있었다.

그러나 진왕 9년 봄, 그가 21세가 되었을 때 중대부 안설(顔洩)이 태후가 노애와 사통하여 두 아들을 낳아 비밀리에 양육하고 있으며, 그 아들을 다음 왕으로 삼으려 한다고 밀고했다. 마침내 사건의 진상을 알게 된 진왕은 철저히 조사하여 노애의 삼족을 멸하고, 태후가 낳은 두 동복형제를 죽이는 한편, 여불위를 삭탈관직하고 하남(河南)을 봉해 살게 했다. 또한 태후를 역양궁(域陽宮 : 이궁 가운데 가장 작은 궁)에 연금하고 삼백 명의 병사에게 지키게 했다.

이때 대부 진충진(陳忠進)이, "천하에 어미없는 자식이 없으니 아무리 태후가 잘못했다 하나 전하의 어머니이니 함양으로 모셔와 효를 다하는 것이 도리입니다"라고 상소했다.

그러자 크게 노한 진왕은 그를 죽여 시체를 대궐 밖에 걸어놓고 앞으로 누구라도 태후의 문제로 간언하는 자는 이렇게 될 것이라고 방을 붙였다. 그러나 이 문제로 진왕에게 간하는 자가 그치지 않았고, 진왕은 계속해서 이들을 죽여 시체를 대궐 밖 거리에 본보기로 전시해 놓았는데 그 수가 27명에 달했다. 이때 창주(滄州)의 모초(茅焦)라는 사람이 함양으로 놀러왔다가 여관에서 이 일을 듣고 진왕을 찾아가 말했다.

"지금 천하가 진나라를 존중하는 것은 진의 위력이나 대왕이 위대한 지도자이기 때문이 아니라 많은 충신들이 조정에 모여있기 때문입니다. 그런데 대왕은 가부(假父 : 노애)를 찢어 죽여 어질지 못한 마음을 천하에 드러내고, 동복동생을 죽임으로써 우애롭지 못하다는 명성이 붙고, 어머니를 역양궁에 유폐시켜 불효한 행동을 했으며, 간언하는 선비를 죽여 그 시신을 대궐 밖에 늘어놓아 걸(桀)과 주(紂)와 같이 다스리고 있습니다. 천하를 다스리는 사람이 이와 같으니 어찌 천하가 복종하겠습니까? 옛날에 순임금은 악독한 계모를 효성으로 섬겨 제위에 올랐고, 걸이 용봉(龍逢)을 죽이고, 주가 비간(比干)을 죽였기에 천하가 그들을 반대했습니다. 이제 신이 죽고나면 더 이상 대왕을 위해 간언하는 사람이 없고, 백성들 마음의 원한이 날로 깊어가고 제후들은 반기를 들 것이니 진나라의 제업(帝業)이 대왕으로 인해 망할 것입니다. 신이 하고픈 말을 다했으니 이제 죽이십시오."

이 말을 들은 진왕이 말했다.

"전에 내게 간언하던 사람은 오직 나의 죄를 열거했을 뿐 그대처럼 이렇게 명확하게 나라의 존망에 대해 얘기를 하지 않았소. 이제 하늘이 그대를 통해 나의 어리석음을 깨우치니 어찌 듣지 않을 수 있겠소."

그리고 진왕은 27명의 시신을 거두어 관곽(棺槨)을 갖추어 용수산(龍首山)에 매장하고, 태후를 모셔오는 한편 모초를 태부(太傅)로 삼았다. 그로부터 2년이 지난 후에도 하남에 거주하는 문신후 여불위를 찾는 각국 제후와 문객들의 발길이 끊이지 않자 진왕은 다른 나라에서 그를 중용할까 염려하여 편지를 썼다.

그대가 진나라에 무슨 공로가 있어 식읍 10만 석을 봉했는가? 또 그대가 진나라와 무슨 혈연관계가 있기에 '중부'로 봉해졌는가? 진이 군자에게 후대함을 베풀었을 뿐이다. 노애의 반역은 그대로 인해 시작된 것이나 과인은 그대를 죽이지 않았다. 그런데 그대는 스스로 뉘우치지 않고 또 제후의 사자들과 왕래하니 이것은 과인이 그대에게 관대하게 대하는 뜻이 아니다. 그러니 가족을 거느리고 촉군(蜀郡)으로 이주하여 남은 여생을 지내는 곳으로 삼아라.

이 편지를 본 여불위는, "내가 남의 자식을 팔고, 남의 나라에서 음모를 꾸미며, 남의 처를 음란케 했고, 남의 군주를 살해했으며, 남의 제사를 끊어지게 했으니 하늘이 어찌 나를 용납하리오. 지금 죽는 것도 늦은 것이다"라고 탄식하며 술에 독을 타 마시고 죽었다 한다.

그 후 진왕은 법가사상의 열렬한 신봉자가 되었고, 성악설을 주장한 한비자의 주장에 감탄하며, "과인이 이 사람을 만나 그의 학설을 실현할 수 있다면 죽어도 여한이 없겠다"라고 말했다. 진왕의 입에서 이런 말이 나온다는 것은 누구나 생각지 못한 일이었으리라. 그것은 그가 부모에게 실망하여 받은 상처를 다른 방법으로 보상하고자 하는 심리가 그의 성격에서 표출되고 있는 것이라 할 수 있다.

태어나면서 갖추어지는 성격과 다변(多變)의 사상은 바로 법가에서 제창하는 사상이다. 법가사상에서 말하는 이른바 '운명의 해후'는 자기의 지친도 신임하지 않는 사상을 창출해냈다. 이로 인해 진왕은 인간관계를 심도있게 운용해 나갔고, 마침내 중국 역사상 가장 잔혹한 전제군주가 되었다.

훗날 진왕이 한비를 얻기 위해 한나라를 공격하자 한왕은 한비를 사신으로 보냈다. 한비를 만난 진왕은 크게 기뻐하였으나 그를 믿지 못해 중용하지 않고 죽음으로 몰아넣고 말았다. 진왕은 그의 사상은 믿었으나 그 사람은 믿지 못했으니, 이것은 정치가들의 행태가 어떠한가를 잘 보여주어 후세 사람들에게 큰 교훈을 주고 있다.

진왕은 즉위한지 26년째인 B.C 221년, 그의 나이 39세에 17년간의 전쟁을 통해 한·월·연·초·위·제 6국을 병탄하여 전대미문의 중국 통일이라는 업적을 이루었다. 그는 앞으로도 더욱 자신의 위치를 공고히 하기 위해서는 지금까지와는 다른 새로운 제도가 필요하다는 것을 느꼈다. 어느 날 그는 조정의 대신들에게 말했다.

"과인이 이제 천하를 통일했는데 여전히 '왕'이란 칭호를 사용한다면 6국의 왕들과 무슨 구별이 있겠는가? 내게 알맞는 새로운 호칭을 건의해 보라."

이런 토의를 거쳐 마침내 그의 덕(德)이 삼황(三皇)을 초월하고, 위업은 오제(五帝)를 능가한다 하여 '삼황오제'를 합쳐 '황제(皇帝)'라 부르도록 했다. 또한 자신이 역사상 최초의 황제가 되었으니, 시작한다는 뜻의 '시(始)'를 붙이고 그의 후손들은 앞으로 이세 황제, 삼세 황제……로 칭하도록 했다.

또한 진 시황제는 이사의 건의를 받아들여 분봉제(分封制)를 군현제(郡縣制)로 바꾸어 오직 황제 한 사람만이 절대권력을 장악하도록 했다. 이와 더불어 수도 함양을 중심으로 동쪽의 하북·산동까지, 남쪽의 강소·호남까지, 북쪽으로는 내몽고의 음산(陰山)에 이르기까지의 전 지역에 걸쳐 제방을 쌓고 성과 산을 무너뜨리면서 모든 도로를 일률적으로 넓이 50보가 되도록 함으로써 반란이 일어나도 신속하게 군대를 파견할 수 있게 했다.

이런 작업과 병행하여 각지 제후들의 끊임없는 반란을 근본적으로 막기 위해 6국의 병기를 압수하고 험한 요새가 될만한 곳은 모두 부수며, 전국의 부호와 명사들을 모두 함양으로 이주하도록 하여 철저한 감시를 했다. 산을 뚫어 상수(湘水)와 이강(漓江)을 관통시킨 영거(靈渠)를 만들어 남방과 중원지역 사이의 경제·문화의 교류가 용이하도록 했다.

그리고 언어 방면에서는 당시 각국의 글자에 큰 차이가 있어 통치에 어려움이 많아 이사에게 문자를 정리하도록 했다. 이에 이사는 주문(籀文 : 大篆)에 의거하여 필획이 간편한 소전(小篆)을 제정, 모든 공문과 법령의 공용문자로 삼아 문화교류를 촉진시켰다. 이외에 황금을 상폐(上弊), 동전을 하폐(下弊)로 하여 화폐를 통일시키고, 길이는 촌(寸)·척(尺)·장(丈), 용량은 승(升)·두(斗)·통(桶), 무게는 양(兩), 근(斤)·석(石)으로 하여 도량형을 통일했다.

B.C 221년에 흉노가 자주 하남을 침범하여 재물을 약탈하고 한족을 데려가 노예로 삼는 등 진나라에 큰 위협으로 등장하자 대장 몽념(蒙恬)을 파견해 흉노를 황하 이북으로 몰아냈다. 그리고 그들의 재침을

막기 위해 전국 각지에서 50만 명을 동원하여 장성을 수축했다. 이 공사가 시작된 지 4년만에 동원된 백성들 가운데 죽은 사람이 30여만 명에 이르렀다고 하니 그 참혹함을 짐작할 수 있다.

한편 진 시황제는 장안성 서남에 아방궁을 세워 6국의 미녀들을 모아놓고 환락을 즐겼는데, 이 아방궁 앞에는 12개의 동상(銅像)이 세워져 있다. 이것은 전국에서 몰수한 병기로 만든 것이며, 궁 안의 문을 자석으로 만들어 흉기를 품고 궁으로 들어오는 사람을 적발해 낼 수 있도록 했다. 그리고 진 시황제는 자신의 사후세계를 위해 13세로 즉위한 해부터 여산(驪山) 밑에 여산능묘(驪山陵墓)를 짓는 공사를 진행하고 있었다.

진 시황제의 이름을 역사에 널리 알린 사건으로 '분서(焚書)'와 '갱유(坑儒)'를 빼놓을 수 없다. 절대권력을 장악하고 있는 시황제의 정책에 유생들의 의론이 분분해지자 옛것을 옳다고 여기고 현재의 것은 그르다고 여기는 사람들의 사상을 없애려면 옛것을 논하는 모든 서적을 없애야 한다는 이사의 주장에 따라 많은 서적이 순식간에 재로 화한 사건이다. 이 '분서' 사건 이후 유생들의 불만이 더욱 심해지자 분노한 시황제는 함양에 큰 웅덩이를 파고 460명의 유생을 잡아들여 산 채로 매장했다.

그는 나이가 들어가면서 점점 부하들에 대한 불신이 더욱 심해졌다. 어느 날 시황제는 여궁(驪宮)의 산에 올라갔다가 이사가 호화로운 수레를 타고 수많은 시종을 거느리고 있는 것을 보았다. 멀리서 이 모습을 본 시황제는 그다지 기분이 좋지 않았다. 어떤 사람이 이 사실을 이사에게 알려주자 이사는 크게 당황하며 시종의 수를 대폭 줄이고 수레도 바꾸었다. 그런데 이 사실을 안 시황제는 자신의 말을 누설했다는 이유로 시종들을 모두 사형시켜 버렸다. 이로 인해 인간관계에서 완전히 고립되니 이른바 법가를 숭상하여 절대 권력을 휘두르는 전제군주는 아무도 믿지 못하고, 모든 일을 직접 처리해 나가야 하는 철저한 고독 속에서 생활했다.

B.C 211년 10월, 제5차 전국 순행을 나갔던 시황제는 산동 평원진 (平原津)에서 병이 들었다. 그러나 그는 계속 순행을 강행하다가 이듬 해 7월 병인일(丙寅日), 하북 사구(沙丘)에서 세상을 뜨니 향년 50세 였다.

그가 죽어 여산릉에 묻힐 때 총비, 미인들 가운데 자식을 낳지 못한 여자들은 모두 그와 함께 순장되었고, 기술자들이 무덤 속에서 한창 내부의 문을 폐쇄할 때, 밖에서는 이들까지 함께 순장시키기 위해 무덤 입구를 흙과 돌로 메꾸는 작업이 진행되고 있었다.

조　고

황제를 지배한 환관

　　절대 권력을 가진 황제들은 통치를 보다 효과적으로 하기 위해 때론 자신의 측근에게 자기 권력의 일부를 대행할 수 있는 권한을 부여한다. 이런 이유로 인해 황제를 가장 가까운 위치에서 보필하는 환관들은 황제의 친인척, 재상보다 막강한 힘을 가지고 있기도 하다. 그러므로 궁중 내에서 관직을 얻고 황제의 신뢰를 받아 막강한 권력을 갖고자 하는 사람은 종종 환관이 되는 일에 자신의 인생을 내던지곤 한다. 중국 역사를 살펴보면 환관은 아주 큰 영향력을 발휘했음을 알 수 있다. 역사 속에서의 많은 사건들이 환관들의 농간으로 일어났음은 아주 좋은 예이다.

　　그러나 환관들은 궁중 내의 온갖 천한 일에 종사하며 자신이 모시는 사람의 마음의 변화에 따라 언제든지 화를 입을 수 있는 환경에 처해 있다. 비록 표면상으로는 온갖 부귀영화를 누릴 수 있는 궁궐이지만, 그 휘황찬란한 생활 속에서 법률이나 인성도 없는 인간지옥이 바로 그곳이다. 이런 환경 속에서 살아남기 위해 환관들은 자연스레 온갖 수단방법으로 자기를 해치려는 사람이라면 누구를 막론하고 제거해야만 한다. 그 인물이 하찮은 궁녀일 수도 있고, 때로는 황제가 총애하는 비빈이나 대신, 또는 지존무상의 황제일 수도 있다.

그러므로 환관은 자연히 음험하고 악랄한 성격을 형성하게 된다. 이런 그들의 성격으로 인해 환관이 권력을 쥐면 정치상의 폐해는 그 어느 때보다 심각하다.

환관은 사람들에게 남자와 여자의 성격이 교차되는 느낌을 주며, 목소리도 점점 변해 중성인물에 속하게 된다. 이들 환관 사이에 나타나는 일반적인 현상은 그들끼리의 단결심이 아주 강해 외부의 어떤 압력에 대해 합심하여 극복해 나가고, 어떤 때는 정치권력의 쟁탈전으로 나라의 멸망을 초래하기도 한다.

역사 속에서 이런 환관이 불러오는 재난은 적지 않다. 그 가운데 대표적인 인물의 하나인 조고(趙高 : B.C 207년 사망)는 조왕의 먼 친척으로 여러 형제가 모두 환관이 되었다.

형가가 진 시황제를 암살하려고 할 때 시황제가 허리에 찬 보검 녹로(菉盧)의 길이가 8척이나 되어 검을 뽑지 못하고 형가의 공격에 기둥 뒤로 피해 다니고 있었다. 이때 내시 조고가 큰소리로 외쳤다.

"전하, 칼을 등에 업고 뽑으십시오!"

조고의 외침에 문득 정신이 든 시황제는 그의 말대로 칼을 등에 업고 뽑아 형가를 공격해 위기를 넘길 수 있었다. 결국 형가는 진 시황제의 손에 죽었고, 이 일로 인해 시황제는 위급한 상황에서 자신을 일깨워 준 조고에게 황금 백 일(鎰)을 하사하고 그의 총명함을 칭찬했다. 온갖 권모술수에 능하고 유달리 눈치가 빠른 조고는 변화무쌍한 진 시황제의 비위를 잘 맞추어 오랫동안 곁에서 보필할 수 있었다.

그러나 절대 권력을 휘두르며 공포정치를 시행하던 진 시황제 밑에서 신뢰를 받던 조고의 생에 큰 변화를 가져오는 사건이 발생했다. 그것은 황제가 순행 도중 사망한 것이다. 진 시황제는 자신의 죽음이 임박하자 재상 이사와 환관 조고에게 태자 부소(扶蘇)에게 빨리 함양으로 가서 자신의 죽음으로 발생하는 사태에 대비하라는 내용의 편지를 쓰게 했다. 그 편지를 미처 보내기 전에 황제가 사망하자 조고는 이 사태를 자신과 관련해 생각해 보았다.

태자 부소는 신중하고 온화한 성격으로 예의와 덕망이 있고 사려가 깊은 판단으로 진 시황제의 사랑을 받았으나 '분서갱유', 엄청난 규모의 토목공사로 백성들이 시달리는 것 등에 대해 진 시황제에게 여러 번 간언하여 미움을 샀다. 이에 진 시황제는 부소에게 대장 몽념이 치도(馳道) 공사하는 것을 감독하라는 명분으로 도성으로부터 쫓아냈다.

그러나 둘째 호해(胡亥)는 어려서부터 조고의 교육으로 먹고 놀기를 좋아하고, 학문을 배운다든가 덕을 쌓는 일과는 거리가 먼 인물이었다. 조고의 입장에서 둘째 호해가 황제가 된다면 자신의 뜻대로 그를 조종할 수가 있었다.

또한 승상 이사의 입장에서 태자 부소는 자신이 진 시황제에게 주청한 여러 정책에 반대해 온 인물로 만약 그가 대통을 이어받는다면 자신의 앞날은 불을 보듯 명확한 것이었다.

이에 조고와 이사는 서로 다른 이유에서 진 시황제의 유서를 고쳐 둘째 호해를 즉위시키는 데 합의했다. 이들은 진 시황제의 죽음을 숨기고 호해를 태자로 삼는다는 가짜 조서를 작성하고, 태자 부소에게는 줄곧 부친을 비방하며 효도하지 않았으니 자살하라는 내용의 조서를 꾸며 보냈다. 태자 부소가 가짜 조서에 따라 자살했다는 소식이 전해지자 황제의 붕어를 발표하고 그날로 호해를 진 이세(秦二世) 황제로 즉위시켰다. 호해는 즉위하자마자 조고에게 말했다.

"짐은 천하의 쾌락을 모두 이곳에 집중시켜 그것을 즐기고 싶으오."

그러자 조고는 재빨리 대답했다.

"참 좋으신 말씀입니다. 그러면 먼저 법을 엄격히 하고 형벌을 가혹하게 해서 백성들이 법을 두려워하게 하고, 다음에는 선제(先帝)의 신하들을 전부 축출해 폐하께서 아끼는 새로운 사람을 뽑아야 합니다. 이처럼 정치가 엄격하게 다스려지면 그들은 전심전력을 다해 폐하를 옹위하고, 폐하께선 안심하고 향락을 즐기실 수 있습니다."

막강한 권력을 행사하던 진 시황제 밑에서 숨을 죽이며 하루하루를 살아가던 조고와 같은 환관에게 있어 철부지 방탕아인 호해 황제의 등극은 가뭄에 단비를 만난 것과 다름없었다.

이때부터 조고는 한발한발 자신의 권력을 확장하기 위해 진나라 조정의 공신들을 하나하나 제거하고, 그 자리에 자기의 측근들을 하나씩 임명해 세력을 확보하기 시작했다. 가장 먼저 그는 몽념, 몽의(蒙毅) 형제를 반란을 기도하려 했다는 죄명으로 살해하고, 그 후 각종 죄명으로 시황제의 여섯 명의 아들과 열 명의 공주를 체포하여 두(杜 : 지금의 서안 동남쪽)라는 지방에서 살해했다.

또한 호해는 나머지 십여 명의 형제자매들이 자신과 조고의 음모를 폭로할까 두려워 함양 대로상에서 참수해 버렸다. 이렇게 천하가 벌벌 떨던 진 시황제의 이십여 명의 자녀들은 모두 비참한 최후를 마쳤다.

당시 진나라는 시황제가 벌인 여러 가지 공사로 인해 국가재정이 파탄상태에 이르렀고, 백성들은 굶주리고 각종 세금에 시달리면서도 여전히 부역을 해야 했다. 결국 백성들이 봉기하여 진나라에 대한 반기를 들어 전국이 혼란상태에 빠지게 되었다. 그런데 이때 조정에서는 승상 이사와 낭중령(郎中令) 조고의 세력다툼이 한창 벌어지고 있었다. 이사는 진 이세에게 조고가 모반할 뜻을 품고 있다고 상소를 올렸으나 어려서부터 조고와 어울린 진 이세는 이사의 말을 믿지 않았다. 이에 조고가 당시 삼천(三川)군수로 있던 이사의 아들 이유(李由)가 모반하려 한다고 반격하자 진 이세는 이를 믿고 이사를 함양에서 허리를 잘라 죽이고 그의 삼족을 주살했다.

이사가 죽은 후 진 이세가 조고를 승상으로 임명하자 이때부터 모든 사태의 처리는 오직 조고의 손에 달렸다. 조고는 자신의 눈 밖에 난 조정 대신들을 온갖 죄명으로 하나씩 처단하고, 마침내 진 이세도 자기 마음대로 지배해 황제는 조고의 허락이 없으면 아무 일도 할 수가 없었다.

어느 날 조고는 이세와 대신들의 마음을 떠보기 위해 황제에게 사

122

슴 한 마리를 선물하며 말했다.

"이 말은 제가 폐하에게 드리는 것입니다."

그러자 이세가 웃으며 말했다.

"승상, 틀렸습니다. 저것은 말이 아니라 사슴입니다."

이것으로 인해 조정의 대신들은 양파로 갈라졌다. 그러나 결국 사람들은 조고의 싸늘한 눈초리에 질겁을 하여 황급히 사슴을 말이라 했고, 이쯤되자 이세도 더이상 사슴이라고 우길 수 없어 말이라고 했다. 그리고 며칠이 지난 후 처음에 사슴이라고 말했던 대신들이 한 명씩 조고가 만든 죄명에 따라 처형당했다.

사태가 여기에 이르자 이세의 곤혹스러움은 이루 말할 수 없었다. 이에 이세는 법사에게 자신의 신세를 한탄하자 법사는 마음을 수양한다는 구실로 상림원(上林苑)으로 가서 조용히 있으라고 했다. 그러나 이것 또한 조고의 계략으로 그때부터 대신들은 이세의 목소리와 모습을 보지 못한 채 오직 조고의 명령만을 따라야 했다.

이세가 상림원으로 들어가자 조고는 재빨리 사위인 함양의 영윤 염락(閻樂)에게 명령해 자기에게 반항하는 환관들을 죽여 황제를 고립무원의 상태에 빠트렸다. 당시 황제의 곁에는 단 한 사람의 환관만이 그를 보필하고 있었는데, 이세가 그에게 물었다.

"너는 왜 이런 지경이 되도록 내게 아무 말도 하지 않았느냐?"

그러자 그 환관이 대답했다.

"제가 폐하에게 아무 말도 하지 않았기 때문에 오늘까지 살아서 폐하를 모시게 된 것입니다."

B.C 208년 8월, 유방이 봉기하여 관중을 공격하고 함양으로 향하자 염락은 이세 황제에게 천하를 혼란하게 한 것을 책임지고 자살하라고 말했다. 그러자 이세 황제가 간절하게 부탁했다.

"승상을 한번만 만나게 해주게."

그러나 염락이 아무 대답을 안하자 다시 애원했다.

"짐은 황제가 안되어도 좋네. 단지 한 군(郡)의 왕, 아니 만호후(萬

戶侯)라도 좋으니 살려만 주게.

황제의 애원에도 염락은 여전히 대답하지 않았다. 그의 이같은 반응에 황제가 다시 간절하게 애원했다.

"그러면 나와 황후가 일반 평민의 신분으로 살아도 좋으니 살려만 주게."

"나는 승상의 명령에 따라 천하의 백성들을 대신하여 당신을 죽이는 것이며, 당신의 요구는 내가 허락할 문제가 아니고, 승상에게 알릴 수도 없소."

말을 마친 염락이 병사들에게 이세의 자살을 돕도록 명령하자 겨우 23세의 젊음이 강제로 죽음의 길로 들어섰다. 이세를 죽인 조고는 자신이 왕이 되고 싶었으나 대신들의 반대를 고려하여 자영(子嬰)을 황제가 아닌 왕으로 추대했다.

일찍부터 자신이 왕이 되고자 하는 조고의 속셈을 눈치챈 자영은 조고를 제거하지 않으면 자신의 목숨이 위태롭다는 것을 잘 알고 있었다. 어느 날 자영은 병을 빙자하여 조회에 참석하지 않았다. 그리고 조고가 자영의 동정을 살피기 위해 침전으로 들어왔을 때 그를 살해하고 삼족을 주살했다.

그 해 10월, 유방이 함양으로 진군해 오자 자영은 항복하는 뜻으로 백마가 끄는 흰 수레를 타고 성 밖으로 나가 황제의 옥새를 바쳤다. 실제로 자영은 황제가 되지 못했고, 오직 46일간의 진왕(秦王) 노릇을 했다. 그러나 항우가 함양에 진입하면서 아방궁을 불지르고 자영을 살해했다. 이로써 천하를 한 손에 쥐고 호령했던 진 시황제의 유업이 한 환관의 농간에 의해 허무하게 무너지고 말았다.

진승과 오광

중국 최초의 농민혁명가

진승(陳勝)은 양성(陽城)의 가난한 백성으로 태어나 열심히 남의 농사를 지어주고 품삯으로 겨우 연명하는 처지였다. 어느 날 그는 이웃 사람들과 날품팔이를 하다 잠시 작은 언덕에 올라 휴식을 취하게 되었다. 그러다 문득 그는 함께 일하던 사람들에게 말했다.

"언젠가 내가 부자나 관리가 되면 친구와의 의리를 결코 잊지 않을 거야."

함께 있던 사람들 가운데 한 사람이 그의 말을 듣고 비웃으며 말했다.

"아니, 너는 지금 소작인 주제에 어느 세월에 부자나 관리가 된다고 그런 소리를 해?"

그의 말을 들은 진승은 깊이 탄식하며 말했다.

"제비와 참새가 어찌 큰 새의 뜻을 알리오."

진 시황제는 재위 37년 동안 조·연나라에 의해 부분적으로 축조된 장성을 개축하여 황하를 따라 임도까지 연결한 만리장성을 축조했고, 함양의 남쪽 부근에 한 제후를 멸망시킬 때마다 그 제후국의 궁궐을 본따 세운 궁궐과 누각 등이 270여 채에 이르렀다. 또한 그 궁궐들에는 각 나라의 미녀들과 보물로 가득 채웠으며, 행락장인 상림원(上林

苑), 새로운 궁궐인 아방궁, 자신의 능인 여산릉 등을 조성하기에 국가재정과 백성들을 총동원했다.

또한 천하를 통일하기까지의 전쟁 수행을 위해 쉴새없이 백성들을 동원하니 백성들의 피폐함은 이루 말할 수가 없었다. 그러나 절대적인 권력을 휘두르는 진 시황제 앞에서는 아무도 그의 이같은 행동을 저지할 수가 없었다. 사회를 비판하여 혼란하게 만든다 하여 무려 460여 명의 유학자들을 일시에 생매장해 버리는 그의 폭거 앞에 나선다는 것은 곧 죽음을 의미하는 것이다.

그러므로 백성들의 마음은 진나라로부터 멀리 떠났고, 이런 사람들이 세력을 형성하여 반란을 일으키기 위해서는 진 시황제의 막내 아들 호해가 환관 조고에 의해 황제로 옹립되기를 기다려야 했다.

B.C 210년, 진 이세는 즉위하면서 진 시황제가 완성하지 못한 아방궁 건립을 계속 추진하였다. 당시 함양에 식량이 부족하자 호해는 함양성 주위 300리 이내의 전답에서 생산되는 곡식을 함양으로 운송해 오도록 하면서도 곡식을 운반하는 백성들이 도중에 먹을 식량은 각자가 부담하라는 명령을 내렸다. 또한 그가 황제가 된 후 백성들에게 부과된 세금이 더욱 많아졌으며, 각종 부역과 가혹한 형벌은 끊이지 않았다. 이때 진나라의 상황은 마치 가뭄에 바짝 마른 풀 같아 아주 작은 불씨만 있으면 전 초원을 태울 수 있을 정도로 일촉즉발의 상태였다.

이로 인해 B.C 209년, 진 시황제가 죽은 이듬 해 가을, 마침내 중국에서는 최초의 농민봉기가 발생했으니 바로 진승(陳勝)과 오광(吳廣)의 반란이다. 당시 진승은 오광과 함께 징집당해 9백 명의 부대를 편성, 어양(漁陽 : 하북성)을 향해 출발했으나 도중에 대택향(大澤鄉)에서 큰비를 만나 부득이 행군을 멈추지 않을 수 없었다.

그러나 며칠이 지나도 비가 그치지 않자 사람들은 불안에 휩싸였다. 당시의 규정상 만약 약속된 날짜에 목적지까지 도착하지 못하면 이유 여하를 막론하고 사형에 처하게 되어 있기 때문이었다. 그러자 진승은 각조의 대장들을 불러 말했다.

"여러분, 우리가 아무리 빨리 간다해도 제 날짜에 도착하기는 틀렸소. 그러므로 우리는 어차피 죽은 목숨들이니, 죽을 때 죽더라도 이름이나 남기고 죽어야 되지 않겠소? 이 세상의 제왕이나 장군의 신분은 태어나면서 정해진 것도 아닌데, 우리라고 왜 인생을 개척해 보지도 못하고 죽어야 하오?"

이 말을 들은 사람들이 그의 말에 동의하여 마침내 반란군을 진압하는 병사로 징집당했다가 도리어 진나라에 반기를 드는 반란군이 되었다. 이때부터 진승은 이세 황제와 조고에게 죽음을 당한 진 시황제의 장자 부소(扶蘇)라 칭하고, 오광은 진군에 의해 패배했던 초나라의 명장 항연(項燕)이라 칭했다. 왜냐하면 당시 진나라에서는 태자 부소의 명망이 뛰어났었는데 백성들은 아직 그가 죽었다는 사실을 모르고 있었고, 항연은 마침 진군에게 패한 후 어디론가 잠적해 있었기 때문이다.

이렇게 두 사람의 선동으로 진나라의 폭정에 반기를 든 농민군이 형성되고, 그 수는 수만 명에 달했다. 이들 군대가 가진 무기라고는 오직 호미, 곡괭이 등과 같은 농기구와 날카롭게 깎은 대나무가 고작이었다. 그러나 이들은 진(陳)의 땅에 나라를 세우고, 진승을 초왕(楚王), 오광을 가왕(假王)이라고 하고 국호를 '장초(張楚)'라고 불렀다.

진승이 반란을 일으킨 것에 영향을 받아 각지의 농민들도 세력을 규합하여 진나라의 폭정에 항거하여 반란을 일으키고, 백성들의 고혈을 짜내던 포악한 관리들을 색출하여 죽이는 사태가 벌어졌다. 그러는 가운데 항우와 유방이 진을 토벌한다는 기치 하에 군대를 조직했고, 진승과 오광의 부대도 점점 세력이 커져 십여 만에 이르러 마침내 수도 함양을 향해 진군하였다.

이에 진나라는 여산 산릉(山陵)에서 일하던 수십 만의 죄수들을 풀어 장감(章邯)에게 인솔하게 하여 진승과 오광의 전진을 저지했다. 이로 인해 장초군은 패배하여 퇴각하고, 함곡관까지 쫓겨나 마침내 진군이 크게 승리를 거두었다.

장초군이 실패한 중요한 요인은 무기가 부족하고, 군대의 구성원들이 제대로 훈련을 받지 못한 오합지졸이며, 진승과 오광의 영도력이 부족한 것 때문이다.

오광은 교만하고 사치스러운 것을 싫어해 부하인 전장(田臧)을 죽였고, 진승은 장한의 병력에 저지당해 패배하여 도망가다가 마부 장가(莊賈)의 손에 죽었다.

진승과 오광이 이끈 농민 반란군은 비록 봉기한 지 반 년만에 무너졌지만, 그들이 붙인 혁명의 불길은 마른 짚이 타듯 전국으로 번져 각지에서는 반란군의 봉기가 잇달았다. 그리고 마침내 진 시황제 사후 3년만에 천하의 진나라가 멸망하게 되었으며, 이들 두 사람의 이름은 중국 역사상 최초의 농민혁명가로 기록되어 역사에 길이 전해지고 있다.

항우와 유방

천하를 다툰 맞수

항우(項羽 : B.C 233~202)는 초나라의 무장으로, 숙부 항량과 함께 강동(江東)에서 팔 천의 병력으로 봉기, 진나라에 대한 반란군의 중심 세력을 형성하고 있었다. 이에 비해 유방(劉邦 : B.C 256~195)은 초나라 패현(沛縣)의 일개 농민의 자식으로 태어났다. 이 두 사람은 각자 대군을 이끌고 강대한 진나라를 공격하여 마침내 역사의 장에 그 이름을 남긴 영웅들이다.

진 2세 황제 원년에 정장(亭長)이라는 하급관리로, 현령의 명령에 따라 죄수들을 인솔하여 여산릉의 공사장으로 가던 유방은 죄수 가운데 도망자가 속출하자 문책당할 것이 두려워 인솔해 간 죄수들을 풀어주고 추종자들과 함께 산으로 숨었다.

그때 진승과 오광의 반란이 일어났다는 소식이 전해지자 유방은 이에 호응하여 패현을 근거지로 거병했고, 이런 유방의 휘하로 소하, 번쾌, 조삼 등과 함께 패현의 청년들이 속속 몰려들었다. 이에 유방은 당시 설(薛)에서 세력을 확장하고 있던 항량을 찾아가 그의 예하부대의 하나가 되어 함양을 공격했다. 그러나 이 전투에서 항량이 크게 패하여 죽음을 당했고, 뒤를 이어 항우가 반란군을 통솔했다.

이때 초 회왕(懷王)에게 조나라로부터 지원 요청이 잇달았고, 항우와 유방은 명령에 의해 군대를 이끌고 조나라로 향했다. 회왕은 이들 중 먼저 관중(關中)을 평정하는 자를 관중의 왕으로 봉하겠다고 약속했다. 이때 항우는 황하를 건너 진군을 격파하고 조나라를 위기에서 구한 후 다시 관중을 향해 전진하고 있었다. 그러나 그가 함곡관에 이르렀을 때 유방이 이미 관중으로 입성하여 진 2세 황제의 항복을 받았다는 소식을 듣게 되었다.

처음에 항우는 유방에 비해 여러 가지 유리한 조건을 가지고 있었고, 그의 군사력 또한 유방과 비할 바가 아니었다. 역사에 유명한 '홍문연'이 벌어졌던 때 항우는 40만 대군을 인솔하고 있었고, 유방은 겨우 10만 명의 병력뿐이었다. 그러므로 만약 항우가 홍문의 연회에서 유방을 죽이고자 마음먹었다면 그것은 자기 손바닥 뒤집기만큼 쉬운 일이었다.

그날 유방은 겨우 백 기(騎)를 이끌고 직접 항우가 있는 홍문의 군영으로 와 함곡관 문을 봉쇄하여 항우의 군대가 전진하는 것을 저지한 일을 사죄하였다. 그러나 사실상 유방은 아직 자기의 세력이 항우와 맞서 싸우기에는 역부족이라는 것을 잘 인식하고 직접 항우의 면전에 앉아 용서를 청함으로써 "쫓겨 품안에 든 새는 사냥꾼도 잡지 않는다"는 책략으로 자기 목숨을 걸고 도박을 한 것이다.

그 결과 유방은 죽음의 문턱까지 갔다가 살았다. 그러나 항우는 이런 일시적인 인정으로 인해 40만 대군이 다 죽고, 결국 자신도 유방의 군사들에게 쫓겨 오강(烏江)에서 통한의 눈물을 흘리며 스스로 목숨을 끊어 최후를 맞는 결과를 초래하게 된다.

진나라를 멸망시시키기 위해 한 무리가 되어 사력을 다해 싸우던 이들은 목표였던 진나라가 멸망하자 하늘 아래 두 영웅이 양립할 수 없다는 생각으로 암암리에 상대의 제거를 모색하였고, 각자 손에 든 무기를 상대를 향하게 했다. 그 결과 벌어진 싸움이 바로 유명한 '초한전'이다.

진나라가 망한 후 항우는 스스로 어지러운 천하를 정리하여 새로운 질서를 세우고자 했다. 우선 초 회왕(懷王)을 의제(義帝)로 추대하고, 공을 세운 19명의 왕들에게 토지를 나누어 주어야 했는데, 그 가운데 는 유방도 한몫을 차지하고 있었다. 항우는 팽성을 도성으로 하는 아 홉 군을 차지하고 국호를 '서초(西楚)'로 하여 사람들은 그를 '서초패 왕'이라 불렀다.

그러나 유방에게는 회왕의 약속을 어기고 관중을 주지 않고 궁벽한 남쪽의 한중(漢中)을 떼어주었다. 끓어오르는 분노를 누르고 유방은 이곳을 근거지로 남정(南鄭)을 도읍으로 삼아 한나라를 건국했다.

이와 같은 항우의 처사에 유방은 강한 반발을 나타냈고, 또한 항우 가 각 왕들에게 천하의 영토를 나누어 준 것도 그 분배가 고르지 않 아 제왕들간에 불만을 형성하여 천하가 다시 혼란에 빠질 새로운 요 인이 싹트게 되었다. 자신의 독단으로 모든 일을 처리한 항우는 더이 상 이용가치가 없어진 의제를 암살했다. 본래 무장이었던 항우는 용 감하기는 했지만 지혜가 없었고, 정치가로서의 감각이 결핍되어 천하 를 다시 전쟁의 소용돌이 속으로 몰아갔으니 이것으로 4년에 걸친 '초한전'이 시작되었다.

그뒤 동쪽에서 제와 조나라가 혼란을 만들었고, 화가 난 항우는 먼 저 제나라를 공격했다. 제왕 전영(田榮)은 외부의 공격에 대한 준비를 충분히 했기 때문에 항우는 2년이 걸려 겨우 제나라를 공략할 수 있 었다. 화가 난 항우는 전영을 살해하고, 투항한 병사들도 산채로 매 장해 죽여버리고 말았다. 항우의 군대가 이렇게 잔혹하게 사람들을 죽이고 약탈하자 제나라 백성들이 크게 반발하여 전영의 동생 전횡 (田橫)의 영도 아래 항우군에 대항하는 유격전을 벌이기 시작했다.

항우는 제나라의 필사적인 저항으로 많은 시간을 허비하였다. 그가 제나라를 완전히 장악할 무렵, 유방은 이것은 놓칠 수 없는 절호의 기회라는 동공(董公)의 건의를 받아들여 의제의 원수를 갚는다는 명분 을 내세워 각지의 제후들을 부추겨 항우를 토벌하고자 했다.

모든 것이 유방의 작전대로 맞아떨어져 55만의 대군이 유방의 기치 아래로 몰렸고, 그는 대군을 인솔하여 팽성을 향해 진군하였다. 이때 항우는 군대를 이끌고 제나라를 평정하던 중이라 유방은 항우가 없는 팽성을 쉽게 손에 넣었고, 이로써 천하의 대세를 장악하게 되었다.

한편 제나라에서 이 소식을 들은 항우는 화가 머리끝까지 올라 3만의 친위대를 직접 인솔해 밤낮을 가리지 않고 팽성으로 달려갔다. 그리고 처음의 접전에서 한군을 패배시켜 그들을 저수(椎水)까지 추격, 십여만 명의 한군이 모두 강물에 빠져 죽어 강물이 흐를 수 없을 정도가 되었다.

유방은 수십 명의 기병으로 겨우 포위망을 뚫고 도망한 후 처형 여택(呂澤)의 도움으로 황하 중류의 요충지인 형양(滎陽)을 근거지로 남은 군사들을 소집해 재기를 꿈꾸었다. 그리고 관중의 유수로 있는 충신 소하(蕭何)가 계속해서 병력과 식량을 보내주어 한군의 재기는 순조롭게 진행되었다. 그런 다음 다시 초군과 격전을 벌여 초군이 서쪽으로부터 형양으로 진격해 오는 것을 저지했다. 항우와 유방은 수많은 접전을 벌였는데, 전술상에서는 전쟁터에서 잔뼈가 굵은 항우가 위였지만, 전략상으로는 유방이 한 수 위였다.

또한 유방이 형양을 근거지로 하고 있어, 항우는 범증의 책략에 따라 그곳을 물샐틈없이 포위하고 한군이 그 안에서 자멸하게 하고자 했다. 그러나 유방의 모사 진평(陳平)이 기괴한 계책을 썼으니, 바로 2천 명의 여자를 무장시키고, 기신(紀信)을 유방으로 위장시켜 항군에게 투항하게 했다. 거짓 투항한 기신은, "나는 한왕인데 지금 식량이 떨어져 투항하고자 한다"라고 하여 항군을 혼란에 빠뜨리고, 경계가 허술해진 틈을 타서 유방은 성 밖으로 도망갔다. 그리고 형양은 함락되어 항군의 손에 들어갔다.

한편 도망간 유방은 구강왕(九江王) 경포(鯨布)를 충동질해 초나라의 후방을 교란시켰는데 그 작전은 적중했다. 또한 북제의 명장 한신도 점차 그 근거지를 확대해 맹장 팽월(彭越)에게 초나라의 후방을 공격하도록 명령했다. 사태가 여기에 이르자 자만하던 항우도 형세가 자기에게 불리하게 기운다는 것을 느꼈다. 이때 유방은 대세가 장차 자기에게 유리한 쪽으로 기울어지려는 것을 보고 홍구(鴻溝)를 경계로 천하를 둘로 나누어 동쪽은 초나라, 서쪽은 한나라로 하자고 항우에게 제의했고, 항우는 이를 즉시 수락했다.

이때 모사 장량(張良)이 진평과 함께 유방에게 간언했다.

"지금이 바로 초나라를 멸망시킬 수 있는 좋은 기회니, 만약 이때를 놓치면 언젠가는 대세가 초나라로 기울지도 모릅니다."

유방은 항우가 홍문연에서 자기를 죽일 기회를 놓침으로써 오늘날 곤경에 빠지게 된 것을 생각하고, 그들의 의견을 받아들여 불시에 초군을 공격했다. 이 싸움에서 유방은 한신, 팽월의 도움 외에도 각 제왕들의 지원을 받아 마침내 초군은 크게 패하고, 항우는 해하(垓下)까지 쫓겨가 포위당하고 말았다. 이때 초군은 겨우 십만의 병력이었으나, 한군은 30만 대군으로 정세는 홍문연이 있던 당시와 정반대가 되었다.

포위된 상태에서 오랜 시일이 흐르자 초군의 병사는 갈수록 줄어들고 식량은 차츰 바닥을 드러내기 시작했다. 그러던 어느 날 초군을 포위하고 있던 한군의 진영에서 초나라의 노래가락이 들려왔다. 이 노래를 들은 항우는 탄식하며 혼자 생각했다.

'한군이 이미 초나라 전부를 점령했나? 그렇지 않으면 어디서 이렇게 많은 초나라 사람이 왔단 말인가?'

항우는 다시 유방의 계책에 빠져 몹시 절망하여 하늘을 찌를 듯했던 옛날의 용맹은 간곳이 없었다. 어느덧 한밤중에 이르자 항우는 장막 안에서 연회를 베풀고 지금까지 자기와 생사고락을 함께 한 중신, 명장들과 이별의 정을 나누었다. 그때 애첩 우미인(虞美人)과 애마 오추마(烏騅馬)가 항우의 곁에 있었다. 그들의 모습을 바라본 항우는 슬프게 탄식하며 시 한 수를 지었다.

힘은 산을 뽑고, 기개는 세상을 덮건만
때가 이롭지 않으니 오추마가 달리지 않는구나

오추마가 달리지 않으니 어찌하랴
우야, 우야, 어찌하랴
(力拔山兮氣蓋世, 時不利兮騅不逝, 騅不達兮可奈何, 虞兮虞兮奈若何)

항우가 이렇게 시를 읊자 달빛에 더욱 청초한 자태를 드러내고 있는 천고의 미인 우미인이 처연한 목소리로 화답했다.

한나라 병사가 우리 땅을 침략하니
사방에는 초나라 노래소리로다
대왕의 의기가 다하였으니
천첩이 어찌 살기를 바라오리까
(漢兵侵吾地, 四面楚歌聲, 大王意氣無盡, 賤妾何能偸生)

이 광경을 본 사람들은 모두 고개를 떨구고 천하 영웅의 말로에 눈물을 흘렸다.

항우가 간신히 해하의 포위를 뚫고 남쪽 초나라를 향해 도망가다 오강(烏江) 기슭에서 한군에 의해 포위됐다. 이때 오강의 정자 부근에서 배 한 척이 기슭으로 다가오더니 배의 사공이 항우에게 말했다.

"장강(長江)의 동쪽 지방이 작지만 그래도 땅이 천 리에 이르고 백성이 몇십 만이니 그곳에서도 충분히 왕 노릇을 할 수가 있고, 지금의 고비를 넘기면 다시 세력을 키워 재기할 수 있습니다. 이 부근에 나만 배가 있으니 한군은 쫓아오지 못할 것입니다. 빨리 배에 오르십시오."

그러나 항우가 천연하게 웃으며 말했다.

"하늘이 나를 망하게 하고자 하는데 내가 강을 건너서 무엇하겠는가. 게다가 강동의 자제 팔천 명과 함께 강을 건넜는데 이제 나 홀로 살아 돌아가 강동의 사람들이 나를 불쌍히 여겨 다시 왕으로 추대한다 해도 내가 무슨 면목으로 그들을 대하겠는가? 또한 그들이 아무 말도 하지 않는다고 해도 내 마음 속에 어찌 부끄러움이 없겠는가?”

그리고 그 자리에서 자살하니 그때 항우의 나이 겨우 31세였다.

이렇게 항우가 죽고 유방이 천하를 제패하니 B.C 202년 2월의 일이다. 후일 유방이 연회를 베푸는 자리에서 득의만만하여 군신들에게 물었다.

“내가 천하를 얻고, 항우는 천하를 잃었는데, 그 이유가 무엇이겠는가?

그러자 한 군신이 대답했다.

“항우는 어진 자를 의심하고 공을 세운 자에게 상을 내리지 않았지만, 대왕은 이득을 공이 있는 사람과 백성들에게 고루 나누었기 때문입니다.”

그의 말에 유방이 말했다.

“그대는 하나만 알고 다른 쪽은 미처 생각지 않는군. 장막 안에서 계획을 세우고, 그 계획으로 천리 밖에서 승리를 거두는 것에 나는 자방(子房 : 장량)을 따르지 못하고, 백성을 안무하고 식량을 공급하는 것에 있어서 나는 소하를 당할 수 없다네. 또한 백만 대군을 인솔해서 적과 싸우면 반드시 이기고, 공격하면 얻고야마는 한신과 비교하면 나는 그를 미치지 못한다네. 하지만 나는 천하의 인걸(人傑)인 이 세 사람의 재능을 이용할 수 있었기에 천하를 얻을 수 있었다네.”

제위에 오른 유방은 이성(異姓)의 왕들, 즉 초왕 한신, 회남왕 영포, 양왕 팽월 등의 세력이 점차 자기를 압박해온다고 여겨지자 하나하나 제거하여 같은 성씨의 왕들로 교체하고 강력한 군국제를 실시해 황제 권력의 강화를 확고히 해나갔다.

자기의 권력 강화를 위해 오랫동안 보좌해 오던 신하들에게 서슴지 않고 살수를 펴는 냉혹한 유방이었으나 그의 부모에 대해서는 지극한 효자이다. 유방이 제위에 오른 후 그의 부친은 태상황 유태공(劉太公)이라 불리웠다.

유태공은 평생 부지런히 농사를 지으면서 시골 사람들 틈에서 함께

어울리며 세월을 보내던 순박한 사람이었다. 그러므로 비록 아들이
한나라의 제왕이 되었으나 이를 빙자하여 세도를 부린다거나 재물에
욕심을 내는 일이 없었다. 오히려 아들을 따라 대궐에 들어온 이후로
늘 즐겁지 않은 얼굴이었다. 이런 유태공을 본 유방이 시중들에게 그
까닭을 물으니 유태공이 고향을 그리워 한다는 것이었다. 넓은 궁궐
안에 오직 예절바르게 순종하는 아름다운 궁녀들만 가득 있는 생활이
그에게는 아무 즐거움도 주지 못했다. 오히려 떠나온 고향 패현 풍읍
(豊邑)에서 친구들과 가끔 도박도 하고, 주막에 앉아 술을 마시다 서
로 욕하고 싸우기도 하며, 닭싸움, 개싸움을 구경하던 시절을 그리워
하고 있었다.

 부친이 향수로 인해 입맛을 잃고, 사는 즐거움을 느끼지 못하는 것
을 본 유방은 곰곰히 생각한 끝에 시골의 풍읍을 장안으로 옮겨오기
로 결정했다. 유방은 즉각 풍현 정경을 장안에 그대로 재현하도록 명
령을 내린 후 공사가 완공되자 풍읍의 선비, 농사꾼, 장사꾼 등의 백
성들은 물론 닭, 개, 돼지 등의 동물들까지 모두 장안으로 옮겨와 새
로 지은 장안의 풍읍에서 살게 했다. 모든 사람들이 각자의 집에 입
주하자 유방은 즉시 부친을 초청했다. 고향 풍읍이 그대로 장안으로
옮겨온 것을 본 유태공은 크게 기뻐하며 즉시 옛 친구를 찾아가 함께
술마시며 회포를 풀었다.

 이런 일화로 이 지방이 신풍(新豊)이라 불리웠고, '제왕의 고향'을
그대로 보존하기 위해 유방은 외부인이 이 마을로 이사하는 것을 허
락하지 않았다.

 그 후 유방은 B.C 195년 2월 회남왕 영포(英布 : 鯨布)를 토벌하다
맞은 화살로 인한 상처가 곪아 병이 들었다. 장안으로 돌아온 후 병
세가 더욱 악화되어 향년 62세의 나이로 세상을 떠났다.

한 신

장군의 용기

　서한 삼걸(三傑)로 군사를 부리는데 뛰어난 능력이 있는 한신(韓信 : B.C 196년 사망), 전략을 세우는데 뛰어난 장량(張良), 그리고 행정에 뛰어난 소하(蕭何)를 꼽는다. 이 세 사람의 도움으로 유방은 항우를 따돌리고 천하를 제패하여 한 고조(高祖)로 즉위할 수 있었다.

　어느 날 한 고조 유방이 한신과 여러 장수들의 재능에 관해 얘기할 때 한신이 뛰어나다고 칭찬하는 장수가 없었다. 그러자 한 고조가 물었다.

　"경이 보기에 나는 얼마나 병사를 거느릴 수 있겠는가?"

　"폐하께서는 십만의 병마를 거느리실 수 있습니다."

　"그럼, 그대는?"

　"저는 많으면 많을수록 좋습니다(多多益善)."

　한신의 이 말은 결코 자기 자신을 과대평가한 것이 아니다. 역사의 기록으로 볼 때 그는 조직을 구성하고 병사를 통솔하는 데에 뛰어난 재능을 가진 걸출한 군사전략가이다.

　한신은 진 말, 한 초의 혼란한 시기에 회음(淮陰)에서 태어났다. 진나라가 멸망한 후 천하는 제후, 군벌들의 세력다툼으로 큰 혼란의 소용돌이에 휩쓸리고 있었다. 이런 혼란은 한신에게 군사적 재능을 발휘할 수 있는 좋은 기회가 되었고, 새 왕조가 탄생하는데 많은 기여를 했다.

한신의 집은 어려서부터 몹시 가난해 뇌물을 바칠 수가 없어 아무도 그를 추천해 주지 않았다. 하루 세 끼조차 제대로 해결하지 못할 정도로 가난했던 그는 여기저기 돌아다니며 밥을 구걸해 사람들의 멸시를 당하곤 했다. 어느 날 회음의 불량배가 장터에서 한신의 길을 가로막으며 말했다.

"너는 무사도 아니면서 왜 칼을 차고 다니는 거냐? 겁쟁이라서 죽기를 두려워 하는 것 아냐? 만약 네가 겁쟁이가 아니면 그 칼로 나를 찌르고, 그게 겁이 난다면 내 가랑이 밑으로 지나가봐라."

순식간에 장터의 구경꾼들이 그들을 바라보고 있었다. 한동안 아무 말없이 생각에 잠기던 한신은 조용히 무릎으로 기어 그 사람의 가랑이 밑으로 지나갔다. 그 광경을 본 사람들은 모두들 한신이 겁쟁이라고 조롱했다. 또한 그는 식량을 마련하기 위해 회수(淮水)에 낚시를 드리운 채 고기가 물리기를 바라보고 있다가 빨래하는 노파가 나누어 주는 밥을 얻어먹기도 했다.

이렇게 세월을 보내던 한신은 항량이 인솔하는 초군이 회(淮)를 통과할 때 군에 투신하여 여러 전투에 참전하였다. 그러나 한신은 겨우 낭중(郞中)의 벼슬을 얻었으니 이것은 시위(侍衛)나 다름없는 것이었다. 조용히 때가 오기를 기다리던 한신은 항량이 죽고 항우가 뒤를 이어 군대를 통솔하자 여러 차례 군사전략을 건의했으니 일개 낭중의 의견이라 하여 번번이 묵살되고 말았다. 항우의 밑에서는 자신이 중용되지 못하리라는 것을 깨달은 한신은 유방이 한왕이 되었을 때 항우의 곁을 떠나 유방의 휘하로 들어갔다.

그러나 그곳에서도 무명의 한신에게는 두각을 나타낼 수 있는 기회가 없어 여전히 중용되지 않았다. 그러던 어느 날 한신이 몇 사람과 함께 사소한 죄를 범해 군율에 따라 사형에 처해지게 되었다. 이미 12명의 목이 베어지고 한신의 차례가 되었을 때 그가 말했다.

 "한왕은 천하의 대업을 바라지 않는가? 대업을 바라는 자가 어찌 장수들을 처형하는가?"

 그때 하후영(夏侯嬰)이 우연히 그곳을 지나다가 한신이 말하는 것을 듣고 이상히 여겨 지은 죄를 물으며 한신과 애기를 나누곤 그가 보통 인물이 아니라는 것을 알았다. 하후영은 즉시 한신을 사면한 후 유방에게 천거했다. 그러나 유방은 한신에 대해 별로 흥미를 가지지 못하고 겨우 치속도위(治粟都尉 : 식량을 관리하는 직위)로 임명했다.

 당시 유방의 오른팔이라 할 수 있는 소하도 한신이 재능과 도량이 있는 인물임을 알고 유방에게 적극적으로 추천했다. 그러나 유방은 한신이 비록 사소한 것이지만 군율을 어겨 참형을 당할뻔한 인물이었기에 여전히 그를 탐탁하게 여기지 않았다.

 당시 항우가 각 제후들에게 영토를 분배해 주면서 유방에게는 궁벽한 파촉(巴蜀)과 한중을 분배하고, 유방이 공략했던 관중을 항복한 진나라의 장수인 옹왕(雍王) 장감(章邯), 새왕(塞王) 사마흔(司馬欣), 습왕(習王) 동예(董翳) 세 사람에게 주어 유방의 동진(東進)을 차단하고 감시하게 했다. 이에 유방은 분한 마음을 억제한 채 자기의 수하들을 거느리고 남정(南鄭)으로 갔다. 그곳에서 소하를 승상으로 삼고, 조삼, 번쾌, 주발 등을 장수로 삼아 항우와 천하를 다툴 준비에 여념이 없었다.

 그러나 당시 유방의 진영에서는 수하의 많은 병사들이 오래 떠나온 고향을 그리워하여 몰래 도망가는 것이 유행병처럼 번져 유방의 큰 근심거리가 되었다. 한신 또한 유방이 자기를 탐탁치 않게 여긴다는 것을 알고 새로운 기회를 찾으려고 밤에 진영을 떠났다. 한신이 도망쳤다는 것을 안 소하는 직접 잘 달리는 말을 몰아 3일을 추적한 끝에 간절히 설득하여 유방의 진영으로 다시 데리고 왔다.

 처음에 소하가 도망간 줄 여겼다가 일개 치속도위를 데려오기 위한 것이었음을 안 유방은 기이하게 여기고 소하의 건의를 받아들여 길일을 택해 재계하고, 단을 설치하여 한신을 장군으로 임명하는 의식을 성대하게 치루었다. 그리고 한신에게 물었다.

"승상 소하가 내게 장군의 칭찬을 많이 했는데, 앞으로 천하를 경영하는데 대한 어떤 의견이라도 있소?"

"예, 한 가지만 여쭈어 보겠습니다. 대왕께서는 항왕과 비교해 자신이 뛰어나다 생각하십니까?"

"과인은 그에 비하면 아직 멀었소."

그러자 한신이 유방에게 절을 하며 말했다.

"대왕은 정말 자신에 대해 현명한 판단을 하십니다. 제가 보기에도 대왕은 항왕을 따르지 못합니다. 저는 일찌기 항왕 밑에서 그를 지켜보았기 때문에 그의 성격, 태도, 재능 등에 대해서 잘 알고 있습니다. 그가 한번 달리면 바람과 구름이 이는 듯하고, 소리를 지르면 천군만마가 놀라 달아납니다. 그러나 그는 사람을 부릴 줄 모르기에 항왕이 비록 용맹하다고 하나 그것은 필부의 용맹일 뿐입니다. 더우기 항왕은 세가지를 잃었으니, 첫째는 천하를 제패하고 제후를 복종시키려면 반드시 관중을 차지해야 하는데, 그는 관중을 포기했으니 땅의 이점을 잃었습니다. 둘째로 의제와의 약속을 어기고 자기 마음대로 땅을 나누고 왕을 봉해 사람들의 분노를 샀고, 의제를 살해하고 예전의 왕들을 다른 곳으로 몰아내고 토지를 병탄하여 명령의 위엄을 잃었습니다. 또한 세번째로 창고를 불사르고, 포로를 죽여 마을을 폐허로 만들어 천하 사람의 분노를 샀으니 이것은 민심을 잃은 것입니다. 이제 대왕은 그를 반대하여 천하의 장수들을 중용하면 그들이 향하는 곳에 적이 없고, 천하의 상읍을 공로가 있는 신하에게 봉하면 사람들은 기뻐하며 복종할 것입니다. 대왕은 먼저 관중을 취한 후에 의로운 사람들을 인솔하고 옛땅으로 돌아가시면 어찌 천하가 평정되지 않겠습니까?"

이 말을 들은 유방은 크게 기뻐하며 그제서야 한신이 소하의 말대로 장군의 직위에 걸맞는 인재라는 것을 깨달았다.

그 후 한신은 먼저 관중을 공략하고, 이어서 초를 치고, 위를 평정하고, 연을 손에 넣었으며, 조를 취하고, 제를 공격했다. 그리고 위왕 표(豹)와 조왕 헐(歇)을 생포하고, 연왕 장다(藏茶)의 항복을 받고, 제왕 전광(田廣)을 포로로 했으며, 제나라에 둔전을 설치하고 스스로 제왕(齊王)이 되었다.

한신이 제나라를 손에 넣었을 때 유방은 항우에게 쫓겨 동분서주하고 있었다. 그런데 이때 한신이 유방에게 사자를 보내 제왕의 명의를 달라고 요구했다. 화가 머리끝까지 치민 유방이 말했다.

"나는 지금 여기에서 곤경에 빠져 한시바삐 와서 지원해 줄 것을 기대하고 있었는데, 한신은 오히려 병력을 거머쥔 채 자신을 제왕으로 봉해달라고?"

이때 진평과 장량이 황급히 유방을 말리며 말했다.

"지금은 대왕이 불리한 때입니다. 한신이 이미 제나라를 평정하고 스스로 자립하겠다는데 대왕의 지금 형편으로 막을 수 있겠습니까? 이 일을 좋게 처리해야지 그렇지 않으면 한신이 반란을 일으킬 지도 모릅니다."

그들의 말에 유방은 할 수 없이 분을 삭이면서 한신을 제왕으로 봉했다. 한편 한신의 뛰어난 활약에 항왕은 사신을 보내 천하를 통일하면 절반을 줄테니 함께 유방의 세력을 물리치자고 제의했다. 그러나 한신은 자기가 이렇게 능력을 발휘할 수 있도록 기회를 준 유방을 배신할 수 없다는 이유로 거절했다. 항왕의 사신이 돌아간 후 한신의 모사 괴통(蒯通)이 한신에게 말했다.

"대장께서는 너무 한왕을 믿지 마십시오. 춘추시대의 대부 문종(文種)과 범려는 월왕 구천이 다시 나라를 세우는데 큰 공을 세웠으나 후일 한 사람은 죽음을 당했고, 또 한 사람은 멀리 떠났습니다. 또한 우리 눈앞의 조왕 장이(張耳)와 진여(陳餘)는 서로 목숨이라도 내줄만큼 친한 친구였지만. 장이는 한왕의 병력을 빌려 진여를 참수했습니다. 이 두가지 예는 하나의 본보기라 할 수 있습니다. 지금 대장의 공로는 너무 큽니다. 용맹이 왕을 누르는 자는 목숨이 위험하고, 공이 천하를 덮을만한 사람에게는 상을 주지 않습니다. 지금 조, 위, 연, 대, 제 등은 모두 대장의 말발굽 아래에 있는 땅이니 이렇게 큰 공로가 있는 대장께서 만약 초나라로 복귀한다면 초나라에서는 믿지 않을 것이고, 한나라를 의지한다면 한 또한 의심할 것입니다. 그러니 대장께서는 스스로 자기가 갈 길을 결정하는 것이 좋을 듯합니다."

그러나 한신은 한왕이 그렇게 신용없는 사람이라고 여기지 않아 괴통의 말을 듣지 않았다. 이에 괴통은 거짓으로 미친 척하고 한신의 곁을 떠났다.

훗날 천하의 패자가 된 유방은 이성(異姓)의 제왕들의 세력이 커져 자기의 세력에 영향을 미칠까 두려워 이들을 하나씩 숙청해 나갔다. 이런 숙청 작업에 한신이 예외가 될 수 없었다. 더우기 한신은 종종 유방의 명령을 무시하고 제멋대로 행동하기도 했으며, 그의 세력은 거의 유방에 필적할 만큼 막강한 것이었다.

어느 날 어떤 사람이 한신이 모반을 꾀하고 있다고 무고했다. 제왕들을 제거할 기회를 호시탐탐 노리고 있던 유방은 한신에게 함께 사냥하자고 초청했다. 아무 것도 모르는 한신이 진(陣)으로 오자 유방은 무사들에게 한신을 체포하도록 했다. 갑작스레 감옥에 갇히는 신세가 된 한신이 한탄하며 말했다.

"옛말에 하늘을 나는 새가 다하면 좋은 활이 감추어지고, 교활한 토기가 죽으면 좋은 개가 삶아진다고 하더니, 지금 천하가 태평하니 내가 죽는 것은 당연한 일이지……."

유방은 한신을 낙양으로 압송하여 조사했으나 모반에 대한 증거를 찾지 못해 결국 한신을 석방할 수밖에 없었다. 이때 한신은 회음후(淮陰侯)로 격하되었다. 이 일로 유방의 마음을 안 한신은 모반에의 꿈을 키우기 시작했다. 그로부터 5년 후인 B.C 196년 대(代)나라의 상국(相國)이었던 진희(陳豨)와 호응하여 반란을 일으켰다. 한 고조가 직접 거록(巨鹿 : 지금의 하북)을 평정하려 출발한 후 한신은 여태후와 소하의 계략에 빠져 장락궁(長諾宮)에서 참수되고, 그의 삼족도 함께 주살되었다. 사형이 집행되던 날, 한신은 깊이 탄식하며 말했다.

"괴통의 계책을 듣지 않았더니, 오늘 아녀자의 손에 죽는구나!"

유방이 이 사실을 알고 난 후 괴통을 죽이려 했다. 그러자 괴통이 유방에게 말했다.

"개는 항상 자신의 주인을 향해 짖는 법입니다. 당시 저는 오직 한신만 알았고, 폐하를 몰랐습니다. 더구나 진나라가 제위를 잃어 천하의 영웅들이 제위를 노리고 다투니 오직 재능있고 재빠른 사람만이 그것을 얻을 수 있는 혼란한 시대였습니다. 그러므로 누구든지 폐하께서 생각하는 것과 마찬가지로 천하를 손에 넣고 싶어 했습니다. 폐하께서는 그 모든 사람들을 죽이시렵니까?"

이 말을 들은 유방은 그의 말에 일리가 있다 여기고 용서했다.

여태후

공포의 살인자

중국 역사상 유명한 태후 세 사람이 있으니 한나라의 여태후(呂太后 : B.C 180년 사망), 당나라의 칙천태후, 청나라의 서태후로, 이 세 사람은 정치적 능력이 남자에 비해 뒤지지 않는 여자 중의 호걸들이었다. 여태후의 이름은 여치(呂雉)이며, 그녀의 아버지 여공(呂公)은 패현 현령의 친구로 종종 잔치를 베풀어 고을의 호걸들을 대접하곤 했다.

어느 날 여공은 잔치를 베풀면서 패현의 주리(主吏) 소하에게 주관하도록 했다. 소하는 현령의 신임을 받고 있는, 그곳에서는 이름난 인물의 하나이기에 자연히 그가 주최하는 잔치에는 참석하려는 사람이 많았다. 그런데 그날은 유난히 손님이 너무 많아 당상(堂上)의 자리가 모자라자 소하가 큰소리로 말했다.

"여러분 우리 여공에게 천 냥 이하를 선물하는 사람은 미안하지만 당하(堂下)에 앉는 것이 어떻겠습니까?"

사람들이 웅성거릴 때 건장하고 콧날이 우뚝하며 언뜻 보기에 장수와 같이 체격이 건장한 사람이 다른 사람들을 밀치고 불쑥 나서더니, "나는 여공에게 만 냥을 선물하겠소"라고 말하며 당당하게 윗자리에 앉았다.

144

그날 잔치가 끝나고 여공이 소하에게 그 사람에 대해 여러가지를 묻자, 소하는 그는 정장(亭長) 유방으로, 술과 여자를 좋아하고, 늘 사람들을 속이지만 기개가 남다른 비범한 인물이라고 칭찬했다. 여공 또한 그가 보통 인물이 아니라는 것을 감지하고 15살이 된 딸을 유방에게 시집보내니 그녀가 바로 후일의 여후(呂后)이다.

유방이 천하를 제패하고 제위에 오르자 여씨는 황후가 되고 그녀의 아들 영(盈)이 태자로 봉해졌다. 한 고조 유방에게는 8명의 아들이 있었는데, 그 가운데 정실인 여후가 낳은 아들은 태자 영뿐이었다.

유영은 후덕하고 어질어 이복형제들과 깊은 우애를 가지고 있었다. 그러므로 한 고조가 서거한 후 적장자인 유영은 한 혜제(惠帝)가 되었고, 황태후가 된 여씨는 의심이 많아 이성 제왕들을 하나하나 숙청했던 한 고조와 자기의 성품을 조금도 닮지 않은 혜제를 늘 못마땅하게 여겼다. 여태후의 생각엔 모든 왕들이 자기 아들의 제위를 노려 반역자가 될 가능성이 있기 때문이었다. 여태후의 과단성과 악랄한 수법은 종종 한 고조 유방이 처리하지 못하는 일을 처리함으로써 유방의 세력을 공고히 하는데 많은 기여를 했다.

그녀는 일찌기 천하의 명장 한신을 궁으로 유인하여 그 자리에서 참수했다. 한번은 맹장인 양왕 팽월(彭越)이 한 고조의 의심을 받아 유배의 길을 떠나다가 우연히 여씨와 마주쳤다. 그러자 팽월은 여씨에게 자신의 무죄를 호소하며 유방에게 잘 말해줄 것을 부탁했다. 팽월의 호소에 여씨는 쾌히 승락하고 그를 데리고 낙양으로 가서 유방을 만났다. 유방을 만난 여씨는 날카로운 어조로 말했다.

"팽월은 장사인데, 지금 촉지방에 유배하면 후일의 화근이 될 수도 있습니다. 제 생각으로는 그를 죽이는 것이 가장 좋은 해결 방법입니다."

이렇게 여러 번 팽월이 모반을 꾸밀 것이라고 모함하고, 다른 한편으론 정위(廷尉)를 시켜 팽월을 엄벌에 처해야 한다고 주청하도록 사주했다. 유방은 여기저기에서 팽월에 대한 모함을 듣고 마침내 정위의 주청을 받아들였다. 여씨는 일찌기 유방이 반란군에 가담하자 이 일로 연루되어 패현 감옥에 갇혀 있었다. 이때 그녀는 산발한 머리에, 때가 잔뜩 낀 얼굴은 눈물자국으로 얼룩져 추한 모습이어서 옥리에게 능욕당하는 것을 면할 수 있었다. 오래지 않아 소하와 조삼 등의 협조로 풀려났으나, 초한전이 벌어지면서 그녀는 시아버지와 함께 다시 항우군에게 인질로 잡혀 많은 수모를 겪었다.

그녀는 항우군에서의 3년간 포로생활 끝에 유방과 항우가 홍구를 경계로 휴전한 후에야 비로소 석방될 수 있었다. 그때 받은 정신상의 충격으로 그녀는 극도의 불안, 긴장, 그리고 공포감을 갖게 되어 심리적 평형을 이루지 못하였다.

한 고조가 죽은 후 제위를 물려받은 혜제는 성품이 후덕하고 어질었다. 이런 아들의 성품을 누구보다도 잘 아는 여태후는 이복형제들이 황위를 노릴까 의심하여 자신이 직접 하나씩 숙청하기로 결심했다. 그러나 남달리 우애가 깊은 혜제는 악랄한 모후의 손으로부터 형제들을 보호하기에 힘썼다.

한 고조는 생전에 여러 후궁 가운데 척부인(戚夫人)을 가장 총애하였다. 척부인은 이를 이용하여 자기가 낳은 아들 여의(如意)를 태자로 책봉해줄 것을 눈물로 호소하여 고조는 영을 폐하고 여의를 태자로 봉하고자 했으나 중신들의 반대에 부딪쳐 뜻을 이루지 못하고 조왕(趙王)으로 봉했다. 질투가 강하고 악독한 성격의 여후가 한 여자로서 남편의 사랑을 빼앗아 간 여자, 더구나 자기 아들의 지위까지 흔들었던 척부인과 그녀 소생인 여의를 곱게 볼 리 없었다.

한 고조가 없고 자신이 황태후가 되어 유약한 아들 뒤에서 섭정을 하는 그녀에게 두려운 것은 아무 것도 없었다. 그러므로 여태후가 가장 먼저 죽이려는 사람이 바로 척부인과 조왕 여의였다. 여태후는 한시바삐 골치거리를 처리하기 위해 즉시 조왕을 장안으로 소환했다. 누구보다도 자기 모후의 성격을 잘 아는 혜제는 동생이 온다는 소식을 듣자 몸소 패상(覇上)까지 마중나가 함께 입궁하고, 그날부터 형제간의 회포를 푼다는 이유로 조왕 여의를 자기와 함께 기거하게 하여 모후에게 손쓸 틈을 주지 않았다.

그러나 혜제가 이렇게 보호한다 해도 항상 기회만을 노리는 여태후를 당할 수는 없었다. 당시 혜제는 늘 새벽마다 활쏘기를 연습하곤 했으나 여의는 아직 나이가 어려 게으름을 부리고 늦잠을 자기 때문에 혜제는 혼자 갈 수밖에 없었다. 어느 날 혜제가 자기 침소를 떠나자마자 여태후는 즉시 사람을 보내 잠자던 여의를 덮쳐 강제로 독주를 먹였다. 활쏘기를 마치고 처소로 돌아온 혜제는 여의가 침상에 피를 토한 채 이미 싸늘한 시체가 된 것을 발견했다.

또한 여태후는 척부인의 두 눈을 파내었으며, 귀를 태우고, 입에는 약을 넣고, 두 손과 발을 잘라 칙간에 던져놓고 그녀의 목에 '사람돼지'라는 팻말을 걸게 했다. 그리곤 혜제의 소매를 붙들고 가서 그녀의 모습을 보여 주었다. 뛰어난 미모로 한 고조의 사랑을 받던 척부인이 형체조차 희미한 고깃덩어리같은 모습으로 변한 것을 보고 혜제는 통곡을 하며 말했다.

"이런 짓은 사람이 할 짓이 아니거늘, 황제의 모후로서 이렇게 잔인한 짓을 하니 제가 앞으로 어떻게 나라를 다스리겠습니까?"

그리곤 혜제는 너무 큰 충격에 마음의 병을 얻어 거의 1년 간을 병석에서 일어나지 못하였다.

그 이듬해 겨울, 제왕 유비(劉肥)가 혜제에게 문안드리기 위해 장안으로 오자 혜제는 성대한 잔치를 베풀고 그를 환영했다. 유비는 유방의 여러 아들 가운데 가장 나이가 많아 유방의 실질적인 장자이다. 의심많은 여태후로서는 이 점이 늘 마음에 걸렸다. 자기 아들보다 나이많은 그가 유약한 황제를 얕보고 언제 모반할 지 알 수 없기 때문이다. 그러므로 그녀로서는 제발로 온 유비를 그냥 곱게 돌려보낼 수가 없었다.

그러나 유영의 일로 더욱 모후를 경계하고 있던 혜제는 여태후가 함께 자리하고 있다는 것을 잊은 듯이 상석을 양보하며 유비에게 말했다.

"형님, 오늘은 황제와 왕으로서가 아닌 우리 형제의 만남이니 마땅히 형님이 윗자리에 앉으셔야 합니다. 어서 오르십시오."

유비가 여러 차례 사양을 했으나 혜제의 고집으로 하는 수 없이 상석에 앉았다. 혜제의 권유로 유비가 상석에 앉자 여태후의 눈이 고울 리가 없었다. 그녀는 곁에서 시중드는 궁녀에게 살짝 손짓을 하여 술 한잔을 가득 따르게 하곤 유비에게 건네주며 온화하게 말했다.

"자, 이 술은 먼길을 온 그대의 피로를 풀어주기 위해 주는 술이네."

유비가 몸을 일으켜 감사의 말을 하고 술잔을 받는 순간 혜제의 머리 속에 어떤 예감이 스쳤다. 그 즉시 혜제는 한 손으로 유비의 소매를 잡아당기고 다른 한 손으론 술잔을 빼앗아 자기가 마시려고 했다. 갑작스런 혜제의 행동에 깜짝 놀란 여태후가 황급히 혜제의 손을 치자 술이 땅에 쏟아졌다. 그때서야 사태가 심상치 않음을 깨달은 유비는 더이상 감히 술을 마시지 못하고 허둥지둥 돌아가고, 혜제는 한잔 한잔 술을 마시며 화가 머리 끝까지 올라 파랗게 질린 여태후를 바라보며 빙그레 웃고 있었다. 그 후 혜제는 즉위한 지 8년째인 24세의 젊은 나이로 미앙궁(未央宮)에서 세상을 떠나고 말았다.

혜제의 죽음은 여태후에게 슬픔보다는 하나의 걱정거리를 가져왔다. 자신의 유일한 혈육인 혜제가 한 점 혈육도 없이 세상을 떠나니 이제 자신의 위치가 위태로와진 것이다. 태후는 혜제의 관을 붙들고 애달피 통곡을 했지만, 그녀의 눈에서는 눈물이 나오지 않았다.

장량의 아들 장벽(張辟)이 여태후의 이런 모습을 보고 승상 진평에게 넌즈시 말했다.

"태후는 지금 당신들을 두려워 하고 있소. 여러분들은 지금 태후의 형제인 여대(呂臺)와 여산(呂產)에게 남북군을 통제하라고 주청하시오. 그렇게 하면 태후가 안심하여 당신들은 화를 면할 수 있소."

진평이 장벽의 말에 따라 태후에게 주청하니 그녀는 크게 기뻐하며 혜제의 장례를 대충 마무리짓고, 후궁 미인이 낳은 남자아이를 몰래 데려다가 황후 장씨의 방에 밀어넣고 장황후의 소생이라 한 후 태자로 삼아 즉위시키니 그가 바로 소제 홍(少帝弘)이다. 소제가 점차 자라면서 자신의 생모가 죽음을 당하고 자신이 황위에 오른 이유를 알자 자신이 친정하게 되면 반드시 복수하리라고 말했다. 이 소식이 여태후에게 전해지자 그녀는 황제를 별궁에 가두어 죽이고, 군신들에게 황제가 병이 들어 국정을 처리할 수 없다고 전하며 폐위시켰다.

그 해 5월, 여태후는 상산왕(常山王) 유의(劉義)를 즉위시키고 소제(少帝)라 부르게 했다. 그러나 이 두 명의 소제가 통치한 기간은 사실상 여태후가 천하를 다스린 것이었다. 그러므로 역사가들은 기원전 187년을 기년(紀年)으로 하여 기원전 180년 9월까지 그녀의 통치가 이루어진 것으로 보고 있다.

천하를 한 손에 장악하게 된 여태후는 자기 기분에 따라 사람들을 잔혹하게 죽이니 그것이 변태의 경지에 이르렀다. 그녀가 다스리던 8년 동안 고조의 일곱 아들 가운데 5명이 여태후에 의해 자살·타살되었고, 조정의 요직은 유씨 대신 여씨가 장악하였다.

그러나 기원전 180년, 칠십 세 전후의 여태후가 세상을 떠나자 구심점을 잃은 여씨 집단은 하루 아침에 무너졌다. 그녀의 죽음은 그동안 여씨 일족에 눌려 왔던 세력들에게 새로운 힘을 불어넣었고, 제왕비의 자손인 유장(劉章), 공신 진평, 주발 등이 연합하여 여씨 일족이 주살되고, 소제가 폐위되고, 대왕(代王) 항(恒)이 제위에 오르니 그가 바로 한 문제(文帝)이다.

한 무제

호화의 극치를 누린 제왕

한나라는 왕망(王莽)이 세운 신(新)나라를 분기점으로 역사에게 기원전과 기원후에 걸쳐 4백년 동안 번영을 누렸다. 그 가운데 서한의 전성기는 약 55년 정도로 고대 역사에서 가장 극치를 이루며, 그때 재위한 황제가 바로 한 무제(武帝 : B.C 156~82) 유철(劉徹)이다.

무제는 문제(文帝), 경제(景帝)가 이루어 놓은 안정된 나라 속에서 7살 때 황태자로 책봉되어 16살에 즉위하고 71세로 세상을 떠나기까지 화려한 삶을 살았다.

16세의 어린 나이로 즉위한 무제는 궁중의 화려하지만 생동감과 활력이 부족한 생활에 싫증을 느끼고 황혼 무렵이면 종종 말을 탈 줄 아는 시종 몇몇과 함께 장안성 밖으로 나가 사냥을 즐기곤 했다. 이때 한 무제는 산과 계곡, 들판을 마음대로 다니다가 종종 백성들의 전답을 엉망으로 만들었다. 이를 본 백성들은 그가 황제라는 것을 모르고 소리소리 지르며 욕을 해대곤 했다. 그런 백성들의 욕설에 한 무제는 호탕하게 웃으며 재미있어 했다.

어느 날 무제는 혼자 홍농현(弘農縣) 부근의 백곡(柏谷)을 갔다가 날이 저물어 객점을 찾게 되었다. 몹시 목이 마른 무제는 주인을 불러 물 한 그릇을 요구했다. 객점 주인은 화려한 옷이 땀과 흙으로 범벽인 무제를 보고 어느 부잣집 망나니 자제라 여기고 경멸하여 욕을 하면서 말했다.

"자, 여기 오줌 한 바가지가 있으니 이것이나 마시게."

이 말을 들은 무제는 몹시 화가 나서 주인을 한대 때리고는 허리에 찬 칼을 뽑아들었다. 이에 놀란 주인이 잽싸게 달아나 점원에게 말했다.

"너, 얼른 가서 사람들에게 우리 집에 도둑이 들어왔으니 어서 와서 도둑을 잡아 관가에 넘기자고 해라."

이 광경을 지켜본 주인의 아낙이 황급히 만류하며 말했다.

"저 사람은 길 잃은 사람인데 왜 도둑이라고 하는 거요? 더구나 내가 보기에 저 사람은 보통 인물이 아닌 것같습니다. 그러니 제발 자중하십시오."

그러나 주인은 끝끝내 자기의 주장을 굽히지 않고 점원을 보내 사람들을 불러오도록 했다. 그러자 아낙은 독한 술을 가지고 와서 남편이 취해 몸을 가누지 못하도록 마시게 하고 밧줄로 꽁꽁 묶고는 손에 몽둥이를 들고 몰려온 사람들을 돌려보냈다. 마을 사람들이 돌아간 후 그녀는 닭을 잡고 술상을 준비하여 무제를 대접하며 용서를 청했다.

다음 날 궁으로 돌아간 무제는 즉시 사람을 보내 객점 주인 부부를 데려오도록 명했다. 아무 영문도 모르고 갑작스레 대궐로 불려간 주인 부부는 보좌에 앉아있는 사람이 바로 어젯밤의 젊은이라는 것을 알고 기겁을 했다. 아낙은 연신 고개를 조아리며 목숨만 살려줄 것을 빌었고, 여관 주인은 넋이 나가 벌벌 떨며 아무 말도 못하고 있었다.

그러나 무제는 그들 부부에게 조금도 화를 내지 않고, 아낙에게 자기를 후히 대접해 준 보답으로 황금 천 냥을 주었고, 여관주인은 감히 황제에게 오줌을 먹이려 한 보기드문 용사라 하여 우림랑(羽林郎)의 직책을 주어 황궁을 지키게 했다.

이렇게 활달한 성격의 소유자였던 무제는 신분·지역을 가리지 않고 널리 인재를 선발하여 그들의 의견을 폭넓게 수렴, 국정을 처리하였다. 그는 동중서의 의견에 따라 유교를 정치의 지도이념으로 삼아 중국 역사 2천 년간의 정치이념으로 삼았으며, 주부언(主父偃)의 건의에 따라 '추은령(推恩令)'을 추진했다.

중국 제후국들은 전통적으로 오직 장자만이 부친의 작위와 영토를 물려받게 되어 있었다. 그러나 추은령은 다른 아들들도 부친의 제후국을 나누어 받을 수 있도록 규정했다. 이 정책으로 인해 제후국의 토지는 갈수록 작아지고, 또 세력이 약화되었다. 이에 따라 중앙집권제는 자연스럽게 더욱 강화되었다.

또한 무제는 매년 8월, 고조묘(高朝廟)에서 각 제후왕들을 회견하면서 그들에게 황금을 바쳐 제사비용으로 쓰도록 했다. 무제는 그들이 바친 황금을 철저하게 조사하여 만약 양, 색깔 등이 합당하지 않으면 그것을 빌미로 작위를 삭탈함으로써 지방의 통제를 더욱 강화했다.

한나라의 경제 수입원 가운데 가장 큰 것은 야철(冶鐵), 제염, 주전(鑄錢)이다. 유방이 진나라를 멸망시키고 한나라를 창건할 때, 지방의 지지를 얻기 위해 이 세 가지를 민간인이 경영하도록 허가했다. B.C 119년, 한 무제는 상홍양(桑弘羊) 등을 임명하여 민간인의 야철, 제염, 주전을 금지시키고 국가의 전매를 시행하여 조정은 막대한 수입을 얻게 되었다. 역대 어느 왕조보다 풍부한 재정으로 사회가 안정되자 한 무제는 지금까지의 흉노에 대한 정책에 일대 개혁을 시작했다.

서한 초기에는 자주 국경을 침범하는 흉노에 대해 화친정책을 펼쳐왔으나, 이에 불만을 가진 패기만만한 무제는 급선회하여 적극적으로 대처해 나가기 시작한 것이다. 무제는 강력하게 흉노 토벌을 단행했고, 이런 그의 정책에 따라 선발된 사람이 위청(衛靑)과 곽거병(霍去病)이다. 그들은 전장에서 눈부신 활약으로 연전연승했다. 그들의 활약은 지도층에 혼란을 가져와 마침내 내란이 벌어져 혼사왕(渾邪王)이 도왕(屠王)을 살해하고 4만여 명의 부하를 인솔하여 한나라로 투항했고, 무제는 혼사왕을 습음후(濕陰侯)로 봉하고 안락한 생활을 할 수 있도록 해주었다.

이것은 유사 이래 중국와 흉노와의 관계에 새로운 획을 그은 최대의 사건으로 당시 수도 장안이 떠들썩했다. 즉 이 사건으로 오랫동안 한나라의 골치거리였던 흉노는 그들의 본거지를 고비사막 북쪽으로 옮겨 장성 부근에서 자취를 감추었던 것이다. 유목민족인 흉노는 그 세력이 막강하여 비단길을 장악하면서 막대한 이익을 얻고 있었다. 이제 분열되어 세력이 약해 진 흉노를 중앙아시아 밖으로 밀어내 다시는 중국 땅을 침범하지 못하도록 하는 것이 한나라의 남은 과제였다.

중국과 흉노의 전선은 서방으로 확대되어 천산산맥과 사막에 이르기까지 나라의 운을 건 쟁탈전을 벌이고 있었다. 무제는 꺾일 줄 모르는 굳센 의지와 호기로 흉노에 대한 자기의 정책을 견지해 이 광대한 지역에 끊임없이 기병과 보병을 파견해 흉노를 밀어붙였다. 이들의 전쟁으로 비단길에 연접해 있던 크고 작은 여러 나라들은 전쟁의 태풍권 속에서 바다를 표류하는 쪽배와 같았다.

이런 무제의 노력으로 마침내 한나라는 남월(南越)을 정복해 9군(九郡)을 설치했고, 차란(且蘭), 공(邛), 작(莋) 등의 서남이(西南夷)의 군소 부족국가를 정복하고 그곳에 6군을 설치함으로써 우남, 귀주, 사천 등지를 병합했다.

또한 무제는 당시 미지의 세계로 알려진 서역으로 장건(張騫)을 파견하여 군사동맹 체결을 통해 흉노를 협공할 가능성을 타진했으나 이 계획은 실패하고 말았다.

그러나 무제는 장건의 보고를 통해 서역의 수많은 나라를 알게 되었다. 이 일로 새로운 세계에의 호기심과 야망이 싹트기 시작한 무제는 그들 나라에 큰 관심을 가지고 해마다 대규모 사절단을 보내 그들의 정황을 하나씩 파악해 나갔고, 후일 한혈마(汗血馬)를 얻기 위해 대완국(大宛國)을 정벌하기도 했다. 이런 일련의 사건들 속에서 한나라의 명성은 서역 전체로 알려져 각 나라에서는 앞다투어 각종 진귀품을 가지고 한에 입조하였다. 마침내 비단길이 중국의 역사에서 그 모습을 드러내면서 동서문화 교류의 관문으로 등장한 것이다.

자유분방하고 개성이 강한 무제는 예술에 대해서도 남다른 관심이 있었다. 특히 문학과 음악을 사랑해 당시 유명한 문학가로 사마상여(司馬相如), 동방삭(東方朔)이 있고, 음악가로 이연년(李延年)이 있었다.

본래 이연년은 죄를 지어 궁형에 처한 후 입궁하여 궁중의 개를 기르는 직책을 맡고 있었다. 창기(娼妓)의 가정에서 자란 이연년은 어려서부터 음악과 춤에 뛰어난 재능을 가지고 있었다. 이연년의 재능을 안 무제는 연회 때 뿐만 아니라 침실에까지 끌어들일 정도로 총애하였다. 이연년은 황제의 총애를 더욱 확고히 하기 위해 뛰어난 미모와 가무 솜씨를 갖춘 누이를 무제에게 소개했는데, 그녀가 바로 유명한 이부인(李夫人)이다. 이부인은 곧 무제의 총애를 받아 아들을 낳으니 후일 창읍(昌邑) 애왕(哀王)이다.

그러나 경국지색의 미인 이부인이 갑작스런 병을 얻어 죽음을 눈앞에 두게 되었다. 자신의 병이 깊어진 것을 안 이부인은 병색이 깊어 추하게 변해버린 자신을 보고 무제의 마음이 변할 것을 염려하여 병석에 누운 뒤로는 무제의 간청에도 불구하고 대면하지 않았다. 이부인의 이런 행동에 따라 후일 궁중 비빈들도 병이 들면 황제와의 대면을 사양하는 것이 관례가 되었다고 한다.

이부인에 대한 사랑을 표시하기 위해 무제는 이연년을 협율도위(協律都尉)로 임명하고, 이광리(李廣利)는 이사장군(貳師將軍)으로 삼았다. 원래 이사장군이란 명칭은 대완에서 유래된 것으로, 명마 한혈마를 기르는 이사성(貳師城)을 빼앗으라는 뜻으로 그 성의 이름으로 장군직을 준 것이다.

B.C 104년, 한 무제는 이광리에게 6천기의 외인부대와 수만 명의 지원병을 인솔시키고 대완의 정벌을 명령했다. 이광리의 군대는 사기충천하여 보무도 당당한 모습으로 출발했으나 세계의 지붕이라 불리

는 파미르 고원에 이르러 험준한 곳을 지나면서 도중에 굶어죽는 사람과 너무 힘든 행군에 도망하는 자가 많아 나중에는 수천 명밖에 남지 않아 원정에 실패하여 귀국하고 말았다.

그로부터 1년이 지난 후 무제는 다시 6만 명의 군대와 소 10만 마리, 말 3만 필을 준비하여 원정군을 보냈다. 이번 원정에서 마침내 무제의 소망이 이루어졌고, 전리품 가운데는 무제가 그렇게 갖고 싶어했던 한혈마 3천필이 있었다. 이에 무제는 크게 기뻐 이연년에게 「서극천마가(西極天馬歌)」를 짓게 하고 연일 경축잔치를 열었다.

이와 함께 무제는 전국을 순행하며 해마다 각지에서 제사를 지내고 각 나라에서 온 사신들을 초대해 잔치를 베풀며 기이한 마술을 공연하고, 각 나라의 진기한 조공물이나 동물들을 진열해 놓고 보는 것을 좋아했다. 또한 사절단을 수행해 온 사람들에게 많은 선물을 내려 한나라의 부유함과 자기의 대범함을 과시하곤 했다.

대완을 정벌하기 몇년 전인 B.C 108년, 한 무제는 병력을 한반도로 보내 낙랑 등 사군을 설치하였고, 그것으로 한나라의 문화가 한반도로 들어가게 되었으며, 이것은 일본문화에까지 영향을 미쳤다.

역사상의 모든 황제들은 말년에 이르러 죽음을 두려워해서 종종 미신에 빠져 국가와 백성들의 생활을 혼란에 빠지게 한다. 죽음에 임박해서 그것을 저지해 보고자 하는 욕망 앞에서는 한 무제 또한 예외가 아니었다. 당시 한나라에 혁대(奕大)라는 방사(方士)가 있었다. 그는 한 무제에게 자신은 우연히 신선을 만났는데, 그 신선은 혁대의 신분이 미천하여 선약(仙藥)을 주지 않았다고 말했다. 그러므로 황제가 선약을 얻고 싶다면 자신을 신선과 교제할 수 있을 정도로 신분을 높여 주어야 한다고 했다.

이 말을 들은 무제는 혁대를 오리장군(五利將軍), 천상장군, 지상장군, 대통장군(大通將軍), 낙통후(樂通侯)로 봉한 후 공주를 그에게 출가시키고 황금 10만 근을 주었다. 또한 그를 위해 특별히 옥인(玉印)을 새겨 그가 평범한 관료가 아니라는 것을 표시했다. 혁대의 온갖 요구를 충족시켜준 무제가 선약을 구해오라고 파견했으나 그는 빈손으로 돌아왔다. 아무 소득도 없이 돌아온 그를 본 무제는 결국 자신이 속았음을 알고 혁대를 죽이고 말았다.

문제, 경제의 치세로 안정된 나라를 물려받아 온갖 부귀영화를 마음껏 누린 무제의 일생 가운데 가장 뼈아픈 실수는 일시적인 오해로 위황후를 자살하게 하고, 황태자 유거(劉據)를 죽인 일일 것이다. 노쇠함에 따라 병이 많아진 무제는 어느 날 꿈에 수많은 목인(木人)이 몽둥이를 들고 자신을 때리려고 하는 꿈을 꾸었다. 이것은 누군가가 자신을 저주하기 위해 목우(木偶)를 만든 것이라 여기고 강충(江充)에게 철저히 조사하도록 했다.

이 사건으로 수만 명이 해를 입었는데, 그 가운데는 승상 공손하(公孫賀) 부자, 자신의 친딸인 제읍공주(諸邑公主), 양석공주(陽石公主), 위황후의 조카 장평후 위원(韋元) 등이 포함되었다. 이때 강충이 위황후와 황태자의 궁에서도 목우를 발견했다고 주장하자 터무니없는 모함에 분노한 황태자 유거는 무제의 명령을 사칭하고 강충을 처단한 후 장안성을 점거했다.

당시 감천(甘泉)에서 요양중이던 무제가 이 소식을 듣고 크게 노해 유굴리(劉屈氂)에게 태자를 체포하라는 명령을 내렸다. 이 일로 위황후가 자살하고, 태자 유거는 자안 동쪽 호현(湖縣)의 한 농가에서 포위되어 두 아들과 함께 비참한 최후를 맞이했다. 훗날 이 일을 후회한 무제는 강충의 가족을 남김없이 주살하고, 소문(蘇文)은 거리에서 화형에 처했으며, 황태자를 체포하여 죽게 한 공로로 승진했던 유굴리도 멸족당했다.

54년이란 오랜 세월, 진 시황제에 버금가는 막대한 권력과 부귀를 누린 고대 역사상 보기드문 뛰어난 황제인 한 무제. 그는 B.C 87년 1월, 겨우 8세인 유불(劉弗)을 후계자로 삼고 오작궁(五作宮)에서 생을 마감했다.

위청과 곽거병

흉노 정벌의 맹장들

옛말에 "천만의 군대는 얻기 쉬워도 뛰어난 한 명의 장수를 얻기는 어렵다"라고 했다. 서한의 장수로 이 말에 걸맞는 뛰어난 무장으로 위청(衛靑 : B.C 106 사망)을 꼽을 수 있다. 위청의 자는 중경(仲卿)으로 하동 평양(平陽) 사람이다. 위청의 모친이 위씨(衛氏)에게 출가하여 그녀를 위오(衛媼)라고 불렀다. 위오는 젊어서 무제의 누나인 평양 공주의 저택에서 하녀로 있다가 양평현리 정이(鄭李)와 사통하여 위청을 낳았다.

어린 시절 위청은 정이의 집에서 본처의 학대를 받으며 자랐다. 그는 여러 해 동안 목동 노릇을 하며 말을 타고 산림과 들판을 누비고 양떼를 몰았다. 온갖 모욕과 고난을 받으며 자란 위청은 다시 어머니 위오에게 가서 평양공주 저택의 기노(騎奴)가 되었다. 당시 어떤 사람이 위청의 관상을 보더니 말했다.

"당신은 귀인의 상을 지니셨군요. 존함이 어떻게 되십니까?"

노비인 자기에게 공손히 예의를 갖추고 묻는 그에게 위청이 웃으며 대답했다.

"천한 노비로 주인을 위해 일하는 사람이 무슨 이름이랄 게 있겠습니까?"

　　위청의 동복이부(同腹異父) 누나는 평양공주 집의 가녀(歌女)였다. 어느 날 한 무제는 패상에서 제사를 지내고 환궁하던 길에 평양공주의 집에 들렀다. 뜻하지 않게 귀한 손님을 맞은 평양공주는 황제를 즐겁게 해주기 위해 연회를 베풀고 가녀들에게 춤과 노래를 시켰다. 그때 한 무제의 눈길이 한 가녀에게 머물러 떨어질 줄을 몰랐다. 그녀가 바로 위청의 누나 위자부(衛子夫)이다. 그날 그녀는 무제를 따라 궁으로 들어갔다.

　　그러나 위자부를 본 진황후의 질투에 못이겨 한 무제는 그녀를 냉궁(冷宮)으로 보내고 만다. 이렇게 위자부는 궁으로 들어가자마자 냉궁에서 1년 가까운 세월을 눈물로 보내고 있었다.

　　그러던 어느 날 무제는 만여 명에 달하는 궁안의 비빈, 궁녀들을 가려 일부를 궁 밖으로 내보내 각자의 길을 가도록 하기 위해 직접 심사를 하고 있었다. 이 소식을 들은 위자부는 고독하고 냉혹한 궁중 생활에서 벗어나고자 자신을 궁 밖으로 내보내 줄 것을 간청했다. 1년만에 다시 보는 위자부의 모습에 새삼 가슴이 뛴 무제는 그녀를 궁에 머무르게 하고 다시 총애하기 시작했다. 그러자 위자부의 몸에 태기가 비치게 되었다.

　　당시 진황후는 이미 황후가 된 지 10년 가까이 되었으나 아직 자녀를 생산하지 못했다. 그런데 위자부가 임신을 하여 무제의 총애가 더욱 깊어지자 진황후는 공손오(公孫敖)를 시켜 위자부의 동생인 위청을 죽이려고 했다.

　　그러나 평양공주가 무제에게 이 일을 알리자 무제는 황후에게 위자부에 대한 총애를 보여주기 위해 위청을 불러 건장감시중(建章監侍視中)에 임명했다. 그후 한 무제가 29세가 되었을 때 위자부가 아들 유거(劉據)를 낳고 위황후로 책봉되었다. 그리고 위청의 직급도 승격되어 태중대부(太重大夫)가 되었다. 유거는 후일 태자로 봉해졌지만 결국 모함으로 비참한 최후를 맞고 만다. 이 일로 마음 속에 깊은 상처를 안고 있던 무제는 태자가 죽은 호현에 '귀래망사지대(歸來望思之

臺)'를 세워 태자의 혼령이 돌아오길 기다렸다고 한다.

한편 누이의 미모로 무제의 눈에 띈 위청은 기원전 129년 거기장군(車騎將軍)으로 임명되어 노비에서 일약 한나라의 장군으로 활약하여 역사에 영원히 그 이름을 남기게 되었다. 또한 공교롭게도 평양공주의 남편이 죽자 무제는 과부가 된 공주를 위청에게 시집보내 황제의 매부라는 영광이 더해지게 되었다.

그해 위청은 뛰어난 활솜씨로 유명한 효기장군(曉騎將軍) 이광, 경기장군(輕騎將軍) 공손오, 경거장군(輕車將軍) 공손하 등과 함께 흉노를 공격했다. 이때 공손하는 운중(雲中)에서, 공손오는 대군(代郡)에서, 그리고 이광은 응문(應門)으로부터, 위청은 하북성 북면 만리장성의 거용관(居庸關)을 넘어 북을 향해 가다 다시 서쪽으로 돌아 공격했다. 이 싸움에서 이광은 흉노에게 포로로 잡혀갔다가 겨우 도망쳐 나왔고, 공손하는 전진하는 흉노를 간신히 막아내고 있다.

그러나 위청은 흉노를 추풍낙엽처럼 쓸어버리고 흉노 땅 깊숙이 들어가 구용성(軀龍城 : 흉노 선우가 제전의식을 행하고 수령들이 집회하는 곳)까지 추격하여 700여 명의 흉노를 죽이고 개선했다. 이를 크게 기뻐한 무제는 위청을 관내후(關內侯)로 봉했다. 이 싸움은 역사상 처음으로 한나라가 만리장성 이북지역을 공격한 것으로 시대의 획을 그을 만한 큰 사건이었기 때문에 무제의 기쁨은 그만큼 컸던 것이다.

그로부터 2년 뒤인 B.C 127년, 흉노가 병력을 총집결하여 한나라의 상곡(上谷), 어양(漁陽)을 공격, 요서태수와 2천여 명의 백성들을 잡아갔다. 이에 무제는 진나라 몽념이 흉노를 공격하여 점령했다가 한나라 초기에 흉노에게 다시 빼앗긴 하남 지역을 탈환하기로 결심했다. 이것은 서한으로서는 처음 대외 영토확장에 눈을 돌린 전략이었다. 무제는 이 중요한 임무를 위청에게 위임했다.

그해, 위청은 칼날같은 바람이 얼굴을 할퀴고 지나가는 겨울에 운중에서부터 황하 북쪽을 따라 서쪽으로 전진하여 우회하는 전략으로 흉노의 허를 찔러 하남에 주둔하고 있던 흉노 백양왕(白羊王), 누번왕

(樓煩王)을 공격했다. 이 공격으로 백양왕과 누번왕이 황하를 건너 도망가고 위청은 중국에 다시 하남을 안겨주는 대승리를 거두게 되었다. 이 승리로 장안은 흉노의 침범 위협으로부터 벗어날 수 있게 되었다. 무제는 뜻하지 않은 위청의 쾌거에 크게 기뻐하여 장평후(長平侯)로 봉했다. 그리고 무제는 이곳에 삭방군(朔方郡)과 오원군(五原郡)을 설치하여 흉노를 공격하는 전진기지로 삼았다.

한편, 하남 땅을 빼앗긴 흉노는 이를 탈환하기 위해 끊임없이 삭방군을 공격하였다. 이에 무제는 장평후 위청에게 10만 명의 기병을 인솔하여 그들을 추격하도록 명했다. 위청은 산서성 안문의 서쪽인 운중에서 출발하여 만리장성의 북쪽을 돌아 서쪽으로 꺾어지면서 감숙성의 농서(隴西)까지 달렸다. 일찌기 아무도 이런 노선으로 전진하지 않았기 때문에 흉노의 우현왕(右賢王)은 한군이 멀리 있다고 생각하고 밤에는 장막 안에서 몸을 가누지 못할 정도로 마음껏 먹고 마시며 가무를 즐기곤 했다.

이에 위청은 밤에 신속하게 우현왕의 부대를 맹렬히 공격했다. 이 전쟁에서 우현왕은 허둥지둥 도망가고 한군은 십여 명의 흉노비(匈奴裨:小王)와 1만 5천 명의 흉노를 사로잡고, 수십만 마리의 가축을 얻었다.

이 소식을 들은 무제는 위청을 대장군으로 임명하고 그의 세 아들을 '후(侯)'로 봉하려고 했다. 그러자 위청은 아이들이 아직 어리고 아무 전공도 없다고 사양하고, 이번 승리는 부하 장수들의 공로에 의한 것이라 했다. 이런 위청의 주청으로 그를 따라 출정한 11명의 장수 모두가 후로 봉해졌다. 이때부터 한나라는 흉노와의 싸움에 자신감을 가져 적극적인 정벌을 단행하기 시작했다.

이로써 비천한 노예였던 위청은 황후의 동생이라는 신분과 뛰어난 무공으로 무제의 총애를 한 몸에 받는 대장군이 되어 한나라의 대외 전쟁을 총괄하는 인물이 되었다. 그의 관상을 본 사람의 예언이 마침내 이루어진 것이다. 위청은 패기만만하고 야망이 큰 한 무제의 뜻에 따라 전후 7회에 걸쳐 흉노 정벌에 앞장섰고, 매번 연전연승을 하여 무제의 총애를 받았다.

B.C 106년, 한나라의 뛰어난 무장이었던 위청이 병으로 세상을 떠나자 무제는 그를 자신의 능묘 동쪽에 묻고, 그의 무덤을 그가 생전에 활약했던 흉노지역의 노산(盧山) 형태로 만들어 업적을 기렸다.

위청과 더불어 서한의 대표적인 무장으로 꼽히는 사람은 바로 위청의 조카 곽거병(霍去病 : B.C 140~117)이다. 야사에 의하면 무제가 위청의 어머니인 위오와 사통하여 소아(少兒)라는 딸을 낳았는 데, 이 소아가 곽과(霍果)와 혼인하여 난 아들이 바로 곽거병이라고도 한다. 그러나 일반적으로 평양현의 현리 곽중유(霍仲孺)가 평양공주 저택의 시종 위소아(衛少兒)와 혼인하여 낳았다고 한다.

곽거병은 어려서부터 노비들 가운데서 자랐으나 분발하여 글과 무예를 익혀 소년시절부터 기마, 활쏘기, 격투 등 각종 무예에 능하고 성품과 기민성, 용맹 등이 위청과 흡사했다. 그는 16세 때에 위청을 따라 전투에 참가하여 무제의 눈에 들어 시중관(侍中官)으로 봉해졌다. 한번은 무제가 곽거병에게 말했다.

"장수는 고대의 손자와 오기의 병법을 많이 익혀야 하느니라."

이같은 무제의 말에 곽거병이 대답했다.

"고대의 병법을 익히는 것만으로는 부족합니다. 그것을 각 방면에서 상세히 연구하여 전투 상황에 따라 그때마다 적합하게 응용할 수 있도록 해야 합니다."

B.C 123년, 무제가 최대 규모의 원정군을 조직하자 18세의 곽거병은 삼촌 위청을 따라 흉노 정벌에 출정했다. 이때 무제는 곽거병을 표요교위(標姚校尉)로 임명하고, 위청에게 최정예 기병 800명을 선발하여 곽거병에게 지휘하게 하라고 명령했다. 곽거병은 자기의 수하들을 인솔하여 주력부대를 멀리 떠나 흉노의 영토로 전진했다. 그는 자기가 유리하게 공격할 만한 목표를 찾아내자 말을 몰아 흉노의 진영

으로 앞장서서 돌진했다. 바람처럼 질주하여 급습당한 흉노는 크게 놀라 한군의 수도 제대로 파악하지 못한 채 반격할 생각도 못하고 도망가기에 바빴다.

당시 매일 저녁마다 강한 삭풍으로 인해 모래가 오른쪽으로 날아들었다. 그러므로 한군과 흉노 양 진영에서는 싸움을 하면서 전력을 다해 바람을 막아야 했다. 흉노의 선우는 이 기회를 이용하여 도망가 약 십일 가량 그의 행적을 찾지 못했다. 이때부터 흉노는 다시 한나라의 영토를 넘보지 못했다.

이 일전에서 곽거병은 2천여 명의 흉노와 흉노의 상국(相國), 당호(當戶) 등을 죽이고, 단우의 조부뻘이 되는 산(産)을 참수했으며, 선우의 숙부 나고비(羅姑比)를 생포했다. 조정에서 논공행상을 할 때 곽거병의 공로가 가장 두드러져 무제는 그를 관군후(冠軍侯)로 봉했다.

무제는 더욱 그를 총애하여 그를 표기장군으로 임명하고 만 명의 정예 기병을 인솔하고 감숙성 부근의 흉노를 토벌하라고 명령했다. 만약 그곳의 흉노를 소탕할 수 있다면 흉노의 세력이 크게 줄어들고 한나라로서는 신강성까지 왕래할 수 있게 된다. 감숙성 동쪽의 산은 기연산맥(祁連山脈)으로 이어졌고, 북쪽으로는 고비대사막이 나란히 있으며, 이곳에 '하서주랑(河西走廊)'이 있었다. 이 하서주랑은 서역으로 통하는 주요한 통로이다.

B.C 121년 봄, 표기장군 곽거병은 일만 명의 기병을 인솔하고 조려산(鳥戾山)을 넘어 흉노의 속복부(速濮部)를 공격하고 호노하(弧奴河)를 건너 흉노의 부락 5군데를 공략했다. 또한 연지산(燕支山)을 넘어 고란산(皋蘭山) 밑에서 흉노의 기병과 치열한 접전을 벌였다. 이때 곽거병은 난왕(蘭王)과 노호왕(盧胡王)을 죽이고, 혼사왕의 아들과 상국, 도위(都尉) 등을 포로로 잡고, 적군의 수급 8천 920수를 가지고 귀국했다. 또한 전리품 가운데는 휴도왕(休屠王)이 하늘에 제사지낼 때 사용하던 큰 금인(金人)도 있었다.

그 해 여름, 곽거병은 수만의 기병을 인솔하고 다시 출정하여 연해

162

(延海)를 건너 수차에 걸쳐 흉노의 주력군을 패퇴시켰고, 기연산 산록에서의 싸움에서 선우의 수하 선환왕(單桓王), 추도왕(酋涂王), 선우의 아내 연씨(閼氏), 왕자 등 백여 명을 생포했다. 이 일로 흉노의 지배 계층이 큰 타격을 받아 내분이 일어났다. 선우는 혼사왕과 휴도왕이 전력으로 싸우지 않아 패배했다고 생각하고 그 책임을 물어 두 사람을 죽이려고 했다. 이것을 안 두 사람은 한나라에 투항하기로 합의했다.

그 해 가을, 두 사람이 하서에 이르렀을 때 휴도왕의 마음이 바뀌자 혼사왕이 그를 죽이고 부대를 인솔하고 한나라에 투항했다. 역사 이래 처음있는 흉노의 대거 투항에 크게 기뻐한 무제는 혼사왕을 혼음후(渾陰侯)로 봉하고, 흉노들을 변방에서 한인과 함께 생활하도록 했다.

B.C 119년, 무제는 다시 위청과 곽거병에게 14만의 기병과 수십 만의 보병을 인솔하고 흉노를 공격하도록 했다. 이때 위청은 정양(定襄)으로 전진해 천여 리의 사막을 건너 흉노 만여 명을 주살했다. 한편 곽거병은 대군에서 출발하여 대담하게 투항한 흉노인으로 선두부대를 조직했다.

그들이 흉노의 전략과 지리에 밝은 점을 이용해 한군은 이후산(離侯山)을 넘고 궁여하(宮閭河)를 건너 북으로 2천 리를 행군하여 흉노 좌현왕(左賢王)을 공격했다. 그러자 좌현왕은 싸울 생각도 않고 소수의 기병만 데리고 도망가기에 급급했다. 한군은 다시 낭거서산(狼居胥山 : 지금의 肯特山)까지 추격하여 둔두왕(屯頭王), 한왕(韓王) 등을 비롯한 83명을 생포하고 7만여 명의 흉노병을 죽였다.

곽거병이 여러 차례 큰 공을 세우자 무제는 웅대하고 화려한 저택을 짓고 그에게 그곳에서 살도록 했다. 그러자 곽거병이 사양하며 말했다.

"흉노를 아직 멸하지 못했는데 어찌 묵을 집이 필요합니까?"

그러나 B.C 117년, 애석하게도 곽거병은 겨우 24세의 혈기가 왕성한 젊은 나이에 요절했고, 그의 죽음을 애통해 한 무제는 오군(五郡)의 흉노들에게 검은 갑옷을 입히고 그의 시신을 장안에서 자기가 묻힐 무릉(茂陵)까지 운구하게 했다. 그리고 그의 무덤을 기연산의 형상으로 만들어 그의 찬란한 업적을 기렸으며, 그의 묘비 위에는 '漢標騎將軍, 大司馬, 冠軍侯霍公去病墓'라고 적었다.

위청은 곽거병보다 십여 년을 더 살아 B.C 106년에 세상을 떠났다.

장 건

비단길의 개척자

비단길은 동서 중앙아시아를 잇는 길을 말한다. 비단길의 역사 가운데 가장 먼저 출현하는 중국인으로는 한 무제가 흉노 정벌의 야망을 품고 대월씨(大月氏)로 파견했던 장건(張騫 : B.C 114 사망)이다.

진 시황제가 중국을 통일했을 당시 북방의 유목민족인 흉노는 아직 중국의 통일 속에 들어 있지 않았고, 쌍방은 만리장성을 경계로 대치하고 있는 상태였다. 그 후 한나라가 진나라를 대신하여 나라를 세우면서부터는 변방을 침범하는 흉노의 세력이 많이 약화된 듯하였다. 또한 한나라 초기에는 항우와의 싸움으로 국력이 많이 소모되어 있어 더 이상의 전쟁은 할 수 없는 상태였다. 그러므로 한나라로서는 될 수 있으면 전쟁을 피하는 방향으로 정책을 세웠고, 이에 따라 흉노에게 화친정책을 펴서 비단과 곡물을 선물하여 흉노 선우를 무마하곤 했다.

중국 고대 제왕들 가운데 영웅이라고 불릴만한 인물로 빼놓을 수 없는 사람이 바로 한 무제이다. 그는 흉노 포로가 "흉노 파월씨(破月氏)의 왕은 사람의 해골을 식기로 사용하여, 대월씨의 백성들은 그의 이런 행위로 그들을 적대시하는데, 한나라는 왜 그들과 연합하여 흉노를 막지 않는가"라고 말하는 것을 들었다.

이에 무제는 외교정책을 바꿔 흉노의 비위를 건드리지 않으려는 소극적인 정책에서 벗어나 원교근공의 정책으로 먼저 대월씨로 사신을 보내 함께 연합하여 흉노를 막아내는 적극적인 자세를 취하기로 했다. 이런 결정이 있은 후 대월씨로 가서 군사동맹 체결을 논의할 만한 사자로 낭관(郎官) 장건이 뽑혔다.

이 임무는 많은 위험이 따르는 것이었으니, 아무도 가본 적이 없는 대월국으로 가는 길은 모두 사막이라 한나라 사람으로 그것을 극복하는 것이 큰 문제였다. 또한 비단길은 흉노의 세력범위이니 어떻게 그것을 무사히 통과하여 대월씨로 가느냐 하는 것이었다. 비록 곤란이 많았으나 장건은 무제의 특명을 받고 B.C 139년 흉노인 노예 감부(甘父)를 길잡이로 하고 백여 명의 범죄자와 무뢰한들과 함께 대월씨로 출발했다.

그러나 일행이 황하를 건너 서쪽으로 가다가 흉노에게 잡혀 선우 앞으로 끌려갔다. 이때 선우가 장건에게 말했다.

"대월씨는 우리나라의 북방에 있는 먼 나라인데 한나라는 왜 사자를 파견하려 하느냐? 또한 만약 우리도 사신을 보내 위협한다면 그들이 멀리 있는 한나라의 요구에 대답할 것 같으냐?"

그리고는 장건 일행을 그곳에 억류하였다. 장건은 그곳에 십년간 억류생활을 하면서 흉노인 아내를 얻어 자식도 낳았다. 그러나 그는 한나라의 사자라는 '節'의 증표를 버리지 않고, 마음으로는 항상 목적을 달성하기 위해 기회를 노리고 있었다.

그러던 어느 날 마침내 기회를 잡아 탈출하였고, 장건은 서쪽 대월국을 향해 가다가 수십 일이 지난 후에 대완국(大宛國)에 도착했다. 대완왕은 일찍부터 한나라가 물산이 풍부한 나라라고 들어 교류관계를 맺고 싶었으나 중간에 흉노가 있어 기회를 얻지 못하고 있던 차에 장건이 자기 나라로 오자 크게 기뻐하며 환영했다. 대완왕은 그들을 위해 잔치를 베풀며 어떻게 먼길을 왔느냐고 묻자 장건이 대답했다.

"저는 한나라 황제의 특명을 받고 대월씨로 가는 도중에 흉노에 잡혀서 십년을 억류당해 있다가 업무수행을 위해 빠져나오는 길입니다. 이제 다행히 대왕을 만났으니 하늘이 우리를 도우신 것입니다. 만약 대왕께서 저희가 목적지에 도달할 수 있도록 안내자를 붙여주신다면 귀국한 후 저희 황제에게 보고하여 후일 오늘의 은혜에 보답하겠습니다.”

대완왕은 대월씨까지 가는 형세가 몹시 험하다는 것을 잘 알기 때문에 그들에게 안내자와 통역을 붙여 주었다. 그들은 다시 서쪽으로 계속 가다가 먼저 강거국(康居國)에 도착했고, 강거국에서도 그들 일행에게 다른 안내자를 딸려보내 마침내 대월씨에 도착할 수 있었다.

당시 대월씨 국왕은 흉노에게 살해되고, 태자가 흉노에 의해 승인되어 위를 이어 대하국(大夏國)이라는 나라를 건립하였다. 그들이 사는 지역은 토지가 비옥하고 생활이 안정되어 백성들에게는 남의 나라를 침략하고자 하는 야심이 없고, 강력한 흉노를 상대로 선왕의 복수를 한다는 것은 엄두도 내지 못하고 있었다.

장건은 그곳에 1년을 머물면서 여러 번 대하국 왕, 신하들과 얘기하며 그곳의 형편을 이해하게 되었으나 자기가 온 목적은 이루지 못했다. 결국 그들은 귀국하기로 결정하고 흉노의 세력이 미치지 못하는 남쪽 길을 따라 강(羌 : 청해성)을 거치고 동쪽으로 방향을 바꿔 돌아가면서 안식국(安息國), 페르시아 등의 사정을 조사하면서 귀국하다가 흉노에게 잡히고 말았다.

다시 흉노에게 잡힌 그들은 억류된 지 약 1년 정도 지났을 때 선우가 세상을 떠나자 왕위를 두고 내분이 일어난 틈을 이용해 장건은 흉노인 아내와 감부를 데리고 도망하여 귀국했다. 처음 그들이 출발했을 당시에는 백여 명이었던 일행이 13년만에 한나라로 돌아올 때는 장건과 흉노인 아내, 그리고 감부 세 사람뿐이었으니 그 과정에서 겪었을 어려움은 가히 짐작하고도 남음이 있다. 장건은 대완을 거쳐 대월씨, 강하, 강거 및 많은 작은 나라를 지나면서 보고 들은 각국의 상황을 무제에게 상세히 보고했다.

대완은 흉노의 서남, 한나라의 서쪽에 있으며 그 거리는 약 만 리입니다. 그들은 농경을 위주로 하며 포도주와 좋은 말을 기르는데 말이 흘리는 땀이 마치 핏빛같아서 그들은 '한혈마'라고도 합니다. 성곽의 주위는 모두 집들이 들어서 있고, 약 6, 70여 개의 성이 있고, 인구는 수십만 가량입니다. 또한 그들은 활을 잘 쏘고 활과 창을 무기로 사용합니다. 대완의 동쪽에는 기국(闐國)이 있습니다. 기국의 강은 동쪽 염택(鹽澤)으로 흐르고, 염택은 지하로 스며 남쪽으로 흘러 황하의 원류가 되고, 그곳과 장안의 거리는 약 5천 리 정도입니다.

이렇게 시작되는 그의 보고는 오손(烏孫), 강거, 엄채(奄蔡), 조지(條支), 대하, 신독(身毒) 등 여러 나라에 대한 설명으로 이어졌다.

장건이 비록 대월씨와 연합하여 흉노를 막아보고자 하는 무제의 뜻을 이루지는 못했으나, 그의 이런 보고를 통해 무제는 흉노 밖의 많은 나라들에 대한 흥미로운 사실들을 알 수 있었으며, 그가 가지고 온 각 나라의 토산품들은 무제의 관심을 끌기에 충분했다.

B.C 123년, 장건은 대장군 위청의 다섯번째 흉노 정벌 작전을 수행하는데 길잡이로 따라가 흉노에서 배운 많은 경험으로 한군이 길을 잃지 않고 흉노의 진영으로 들어갈 수 있게 했으며, 작전을 짜고 부대를 주둔시키는 데도 유리한 지형을 선택할 수 있게 함으로써 한군의 승리에 결정적인 공로를 세웠다. 이로 인해 무제는 그를 박망후(博望侯)로 봉했다.

무제가 가지고 있는 정치적 목적은 이제 무역으로부터 얻어지는 막대한 이익에 눈을 돌려 촉을 거쳐 북인도를 지나 대하까지의 비단길을 개척하고 싶다는 욕심을 가지게 되었다. 그러나 길을 가로막고 있는 흉노로 인해 무제의 뜻은 실현되지 못했다.

서역에 대해 많은 관심을 가지게 된 무제는 해마다 대규모 사절단을 서역 각국으로 보냈고, 다시 장건을 오손으로 파견하여 한나라와 동맹을 맺어 흉노에 대항할 수 있는가 하는 것을 알아보게 했다. 그러나 이번 임무도 무제가 바라는 목적을 달성하지는 못했으나, 오손왕이 보내는 사신을 데리고 옴으로써 오손과 한나라가 서로 교류를 하는 계기를 만들었다. 이 공로로 무제는 그의 관직을 높이고 경(卿)의 대열에 서게 했다. 그로부터 2년 후 장건은 세상을 떠났다.

그러나 한 무제는 장건의 서역 파견으로 역사상 처음으로 중국이 서역으로 진출하는 계기를 만들었고, 이로 인해 10여 년의 포로생활에서 탈출하여 자기에게 주어진 임무를 끝까지 수행한 장건의 이름은 '비단길의 개척자'라는 수식으로 역사에 기록되었다.

동중서

유가사상의 중시조

전대미문의 강력한 황권을 휘두르고 천하를 통일한 진나라가 단명하자 그 뒤를 이은 것이 한나라이다. 한나라는 유가사상을 정치적 이념으로 삼아 혼란한 천하를 재정비해 나갔다. 한나라가 유가를 정치이념으로 삼는데 가장 큰 공헌을 한 사람이 동중서(董仲舒 : B.C 179104)이다.

동중서는 광천(廣川) 사람이며 서한 무제 때의 대유학자로 사마천도 그를 스승으로 존경하는 인물이었다. 동중서는 어려서부터 『춘추(春秋)』를 배웠으며, 공양학(公羊學 :「공양전」에 근거를 두고 공자의 사상을 탐구하는 학문)으로 명망이 높았다. 경제(景帝)가 제위에 있을 때에 박사(博士)로 등용된 그는 뛰어난 학문으로 전국에서 그의 문하가 되기 위해 많은 사람들이 몰려왔다.

동중서는 사람들에게 강연을 할 때에는 장막을 치고 강연회를 가졌다. 또한 제자들을 가르칠 때에도 장막 뒤에서 그들을 시험한 후 각자의 재질을 살펴 가장 우수하고 재능이 뛰어난 사람만을 가려 직접 대면해 가르쳤다. 그래서 동중서에게 학문을 배웠다는 사람들 중에 그의 얼굴을 모르는 사람도 있다고 전한다.

동중서는 자기의 주위 사물에 대해 조금도 한눈을 팔지 않고 전심

전력으로 학문에만 힘써 일찌기 3년간을 자기 집 정원도 보지 않았다는 일화가 있다. 또한 쓰고, 먹는 것, 입는 것, 기거하는 것 등의 일상생활은 예의에 어긋남이 없어 배우는 사람들은 그에 대한 존경심이 아주 깊었다.

B.C 140년, 동중서는 전국의 현량(賢郎)들을 모아 무제에게 헌책(獻策) 수십편을 바쳤다. 이를 받은 무제는 신하들을 시험하고자 아무거나 한 장을 뽑아 그 글에 대한 평을 쓰도록 했다. 무제는 어렸을 때 숙부 전분(田蚡), 친구인 두영(竇嬰)과 함께 유가사상을 배워 상당한 지식이 있기 때문에 그 자신이 직접 신하들을 시험할 수 있을 정도니 유가에 속한 사람이라 할 수 있다. 여기에서 당시 제자백가 사상 가운데 유가가 상승세를 타고 있음을 알 수 있다.

한 무제는 동중서의 사상 속에 유가사상이 깊이 온축되어 있음을 느끼고 그를 매우 중시하여 국정에 대한 그의 의견을 듣고자 했다. 동중서는 무제에게 나라를 다스리는 책략을 상주할 때, 모든 제자백가의 이론을 배척하고 오직 유가사상에 의한 의견을 제시하였다.

그는 지금 한나라의 상황은 마땅히 정치제도를 개혁해야 할 때이며, 또한 대학을 장려하여 인재를 배양해 그들을 등용하고, 공로가 있는 관리는 모두 발탁하여 공자의 학설로 백성들을 가르쳐야 한다고 건의했다.

동중서의 이런 건의에 따라 당시 한나라에서는 대학을 설치하여 수재(秀才), 효염(孝廉) 두 종을 신설하고. 각지에서 널리 인재를 구하여 유가사상을 가르치고, 각계각층의 사람들에게 개방된 시험제도를 시행하였다. 이것은 과거제도의 맹아단계로 수세기 후에 실현되었다.

아울러 무제는 동중서를 강도(江都) 이왕(易王)의 재상으로 삼았다. 이왕은 무제의 형으로 교만하고 방약무인한 사람이었으나, 동중서의 가르침으로 유가의 영향을 받아 큰 변화를 보였다. 그로부터 5년이 지난 후 동중서는 중앙의 태중대부(太中大父)로 임명되었다.

동중서는 "어진 사람은 그 옳은 것으로 바로하고 이익을 꾀하지 않으며, 그 도를 밝히되 공로를 따지지 않는다"라고 하여 어진 사람의 정치방침을 내세웠고, 천지의 변화는 모두 하늘의 뜻으로부터 나오는 것이니 사람들은 삼가하여 각자의 덕을 수양해야 한다고 주장했다.

그러나 조정의 대신들은 고지식하고 철저한 동중서의 신념에 차가운 반응을 보이고 있었다. 당시 한나라의 재상은 공손홍(公孫弘)으로, 동중서는 그가 황제에게 아부하여 국가기강을 흐리게 하는 무리라고 경멸했다. 이를 눈치챈 공손홍은 무제에게 모함하여 동중서는 사형에 처해질뻔 했다. 그러나 뒤늦게 그에게 너무 가혹한 처사를 했다고 깨달은 무제는 다시 사면령을 내려 간신히 죽음의 위기로부터 벗어날 수 있었다. 이 일로 현실정치에 회의를 느낀 동중서는 병을 빙자하여 사퇴해 일생 동안 관직에 나가지 않고 집에서 오직 학문 연구에만 힘썼다.

한 무제 때에 조정 대신들 가운데 유신(儒臣)들이 많았으나 유가의 입장에서 볼 때 가장 공로가 많은 사람이 바로 동중서이다. 동중서는 주나라 이후 무너진 상서(庠序 : 중국 고대의 국민학교)의 학제를 다시 일으켜 "오직 유가의 학술만 존중하고, 백가를 배척"하여 유학이 중국에서 가장 중요한 사상이 되는데 크게 기여했다.

그러나 동중서는 비록 그의 일생을 유학을 중심 사상으로 갖고 전파하는데 노력한 인물이지만, 한편으론 음양가 추연(鄒衍)의 영향을 받았기 때문에 그의 저서 가운데는 유가의 사상이 아닌 부분이 많이 발견된다.

동중서는 사람의 본성을 '성(性)'과 '정(情)'으로 나누어 성에서 어진 덕(德)이, 정에서 사악함이 나온다고 하며, 이것들은 하늘에 양과 음이 있는 것과 같다고 말하고 있다. 그러므로 만약 사람의 본성에 정이 없다고 하는 것은 하늘에 음이 없다고 하는 것과 같다고 주장함으로써 성선설을 주장하는 맹자와 견해를 달리하고, 그것을 쌀과 벼의 비유로 설명하고 있다. 그 착함을 쌀이라 하고, 성(性)을 벼라고 한다면 벼는 쌀이 될 수 있지만 벼를 쌀이라고 하지 않은 것과 같이, 성은 어짐이 될 수 있으나 자체가 어진 것은 아니라고 말하고 있다.

동중서의 인성론은 맹자의 성선과 순자의 성악과 같은 양극논리가 아니고, 사람의 성에는 이미 선인 것[已善]과 아직 선이 아닌 것[未善]이 함께 공존한다고 여기고 있다. 그러나 성이, 비록 이미 선[已善]이 있으나 그것으로는 부족하고 선이 아닌 것[未善]을 성인의 가르침으로써 계발해야 한다고 말하고 있다.

또한 동중서는 맹자는 인간의 본성을 짐승의 행위와 비교하여 선하다고 하지만, 자신은 성인의 행위와 비교하여 인성은 아직 선하지 않다고 말한다고 밝히고 있다.

동중서의 저작으로 『소주(疏奏)』 123편과 『춘추』 수십 편이 있었으나 오늘날까지 전해오는 것은 『문집』 1권, 『춘추번로(春秋繁露)』 17권뿐이다.

세군과 왕소군

이역의 한족 여인

한 무제는 흉노를 토벌하기 위해 막강한 병력을 가지고 있는 오손과 군사동맹을 맺을 수 있는가 하는 가능성을 타진하고자 장건을 사신으로 파견했다. 이때 장건은 비록 동맹을 체결하는데는 실패했지만 오손의 사신을 데려옴으로써 두 나라간에 교류를 하는 계기를 만들었다. 그 후부터 한 무제는 우호관계를 더욱 두터이 하기 위해 해마다 대규모 사절단을 서역으로 보냈다. 이들 사절단들은 한 무제가 서역 왕들에게 보내는 선물을 가지고 가는데, 때론 한의 미녀가 이 선물에 포함되기도 한다.

한 고조 7년(B.C 200), 흉노의 모돈선우(冒頓單于)가 40만 대군을 이끌고 남하하여 산서성 진양(晉陽) 일대에까지 침략했을 때 유방이 직접 군대를 인솔하여 그들과 접전했다. 이때 유방은 연전연승하여 쫓겨가는 흉노를 추격했다.

그러나 이것은 흉노의 계략으로, 모돈선우는 늙고 힘없는 병사들을 직접 인솔하면서 쫓기는 척하면서 유방을 유인한 것이다. 유방이 흉노를 따라 평성(平城 : 오늘날의 山西 大同)까지 추격했을 때 갑자기 젊고 날랜 흉노 병사들이 나타나 공격했다. 이때 유방은 평성 동남쪽 백등산(白登山)까지 후퇴했고, 약 40만 명에 달하는 흉노병들이 백등

산을 포위하여 빠져나갈 길이 없고 구원병도 유방을 구할 방법이 없었다.

『사기』의 '진승상세가(陳丞相世家)'에는 이때의 일을, "고제는 진평의 기묘한 계책을 써서 선우 연씨(閼氏 : 흉노의 황후)로 하여금 포위망을 열게 하여 고제가 나왔으나, 그 계책은 비밀로 세간에 알려지지 않았다"라고 기록하고 있다. 진평의 다른 계책들은 모두 『사기』에 공개되었는데, 왜 유달리 이 기묘한 계책만이 비밀로 붙여졌을까?

그 비밀은 『한서음의(漢書音義)』에 밝혀지고 있다. 원래 진평은 화공에게 한나라의 절세미인을 그리게 한 후, 그 그림을 선우 연씨에게 보내면서 만약 흉노의 포위망을 풀지 않으면 그림 속의 미녀를 선우에게 보내겠다고 말했다. 이 말을 들은 연씨는 모돈선우가 한나라에서 보내온 미녀에게 빠질까 두려워 온갖 방법을 동원해 포위망을 풀도록 선우를 설득해 유방이 무사히 탈출할 수 있었다. 이 일과 유사한 것이 동한 초 환담(桓譚)의 『신론(新論)』에도 기록되어 있으며, 이 계책이 광명정대하지 못하다 여겨져 『사기』에서 빠진 듯하다.

호랑이 굴에서 살아나온 유방은 그 뒤로 다시는 감히 흉노와 싸움을 하지 않았고, 화친정책을 써서 궁녀가 낳은 자신의 딸을 공주라 하여 시집보냈다고 한다. 이와 같은 일화로 보아 한나라의 미녀가 이역땅으로 시집간 일이 종종 있었으리라 생각된다.

흔히 세군(細君)이란 한나라에서 자기의 아내를 가리키는 말로 쓰인다. 그러나 여기에서 말하는 세군이란 한나라와 오손 사이에 교류가 생긴 후, B.C 110년 오손의 곤막(昆莫)에게 시집간 여자를 말한다. 당시 곤막은 사신을 보내 한나라의 공주를 아내로 맞고 싶다는 요청을 해왔다. 무제로서는 자기의 딸을 오랑캐에게 시집보내고 싶은 마음이 조금도 없으나 이제 막 교류하기 시작한 오손의 청을 거절한다면 그것은 어렵게 맺어진 쌍방의 친선관계에 영향을 미칠 것이라 여겨 난감했다.

한 무제는 궁리 끝에 당시 미인으로 소문난 조카 강도왕(江都王)의 딸을 대신 보내기로 결정했는데 그녀가 바로 세군이다. 세군이 오손으로 가는 날, 그녀의 옷차림, 일용품, 수레, 수행원에 이르기까지 모두 공주로서의 의례를 갖추었고, 그녀에게 딸리는 환관, 노비도 백여 명에 달했다. 오손왕 곤막은 세군을 우부인(右夫人), 흉노인 부인을 좌부인(左夫人)이라 했고, 이때부터 한나라와 오손은 줄곧 친밀한 관계를 유지하게 되었다.

한편 이역만리로 시집간 세군은 유목민족의 천막생활이 익숙지 않아 중국식의 건축물을 하나 지어 고국에서와 같은 생활방식을 갖추고, 늘 곤막과 함께 연회를 즐기며 주위의 측근들에게 화폐와 비단을 주어 인심을 얻고 있었다.

그러나 오손왕 곤막의 나이가 많고, 또한 서로 말이 통하지 않으니 세군은 우울함 속에서 생활하는 날이 많아졌고, 이런 모든 시름을 시가를 지으며 달래고 있었다. 한 무제는 오가는 사신들을 통해 전해오는 세군의 시가를 읽고 그녀의 처지를 동정하며 2년마다 한 번씩 왕래하는 사신을 통해 한나라의 물품과 비단을 보내 위로했다.

이미 연로한 곤막은 자기의 여생이 얼마남지 않았음을 알고 유목민족의 관습대로 세군을 자기의 손자인 잠추(岑陬)에게 주려고 하였다. 그러나 한나라에서 온 세군은 이런 관습을 금수와 같은 행위라 여기고 한 무제에게 편지를 써서 저지해 줄 것을 요청했다. 세군의 요청을 받은 무제는 즉시 사람을 보내 회신하였지만, 그것은 세군으로 하여금 더욱 절망에 빠지게 하는 내용이었다.

지금 우리나라는 오손과 연합하여 흉노를 정벌하려는 중대한 시점에 도달해 있다. 이로 인해 두 나라의 관계가 어떤 것으로든지 깨져서는 안되니 이를 깊이 명심하고 그들의 관습에 따라 알아서 처신해야 할 것이다.

이것은 바로 정략결혼이라는 굴레 속에서 모국을 위한다는 명분으로 순종해야 하는, 그녀로서는 항거할 수 없는 운명인 것이다. 결국 세군은 새 남편인 잠추 사이에서 자신을 닮은 예쁜 딸을 낳았으나 오래지 않아 요절하고 말았다.

역사의 소용돌이 속에서 이역으로 가 살게 된 여인 가운데 왕소군(王昭君)을 빼놓을 수 없다. 왕소군의 고향은 무협(巫峽) 부근의 자귀(秭歸)이며, 본명은 왕장(王嬙)이며 서한 원제(元帝) 때 궁녀로 뽑혀 궁궐로 들어갔다.

한 무제의 흉노 정벌 정책으로 서한의 북방 변경은 오랫동안 안정된 상태를 유지하였다. 한 선제(宣帝) 때에 흉노들간에 내분이 일어나 다섯 명의 선우가 서로 싸우다 결국 호한사선우(呼韓邪單于)가 질지선우(郅支單于)와 남북으로 대립되는 국면을 형성했다.

B.C 54년, 질지선우가 호한사선우에게 패하고, 호한사선우는 흉노의 14대 선우가 되었다. 호한사선우는 재능이 뛰어난 인물로 흉노족 각 계층의 존경과 신망을 받고 있었다. 그는 흉노의 세력을 다시 진흥시키기 위해 한나라와도 좋은 관계를 유지하고자 여러 번 한나라를 방문했고, 그때마다 융숭한 대접을 받고 돌아갔다.

B.C 33년, 호한사선우가 세번째 장안으로 왔을 때 한족과 혼인관계를 맺고 싶다고 요구했다. 당시 원제(元帝)는 그의 요구를 받아들여 호한사선우에게 시집보낼 미모와 재능이 출중한 궁녀를 뽑으라는 명령을 내렸다. 이 소식이 궁안에 널리 펴지자 왕소군이라는 궁녀가 관리액정(管理掖廷)에게 자신이 호한사선우에게 시집가겠다고 말했다. 액정령(掖廷令)이 이것을 황제에게 보고하자, 원제는 궁녀도를 꺼내 왕소군의 초상화를 보니 그다지 눈에 띄지 않는 평범한 모습의 궁녀였다. 이에 원제는 그 자리에서 왕소군을 호한사선우에게 시집보낼 궁녀로 결정했다.

그러나 결혼식이 거행되던 날 왕소군을 본 원제는 깜짝 놀라고 말았다. 하얀 피부에 곱게 단장한 모습의 왕소군은 원제로서도 수많은 후궁 가운데에서 일찌기 보지 못한 청초한 기품과 미모를 갖추고 있었다. 왕소군이 들어서자 곁에 있던 다른 미녀들은 모두 빛을 잃을 정도였다.

그녀의 모습을 본 호한사선우는 크게 기뻐하며 진심으로 원제에게 감사를 표시했다. 원제는 속으론 진작 그녀를 보지 못한 것을 통탄하며 짐짓 웃는 얼굴로 많은 예물을 갖추어 그들의 결혼을 축하했다. 또한 한족과 흉노의 우의를 더욱 돈독히 하는 의미에서 연호 '건소(建昭)'를 '경녕(竟寧)'으로 바꾸었다.

원제는 아무렇지도 않은 얼굴로 호한사선우를 대했지만 속으로는 치밀어오르는 화를 억제하기가 힘들 정도였다. 모든 절차가 끝나 호한사선우와 왕소군이 흉노의 땅으로 돌아간 후 원제는 궁녀도를 다시 꺼내 살펴보았다. 원제가 아무리 자세히 살펴도 그 그림의 모습은 왕소군의 실물이 제대로 나타나지 않았다. 결국 원제는 이것은 화공의 농간이라 생각했다.

『서경잡기(西京雜記)』에 의하면 원제 때에 화공에게 새로 궁으로 들어오는 궁녀의 얼굴을 그리게 한 후 원제는 매일 그림을 보고 자신의 시침을 들 여자를 골랐다고 기록하고 있다. 당시 화가는 모연수(毛延壽)로, 그가 궁녀들의 화상을 그릴 때 자신의 모습이 좀더 아름답게 그려지길 바라 화공에게 뇌물을 주었을 수도 있다.

그러나 자기의 미모에 자신을 갖고 있는 왕소군이 특별히 예쁘게 그려달라고 부탁하지 않자 모연수는 일부러 그녀를 평범한 얼굴로 그렸다. 그렇게 아름다운 미인을 흉노에게 넘겨준 것은 모두 모연수가 그녀의 아름다운 모습을 제대로 그리지 않았기 때문이라고 생각한 원제는 그를 뇌물을 받았다는 죄명으로 처형시키고 말았다.

옛날 궁중에서 여인들의 생활은 하루살이나 다를 바 없는 인생이라 할 수 있다. 오늘 총애를 받다가도 내일이면 그 총애로 인해 촉수를 곤두세운 다른 여인들의 모함에 의해서, 혹은 새로운 미인의 등장으로, 또는 노화로 인한 미모의 상실이라는 이유로 남은 여생을 눈물과 한탄으로 보낼 수도 있다.

그것을 너무도 잘 아는 왕소군이기에 어쩌면 황제 한 사람의 눈에 띄기를 기다리며 평생을 지내기보다 비록 흉노이지만 한 지아비를 섬기며 사는 것이 더 나으리라 생각해 자원했을지도 모른다. 더우기 한나라 공주의 신분으로 흉노족의 최고 권력자에게 시집가는 것이니 불안정한 궁녀 생활보다는 더욱 확실하게 부귀영화를 보장받을 수 있는 기회이기도 한 바에야……

이역에 가서 살기를 선택한 왕소군으로 인해 가슴앓이한 황제에게 화공이 비참한 최후를 맞아야 했고, 이 짤막한 이야기가 소설로 재구성되면서 독자들은 그녀를 어쩔 수 없이 이역에 가서 살다가 고국을 그리워하며 끝내 자살한 비련의 여인으로만 기억한다.

그러나 부모형제가 살고 어린 시절의 온갖 꿈과 슬픔이 아련한 추억이 되어 묻힌 고국을 떠나면서 어찌 서러움이 없었겠는가. 고국을 등지고 떠나는 왕소군을 생각하며 천하의 시인 이태백이 노래했다.

소군이 옥안장을 스치고
말에 올라 붉은 뺨에 눈물 흘리네
오늘은 한나라의 궁녀지만
내일은 오랑캐 땅의 첩이라네.
(昭君拂玉鞍, 上馬啼紅頰,
今日漢宮人, 明朝胡地妾)

소 무

백절불굴의 충절자

B.C 100년, 차제후 선우(且鞮侯單于)는 즉위하자마자 한나라가 공격해 올까 두려워 그 동안 흉노가 억류하고 있던 한나라의 장군, 사신들을 석방시켜 귀국하도록 했다. 한 무제는 선우의 이런 조치에 크게 기뻐하며, 중랑장(中郎將) 소무(蘇武 : B.C 60년 사망)를 사신으로 파견하며 그와 함께 한나라에 포로로 잡혀있던 흉노의 사신을 돌려보내고, 이 기회를 이용하여 선우에게 많은 예물을 보내 호의에 감사를 표시하였다.

소무 일행이 흉노로 와서 임무를 마치고 귀국하려 할 즈음에 부사 장승(張勝)과 흉노 사이에 분쟁이 생겼고, 이로 인해 사절단이 억류되고 말았다. 선우는 그들을 죽이지는 않았으나 자신에게 충성을 바치라고 명령했다. 이에 소무가 대답했다.

"나는 이미 황제로부터 받은 사명을 욕되게 했으니 어찌 살아서 돌아가길 바라겠소?"

그 말을 마치자마자 소무는 가지고 있던 칼을 뽑아 자결하고자 했다. 그러나 소무의 자살기도는 실패했고, 그의 충성심을 본 선우는 그를 자기의 신하로 삼고 싶은 생각으로 온갖 수단으로 그를 회유했으나, 소무는 온갖 욕을 퍼부어대며 거절했다. 선우는 소무가 전혀 투항할 생각이 없다는 것을 알자 그를 감옥에 가두고 음식을 일체 주지 않았다. 그러자 소무는 눈과 입고 있던 모피를 씹으며 허기를 채우며 기아를 면하고 있었다.

소무의 끈질긴 생명력을 보자 크게 놀란 흉노는 그를 북해(北海 : 바이칼호)로 보내 숫양을 기르게 하곤, 만약 양들이 한 마리라도 새끼를 낳으면 한나라로 돌려보내겠다고 말했다. 어떻게 숫양이 새끼를 낳기 바라겠는가? 이것은 단지 소무를 돌려보내지 않으려는 속셈에 지나지 않았다.

그러나 소무는 이에 굴하지 않고 먹을 것이 없어 쥐를 잡고, 풀을 뜯어먹으며 살면서도 손에는 항상 한나라의 신절(信節 : 사신이라는 신표)을 놓지 않고 자기의 마음이 변치 않으리라는 것을 다지곤 했다. 이렇게 5,6년이 지난 후 선우는 사냥을 나왔다가 우연히 소무를 만났다. 선우는 소무의 마음이 여전히 변치 않고 있음을 감탄하고 그에게 식량과 의복, 그리고 기거할 천막 등을 공급해 주었다.

당시 흉노는 한나라의 국경을 번번히 침입하여 무제를 노하게 했고, 무제는 이광리(李廣利)와 이릉(李陵)에게 흉노를 토벌하게 했다. 흉노의 주력부대의 세력을 분산시키기 위해 5천 명의 군사를 이끌고 적을 유인하던 이릉은 십만 명에 달하는 흉노와 맞서 용감히 싸워 적장까지 살해했다. 그러나 먼길을 원정오면서 피로한 5천 명의 병사와 십만 대군의 싸움은 처음부터 그 승패가 불을 보듯 뻔한 일이었다. 결국 이릉은 인솔했던 부하들을 모두 잃고 그를 사로잡기 위해 총력을 기울이던 흉노와의 싸움에서 부상을 입고 더이상 쏠 화살이 없어 사로잡히고 말았다.

이릉은 흉노의 회유와 핍박에 그들에게 투항했고, 흉노는 그를 우교왕(右校王)으로 삼고 소무를 회유하라고 명령했다. 이역에서 이릉을 만난 소무는 크게 기뻐하며 그리운 고국의 소식을 들으며 함께 지냈으나, 이릉이 자기를 회유하기 위해 온 것임을 알자 그에게 말했다.

"만약 내게 투항하라고 권하면 나는 당신 앞에서 자결하겠소."

그의 말이 진심임을 안 이릉이 깊이 탄식하며 말했다.

"의로운 사람의 정성은 하늘에 통할 것이네."

그리곤 소무와 작별하고 돌아갔다.

그 후 한 무제가 죽었다는 소식이 흉노의 이릉에게까지 알려져 이릉이 소무에게 그 사실을 전했다. 이 소식을 들은 소무는 한 무제에게서 받은 소임을 다하지 못한 마당에 그의 서거 소식을 접하자 한나라가 있는 남쪽을 향해 며칠을 통곡하다 피를 토하기까지 했다.

한 무제의 뒤를 이은 소제(昭帝)는 흉노와의 화친정책을 유지하면서 억류되어 있는 소무를 석방하라고 요구했다. 그러나 선우는 소무가 이미 오래 전에 죽었다고 속이고 그를 송환하지 않았다. 그러자 한나라에서도 흉노의 말을 믿어 소무의 존재는 차츰 잊혀지고 있었다.

그로부터 다시 5년이 지난 후 소무는 19년 전 자신을 따라 왔다가 함께 억류되어 흉노의 땅에 살고 있는 상혜(常惠)로부터 한나라의 사신이 도착했다는 소식을 들었다. 소무의 부탁에 따라 어둠을 틈타 한나라의 사신들에게 접근한 상혜는 그들에게 소무의 소식을 전했다. 그제서야 소무가 아직 살아있음을 안 사신은 비밀리에 그를 만난 후 다음 날 선우를 만난 자리에서 말했다.

"우리 황제께서 상림원에서 화살로 기러기를 쏘아 잡았는데, 그 기러기의 발에 '소무는 큰 호숫가에 있다'는 글이 쓰인 비단이 매여져 있었소. 그러니 소무를 본국으로 돌아갈 수 있도록 풀어주시오."

사신의 말을 사실이라고 믿은 선우는 더이상 한나라를 속일 수 없다고 여기고 마침내 소무를 돌려보냈다. 이것은 소무가 흉노의 땅에 억류된 지 19년만의 일이었다. 장년의 나이였던 그가 지금은 백발이 성성한 노인이 되어서야 귀국하게 된 것이다.

소제는 그의 충성을 가상히 여기고, 또한 소무가 흉노의 사정에 밝은 것을 참작하여 그를 전속국(典屬國)에 배치시켜 한나라에 투항한 이민족을 관리하게 했다. 소제의 뒤를 이어 즉위한 선제(宣帝)는 다시 그를 관내후(關內侯)로 봉해 충절을 치하했다.

사마천과 반고

위대한 두 역사가

사마천(司馬遷 : B.C 145~85)의 자는 자장(子長), 하양(夏陽 : 섬서성 韓城縣 남쪽) 사람으로 흔히 그를 가리켜 '역사의 아버지'라고 한다. 그가 이렇게 불리게 된 것은 불후의 저서『사기』때문이다. 이 책은 문학, 역사, 철학, 정치, 경제 등 모든 것을 망라한 사마천 사상의 결정체라고 할 수 있다.

그는 일찌기 대유학자 공안국(孔安國)에게『고문상서(古文尚書)』, 동중서에게서『공양춘추(公羊春秋)』, 방사 당도(唐都)에게 천관(天官 : 도가 三官神의 하나), 그리고 양하(楊何)에게 주역을 배웠다.

또한 그의 부친 사마담이 도가를 우선으로 하면서 유가를 존중하는 것에 영향을 받아 그의 사상에 황노(黃老) 경향이 배어 있으나 사마천은 유가를 자신의 사상 주류로 삼고 있다. 사마천의 이런 영향은 사마담과는 다른 시대배경의 경향을 받았기 때문이다. 한 무제에 이르자 천하는 이미 통일된 가운데 민생이 안정되었으니 남은 것은 밖으로 한의 위세를 떨치는 것이었다. 그러나 도가의 사상은 이런 시대의 요구에 부적합했다.

이에 따라 무제는 동중서의 건의로 유교를 정치이념으로 채택했고, 또한 공안국, 동중서와 같은 사람이 유교를 연구하고 제자를 양성하는데 힘써, 자연 유가를 다른 사상들의 우위로 삼는 당시 경향에 사마천이라고 예외일 수는 없었다.

그러나 무엇보다 중요한 것은 사마천은 『사기』로 『춘추』의 뒤를 계승한다는 의지를 갖고 있었다. 그러므로 그는 공자를 '지성선사(至聖先師)'로 존중하여 '세가(世家)'에 넣었고, 아울러 「칠십자열전(七十子列傳)」을 지었다.

사마천은 심혈을 기울여 『사기』를 써서 중국 학술사상 하나의 신기원을 이룩했으며, 후대에 풍부한 유산을 남긴 인물이다. 한나라 태사령(太史令) 사마담(司馬談)의 아들로 태어난 사마천은 10세 때에 이미 『춘추좌전』과 『국어』 등의 고문을 줄줄 외우는 천재였다고 한다.

그는 20세가 되었을 때 부친 사마담의 분부에 따라 강회(江淮) 지방을 두루 여행하면서 각지의 풍속 습관을 채록하고, 전국시대 제후들에 관한 각종 기록을 수집하다가 수도 장안으로 돌아와 낭중(郎中)의 벼슬을 맡아 황제를 보필하고 있었다.

그 후 사마담이 병들자 B.C 108년, 사마천은 부친의 직위를 물려받아 태사령이 되었다. 이때부터 그는 자유롭게 역사서와 석실 속의 책들을 자유롭게 열람하면서 역사에 대한 지식을 쌓아갔다.

원봉(元封) 원년(B.C 110), 무제가 하늘에 제사지내기 위해 태산(泰山)으로 순행할 때, 사마천은 병으로 인해 무제를 수행하지 못하고 황하와 낙수(洛水)의 중간 지점에 머무르고 있었다. 이때 부친을 보러 간 사마천에게 사마담은 자기 일생의 대업이던 역사 정리를 끝내지 못하고 이미 병이 깊어져 죽을 날만 기다리게 된 것을 한탄했다. 이에 사마천은 눈물을 흘리며 사마담에게 맹세했다.

"아버님, 소자가 아버님의 뜻을 받들어 옛일들을 빠짐없이 기록하겠으니 그 일은 아무 걱정하지 마십시오."

그 후 그가 무제의 명령으로 서천(西川) 남부를 순회하던 때 부친 사마담이 세상을 떠나고 말았고, 사마천은 부친의 유업을 달성하기 위해 더욱 역사 정리에 몰두했다.

그러나 B.C 91년에 이릉이 부하 5천 명을 인솔하고 흉노와 싸우러 갔다가 서북의 요충지인 거연(居延)에서 선우의 대군과 맞닥뜨려 치열한 접전 끝에 크게 패하고 어쩔 수 없이 투항한 사건이 생겼다. 이 사건은 한 무제를 분노케 했고, 조정 대신들은 앞을 다투어 이릉의 친족을 처단해야 한다는 의론으로 들끓고 있었다. 그러나 이때 사마천은 이릉의 선택이 부득이한 것이었음과, 그가 과거에 세웠던 공적을 내세우며 변호했다.

"제가 보기에 이릉은 한나라의 장군으로서 기개를 갖추고 태어난 사람입니다. 그러므로 그는 신하된 자로서 자기의 생명을 돌보지 않고 어떤 위험도 돌파하는 사람이지만 이번 싸움의 실패는 그의 잘못이 아닙니다. 그는 겨우 5천의 보병으로 8만의 흉노에게 포위되었으면서도 십여 일이나 버티면서 만여 명의 흉노를 죽였으나 결국 군량과 화살이 떨어져 싸움을 더이상 할 수 없었던 것이지 진심으로 투항한 것이 아닙니다."

사마천의 이런 발언은 무제의 분노를 더욱 부추기는 결과를 낳았고, 그는 마침내 투옥되어 사형될 날만 기다리게 되었다. 당시의 사회에서 사형을 면하려면 두 가지 방법이 있는데, 하나는 50만 전을 내는 것이고, 다른 하나는 궁형(宮刑)을 받는 것이었다. 사마천의 가세로서는 50만 전을 낼 형편이 못되었고, 한 무제의 추상같은 분노로 누구 하나 그를 위한 구명운동을 하지 않았다. 또다른 하나로 궁형을 받는 것은 사형 다음 가는 중벌이었으니, 사대부로서는 차라리 사형을 고수하겠다고 할 정도의 굴욕적인 형벌이었다.

그러나 사마천은 부친 사마담의 유업을 생각하면 차마 그대로 죽을 수가 없었다. 그리하여 사마천은 결국 궁형을 받는 길을 선택했으니 이때 그의 나이가 40세 전후였다.

그로부터 2년이 지난 후 사면령으로 출옥한 사마천은 중서령(中書令)으로 임명되었고, 궁형을 당한 것으로 인해 남자들이 드나들 수 없었던 궁중을 마음대로 드나들며 언제든지 궁중 깊숙이 보존되어 있는 온갖 사료들을 접할 수 있게 되었다. 그는 세상 사람들의 시선을 두려워하지 않고 황제의 측근에서 고통을 삭이며 자신의 남은 생을 오로지 『사기』를 저술하는 데에만 전념했다. 사마천의 이런 마음은 그가 친구인 임안(任安)에게 보낸 편지에 잘 나타나 있다.

이릉은 살아서 흉노에게 투항함으로써 그 집안의 명예에 누를 끼쳤고, 나는 잠실(蠶室 : 궁형에 처할 사람을 가두는 방)로 내쳐져 천하의 웃음거리가 되었네. 슬프도다! 슬프도다! 진퇴유곡의 이때에 왜 이 고통을 받는가? 내가 죽는다는 것은 다른 사람들에게 있어서 아홉 마리의 소가 털 한 가닥을 잃는 것과 마찬가지일 것이나 죽음에는 태산보다 무거운 것이 있고, 홍모(鴻毛)보다 가벼운 것도 있다고 생각하네. 이제 내가 고통을 참고 똥거름 속으로 들어가는 것은 오직 문장이 후세로 전해지기를 바라기 때문이니 나를 비웃지 말게나.

사마천은 무제의 뒤를 이어 소제가 즉위할 무렵 12본기, 10표, 8서, 30세가, 70열전의 130편, 총 526,500여 자에 달하는 방대한 역사서를 탈고했다. 사마천의 역작 『사기』는 기전체 통사로 위로 황제에서부터 아래로 한 무제에 이르기까지 수천 년의 역사를 서술했다. 또 그것은 역사서이면서 동시에 중국 전기문학의 총체이고, 고대 학술사상을 기록한 불후의 저서이다. 사마천은 그로부터 몇 년 더 살다 하나뿐인 딸을 시집보낸 후 죽었다.

반고(班固 : 32~92)의 자는 맹견(孟堅)이며, 안릉(安陵 : 섬서성 함양 동북) 출신이다. 그는 동한 초의 역사가로 『한서(漢書)』를 저술했다. 그의 부친 반표(班彪) 또한 역사에 관한 저술활동으로 자기의 일생을 바친 사람이다.

사마천이 『사기』를 완성한 후 일부 호사가들에 의해 간혹 역사의 많은 자료가 모아지고 편찬되었으나, 『사기』의 정신과 견줄만한 작품이 없었다. 그때 반표가 『사기』 이후의 역사자료를 수집, 정리하면서 저술한 것으로 『후전(後傳)』 수십 편이 있었으나 그것은 서한의 역사 사실에 대해 비평을 주로 한 것이었다.

반고는 부친이 이전의 역사를 계승하여 서술한 것이 상세하지 않다고 여겨 20여 년에 걸친 연구와 저작을 통해 『한서』를 저술하다 완성하지 못하고 죽었다. 이를 아쉽게 여긴 화제(和帝)는 그의 누이 반소(班昭)를 불러 동관(東觀) 장서각에 머무르면서 반고의 유작을 이어서 쓰도록 했다. 반소는 세상 사람들로부터 조대가(曹大家)라고 불리우며 오빠와 함께 그 이름이 역사에 나란히 오를 정도로 문장이 뛰어났다.

반고는 8세 때에 이미 문장을 짓고, 많은 시부(詩賦)를 줄줄 외우며, 특히 제자백가에 대해 흥미를 가지고 철저히 연구를 하는 등 다방면의 지식을 쌓았으나 일정하게 어느 스승을 섬겨 한 학파만을 고집하는 편견을 거부했다. 동한의 유명한 인물인 『논형(論衡)』의 저자 왕충(王充)이 반표에게 배울 때 반고의 문재가 뛰어남을 보고 말했다.

"이 아이가 바로 한나라의 역사를 기술할 사람이다."

반고는 성품이 너그럽고 온화하여 늘 다른 사람의 의견을 경청하는 겸손함과 뛰어난 재기로 많은 동년배들의 사랑과 선망을 한몸에 받았다.

반표가 죽은 후 반고는 향리 안릉에 은둔하며 부친의 뒤를 이어 역사를 기록하면서 자기의 역량이 부족하다 여기고 더욱 깊이 사색하고, 연구를 통해 부친이 남기고 간 대업을 완성하기에 노력했다.

그가 역사의 정리와 저술에만 몰두하던 62년, 어떤 사람이 명제에게 "반고가 자기 멋대로 역사를 날조하고 있습니다"라고 모함을 했다. 이에 명제는 반고를 체포하여 장안의 옥에 가두고 그가 가지고 있던 모든 책을 몰수했다. 형이 옥에 갇혔다는 소식을 들은 반초가 급히 낙양으로 가서 명제에게 형의 결백함을 상소하자 명제는 반고를 불러 그가 저술한 역사의 대의를 진술하게 했다. 이때 반고의 진술을 듣고 실제로 그의 저술을 본 명제는 크게 감동하여 그 자리에서 반고를 교서랑(校書郎)으로 임명하고, 후일 다시 난대영사(蘭臺令史)로 임명했다.

그후 반고는 윤민(尹敏)과 함께 『세조본기(世祖本記)』와 『동관한기(東觀漢記)』의 열전 등 28편을 저술했으며, 명제는 반표·반고 부자의 공헌에 대해 크게 포상을 했다.

그리고 반고는 모친이 돌아간 후 관직을 물러나 89년 두헌(竇憲)의 참모로 종군하면서 사거해(私渠海) 부근에 한나라의 위업을 찬양하는 글을 써 비석을 세우기도 하면서 계속 저술활동에만 전념했다.

그러나 23년 두씨가 정권을 전횡하였다 하여 화제의 명에 의해 체포되자 반고도 이에 연루되어 삭탈관직을 당하고 낙양 옥에 갇혀 세상을 떠나니, 그때 그의 나이 60세이다.

반고가 시작하고 누이 반소가 완성한 『한서』는 중국 역사상 가장 오래된 단대사(斷代史)로 서한의 역사를 다루었다. 『사기』와 『한서』를 비교할 때 『사기』는 중국 사대부의 취향과 일반 백성들의 소탈함을 함께 취했다면, 『한서』는 사대부의 우아한 품격을 나타내는 문장으로 서술되었다. 그러므로 『사기』가 살아 숨쉬는 생명력을 가지고 있다면, 『한서』는 역사의 문헌 보존이라는 성격이 강하다.

중국 문학에 있어 『사기』와 『한서』는 항우, 유방, 한신, 장량, 소무, 이광, 사마천 등을 묘사하면서, 이들에 얽힌 역사사건을 서술해 소설과 희곡의 갖가지 유형의 인물을 창출해 내는 소재가 되었다. 그러므로 『사기』와 『한서』는 위대한 역사서일 뿐만 아니라 문학 영역에서도 중요한 작품이다.

왕망과 광무제

신나라 창업자와 동한의 중흥자

    선제(宣帝), 원제(元帝), 성제(成帝), 애제(哀帝)와 같이 무능하고 주색에 탐닉하는 황제들이 즉위하면서 외척과 환관의 정치참여를 초래해 부정부패가 갈수록 기승을 부렸다. 또한 민생은 피폐해져 유리걸식하는 백성들이 늘어갔다.

    이런 어려운 시기를 틈타 정권을 장악하여 신(新)나라를 세운 사람이 바로 왕망(王莽 : B.C 45~A.D 23)이다.

    원제와 왕황후(王皇后) 사이에 태어난 태자 오(鷔)가 성제로 즉위하자 왕황후는 태후가 되었다. 성제는 조비연(趙飛燕), 조합덕(趙合德) 자매에 미혹되어 황후를 폐출하고, 조비연을 황후, 합덕을 소의(昭儀)로 봉했다. 황제의 총애를 독차지한 두 자매는 황제가 다른 여자를 가까이 하지 못하도록 하는 한편, 다른 후궁이나 궁녀가 황자를 잉태했다는 소식을 들으면 쥐도 새도 모르게 두 모자를 죽여 황위 계승자의 씨를 말리고 있었다.

    또한 성제는 외삼촌인 왕봉(王鳳)을 대사마, 대장군, 상서령을 겸직하게 하고, 왕담(王譚), 왕상(王商), 왕립(王立), 왕봉(王逢) 등 네명의 삼촌을 '후(侯)'로 봉하고 국정을 그들에게 맡긴 채 자신은 오직 조씨 자매와의 쾌락에만 심취해 있었다. 왕망의 부친은 왕봉의 동생 왕만

(王曼)인데, 그는 일찍 세상을 하직하여 왕망은 평민의 신분으로 살아가고 있었다.

그러나 어려서부터 총명하고 교활한 왕망은 병든 왕봉을 정성으로 간호하면서 그의 신임을 얻었다. 이에 왕봉은 죽기 전에 왕망을 황문랑(黃門郎)으로 임명해, 황제의 곁에서 황제에게 올리는 모든 대신들의 상소를 상달하고 그에 따른 황제의 명령을 하달하도록 했다. 이때부터 왕망은 황제와 고모인 황태후의 신임을 받아 요직을 두루 거치면서 B.C 16년엔 왕망의 부친 왕만이 신도후(新都侯)로 봉해지고, 왕망이 부친의 작위를 세습했다. 또한 왕봉, 왕음(王音), 왕상(王商), 왕근(王根)의 뒤를 이어 대장군, 상서령으로 임명되니 이때 그의 나이 겨우 28세였다.

이렇게 거의 매일 그의 작위가 틀려질 정도로 급속히 성장한 왕망이지만, 사람을 대할 때는 여전히 겸손하고 예의있는 태도를 보여 사람들의 존경을 받기 시작했다. 한번은 그의 아들이 노비를 죽이자 아들을 자살하도록 해서 더욱 신망을 받았다. 또한 백성들을 구제하기 위해 자신의 사재를 털어 나누어주고, 흉년에는 조세를 감면해 주어 민심을 얻었으며, 선제의 4, 5대 자손들을 일률적으로 후로 봉하도록 황태후에게 주청함으로써 그들을 자신의 정치기반으로 삼았다. 이로 인해 백성들은 그의 인자함과 청렴함을 칭송하고, 대신들은 그의 포용력과 대범함을 극구 찬양했다.

그리고 왕망은 자신의 딸을 평제(平帝)에게 출가시켜 황후로 삼아, 위로는 황태후부터 아래로는 백성들에 이르기까지의 신임을 받았다. 또한 그가 자신에게 내리는 봉토를 사양하자, 안한공(安漢公) 왕망에게 최고의 명예를 상으로 주어야 한다고 상소한 사람이 487,520명에 달했다. 이에 황태후는 그에게 구석(九錫)을 하사했다. 구석이란 황제와 같은 의복, 악기, 붉은색의 문, 집, 호위병, 선참후계의 권한, 궁전(弓箭), 제사 때에 향주(香酒)를 사용하는 것을 말한다.

때가 무르익었다고 생각한 왕망은 마침내 서기 5년 12월 8일, 평제에게 독주를 마시게 하여 살해하고 후사가 없는 평제의 뒤를 이어 선제의 현손 가운데 겨우 두 살된 유영(劉嬰)을 옹립했다.

그 후 무공현(武功縣)의 현령 맹통(孟通)이 우물을 파다 왕망이 황제가 된다는 글이 새겨진 백옥을 황태후에게 바치자 왕망은 '가황제(假皇帝)', 섭황제(攝皇帝)가 되었다. 그리고 8년 11월 마침내 왕망은 자신의 가면을 벗어던지고 황제 유영을 폐위시키는 한편, 스스로 황포를 입고 가황제에서 진황제(眞皇帝)가 되어 국호를 신(新)이라 했다.

그가 세운 신은 한 왕조에 한 명의 황제로 끝나 역사상 가장 단명한 왕조로 기록되었지만, 그는 중국 유사 이래 없었던 토지국유화를 실시했다. 왕망은 '왕전(王田)'과 '사속(私屬)'을 선포하고, '오균육관(五均六管)'을 추진했다.

왕전이란 중국 국토는 모두 황제의 것임을 선포하고, 노비를 사속으로 고쳐 매매를 금지하는 것이다. 오균이란 장안과 전국 도시에 오균관(五均官)과 오균사(五均司)를 설립하여 시장 관리, 물가조절을 하는 것이고, 육관이란 조정이 소금, 철, 술, 주전, 명사내택, 오균사대(五均司貸) 등의 사업을 일괄하여 관리하는 것을 말한다. 오균사대란 오균관이 빈민들을 상대로 돈을 빌려주고 이자를 징수하는 것을 말한다. 즉 이것은 정부가 백성들을 상대로 고리대금업을 하는 것인데, 부호들이 오균관과 연결되어 돈을 빌려주고 폭리를 취하는 계기를 만들었다.

또한 정부의 엄격한 물가조절은 중소 상인과 농민들에게 큰 피해를 보게 했으며, 여러 번에 걸친 화폐개혁을 단행했는데, 잦은 개혁, 복잡한 화폐 종류, 불합리한 화폐가치 등으로 말미암아 화폐가 그 기능을 상실해 금융정책을 혼란에 빠지게 했다.

또한 왕망은 최초로 인체 해부를 시행하기도 했다. 어느 날 관부에서 왕망에게 반기를 들어 여러 해 수배해 왔던 공손경(公孫慶)를 잡았다는 보고를 받았다. 그러자 왕망은 태의와 기예가 뛰어난 도부(屠夫)

를 불러 그의 껍질을 벗기고 가슴을 열어 오장의 위치를 측량하였으며, 이 실험을 통해 인체의 각 기관과 경락이 어떻게 연결되었는가를 연구하게 했다. 이 모든 것을 산채로 했는지, 아니면 죽인 후 실시했는가에 대한 정확한 사료는 없지만 이 일은 중국 최초의 인체 해부라는 기록을 남겼다.

또, 그는 흉노를 토벌하기 위해 전국에 명령하여 흉노를 토벌하는 데 사용할 수 있는 여러가지 기술과 계책을 올리도록 했다. 이때 전국에서 한번 복용하면 여러 날이 지나도 배고픔을 모른다는 약, 배를 이용하지 않고 강을 건너는 방법, 온몸에 털을 붙여 천리를 난다는 사람 등이 몰려오기도 했다.

그러나 왕망의 각종 정책의 실패, 흉년과 가뭄, 이민족의 침입이 빈번해지는 상황 속에서 형주를 중심으로 반란을 일으킨 녹림군(綠林軍)에 의해 장안이 함락되었다. 결국 녹림군이 미앙궁까지 점령하자 황급히 도망가던 왕망은 두오(杜吳)라는 상인의 손에 살해당했다. 그의 죽음과 함께 재위 16년만에 왕망 한 사람을 황제로 한 신 왕조가 멸망하니 이것이 서기 23년의 일이다.

한편 왕망이 제위를 찬탈하고 신을 건국하자 많은 세력들이 반기를 들었는데, 이들 세력 가운데 가장 강력한 것이 바로 남양(南陽) 호족 출신의 유수(劉秀 : B.C 6~A.D 57)이다. 그는 한 고조의 9대 손으로 일찍 부친을 여의고 숙부인 유량(劉良)의 양육으로 자랐다.

신 왕조 말년에 농민의 반란이 전국으로 확산되었는데, 그 가운데 규모가 가장 큰 것은 녹림군과 적미군(赤眉軍)이었다. 녹림군은 왕상(王常), 성단(成丹)이 인솔하여 남군(南郡)으로 진입한 하강병(下江兵)과 왕광(王匡)이 인솔하고 남양(南陽)으로 진입한 신시병(新市兵)이었다. 이외에 평림(平林)에서 집결한 반란군 세력으로 평림병이 있었고, 번숭(樊崇)을 중심으로 한 적미군이 있었다. 번숭은 자신의 부하들을 왕망의 군대와 구별하기 위해 눈썹을 붉게 칠하여 적미군이라 불렀다.

각지에서 백성들이 반란을 일으키자 몰락한 한 황실의 귀족들도 이 반란군 세력을 빌어 '반망복한(反莽復漢)'의 구호를 내걸고 합세했다. 가장 먼저 유현(劉玄)이 평림군에 투신했고, 그 뒤를 이어 유연(劉縯), 유수(劉秀) 형제가 종친의 세력을 규합하여 7, 8천 명의 병사를 모아 용릉병(舂陵兵)을 조직해 신시병과 연합세력을 이루었다. 23년 신시, 하강, 평림군이 의추(宜秋 : 지금의 하남성 唐河 동남)에서 연합, 북진하여 왕망군을 대패시켰다. 의추에서의 승리가 있은 후 유연, 유수 형제의 세력을 경계한 왕광, 왕봉이 홀홀단신으로 평림군에 투신한 유현을 옹립하니 그가 바로 경시제(更始帝)이다.

경시제는 왕봉, 왕상, 유수 등에게 곤양(昆陽), 정릉(定陵), 화언(和언)을 공격하도록 하였고, 유수의 병사들은 곤양의 전투에서 큰 승리를 거두었다. 이때 유연이 경시제 정권을 탈취하려다 발각되어 사형당했다. 이 사실을 안 유수는 자신의 힘이 아직 부족함을 여기고 밤낮으로 달려가 경시제에게 형 유연의 반역을 사죄했다. 이에 경시제는 그에 대한 의심을 풀고 유수를 무신후(武信侯) 파로대장군(破虜大將軍)에 봉했다. 그리고 경시제는 유수에 대한 신뢰를 표시하기 위해 그를 하북으로 파견하여 하북을 다스리도록 명했다.

하북으로 간 유수는 산으로 들어간 호랑이나 마찬가지였다. 그 후 유수는 자신의 실력을 더욱 공고히 하는 한편, 죄인을 석방하고, 백성을 구휼하며, 한 황실의 신분을 이용하여 하북 각지 종친의 세력을 규합, 세력을 확장해 나가고 있었다.

한편 몰락한 귀족에서 황제가 된 경시제는 장안으로 진입하자 구귀족을 대거 등용, 이들의 힘으로 반란군의 수령인 신도건(申屠建), 진목(陳牧), 성단 등을 살해했다. 그리고 일시적 승리에 도취하여 주색에 빠져 정무를 돌보지 않았다. 이에 왕광 등이 유현에게 반격하기 위해 다시 적미군과 연합하여 장안을 공격하고, 25년 9월, 마침내 유현은 반란군에 의해 목졸려 죽었다. 경시제를 죽인 적미군은 한 황실의 후예로 소를 치고 있던 목동 유분자(劉盆子)를 옹립했다.

　일시적으로 경시제가 한의 대통을 이어받아 즉위했었으나 그 세력이 미약했고, 그가 죽음으로써 천하는 다시 군웅할거의 시대로 빠져 각지에서 반란군의 세력이 봉기했다. 그러자 유수 휘하의 장군들이 유수에게 황제로 등극할 것을 진언했다. 유수는 이를 거절하다 세번째 부하들의 권유에 마침내 황제의 위에 오르니 25년 6월, 이때 그의 나이 31살, 거병한 지 4년만의 일이었다. 그 해 10월, 낙양으로 돌아가 그곳을 수도로 하고, 한나라 중흥의 대업을 이룩했다.

　한나라의 뒤를 이어 동한을 중흥한 광무제는 그 후 10여 년의 전쟁을 통해 각지에 산재해 있는 반란군을 평정하기 위해 동분서주해야 했다. 광무제는 즉위한 지 3년만인 27년에 적미군의 유분자를, 34년에 농서의 외효(隗囂)를, 36년에는 파촉의 공손술을 멸망시켰다. 이외에 어양의 팽총(彭寵), 양의 유영(劉永), 제의 장보(張步), 오원의 노방(盧芳)의 세력을 평정하여 마침내 천하를 통일했다.

　광무제가 천하를 통일하여 한나라를 다시 중흥시킬 수 있었던 것은 무엇보다도 그가 겸손한 태도로 남을 대함으로써 상대로 하여금 진심으로 복종하게 한 것이 가장 큰 작용을 했다고 할 수 있다.

　농서의 외효가 공손술과 광무제를 저울질하며 자신의 심복 마원(馬援)을 두 사람에게 파견했을 때, 마원과 고향 친구인 공손술은 천자의 위의를 갖추고 거만하게 마원을 맞이한 반면 광무제는 겸손한 태도로 흉금을 털어놓으면서 자신의 부족한 점을 물었다. 결국 마원은 외효에게 광무제와 연합하도록 했고, 광무제가 천하를 통일한 후에도 그에게 충성을 다했다.

　또한 광무제는 다른 반란군들을 평정, 흡수하는 과정에서 자신에게 항복한 장군들의 심중에 후일 광무제가 자신들을 죽일지도 모른다는 일말의 불안감이 있음을 알고는 그들에게 예전의 부하들을 그대로 통솔하게 하고, 자신은 몇몇 시종만을 데리고 직접 그들의 진영을 순시하면서 위로했다. 광무제가 이렇게 자신들에 대해 조금도 경계하는 마음이 없이 다른 부하들과 똑같이 대하는 것을 본 항장과 그 휘하 병사들은 낮은 소리로 말했다.

"자신의 믿는 마음을 있는 그대로 솔직하게 드러내고, 우리를 진심으로 받아들여 주는 이런 사람을 위해 어찌 사력을 다하지 않을 수 있겠는가?"

광무제가 즉위한 직후였다. 낙양에서 멀지않은 회현(懷縣)에 사는 호족 이자춘(李子春)은 그 지방에서 막강한 세력을 휘두르고 있었다. 어느 날 그의 두 손자가 사람을 죽였는데, 이것은 이자춘과 같은 호족 가문이 얽힌 비행으로는 그다지 큰일이 아니었기에 관아에서는 사건을 추궁하지 않았을 뿐만 아니라 유족들도 이자춘을 상대로 이를 문제삼지 않았다.

그런데 새로 부임해 온 현령 조희(趙憙)는 법을 철저하게 집행하기 위해서라면 천지간에 무서운 것이 없는 사람이었다. 그가 이 소식을 듣고 이자춘의 가문을 철저하게 조사하여 옛날의 과오까지 들춰내 징벌을 가하려고 하자 이자춘의 두 손자가 자살했다. 본래 살인사건의 범인이 죽으면 그것으로 사건은 종결되게 마련이다. 그러나 조희는 이자춘이 모든 범죄의 근원임을 단정하고 그를 처단하기 위해 죄질을 조사하고 있었다.

한편 광무제가 숙부 조왕 유량이 병으로 시름시름 앓고 있어 병문안을 갔다. 이때 유량이 광무제에게 말했다.

"폐하께 한 가지 청이 있습니다. 이자춘은 저와 교분이 두터운 친구인데 회현의 현령이 그를 반드시 처단하겠다고 하니 폐하께서 제 얼굴을 보아 현령에게 그를 살려주라는 명을 내려주십시오."

이 말을 들은 광무제가 곰곰이 생각을 하더니 난처한 듯이 말했다.

"관리가 법에 따라 법을 집행하는 것은 함부로 간섭할 수 없는 일이니 저로서도 어쩔 수 없습니다. 그러니 다른 부탁을 하시지요."

이 말을 들은 유량은 기분이 좋지 않아 그대로 눈을 감고 더이상 아무 말도 하지 않았고, 오래지 않아 그는 세상을 떠나고 말았다. 숙부가 세상을 떠난 후 광무제는 날이 갈수록 이 일이 마음에 걸렸다. 유량은 일찍 부모를 여윈 유수 형제를 양육해 주었고, 자신이 왕망에 대항하여 거병했을 때 아내와 두 아들을 잃었으니 이것 또한 자신 때문에 빚어진 일이다. 그런 숙부가 눈물을 흘리며 한 마지막 부탁을 거절했으니 광무제로서도 마음이 편할 리가 없었다.

이에 광무제는 고인의 부탁을 이행하기 위해 이자춘을 석방하도록 명령하는 한편, 법을 엄격하게 지킨 조희를 표창하여 평원태수로 봉하고, 후일 다시 태위로 삼았다.

한번은 광무제의 누나 호양공주(湖陽公主)가 나들이를 나갔는데, 그녀의 노복이 살인을 했다. 호양공주의 세력을 겁낸 지방관이 이를 추궁하지 못하고 있었는데, 우연히 이를 본 낙양령(洛陽令) 동선(董宣)이 그 자리에서 그 노복을 죽이고 공주에게도 책임을 물었다. 화가 난 공주가 회궁하여 광무제에게 눈물로 호소하자 광무제는 동선을 불러 처벌하려 했다. 그러자 동선은 오히려 질책하는 듯한 어조로 광무제에게 말했다.

"공주의 노복이 마음대로 살인을 했는데도 이를 엄격히 다스리지 않으면 폐하께서는 장차 어떻게 천하를 다스리려 하십니까?"

동선의 말이 옳다고 여긴 광무제는 그에게 30만 전을 하사하고, 공주의 체면을 위해 사과하라고 명령했으나 그는 복종하지 않았다. 이에 광무제는 사람을 시켜 강제로 그의 목을 공주에게 굽히도록 했으나 그는 힘을 다해 버티면서 끝내 고개 숙이지 않았다. 이런 그의 의기를 높이 산 광무제는 후일 그를 중용했다.

광무제는 이렇게 관리들이 엄격하게 법을 준수할 수 있도록 장려하고, 모든 제도를 전한시대와 같게 하는 한편, 전쟁과 흉년으로 피폐한 백성들의 부담을 덜어주기 위해 조세를 경감했다. 이재민과 빈민, 노약자, 병자들을 구제하기 위해 대량의 구휼미를 방출하여 민심을 안정시키고, 정부의 지출을 절약하기 위해 4백여 개의 현을 없애면서 현급 이하의 불필요한 관리를 줄였다. 또한 여러 차례에 거쳐 노비를 석방하고, 대사면령을 내려 죄질이 악독한 자를 제외한 죄인을 모두 방면했다.

이런 광무제의 유화정책으로 정국은 안정을 되찾았고, 백성들이 다시 마음놓고 생업에 종사하니 전반적인 사회·경제가 회복하여 번영의 기틀을 다지게 되었다.

광무제 또한 말년에 잠시 미신에 현혹되었으나, 그는 잠시도 쉬지 않고 국정 대사를 처리하기에 골몰했다. 태자가 그에게 건강에 주의할 것을 건의하자 광무제는, "나는 일하는 것이 즐거워 조금도 피곤함을 느끼지 않는다"라고 대답했다.

그후 광무제는 임종할 때에 이르자 자신의 장례예절을 겉치례로 쓸데없는 낭비를 하지 말고 검소하게 할 것을 분부하고 세상을 떴다. 이때가 57년 2월이며, 재위 33년, 광무제의 나이 63세였다.

반 초

서역을 평정한 무장

　장건이 서역 비단길을 개척한 후로 한나라와 서역 각국의 정치·경제·문화의 관계가 날로 증대되어, 서역 각국의 경제·문화의 발전을 가져왔을 뿐만 아니라 중원 한민족의 경제와 문화를 더욱 풍부하게 했다.

　그러나 왕망이 통치하던 때부터 서역과 중원의 관계가 단절되었고, 중국이 혼란한 틈을 타서 흉노가 서역을 통제하기 시작했다. 광무제가 동한을 다시 부흥시킨 후에는 피폐해진 국정을 안정시키느라 서역으로 눈돌릴 틈이 없었다. 그러므로 중국과 서역의 관계는 명제가 반초(班超 : 32~102)를 파견할 때까지 기다려야 했다.

　반초는 평릉(平陵 : 함양) 사람으로 자는 중승(仲升)이다. 반초는 어려서부터 큰 뜻을 품고 있어 하찮은 일에 구애되지 않았고, 부모에게 효를 다하며 고생을 인내할 줄 아는 굳은 의지를 가지고 있었다. 그리고 대대로 문장으로 이름을 날린 가문의 후손답게 제자백가에 통달해 많은 학식을 갖추었고 언변에도 능했다. 형 반고가 교서랑으로 임명되어 가족이 낙양으로 솔가하자, 반초 또한 관청에서 서기 일을 보면서 받는 적은 보수로 생활비를 보태고 있었다.

　어느 날 한 명제가 반고에게 반초에 관해 묻고는 그를 상소문과 문서를 관장하는 난대영사(蘭臺令史)로 임명했다. 관부에서 문서를 작성하던 반초가 문득 한숨을 쉬며 말했다.

"대장부로 태어나면 마땅히 부개자(傅介子)나 장건(張騫)처럼 이역 땅에서 공을 세워 제후에 봉해질 정도는 돼야 하거늘, 긴 인생을 어찌 연적과 붓 사이에서만 지낸단 말인가?"

그때 옆에 있던 사람이 그의 말을 듣고 웃으면서 말했다.

"당신네 반씨 집안이 어찌 장사(壯士)의 뜻을 알겠소?"

그러나 뜻이 있는 사람에겐 길이 있다고 했듯이, 마침내 반초는 자신의 뜻을 이룰 기회를 얻게 되었다. 73년 반초의 나이 41세가 되던 해에 그는 봉거도위(奉車都尉) 두고(竇固) 장군과 함께 흉노의 이오노성(伊吾盧城)을 점령했고, 이 과정에서 두각을 나타내 두고의 눈에 들게 되었다. 반초에게 뛰어난 재능이 있음을 안 두고는 그에게 다시 서역을 개통하라는 임무를 맡겼다.

이때 반초는 36명을 인솔하여 장안에서 6천여 리나 떨어진 선선국(鄯善國)에 도착했다. 선선국의 왕은 그들 일행이 도착하자 극진히 대접하였으나 며칠이 지나자 그들을 대하는 선선국 왕의 태도에 변화가 있기 시작했다. 이를 눈치챈 반초가 수행원들에게 말했다.

"너희들은 우리를 대하는 선선국 왕의 태도가 변했다고 느끼지 않느냐? 이는 아무래도 흉노의 사절단이 오자 어느 쪽과 관계를 맺을까 가늠하는 것같다. 잘못하면 우리의 생명이 위험하니 상세히 알아봐야겠다."

그날 반초는 자신들을 시중드는 선선국 사람을 불러 슬쩍 물었다.

"흉노의 사절단이 온 지 며칠이 지났는데도 그들이 아직 안돌아갔느냐?"

반초의 물음에 그 하인은 깜짝놀라 마침내 모든 사실을 털어놓았다. 이에 반초는 그 하인을 연금시킨 후 수행원들을 소집해 술을 마시며 주흥이 도도해지자 격렬한 어조로 말했다.

"너희가 나라를 위해 공을 세우고자 나와 함께 이 먼곳까지 왔는데 선선왕의 마음이 북방 흉노쪽으로 기울어 우리를 생포해 흉노의 사신들에게 넘기려는 것같다. 이 문제에 대해 우리가 어떻게 대처해야 할지 각자 말해 보아라.”

그러자 부하들이 말했다.

“생사의 기로에 선 지금 우리는 오직 대장의 명령에 따를 뿐입니다.”

이에 반초가 말했다.

“호랑이 굴에 들어가지 않고서 어찌 호랑이 새끼를 얻겠는가? 우리가 밤에 불을 지르면 적들이 크게 당황하여 우리가 소수라는 것을 눈치채지 못할 것이다. 우리는 그 틈을 이용하여 흉노의 사신을 모두 죽인다. 죽음에 임해서도 피해가지 않는 자가 진정한 장사일 것이다.”

그날 밤 반초는 수하 십여 명에게는 흉노의 처소에 불을 놓아, 괴성을 지르며 밖으로 뛰어나오는 흉노를 활로 쏘게 하고, 나머지 20여 명은 양쪽 출입구에 매복하도록 지시했다. 반초의 작전으로 그날 흉노 30여 명이 살해되고 백여 명이 불에 타 죽었다.

이 사실을 안 선선국왕은 대경실색하며 반초의 용맹에 감탄하였고, 또한 흉노가 자신들에게 사절단이 몰살된 것에 대해 책임을 물을까 두려워 한나라에 복종할 것을 맹세했다. 반초가 이 소식을 조정에 보고하자 크게 기뻐한 명제는 그를 군사마(軍司馬)로 승진시키고 한나라의 정식 사절로 임명하여 서역 각국을 돌도록 했다.

반초가 선선국에서 흉노 사절단을 죽이고 있을 때, 우치(于闐：지금의 신강성 和田 일대) 국왕 광덕(廣德)이 사거국(沙車國)을 공략하여 남도(南道)에 군림하고, 흉노가 사신을 파견하여 감독·보호하고 있었다. 반초 일행이 선선국을 떠나 도착한 곳은 바로 우치이다. 그러므로 우치국 왕은 반초 일행을 그다지 반기지 않고 그들에 대한 접대도 소홀했다. 더우기 우치에서는 무속이 성행했었는데, 무사(巫師)가 접신하여 우치국 왕에게 말했다.

“왜 한나라의 사신을 접대하여 나를 노하게 하느냐? 한나라 사신의 말 중에 왜마(騧馬 : 누런 털에 입이 검은 말)가 있으니 그 말을 가져다가 내게 제사지내거라.”

이에 우치국 왕은 급히 사람을 보내 반초에게 말을 요구했다. 이 말을 들은 반초는 쾌히 승락하고 무사가 와서 집접 가져가라고 말했다. 오래지않아 무사가 말을 가지러 오자 반초는 번개같이 칼을 뽑아 무사의 목을 베곤 그 목을 들고 우치국 왕에게 갔다. 이를 본 우치국 왕은 크게 놀라 즉시 부하를 파견해 흉노의 사신들을 죽이게 하고 반초에게 항복했다.

이듬 해 봄에 반초 일행은 우치국을 떠나 소륵(疏勒 : 지금의 신강성 喀件市)으로 갔다. 이때 소륵왕은 흉노에 의해 세워진 구자왕(龜玆王)에 의해 살해당하고, 구자인 두제(兜題)가 소륵왕이 되었다. 반초는 두제가 거처하는 반탁성(槃橐城)에서 90여 리 떨어진 곳에 머물며 전려(田慮)를 보내 두제에게 항복을 권유하도록 했다.

“두제는 소륵인이 아니니 소륵인들은 그의 명령을 듣지 않을 것이다. 그러니 만약 그가 항복하지 않는다면 그를 잡아 오도록 해라.”

전려가 반탁성에 가서 두제에게 항복을 권유했으나 두제는 허약해 보이는 전려의 모습을 보고 항복할 생각을 전혀 하지 않았다. 그러자 전려가 두제가 방심하고 있을 때 재빨리 칼을 뽑아 그를 위협한 후 밧줄로 묶자 좌우의 소륵인이 놀라 모두 도망갔다. 전려가 반초에게 보고를 하자 반초는 재빨리 성으로 들어와 소륵의 대신들을 소집하여 구자왕의 무도함을 설명하고, 원래의 소륵왕 형의 아들 충을 왕으로 삼았다. 이에 소륵인 모두가 크게 기뻐하며, 왕과 신하들은 자신들이 두제를 처단할 수 있도록 넘겨달라고 요청했다. 그러나 반초는 한나라의 신망을 높이기 위해 두제를 석방해 주었다.

반초가 서역으로 간 지 3년이 되던 해인 75년, 한 명제가 세상을 떠났다. 흉노가 이 틈을 이용해 언기국(焉耆國) 등이 한나라의 서역도호부가 통치하던 진륙(陳陸)을 공격하고, 구자와 고묵(姑墨)도 계속해서 군대를 일으켜 소륵을 공격해 반초를 고립무원의 처지가 되게 했다.

그러나 반초는 조금도 위축되지 않고 소륵왕과 소륵인의 도움으로 1년을 넘게 버티었다. 그 후 한 장제(章帝)는 진륙이 이미 공략당했으므로 반초 일행의 안전을 염려하여 귀국하라는 명령을 내렸다. 반초 일행이 귀국하려 하자 소륵의 도위 여감(黎弇)이 자살하며 말했다.

"만약 한 사신들이 우리를 포기한다면 우리는 또다시 구자국에게 멸망당할 것이니, 어찌 그들이 떠나는 것을 볼 수 있겠는가?"

반초가 우치에 도착하자 우치의 왕 또한 간곡히 말리며 그들을 붙잡았다. 이를 본 반초는 만약 자신이 이대로 떠난다면 우치와 소륵이 다시 흉노의 지배로 들어가고, 그리하면 지금까지의 노력이 허사가 되리라 생각하고 마침내 말머리를 돌려 소륵으로 되돌아 갔다.

반초가 소륵으로 돌아가니 소륵의 두 성 가운데 한 성은 이미 구자에게 투항했다. 이에 반초는 신속히 그들의 반란을 평정하여 소륵을 안정시켰다.

반초의 서역에서의 투쟁은 끝없이 반복되는 고된 것이었다. 반초가 추대한 소륵왕이 후일 사거(莎車)의 꾀임에 넘어가 투항했을 때, 반초는 다시 소륵과 싸워 충을 처단하고 사거를 항복시켰다. 이때부터 서역의 남쪽 길이 뚫리고, 사거가 항복하자 북쪽의 구자, 고묵, 온숙(溫宿)과 언기 등이 항복하여 서역 50여 개국이 한나라에 귀속하여 조공을 바쳤다. 또한 서역과 중원의 경제·문화의 관계가 더욱 긴밀해지면서 유럽으로 통하는 '비단길'로의 왕래가 다시 빈번해지기 시작했다.

82년, 반초는 서역을 평정한 공로로 정원후(定遠侯)로 봉해지고, 그 봉읍이 천호(千戶)에 달했다. 반초가 서역을 평정하던 기간은 73년부터 102년으로, 무려 31년간을 서역에 머물렀다. 100년, 그의 나이 68세가 되었을 때 너무 오랜 세월을 이역에서 보낸 반초는 고국으로 돌아가고 싶은 마음에 황제에게 상소했다.

신이 이역땅에 머문지 이미 30년이 지났습니다. 이제 신은 너무 늙고 쇠하여 더이상 이곳을 지키기가 어렵고, 또 남은 생을 옥문관 (玉門關) 안에서 지내고 싶습니다.

그의 누이 반소 또한 황제에게 그가 귀국할 수 있도록 윤허해 달라는 간곡한 상소를 올려 반초는 102년 8월, 낙양으로 돌아와 황제를 배알하니 황제는 그를 서성교위(射聖校尉)로 임명했다.

반초는 오랫동안 폐병을 앓고 있었는데, 귀국 후 병세가 더욱 심해져 그 해 9월 세상을 하작하니, 이때 그의 나이 70세였다. 반초가 죽은 후 그의 아들 반용(班勇)이 부친의 뜻을 계승하여 서역으로 나갔다.

채 륜

제지술을 발전시킨 환관

　제지술의 발명은 인류 역사에서 가장 중요한 발명의 하나라 해도 과언이 아니다. 제지술이 없었던 고대 중국에서 모든 역사는 거북이 껍질이나 동물의 뼈에 새겨 기록했는데, 이것이 바로 갑골문이다. 춘추전국시대에는 대나무나 나무 조각 위에 새겼다. 이를 '죽간(竹簡)', '목독(木牘)'이라 하는데, 그것을 만드는 과정이 매우 힘들 뿐만 아니라 기록할 수 있는 분량도 적었다.

　그 후 황실이나 귀족들은 비단 위에 글을 쓰기도 했으나 값이 비싸 보편적이지 못했다. 이런 과정을 거쳐 종이의 필요성을 느낀 사람들에 의해 여러 가지 종이가 만들어졌다. 그 가운데 가장 큰 공헌을 한 사람이 동한의 환관 채륜(蔡倫 : 121년 사망)이다.

　최근 고고학의 발견에 의하여 채륜이 제지술을 발전시키기 전에 이미 패교지(覇橋紙), 거연지(居延紙), 부풍지(扶風紙), 돈황지(敦煌紙), 액제납지(額濟納紙) 등의 종이가 사용되어 왔다는 것이 밝혀졌다. 그러나 이 종이들은 재질이 조잡하고 수량이 적을 뿐만 아니라 가격이 비싸 널리 사용되지 않았으니, 제지술의 태동기라고 할 수 있다.

　채륜은 호남 계양(桂陽) 사람으로 서기 75년에 낙양으로 가서 환관이 되어 소황문(小黃門)에서부터 중상시(中常侍), 상방령(尚方令)까지,

용정후(龍亭侯)에서 장락태복(長樂太僕)에까지 이르러 9경(卿)의 하나가 된 인물이다.

채륜은 장제(章帝)를 측근에서 모시며 신임을 받아, 장제의 뒤를 이어 겨우 10세의 어린 황제 화제(和帝)가 즉위하자 중상시로 임명되었다. 중상시란 환관의 총책임자로 그 직위는 재상에 해당되는 자리이다. 채륜은 황제의 측근에서 어린 천자를 도와 국가의 큰일을 계획하고 도모하는 책무를 맡게 되었다.

중국 역사를 살펴보면 어린 황제가 즉위하여 황태후가 섭정하는 시기나, 어리석고 향락에 취하여 정사를 돌보지 않는 황제가 즉위하게 되면 자연스레 환관이 정사에 관여하게 된다. 그러나 채륜은 중상시가 된 후로 더욱 성실히 천자를 보필하고 신중하게 일을 처리하였으며, 사사로이 권력을 남용하지 않아 천자의 신임을 얻었다. 채륜이 휴가를 얻어 집에 돌아가면 그의 지위를 보고 많은 방문객과 선물들이 주체할 수 없이 밀려들지만, 성격이 강직하고 고독한 생활을 즐기는 그는 일체의 방문객을 사절하고 혼자 조용한 시간을 보내곤 했다. 이런 채륜에게 역사 속에서 그 이름을 황제보다 널리 떨칠 수 있게 한 기회가 주어졌다.

102년, 당시 화제의 비(妃)였던 음황후가 폐위되고 귀인이었던 등황후(鄧皇后)가 황후의 위에 오른 것이 바로 그것이다. 등황후는 빼어난 미모와 함께 재주와 학문이 뛰어난 여인으로, 어려서부터 ‘제생(諸生)’이라고 불리우곤 했다. 학문을 좋아하고, 검소한 등황후는 궁궐의 사치가 심하면 백성의 고충이 크다고 여겼다. 그녀는 황후가 되자 전국 각지에서 올리는 아름답고 진기한 물품들의 진상을 금지시키고, 계절에 따라 종이와 묵을 올리도록 했다. 그리고 등황후는 환관 채륜을 상방령으로 임명하고 이 진상품들을 관리하도록 했다.

이 일로 전국에서 올라온 종이들을 모두 접하여 비교할 수 있게 된 채륜은 자연히 제지술에 관심을 갖게 되었다. 채륜은 모든 종이들의 품질이 고르지 못하고, 그나마도 소량이기 때문에 가격이 비싸 일반

사대부들도 구하기 어렵다는 것을 생각하고, 이 문제를 해결할 방법을 모색하기 시작했다. 이에 채륜은 궁중의 제지공들과 함께 전국의 제지술을 세심하게 연구, 검토하기 시작했다.

채륜의 이런 노력으로 마침내 105년, 그는 닥나무, 마, 헌 종이 등의 재료를 사용하여 종래의 종이보다 훨씬 뛰어난 종이를 만들었다. 이 종이는 두께가 0.04㎜인 얇은 종이로, 기존의 두껍고 표면이 매끄럽지 못하고 조잡하여 글씨가 잘 써지지 않던 종이와는 비교할 수 없을 정도로 우수한 품질이었다. 게다가 채륜의 제지술은 식물 섬유의 폐물을 사용, 종이를 대량생산하여 보다 저렴한 가격으로 종이를 널리 보급할 수 있게 했다.

동한 후기 『동관한기(東觀漢記)』에 "황문 채륜이 상방이 되어 종이를 만들었는데 채후지(蔡侯紙)라고 한다"라고 기록된 것이 채륜지에 관해 최초로 언급된 것이다. 또 삼국시대 위(魏)의 동파가 찬술한 『동한여복지(東漢與服志)』에 "동경(東京)에 채륜지가 있는데 마(麻)로 만든 것을 마지(麻紙)라 하고, 나무껍질로 만든 것은 곡지(穀紙), 어망으로 만든 것은 망지(網紙)라고 이름한다"라는 기록이 있다.

이렇게 여러 명칭이 있는 것으로 보아 종이의 품종도 상당히 다양해진 것을 알 수 있다. 제지발달사에 있어서 채륜의 주요 공로는 제지 원료의 확대, 기술의 급격한 진보와 품질을 우수하게 개량시킨 것이다.

새로운 제지술을 발명한 채륜은 곧 이 사실을 화제에게 보고했다. 이 보고를 받은 화제는 크게 기뻐하며 그의 공로를 치하하기 위해 용정후(龍亭侯)로 봉하고 3백호의 봉토를 하사했다. 이 일로 채륜은 더욱 화제의 신임과 총애를 얻어 황제가 국정의 중요한 정책을 결정하는데 보좌하곤 했다.

그러나 그 해 12월, 장덕전(章德殿)에서 화제가 27세의 젊은 나이로 서거하고 황태자 융(隆)이 즉위했는데, 그는 이제 겨우 태어난 지 백일이 갓 넘은 아직 강보에 싸인 아기였다. 본래 화제는 13, 4세에 귀인과 비빈을 맞이하여 십여 명의 아들을 낳았다. 그런데 그 아이들은 어찌 된 일인지 태어난지 며칠 되지 않아 곧 세상을 떠나곤 했다.

이에 등황후는 황제의 후사가 끊기는 것을 염려하여 아름다운 궁녀들을 직접 골라 황제를 모시게 하여 많은 자손을 낳게 하고, 또한 왕자들을 민간에 보내 양육토록 했다. 이렇게 함으로써 귀신이 그 아이들에게 관심을 갖지 않아 장수할 수 있으리라 여겼기 때문이다. 이런 등황후의 노력에도 불구하고 화제가 죽을 당시 남은 아이는 강보에 싸인 유융(劉隆)뿐이었다. 이렇게 해서 중국 역사상 가장 어린 황제가 즉위했으나 그가 바로 한 상제(殤帝)이다. 결국 등태후는 자신이 강보에 싸인 황제를 안고 직접 정사를 처리해야 했다.

하지만 이 상제 또한 강보에 싸인 채로 겨우 8개월간 황제의 신분으로 지내다 요절하고 말았다. 이에 태후는 황급히 거기장군(車騎將軍) 등즐(鄧騭)과 의논하여 화제의 형인 청하왕(淸河王) 유경(劉慶)의 아들 유호(劉祜)를 황제로 세우니 그가 바로 안제(安帝)이다.

안제는 이제 겨우 13세 소년으로 아직 국사를 처리할 만한 능력이 없었다. 결국 태후가 모든 권력을 쥐고 그녀가 죽을 때까지 중국을 다스렸다. 이때 화제를 도와 국사를 처리한 경험이 있던 채륜은 태후를 보필하는데 없어서는 안될 중요한 인물이었다. 채륜은 사심없이 어린 황제와 태후를 보필하여 안제가 친정을 할 때까지 국사를 돌보았다.

그러나 채륜은 그의 업적과 달리 비참한 최후를 맞게 된다. 121년 2월, 등태후가 죽자 안제가 친정하게 되었다. 안제가 전권을 장악하자 채륜은 급격한 벼랑으로 몰리게 되었다.

화제 때에 채륜은 궁중에 소장되어 있던 오경, 전기, 예술 등에 관한 모든 기록을 살펴 누락되거나 글자 틀린 것, 죽간이 잘못 끼워진 것 등을 정리, 수정하는 작업을 했었다. 당시 그는 두 태후의 지시에 따라 안제의 조모인 송귀인에 관한 자료를 조작했었다.

그런데 등태후의 죽음으로 안제가 친정을 하자 유모 왕성(王聖)과

환관 이윤(李閏)이 주동이 되어 채륜과 거기장군 등즐을 비롯한 등씨
일족이 안제의 폐위를 도모한다고 무고를 했다. 이 일로 조정에서 더
이상 자신이 설 자리가 없음을 깨달은 채륜은 스스로 약을 먹고 자살
하고 말았다.

　채륜과 등씨 일족이 제거된 조정에는 안제의 외척과 환관 이윤, 강
경, 그리고 염황후의 형제들이 입조하여 환관과 외척이 함께 정권을
유지하는 국면이 되었고, 안제는 주색에 빠져 정사를 돌보지 않다가
32세에 병으로 세상을 떠났다.

동탁과 원소

삼국지의 막을 연 인물

명나라 나관중이 쓴 소설 『삼국지통속연의』는 일반적으로 '삼국연의'라고 부르고 있다. 소설 속의 인물들의 묘사 가운데 이 책을 읽는 독자들에게 처음으로 강한 인상을 준 사람은 바로 원소(袁紹 : 202년 사망)와 동탁(董卓 : 192년 사망)으로, 그들에 대한 묘사가 끝나야 비로소 조조, 유비, 손권 세 사람에 대한 묘사로 넘어간다.

동한 영제(靈帝)가 임종을 앞두자 영제의 모후인 동태후(董太后)는 환관과 모의하여 하황후에게 독살당한 왕미인(王美人)의 아들 협(協)을 추대하고자 했다. 이를 눈치챈 하왕후의 오빠 하진으로서는 만약 환관들의 세력을 통제하지 못하면 그는 다시는 정치무대에 나서지 못할 뿐만 아니라 생명까지 위태로운 중대한 시기였다.

이때 원소는 북군의 월기교위(越騎校尉)로 있었는데, 그는 4대에 걸쳐 5공을 배출한 명문 후예로 하진의 신임을 받는 인물이었다. 그는 황제의 외척으로 환관의 제거에 골머리를 앓던 하진을 도와 태자 변(辯)이 소제(少帝)로 즉위하는데 큰 공을 세웠다. 아들이 제위에 오르자 하황후가 태후가 되면서 오빠인 하진(何進)을 중용하여 일개 백정에 지나지 않았던 인물이 대장군의 지위에까지 오른다.

그런데 정권을 손에 넣고 마음대로 휘두르던 환관들은 재빠른 변신으로 하태후에게 붙어 오늘날의 하태후가 있기까지 적지 않은 공로가 있음을 상기시키며 목숨을 부지하였다.

이 일로 환관의 세력을 완전히 뿌리뽑지 못한 하진은 차마 겉으로 드러내지는 못했지만 은연중에 환관의 제거를 모색하고 있었다. 이런 하진의 동태를 파악하고 있던 환관들은 하태후로 하여금 하진을 궁으로 불러들이게 하고, 수십 명의 병사들을 매복시켜 입궐하는 하진을 사로잡고 말했다.

"네가 본래 천한 백정의 몸으로 이렇게 부귀영화를 누리게 되기까지 우리가 키워주었는데, 감히 우리를 모두 없애겠다니, 너는 개돼지만도 못한 배은망덕한 놈이구나. 더우기 신하의 몸으로 동태후께 독을 먹여 살해했으니 죽어 마땅하다."

그리하여 하진은 꼼짝없이 그 자리에서 목이 잘리고 말았다.

이 일을 안 원소는 동생 원술과 부하들을 인솔, 궁문을 부수고 들어가 환관들을 모조리 체포해 죽였다. 그때 죽은 환관의 수가 2천 명이 넘었다.

그런데 환관 중에 장양(張讓)이란 자가 황제와 진류왕(陳留王) 협을 데리고 북궁으로 가서 후일을 도모하려다 바짝 추격해오는 병사들을 보곤 황하에 투신하여 자살했다. 겨우 환관의 수중에서 벗어난 황제가 진류왕이 호위를 받으며 낙양으로 돌아가는 길에 망산(邙山)에서 서량자사(西涼刺史) 동탁(董卓)이 인솔하는 군대와 마주쳤다.

동탁은 원래 농서의 토호로, 용맹하고 무예가 뛰어나 그곳에서 강족(羌族)과의 싸움에 많은 공을 세워 서량자사까지 된 인물인데, 하동 일대에서 수하 병사를 거느리고 세력을 키워가다가 도성으로 들어와 나라를 어지럽히는 환관의 무리를 제거하라는 하진의 밀조를 받고 낙양으로 행군하던 중이었다. 뜻하지 않은 곳에서 황제를 만나게 된 동탁은 크게 기뻐하며 속으로 중얼거렸다.

"대어가 들어왔구나."

동탁이 대군을 이끌고 낙양으로 들어갔을 때, 원소는 환관을 몰살시키고 자기 휘하의 모든 군대를 집결시킨 상태였기에 원소와 동탁 두 사람은 상호 대립된 국면을 형성하게 되었다. 그러나 동탁은 이미 황제를 수중에 넣고 있었으며, 또한 그의 막강한 군사력으로 정권을 장악한 최고의 실력자로 부상했다. 황제까지 자신의 손에 넣고 흔들던 동탁이 조정 백관들에게 말했다.

"천자가 현명하지 못하니 진류왕을 옹립하는 것이 어떻겠소?"

동탁의 위세에 눌린 대신들이 아무 말도 못하고 있을 때 원소가 말했다.

"적자를 폐하고 동생을 세우는 것은 누구도 찬성하지 않을 것이오."

"뭐라고? 네가 감히 내게 반대하겠다는 것이냐?"

"흥, 천하의 영웅은 오직 너 하나뿐이더냐?"

원소는 말을 마치자마자 군대를 이끌고 대대로 원씨의 근거지인 기주(冀州)로 돌아갔다. 그리고 많은 장수들을 모아 맹주가 되어 동탁을 토벌하기 위한 세력을 규합했다.

한편 원소가 멀리 떠나고 형주자사(荊州刺史) 정원(丁原)도 여포(呂布)의 손에 죽은 이상 동탁에게 반대할 사람이 없었다. 이에 동탁이 황제를 폐하고 진류왕을 옹립하니 그가 바로 헌제(獻帝)이다. 스스로 상국(相國)이 된 동탁은 나라의 대권을 독점하고 영안궁(永安宮)에 유폐시킨 소제와 그의 비, 그리고 하태후를 독살하고, 공주와 궁녀들을 마음대로 강간했다.

어느 날 동탁이 군대를 인솔하고 양성(陽城)을 지나는데, 마침 마을에서는 2월의 제사를 지내기 위해 인산인해를 이루고 있었다. 그런데 동탁이 갑자기 묘회(廟會)에 나온 남자들을 모두 죽이라는 명령을 내리고, 백성들의 소, 양을 빼앗고, 수레에 수급을 달아 매고, 말 뒤엔 부녀자들을 싣고 위풍당당하게 낙양으로 돌아갔다. 그리고는 도적떼를 토벌했다고 떠들어대며 가지고 온 수급을 모아 불에 태우고, 부녀자들은 병사들에게 하사했다. 이와 같이 동탁의 포악함은 날로 더해갔다.

이때 원소는 대장군 하진이 죽은 후 환관을 몰살시킴으로써 나라를 안정시킨 공로로 일등공신의 물망에 오를뻔한 자기의 야망이 물거품이 되게 한 동탁을 토벌하기 위해 힘을 기르고 있었다. 그리하여 조조가 동탁을 토벌하여 쓰러져가는 한나라를 일으키자는 격문을 돌리자 원소 또한 합세하기 위해 달려갔다. 이 제후들의 모임에서 원소가 맹주로 추대되었다. 이 거병에 참가한 제후들은 남양태수 원술(袁術), 연주자사 유대(劉岱), 하내태수 왕광(王匡), 북해태수 공융(孔融), 광릉태수 장초(張超), 서량태수 마등(馬騰), 장사태수 손견(孫堅), 북평태수 공손찬(公孫瓚) 등이었다.

권력을 쥐고 천하를 뒤흔들며 주색에 빠져 나날을 보내던 동탁은 제후들의 연합세력이 낙양으로 진군해오자 부호들의 재산을 몰수하고, 낙양 전체에 불을 질러 잿더미로 만든 후 황제는 물론 일반 백성들까지 끌고 함곡관에 의지하여 수비하기가 용이한 장안으로 수도를 옮겼다. 이 피난길에서 강제 이주를 당하는 양민 중에 노인, 어린아이들은 군대의 행군을 따르지 못해 길에 쓰러져 죽는 사람이 이루 헤아릴 수 없었으며, 역대 제왕, 공경(公卿)들의 묘들도 여포에 의해 마구 파헤쳐져 부장품들을 도굴당했다.

장안에 도착한 동탁은 외부로부터의 침입을 막기 위해 성을 보수하고, 30년을 먹을 수 있을 만한 식량을 비축하여 일생을 그곳을 지키며 살아가고자 했다.

한편 동탁에 의해 폐허가 된 낙양으로 입성한 제후 연합군은 더이상 동탁을 추격하지 않고 주둔하고 있다가 내분이 일어나 마침내 각자 자기의 근거지로 돌아갔다. 이 소식을 들은 동탁은 크게 기뻐하며 더이상 자기를 핍박할 무리가 없음을 알고 그 교만함과 횡포가 더해갔다.

그러나 이렇게 안심하고 있던 동탁의 꿈은 그가 가장 믿었던 사람에 의해 무너졌으니, 그는 바로 자기의 양아들인 여포였다. 사도(司徒) 왕윤(王允)은 이 상태로 나가면 한나라가 망하리라 여기고 집에서 기르던 가기(歌伎) 초선(貂蟬)의 미모를 이용하여 동탁과 그의 양아들 여포 사이를 이간시키고자 했다.

왕윤은 먼저 맹장이기는 하나 어리석은 여포에게 초선을 시집보내 겠다고 약조를 한 후, 이를 어기고 동탁에게 바치면서 여포에겐 동탁 이 강제로 빼앗아갔다고 말했다. 초선의 미모에 반해 이미 이성을 잃 은 여포는 동탁에 대한 한을 가슴에 품고 지내다 마침내 왕윤의 계획 에 따라 황제의 병이 쾌유되어 모든 신하가 미앙궁에 모여 경축연을 벌인다는 핑계로 동탁을 유인해 방천화극으로 그를 찔러 죽였다.

이 소식은 빠른 속도로 천하로 퍼졌고, 동탁의 잔인함에 시달리던 천하 사람들은 기뻐하지 않는 사람이 없었다. 동탁이 죽은 후 그 시 체를 길에 버리니 백성들마다 그의 시체를 밟고 지나가고, 어떤 사람 이 동탁의 배를 갈라 그의 몸에서 나온 기름기에 불을 붙이자 하룻밤 이 지난 후에야 그 불이 꺼졌다고 한다.

거사에 성공한 왕윤은 여포의 힘을 빌어 동탁의 무리를 하나하나 제거해 나갔으나 동탁의 부하 장수 이각과 곽사의 공격으로 죽음을 당하고, 천자는 다시 이들의 손에 농락당하다 겨우 이미 폐허가 되어 버린 낙양으로 돌아가 조조를 부른다. 이에 조조가 낙양으로 입성하 고, 그후 그는 천자를 끼고 나라의 대권을 장악했다.

한편 기주, 청주(靑州), 병주(幷州), 유주(幽州)에서 백만 대군을 양 성하던 원소는 조조가 대권을 장악하자 199년 가을 유비와 함께 조조 를 토벌한다는 격문을 발표하고, 대장 안량(顔良)을 선봉으로 백마성 (白馬城)을 공격했다. 이에 조조는 관도(官渡)를 기지로 삼아 군대를 둘로 나누어, 한쪽에서는 원소의 대군을 맞이하여 관도로 유인하고, 다른 한쪽 부대는 백마를 공격했다. 이 싸움에서 유비의 가솔을 데리 고 잠시 조조에게 의탁하고 있던 관우가 안량을 죽이고 연진(延津)에 서 다시 문추(文醜)를 죽임으로써 조조의 후의에 보답했다. 그러자 원 소는 군사를 무양(武陽)으로 물리고 움직이지 않으니 조조는 하후돈에 게 관도를 지키게 하고 허도(許都)로 돌아갔다.

그 해 8월, 손권이 원소와 등지고 조조와 화친을 도모하자 화가 난 원소는 70만 대군을 인솔하고 허도를 향했다. 이것은 관도를 지키고 있던 하후돈에 의해 조조에게 보고되었고, 조조는 다시 군사 7만 명을 이끌고 원소의 대군을 맞이하였다. 원소는 조조군에 비해 월등히 많은 군사를 거느렸으나 조조는 작전을 세워 기동력이 빠른 기병으로 원소의 군량미를 불태웠고, 다시 직접 기병과 보병 5천 명을 인솔하여 원소군의 군량미를 쌓아두었던 오소(烏巢)를 야간 기습해 전소시켰다. 이 소식을 들은 원소는 급히 고람(高覽)과 장합(張郃) 두 장군을 보냈으나 이들은 조조군에 의해 대패하고 투항했다.

이때부터 원소의 대군은 서서히 궤멸되기 시작했고, 조조는 업군(鄴郡)을 공격하는 한편 여양(黎陽)을 빼앗아 원소군의 퇴로를 끊으려 한다는 헛소문을 퍼뜨렸다. 이 소문을 듣고 당황한 원소는 업군과 여양을 지키게 하기 위해 아들 원상(袁尙)과 장수 신명(辛明)에게 군사를 나누어 주었다. 그 결과 원소의 세력은 크게 약화되었고, 조조는 이 기회를 이용하여 장료, 허저, 서황, 우금에게 원소를 공격하게 했다. 갑작스런 조조군의 공격에 쫓긴 원소가 강을 건너 허둥지둥 도망할 때, 그의 뒤를 따르던 군사는 겨우 8백기 뿐이었다.

원소가 패배의 쓰라림을 안고 기주로 돌아가 실의에 빠져 있을 때, 아들 원담, 원희(袁熙), 조카 고간(高幹)이 지원하기 위해 군사를 인솔하여 기주로 집결했다. 이에 원소는 조조에게 복수할 용기를 얻고 창정(滄亭)에서 조조군과 다시 접전했다. 그러나 원소는 다시 조조의 계략에 빠져 군사를 거의 다 잃다시피하고 분한 나머지 피를 토하고 정신을 잃고 말았다.

병든 몸을 이끌고 기주로 돌아온 원소는 1년 가량 병을 치료하며 조조를 공략할 계획을 세운 후 원상을 출전시켰으나 원상은 여양에서 조조군의 장료(張遼)를 만나 대패하여 간신히 기주로 도망했다. 이 소식을 듣고 크게 격분한 원소는 지난 날의 상처가 도져 피를 토하고 세상을 떠났다.

삼국·진·남북조 시대 3

이 장에 수록된 인물 외에 이 시대의 인물로는 오나라의 창건자 손권(孫權), 『왕시중집』을 남긴 문인 왕찬(王粲), 유비를 보좌한 명장 관우(關羽), 『논론』『위문제집』을 남긴 위나라 왕 조비(曹丕), 『조자건집』을 남긴 문인 조식(曹植), 부견을 격퇴시킨 사현(謝玄), 『진정표』를 남긴 문장가 이밀(李密), 『삼국지』를 기록한 문인 진수(陳壽), 『삼도부』『영사』를 남긴 문인 좌사(左思), 도잠의 증조부로 명장인 도간(陶侃), 『육사형집』을 남긴 문인 육기(陸機), 『안광록집』을 남긴 문인 안연지(安延之), 『세설신어』를 쓴 문인 유의경(劉義慶), 『후한서』를 기록한 역사가 범엽(范曄), 『문심조룡』을 남긴 문인 유협(劉勰), 『시품』을 남긴 문인 종영(鍾嶸), 『소명태자집』『문서』을 남긴 문인 소통(簫統), 『진후주집』을 남긴 진나라의 후주 진숙보(陳叔寶) 등이 있다.

조조와 유비

난세의 간웅과 비운의 영웅

사람들은 다른 사람들을 자기와의 관계에 따라 적과 내 편으로 나누기를 좋아한다. 『삼국지』 속의 많은 인물들도 처음부터 끝까지 이런 관계를 유지하며 역사에서 세력을 다투고 패권을 노리는 싸움을 벌이고 있다. 『삼국지』가 수많은 독자들을 가지게 된 원인을 캐보면 인물과 인물 사이에 벌어지는 이런 관계를 잘 묘파했기 때문이다.

역사에 있어서 조조(155~220)는 줄곧 한나라를 탈취한 인물로서의 배역을 맡고, 유비(161~223)는 한족 출신으로 일생을 적과 끝까지 항쟁하는 인물로 설정되어 있다. 조조는 원래 백 년에 한 명 있을까 말까한 뛰어난 인물로 그 세력 또한 막강하다. 그런데 유비는 조조의 세력에 눌려있으나 반드시 이를 떨치고 일어나려 하고, 이로 인한 정황은 갈수록 얽혀 마침내 물불을 가릴 수 없는 지경에까지 이르게 되니, 이것이 바로 『삼국지』가 방대한 독자층을 끄는 힘인 것이다.

조조의 자는 맹덕(孟德), 어릴 때의 이름은 아만(阿瞞)으로 패국(沛國) 초군(譙郡 : 지금의 안휘성 亳縣) 사람으로, 그의 본래 성은 하후(夏侯)라 한다. 그의 부친 조숭(趙嵩)이 어려서 대환관 조등(趙騰)의 양자가 되어 성을 조씨로 바꿨다.

조조의 관상을 보던 사람이 '치세에는 능신(能臣), 난세에는 간웅

(奸雄)'이 되리라는 예측대로, 더이상 지탱할 수 없이 무너져내리는 한나라 말기라는 시대 속에서 일세의 간웅으로서 이름을 크게 떨쳤다. 자신이 천하 사람들을 저버릴 망정 천하 사람들로 하여금 자신을 버리게 하지 않겠다는 생각으로 조조는 항상 모든 사람을 철저히 관찰하여 잠시라도 경계를 소홀히 하지 않았다.

어느 날 조조는 부친 조숭의 친구인 여백사(呂伯奢)의 집에서 하룻밤을 지내게 되었다. 그런데 밤에 조조는 문득 칼가는 소리를 듣고는 자기를 죽이려 한다고 의심하고 먼저 선수를 쳐야 한다는 생각으로 칼을 들고 나가 칼을 갈고 있는 그 집 식구들을 단칼에 베고 말았다. 단 한 순간의 의심으로 여백사의 가족을 죽인 조조는 차츰 제 정신으로 돌아와 곰곰히 생각해 보니 그들이 집에서 기르던 가축을 잡아 자기를 대접하려 했다는 것을 깨달았다. 조조는 몹시 후회하였으나 그들은 이미 불귀의 객이 되고 말았다.

그의 이런 의심은 후일 승상이 된 후에는 죄없는 사람을 죽여 다른 사람들이 자신을 두려워하게 만드는 계교를 꾸미기도 한다. 한번은 여러 대신들에게 누구든 칼을 품고 자신에게 다가오면 그것을 감지할 수 있다고 공언했다. 그러던 어느 날 한 병사가 다가오자 그가 칼을 품고 있음을 밝혀낸 후 처형시켰다. 그러나 이것은 조조가 꾸민 계책으로, 그는 이를 통해 자신에게 딴 마음을 먹고 있을 지도 모를 사람들에게 경고를 한 셈이었다.

청년 시절의 조조는 방탕하고 향락을 즐기었다. 그러나 그의 이런 행태는 단순한 방탕이라기보다 재야에 숨어 세상을 살피며 후일의 거사를 위한 준비단계라고 하는 것이 옳을 것이다. 이런 생활 가운데 그는 독서를 게을리하지 않았는데, 특히 병법 연구에 많은 심혈을 기울였으며, 『손자병법』은 그의 손에서 떨어지지 않는 책 중의 하나였다. 이런 조조에 대해 제갈량도, "조조는 지모가 남다르게 뛰어나고, 그의 병법과 포진은 손무가 한 것이 아닌가 오해할 정도이다"라고 말했으니, 조조의 병법에 대한 연구가 어느 정도인지 가히 짐작할 만하다.

　조조는 환관의 무리가 득세하던 때 부친의 세력을 업고 황건적을 토벌하는 싸움에서 크게 두각을 나타냈다. 그러나 환관들의 권력전횡이 막을 내리고, 그들을 대신하여 권력을 장악한 동탁에게 반발하여 전군교위(典軍校尉)직을 사퇴하고 진류(陳留)에서 가재를 털어 의병을 모집하였다. 그리고 그 다음 해인 190년, 동탁을 토벌하고자 집결한 제후들은 원소를 맹주로 추대했다. 그러나 이 거사는 제후들의 분열로 실패로 끝나고, 제후들은 자기들의 근거지로 돌아가고 말았다.

　그 후 초선의 미모를 이용한 왕윤의 반간계(反間計)로 동탁이 여포에게 살해되고, 장안은 다시 동탁의 장수인 이각과 곽사의 손에 농단되었다. 한편 간신히 이들의 손을 벗어난 헌제는 이미 폐허가 되어 비가 와도 몸가릴 집 하나 없는 낙양으로 돌아갈 수밖에 없었다. 어지러운 시대의 흐름을 타고 군웅들이 각지에서 패권을 잡기 위해 치열한 싸움을 벌이는 위급한 상황에서 헌제는 조조에게 구원을 요청했다. 이에 조조는 천자를 보호하고 한나라의 사직을 지킨다는 명분으로 위풍당당하게 낙양으로 입성한 후, 헌제를 모시고 황폐한 낙양을 떠나 자신의 근거지인 허창(許昌)으로 천도했다.

　이로 인해 조조는 천자를 보위하며 스스로 대장군 무평후(武平侯)가 되어 모든 권력을 장악하고 천하를 호령했다. 조조의 강력한 적수인 원소 또한 천하를 장악하고자 했었으나 헌제를 맞이할 생각을 미처 하지 못해 좋은 기회를 잃고 말았다. 그러므로 원소는 이런 정세에 대한 강한 불만을 표출하게 되었고, 마침내 여러 차례 조조의 근거지를 공격했으나 번번이 패배하여 분을 참지 못하고 죽고, 원소의 뒤를 이은 원담(袁譚)은 조조의 강력한 공세를 감당해내지 못해 조조에게 투항하고 말았다. 이에 조조는 업(鄴)을 새로운 근거지로 정하고, 동서로 3km, 남북으로 2km되는 곳으로부터 성을 쌓았다.

　조조는 사람을 부리는데 뛰어난 능력을 가지고 있다. 또한 그는 그 사람의 내력이 분명치 않아도 재주가 뛰어나면 중용하였고, 이런 그의 철저한 원칙으로 맏아들 조앙을 죽게 하고 자신의 목숨까지 위태롭게 했던 장수(張繡)까지도 자신의 휘하에 거느린다. 그러나 조조는 공융(孔融)을 중시하지 않았으니, 공융은 일개 지식인의 실속없는 겉치레뿐으로 허명만을 구하려 들고 실제적인 효용가치가 없다고 생각했기 때문이다.

또한 자신의 오랜 벗인 허유, 양수와 같이 지모가 뛰어나 자신의 속을 꿰뚫어 볼 줄 아는 인물들에게는 가차없이 죽음을 내렸다. 조조의 이같은 행동은 다른 사람들이 자신에 대해 예측하지 못하게 함으로써 두려움을 느끼게 하여 감히 대항할 생각을 할 수 없도록 하는 통치자로서의 술책이기도 하다.

또한 그는 항상 지식과 이론으로 따지는 문인들보다 호방하고 대담한 무인들을 더 관용하고 신뢰했다. 그러면서도 그 자신은 뛰어난 문장가였다. 그의 후원으로 문학이 크게 발전했고, 문학사에서는 이때의 문학을 '건안문학(建安文學)'이라 하며, 공융, 진림(陳琳), 왕찬(王餐), 서간(徐幹), 완우(阮瑀), 응창(應瑒) 등의 '건안칠자(建安七子)'가 활약했다.

208년, 조조는 승상이 되었고, 그로부터 5년 후에는 위공(魏公), 다시 3년이 지난 다음에 위왕(魏王)이 되어 의복, 수레에 이르기까지 황제와 똑같은 것을 사용했다. 그리고 조조는 자신을 제거하려는 모의를 하던 동황후(董皇后), 복황후(伏皇后)를 차례로 죽이고, 귀인이던 자신의 딸을 황후로 앉혀 국구(國舅)가 되어 오랫동안 골치거리였던 천자 외척세력의 득세를 완전히 제거했다.

그 후 조조는 더욱 내실을 다지고 촉과 오를 병합하여 천하통일의 위업을 이루고, 헌제로부터 제위를 선양받아 스스로 천자가 되고자 하는 야망에 박차를 가하기 시작했다.

그러나 조조의 이런 야망은 끝내 이루어지지 못하고, 220년 1월, 낙양에서 갑작스레 병이 들어 사망하니 이때 그의 나이 66세였다. 뛰어난 전략가요 용병술의 대가이면서 문학에도 남다른 면모를 과시했

던 일세의 영웅으로, 위업의 달성을 위해 천리길도 마다않고 동분서
주했던 조조. 조조가 못이룬 야망은 그가 다져놓은 기반 위에서 그
해 가을 아들 조비(曹丕)가 헌제를 핍박하여 선양받음으로써 달성되었
다.

이렇게 조조가 평생을 바쳐 창업한 위는 45년에 걸쳐 다섯 명의 천
자를 배출하고는 사마염(司馬炎)에 의해 망했고, 그의 이름은 소설
『삼국지』에 의해 민중에게 가까이 접해지면서 오늘날까지도 '난세의
간웅'으로 낙인찍혀 많은 사람의 입에 오르내리고 있다.

조조의 맞수가 되어 한나라를 부흥시키고 역적들의 무리에 둘러싸
인 천자를 구하는 역할이 주어진 유비는 모든 면에 있어 조조에 비해
뒤떨어져 있었다.

유비(劉備)의 자는 현덕(玄德)으로 전한(前漢) 경제(景帝)의 현손이
다. 그의 부친 유홍(劉弘)이 일찍 죽고 가세가 곤궁하여 모친과 의지
하며 탁현(涿縣)에서 신발과 돗자리를 짜서 팔아 생계를 유지하였다.
그런 생활 속에서도 유비는 그 고장에서 자신의 세력을 확장해 나가
면서 관우, 장비와 유명한 도원의 결의로써 형제의 의를 맺고, 일단
일을 시작하자 끈질긴 투지로 인재를 모으면서 자신을 중심으로 한
집단을 형성했다.

184년, 황건적이 전국을 횡행하며 백성을 살해하고 재산을 약탈할
때 말장수들이 유비가 거사를 할 수 있는 자금과 말을 추렴하여 주었
다. 이것을 밑천으로 모인 탁현의 장정이 5백명이 되자 유비는 이들
을 인솔하여 황건적을 평정하는데 공을 세운다. 이 공로로 유비는 안
희현(安喜縣)의 지방관에 임명되었으나 조정에서 감찰나온 독우가 뇌
물을 요구하자 격분한 장비가 행패를 부려 3형제는 요동의 공손찬(公
孫瓚), 서주목사 도겸(陶謙)에게 의지했다. 그 후 도겸이 병들어 죽으
면서 자기의 지위를 유비에게 넘겨주어 유비는 비로소 손바닥만한 근
거지를 마련할 수 있었다.

그러나 유비는 이 땅마저 쫓기는 여포를 받아들임으로 해서 여포에게 뺏기고, 조조에게 의탁하는 신세가 되었다. 오갈데 없는 식객이 된 유비에게 조조는 극진한 예우를 하였고, 헌제 또한 그가 한나라의 황족이라 호감을 가지고 있었다. 더우기 헌제는 당시 동탁의 뒤를 이어 천자를 끼고 모든 권력을 전횡하는 조조의 세력을 제거하기 위해 자기의 혈족인 유비의 도움을 빌리고자 했다. 이에 유비는 한나라의 부흥을 위해 국구 동승, 서량태수 마등, 시랑 왕자복(王子服) 등과 함께 조조 제거를 위한 기회를 노리게 되었다.

그러던 어느 날 조조가 연회석에서 유비에게 말했다.

"지금 천하의 영웅은 오직 그대와 나 두 사람뿐이며, 원소는 영웅이라 하기에 미흡하다고 생각하오."

이 말을 들은 유비는 크게 놀라 들고 있던 젓가락을 떨어뜨리고 말았다. 유비는 조조의 말 속에 자신을 경계하고 있다는 것을 깨달았고, 조조가 그렇게 생각하는 이상 자신의 목숨이 위태롭기 때문이었다. 이에 유비는 조조에게 자신이 원술을 치겠다고 청하여 5만의 군마를 얻어 조조의 손이 미치지 않는 곳으로 벗어날 수 있었다. 그 후 유비는 원술을 죽음으로 몰아넣고, 장비는 서주태수 차주(車胄)를 죽여 조조의 분노를 샀다.

조조 대군의 공격을 두려워한 유비는 한의 역적을 함께 토벌하자는 명분으로 원소를 설득하여 마침내 원소와 연합하여 조조에게 대항했다. 그러나 조조와 원소의 싸움에서 조조가 크게 승리를 하자 유비는 다시 쫓기는 신세가 되어, 당시 가장 강력한 군벌의 하나이며 종친인 유표가 있는 형주로 도망갔다. 멀지않아 조조의 대군이 자신을 압박해오리라 생각하고 있던 유표는 유비를 받아들여 신야(新野)를 수비하는 임무를 맡겼다. 그 곳에서 비교적 안정된 생활을 한 유비는 우수한 인재를 많이 얻었는데, 그 가운데 가장 뛰어난 인물이 바로 제갈량이다.

208년, 조조는 대군을 이끌고 남방을 향해 공격해 왔다. 이때 유표

가 병사하고 그의 아들 유종(劉琮)이 조조군에게 투항하였으나 유비는
병사들을 진정시키며 움직이지 않다가 조조군이 신야를 공격해오자
황급히 남방으로 퇴각했다. 이때 유비는 두번째 부인 미부인을 잃고
조운(趙雲)이 어린 유선을 가슴에 품고 혼자 몸으로 조조군의 포위망
을 뚫자, 장비가 긴 창을 들고 장판교를 가로막아 추격해오던 조조군
을 향해 고함을 지르며 돌진했다. 그 기세에 눌린 조조군이 황급히
퇴각함으로써 유비 일행은 간신히 도망할 수 있었다.

강하(江夏)에 있는 유표의 아들 유기에게 가서 잠시 위기를 모면한
유비는 천하를 3등분하려는 공명의 계획에 따라 공명을 오나라의 손
권에게 보냈다.

이 계획은 조조가 통치하고 있는 화북지대와 손권의 관할구역인 장
강 하류 일대, 그리고 유종의 기반이었던 장강 중류와 유언(劉焉) 부
자의 기반인 상류이다. 이 가운데 유비는 장강의 중상류를 점거하여
자기 기반으로 확보하려는 것이었다.

그러나 지금 막강한 세력을 가지고 있는 조조와 약세인 촉, 오나라
가 나뉘는 형국에서 유비로서는 위나라에 대응하면서 오나라의 위협
을 받아야 하기 때문에 매우 어려운 일이 아닐 수 없었다. 이에 유비
는 약한 두 나라, 즉 촉과 오가 동맹을 맺어 강력한 조조에게 공동으
로 대항함으로써 3국 정립을 유지하겠다는 계책을 세웠다. 공명의 이
계책은 크게 성공을 거두어 조조군이 대함대를 인솔하고 장강을 따라
오다 마침내 촉·오 동맹군과 격전을 벌였으니, 이것이 바로 208년 적
벽대전(赤壁大戰)이다.

이 싸움에서 조조군은 대패했고, 이로 인해 조조는 많은 병마의 손
실로 더이상 대규모의 병력을 동원할 수가 없어 새로운 3국의 판도를
형성하게 되었다. 유비가 자신보다 30세나 어린 손권의 누이와 결혼
한 것도 3국을 정립시켜 자기의 근거지를 확보하기 위한 계획의 일환
이었다.

211년, 다시 군사를 일으킨 조조는 유언의 아들 유장(劉璋)을 공격

했고, 이로 인해 유장은 유비에게 구원을 요청했다. 이것은 촉나라가 유장의 영토를 확보할 수 있는 좋은 기회였다. 당시 유비는 수만 명의 대군을 인솔하였는데, 표면상으로는 유장을 돕기 위한 것이었지만 사실상 치명적인 일격을 가함으로써 유장의 영토를 얻으려는 것이었다. 그때 그의 계획을 안 손권이 강력히 반대했고, 유비의 부인인 손권의 누이는 오빠와 남편 사이에서 갈등하다 마침내 친정으로 돌아가고 말았다. 그리고 유비군의 압박을 받은 유장은 마침내 자기의 지위를 유비에게 양보하고 목숨을 유지했다. 이때 유비의 나이 54세로 마침내 한 지역의 패자가 된 것이다.

그러나 한실의 부흥을 꿈꾸던 유비의 야망은 조비가 헌제로부터 제위를 선양받아 황제가 되어 위나라를 창업하면서 물거품이 되었다. 이에 유비는 위나라 창업 이듬 해인 221년, 제갈량과 휘하들의 옹립으로 제위에 올라 한중왕(漢中王)이 되고 연호를 장무(章武)라 했다. 이때 유비가 오나라와의 동맹관계를 계속 지속시켰다면 3국은 제갈량의 계획에 따라 안정국면으로 돌입하고, 그는 자신의 세력을 더욱 공고히 하여 천하 제패를 향해 전진해 볼 수도 있었다. 그러나 유비는 관우의 복수를 위해 오나라와의 전쟁을 벌였고, 그 과정에서 장비마저 부하들의 손에 죽음을 당하는 액운을 맞이했다. 연이은 충격에서 헤어나지 못하면서 전쟁을 치르던 유비는 마침내 중병이 들었고, 자신의 죽음을 예감하고 제갈량에게 말했다. "그대의 재능은 조조보다 월등하니, 만일 내 아들을 보좌해서 천하를 통일할 만한 인물이라면 그를 돕되, 그렇지 않으면 그대가 제위에 오르시오."

그리고 유비가 세상을 떠나니 그의 나이 63세, 장무 3년 4월 24일이었다. 그의 뒤를 이어 태자 유선이 제위에 올라 후주(後主)가 되고, 유비에게 소열(昭烈)이라는 시호를 바쳤다. 몰락한 황족으로 돗자리를 만들어 팔아 생계를 유지하다 그 특유의 인품으로 사람들을 끌어모으고 한실의 부흥을 꾀했으나, 끝내 뜻을 이루지 못한 유비. 그는 비운의 영웅이 되어 많은 사람들의 애석함을 자아내게 했다.

제갈량과 사마의

지략의 맞수

제갈량(諸葛亮 : 181~234)의 자는 공명(孔明)이며 한사예교위(漢司隸校尉) 제갈풍(諸葛豊)의 후예로 낭야(琅琊)에서 태어났다. 제갈량이 9살 때 어머니가 죽고, 12살이 되던 해에 아버지마저 세상을 떠났다. 아버지가 세상을 떠나자 제갈량보다 7살이 많은 형 제갈근(諸葛瑾)은 계모를 모시고 오나라로 가서 손권의 수하가 되었다.

그러나 제갈량과 동생 제갈균(諸葛均)은 숙부 제갈현(諸葛玄)이 살고 있는 형주로 가서 살았다. 그 후 숙부마저 전쟁으로 세상을 떠나자 그들은 형주 양양(襄陽)의 융중산(隆中山) 근처에서 살면서 맑은 날이면 밭을 갈고 비가 오면 책을 읽으면서 세월을 보냈다. 비록 이렇게 은둔생활을 하고 있었으나 오래지 않아 제갈량의 재능은 입에서 입으로 전해졌고, 그는 방사원(龐士元)과 함께 형주의 뛰어난 인물로 두각을 나타냈다. 당시 사람들은 흔히 "공명은 숨은 용[伏龍]이고, 사원은 봉황의 새끼[鳳雛]이다"라고 말했다.

그때 유비는 유표에게 몸을 의탁하여 신야를 지키는 임무를 맡으면서 주위의 인재를 모으고 있었고, 이런 유비에게 서서(徐庶)가 제갈량을 천거했다. 제갈량이 살고 있던 오두막은 유비가 수비하던 신야에서 75km 떨어진 곳으로 유비는 직접 세 번을 찾아가서야 제갈량을 맞이해 올 수 있었다.

유비가 제갈량에게 대업을 이루기 위한 계책을 묻자 제갈량은 당시의 정세를 상세히 분석하고, 먼저 조조, 손권과 더불어 3국이 정립하고, 익주(益州 : 지금의 사천성)를 취하여 대외적으로는 손권과 동맹을 맺고, 대내적으로 백성을 잘 다스리면 충분히 패업(覇業)을 이룰 수 있다고 하였다. 그의 계책을 들은 유비는 무릎을 치고 크게 기뻐하며, "공명을 얻으니 마치 물고기가 물을 얻은 것과 같구나"라고 말했다.

관우가 손권과의 싸움에 패해 죽자, 유비는 그의 복수를 위해 직접 병사를 인솔하여 오나라의 육손(陸遜)을 격퇴시키고자 했으나 도리어 패해 백제성(白帝城)이 무너지기 시작했다. 이때 성도(成都)를 지키던 제갈량이 황급히 달려오자 유비는 뒷일을 그에게 일임하고 세상을 떠났다. 제갈량은 유선을 옹립하고 유비의 죽음으로 동요하는 백성들을 안무하고 사기가 떨어진 병사들의 조직력을 강화하기에 힘썼다. 아직 경험이 없는 어린 유선은 제갈량을 승상으로 임명하고, 모든 국사를 총괄하도록 했다.

제갈량은 위나라를 멸망시키고 한 왕조를 부흥시켜야만 촉이 존재할 기회를 얻을 수 있다고 여기고, 안으로는 내정을 충실히 하며 농경을 장려하는 한편 군사훈련도 게을리하지 않고 인재를 등용하면서, 밖으로는 오나라와 동맹을 유지해 위나라를 경계하는데 힘썼다.

이때 남방의 여러 군(郡)에서 반란이 일어났다. 남방 지역은 본래 오랑캐 지역으로 서쪽으로 가면 면전(緬甸 : 미안마), 동쪽으로 귀주, 광서를 경유하면 중남반도(中南半島)에 이른다. 만약 이 지역을 복속시킨다면 그들의 인력과 물자를 이용하여 중원을 쳐서 위를 쉽게 정벌할 수 있었다. 그러므로 오나라도 이 지방을 얻고 싶어했으나 험준한 오랑캐 지역이라 섣불리 군대를 파견하지 못하는 형편이었다. 제갈량은 이 기회에 그 지역들을 완전히 촉에 복속시키지 않으면 안되겠다고 결심하고 나라의 기반을 어느 정도 안정시킨 다음 직접 군대를 인솔하고 남방을 정벌하기 위해 떠났으니, 이때가 225년 5월이다.

이 출정에서 제갈량은 월준군(越嶲郡)을 지나 노수(瀘水 : 금사강)를 건너 전지(鎭池)에 이르러 남방의 영수 맹획(孟獲)을 일곱 번 싸워 일곱 번 놓아줌으로써 완전히 승복시켰다. 맹획이 다시 촉한에 대항하지 않겠다는 맹세를 하자 그에게 촉한의 벼슬을 주었다. 이 승전으로 촉한군의 사기는 하늘을 찌를 듯 했고, 촉한은 세력을 크게 확장하게 되었다.

226년, 위 문제가 죽고 명제(明帝)가 즉위하자 제갈량은 이 기회를 이용하여 북방을 정벌하고자 했다. 이듬 해 제갈량은 후주 유선에게 출사표를 바치고 새로운 싸움을 시작했다. 이 출사표는, "선제께서 창업하시어 반도 이루지 못하고 중도에 돌아가시었고, 지금 천하는 셋으로 나뉘어 있고, 익주는 피폐하였으니 이는 실로 존망(存亡)이 위급한 때인……"라고 시작되는 천고에 빛나는 문장으로, "출사표를 읽고 울지 않은 사람은 충성스럽지 않다"라고 말하기도 한다.

이듬 해 사마의(司馬懿 : 179~251)가 출병하여 가정(街亭)을 공략하자 마속은 제갈량에게 자기가 가정을 수비하겠다고 청하였다. 그러나 마속은 제갈량의 명령을 듣지 않고 자기의 지략만을 믿고 싸우다 패하여 촉나라에 큰 타격을 주었다. 이에 제갈량은 평소에 친자식처럼 아끼던 마속을 군기를 어긴 죄로 참수하고 말았다.

234년, 제갈량은 오장원(五丈原)을 거점으로 둔전을 두고 사마의와 대치하였는데, 이 어린 후주를 섬기며 나라의 안팎을 정비하고, 여러 차례 몸을 아끼지 않고 수행한 전쟁으로 쇠약해져 마침내 병이 들어 그 해 가을 세상을 떠나니, 그의 나이 54세였다.

당시 천문을 살피던 사마의는 하늘에 붉고도 꼬리가 긴 별이 촉군의 진영으로 떨어지는 것을 보고 제갈량의 죽음과 촉군이 성도로 퇴각하리라는 것을 알았다. 그러나 번번이 제갈량의 신출귀몰한 전략에 속아 낭패를 본 사마의는 혹시 이것도 제갈량의 계책이 아닌가 의심하여 주저하며 감히 추격하지 못했다. 그러므로 후세 사람들은 이를 두고, "죽은 공명이 산 사마중달을 쫓았다"라고 말한다.

사마의의 자는 중달(仲達)로 세상사람들은 그가 촉군이 철수하는 것을 보고도 감히 추격하지 못한 사실을 놓고 그 소심함을 비웃었다. 그러나 사마의는 매우 세심하며 신중하지만, 결코 실패를 겁내어 일을 추진하지 못하는 사람은 아니다. 이런 사실은 그가 제갈량과 동등한 지위에서 서로 대치하며 그의 공격으로부터 위나라를 굳게 지킬 수 있을 정도의 인물이라는 것에서도 알 수 있다.

그는 본래 하내군(河內郡)의 명문 출신으로 젊었을 때부터 뛰어난 재능을 발휘하였다. 사마의는 신중하면서 심지가 깊어, 자기의 속을 쉽게 노출시키는 사람이 아니다. 이로 인해 조조는 그의 능력을 인정해 휘하에 두면서도 늘 경계심을 품고 있었다.

제갈량이 오장원에서 죽은 후 사마의는 요동지방에서 독립세력을 유지하면서 연왕(燕王)을 칭하며 난을 일으킨 공손연(公孫淵)을 토벌하라는 명령을 받았다. 그것은 위나라가 점차 높아가는 사마의의 명망을 두려워하여 그를 최전선으로 보냄으로써 정사에 간여하지 못하도록 하여 세력확장을 막기 위함이었다.

238년, 사마의는 요동으로 출정하여 공손연을 양평성에 몰아넣고 불과 한 달만에 공손연의 난을 평정하는 개가를 올렸다. 사마의가 계(薊 : 지금의 북경)에서 병력을 점검하고 있을 때 낙양에서, "촉의 공격을 방어하고 저(氐), 강(羌) 등의 오랑캐들의 도발을 막아야 하니 속히 장안으로 가라"는 명령이 전해졌다. 이 명령을 받은 사마의는 밤낮을 가리지 않고 장안을 향해 말을 달렸다.

그러나 그가 장안으로 가는 도중 다시 속히 낙양으로 돌아오라는 내용의 명제의 친필 서한을 받았다. 전후로 받은 명령이 서로 어긋나는 것을 본 사마의는 조정에 중대한 일이 벌어졌음을 깨닫고 회군하여 즉시 낙양으로 향했다. 그가 낙양에 도착하니 사치와 향락에 빠져 방탕한 생활을 하던 명제는 병이 들고, 이것을 기화로 조정 내부에 권력다툼이 일어난 것이다.

당시 위나라는 명제가 36세의 젊은 나이로 몸져 눕고, 그 뒤를 이어 불과 8살짜리 황태자 조방(曹芳)에게 제위를 물려주어야 했다. 명제는 어린 태자와 모든 후사를 조조의 아들인 연왕(燕王) 조우(曹宇)에게 맡기려 했다. 그러자 연왕 조우는 사마의가 혹시 자기에게 반기를 들까 두려워 그를 멀리 장안으로 보내려고 첫번째 명령을 내린 것이었다.

그러나 황제 주위의 연왕 반대파들은 명제에게 조씨 일족이며 중신인 조상(曹爽)과 사마의를 황태자의 보좌로 천거했다. 그들이 명제에게 친필로 칙서를 쓰라고 하자 명제는, "내 병이 너무 심해 글을 쓸 수가 없다"라고 했다. 그러자 한 사람이 명제의 침상에 올라가 벌벌 떠는 명제의 손을 붙들고 칙서를 작성했다. 그리고 이렇게 완성된 칙서를 높이 들고 선포했다.

"이것은 황제께서 친히 쓰신 것으로, 연왕 조우의 관직을 박탈한다는 칙서이다!"

이 사건이 바로 사마의가 두번째 받은 명령과 관련된 것이다. 조상 등은 연왕을 따르는 무리들의 반대에 대비해 병권을 쥐고 있던 사마의를 조정으로 불러들여 그들의 세력을 하나씩 숙청해 나갔고, 이때부터 사마의는 조상과 함께 새로 즉위한 황제 조방을 보좌하여 국사를 처리해 나갔다.

그러나 사마의의 권력이 자꾸 커지자 조씨 일족들 안에서 사마의를 경계해야 한다는 소리가 분분했다. 결국 조상은 황제를 보좌하는 중심인물로 되고, 이런 변화에 따라 사마의를 태부(太傅)로 임명해 병권을 빼앗아 자신이 장악하였다.

또한 조상은 사마의에게 자기의 실력을 과시하기 위해 사마의가 격퇴하지 못한 촉을 자기가 직접 상대하기로 결심했다. 그러나 결과는 조상의 참패로 끝났다. 조상 일파에 의해 점차 국정이 어지러워지자 위기의식을 느낀 사마의는 병을 핑계로 두 아들 사마사(司馬師), 사마소(司馬昭)와 함께 관직에서 물러나 조용히 때를 기다리고 있었다.

이때 조상은 황제의 명령을 빙자하여 사마의에게 조정으로 돌아오라고 했다. 이것은 사마의를 곁에 두고 감시하면서 기회를 보아 제거하려는 계획이었다. 예전에 조조가 사마의를 불렀을 때 그는 조조가 자기를 경계하고 있다는 것을 깨닫고 중풍에 걸렸다는 핑계를 대고 가지 않아 목숨을 부지한 일이 있었다. 이에 사마의는 옛날의 중풍이 다시 재발했다는 핑계를 대고 가지 않았다.

조상의 일파인 이승(李勝)이라는 사람이 청주자사로 가면서 하직인사를 한다는 구실로 사마의를 방문하여 그의 형편을 살펴 사실 여부를 확인하고자 했다. 이승은 사마의의 관저로 가서 방으로 안내되었다. 그때 사마의의 곁에는 두 하녀가 시중을 들고 있었다. 하녀들이 사마의의 목에 수건을 감아주자 그는 죽이 가득한 그릇을 조심스레 입가로 가져갔으나 제대로 잡지 못하여 손이 한번 떨리자 죽이 왈칵 쏟아져 전신이 죽으로 범벅이 되었다. 그 모습을 보고 이승이 말했다.

"사람들이 태부의 중풍이 재발됐다고 하더니, 병세가 가볍지 않군요."

그의 말에 사마의가 대답했다.

"내 나이가 많고, 나이가 많으니 자연히 기력이 쇠잔해져 이제는 하루종일 침상에 누워 죽을 때만 기다린다네. 그런데 자네 이번에 병주(幷州) 자사로 간다고?"

"아닙니다. 본주(本州 : 자기의 출신지)로 돌아가는 길입니다."

"본주에서 왔다고?"

"아니, 아닙니다. 청주요, 청주가 제 본적지입니다."

사마의는 이승의 말을 잘 알고 있으면서도 일부러 자꾸 딴소리를 해서 이승이 그가 정신이 이미 정상이 아니라고 여기게 했다. 이렇게 이런저런 얘기를 하다 사마의에게 작별인사를 한 이승은 자기가 본 사마의의 모습과 대화 내용을 조상에게 알리고, 사마의는 이미 폐물이 되었으니 더이상 걱정할 필요가 없다고 말했다.

그로부터 2년 후인 249년 1월, 폐제(廢帝 : 조방)가 선제의 묘소를 돌보고자 행차할 때 조상도 폐제를 수행했다. 바로 이때 사마의가 정변을 일으켜 순식간에 낙양을 점령했다. 이번 정변의 군사행동 총지휘는 사마의이고, 대장은 그의 장자 사마사(司馬師)였다. 이 사태로 조상과 그의 일당은 모두 참수당해 한 사람도 살아남지 못했으며, 이때부터 사마씨가 모든 정권을 장악했다.

251년, 사마의가 향년 73세로 세상을 떠나고, 그로부터 3년 후 사마사는 자신에게 반란을 일으키려던 황후와 그 외척세력을 제거하고, 조방을 폐위하여 조모(曹髦)를 추대하였다. 그 후 오래지 않아 싸움터에서의 부상으로 죽은 사마사의 뒤를 이어 사마소가 병권을 장악했고, 그의 아들 사마염(司馬炎)이 원제(元帝) 조환(曹奐)의 제위를 찬탈하여 진 무제(武帝)로 즉위했다.

새 왕조를 수립한 진 무제는 사마의를 선제(宣帝), 사마사를 경제(景帝), 자신의 부친인 사마소를 문제(文帝)로 추존했다.

사마의는 서쪽으로는 촉한을 막고, 동쪽으로는 요동을 평정하여 그가 세운 공로로 명제 때에는 선왕(宣王)으로 봉함받고, 말년에는 혼자 위나라에 대응하는 정변을 일으켜 아들 사마사, 사마소가 권력을 계승하게 했으니, 그의 신중함과 침착함은 따를 사람이 없음을 알 수 있다.

완적과 혜강

신선을 꿈꾸던 사람들

죽림칠현이란 노자와 장자의 허무사상을 숭상하여 속세를 떠나 죽림 속에 은거하여 함께 청담을 나누고, 술을 마시며 유교질서를 무시하던 완적(阮籍), 완함(阮咸), 혜강(嵇康), 산도(山濤), 향수(向秀), 유령(劉伶), 왕융(王戎) 등의 일곱 사람을 말하다. 이들이 출현한 것은 위나라와 진나라가 교체되던 시대이다. 이들 가운데 대표적인 인물로는 완적과 혜강을 꼽을 수 있다.

완적(210~263)의 자는 사종(嗣宗)으로 진나라 진류 위씨(尉氏) 사람이며, 건안칠자의 한 사람인 완우(阮瑀)의 아들이기도 하다. 완적의 집안은 당시 상당히 명망있는 문장가의 가문으로 죽림칠현의 한 사람인 완함은 완적의 친족이다.

『진서(晋書)』의 기록에 의하면 완적은 당당한 모습에 체구가 크고 훤칠하며 어려서부터 배우기를 좋아하여 몇 개월씩 두문불출하고 책을 읽으면서 지내는 것이 보통이었다고 한다. 또는 그는 자연을 좋아해 외출할 때에는 산에 올라가 멀리 푸른 호수와 산과 산의 능선을 타고 어우러지는 계절의 모습을 바라보며 집으로 돌아가는 것도 잊기가 다반사였다. 어떤 때는 자기집 뒷뜰의 죽림 속에서 잠자고 밥먹는 것도 잊은 채 거문고를 타며 즐기곤 했다. 이런 완적의 기이한 행적으로 사람들은 그가 바보라고도 생각했다.

완적의 뛰어난 재능을 듣고 태위 장제(蔣濟)가 관직에 나올 것을 종용했으나 완적은 이를 거절했다. 그러나 장제의 노여움을 두려워 한 친지의 권유에 못이겨 잠시 낙양으로 가서 벼슬을 하다가 병을 빙자하여 사퇴하고 말았다. 그 후 상서랑을 지내다가 당시 실권자인 조상의 눈에 들어 참군(參軍)이 되어 줄 것을 요청받았다. 그러나 완적은 이를 거절하고 아예 몸담고 있던 관직마저 사퇴하고는 전원생활을 즐겼다.

그로부터 수 년이 지난 후 사마의가 정변을 일으켜 조상 일파들이 참수되자 사람들은 완적이 선견지명이 있어 화를 면했다고 말했다.

이때 완적은 낙양으로 이주하여 산도, 향수, 왕융 등과 함께 산양(山陽)에 있는 혜강의 집 죽림에 모여 술을 마시고 도를 논하며 자유로운 시절을 보내고 있었다. 그래서 당시 사람들을 이들을 죽림칠현이라고 불렀다.

한번은 사마소가 아들 사마염을 완적의 딸과 혼인시키자고 요청했다. 그러나 완적은 승낙도 거절도 하지 않은 채 물러나더니 그때부터 60여 일을 매일 인사불성이 되도록 술을 마셔 구혼자가 말을 꺼낼 기회를 주지 않았다.

또 촉 지방을 차지한 종회(鍾會)가 내심 위나라에 반란을 일으키고자 생각하고 완적에게 세상의 일에 대해 질문을 하여, 만약 완적의 대답이 자기의 뜻과 어긋나면 그를 문책하고자 생각하고 있었다. 그때 종회의 속셈을 눈치챈 완적은 술에 취한 척하고는 잠만 잤다. 결국 종회는 아무런 꼬투리도 잡지 못하고 포기하고 말았다.

완적은 이와 같이 당시 현실에 대해 비평하는 풍조에 대해 조금도 관심을 가지지 않고 다른 사람에게 묻지도 않았다. 이것은 당시와 같은 혼란한 세상에서 그가 할 수 있는 소극적인 저항이기도 했다.

당시 사마소는 완적의 뛰어난 명성을 이용하기 위해 반강제로 관직을 주었다. 이런 사마소의 명령을 드러내 놓고 어길 수 없음을 깨달은 완적은 어느 날 동평태수를 자청했다. 완적의 이런 태도에 크게 기뻐한 사마소가 그를 동평태수로 임명하자 완적은 즉시 말을 타고 유람을 떠났다. 이것은 노자의 '무위(無爲)'의 다스림을 행동으로 보여줌으로써 당시 사마소의 가혹한 통치를 풍자한 것이다. 남달리 술을 좋아했던 완적은 보병 영내에서 빚은 술맛이 좋다는 소문을 듣고는 보병교위(步兵校尉)를 자원했다. 이 일로 후세 사람들은 그를 완보병(阮步兵)이라고도 부른다.

또한 완적은 형식과 예법에 반대하여, 예법에 얽매인 지식인이 찾아오면 흰자위를 드러낸 눈으로 대하고(白眼視), 거문고나 술을 들고 오는 손님에게는 호의어린 눈길으로 대하여(靑眼視), 그의 이런 태도에서 오늘날의 '백안시하다'라는 말이 유래되었다.

완적에게 있어 어떤 것이나 모두 일정한 형식을 갖추어야 하는 것은 도리어 인간 본연의 자연스런 정을 소실하게 하며, 자질구레한 법칙에 얽매여서 전체를 보지 못하게 하는 것이다. 가장 중요한 것을 버리고 지엽적인 것만에 치중함으로써 예법의 본질을 저버리는 것이 유가의 형식주의라고 완적은 생각했다.

유가의 예법은 우리가 천지와 일체가 되는 정신세계로 들어가는데 아무 도움도 주지 못하여 천지가 가는대로 함께 흐르지 못하니 자연히 반항이 생기게 된다. 또한 이런 유가의 폐해를 밝히는 문자의 서술은 우리가 사실을 이해하는데 도움은 되겠지만, 어디까지나 종이 위에 쓰는 말의 유희에 불과한 것이니 모든 것을 떨치고 일어나 진정한 도가의 정신을 실천하여야 한다고 여긴다.

그러나 세도가들은 자신들의 추행을 가리기 위해 관직으로 완적을 구속하자, 여기에서 오는 갈등으로 그는 자연과 술 사이를 쉴 새 없이 넘나들며 예법에 구애되지 않는 기행을 보인다. 그의 이런 생활방식은 당시 사회에 큰 파문을 일으켰다.

완적은 어려서 부친을 여의고 모친의 손에서 자랐는데, 후일 모친이 돌아가자 친구인 배해(裵楷)가 조문을 왔다. 이때 완적은 머리는

풀어헤쳐 산발을 하고 고주망태가 되어 침상에 앉은 채로 이상한 눈빛으로 배해를 쳐다볼 뿐 곡을 한다든가 슬픔을 표시하는 등의 조문객에 대한 예의를 차리지 않았다.

완적의 이런 모습을 본 배해는 하는 수 없어 혼자 땅에 돗자리를 깔고 곡을 한 다음 돌아갔다. 그 후 그는 다른 사람들에게 말했다.

"완적은 원래 유교의 예법에 얽매이는 사람이 아니어서 우리같이 모든 것을 속세의 예법에 따라 진퇴하는 사람들과는 다르다네."

전통예법에서 유가가 막대한 영향력을 행사하고 있는 진나라 시대에 배해가 이렇게 말한 것은 당시의 상황으로 보아 특별히 관용을 가지고 평가한 것이었다.

완적이 비록 노장(老莊)을 추구하지만, 그가 인식하는 도는 장자와는 약간 다르다. 장자의 "천지와 내가 함께 한다는 만물일체"의 견해와, 완적의 "천지는 자연에서 생성되고 만물은 천지에서 생긴다"는 사상에는 인식과 존재론의 선후문제가 다르다. 장자는 "이루는 것은 천지이고, 천지는 바로 나"인데 비해, 완적은 먼저 "자연이 있은 다음 천지가 있고, 천지가 있어야 비로소 내가 있다"는 것으로, 이것은 논리상의 필연성이 아닌 존재상의 필연성이라고 생각한다.

그러므로 크고 작은 것, 있는 것과 없는 것, 길고 짧은 것이 모두 같다는 논리가 완적 존재론의 핵심이며, 이른바 나뉨이라는 것과 합치라는 것은 그 특질과 본체상으로는 만물일체이나, 현상학상으로 말하자면 천지는 각자 다름이 있어 하나로 개괄해서 말할 수 없다는 것이다. 이와 같이 그는 천지는 일체라는 정신에서 자신과 천지를 한 존재의 본체라는 관점으로 보고 있다.

완적은 유가의 관점으로 볼 때 방약무뢰한 인물이지만 실제로는 성실하고 순박한 성품의 사람으로, 이런 그의 참모습과 탁월한 사상과 심오한 내면세계는 그의 문학작품 속에서 엿볼 수 있다.

천지와 일치하기 위한 한 자연인으로서의 그의 삶은 고루한 중국 전통사회에 많은 파문을 던졌다. 세상의 지탄과 허식에 구애됨이 없이 자신의 사상에 충실하게 살아왔던 완적이 263년 겨울 세상을 떠나니, 그의 나이 54세였다.

그의 저작으로는 「영회시(詠懷詩)」 80여 편, 「통역론(通易論)」, 「달장론(達莊論)」, 「대인선생전(大人先生傳)」 등이 있는데, 대부분이 도가적 관점으로 전통사회를 비평한 것이다. 이런 그의 저작들은 당시 사회에 큰 영향을 끼쳤는데, 특히 형식에 얽매이지 않는 그의 자유로운 행동과 이론, 인간세계에 대한 허무, 행복 후의 추락과 공허, 자기 내부의 고독감과 적막감을 드러내고 있는 「영회시」는 중국 역사상 위대한 시인 이백에게 큰 영향을 주었다.

완적과 함께 죽림칠현의 한 사람인 혜강(223~262)의 자는 숙야(叔夜)이다. 혜강의 본래 성은 해씨(奚氏)로 위나라 초국(譙國) 질(銍) 사람이다. 본래 회계(會稽) 사람이었으나 부친이 원수를 피해 성을 혜씨(稽氏)로 바꾸고 초군으로 옮겨 살았다고 한다. 혜강의 부친은 일찌기 조조가 군대를 일으킬 때 협력한 혜소(和昭)이며, 그의 아내는 조조의 친척이다. 그러므로 그는 일찌기 천자를 시중하는 명예직 중의 하나인 중산대부(中散大夫)에 임명되었으나 사임하고 전원에서 은둔생활을 했다.

혜강은 아주 어렸을 때 부친이 세상을 떠나고 모친의 부양으로 자랐는데, 천부적 재능과 뛰어난 용모의 소유자로 그가 깨어있을 때는 마치 외로운 소나무가 홀로 우뚝 서 있는 듯 기품있고, 술에 취했을 때는 옥산(玉山)이 무너지려는 듯한 모습이었다고 한다. 그는 큰 키에 무척 말라 걸을 때는 바람에 건들거리는 대나무같은데 자기의 외관에 조금도 신경을 쓰지 않는 사람이었다.

그는 어려서부터 노장의 사상에 대해 특별히 심취하였으며, 관직에서 물러난 후 하내(河內)의 산양에 머무르면서 칠림칠현이라 일컬어지는 벗들과 교류하면서 대나무 숲에서 술마시고 서로 예법에 구애됨이 없이 청담(淸談)을 나누며 소일하였으며, 그들의 이런 생활방식은 후일 청담현학(淸談玄學)의 풍을 일으켰다.

혜강의 저작으로 『혜강집』7권이 있는데 이것은 모두 양생(養生)에 관한 것으로, 그가 장자가 창안한 양생복식(養生服食)에 대해 심혈을 기울였음을 알 수 있다. 이런 자신의 관심에 따라 종종 산으로 가서 약초를 채취하고, 귀가 후엔 복식(服食 : 丹藥을 먹는 것)하여 수명을 늘이는 일에 힘썼다. 그러므로 이론상으로 그의 양생론은 단약을 먹음으로써 양생하는 방법으로 『삼국지』「왕찬전(王餐傳)」에서 말하는 "복식을 좋아하고 늘 약을 캔다"는 인물이 바로 혜강이다.

그의 「양생론」(養生論 : 文選 53권)에 서술한 것을 볼 때, 첫째 그는 신선의 존재를 믿으며, 둘째 사람도 일정한 수련을 경유하면 신선이 될 수 있다고 생각하며, 셋째 수양의 방법 가운데 어떤 것은 사람의 장생불로를 돕는다고 여기고 있다. 수양의 방법 가운데 복식과 수행은 반드시 서로 보완하여 실행해야 하는 것이다. 이로 인해 그의 양생론은 복식과 수행의 방법에 관해 중점적으로 서술하고 있다.

혜강의 양생론은 다음의 세 가지로 나누어 정리할 수 있다.

첫째, 약을 복용하는 문제로, 약은 사람의 체질을 변화시킬 수 있는 것이기에 좋은 약을 먹으면 장생불로할 수 있지만, 나쁜 약을 먹으며 사람을 단명하게도 한다. 그러므로 약을 먹을 때는 신중하게 선택하여야 하며, 사람이 장생불로하려면 반드시 좋은 약을 먹어야 한다.

둘째, 사람의 욕망과 희로애락은 모두 사람을 단명하게 하는 요소들이니 금욕과 정감(情感)을 통제해야 한다. 그러나 이것은 결코 간단한 일이 아니니 반드시 수양을 해야 하며, 수양을 잘한 사람은 쉽게 자신의 욕망과 감정을 통제할 수 있다. 그러나 수양이 덜된 사람은 자신의 욕망과 감정을 절제하지 못할 뿐만 아니라 도리어 욕정의 노예가 된다. 그러므로 자신의 선천적인 본성을 잘 보전하려면 수양이 필요하다.

셋째, 이른바 수양이란 자연과 일치되어야 한다. 만약 자연과 일치하지 않으면 본래의 마음을 잃기 쉬우며, 수양을 하는데 있어서 너무 외적인 면에 치중하면 그런 것들은 진성(眞性)을 보전할 수 없다. 그러므로 성(性)에 따른 자연스러운 것이 수양을 하는데 가장 중요한 것이며, 오직 이렇게 성을 따르는 자연스러운 가운데 사람의 본성을 보고 느낄 수 있으며, 이렇게 수양해야 비로소 신선의 영역으로 들어갈 수 있는 것이다.

이런 혜강의 수양론은 대체로 도가의 방법에 옛부터 내려오는 신선단약(神仙丹藥)을 융합하여 생명을 연장하고, 나아가 신선에 이를 수 있다는 주장이다.

완적은 장수에 대해 "아침엔 시원스러운 젊은이같건만 밤에는 추루한 노인으로 변했구나. 아, 슬프다! 진 왕자(신선이 된 수나라 靈王의 아들)가 아니라면 누군들 항구한 젊음을 유지하겠는가?"라고 비관적인 견해를 가지고 있다.

그러나 혜강은 "희로애락, 칠정육욕(七情六慾)에 대해 신중하며 마음이 늘 고요하고 평안한 가운데 도가의 특수한 호흡법(吐故納新 : 더러운 공기를 내뱉고 신선한 공기를 들이마심)과 음식조절을 실행하고, 선약을 복용하며 사사로운 욕심을 끊어버려 오래 수련하면 자연히 장생의 도를 얻게 되어 신인 선문자(羨門子), 왕교(王郊) 등과 장수에서 길고 짧음을 다툴 수 있다"고 했으니, 죽림칠현을 대표하고 똑같이 노장사상에 심취한 두 사람이지만 그들의 관념은 서로 크게 다르다는 것을 알 수 있다.

혜강은 또한 거문고의 대가로 죽림칠현이 함께 모이면 술을 마시며 담론할 때 거문고 타며 흥취를 돋우는 것은 언제나 그였다. 그는 「금부(琴賦)」에서 음악에 대한 자신의 견해를 밝히고 거문고 소리에 대해 평가를 했다.

나는 어려서부터 음악을 좋아했다. 어른이 된 후에는 열심히 공부하고 연구하니 세상 만물은 언제나 흥하면 쇠퇴해가고, 다시 쇠퇴한 가운데서 홍한다. 그러나 오직 음악만은 오랫동안 사람 마음의 밑바닥에 존재하면서 영원히 사라지지 않는다. 어떤 산해진미도 질릴 때가 있으나 오직 음악만이 가는 물줄기가 길게 흐르듯 사람에게 희망을 주어 인류의 정신생활을 풍부하게 하고, 인류의 감정을 조절해 준다. 그러나 모든 악기들 가운데 이런 지고한 효과를 낼 수 있는 것은 오직 거문고뿐이다.

한번은 산도(山濤)가 혜강에게 관리가 되어 발전을 도모하라고 강력히 권한 적이 있었다. 그러나 혜강은 편지를 써서 이를 거절하였다. 그의 성격은 본래 집착이 강하여 한번 선택한 것에 대해서는 누구도 그의 고집을 꺾을 수 없다고 한다. 혜강이 산도에게 보낸 편지 중에서도 당시 그의 심정과 일관된 원칙을 충분히 알 수 있다. 편지 가운데, 그는 명령에 따를 수 없고, 관리가 되기를 좋아하지 않는 이유 몇 가지를 열거했는데, 그는 결코 에둘러서 말하지 않고 자기의 심정을 명확하게 밝혀 부귀영화의 길을 거부했다.
혜강은 매우 솔직하고 담백하여 완적이 자기의 우울함을 술로 달래는 것과는 현격한 차이가 있다. 그러나 담백, 솔직하다는 것은 다른 각도에서 보면 오만불손하고, 다른 사람과 잘 화합하지 않아 사람들이 싫어한다고 해석할 수도 있다.
그 후 그는 여안사건(呂安事件)에 연루되어 사마소에게 피살되니, 이때 그의 나이 겨우 39세였다.

불도징

중국 불교의 뿌리를 내린 인물

불교는 후한의 3대 황제인 명제 때에 중국에 전파되었다. 그러나 명제 이후의 약 70년간은 불교에 관한 기록이 없고, 12대 환제(桓帝) 때인 대략 1세기 중엽 경에 안세고(安世高), 지루가식(支婁加識), 축살불(竺朔佛)이 연이어서 비단길을 경유하여 중국으로 들어왔으며, 그들은 한문으로 번역된 많은 경전을 가지고 왔다. 이로 인해 역사에서는 불교가 이 시기에 중국에 전래되었다고 여기고 있다.

그러나 비록 전래되어 들어오기는 했으나 이것이 중국에서 뿌리를 내렸다는 뜻은 아니다. 오호십육국(강, 저, 선비, 갈, 흉노, 서진, 전진, 후진, 하, 전월. 남연, 북연, 전연, 후연, 남량, 북량, 서량, 후량, 후조, 성한) 때에 중국 대륙이 큰 혼란에 빠져 사람들은 하늘에 호소하고, 땅의 귀신들에게 빌며 천하가 들끓고 있을 즈음 인자하고 보시를 좋아하며 살륙을 미워하는 신비로운 불교가 일반 민중들에게 환영을 받은 것은 지극히 자연스러운 현상이다. 현실주의적인 중국 백성들은 이런 상황 아래에서 불교에 마음을 의지하였다.

또한 당시 북방 소수민족의 통치자들은 기존세력을 누르고 백성들을 통치하는 수단의 한 방편으로 불교를 장려하였고, 이 가운데 후조(後趙), 전진(前秦), 후진(後秦), 그리고 북량(北凉)이 가장 적극적이었다. 이로 인해 불교는 크게 확산될 수 있었다.

 북방 십육국 가운데 불교 선양에 가장 적극적인 나라는 후조, 전진, 후진과 북량이며, 이들 중에서도 특히 전진과 후진의 불교는 중국 불교 발전사에 있어 중요한 한 페이지를 차지하고 있다. 당시 전진의 최고 통치자인 부견(符堅)은 북방 불교의 대표적 인물인 도안(道安)을 모시기 위해 양양(襄陽)을 공격하기도 했다. 도안은 일찍이 십여 년간 스승 불도징(佛圖澄 : 233~348)을 따라 다니며 불교 이론 방면의 기초를 다지고, 불도징의 사후엔 수백 명의 제자를 배출하고 역경(譯經)과 포교에 힘썼다. 북방 불교가 이렇게 발전하기까지 빼놓을 수 없는 인물이 바로 불도징이다.

 불도징의 본래 성은 백(帛)이며 구자국(龜玆國 : 신강성 서쪽) 사람이다. 그는 불교에 귀의하고자 자기의 성을 '佛'로 바꾸었다. 불도징은 구자국에서 태어나고 자랐는데, 이곳은 서북 인도와 밀접한 관계가 있는 불교국가이다. 그는 먼저 나지야나(羅地耶那)로 출가했고, 객집미이(喀什米爾)에서 공부했는데, 당시 북인도국과 구자국은 모두 소승불교가 성했으므로 불도징 또한 소승불교를 신봉했다.

 310년, 불도징은 동쪽으로부터 낙양으로 들어갔다. 이때 마침 중국은 진왕조(晋王朝) 내부에서 팔왕의 난(八王之亂 : 300~306)이 일어나고, 오호십육국의 이족(異族) 중심의 왕조가 난립하는 시대로 바뀌어가는 긴장이 팽배한 시기였다. 이로 인해 불도징은 비록 중국에 도착했으나 그 자신도 전란을 피해다니느라 포교를 할 수가 없었다.

 그런데 이때 하북에서 군웅이 세력다툼을 하는데, 오호십육국 가운데 가장 강력한 세력을 가진 인물이 후조를 세운 석륵(石勒)이다. 난폭한 성격의 석륵은 군대를 이끌고 닥치는대로 불을 지르고 무고한 사람을 죽이며, 그의 부하들은 백성들을 상대로 온갖 만행을 저지르고 있었다. 이런 상황을 목격한 불도징은 무엇보다도 먼저 석륵의 군대를 감화시켜야겠다고 생각했다. 그러나 부하들에게 포교하려면 무엇보다도 먼저 그들을 인솔하는 대장을 감화시켜야 했다.

그래서 불도징은 기회를 틈타 석륵에게 접근하였다. 불도징은 주술에 능하기 때문에 단시일 내에 석륵의 신임을 얻을 수 있었고, 이에 따라 군사와 정치고문이라는 책무를 맡고 대화상(大和尚)이라 불리웠다. 이때 도안은 불도징의 제자로 그를 도와 포교에 힘썼다.

당시 승려들은 불교를 전파하는 한편 각 통치자들을 위한 헌책을 올리는 것이 주요 임무의 하나였다. 전진의 부견이 구라마집을 만나기 전에 도안을 얻기 위해 양양을 공격했다는 것은 불교가 이미 통치수단으로써 중요한 역할을 하고 있음을 보여주는 단적인 예라고 할 수 있다.

한번은 석륵이 총애하는 석호(石虎)의 아들이 갑자기 병이 들어 목숨이 경각을 다투는 지경에까지 이르게 되었는데, 불도징이 주술을 사용하여 그를 살려내었다. 이 사건이 있은 후 석륵은 모든 사람들을 절에 모이게 하여 불도징의 교육을 받도록 했고, 석가탄신일에는 석륵 자신이 직접 절에 와서 모든 사람의 행복을 기원하는 법회를 열기도 했다.

석륵이 죽은 후 그의 뒤를 이은 조천왕(趙天王) 석호(石虎)는 불교에 대해 열렬한 존경을 품고 있었다. 그는 불도징에게 극진한 예우를 표하기 위해 불도징이 호화롭게 장식한 수레를 타고 자유자재로 궁중을 드나들게 했으며, 대신들은 물론 왕실의 왕자, 공주들도 불도징의 수레를 보면 무릎을 꿇고 절을 하게 했다.

당시 한족의 관리들 가운데 많은 사람들이 융신(戎神 : 외래종교)을 믿는 것을 좋아하지 않아 조정에서 불사를 일으키는 것과 출가하는 것을 금해야 한다고 주청했다. 그들은 대다수가 유교를 신봉하는 지식인들로, 승려가 되어 부모형제와 혈연관계를 단절한다는 것은 가족을 핵심으로 하여 효제(孝悌)의 질서와 윤리관념을 중시하는 유가의 도덕과 어긋나기 때문이었다. 또한 조상을 제사지내는 조묘(祖廟)를 세우던 그들로서는 이방인의 신인 부처를 안치하고 예배를 드리기 위해 불사를 일으키는 것은 옳지 못한 일로 보았다.

그러나 석호는 이미 불교에 대한 경건한 신앙을 가지고 있었기에 불교 포교를 위해 적극적인 지원을 아끼지 않았다. 신하들의 간언에 석호는 언제나 단호하게 말했다.

"내가 이방인이니 이방인의 신인 부처를 신봉하는 것은 당연한 일이지."

그러므로 불도징은 좋은 여건 속에서 포교활동을 폈고, 그가 활동한 30여 년 동안 세워진 사찰이 893개에 달했고, 신도도 만여 명에 이르렀다. 또한 축불조(竺佛調), 수보리(須菩提) 등 수십 명이 서역으로 가서 불교 교리의 탐구에 열정을 불태우고 있었다. 이때 불도징의 제자들 가운데 유명한 사람으로는 석도안(釋道案), 석법화(釋法和), 축법태(竺法太), 축법아(竺法雅), 축법수(竺法首), 축법조(竺法祚), 축법혜(竺法慧), 법상(法常), 법좌(法佐), 승혜(僧慧), 도진(道進) 등이 있었다.

이렇게 불교가 중국이란 이역땅에 깊이 뿌리를 내리는데 큰 공헌을 한 불도징은 전진의 국세가 점차 기울어져 갈 무렵, 후조의 수도 업도(鄴道)의 궁사(宮寺)에서 세상을 떠났다.

왕희지

서법 예술의 창시자

중국에서는 서예를 서법(書法)이라 하여 옛날의 글씨 모양을 하나의 틀로 삼아 그대로 배우고 익힌다. 이에 따라 갑골문자에서 금문(金文), 명문(銘文)을 거치면서도 그 서체상으로는 큰 변화없이 전국시대까지 이어졌다. 그러나 종이의 발명과 함께 기존의 동물의 뼈, 돌, 동기(銅器) 등에 한정하여 쓰던 글을 자유자재로 쓸 수 있게 되었고, 이런 변화로 서체도 새롭게 발전하게 되었다.

그러나 서체의 발달사에 있어서 가장 중대한 변화는 왕희지(王羲之 : 307~365)의 등장에서 시작된다고 할 수 있다. 왕희지가 활동하면서부터 서법을 더이상 단순한 문자의 기록이 아닌 혼이 깃든 하나의 예술로 본격적인 자리매김을 하게 되었다.

왕희지는 진(晉)나라 회계(會稽) 사람으로, 자는 일소(逸少)이며, 원제(元帝) 때 우군장군(友軍將軍), 회계내사(會稽內史)를 지내 흔히 그를 '왕우군(王友軍)'이라고 한다. 그의 부친 왕광(王曠)은 회남태수(淮南太守)이며, 숙부 왕도(王導)는 동진이 부흥하는데 큰 공을 세운 일등공신으로 명문가에서 태어나 좋은 교육을 받으며 성장했다.

그가 어렸을 때는 소박하고 말주변이 없어 언뜻 보기에 어떤 특별한 재능이 있는 아이같지 않았다. 그러나 그는 장성한 다음에 언변이 좋아졌고, 사람들은 그를 '골경(骨鯁 : 생선뼈)'이라고 했다. 골경이란 온몸이 모두 딱딱한 뼈로 되었다는 뜻으로, 강직한 말을 잘하는 사람을 이르는 말이다. 이런 별명으로 그의 사람됨을 어느 정도 짐작할 수 있다.

왕희지는 젊었을 때부터 뛰어난 재주가 널리 알려져 조정의 권신들도 그를 특별히 아껴 관리가 되게 하려고 했다. 그러나 그는 권신들의 권유를 완곡히 거절하였다. 그가 관리가 되기를 거절한 까닭은 당시 수도 건강(建康 : 남경)이 환락에 빠져 도처에서 가무소리가 드높아 극도로 부패한 현상을 드러내고 있었기 때문이다. 그들 고관과 귀족들의 관심은 오직 자신과 가문의 번영을 과시하고, 하루종일 취생몽사하여 태평성대를 구가하는 것이었다. 그러니 나라의 발전은 자연 뒷전으로 밀리지 않을 수 없었다.

왕희지는 이런 사회 분위기에 휩쓸리기를 거부하고 높은 관직과 후한 녹봉을 포기하며 차라리 북방으로 가서 긴장된 생활을 하거나, 아니면 호젓한 지방으로 가서 순박한 백성들과 함께 접촉하며 생활하곤 했다.

이렇게 어지럽고 번잡한 속세에 물들지 않는 소탈한 왕희지의 성격과 태도에 이백은 「왕우군(王右軍)」이라는 시에서, "우군은 본래 맑고 진실하며 풍진 속에서도 소탈하다……"라고 읊었다.

351년, 왕희지가 45세가 되었을 때 우군장군과 회계내사로 임명되어 임지로 떠나게 되었다. 그때 양자강 이북의 땅 무창(武昌)과 양주(揚州)는 북방 왕조와 한바탕 전쟁을 치르던 자취가 남아있는 곳이라 그 살벌한 기운으로 바람소리에도 사람들은 깜짝 놀랐고, 무성하게 우거진 초목에는 다 병사들이 숨어있는 것같은 음산한 기운이 맴돌았다.

그러나 회계는 남쪽에 있어 보통 내지(內地)라고 부르며, 병화의 흔적을 찾아볼 수 없는 곳이었다. 그곳 풍경의 수려함은 하늘이 특별히 만든 듯하여 왕희지는 저절로 감탄을 금치 못하며 말했다.

"이곳 산수의 아름다움은 실로 눈이 모자람을 느끼게 하는구나."

그곳은 산수의 아름다움으로 인해 각계의 명사와 종교계 사람들이 몰려 들었는데, 그들 가운데는 정치가 사안(謝安), 도사 허순(許詢), 승려 지둔(支遁) 등이 있었다. 이에 왕희지는 그들을 모두 회계산 그늘의 난정(蘭亭)으로 초청하여 성대한 연회를 베풀었다. 빼어난 절경 속에 주연이 베풀어지고, 풍류를 아는 인물들이 한 자리에 모여 술잔을 주거니 받거니 하던 이들은 취기가 올라 주흥이 도도해지자 시를 짓기 시작했다. 그 자리에 참석한 사람들이 각자 시 한 수씩을 짓고 왕희지가 이들 시의 서문을 썼는데, 이것이 바로 유명한 「난정집서(蘭亭集序)」이다.

이때의 일화로, 술에 깨어난 왕희지는 자신이 취기에 휘갈겨 쓴 서문을 보고 자신도 깜짝 놀랄 정도로 멋진 글이었다는 것이 전해진다. 왕희지의 서체를 특별히 좋아했던 당 태종은 이것을 입수하여 애지중지하며 밤낮으로 감상했다. 후일 당 태종이 서거하자 이 「난정집서」는 부장품으로 그와 함께 소릉(昭陵)에 묻혔다고 한다.

355년, 회계의 절경에 깊이 심취한 왕희지는 한때 북방을 안정시켜 나라의 기틀을 바로잡겠다는 원대한 포부를 버리고 국정에도 뜻을 잃어 병을 핑계로 관직에서 물러났다. 관직에서 물러난 왕희지는 더욱 서법의 연구에 몰입하였다.

왕희지가 아내를 얻게 된 것에는 유명한 일화가 있다. 어느 날 진나라의 고관이며 명문귀족인 치감(郗鑑)이 왕도에게 문생을 파견하여 왕씨의 자제들 가운데 자기 사위감을 고르기를 희망한다고 전했다. 문생의 말을 들은 왕도는 자기 집안에 있는 아이들을 모두 불렀다. 소년들을 자세히 살펴본 문생은 돌아가서 치감에게 말했다.

"왕씨 가문에는 우수한 소년들이 많았습니다. 제가 대감의 사위를 고른다는 소리를 듣자 모두들 긴장하여 그 태도가 자연스럽지 않았는데, 오직 한 소년이 제 말을 듣고도 조금도 개의치 않고 동쪽 창밖의 걸상에 배를 다 드러낸 채 자유자재로 행동했습니다."

문생의 말을 들은 치감은 크게 기뻐하며 말했다.

"됐다. 그 소년이 바로 나의 사위감〔坦腹東床〕이다."

누구나 갈망하는 고관 태위의 사위가 되고, 또한 재색을 겸비한 것으로 유명한 치선(郗璿)을 아내로 맞게 된 행운의 소년이 바로 왕희지이다. 이들 부부는 현지(玄之), 응지(凝之), 어지(漁之), 헌지(獻之) 등 7남 1녀를 두었고, 치선은 왕희지가 세상을 떠난 후에도 30여 년을 더 살아 90세가 넘어 세상을 떠났다.

왕희지는 많은 아이들을 낳았으나 모두 병약하여 마치 바람이 불면 곧 쓰러질 것같았다. 이들 가운데 어려서부터 부친에게서 서도를 배운 가장 어린 아들 왕헌지는 장성하여 유명한 서법가가 되어, 세상 사람들은 부친 왕희지의 이름과 나란히 하여 '이왕(二王)'이라고 불렀다.

중국의 서법사(書法史)에서 처음으로 서법예술의 아름다움을 창조해내어 서성(書聖)으로 추앙받는 그의 글씨는 정신과 기교가 조화를 이루어 수려하고 우아하면서도 강한 힘이 내재되어 있어 신선의 기운이 갖추어져 있다고 말한다. 그의 서법은 남조의 귀족들간에 아주 성행하였고, 당 태종이 그의 글씨에 심취한 후로는 더욱 유행하여 전통 서법의 주류가 되었다. 송 태종 때 편집된 「순화각첩(淳化閣帖)」 10권 가운데 3권이 왕희지의 서체이니 그의 글씨는 중국뿐 아니라 동양의 한자문화권의 서체에 불멸의 족적을 남겼다.

왕희지체는 고문, 전서, 예서, 행서, 초서로 되는 한편, 예술로 승화하여 감상의 대상이 될만큼 그 위치가 확립되었으며, 행서와 초서는 지금까지도 그의 서법을 유일한 규범으로 삼고 있다.

그의 작품으로 해서의 「낙곡론(樂毅論)」, 행서의 「간정집서(簡亭集序)」와 「상란첩(喪亂帖)」, 초서의 「십칠첩(十七帖)」 등은 특별히 유명하다.

고개지

정신을 표현한 화성(畫聖)

동진(東晉)시대는 양자강을 낀 아름다운 산수를 배경으로 오랜 정국의 안정과 함께 풍부한 경제력을 바탕으로 문화가 찬란하게 꽃핀 시절이다. 이런 사회 경제적인 안정을 바탕으로 문벌 귀족사회가 형성되었고, 그들은 외부세계에 구애됨이 없이 자유로운 자아세계를 추구할 수 있었다.

그러므로 이 시대에는 문화 전반에 걸쳐 뛰어난 인물들이 배출되었다. 이때의 인물로 서성 왕희지, 문학에는 도연명과 사령운, 그리고 화성이라 불리우는 고개지(顧愷之)를 꼽을 수 있다.

고개지의 자는 장강(張康), 무석(無錫) 사람으로 대사마참군(大司馬參軍)을 지낸 장군이기도 하다. 당시 중국 화가들은 불교의 영향을 많이 받았는데, 고개지 또한 시대의 흐름에 따라 불화(佛畫)를 많이 그렸다. 고개지는 불화를 잘 그린 것으로 유명한데, 오늘 날까지 전해지는 그에 관한 일화로는 건강(建康) 와관사(瓦棺寺) 벽에 그려진 유마힐거사도(維摩詰居士圖)에 얽힌 이야기가 있다.

364년, 절에서 사찰을 짓기 위해 신도들에게 시주를 받았는데, 홀연 고개지가 말했다.

"백만 냥을 바치겠소."

당시 가장 부자라는 사람들이 내는 액수도 십만 냥을 넘지 못했는데 하물며 고개지와 같은 빈한한 사람이 이렇게 말하자 누구도 그의 말을 믿지 않았다. 사찰의 관리원은 고개지가 미친 소리를 한다며 그를 상대하지도 않았다. 그러나 고개지는 그때부터 한 달 동안 두문불출하고 사찰에서 벽에 유마힐거사를 그렸다.

고개지의 그림이 너무 생생하고 살아있는 듯하여 입에서 입으로 전해져 한 사람이 열 사람에게 전하고, 열 사람이 백 사람에게 전해 이 그림을 보려고 몰려드는 사람으로 장사진을 이루었다. 결국 그림을 보러 온 사람들에게 받은 입장료가 며칠 사이에 고개지가 시주하겠다고 약속한 백만 냥을 넘었다.

그 후 고개지는 당시의 권세가인 환온(桓溫)의 참군이 되어 그의 신임을 받았다. 한번은 성벽을 축성할 때 고개지는 갑자기 흥이 나서 시 한 수를 읊었다.

먼곳으로부터 성을 바라보니
단루(丹樓)가 저녁 노을같도다.

이 시는 마침 환온의 마음과 부합되어 그의 칭찬을 받았고, 기분이 좋아진 환온은 고개지에게 두 미녀를 선물로 주었다. 환온이 죽은 후 고개지가 성묘를 가서 다시 시 한 수를 읊었다.

산이 무너지고 바다가 말랐으니
물고기와 새가 어디에 의탁하리오.

이런 고개지의 모습을 본 사람이 그를 놀리며 말했다.
"당신이 이렇게까지 환온에게 의탁했다니, 그가 죽었을 때 그의 관을 향해 울던 모습이 어떠했는지 궁금하군."
그의 말에 고개지가 웃으며 말했다.

소리는 우뢰와 같아 산을 쪼개고,
눈물은 강과 같아 큰바다로 흘렀네.

　이와 같이 고개지는 기지가 뛰어나며 글의 표현이 절묘해서 사람들은 종종 그의 재능에 감탄하여 '문절(文絶)'이라고 칭찬했다. 또한 그는 조정에 배 한 척을 하사해 줄 것을 요청하여 배를 얻으면 황급히 바다에 띄워 돛을 높이 달고 바다로 향했고, 강풍을 만나 배가 파도를 따라 심하게 일렁이며 곧 뒤집히려 해도 겁내지 않았다. 고개지의 이런 무모할이만큼 기이한 모험에 특별히 흥미를 가지고 있던 사람들은 그를 '치절(癡絶)'이라고 말했다. 게다가 그의 뛰어난 그림솜씨로 '화절(畫絶)'이라는 명칭이 덧붙여져 흔히 '삼절(三絶)'이라고 부른다. 이렇게 문장과 그림에 뛰어난 그는 문인화가의 선구자이기도 하다.
　고개지 그림의 제재는 광범위하나 특히 인물화에 뛰어남을 보였다. 고개지와 더불어 남조 3대 화가로 꼽히는 육탐미, 장승요 세 사람이 그린 인물화는 각각 나름대로의 특징을 갖추고 있다. 그들이 그린 인물화의 차이에 대해, "고개지는 인물의 정신을, 육탐미는 뼈를, 장승요는 살을 표현했다"고 평가되고 있다.
　고개지 자신도 인물화에서 가장 중요한 것은 기품이며, 특히 눈을 그릴 때 정신이 살아있는 듯이 생생한 눈빛만 잘 그리면 다른 부분들은 생략해도 된다고 말할 정도였다. 그는 "형체로써 정신을 그린다(以形寫神)"는 마음가짐으로 인물의 눈을 통해 살아 숨쉬는 듯한 혼을 묘사하기에 힘썼다.
　또한 이것은 그때의 문화가 이미 물체의 개성에 주의를 기울이기 시작했으며, 아울러 예술의 독특한 세계를 표현해 내고 있다는 것을 의미한다. 이로 인해 그의 그림은 중국 초기의 회화사에 있어서 대단히 중요한 위치를 차지하고 있다.
　어느 날 사안(謝安)이 고개지의 그림을 보고 감탄을 하며 말했다.
　"나는 역사 이래 이처럼 좋은 그림을 아직 보지 못했다."

405년, 고개지는 산기상시(散騎常侍)를 맡았는데, 산기상시란 산기성(散騎省)의 수장으로 황제를 곁에서 모시면서 황제의 언행에 대해 충고를 하는 가장 중요한 자리이다. 『진서(晉書)』의 「고개지전」에 "62세 때 임내(任內)에서 죽다"라는 말이 기재되어 있는 것으로 보아 고개지는 동진이 유유에게 패망하기 바로 전에 죽은 듯하다.

그의 저서로는 『화운대산기(畫雲臺山記)』, 『위진승류화찬(魏晉勝流畫讚)』, 『화평(畫評)』이 있으나 모두 유실되어 전하지 않고, 『역대명화기(歷代名畫記)』 가운데 그의 화론(畫論) 「화운대산기(畫雲臺山記)」와 「위진승류화찬」의 일부분이 기록되어 그의 이론의 편린을 엿볼 수 있을 뿐이다. 전자는 유명한 운대산의 선경을 어떻게 묘사하느냐 하는 문제와 아울러 회화의 가장 높은 목표를 "대상이 갖추고 있는 생명 혹은 정신의 표현"에 두면서 회화 기교의 중요성을 기술했다. 이같은 고개지의 회화상에서의 논점은 당시로서는 실로 탁월한 일면이며, 또한 진한(秦漢)과 같은 고전시대에는 없었던 관점으로 미술사에 있어 큰 획을 긋는 예술론이라 할 수 있다.

고개지와 관련된 그림으로 지금까지 남아있는 것은 겨우 세 점이다. 그 가운데 한 점은 와싱턴 프리마 미술관에서 소장하고 있는 「낙신부도(洛神賦圖)」이다. 북경의 고궁박물관이 소장하고 있는 것은 송나라 때의 모사품으로 이 작품은 삼국시대 위나라 조식이 지은 「낙신부(洛神賦)」 가운데 마지막 부분인 '畫卷洛神賦圖卷'이 화제(畫題)가 되어 있는 설화적인 시를 주제로 한 산수인물화이다.

유명한 「열녀전도(列女傳圖)」는 네 명의 여성과 그들의 부모를 그린 것이다. 또한 현재 대영박물관에서 소장하고 있는 「여사잠도권(女史箴圖卷)」은 장화(張華)가 쓴 「여사잠」을 화제로 하여 혜제(惠帝)의 비인 가후(賈后)의 악행을 들어 궁중여인들을 훈계하기 위한 것으로, 그의 대표작이다.

구마라집

경전 번역을 한 파계승

　구마라집(鳩摩羅什 : 344~431)은 구자국(龜玆國)에서 출생하였으며, 그의 부친은 인도인이고, 모친은 구자국 왕의 누이이다. 부친 구마라염(鳩摩羅炎)은 파미르 고원을 넘어 구자국으로 망명하는 도중 우연히 기파(耆婆 : 범어로 장수라는 뜻으로, 진짜 이름은 아닌 것같음)를 만나 서로 사랑에 빠져 결혼하니 이 기파가 바로 구마라집의 모친이다.

　소년시절에 구마라집은 천부적인 재질을 갖추고 있는 소년으로 많은 사람의 사랑을 한몸에 받고 자랐다. 구마라집의 모친 기파는 아주 독실한 불교신자로 둘째를 낳은 후 구마라집을 승려로 교육시키기 위해 자신도 출가하여 비구니가 되었다. 구마라집이 9세가 되었을 때 그는 모친을 따라 계빈국으로 가서 명승 반두달다(般頭達多)를 쫓아 소승(小乘)의 삼장구부(三藏九部)를 배웠다. 그는 매우 열심이어서 매일 아침 일찍 게(揭 : 부처의 공덕을 찬미한 시)를 베끼고, 정오가 되면 그때부터 저녁까지 베낀 천 게를 모두 외웠다.

　이렇게 매일 하루도 빠짐없이 공부하니 진도가 매우 빨라 그의 명성은 각국으로 퍼져나갔고, 그는 승려로서 받을 수 있는 가장 좋은 대우를 받았다. 그후 고국으로 돌아가던 구마라집은 귀로에 소륵국에서 「육족론(六足論)」을 연찬하는 한편, 소륵국왕의 청을 받고 「전법륜

경(傳法輪經)」을 설하기도 했다. 이때 각국에서는 서로 그를 모셔 강학을 열려고 경쟁을 하였다. 구마라집은 대승불교를 가르치고 있던 사차국 왕자 수리사소마의 「아누달경(阿耨達經)」을 듣고는 그것이 참 진리라고 깨닫고 대승불교로 전향하게 된다. 그리고 용수(龍樹)의 「중론(中論)」, 「십이문론(十二門論)」을 배워 용수계 대승불교의 공관교학(空觀敎學)의 거장이 되었다.

그 후 구자국으로 돌아가서는 불타야사에게 「십송율(十頌律)」을 배우고, 이미 구자국에 전해졌지만 소승불교의 성행으로 유포되지 않은 「방광반야경」을 발견하고 연구하여 큰 깨달음을 얻었다. 또한 그를 찾아 계빈국에서 온 스승과의 토론을 통해 스승을 감복시킨 일로 그의 명성이 널리 알려지게 되었다. 이때부터 각국의 왕들이 구마라집의 강연을 듣기 위해 몰려들었고, 그는 대승불교를 전파하는데 전력을 기울였다.

당시 서역 각국에서는 구마라집을 매우 존경하여 오래지 않아 그의 이름은 비단길을 통해 중국으로까지 전해졌다. 이에 당시 유명한 승려 도안이 전진(前秦)의 부견에게 구마라집을 맞이해 올 것을 권했다.

382년, 부견은 도안의 건의에 따라 여광(呂光) 장군에게 구자국을 공격하라는 명령을 내리며 말했다.

"이번 원정의 목적은 영토를 확장시키려는 것이 아니고, 고승을 모셔오기 위한 것이다. 구마라집이라는 사람이 불법을 이행할 뿐만 아니라 음양의 이론에도 통달해 나라의 보물이라고 불리우니 만약 구자국을 치면 속히 그를 모시고 귀국하여라."

그러나 여광이 구자국을 패퇴시킨 후 구마라집과 함께 회군하여 양주(涼州)에 이르렀을 때, 부견의 피살과 함께 전진이 멸망했다는 소식을 들었다. 돌아갈 나라를 잃은 여광은 마침내 양주에서 후량을 건립하여 새롭게 자신의 야망을 키우게 된다.

한편 구라마집은 후량에 억류되면서 여광에게 온갖 모욕을 당하게 된다. 불교를 믿지 않고 오만방자한 성품의 여광은 구마라집에게 술을 마시게 하고 구자국의 공주와 한방에 가두는 등 멋대로 희롱하였다. 그러나 이곳에서 15년 동안 억류되어 있으면서 구라마집은 중국어를 유창하게 말할 수 있게 되었으며, 중국에 대한 지식과 경험을 얻을 수 있었다.

401년, 구마라집의 명성을 들은 후진왕 요흥(姚興)이 여광의 뒤를 이은 여륭에게 그를 자기에게 보내줄 것을 요청했다. 여륭이 그의 요청을 거절하자 요흥은 이를 빌미로 군사를 인솔하여 공격해 들어갔다. 이 전쟁은 여륭의 참패로 끝나고 구마라집은 요흥과 함께 장안으로 갔다.

오랫동안 구마라집의 명성을 흠모해 오던 요흥은 구마라집을 국사의 예우로 대접하고 불경의 번역을 요청했다. 또한 구마라집이 많은 자손을 남기도록 하기 위해 열 명의 미녀를 뽑아 그를 시중들도록 배려하기도 했다.

구마라집은 후진왕의 전폭적인 후원으로 많은 승려들과 함께 8년간에 걸쳐 「아미타불경(阿彌陀佛經)」, 「금강경」, 「대품반야경(大品般若經)」, 「소품반야경」, 「법화경(法華經)」, 「유마힐경(維摩詰經)」, 「대지도론(大智度論)」, 「백론(百論)」, 「중론(中論)」, 「십이문론(十二門論)」, 「성실론(成實論)」 등 35부 294권(일설에는 73부 384부)이라는 역사상 유례를 찾아볼 수 없는 대규모의 경전 번역을 완성하였다.

구마라집이 불경을 번역하기 전부터 중국에도 불경의 번역은 있었으나 그 실적은 극히 빈약했다. 그러나 구마라집에 이르러 불교의 모든 경전이 대량으로 번역되었을 뿐만 아니라, 그는 이미 번역된 경전의 오역을 바로 잡았다. 구마라집이 한 손에 불경 원본을 들고 입으로 한 자 한 구의 의미를 유창한 중국어로 구술하면 중국의 승려가 이를 기록하는 방식으로 진행했다.

이렇게 번역된 문장은 그 의미가 정확하고 부드러워 당시 유행했던, 화려하기만 하고 내용이 없으며 난해한 병려체의 틀을 깨고 소박하고 부드러운 문체를 창출하게 되었다.

또한 이런 불경의 체계적인 소개로 대승불교 이론이 중국에 전파되는데 중요한 작용을 했으며, 불교 종파의 창립에 대해 그가 끼친 영향은 막대한 것이다. 구마라집의 번역으로 중국에서 빛을 보게 된 「중론」, 「십이문론」, 「백론」으로 삼론종(三論宗)이, 「성실론」으로 성실종(成實宗)이, 그리고 「법화경」으로 인해 천태종(天台宗)이 형성되어 중국불교 발전의 기초가 되었다.

중국 불교계에 대한 그의 업적은 불경의 번역과 함께 많은 불제자를 배출한 것을 빼놓을 수 없다. 당시 그의 제자가 되기 위해 각지에서 몰려온 사문(沙門)이 3천여 명에 달했는데, 그 가운데에는 중국 불교사상사와 철학사에서 유명한 승조(僧肇)와 도생(道生)를 비롯하여, 도융(道融), 혜관(慧觀), 승예(僧叡), 도항(道恒) 등 중국 불교에서 빼놓을 수 없는 쟁쟁한 인물들을 배출했다.

이렇게 초기 중국 불교사에서 지대한 공헌을 한 구마라집은 향년 65세로 세상을 떠났다.

도연명과 사령운

자연 속의 시인들

도연명(陶淵明 : 365~427)의 이름은 잠(潛), 자는 원량(元亮)으로 어떤 사람은 '연명'이 그의 본명이라고 하고, 또 어떤 사람은 '원량'이 본명이라고 하는 사람도 있으나 분명치 않다. 그는 전원시인으로 은일시인(隱逸詩人)의 시조라고 말하는 사람도 있다. 이른바 '은일'이라는 것은 간단히 말해 번잡한 속세를 떠나 전원에 묻혀 살며 세상과의 다툼이 없음을 즐기며 인생을 보내는 것을 말한다.

그는 심양 자상(紫桑) 사람으로 증조부 도간(陶侃)은 진나라의 개국 공신으로 관직이 대사마에 이르고, 장사군공(長沙郡公)에 봉해진 명문의 후손이다. 그러나 도연명이 태어날 무렵 진나라의 국운이 서서히 쇠퇴하는 기미를 보이기 시작했고, 그의 집안도 쇠락했다.

도연명은 학문 높고 문장이 뛰어났으나 인생은 푸른 하늘의 뜬구름처럼 덧없다고 여겨 남의 신하 노릇하기보다 전원에 은둔하여 칠현금을 타면서 자기가 좋아하는 노래를 부르며 지내기를 즐겼다. 진나라가 망하기 직전에 도연명은 자기 고향 내의 팽택현(彭澤縣)에서 약 80일간 현령을 맡았었는데, 조정에서 독우관(督郵官)이 파견나오자 부하가 모자를 바로 쓰고 허리띠를 잘 맨 후에 마중나가야 한다고 하였다. 그러자 그는 한숨을 쉬면서 말했다.

"나는 다섯 말의 녹봉을 위해 허리를 굽히고 권신을 영접하는 일은 하지 않겠네."

그리곤 관직을 버리고 떠나 다시는 벼슬하려 들지 않았다. 도연명의 이런 세속을 초월한 은둔 생활은 「귀거래사(歸去來辭)」에 잘 묘사되고 있다. 도연명과 교분이 있는 여산(廬山)의 대법사 혜원(慧遠)은 당시 그 지역 사회에서 명망있는 승려로 몇몇 사람과 함께 '백련사(白蓮寺)'라는 친목단체를 조직했었다. 혜원은 도연명도 가입하길 바라고 좋은 술을 준비하여 특별히 그를 초청했으나 술자리가 다 끝나도록 먼산만 바라볼 뿐 응답하지 않았다. 도연명은 비록 불교와 도교의 영향을 받았으나, 그의 행위는 스스로 죽림칠현보다 위라고 여기고 있었다.

그가 생존하던 시기는 전쟁이 빈번히 발생하고 사상이 혼란한 시대였다. 그의 시문 곳곳에는 이런 시대에 산 세상에 대한 소극적인 그의 사상이 보이면서, 한편으론 세상으로 나아가려는 적극적인 면도 엿보이고 있다. 도연명에게 있어 "인생은 뿌리가 없으니 표연하여/길 위에 티끌(人生無根帶 飄如陌上塵)"과 같은 것이어서 언젠가는 한 줄기 바람처럼 흩어질 인생에서 우리가 아옹다옹하며 쟁취할 만한 그 무엇도 없다고 생각한다.

그러나 한편으론 "성년은 거듭 오지 않고/하루에 두 번 새벽맞기 어려우니/때가 이르면 마땅히 면려해야 하며/세월은 사람을 기다리지 않는다(成年不重來, 一日難再晨, 及時當勉勵, 歲月不得人)"고 하며 열심히 배워 인생의 황금기를 헛되이 보내지 않도록 충고하고 있다. 얼핏 보기에 그의 이런 두 가지 관점은 모순되는 듯하다.

그러나 인생의 허위(虛僞)와 인정의 따뜻함과 냉혹함을 맛본 사람이라면 잘 사는 것이란 결코 높은 관직이나 녹봉에 있는 것이 아니라 어떻게 적극적인 관념을 가지고 자기의 인생을 당당히 살아가느냐 하는데 있다는 것을 잘 알 수 있다. 도연명의 이런 사상은 「귀거래사」에 구체적으로 표현되고 있다. 비록 이 시가 다섯 말의 봉록을 위해 허리를 굽히지 않겠다는 마음에서 출발한 것이지만 그는 사람에 대한 정을 잊지 못하여 속세에서의 인간관계를 완전히 떨쳐버리진 못한다.

돌아가자,
전원이 무성해지려는데 어찌 돌아가지 않겠는가?
이미 마음이 육신에 부려졌다 하나
어찌 근심하여 홀로 슬퍼하랴.
……집을 바라보며 기뻐 달려 들어가니
심부름꾼이 맞이하고 아이들이 문에서 기다린다……
돌아가자,
속세의 사귐을 끊어 세상과 내가 서로 잊으리니
다시 수레에 타고 무엇을 구하리오.
친척의 정겨운 말에 기뻐하고
거문고와 책을 즐겨 시름을 잊으리라.
농부가 봄이 이르렀음을 알려주니
서쪽 전답에서 일이 있겠구나.
(歸去來兮, 田園將蕪胡不歸, 旣自以心爲形役, 奚惆悵而獨悲.
……及瞻衡宇, 載欣載奔, 僮僕歡迎 稚子候門……歸去來兮.
請息交以絶游, 世與我以相遺, 復駕言兮焉求 悅親戚之情話,
樂琴書以消憂, 農人告余以春及, 將有事于西疇)

　　도연명은 세속에 얽매임없이 자연 속에서 자유롭기를 추구했으나 그 자유로 인해 현세의 생활을 소홀히 하지는 않는다. 그의 이런 사상이 구체적으로 표현된 작품이 「도화원기(桃花源記)」라 할 수 있다.
　　「도화원기」의 무릉(武陵)의 어부는 도연명 자신의 모습이 투영된 인물이다. 그 어부는 계곡을 따라 올라가면서 고기를 잡다가 우연히 난리를 피해 숨어사는 선진(先秦)의 유민들을 발견한다. 그들은 세상과 완전히 격리되어 역사의 흐름도 모르고 길흉화복도 알지 못한 채 오

로지 즐겁게 자신들의 생활을 즐긴다. 이 고사에서 도연명이 말하고
자 하는 것은 사람이 어떤 방법으로 자신의 심령속 완전한 자아의 세
계로 들어갈 수 있는가 하는 것이다.

그러나 그가 추구하는 것은 자신 한 사람만을 위한 자유로운 자아
의 추구가 아니다. 도연명은 「도화원기」에서 무리를 이룬 사람들이 즐
겁게 서로 협조하며 함께 생활상의 어려움을 해결해 나가는 모습의
묘사를 통해 다른 사람과 더불어 누리는 자유와 자아세계를 보여주고
있다. 이것은 노자나 장자에게서 볼 수 있는 개인주의적 자아의 추구
와는 다른 것이다.

도연명이 보여주는 이런 넉넉한 정신세계와 더불어 소박하고 부드
러운 그의 인품으로 인해 이백, 두보, 백거이, 소식 등과 같은 많은
문인들이 그를 좋아했다. 특히 도연명을 좋아하여 그의 시에 화답하
는 109수의 시를 지은 소동파는 질박한 듯하나 아름답고, 여윈 듯하
나 풍만한 그의 시를 따를만한 시인이 없다고 단언하고 있다. 그러나
동파는 도연명을 좋아하는 것은 그의 시만이 아니라 그 사람됨을 더
욱 좋아한다고 말한다.

도연명은 유유(劉裕)가 동진을 멸망시키고 송나라를 세운지 8년 후
인 420년 향년 62세로 세상을 떠났다. 그는 자신의 임종에 이르러 자
신의 처세가 서툴러 자식들에게 세속적인 근심을 많이 남긴 것을 사
과했다고 한다. 이렇게 맑고 깨끗한 마음에서 우러나온 그의 시가 오
늘날까지도 변함없이 사랑받는 것은 당연한 일일 것이다.

전원시인으로 도연명과 함께 그 이름을 나란히 하는 시인으로 사령
운(謝靈運 : 385~433)을 꼽을 수 있다. 사령운의 자는 선명(宣明)으로
육조시대의 대귀족 진군(陳郡) 양하 사씨의 일족으로, 그의 조부 사현
(謝玄)은 383년 동진 효무제 때에 보병 80여만 명을 인솔하여 남침해
오는 전진의 부견을 비수의 싸움에서 대패시킨 인물이다. 비수의 싸
움으로 남북의 대세가 역전되어 부견이 중국을 통일하려는 야망이 무

참하게 깨지고 동진으로서는 평안한 나날을 보낼 수 있게 되었다. 사현은 이 싸움에서 국가의 영웅이 되어 역사에 유명한 인물이 되었다.

어려서부터 남달리 총명했던 사령운을 보고 조부 사현은 "내가 환을 낳았는데 환이 어떻게 영운을 낳았는가?"라고 했다. 이 말은 자기가 사령운의 부친인 사환(謝奐)과 같은 어리석은 아들을 낳았는데, 사환이 어떻게 사령운과 같은 총명한 아이를 낳을 수 있었는가 하는 사현의 감탄이다.

사령운은 조부의 작위 강락공(康樂公)과 아울러 식읍 3천 호를 물려받아 풍요로운 환경 속에서 생활했다. 본래 명문귀족 출신이면서 뛰어난 재능을 가진 사령운은 자신에 대한 강한 자부심으로 남을 업신여기기 잘했다. 그러므로 여럿이 모여 얘기하다가 그의 이름이 거론되면 모두들 눈쌀을 찌푸릴 정도로 환영받지 못했다. 그의 관운이 나쁜 것도 사령운의 이런 성격으로 초래된 결과라 할 수 있다.

송나라가 건국된 이후 사령운은 문학에 조예가 깊은 무제(武帝)의 아들 여릉왕(廬陵王) 의진(義眞)과 아주 가까운 사이가 되었다. 그러나 의부(義符)가 소제(少帝)로 즉위하자 그를 못마땅하게 여긴 서선지(徐羨之) 등에 의해 영가(永嘉)태수로 좌천되었다. 이 일로 심리적 좌절을 겪은 사령운은 그 아픔을 임지인 영가의 아름다운 자연을 즐기며 달랬고, 그는 매일 산과 강으로 다니며 시를 읊으며 노느라 정사도 돌보지 않았다.

귀족사회가 발달한 육조·남북조 시대에 왕공·귀족들은 평소 도성에서 살며 가끔 몇명의 친우들을 초대하여 함께 전원의 별장으로 가서 자연 속에서 술과 시로 풍류를 즐기곤 했다. 그들의 별장 안에는 넓은 농원과 과수원이 있고, 어떤 것은 산과 강을 끼고 있으면서 농원이 딸린 장원을 소유했다.

당시 남북조로 분열된 중국, 특히 한족이 중심을 이루는 남조는 왕조가 자주 교체되었기에 세력간의 권력 다툼이 심했다. 이런 분쟁의 소용돌이로부터 벗어나기 위해 여유있는 생활을 할 수 있는 왕족, 고관들은 조정과 멀리 떨어진 자기의 별장으로 가서 한가로이 즐기는 일이 많았다.

사령운 또한 다른 많은 귀족들과 마찬가지로 영가태수로 부임한지 1년만에 병을 빙자하여 관직을 사임하고 고향 장원으로 돌아가 산수의 아름다움과 전원생활이 가져다 주는 풍요로운 심리적 안정 속에서 지내면서, 한편으로는 불교에 심취해 있었다.

이때 그는 왕홍지(王弘之), 공순지(孔淳之) 등과 의기투합하여 자연 속에서 모든 것을 잊고 자신의 풍요와 자유를 마음껏 누렸다. 그의 작품으로 유명한 「산거부(山居賦)」는 바로 이 시기에 쓴 것이다. 그 후 문제가 즉위하고 사령운을 비방했던 서선지의 무리가 죽자 그는 다시 비서감으로 임명되어 『진서(晉書)』를 편찬하는 일에 종사했다.

그러나 사령운은 자주 병을 핑계삼아 조회에 참석하지 않고 호수를 파고, 대나무를 심으며, 어떤 때는 성 밖으로 나가 유람하는 등 자기 마음 내키는대로 행동했다. 후일 어사중승 부융(傅隆)이 그의 방자함을 탄핵하는 상소를 올려 삭탈관직되자 사령운은 뜻이 맞는 문인들과 밤낮으로 연회를 베풀며 문장을 짓고 자연을 즐겼다. 조부로부터 물려받은 막대한 재산을 가지고 있던 사령운은 산을 개간하고 호수를 만드는데 수백 명의 노복을 동원하곤 했다.

한번은 그가 시녕(始寧) 남쪽 산에서 벌목하기 시작하여 임해(臨海)에 이르렀다. 사령운이 수백 명의 노복을 거느리고 산에서 내려오자 그곳의 태수 왕수(王琇)는 산적들이 마을로 내려오는 것이라 여기고 크게 놀랐다. 회계에서도 많은 무리를 데리고 다녀 그곳 관병과 백성들을 놀라게 하곤 했다. 당시 회계태수 맹의(孟顗)는 그의 이런 행동을 못마땅하게 여기고 있었다. 그러던 중 사령운이 맹의에게 회계 성 밖 동쪽에 있는 회종호(回踵湖)와 시녕의 비황호(岯崲湖)를 밭으로 만들자고 제의하자 이를 거절했다.

또한 맹의는 사령운의 행동이 방자하고 백성들을 놀라게 하며, 그가 모반할 뜻이 있는 것같다는 상소를 올렸다. 이를 안 사령운은 급히 말을 달려 문제에게 상소했다. 다행히 그의 재주를 아끼는 문제의 특명으로 임천내사(臨川內史)로 좌천되는 것으로 일단락되었다. 그러나 사령운이 여전히 오만불손한 태도를 고치지 않고 말썽을 일으키자 다시 삭탈관직을 당했다.

그러나 평소 사령운을 못마땅하게 여긴 팽성왕(彭城王) 의강(義康)이 사령운의 죄질이 중함을 상소하여 다시 광주(廣州)로 유배길을 떠나게 되었다. 관부에 의해 광주로 호송되던 사령운은 몰래 도망치려는 계획을 세우다가 이것이 발각되어 사형에 처해졌으니 원가(元嘉) 10년 곧 433년, 그의 나이 48세 때의 일이다.

명문 세도가의 자제로 태어나 풍부한 재산으로 온갖 사치를 즐기던 사령운의 작품은 비록 자연계의 오묘한 경지를 그리는데는 부족하지만 그 모습을 사실적으로 묘사하는 표현이 뛰어나다는 평가를 받고 있다. 또한 사령운에 이르러서 위진(魏晋)시대 이래로 성행하던 유선문학(遊仙文學)이 소멸되었고, 조비가 완성한 7언시(七言詩)가 자유자재로 운용되는 경지에 이르렀다. 그러므로 7언시가의 발전에 있어 그는 중요한 위치를 차지하고 있다.

사령운의 작품은 「사부목록(四部目錄)」, 「금강반야경주(金剛般若經注)」를 포함하여 여러 부류가 있었으나, 오늘 날까지 전해지는 것은 90여 수의 시와 50여 수의 부, 40여 편의 문장이 있다.

법 현

60세에 천축으로 간 승려

인도에서 중국으로 전해진 불교가 점차 한민족 사이에서 그 기반을 확대해 나가자 중국의 사문들 사이에서는 완비되지 않은 경전과 경전의 해석에 대한 의구심으로 직접 부처 나라를 가고자 하는 열망이 일기 시작했다. 그 구법승(求法僧)들 가운데 한 사람이 바로 법현(法顯 : 337~422)이다.

법현의 속성은 공(龔)이다. 그는 위로 세 명의 형이 있었는데, 무슨 까닭인지 세 명 모두 어려서 죽자 법현의 부친은 그가 세 살이 되었을 때 절에 맡겨 사미승이 되게 했다. 그 뒤 법현의 부친이 세상을 떠난 후 모친은 그에게 환속하여 함께 살기를 바랬다. 그러나 이미 불교의 깊은 진리를 깨우치기에 혼신의 노력을 기울이던 법현은 모친의 요청을 받아들이지 않았다.

한번은 도둑들이 절을 기습하여 식량과 신자들이 시주한 재물을 약탈하려고 했다. 이때 다른 사미승들은 모두 혼비백산하여 도망갔으나, 법현은 혼자 남아 도둑들에게 불법의 인과응보의 순환을 설파하며 회심하라고 말했다. 도둑들은 너무나 당당한 그의 태도와 설법에 감화를 받고 마침내 손에 들었던 칼을 버리고, 앞으로 올바른 사람이 될 것을 맹세하였다는 일화로도 유명하다.

법현은 20세가 되자 비구계를 받았다. 당시 중국에서는 출가생활의 규범을 설명하는 율장이 아직 전파되지 않고 있었다. 그러므로 법정(法淨), 법령(法領), 혜민(慧敏) 등 승려들은 모두 직접 인도로 가서 정확한 원전을 배우고 싶어했다. 이런 생각은 법현 또한 예외가 아니었다. 법현은 정확한 불교의 진리를 직접 배우고 싶다는 갈망에 마침내 60세의 고령임에도 불구하고 인도를 향해 혜경(慧景) 등과 함께 길을 떠나니, 이 때가 동진 안제 능안 3년, 339년이다.

그들은 돈황(敦煌)을 거쳐 타글라마칸 사막을 건너는데 꼬박 17일이 소요되었으며, 그 동안의 험난한 노정에서 겪은 고생은 이루 말할 수 없었다. 법현은 이때의 상황을, 귀국한 후 『불국기(佛國記)』에 다음과 같이 기록했다.

사막에는 마치 악귀떼와 같은 열풍이 있다. 이런 열풍을 만나면 이에 대항할 사람은 아무도 없어 모두 죽게 된다. 그곳 하늘에는 날아다니는 새도 없고, 땅에 걸어다니는 짐승 한 마리 보이지 않는, 생물이 멸절된 지방이다. 살아날 길을 찾고자 해도 거미줄이나 말 발자국같은 흔적도 찾아볼 수 없고, 오직 죽은 사람의 해골을 표식으로 삼아 계속 앞으로 나아갈 뿐이다.

법현 일행이 소승불교국인 선선국에 도착했을 때, 그곳에는 전국에 4천여 명의 승려가 있었고, 그들은 인도의 글과 말을 할 수 있어 법현 일행은 자기들이 이미 인도의 문화권에 들어왔음을 느낄 수 있었다. 선선국을 경유하여 대승불교을 신봉하는 우전국, 자합국을 지나 어마국에서 안거했다. 이곳에서 그들은 우전 사람들이 불상을 사륜차에 모시고 행진을 하면, 길을 지나는 여자들이 불상을 향해 꽃을 던져 사륜차가 순식간에 아름다운 꽃수레로 변하는 것을 보고 부처에 대한 이들의 경배에 감동했다.

안거가 끝난 법현 일행은 다시 부처의 치아를 모신 갈차국을 지나

세계의 지붕 파미르를 넘어 북인도로 가 타력국에서, 도솔천에 올라가 미륵보살을 만났다는 아쇼카왕의 전도사가 만든 목조미륵좌상에 공양하고, 부처의 족적이 있는 오장국에서 5백 개의 큰 절과 불족석(佛足石)을 참관했다. 석존이 전생에 매를 위해 사신(捨身) 공양했다는 숙가다국, 배고픈 호랑이를 위해 몸을 던져주었다는 축찰시라를 지나 불루사국으로 들어가 부처의 발우에 공양을 올렸다.

이곳까지 동행했던 보운과 승경이 중국으로 돌아가고, 혜응은 객사했으며, 혜경이 나갈국에서 병으로 몸져 눕게 되었다. 나갈국에는 부처의 정수리뼈를 모신 절이 있어 국왕이 매일 아침마다 예불한 후 국정을 처리한다. 법현 일행이 이곳을 떠나 비에와이루 고원을 넘을 때 쇠약한 혜경이 끝내 객사하고, 그들은 눈물을 흘리며 나이국으로 들어가 안거했다.

나이국에서의 안거가 끝난 후 법현은 발나국을 지나 인더스강을 건너 비다국, 야무나강 상류지역의 마두라국으로 들어갔다. 여기서 다시 동남쪽으로 가서 석가가 어머니를 위해 3개월간 설법했다는 승가시국을 거쳐 구살라국의 사위성으로 가서 기원정사를 방문했다. 기원정사는 부처가 45년 교화기간 중에 24회의 우기 안거를 지낸 곳으로 불교의 수많은 경전이 이곳에서 설법되었다.

중국 승려로서 최초로 기원정사를 방문한 법현 일행은 융숭한 대접을 받은 후 부처의 탄생지인 룸비니, 마야 부인이 목욕했던 연못을 둘러 보았다. 이곳에서 다시 동쪽으로 발길을 옮겨 부처가 입멸한 구이나갈 성을 지나고 갠지스 강을 건너 마갈제국에 들어섰다. 이곳의 동남쪽에 부처가 당시 마가다의 국왕인 빔비사라와 사리불, 그리고 목련존자가 귀의했던 왕사성이 있다. 빔비사라 왕은 부처를 위해 대숲이 있는 곳에 거처를 마련하니, 이곳이 불교 최초의 절 죽림정사(竹林精舍)이다.

법현은 다시 갠지스강을 거슬러 올라가 가시국의 바라나 성으로 가서 부처가 최초의 설법을 한 녹야원을 순례한 후 파탈리뿌뜨라에서 3

년간 머무르면서 산스크리트어를 배우고 산스크리트어로 된 불경을 공부했다.

법현은 이곳에서 「마하승기율」, 「잡아비담심론」, 「대반니원경」을 얻어 중국에 완전한 계율을 전하고자 하는 열망으로 귀국을 결심했다. 도중에 사자국(스리랑카)에서 「장아함경」, 「잡아함경」, 「잡장경」, 「미사새율」 등의 경전을 얻어 중국으로 향하는 배를 탔다.

항해 도중 폭풍우를 만나 배가 삽시간에 뒤집힐 것같은 위기에 처해 사람들은 황급히 모든 소지품들을 버렸다. 그러나 법현은 죽음을 각오하고 불경과 불상을 간직하며 부처의 가호를 빌었다. 계속되는 폭풍우로 배가 위험에 빠지자 사람들은 이 재앙의 원인을 법현이 승선했기 때문이라 여기고 그를 하선시킬 것을 결의했다. 이때 독실한 불교신자인 한 중국 상인이, 만약 법현을 하선시킨다면 중국에 도착하는 대로 황제에게 알려 배에 탄 모든 사람을 중형에 처하도록 하겠다고 하여 간신히 화를 모면했다. 배 안의 식량도 이미 바닥을 드러냈고, 배는 항로를 잃고 강한 바람에 따라 20일 동안 표류하다 가까스로 해안선에 닿을 수 있었다. 이곳이 바로 청주 장광군 뇌산 남쪽 해안으로 지금의 산동성 동남쪽 육주만 동북부이다.

이때가 412년 7년 14일로, 법현은 13년 동안 27개 국의 대장정을 마감하게 되었다. 그 후 법현은 『불국기』, 혹은 『역유천축기전(歷遊天竺記傳)』이라 불리는 구법여행기를 썼는데, 이것은 현존하는 가장 오래된 여행기라는 점에서 매우 중요한 역사적 가치를 지니고 있어 현장의 『대당서역기』, 혜초의 『왕오천축국전』과 더불어 동양의 3대 여행기로 불리고 있다.

법현은 불타발타라와 함께 「마하승기율」 40권, 「대반니원경」 6권, 「잡아비담심론」 13권 등의 경전을 번역하다가 형주 신사(辛寺)에서 86세로 입적했다.

구겸지

도교를 국교로 한 개혁자

일본의 도키와 다이조는 그의 저서 『도교발달사개설(道敎發達史槪說)』에서 남북조 이후의 도교는 둘로 나뉜다고 보고 있다. 그에 따르면 남방의 도교는 부적을 위주로 하고, 북방의 도교는 복식연양(服食煉養)을 주로 삼는다고 한다. 이 두 계통의 도교 가운데 북방의 도교가 하나의 큰 흐름을 형성하고 있다고 보고 있다. 이 도교는 크게 다음의 5기로 나눌 수 있다.

〔1기〕후한 장릉(張陵)이 천사도(天師道)를 세운 시대로 142년부터 410년까지의 277년간. 이 시대의 도사(道士)로 장릉을 비롯한 우길(于吉), 갈현(葛玄)이 있다. 이들은 장초(章醮)와 부적으로 포교하고, 음양오행을 설파했다.

〔2기〕교회의 조직시대라 할 수 있으며, 420년부터 580년까지의 160년간. 이때의 도사로 구겸지(寇謙之 : 363~448)가 유명하다. 이 시대의 특색은 불경의 체제를 모방하여 도경(道經)을 만들고, 그 형식과 내용을 갖추었다. 이 때 도교가 크게 흥성하여 불승들이 환속하여 도교에 입문하곤 했다.

〔3기〕교리연구 시대로, 수나라부터 오대까지의 581년부터 959년까지의 378년간. 이때 도교의 중심인물은 당 현종이다.

268

〔4기〕 교회의 권위 확립시대로 960년부터 1607년까지의 647년간. 이때 도교의 대표적인 인물로 왕흠약(王欽若), 장사종(張嗣宗), 금의 왕중부(王中孚), 원의 여희성(酈希誠), 장여재(張與材), 명의 장국상(張國祥) 등이 있다.

〔5기〕 퇴화시대로 1608년부터 오늘날까지이다. 이 시기는 특별한 발전이 없었다. 또한 양나라 때부터 불교와 혼합되던 폐단이 더욱 심화되었다.

이상과 같은 도교의 발달사 가운데 제2기 때의 구겸지는 북위의 태조에게 도교를 국교로 삼게 한 인물이다. 후한 말기에 형성되었던 태평도교(太平道敎)와 오두미교(五斗米敎)가 황건적의 난 이후 국가의 탄압을 받아 일시 침체상태에 빠지게 되었다. 그후 오호십육국 시대가 되어 사회가 혼란해지자 천사도가 나타났으며, 그 후 북위의 구겸지가 등장하면서 도교는 공전의 발전을 이루게 된다.

구겸지는 한인 귀족 구구지(寇恂之) 집안 출신으로 풍익 만년현(萬年縣)에서 태어났다. 그는 소년 시절부터 신선과 장생의 술법에 대해 이야기하는 것을 좋아해 장로(張魯)의 오두미도를 배우기도 했다. 오두미도는 병 치료를 주로 하는 신흥종교의 한 형태로, 병이 치료된 후에는 쌀 오 두(오늘날의 5승)을 바쳐 얻게 된 이름으로, 그들은 병자에게 자기가 저질렀던 잘못을 참회시키고 다시는 죄를 짓지 않겠다는 맹세를 시킨 후에 부적을 태워 그 재를 물에 풀어 마시게 하곤 했다. 구겸지도 오랫동안 그런 종류의 술법을 수행하여 천사(天師)의 자리를 얻었다.

어느 날 구겸지는 부근의 숙모 댁에 놀러갔다가 숙모 댁에서 일하는 성공홍(成公興)이라는 하인에 대해 호감을 갖게 되었다. 성공홍 또한 구겸지에게 깊은 인상을 받았다. 그로부터 2,3일 후 구겸지는 숙모댁 정원의 나무 그늘 아래 앉아 산술(算術)을 하다 어려운 문제에 부딪쳐 해결하지 못하고 고민을 하고 있었다. 그때 갑자기 성공홍이 구겸지 앞에 나타나 자기의 지시대로 해보라고 말하면서 구겸지에게 산술 공부를 가르쳤다. 성공흥의 지시대로 따르자 풀리지 않던 산술이 단번에 해결되었고, 구겸지는 크게 기뻐하며 성공흥의 능력에 감탄했다.

그로부터 얼마되지 않아 성공흥은 구겸지를 데리고 화산(華山)으로 가서 은둔하였고, 7년이 지난 후 성공흥이 죽었다. 그런데 성공흥이 죽은 지 이틀 후에 갑자기 두 명의 동자가 나타나자 죽은 성공흥이 침상에서 일어나 앉더니 구겸지에게 말했다.

"너는 지금부터 숭산(嵩山)으로 가서 수행하여라."

성공흥은 말을 마치자마자 두 명의 동자와 함께 밖으로 나가더니 홀연 종적을 감추었다. 이에 구겸지는 하남성 내에 있는 중국 5대 명산의 하나인 숭산의 동굴에서 20여 년을 은거하며 수행했다. 신단(神端) 2년(415)에 태상노군(太上老君 : 노자)이 여러 선녀들이 호위를 받으며 구름을 타고 숭산으로 하강했다.

구겸지는 태상노군으로부터 장로의 도교를 개혁하고 장릉천사(張陵天師)의 지위를 승계하라는 계시와 「운중암송신과지계(雲中暗誦新科之誡)」 20권의 비본을 받았다. 그리고 태상노군이 구겸지에게 말했다.

"이 책은 하늘과 땅이 열린 이후 아직 세상에 전해지지 않았는데, 이제 때가 되어 그대에게 주는 것이니 세상에 나가 이 신과(新科)를 선포하여 어지럽혀진 도교를 정돈하여라. 대도(大道)는 청허(清虛)한 것인데 어찌 돈과 쌀을 받는 일이 있겠는가?"

423년, 노자의 현손 이보문(李譜文)이 선인 적송(赤松), 왕교(王僑)와 함께 숭산으로 구겸지를 방문하여 「녹도진경(錄圖眞經)」 60여 권을 주며 말했다.

"당신이 이 「녹도진경」을 가지고 북방의 태평진군(太平眞君 : 북위의 황제)을 보좌하고, 도관(道觀)을 세워 백성들이 하루빨리 예를 올릴 수 있도록 하시오."

시광(始光) 원년(424), 북위 무제가 즉위하자 구겸지는 하산하여 수도 평성(平城)으로 가서 신천사도(新天師道)를 강연하면서, 선인에게

서 받은 경전을 즉위한 태무제(太武帝)에게 바쳤다. 그러나 대신들이 구겸지를 배척하여 그는 포교활동을 뜻대로 할 수 없었다.

북위는 본래 선비족(鮮卑族 : 터어키족)인 유목민족이 화북지방을 침입하여 세운 왕조로, 한인 귀족들의 지원을 얻지 못하면 통치해 나가기 힘든 상황이었다. 외래민족의 지배 하에 있으면서 자주 발생하는 문제는 한인 관료와 이족 통치자간에 서로 적대시하고, 의견이 대립하는 것이다. 더우기 이민족으로 유가의 천명설(天命說)에 의해서는 한민족을 통치할 수가 없었다. 이런 이유로 북위 조정에서는 유가에 맞서고 한민족의 사상을 지배할 수 있는 새로운 종교가 필요했다. 또한 당시 재상 최호(崔浩)는 통치자들이 신봉하는 불교를 배척하여 그들을 한화(漢化)하고자 생각하고 있었다.

구겸지가 포교하고자 하는 것은 안 최호는, 도교를 북위의 지배층이 신봉하는 불교를 배척하는 수단으로 삼기 위해 그를 적극적으로 지지하여 각종 의식과 경전을 편찬하는 데에 많은 도움을 주었다. 재상의 비호 아래 활발한 포교를 벌이는 구자겸의 노력으로 도교는 차츰 고위층들간에 신봉할 만한 종교로 부상했고, 이런 상황 하에서 도교에 접하게 된 태무제도 차츰 관심을 보이기 시작했다. 또한 태무제는 최호와 구겸지의 협력이 정치적으로 큰 효과를 발휘하게 되자, 도교를 더욱 신봉하여 적극 장려했다.

425년, 태무제는 전국에 걸쳐 도장(道場)을 세우고 숭산에 은거하며 수행하던 40여 명의 도사를 맞이하고, 나라에서 생활에 필요한 모든 비용을 대주는 조건으로 도사가 되고자 하는 사람 120여 명을 모집하고 자신을 태평진군이라 부르게 했다. 또한 나라 안의 불경을 불사르고, 불상과 사찰, 탑들을 철거하였으며, 50세 이하의 사문들을 환속시키자 승려들이 다른 나라로 흩어졌다.

446년, 태평진군 7년에 태무제는 부처를 오랑캐 귀신, 승려들을 건달로 규정하고 대대적인 폐불정책을 자행했다. 이것은 중국 불교사에 있어서 최초로 가해진 폐불사건이다. 이 사건은 그 후 북주의 무제,

당나라의 무제, 그리고 후주 세종 때의 폐불사건과 더불어 '삼무일종 (三武一宗)의 법난'이라고 불리고 있다.

이렇게 해서 마침내 도교는 북위의 국교로 지정되기에 이르렀다. 또한 북위황제의 신봉으로 도교는 크게 번성했으며, 그후로 황제들은 새로 즉위할 때마다 직접 도장의 제단에 예를 올리고 부록(符綠)을 받을 정도로 막강한 세력을 가지고 있었다. 구겸지는 장릉(張陵), 장형 (張衡), 장로(張魯)의 3대에 걸쳐 백성들에게 많은 폐해를 끼친 도교를 개혁했다. 북위의 국교를 총감독하던 구겸지는 나라 안의 온갖 부귀영화를 한몸에 누리다가 448년, 향년 58세로 세상을 떠났다.

구겸지가 세상을 떠난 후 태무제가 내시 종애에게 피살되고, 제위를 이은 문성제는 불교부흥령을 발표했다. 이것은 폐불정책이 단행된 지 겨우 6년 후인 452년의 일이다. 그 후 문성제는 도무제, 명원제, 태무제, 경목제, 그리고 자신을 위한 석가입상을 세우게 했다. 또한 승려 담요는 이들 다섯 황제를 부처로 한 거대한 불상 조성에 착수했으니, 이것이 바로 오늘날 운강석굴의 열 여섯 번째에서 스무 번째에 이르는 석굴이다.

4

수·당나라 시대

　　이 장에 수록된 인물 외에 이 시대의 인물로는 수나라를 창건한 수 문제 양견(楊堅), 수 문제를 보좌해 수나라 건국에 공헌한 양소(楊素), 『설사예집』을 남긴 문인 설도형(薛道衡), 『진백옥집』을 남긴 문인 진자앙(陳子昻), 당 태종을 보좌해 '정관의 치'를 이룩한 방현령(房玄齡)·위징(魏徵), 당 태종을 보좌해 돌궐을 평정한 명장 이정(李靖), 『왕자안집』을 남긴 문인 왕발(王勃), 당 현종을 보좌해 '개원의 치'를 이룩한 요숭(姚崇), 안사의 난을 평정하고 토번을 정복한 명장 곽자의(郭子儀), 『백씨장경집』을 남긴 문인 백거이(白居易), 『유선생문집』을 남긴 문인 유종원(柳宗元), 『원씨장경집』을 남긴 문인 원진(元縝), 『이의산시집』을 남긴 문인 이상은(李商隱) 등이 있다.

수 양제

해 지는 나라의 황제

후한 말기의 분열된 중국을 재통일한 것은 북주(北周) 선제(宣帝)의 외척 양견(楊堅)이다. 양견은 어린 정제(靜帝)의 선양을 받아 새 왕조를 창업하고 국호를 자신이 계승한 부친의 수국공(隨國公)의 '隨'에서 '走'를 뗀 '隋'를 국호로 삼고 문제(文帝)로 즉위했다. 589년 남조의 진(陳)을 멸망시킨 후 마침내 중국 통일의 대업을 이룬 문제는 궁중에서의 사치를 금해 피폐한 국고를 충실히 하고, 3성6부제(三省六部制)를 실시하여 중앙집권제를 한층 강화하고, 부병제(府兵制)와 균전제를 실시하여 백성들이 생업에 종사할 수 있도록 했다.

수 문제의 재위 24년 동안 수나라는 혼란을 벗어나 안정을 되찾고 번영을 향해 줄달음하고 있었다. 그러나 문제의 죽음으로 수 양제(煬帝 : 569~618) 양광(楊廣)이 즉위하면서, 밤낮으로 국정에 몰두하며 치적을 쌓아가던 문제의 모든 노력은 물거품이 되고 몰락에의 길로 들어서기 시작했다.

604년 7월, 문제가 병이 들자 태자 양광은 형 양용(楊勇)이 제위를 계승하게 되는 사태가 발생할까 걱정하여 대신 양소(楊素)에게 문제가 세상을 떠날 때의 동정에 주의하라는 쪽지를 보냈다. 그런데 궁인이 실수로 양소의 회답을 병석에 있는 문제에게 전해 주었다. 그것을 본

문제는 자신이 아직 죽지 않았는데 양광이 즉위를 준비하려는 것에 크게 분노하여 태자 양광을 폐위하고 양용을 태자로 삼는 조서를 작성했다.

이를 안 양광과 양소는 즉시 문제의 가짜 조서를 꾸며 유술(柳述)과 원엄(元嚴)을 체포하고, 측근 우문술(宇文述)에게 병사를 인솔하여 문제의 처소를 지키게 하여 사람들의 출입을 통제했다. 그리곤 문제의 시종들을 모두 밖으로 내보낸 후 자신의 심복인 장형(張衡)을 침실로 들여보내 문제를 살해했다. 그후 오래지 않아 형 양용마저 살해한 양광이 제위를 장악했다.

수 양제는 즉위하자 궁에 3천 미녀를 데려다 놓고 날마다 황음무도한 생활을 즐겨 중국 역사에서 평판이 나쁜 황제의 한 사람으로 손꼽힌다. 양제가 황제로 즉위하기까지 가장 큰 역할을 한 사람은 모친인 독고황후(獨孤皇后)이다.

강력한 권력을 휘두른 문제도 중국 역대 황후 가운데 가장 질투가 심한 황후로 알려진 독고황후 앞에서만은 온순한 양이 되었다. 황후의 질투로 인해 후궁들은 황제의 총애받는 것을 꺼려할 정도이며, 문제 또한 드러내놓고 후궁을 총애하지 못했다. 그러므로 문제의 다섯 아들은 모두 정비인 독고황후의 몸에서만 태어났다.

수 문제는 본래 장자 양용(楊勇)을 태자로 삼았었으나, 둘째 아들인 진왕 양광(楊廣)이 황위 계승을 꿈꾸고 있었다. 양광은 자기의 목적을 달성하기 위해 후궁들에게 질투심 많은 모친의 성격을 이용하여 아내 소비(蘇妃)만을 사랑하는 듯 꾸며 독고황후의 비위를 맞추고, 한편으로는 중신 양소(楊素)를 포섭하여 문제에게 진언하게 했다.

"황태자를 다시 가려뽑는 것이 나라를 위해 유익할 것입니다."

본래 의심많던 문제는 황태자 양용이 자기의 지위를 위협한다고 생각했었다가 호랑이같은 황후의 권고와 중신 양소의 말을 듣곤 진왕 양광을 불러들여 황태자를 체포하고, 그를 폐위시켜 서인으로 만들었다. 이것이 개황 20년(600), 양광이 32세 때에 발생한 사건이다.

그로부터 4년이 지난 후, 병이 들어 인수궁(仁壽宮)에 누워있던 문제는 자기가 황태자를 바꾼 것이 큰 실책이라고 깨닫고 장자 양용을 다시 태자로 세우려다 끝내 성공하지 못한 채 아들에 의해 살해되고 말았다. 문제를 죽이고 난 양광은 그날 밤 오랫동안 눈독을 들여온 문제의 후궁인 진부인(陣夫人)의 처소로 달려가 자기의 색욕을 채우고 말았다. 이같은 패륜행위로 말미암아 양제의 악명은 더욱 사람들의 입에 오르내렸다. 그러나 양제가 진부인을 능욕했다는 이야기는 패관야사(稗官野史)로 고증이 불가능해 그다지 신빙성있는 것은 아니다.

양제가 즉위한 것은 36세 때로 한창 혈기가 왕성한 시기였다. 그는 제위를 물려받기 위해 오랜 시간을 은인자중하다 일단 권력을 잡자 평소 자기가 마음먹었던 대로 독단으로 국정을 처리하기 시작했다. 그가 가장 먼저 손을 댄 일은 대운하를 만드는 것이었다. 수도 장안은 관중의 서북쪽에 위치하며, 관중은 매우 비옥한 땅으로 장안의 식량을 공급하고 있었다.

그러나 동한 말기 이후 오랜 전쟁을 겪자 물사정이 크게 나빠져 부득이 관중 이외의 지방, 특히 새로 개발한 강남, 즉 양자강 하류의 강소와 절강 일대에서 대량의 식량을 운반해 와서 대제국의 경제를 유지해야 하는 상황이었다. 이에 양제는 즉위한 지 2년이 되던 해에 백여만 명의 백성들을 동원해 황하유역의 변주(汴州 : 하남성 개봉현)의 동남쪽으로 흐르는 변하(汴河)를 연결하는 운하를 파기 시작하니 이 운하가 바로 통제거(通濟渠)이다. 또한 같은 해에 회수와 양자강의 방구(邦溝)를 잇는 공사를 벌이니 이때에도 백성들을 동원해 노역을 시켜 그들의 고역은 이루 말할 수가 없었으며, 곳곳마다 원성이 안들리는 곳이 없었다.

대업 4년(608)에 다시 황하에서 북쪽의 탁군의 수로를 연결하는 공사를 시작하니 이것이 영제거(永濟渠)이다. 탁군은 지금의 북경에 해당하니 동북으로 전진하는 근거지가 되는 지방이다. 이 공사를 시작할 때는 이미 다른 곳에서의 공사로 많은 인력이 차출되어 사람이 모자라자 여자들도 강제 징발하여 노동하게 했다. 일찌기 없었던 이런 일들로 인해 항상 대규모 공사를 벌여 국고를 낭비하고, 백성들을 부리던 양제는 후세의 비난을 면치 못했다.

이런 공사를 한 두 곳만 추진해도 막대한 재정과 인력이 소모되는데, 양제는 이것을 고려하지 않고 다시 양자강 남안의 경구(京口)에서 여항(餘杭)을 연결하는 강남하(江南河)의 공사를 단행했다. 지칠줄 모르는 양재의 독려 하에 모든 운하 건설이 완성되는데 꼬박 4년이 걸렸고, 이 운하의 총 길이가 약 1,500km이니, 짧은 공정 기간과 끝없이 이어져 도도히 흐르는 운하의 길이와 넓은 폭은 일찌기 어느 왕조도 감히 엄두를 못냈던 일이었다.

그러나 운하를 완성한 뒤로 양제의 사치와 방탕함 또한 극에 이르렀다. 그는 거대한 운하를 자신의 유원지로 삼아 크고 호화로운 배를 띄워 현란함을 과시하며 향락을 즐기니 헐벗고 굶주린 백성들의 생활은 날로 궁핍해갔다. 운하에 띄운 배 가운데 양제가 탄 배를 용주(龍舟)라고 부른다. 이 배는 사층 높이로 다른 배에 비해 월등히 크고 길어 그 위용을 자랑하며, 이 배를 호위하며 따르는 배들의 모양도 각양각색으로 밝은 태양 아래 현란하게 빛났고, 이런 배들의 행렬은 90km에 달했다고 한다.

양제는 통제거와 방구를 완성할 때, 자신이 직접 통항례(通航禮)를 거행했는데, 그 운하의 폭이 60미터, 운하의 양쪽에 사람이 다닐 수 있는 길을 만들고, 길 양쪽에는 간격을 일정하게 맞추어 버드나무를 심어 '어도(御道)'라고 불러 황제 전용도로로 삼았다.

또한, 장안과 양주 사이에 이궁(離宮) 40여 개를 세워 자신이 거처를 바꿔가며 즐기는 장소로 사용하였다. 그 이궁들 가운데 양주에 있는 이궁은 특히 장엄하고 화려하여 보는 사람으로 하여금 절로 감탄을 하게 했다. 그러나 이궁을 짓기 위해 관리들은 백성들의 고혈을 짜냈고, 여기에 소모된 자금이 천만 금이니 백성들의 생활은 구태여 말하지 않아도 짐작할 만한 일이다.

유희를 할만한 모든 여건을 갖추자 양제의 방탕은 나날이 심해갔다. 양주 이궁의 화려한 궁에는 전국 각지에서 뽑혀 온 미녀들이 밤마다 자기 방문 앞에 엎드려 있으면 양제는 하나하나 순시를 하며 각 미녀들 앞을 지나갈 때마다 발로 그녀들의 벗은 엉덩이를 밟았다. 그러다가 어떤 미녀 앞에 미끄러지면 그 미녀가 그날 밤 양제를 모시는 행운을 얻게 되는 것이다. 이런 음란이 극에 달한 유희는 황제를 제외하고는 감히 상상도, 흉내낼 수도 없는 것이다.

수 양제는 대외정책에 있어서 많은 관심을 가지고 있었다. 북방의 돌궐은 흉노의 다른 종족으로 세력이 특히 강대하여 수나라를 위협하자 장성을 축성하여 그들의 침입을 막았었다. 문제 때 돌궐이 내분을 일으키자 수나라는 원교근공(遠交近攻), 이강합약(離强合弱) 정책을 써서 그들을 서로 의심하게 만들었다. 양제는 이런 문제의 정책을 사용하여 내몽고 평원지역으로 이주한 유목민 가한(可汗 : 통치자라는 뜻)의 신분을 높여주고, 그들에게 북방의 다른 세력들을 견제하게 하면서 가한에게 공주를 시집보내 평화를 유지했다.

또한 대업 3년(607)에는 양제가 직접 장성을 순시하면서 가한을 행궁으로 초대해 연회를 베풀어주고, 이어서 자신이 직접 그의 몽고포(蒙古包)를 방문했다. 그리고 백성 백만여 명을 징발하여 장성을 보수하게 했다.

그리고 양제는 서역으로 세력을 확장하는데도 큰 성과를 거두었으니, 그의 이런 치적은 모두 명신 배구(裵矩)가 보좌한 공로이다. 배구는 앞을 내다볼 줄 아는 인물로 장차 서역 각 나라와의 무역의 중요성을 깨닫고 천리길도 마다않고 직접 서역으로 가서 유세했다. 그의 이런 노력의 결과로 서역 각국뿐만 아니라 서양의 상인들도 육로를 통해 중국으로 와 양제의 환대를 받았다.

양제는 서양의 상인들에게 수나라의 부유함과 위용을 과시하기 위해 객점을 하는 백성들에게 서양인이 그들 객점 앞을 지나가면 그들에게 무료로 식사하게 하도록 명령했다. 영문을 모르는 서양인들이 그 이유를 물으면 상인들의 대답은 한결같이, "우리 중국은 모든 것이 풍부하여 먹는 것에는 일체 돈을 받지 않는다"라고 말하는 것이다. 또 겨울에는 거리 양옆에 줄지어 선 가로수에서 봄을 느낄 수 있도록 현란한 무늬가 수놓인 비단으로 감아 그들을 놀라게 했다.

동남아를 향한 확장에서도 양제는 큰 성공을 거두어, 즉위한지 2년이 되던 해에 출병하여 임읍(林邑)을 정벌했다. 임읍은 지금의 월남 남부로, 수도가 광남(廣南)인 독립국이었다. 수나라는 해군의 활약으로 광남까지 점령한 뒤 많은 물자를 약탈하고 돌아왔다. 그로부터 다시 2년이 지난 후 유구국(流求國)에게 조공을 바치게 했다. 유구국이 지금의 어느 곳인지 확실하지 않으나, 유구(琉球 : 일본의 오키나와)라는 것이 비교적 근거있는 설이다.

또한 적토국(赤土國)이라는 곳으로 사신을 보내 조공을 바치도록 강요했다고 하는데, 이곳은 지금의 타일랜드라는 사람도 있고, 어떤 사람은 수마트라라고도 하나 확실히 밝혀지지 않았다.

한편 동쪽의 고구려와 일본 또한 수나라를 이야기하면서 빼놓을 수 없는 중요한 관계가 있다. 대업 4년(608)에 일본의 성덕태자(聖德太子)가 사신을 수나라에 파견하여 국서를 전달했는 데, 그 내용은 양제를 펄펄 뛰게 만들었다.

해뜨는 곳의 천자가 해지는 곳의 천자에게 편지를 보낸다. 잘있는가? (日出處的天子, 致書日沒處的天子, 安好否)

지극히 간단하고 오만무례하며 멸시하는 듯한 이 글을 읽은 양제가 기분이 좋을 리 없었다. 양제는 홍려경(鴻臚卿)에게 말했다.

"오랑캐의 서신이 이렇게 무례하니, 앞으로 이런 무례한 서신을 다시는 올리지 않도록 해라."

이렇게 사치가 극에 달했고, 막대한 토목공사로 나라의 재력을 바닥낸 양제는 한반도의 고구려를 정복하고자 출병함으로써 스스로 무덤으로 들어가는 길을 재촉하게 되었다. 수나라와 국경을 접하고 있던 고구려가 돌궐과 연합할 것을 두려워 한 양제는 대업 8년(612) 정월 몸소 대군을 인솔하고 고구려를 정복하기 위해 육군 총사령관에 우문술(宇文述), 해군 총사령관에 내호아(來護兒)를 임명하고 동으로 향했다.

그러나 육해군의 협조가 원만히 이루어지지 않은데다 병사들에게 냉혹하고 엄격하게 한 양제의 행위로 인해 전군의 사기가 침체되어 있었다. 고구려의 수도 평양을 겨우 30리 앞에 둔 채 원활한 보급이 이루어지지 않은데다 고구려군의 끈질긴 지구전과 유격전으로 양제의 백만 대군이 우롱당했다.

당시 고구려의 총사령관인 을지문덕은 먼길을 원정오느라 지친 수군을 평양성까지 유인해 그들을 더욱 지치고 굶주리게 만들었다. 이미 전의를 상실한 수나라 대군이 후퇴하자 그 동안 곳곳에 숨어있던 고구려군들이 공격을 시작했다. 이렇게 해서 수의 대군은 제대로 공격 한 번 하지 못하고 궤멸되었다. 허둥지둥 도망치던 수군이 살수를 건널 때 을지문덕은 상류를 막은 둑을 트라는 명령을 내렸다. 결국 살수를 건너 살아 돌아간 수나라군은 3천여 명에 불과해 군대라고 할 수 없을 정도로 크게 패했다.

이 전쟁에서의 참패는 양제의 자존심을 상하게 했고, 이를 만회하기 위해 양제는 다시 병마를 징발하고, 무기와 전차, 배를 새로 만들고, 전국에서 군량미를 거두어 들이는 등 중국의 물자와 병사들이 총동원되었다. 그러나 이런 소요로 인해 수확하는 시기를 놓쳤고, 이것이 원인이 되어 곡식의 가격이 폭등했으나 양제는 다시 고구려 원정을 감행했으니 이때가 대업 9년(613)이다.

그러나 수나라 군사들이 고구려 요동성을 공격하여 양군이 교착상태를 형성하고 있을 때, 중국 본토에서는 재상 양소의 아들인 초국공(楚國公) 양현감(楊玄感)이 후방 병참기지인 여양(黎陽)에서 반란을 일으켰다. 반란에 나라가 위태롭다는 전갈을 받자 양제는 회군할 수밖에 없었다. 황급히 회군한 양제는 두 달만에 양현감의 반란을 진압하고, 반란에 협조한 사람은 물론 양현감이 낙양을 공격한 후 식량창고의 문을 개방했을 때 곡식을 받아간 백성 6천여 명까지 낙양성 남쪽에 생매장했다. 그의 이같은 만행에 백성들은 물론 대신들도 분개하며 때를 기다리고 있었다.

그러나 양제는 이런 백성들의 원성도 아랑곳하지 않고 이듬 해인 대업 10년(614)에 다시 고구려 정벌을 시도했다. 그리고 내호아가 인솔한 수군에 의해 고구려군은 패수(唄水 : 대동강)에서 크게 패했다. 이때 고구려왕은 사자를 보내 항복문서를 전달했다. 항복문서를 받은 수 양제는 크게 기뻐하며 회군하기로 결정했다. 하지만 고구려 왕의 항복은 단지 수나라 군대를 철수시키기 위한 책략이었을 뿐이며, 고구려는 수도 평양에서 한 발자국도 물러나지 않았으며, 수나라에 조공을 바치지도 않았다.

세 차례의 고구려 원정의 실패는 양제의 권위를 크게 손상시켰고, 전쟁 수행으로 인해 피폐된 전국 각지에서 백성들은 도둑떼로 변했으며, 나라가 혼란한 틈을 타고 군웅의 할거가 130여 곳에 달했다. 이미 심신의 호기를 상실한 양제는 양주의 이궁에 칩거하여 세상 돌아가는 일을 잊고자 했다.

수도 장안과 낙양이 모두 반군의 손에 들어가자 양주를 지키던 병사도 동요하였다. 대세가 이미 기울었다는 것을 깨달은 양제는 이미 교착상태를 타개해 보려는 의욕을 잃고 하루종일 비빈을 옆에 끼고 희롱하며 입에서 술을 떼지 않았다. 그리고 가끔 거울을 보고 혼자 중얼거렸다.

"내 머리가 누구의 손에 떨어질까?"

일대의 호응으로 호령하면 천하가 벌벌 떨던 수 양제의 처지가 이렇게 낭패한 지경에까지 이르게 된 것이다.

반란군의 세력이 양주의 이궁을 향해 점점 다가오자 마침내 곁에서 보위하던 신하들이 반란을 일으켜 양제의 12살 된 아들이 양제의 눈

앞에서 살려달라고 애원하다 내려치는 칼에 맞아 땅 위를 뒹굴었고, 아들의 피가 양제에게까지 튀어 앞가슴이 온통 붉게 물들었다.

"천자가 어찌 아무렇게나 죽을 수 있겠느냐? 가서 독약을 가져 오너라. 내 스스로 목숨을 끊으리라."

그러나 죽음 앞에 임박한 황제의 마지막 몸부림에 누구도 따르는 사람이 없었다. 결국 신하들이 양제의 몸에 걸쳤던 비단으로 그를 목 졸라 죽이니 대업 14년 3월 11일 여명이 밝아오는 무렵이었다. 이때 수 양제의 나이가 겨우 49세이다.

당 태종과 당 현종

태평성대의 통치자

태종(太宗 : 598∼649)과 현종(玄宗 : 683∼762)은 모두 그들의 묘호(廟號)이다. 태종의 제호(帝號)는 문무대성대광효황제(文武大聖大廣孝皇帝 : 廣帝)이고, 현종은 지도대성대명효황제(至道大聖大明孝皇帝 : 明帝)이다. 묘호든 제호든간에 이것은 모두 황제가 서거한 후에 추존되는 시호이다.

묘호는 황제의 혼령을 태묘에 올려 제사지낼 때 추존되어지는 이름이며, 일반적으로 건국시조의 묘호는 고조(高祖)나 태조(太祖)로 붙이는 것이 많다. 제호는 황제가 생전에 세운 업적으로 판단하여 붙여지는 칭호로, 시대의 변천에 따라 신하가 선제의 덕을 칭송하는 의미가 내포되어 있다. 그러므로 점점 각종 아름다운 문구나 성스러운 말이 많이 붙어 번잡스럽고 별 의미없는 의례적인 명칭으로 변해버리는 일이 많다. 이와 같은 대표적인 제호로 송 태조를 들 수 있다. 송 태조의 제호는 '계운립극영무예문신성성공지명대효황제(啓運立極英武睿文神聖聖功至明大孝皇帝)'로 아주 길게 붙여졌다.

중국 역대 황제에게 추존되는 묘호 가운데 '태종'이라 불리는 황제는 대개 갓 창업한 나라의 기틀을 공고히 한 뛰어난 인물로, 후세 황제들은 그들의 업적을 바탕으로 비교적 안정된 상황에서 나라를 통치하곤 한다. 이런 대표적인 인물로 당 태종 이세민(李世民)을 꼽을 수 있다.

당 고조(高祖) 이연(李淵)은 한 나라를 개국한 황제로서는 보기 드문 어리석은 사람이었으나 세 아들의 노력에 의해 당나라를 건국한 황제가 되었다. 수나라 말기에 군웅이 할거할 무렵 이세민은 수나라에 반감을 가지고 비밀리에 호걸들을 규합하여 인재를 양성하는 한편 태원유수(太原留守)인 부친 이연에게 천하 탈취의 야망을 권했다. 결국 이연은 617년 여름 양제가 자신을 감시하기 위해 파견한 왕위(王威)와 고군아(高君雅)를 처단하고 장안을 공격해 들어가 이듬 해인 618년 역사 속에 당나라의 이름을 기록할 수 있게 되었다.

당 고조(高祖) 이연은 등극한 후 큰 아들 이건성(李健成)을 태자로 봉하고, 진왕(秦王) 이세민은 상서령(尙書令 : 재상)으로 봉해 정무를 집행하게 하고, 막내 이원길(李元吉)을 제왕(齊王)으로 봉했다.

비록 새 왕조를 세웠으나 아직 많은 군벌들이 위협이 남아있는 당나라로서는 전후좌우의 군벌 세력을 제거해 나가야 하는 상황이었다. 이때 가장 뛰어난 활약을 한 인물이 바로 이세민이었다. 그는 뛰어난 용병술로 설거(薛擧)와 그의 아들 설인고(薛仁杲), 유무주(劉武周), 왕세충(王世充) 등을 제거해 나갔고, 이와 더불어 그의 휘하에는 뛰어난 장수와 참모들이 몰려들어 천하를 통일하는데 기초가 되었다.

진왕 이세민의 세력과 명망이 날로 높아지자 이를 가장 두려워 한 사람은 바로 태자 이건성이었다. 그는 태자인 자기를 능가하는 이세민의 세력을 꺾기 위해 제왕 이원길과 연합하여 기회를 엿보고 있었다. 그러나 그들의 동향을 눈치 챈 이세민은 626년 6월 4일, 부하들을 궁성의 북문인 현무문(玄武門)에 매복시켜 형과 아우를 죽이니 역사에서는 이 사건을 '현무문의 변'이라 한다. 하루 아침에 두 아들을 잃은 이연은 크게 한탄하였으나 사태는 이미 돌이킬 수 없었다.

그로부터 며칠 뒤 이세민은 황태자로 봉해졌고, 3개월 뒤인 9월에 제위를 승계하니 이때 그의 나이 28세이다. 당 2대 황제로 등극한 이세민은 연호를 '정관(貞觀)'이라 했다. 당시 당 태종의 주위에는 방현령(房玄齡), 두여회(杜如晦), 위징(魏徵), 이정(李靖) 등과 같은 명신들이 보좌하여 학문과 무력이 고루 융성한 '정관의 치(貞觀之治)'를 이루니, 이 시기는 중국 역사에서 손꼽히는 태평성대가 되었다.

위징의 정사에 대한 기본사상은 유가의 덕치정치를 적극 추진하는 것이다. 이에 따라 태종은 유가의 "國以民爲本(나라는 백성을 근본으로 삼는다)'으로 국내의 평화를 유지하고, 요역을 완화함으로써 백성들의 갈망에 부합하였다. 그러므로 이 시기에 물자가 풍부하고 백성이 안락하여 천하가 태평해 거리에 물건이 떨어져도 아무도 그것을 주워가는 사람이 없고, 도둑질하는 사람이 없었다고 한다.

이때의 치세로 당나라 300년의 통치 기반이 견고하게 다져졌고, 후세 군주들의 모범이 되었다. 태종이 죽은 후 오긍(吳兢)이 태종과 군신들간의 문답을 기록한 『정관정요(貞觀政要)』에서 나라를 다스리는 태종의 자세를 엿볼 수 있으며, 후일 이 책은 제왕들이 읽어야 할 필독서가 되었다.

태종은 즉위한 후 열심히 나라를 다스리고 백성을 사랑하는 것을 국사의 근본으로 삼았으며, 언제나 납간(納諫)하였다. 납간이란 황제가 허심탄회하게 신하의 의견을 받아들이는 것이다. 어느 날 태종이 위징에게 물었다.

"어떤 황제가 총명하고, 어떤 황제가 어리석은가?"

"신하의 간언을 겸손하게 들으면 총명하고, 치우쳐 들으면 어리석습니다."

위징의 말을 들은 태종은 그의 말을 옳다고 여기고 재상과 국사의 대사를 의논할 때에는 간신(諫臣)도 참석하여 황제의 잘못을 지체없이 지적하도록 했다. 이렇게 태종이 신하의 간언을 격려했기에 조정회의 때에 대신들은 언제나 자신의 견해를 자유롭게 제시할 수 있었다.

한번은 위징이 직간할 때 태종이 그의 말에 크게 노했다. 그러나 위징이 태종의 분노에도 아랑곳하지 않고 계속해서 직간하자 마침내 화를 참지 못한 태종이 자리를 박차고 나가 버렸다. 황후에게 간 태종은 여전히 화가 풀리지 않아 중얼거렸다.

"내가 언젠가는 이 시골뜨기를 죽이고 말리라."

곁에 있던 장손황후(長孫皇后)가 이 말을 듣고 누구를 말하는 것이냐고 물었다. 그러자 태종이 대답했다.

"위징은 언제나 조정에서 나를 사정없이 질책한다오."

"소첩은 주군이 밝으면 신하가 직간한다고 들었습니다. 위징이 그와 같이 충직하게 직간하니 폐하가 명군이라는 것을 설명하는 것이군요."

이 말을 들은 태종은 즉시 화를 풀었다고 한다. 후일 위징이 죽자 태종은 통곡을 하며 말했다.

"거울이 있음으로 의관을 바로잡고, 역사를 거울로 삼아 나라의 흥망을 보며, 사람을 거울로 삼아 하는 일의 득실을 알 수 있다고 했는데, 이제 위징이 죽었으니 나는 거울을 잃었구나."

정관 4년(630), 국가 경제가 조금 나아지자 태종은 낙양의 건원전(乾元殿)을 중수하여 순행할 때 이용하려고 했다. 건원전은 예전에 이세민이 낙양을 공격할 때 너무 사치스럽다고 헐어버리도록 명령했던 건물이었다. 그런데 이제 10년도 지나지 않아 다시 중수를 명령한 것이다. 이 소식을 들은 급사중(給事中) 장현소(張玄素)가 현재의 정치·경제의 정황을 상세히 분석하며, 중수한다면 수 양제와 조금도 다를 바가 없다고까지 썼다. 결국 태종은 자신의 잘못을 시인하고 중수 명령을 취소하는 한편 장현소에게 비단 200필을 하사했다.

벼슬의 고하를 막론하고 신하들의 의견을 소홀히 하지 않고, 자기의 잘못을 지적할 때는 과감히 시인하고, 직언한 관리에게 상을 내리는 태종의 태도로 당시 조정에서는 직간하는 것이 하나의 유행처럼 되었다고 한다.

후일 당 태종은 신라의 요청에 의해 3차례에 걸친 고구려 원정을 단행했으나 별 성과를 얻지 못했다. 이때 회군하던 태종은, "위징이 아직 살아 있다면 내가 원정하는 것을 만류했을텐데" 하며 아쉬워 했다.

태종의 이런 솔직하면서도 과감한 포용력과 인재를 알아보고 등용할 줄 아는 안목이 그를 역사 속의 명군이 되게 한 요인이기도 하다. 태종은 군웅을 평정하고 난 후 사람의 출신을 따지지 않고 능력을 위주로 하여 군웅들 가운데 뛰어난 인재를 가려뽑아 자신의 심복으로 삼았다. 이런 정책으로 당나라 초기의 위협이 되었던 돌궐인들에게도 한족과 구별하지 않고 관직을 내려 돌궐이 망한 후 서북의 많은 제후들이 장안으로 와서 황제의 알현을 청하곤 했다.

또한 태종은 정권을 공고히 하기 위해 고금의 법전에 정통한 인재를 뽑아 법률을 수정, 편찬했다. 이렇게 10여 년이 지난 후 정관 11년(637)에 당률(唐律) 12편을 반포했다. 이 정관 당률은 수나라의 법률에 의거하여 제정된 것이지만 항목을 간단히 하면서 형벌과 내용을 완비했고, 사법기관의 직권범위를 분명히 해 후일 송·명 등의 법전의 규범이 되었다.

태종은 자신이 국내와 변경의 이민족을 모두 평정하고 대업을 이룰 수 있었던 것에 대해 다음과 같이 말했다.

"내가 성공한 원인은 내게 다섯가지 신조가 있기 때문이다. 첫째로 나는 다른 사람의 재능을 보면 그것이 나의 재능이라고 여기고 기뻐하고, 둘째는 사람을 쓸 때 그의 장점을 쓰고, 단점의 사용을 피한다. 셋째는 인재를 중용하면 그들의 잘못을 용서하고, 그들에게 적당한 대우를 해 준다. 넷째로 나는 정직한 사람을 견책하지 않을 뿐만 아니라 포상하고, 다섯째로 나는 중화(中華)를 귀히 여기고 이적(夷狄)을 천하게 여기는 편견에 빠지지 않고 한족과 한족이 아닌 사람들을 똑같이 취급한다. 이것이 오늘날 내가 성공할 수 있었던 원인이다."

역대 보기 드문 명군의 하나였던 당 태종도 죽음에 임박해서는 장생불로의 욕구에 사로잡혀 천축(天竺)의 방사(方士)가 준 장생약(長生藥)을 먹었다. 그러나 이들 약은 대개가 수은, 유황, 비상 등의 광물질을 조합하여 만든 것으로 많은 부작용을 초래했다. 그리하여 장생약을 먹은 태종은 병을 얻어 앓다가 정관 23년인 649년 5월, 51세의 나이로 세상을 떠났다.

당 태종의 '정관의 치'를 이어 당나라가 태평성대를 구가한 때는 당 현종의 '개원의 치'이다. 제2의 칙천무후(則天武后)가 되려는 야망을 키우며 정권을 장악하던 중종(中宗)의 비인 위황후(韋皇后) 일족을 제거한 임류왕(臨溜王) 이융기(李隆基 : 685∼762)는 자신의 부친 상왕(相王) 단(旦)을 예종(睿宗)으로 복위시키고 태자가 되었다.

그리고 예종은 즉위 3년만인 태극 원년(712), 제위를 태자에게 물려주니 그가 바로 당나라 6대 황제인 현종이다. 당나라의 새 황제로 등극한 28세의 영명한 젊은 군주는 즉위한 지 2년 후 연호를 개원(開元)이라 하고, 요숭(姚崇), 송경(宋璟), 장설(張說), 한휴(韓休), 장구령(張九齡) 등과 같은 명신의 보좌를 받으며 밤낮으로 정사에 몰두했다. 현종은 백성들의 고초를 덜어주기 위해 부역을 완화하여 생업에 종사할 수 있도록 하니 천하는 태평성대를 구가하였고, 이에 따라 호구도 늘어 나라의 재정 또한 윤택해졌으며, 황제의 덕을 기리며 각계각층에서 궁궐로 진상하는 물품으로 장안은 공전의 번영을 누리고 있었다. 이 시기는 당나라 융성의 정점이라 할 수 있다.

당나라 최대의 강적은 동쪽의 돌궐로, 그들은 거칠고 강한 세력을 가지고 때로 당의 국경을 넘보던 민족이다. 그러나 당나라는 교묘한 전술로 공격하여 돌궐족을 무너뜨리고, 가한(可汗)을 폐지시켜 그들을 도독부, 주, 현 등 각처로 분산 이주시켰으며, 족장을 당나라 관리로 임명하고 선우도호부를 설립하여 그들을 감시했다.

또한 한반도에 안동도호부를 설치했었으나 신라의 반발로 요동으로 철수하고, 신라 왕의 한반도 통치를 승인하였다. 그리고 수나라에 이어 계속 공략해 오던 서역은 당 태종이 고창국(高昌國)을 멸망시키고 안서도호부를, 칙천무후가 북정도호부를 세움으로써 서역으로의 교통로를 확보하여 인도와 페르시아 문화의 유입이 용이하게 했다.

이와 같은 당나라 초기의 영역은 서쪽으로는 천산 남북로, 파미르 서쪽, 서남쪽으로는 사천과 운남, 동쪽으로는 한반도 북부, 남쪽으로는 베트남 동북부에까지 이르렀다.

마침내 당나라를 중심으로 새로운 국제관계가 형성되면서 아시아의 정치와 문화의 교류가 이루어졌으며, 이것은 당나라가 세계제국이 되게 한 중요한 원인이다. 또한 이 가운데서 가장 강력한 권력과 부를 가진 사람은 당나라의 황제이니, 그 위세와 권력의 막강함은 상상할 수 없을 정도였다.

당나라는 한 발 더 나아가 멀리 네팔에서부터 서쪽으로 서역의 각 국과 왕래하였다. 육로로는 비단길을 돈황에 집중하고 장안으로 왕래했으며, 해로로는 인도, 페르시아, 아라비아의 무역선이 교주, 광주, 천주, 명주, 항주 및 양주의 각 항구로 들어왔다. 당시 당나라의 수도 장안은 인구 백만여 명이 운집해 있으며, 세계 각 나라의 이국정취를 모두 볼 수 있는 국제도시로 이름을 날렸다.

현종 때의 풍요로움을 가장 잘 느낄 수 있는 때는 정월 보름이다. 정월 보름은 도교에서 가장 중요시여기는 상원제일(上元祭日)로, 이 날을 중심으로 앞뒤 전후를 '원소관등(元宵觀燈)'이라 한다. 해마다 이때가 되면 장안, 낙양과 같은 대도시에서는 집집마다 등롱을 거는데, 거리와 부잣집 대문 앞에는 현란한 등롱 나무를 심어 휘황한 등을 점화하면 마치 대낮같이 밝은 거리의 모습은 속세라기보다 차라리 천상의 모습이라 할 수 있을만큼 아름다운 풍경을 드러내고 있었다.

당나라 때에 모든 성에는 성곽이 있어 평상시에는 밤이 되면 성문과 시정의 출입문을 모두 닫아 통행을 금한다. 그러나 '원소관등'의 저녁에는 이런 금지가 해제되고, 전국의 남녀노소, 빈부귀천의 차이 없이 모두 일손을 놓고 근심걱정을 떨쳐버리고 거리로 나와 노래 부르고 춤추며 하루를 즐긴다. 궁녀들도 떼지어 거리로 나와 떠들썩한 거리의 풍경을 구경하기에 정신없는데, 일반 백성들은 아름다운 비단

옷을 걸치고 머리에 꽂힌 옥잠을 장식한 보석들이 불빛을 받아 영롱하게 빛나며 곱게 화장한 궁녀들이 옆을 지나갈 때 코끝을 스미는 향기에 도취한다.

현종 또한 이런 날이면 거리로 나가 자기의 치세를 즐기고 싶은 유혹을 이기지 못하여 백성들과 어울려 마음껏 즐긴다. 그러나 다음 날이면 강직하고 근엄한 동평장사(同平章事) 한휴가 이 일을 알까 두려워 측근들에게 은밀히 묻는다.

"내가 어젯밤에 거리 구경한 것을 한휴가 모르겠지?"

그러나 현종의 말이 끝나기 무섭게 근엄한 표정의 한휴가 들어와 현종에게 간언하곤 한다. 세계 각 나라의 사신들이 그 앞에서 감히 얼굴도 들지 못하고 꿇어 엎드린 채 예를 올리는 천하의 현종도, 대보름날 지나치게 놀기를 탐하여 재상에게 간언을 들을까 위축된 모습을 생각하면 귀엽고 순진한 일면을 보여주고 있다. 태종과 마찬가지로 현종이 이런 충직한 간언을 두려워하고 받아들였기에 개원의 치세를 이룰 수 있었던 것이다.

그러나 개원 30년, 연호를 천보(天寶)로 고친 현종은 이때부터 정사를 돌보지 않고 혼음방탕, 사치, 환락에 빠져 당나라의 위기를 조성했다. 현종 말년의 재상 이임보(李林甫)는 오직 현종과 그의 비빈들에 대한 아첨으로 현종의 총애를 얻어 19년이라는 긴 세월 동안 현종의 눈과 귀를 통제했다.

또한 그칠줄 모르는 사치와 향락 속에서 귀비 양옥환(楊玉環)에게 몰입하여 정사를 돌보지 않는 현종, 부병제의 와해로 대체된 모병제로 막강한 세력을 가진 절도사의 등장 등등이 원인이 되어 당나라는 서서히 쇠퇴의 길로 치닫기 시작한다.

총애하던 무혜비(武惠妃)를 잃고 시름에 젖어있던 현종과 아들 수왕(壽王) 이모(李瑁)의 비인 양옥환의 만남이 당나라를 병들게 한다. 현종은 양귀비와의 환락에 젖어 헤어날 줄 모르고, 그를 대신하여 환관들이 아직 잠자리에서 일어나지 않은 황제와 대신들 사이를 오가며 국정을 처리했다.

이런 상황 아래 천보 15년(756), 양국충과 평로(平盧), 범양(范陽), 하동(河東)의 절도사인 안록산(安祿山) 사이에서 벌어진 권력다툼은 '안사의 난'으로 확대되었고, 이로 인해 피난길에 오른 현종은 끝내 총희 양귀비를 잃고 제위를 아들 이형(李亨 : 肅宗)에게 물려주었다. 태상황이 되어 태극궁(太極宮)에 유폐되었던 현종은 그의 나이 78세 때인 762년에 세상을 떠났다.

현장과 의정

법상종과 화엄종을 연 고승

현장(玄奬 : 602~664)은 많은 사람들의 입에 오르내리는 『서유기』에 나오는 삼장법사(三藏法師)로, 박식하고 불교의 진리에 정통한 고승이다. 그는 중국으로부터 비단길을 경유해 인도로 가서 불경을 연구하고 불경 삼장(三藏 : 經·律·論)을 번역했으며, 또한 법상종(法相宗)과 구사종(俱舍宗)의 개산 시조가 된 인물이다.

현장은 낙양 부근의 명문 진씨(陳氏) 가문의 네 아들 가운데 막내로 태어났으며, 이름은 위(緯), 법명은 현장이다. 현장은 둘째 형이 출가하여 낙양의 정토사(淨土寺)에 있었는데, 그가 10살 때 부친이 돌아가자 출가한 형을 따라 절에 가서 살았다. 그곳에서 자라면서 불법에 대해 많이 보고 들으면서 영향을 받아 자연히 불경에 대해 강한 흥미를 느끼게 되었다.

그가 열일곱 살이 되자 낙양에서 장안으로 이사가게 되었다. 당시 수도 장안은 수나라와 당나라가 교체되는 시기로, 각지에서 반란이 끊이지 않아 덕망있고 학식있는 고승들 대부분이 촉 지방으로 대거 이주했다. 이 소식을 들은 현장은 다시 형과 함께 촉의 성도로 거주지를 옮겨 살았다. 불법의 진리를 깨우치기 위해 열심히 수행하고 공부하던 현장은 20살이 되자 구족계(俱足戒)를 받고 본격적인 출가인으로서의 생활을 시작했다. 이때부터 약 십여 년간은 전국을 순회하여 학식있는 고승을 찾아다니며 불경을 연구하는 데 전념했다.

그러나 현장은 많은 책을 섭렵하여 가르침을 받고 연구를 하면 할수록 의문점도 많아졌다. 또한 고승들마다 경전에 대한 해석이 달라 서로 모순되는 점이 생기면 어느 의견에 따라야 할 것인가 하는 갈등이 생겼다. 이렇게 마음 속에서 끊임없이 의문을 규명하며 고민하다 마침내 직접 인도로 가서 경전의 원본을 연구해 이런 미혹을 풀어야겠다고 결심했다. 그리고 불교철학의 최고봉인 십칠지론(十七地論 : 瑜伽論)을 철저하게 연구하는 것이 현장의 최대 소망이기도 했다.

당시 당나라는 일반 백성들이 외국으로 나가는 것을 법으로 금하고 있었다. 그러기에 현장이 여러 차례 출국 허락을 요청했으나 뜻을 이루지 못했다. 정관 3년(629), 현장의 나이 26세 때 그는 몰래 국경을 빠져나가 마침내 위험을 무릅쓰고 인도로 가는 길을 재촉했다.

그는 중국 땅을 벗어나기도 전에 붙잡힐 것이 두려워 낮에는 숨고, 밤이 되어 사람의 통행이 없을 때를 기다려 발걸음을 재촉하곤 했다. 그러므로 이에 따른 위험은 더욱 커져 칠흑같은 어둠 속에 지척을 분간하지 못해 넘어지고, 맹수들에게 쫓기기도 하고, 산적을 만나 가진 돈을 모두 털리기도 했다. 또 어떤 때는 물에 빠져 죽을뻔하다가 겨우 헤엄쳐 나오기도 하였다. 현장의 이런 많은 어려움에 허구를 섞어 잘 드러낸 것이 바로 『서유기』라는 소설이다.

이렇게 온갖 어려움을 겪어가며 간신히 돈황 부근에 다다르자 현장은 다시 관헌의 눈에 띌까 두려워 돈황으로 가는 길을 피하고, 서북 파미르 지방으로 행로를 바꾸어 서역의 사막지대로 들어섰다. 이때 그는 우연히 만난 한 노인이 선물한 말을 타고 마음 속으로는 끊임없이 관세음보살과 반야심경을 암송하며 한발한발 전진해 나갔다.

현장이 파미르에서 고창국(高昌國)에 이르자 고창국 왕은 그를 열렬히 환영하고 융숭하게 대접하는 한편 안내자를 붙여 구자국까지 전송했다. 그는 구자국에서 다시 샤이슈국을 통해 사마르칸드에 이르고,

그곳에서 다시 남하하여 힌두쿠시 산맥을 넘어 거대한 마애불상으로 유명한 바미얀으로 들어갔다. 이 마애불상을 보고 현장은 다음과 같이 기록했다.

성 동북쪽의 산 모퉁이에 서있는 부처의 석상이 있는데, 이 석상의 높이는 140여 척(약 44미터)이 되고, 전신에서 발산하는 금빛 광채와 보석은 사람의 눈을 현란하게 한다.

그의 이 기록은 입불(立佛)의 석상이 회교도에 의해 파괴되기 이전의 모습을 우리에게 알려주는 역사상 중요한 자료가 된다. 현장은 바미얀에서 인도 미술의 발원지인 안다라를 거쳐 다시 갠지스 강을 건너게 되었다. 온갖 고생 끝에 강가에 도착하여 유유히 흐르는 강물을 바라보니 고달픈 나그네의 여정이 머리를 스쳐 만감이 교차되며, 그 동안의 고생이 강물 따라 흐르면서 자신의 몸도 강물과 하나되어 흐르는 듯한 느낌이 되었다.

갠지스 강에서 다시 석가가 포교하던 코살라의 서울 사위성(슈라바스티)에 도착했는데, 성안에 있는 기원정사는 오랫동안 사용하지 않아 이미 황폐해져 있었다. 이곳에서 다시 석가가 입적한 성지 쿠쉬나가라 사라나무 밑을 지나는 데 3년이라는 세월이 소요되었다. 현장이 이번 여행길에 나선 마지막 목적지는 바로 마가다국이다.

정관 7년(633), 마침 당시 인도에서는 대승의 유가론(瑜伽論)이 성행하고 있었다. 이에 그는 왕사성(王舍城)의 나란타사(那爛陀寺)에 머무르면서 계현법사(戒賢法師)의 문하에서 4년 동안 유가유식(瑜伽唯識)의 주지를 전수받았다. 법상종 교의의 가장 근본이 되는 것은 유가사지론(瑜伽師地論)과 성유식론(成唯識論)인데, 현장의 사상 대부분은 성유식론에 함축되어 있으며, 또한 성유식론은 법상종의 보전(寶典)이라고도 할 수 있다.

계현법사의 지도를 받은 현장은 마침내 자신이 어떻게 불경을 연구해야 할 것인가를 파악할 수 있었고, 그 결과 후일 그가 유가유식의 교학과 오묘한 진리를 연구·완성하여, 그 완전한 내용을 중국에 전하고 법상종(法相宗)의 개산 시조가 될 수 있었다.

이로부터 3년이 지난 후 현장은 전 인도의 유명한 학자들을 탐방하여 토론하며 더욱 폭넓은 깨달음을 얻었고, 불교 유적지를 순례하면서 많은 불전을 얻게 되었다.

경전에 대한 연구를 마친 현장은 이별을 아쉬워 하는 많은 인도인들을 뒤로 하고 올 때와 달리 파미르 고원, 천산남로를 경유하여 동쪽으로 가서 곧바로 옥문관(玉門關)에 도착했다. 이때 그는 서역의 크고 작은 30여 국가를 거쳤고, 그가 가져온 범문으로 된 경전은 모두 657부이며, 장안으로 돌아온 때는 정관 19년(645) 정월이었다.

현장은 고국을 떠나 불교의 진리를 탐구하고 다시 돌아오기까지 무려 17년간 각처에서 보고 들은 견문록인 『대당서역기(大唐西域記)』를 완성했는데, 이 책은 현장의 여행기일 뿐만 아니라 서역과 인도의 역사에 관한 중요한 저서이기도 하다.

당시 당 태종은 그에게 홍복사(弘福寺)에서 불경 번역에 전념하라는 명령을 내렸다. 당 태종의 뒤를 계승한 당 고종 또한 그를 적극적으로 도와 그가 입적하기 전까지 18년 9개월 동안 줄곧 장안 교외의 옥화궁(玉華宮)에 머무르며 번역사업에 열중했다. 현장은 귀국한 이듬해부터 번역하기 시작해 5월에는 『대보살장론(大菩薩藏論)』 20권을 완성하여 총 76부 1,335권이라는 대규모의 번역을 끝냈다.

현장은 언어에 대한 능력이 남달리 뛰어나 번역을 하는데 탁월한 능력을 보인 일류 학자로서, 불교의 본산지 인도에서도 그에 대한 평가는 대단히 높다. 그가 번역한 불경은 그 수량에 있어서도 불교계에 위대한 업적을 남겼다.

중국에서 경전을 번역한 사람들과 그 수량을 살펴보면, 법호(法護)가 번역한 경전이 175부 354권, 구라마집이 173부 384권, 진체(眞諦)가 175부 142권, 불공(不空)이 111부 143권, 이외에 후기의 의정(儀

淨)이 번역한 61부 239권으로 합계 569부 1,262권이다. 그러나 현장이 번역한 것은 76부 1,355권으로 위에 열거한 다섯 명이 번역한 것을 합친 것보다 많다.

현장이 이렇게 번역에만 전념할 수 있었던 것은 당나라에서 번역원을 설치하여 그의 작업을 적극적으로 지원해주었기 때문이기도 하다. 이것으로 보아 당나라에서 그의 번역에 대해 얼마나 중시하고 있었는가를 단적으로 보여주고 있다. 오늘날 불교계에서는 현장 이후 번역된 경전을 신역(新譯), 이전에 번역된 것을 구역(舊譯)이라 한다.

현장은 이런 역경사업으로 인해 태종과 고종의 존경을 받았고, 위대한 업적을 쌓아 동양 불교계에 큰 획을 그었다.

현장은 과로로 인해 고종 인덕 원년(664) 62세로 입적했다. 현장은 입적하면서 "아, 하얀 연꽃이 보이는구나. 참 크고 아름답구나"라고 말했다고 한다.

오늘날 서안(西安) 교외에 있는 대자은사(大慈恩寺)의 대안탑(大雁塔)에는 현장이 인도로부터 가지고 온 경전이 보존되어 있어 그의 위대한 업적을 기념하고 있다.

의정(義淨 : 635~715)의 성은 장(張), 자는 문명(文明)이다. 그는 어려서 출가하여 일찍부터 법현과 현장이 인도로 가서 불경을 배우고, 그것을 중국에 널리 전파한 것에 대해 존경심을 가지고 자기도 언젠가는 직접 인도로 가서 공부하겠다는 마음을 품고 있었다.

그러다 고종 함향 2년(671), 현장법사가 세상을 떠난 지 7년 후인 36세 때에 광주(廣州)로 가서 배를 타고 인도로 갔다. 현장이 인도를 오갈 때 모두 육로를 택한 것과 달리 의정은 갈 때와 마찬가지로 해로를 통해 귀국했다. 또 이들과 달리 법현은 갈 때는 육로를, 귀국할 때는 해로를 통해 귀국하였다.

의정은 인도에서 25년간 머무르며 끊임없이 불전을 수집하고, 불교 성지를 순례하며 30여 나라를 다니면서 각지의 저명한 학자들을 만나

가르침을 받고, 일찌기 현장이 교육받았던 나란타사에서 다년간 수학했다.

칙천무후가 즉위한 지 6년이 되던 해인 증성 원년(695)에 의정이 낙양으로 돌아왔다. 칙천무후는 새 왕조를 수립하면서 불교를 이용했기 때문에 불교를 장려하고 보호하는 정책을 펼치고 있었다. 이런 상황 하에 의정이 인도로부터 범어로 된 경전 400부를 가지고 돌아오자 칙천무후는 직접 마중나가는 등 극진한 환대를 했고, 삼장(三藏)이라는 명호를 주었다.

또한 의정에게 불수기사(佛授記寺)에 머물게 하면서 경전 번역에 종사하도록 하고, 이 일을 국가사업의 하나로 여겨 전면적인 지원과 협조를 아끼지 않았다. 의정은 마침 낙양으로 포교하러 온 우전국 출신의 고승 실차난타(實叉難陀)를 만나 두 사람은 함께 화엄경을 번역하여 뒷날 화엄종이 성립하는데 중요한 역할을 했다.

그 후 낙양의 복광사(福光寺), 장안의 서명사(西明寺)와 대천복사(大薦福寺)의 역경원 등지에서 의정이 번역한 경전은 모두 61부 239권 가량이 된다. 의정이 번역한 것 가운데 「금광명최승왕경(金光明最勝王經)」, 「공작왕경(孔雀王經)」 등은 일본의 나라와 평안(平安)시대의 불교에 중요한 영향을 끼쳤다.

현종 개원 3년(715), 의정이 낙양의 대천복사에서 입적하니, 이때 이미 80세의 고령이었다. 의정이 세상을 떠난 후 조정에서는 그의 장례를 국장으로 하여 낙양의 남쪽에 묻고, 석굴사(石窟寺)에 탑을 건립하였다. 숙종 건원 원년(758)에는 영탑 부근에 금광명사(金光明寺)를 지어 그가 경전을 번역한 업적을 기렸다.

의정의 여행기인 『남해기귀내법전(南海寄歸內法傳)』은 현장의 『대당서역기』와 함께 당시 인도의 불교 교단과 사회 풍속의 실정, 동남아의 상황을 서술하였다. 이로 인해 이 두권의 책은 당시의 인도 불교 교단, 사회 풍속, 동남아의 실정, 중국과 인도, 중국과 서역의 문화교섭사를 연구하는 데 아주 중요한 문헌으로 인정받고 있다.

칙천무후

중국 유일의 여황제

당 태종이 말년에 가장 걱정한 것은 자신의 피와 땀으로 이루어진 나라가 자기 사후에 다른 사람의 손으로 넘어가지나 않을까 하는 문제였다. 그의 이와같은 걱정을 더욱 부채질한 것은 당시 민간에 떠도는 "당나라 3대 이후에는 여주무왕(女主武王)이 천하를 탈취한다"는 참언(讖言)이었다.

정관 22년의 어느 날 하늘을 보던 태종은 금성이 여러 차례 대낮에 나타나는 것을 보고 태사에게 길흉을 점치게 했다. 그런데 그 점괘는 당나라에 여주인이 일어난다는 것이었다. 이 말을 들은 태종의 마음은 더욱 불안해지기 시작했다.

그러던 며칠 후 태종은 경성의 무장들을 모두 불러 연회를 베풀어 어느 정도 흥취가 돌자 무장들에게 각자의 아명(兒名)을 말하라고 했다. 한 사람씩 돌아가며 자기의 이름을 말하는데 그 가운데 좌무위장군(左武衛將軍) 이군선(李君羨)이 자기는 '오랑(五娘)'이었다고 말했다. 그 말을 들은 태종은 깜짝 놀라며 항간에 떠도는 '여주무왕'이라는 참언을 떠올렸다.

더우기 공교롭게도 이군선은 '좌무위장군'으로 현무문(玄武門)을 지키는 것이 그의 임무이고, 봉작(封爵)은 무련현공(武連顯公), 본적은 무안(武安)으로 모두 '무(武)'자와 관련되어 있었다.

이에 당 태종은 그를 감시하다 그가 활불(活佛)과 신선(神仙)에 심취하여 뜻을 함께하는 사람들과 자주 한적한 곳을 찾는 것을 알고는 "요사스런 사람들과 결탁하여 은밀히 모의한다"는 이유로 참수했다. 그 일이 있은 후 태종이 태사령 이순풍에게 물었다.

"항간에 여주무왕이 천하를 차지한다는 요언이 있는데 정말인가?"

"하늘을 보니 그 사람은 이미 폐하의 궁 안에 있습니다. 지금으로부터 30년도 채 못되어 천하를 통치하고 당나라 황족을 주살할 것입니다"

"내가 이미 의심스러운 사람을 전부 주살했으니, 그런 일은 없을 것이다."

그러나 장차 나라의 주인이 될 운명을 타고난 사람을 제거한다는 것은 그리 쉬운 일이 아니다. 항간에 떠도는 예언의 주인공은 이순풍의 말대로 이미 구중궁궐 깊은 곳 태종의 곁에서 아직 자기의 운명을 감지하지 못한 채 살아가고 있으니 그녀는 바로 무조(武曌)이다. 그녀는 문수(文水) 태생으로 14살의 어린 나이에 아름다운 미모로 태종의 후궁으로 뽑혀 입궁했다. 갸날프고 귀엽다는 의미로 무미(武媚)라고 불리운 이 소녀가 바로 후일의 칙천무후(624~705)이다.

아름답기로 이름난 무조의 오관은 입에서 턱에 이르는 아름다운 선에서 굳은 의지를 엿볼 수 있으며, 눈과 뺨에서는 날카로운 이지와 강한 결단력을 잘 드러내고 있었다. 태종은 일대의 명군이었으나 여자가 강한 의지를 소유하면서 총명한 것을 좋아하지 않았다. 그러나 태자는 영리하고 아름다우며 자신만만한 태도의 무조에게 매혹되어 태자 시절에 이미 그녀를 사랑하였다. 무조 또한 젊은 태자에게 마음이 쏠려 서로 사랑의 눈길을 주고받다 이들의 관계는 태종이 아직 살아있을 때에 태자의 아이를 가지는 사태로까지 발전했으니 실로 대담한 행동이라 아니할 수 없다.

그러나 태종이 죽자 선왕의 후궁들은 모두 머리를 깎고 출가한다는 관례에 따라 무조도 다른 후궁들과 함께 감업사(感業寺)에 들어가 비구니가 되었다. 그런데 태종의 뒤를 이어 제위에 오른 태자, 즉 고종이 후궁 소숙비(蕭淑妃)만 총애하고 황후를 돌보지 않자 질투를 느낀 황후는 고종이 태자 시절에 사랑했던 무조를 불러들였다.

무조를 대하자 다시 옛정이 되살아 난 고종은 소숙비를 멀리하고 그녀를 소의(昭儀)로 삼았다. 평생 비구니로 지내게 되리라 여겼다가 새로운 기회를 얻게 된 무조는 고종의 총애를 잃지 않기 위해 노력했다. 이런 결과를 노렸던 황후는 크게 기뻐했다. 그러나 고종이 무소의를 총애하는 것이 소숙비를 총애하던 것과는 비교가 안될 정도에 이르자 마침내 다시 황후의 질투심이 일어나 고종에게 무소의에 대한 험담을 하고, 그녀를 멀리하고 국사를 살피기를 간청했다.

그러나 이런 황후의 의도와 달리 고종의 마음은 점점 황후에게서 멀어지고 무소의에게만 쏠렸다. 사람들은 흔히 무조가 총명하고 영리하며 어떤 일에 대한 반응이 아주 빠르며 꾀가 많아 남을 속이기도 잘한다고 평하고 있다. 무소의가 비록 지위와 출신이 황후보다 못하지만, 지혜를 다투는 데 있어서는 누구도 따를 수 없으니 황후의 패배는 이미 결정된 바나 다름없었다.

무소의는 황후가 평소 아랫사람이나 궁녀들을 함부로 대하고 마구 부려서 호감을 사지 못하는 것을 알고 아랫사람들에게 호의를 베풀고 관대하게 대했다. 이렇게 해서 자기 사람으로 만든 후 그들을 이용하여 황후를 비롯한 궁내의 모든 일에 대한 정보를 얻는 데 힘썼다. 그녀의 이런 작전은 적중하였고, 이것은 후일 그녀가 황후가 되는 데 유리하게 작용했다.

한때 비구니가 되었다가 이제 고종의 총애를 한몸에 받으니 그녀는 운명의 신이 자기를 돌보고 있다는 자신감을 가지고 황후의 자리를 빼앗기 위해 온갖 수단과 방법을 다 썼다. 궁중의 많은 여인들이 자기의 지위를 확고히 하기 위한 것의 하나가 바로 황제의 혈육을 낳는 일이었다. 이에 먼저 장자 대왕(代王) 이홍(李弘)을 낳고, 훗날 다시 공주를 낳았다.

무소의가 공주를 낳자 황후로서는 마음 속으로는 내키지 않았으나, 황제가 가장 총애하는 무소의가 아기를 낳았으니 찾아가 하례하지 않을 수 없었다. 황후가 미리 무소의에게 방문하겠다는 통지를 보내고 산실로 들어가니 산모는 보이지 않고 오직 갓 태어난 아기만이 눈에 띄었다. 황후가 할 수 없이 아기를 보고 그냥 돌아가자 무소의가 비로소 몸을 나타냈다.

그때 마침 고종이 새로 얻은 공주를 보기 위해 산실로 행차했다. 무소의는 고종의 행차 통지를 듣자마자 아기를 안고 나가 통곡을 하며 고종을 맞이했고, 고종에게 보여진 아기의 몸은 이미 싸늘하게 식어 숨을 쉬지 않았다. 이와 때를 맞추어 시녀들이 당황하여 이구동성으로 방금 황후가 다녀갔다고 보고하니, 아기를 죽인 혐의는 자연히 황후에게 지워졌다. 이 일로 황제의 분노가 극에 달해 마침내 황후가 폐위되고 무소의가 황후로 봉해졌다.

그러나 사실 아기를 죽인 범인은 그 아기의 어머니인 무소의였다. 그녀는 황후를 모함하고, 자기의 지위를 공고히 하기 위해 자기의 딸을 희생시키고 목적을 달성한 것이다. 실로 천하에 보기 드문 악독한 모정이 아닐 수 없다. 이때 그녀의 나이가 36살로 다시 궁으로 불려온 지 5년이 채 안된 때였다.

이때부터 폐위된 황후와 왕년에 황제의 총애를 한몸에 받았던 소숙비는 죄인으로 취급되어 궁중의 밀실에 갇히는 신세가 되었다. 황후가 된 무조에게 더이상 두려울 것은 아무 것도 없었다. 그녀는 폐위된 황후와 소숙비를 끌어내어 시종들에게 채찍으로 백 대를 때리게 한 다음, 그들의 수족을 자르고 양 팔을 양 다리와 함께 묶어 술항아리에 넣게 하고 말했다.

"이 두 음부를 뼈와 근육이 나른해지도록 취하게 해주어라."

또한 태자 충(忠)을 폐위하고 자신의 소생인 대왕(代王) 홍을 태자로 삼았다가 독살하고 동생 현(賢)을 태자로 삼았다. 그러나 후일 태자 현을 가두고 핍박하여 자살하게 만들고, 영왕(英王) 철(哲)을 태자로 삼았다. 아무리 자기의 혈육이라 할 지라도 자기의 확고한 지위를 유지하기 위해서는 조금도 인정을 베풀지 않는 그녀의 냉혹한 일면을 잘 보여주는 것이다.

고종은 본래 허약하고 병이 많았는데, 밤낮을 가리지 않고 무조에게 빠져 마침내 건강이 크게 나빠져 병석에 눕는 일이 잦아졌다. 이것은 무황후의 오랜 숙원이 이루어지리라는 징조이기도 했다. 이때부터 무황후는 고종을 대신해서 국정을 처리하기 시작했다.

그러나 중국 역사상 여자가 전면에 나서서 정치를 한 일이 없었기에 무황후는 조정의 보수파 중신들에 의해 승진이 막혔던 허경종(許敬宗)과 이의부(李義府) 두 사람을 뽑아 자기의 심복으로 삼고 국무를 처리했다. 또한 진사과 출신의 과거 합격자들을 요직에 등용시켜 자신의 세력으로 삼아 기존의 공신집단의 세력을 약화시켰다.

이런 조치는 무황후 개인에게 많은 이점을 주었지만, 한편으로는 정치상에 있어서 활발한 개혁의 작용을 하여 각 방면에서 많은 치적을 쌓게 하였다.

그리고 이에 무황후에게 정권을 빼앗긴 이름만의 황제인 고종은 그녀를 폐위하고 싶어했다. 그때 환관 왕복승이 달려와 고종에게 어떤 사람이 고종을 저주하여 죽이려 한다고 보고했다. 이 보고를 들은 고종은 무황후의 지시를 받아 자기를 죽이려 한다고 생각하곤 충신 중서시랑 상관의(上官儀)를 불러 의논했다. 고종의 뜻을 안 상관의가 말했다.

"황후가 정사를 좌지우지하는 것에 대해 많은 조정 대신들과 백성들이 반대를 하고 좋지 않게 여깁니다. 아직 때가 늦은 것이 아니니 하루라도 빨리 황후를 폐위시키는 것이 좋습니다."

고종은 이 말에 힘을 얻어 그 자리에서 상관의에게 무황후를 폐위한다는 내용의 칙서를 작성하게 하고, 칙서를 다 작성한 상관의는 퇴궐했다. 그러나 이 일은 고종의 곁에서 시중드는 황후의 심복에 의해 재빨리 무황후에게 보고되었다. 자기의 운명이 송두리째 뽑힐 만한 다급한 소식을 들은 황후는 아름다운 눈썹이 곤두서고 노기로 새파래진 얼굴로 고종의 처소로 달려갔다. 그녀는 바르르 떨며 날카로운 목소리로 고종을 책망하면서 방안을 한 차례 둘러보더니 서가에 놓여진 칙서를 발견하곤 발기발기 찢어버렸다. 그리고 놀란 나머지 벌벌 떠는 고종에게 다시는 이런 짓을 하지 않겠다고 맹세하게 했다.

이것이 고종으로서는 무황후에 대한 최후의 저항이었다. 이 일이 실패로 돌아가자 고종은 나날이 무력해졌고, 무황후의 세도는 갈수록 당당해져 황제와 함께 '양성(兩聖)'이라고 불리게 되었다.

상원 6년(674) 8월, 무황후는 자칭 '천후(天后)'가 되었고, 이와 함께 12조항의 통치방침을 발표했다. 이것은 당나라에 대한 멸시일 뿐만 아니라 남편 고종에 대한 배신이기도 했으나, 이것으로 자기가 직접 집권하는 정권 수립에 한발 더 나아간 것이기도 했다.

영순 원년(682), 고종이 두통과 안질 등으로 고생을 하다 12월 4일 밤에 세상을 떠나고 태자 철(哲)이 제위에 오르니, 그가 바로 중종(中宗)이다. 비록 중종이 권좌에 앉았으나 모든 정치적 대권은 여전히 황태후의 손에서 움직이고 있었다.

그런데 어리석은 중종은 위 황후의 부친인 위현정(韋玄貞)을 문하시중(門下侍中)으로 봉하고자 했고, 중서령(中書令) 배염(裴炎)이 이를 반대하자 벌컥 화를 내며 말했다.

"내가 만약 천하를 위현정에게 준다한들 누가 막겠는가? 이제 그에게 겨우 문하시중의 직위를 주려 하는데 어찌 이렇게 소란을 떠는가?"

이 일로 크게 노한 칙천무후는 모든 문무백관을 건원전(乾元殿)에 소집해 중종의 폐위를 지시했다. 다음 날 아침, 여느 때와 마찬가지로 중종이 조회에 참석해 보좌에 앉으려 하자 중서령 배염이 저지하며, 중종을 폐위해 노릉왕(盧陵王)으로 봉한다는 황태후의 칙서를 읽었다. 그리고 시위들이 다가와 발버둥치는 중종을 대전에서 강제로 끌어냈다.

중종이 폐위된 후 예왕(睿王) 단(旦)이 옹립되어 예종(睿宗)이 되었다. 예종이 즉위한 뒤부터 황태후는 공공연하게 자신전(紫宸殿)에 엷은 자색의 주렴을 드리우고 수렴청정을 시작하니, 그녀는 마치 제위를 차지한 황제와 마찬가지였다.

이때 칙천무후는 모든 요직에 자신의 일족을 임명했고, 모든 관직은 주례(周禮)를 따랐다. 하루 아침에 당나라가 무씨의 천하로 되자 이에 불만을 품은 황실의 일부 세력이 은밀히 반란을 모의했다. 하지만 그들의 움직임을 눈치챈 칙천무후는 그들의 계획을 역이용했다. 당시 그녀는 자신이 등극할 준비를 하기 위해 태묘(太廟)의 명당(明堂)을 건조하기 시작했다. 명당을 세우는 일은 괴승 설회의(薛懷義)가 집행했고, 이것을 건조하는 데 동원된 인력은 수만 명에 달했다. 준공된 명당은 높이가 89미터, 밑면이 90평방미터로 3층 높이의 장려한 건축물이다.

당나라의 제왕들은 이 명당의 낙성식이 있는 날의 대연회에 모두 참석하라는 명령이 하달되었다. 이것이 함정일 수도 있다고 여긴 일부 왕들은 신변의 위험을 느끼고 먼저 거사하려 했다. 그러나 그녀는 이를 빌미로 대군을 출동시켜 이들을 진압하고, 반란에 참여하지 않은 왕들까지 모두 죽이라는 추상같은 명령을 내렸다.

이 일로 태종의 동생인 한왕(韓王) 원가(元嘉), 고종의 형제인 조왕(趙王) 이정(李貞)을 비롯한 일족들이 도륙되었고, 칙천무후의 정치기반은 더욱 확고하게 다져졌다. 그 후 수공 4년(688), 승려 법명(法明)이「대운경(大雲經)」을 증정하면서 칙천무후가 황제로 직접 즉위할 것을 표명했고, 신하들은 국호를 주(周)라 개칭할 것을 주청했다.

대초 원년(690) 9월 9일, 9는 양수(陽數)의 최대수이며 아홉이라는 수가 중첩되는 최대의 길일이다. 이 날 칙천무후는 마침내 성신황제(聖神皇帝)로 등극해 당나라의 국호를 주(周)로 바꾸고, 연호를 천수(天授)라고 한 후 대대적인 사면령을 발표했다. 이같은 무후의 발표에 맞추어 신하들이 만세를 불렀다. 칙천무후는 '칙천대성황제(則天大聖皇帝)'라 불렸고, 성신황제, 또는 칙천황제라고도 했다. 이렇게 해서 중국 유일한 여황제가 등극하였으니, 이때 그녀의 나이 67세였다.

무후가 실시한 정치는 철저한 독재정치이지만 중국 역사 전체로 보면 평화롭고 번영을 누리던 시대라고 할 수 있다.

신룡 원년(705), 이미 80세가 넘은 무후가 노쇠하여 중병이 들자 당시 재상이었던 장간지(張柬之)가 중심이 되어 정변을 일으켰다. 이것이 성공하여 무후는 상양궁(上陽宮)에 유폐되는 신세가 되었다. 그러나 그녀로서 불행중 다행인 것은 신하들에 의해 황제로 옹립된 사람이 바로 그녀의 친아들인 중종이었다. 그러므로 무후는 큰 참변을 당하지 않았고, 희대의 여걸로 천하를 벌벌 떨게 하던 칙천무후, 아니 칙천황제는 더이상 아무도 두려워하지 않는 병든 노인으로 그곳에서 편안히 여생을 마감했다.

그녀는 죽은 후 황후로서 부군 고종이 묻힌 건릉(乾陵) 옆에 나란히 누웠다. 고종은 생전에 무후를 두려워하여 죽는 날까지 벌벌 떨며 지냈었는데, 죽은 후에도 그녀가 옆에 묻혔으니, 만약 고종이 이 일을 안다면 두려움에 지하에서도 편안하지 못할 것이다.

칙천무후는 중국 3천 년 역사 가운데 유일한 여황제이다. 줄곧 극단적인 남성 우월주의 사상으로 여자가 정권을 계승하는 것을 인정하지 않던 중국에서 여자가 황제로 등극하기란 하늘에 오르는 것보다 더욱 어려운 일이었다. 그러나 칙천무후는 날카로운 지혜와 후안무치의 행동, 남자들도 따를 수 없는 대담한 야심 등 완전히 자기의 실력에 의지하여 제위에 올랐으니 당시 사회통념상 천지가 개벽할 만한 사건이라 하지 않을 수 없다.

그러므로 그녀는 생전의 여러 가지 가혹한 행위에도 불구하고 역사가들로부터 뛰어난 정치가의 한 사람으로 황제의 지위에 걸맞는 인물이라는 평가를 받고 있다.

고력사

비운의 대환관

중국 역사에서 궁정의 여러 가지 필요에 의해 환관이란 관직이 생겼다. 이들은 황제에 따라 때로는 환관 본래의 모습인 노복으로서의 환관으로 평생을 지내는가 하면, 강력한 공포정치를 시행하는 황제를 대신해 문무대신을 통제하고 감시함으로써 정국을 더욱 강력한 공포 속으로 몰고 가기도 한다.

또 황제로부터 국사를 직접 처리할 권한을 부여받아 다방면으로 황제를 보좌하는 환관도 있다. 당나라의 고력사(高力士 : 684~762)가 마지막의 형태에 속하는 환관이라 할 수 있다.

고력사는 영남(嶺南) 파주(播州)의 오랑캐로, 성력 원년(698) 토격사(討擊使)인 이천리(李千里)가 거두어 장안의 궁으로 데리고 왔다. 총명하고 영리한 그는 칙천무후의 눈에 들어 그녀의 신변에서 시중을 들게 되었으나 사소한 잘못을 저질러 매를 맞고 궁에서 쫓겨나고 말았다. 그런데 낭시의 환관 고연복이 그를 양자로 삼고 고력사로 이름지어 주었다.

고력사는 그 이름에서 짐작할 수 있듯이, 키가 육척 오촌(약 190cm)으로 건장한 체격을 가졌다. 그는 성실하고 기억력이 좋아 궁위(宮闈)의 승상(후궁에 근무하는 副官)이 되었다. 경룡 초기(708년 경) 번왕

(藩王)이었던 임류왕(臨溜王) 이융기(李隆基)는 궁중에서 우연히 고력사를 알게 되었는데, 그는 이융기에 대해 충성을 다하는 신하처럼 지극히 공손하고 정중한 태도로 대하곤 했다.

그 후 칙천무후가 상양궁에 유폐된 채 세상을 떠나자 중종의 부인인 위황후(韋皇后)가 어리석고 우유부단한 중종을 휘두르며 시어머니와 같이 정권을 잡고자 하는 야심을 표출하기 시작했다. 권력욕에 눈이 어두워진 위황후는 비록 그 정치적 능력은 칙천무후를 따를 수 없으나 표독함은 결코 뒤지지 않는 여자이다. 그녀는 딸 안락공주(安樂公主)와 함께 모의하여 무능한 남편 중종을 독살하고 아들을 즉위시키고, 자신이 황태후가 되어 섭정을 시작했다.

이때 예종의 아들 이융기가 자신의 시위들을 인솔하고 밤에 궁으로 들어가 위황후를 죽였다. 그가 이 거사에서 성공할 수 있었던 것은 칙천무후의 딸로 위황후와 서로 앙앙불락하며 자주 충돌을 일으키던 태평공주의 협조를 얻었기 때문이다. 위황후가 정권을 농단하려는 계획에 불만을 품은 태평공주는 이융기에게 이 사실을 알리고 궁 안에서 그의 거사를 도와 위황후를 제거하게 한 것이다.

이 거사로 칙천무후에게 폐위되었던 예종은 아들에 의해 27년만에 다시 복위했다. 그로부터 3년 후인 태극 원년(712), 정치에 큰 뜻이 없었던 예종이 제위를 아들에게 물려주니 그가 바로 현종이다.

한편 모친 칙천무후가 길러놓은 궁중의 환관세력을 이용해 이융기를 도와 거사를 성공으로 이끈 태평공주는 자기의 세력에 자신감을 갖는 한편 예종에게 압력을 가할 수 있다는 것을 깨닫고 황태자 이융기를 폐위하려 했다. 이런 사실을 알게 된 이융기는 자신의 측근들을 소집하여 대책을 논의했는데, 그 가운데 고력사도 이융기의 편에서 궁중 내부의 소식을 알리고 사람을 모으는 등 협력을 아끼지 않았다.

이때 만약 궁중의 내부 소식을 누구보다도 소상히 알고 있던 고력사의 도움이 없었다면 어쩌면 역사에서 당 현종이라는 황제는 찾아볼 수 없었을 것이다. 이때부터 이융기의 신임을 얻은 고력사는 마치 현종의 그림자처럼 곁을 떠나지 않고 보필했다. 현종 또한 그를 대할 때는 황제와 환관이라는 신분을 떠나 인간적인 면에서 서로 밀접한 관계를 유지하고 있었다.

그러므로 고력사는 정책문제에 있어서도 가장 가까이서 간언을 하고, 그의 의견은 현종에 의해 다른 어떤 대신의 것보다 존중되었다. 그러므로 신하들에게 고력사는 현종과 마찬가지로 여겨졌다. 한번은 재상 요숭이 하급관리를 승진시키는 일로 현종의 승락을 얻기 위해 배알했으나 현종은 고개를 들어 궁전의 지붕만 쳐다볼 뿐 아무 말도 하지 않았다. 현종의 이런 모습을 본 요숭은 자기가 무슨 잘못을 저질렀는가 걱정하여 두려움에 싸인 채 더이상 아무 소리도 못하고 물러나고 말았다. 곁에서 이를 지켜보던 고력사가 참지 못하고 간언하자 현종이 말했다.

"나는 이미 재상에게 알아서 처리하도록 전권을 위임했는데, 왜 내게 이런 작은 일에까지 신경쓰도록 하는가?"

이 말을 들은 고력사는 황급히 나가 재상 요숭에게 재상의 판단에 따라 알아서 처리하도록 하라는 황제의 뜻을 전했다.

또 당시 동북부 군벌의 거두인 안록산과 서북부 군벌의 대들보라 할 수 있는 가서한(可舒翰)이 현종의 총애를 다투며 사사건건 반목하고 있었다. 자신에게 충성을 다하는 만족(蠻族) 출신의 두 장군을 화해시키기 위해 현종 자신이 직접 나서야 했으나, 그는 고력사를 파견해 대신 처리하게 했다. 이런 때 고력사는 곧 황제를 상징하는 인물이 되고, 황제는 뒤에서 그를 보좌해주는 상황이 종종 벌어지곤 했다.

현종은 정치방면에서 뿐만 아니라 자신의 가정문제에도 고력사의 조언을 구하곤 했다. 현종이 반란의 혐의가 있는 황태자를 폐위시킨 후 누구를 계승자로 할 것인가를 고민하다 고력사에게 물었다.

"그대는 내 집안의 노인인데, 설마 내 마음 속의 일을 모르진 않겠지?"

그러자 고력사가 대답했다.

"장자를 황태자로 세우면 좋지 않습니까? 황제께서는 왜 그렇게 근심하고 계십니까?"

고력사의 말을 들은 현종은 무릎을 치고 "네 말이 맞다"라고 말하고 장자를 태자로 삼으니, 그가 바로 후일의 숙종이다.

이런 몇 가지의 예로 보아 현종과 고력사간의 두터운 관계를 짐작할 수 있다. 또한 현종은 자기가 자는 처소에 고력사가 있어야 비로소 안심하고 잠잘 수 있었다. 고력사 또한 이를 잘 알고 수행하니 이 두 사람은 불가사의한 신뢰감으로 하나가 되었다.

이런 현종의 총애로 고력사의 위세는 하늘을 찌를 듯하여 현종의 아들들도 그의 이름을 다 못 부르고 단지 '력(力)'하는 한 마디로 칭했고, 제왕들은 그를 보면 '고옹(高翁)'이라고 부르며 예의를 갖추었다. 또한 각지에서 올라온 상소문들은 반드시 고력사가 먼저 훑어본 후에야 현종에게 넘겨졌고, 사소한 일들은 고력사가 직접 결정하여 처리하곤 했다. 이런 고력사에 대해 현종은 늘 이렇게 말했다.

"역사(力士)는 체격이 좋고 듬직하여 그가 내 옆에 있으면 나는 안심하고 푹 잘 수 있다."

현종의 이 말은 고력사가 현종에게 안도감을 주고 어느 곳에서 위험이 다가올지 모르는 상황에서도 그가 지켜주리라는 믿음 때문에 마음을 놓을 수 있었던 것이다.

흔히 역대 황제들은 자신이 최고의 권력을 장악하고자 하는 욕망과, 번잡하고 막중한 정무에서 벗어나고 싶어하는 양면성을 가지게 된다. 황제의 이런 양면성을 충족시켜 줄 수 있는 인물이 바로 신뢰할 수 있는 환관이다. 그러므로 그토록 영명했던 현종도 양귀비와의 유희에 빠지면서 모든 정사를 거의 고력사에게 맡기다시피 했다. 고력사는 일반 정사를 자기 마음대로 결정하여 처리할 수 있고, 또 황제에게 보고할 필요도 없었다.

전통 군주정치체제 하에서 통치자 권력의 확장, 특히 총애하는 환관에 대해 무제한의 권한을 준다는 것은 반드시 심각한 결과를 낳는다. 환관은 총애로 말미암아 거대한 권력을 얻고, 이로 인해 환관에게 아부하고 비위를 맞춰 그의 환심을 사는 사람도 권력을 획득할 수 있다. 고력사가 권력을 장악한 기간에 어떤 사람은 고력사에게 아부했기에 재상이 되었고, 또 어떤 사람은 대장이 되었다.

고력사의 이런 세도로 인해 그의 집에는 항상 금은보화를 싸들고 오는 사람으로 인산인해를 이루었고, 그는 많은 토지를 구입하고 제분창(製紛廠)을 경영하여 생활의 호화스러움은 황후장상과도 견줄만했다. 또한 그는 비록 환관이지만 처첩을 거느리고 고관의 부인과 간통하는 사건을 일으키기도 했다. 고력사에 대한 현종의 지나친 신뢰로 인해 환관의 발호가 생겨났고, 이로 인해 번영을 구가하던 당나라는 점점 쇠퇴의 길을 걷기 시작했다.

그러나 고력사가 다른 역대 환관들과 다른 점은 자신이 충분히 막후의 황제로서 군림할 수 있는 조건이 갖추어진 상태에서도 현종에 대한 변함없는 충성심을 간직하고 있는 것이다.

안사의 난 때 현종을 수행하여 성도로 피난을 갔던 고력사는 숙종(肅宗 : 태자 亨)이 장안을 수복하자 현종과 함께 수도로 돌아가 태상황(太上皇)의 몸으로 흥경궁(興慶宮)에 기거했다.

이때 숙종의 환관인 이보국(李輔國)이 현종시대의 고력사와 같이 숙종의 신임을 받고 세도를 부리고 있었다. 당시 태상황이 머무르던 흥경궁과 숙종이 기거하는 명궁(明宮)이 서로 가까와 두 부자가 자주 왕래했다. 또 태상황은 자주 장경루(長慶樓)에 올라가 거리를 오가는 백성들의 모습을 구경했다. 태상황의 모습이 장경루에 나타나면 백성들은 그를 위해 만세를 부르고, 태상황은 이런 백성들을 위해 장경루 아래에 술자리를 마련해 즐기곤 했다.

그러나 한창 기세등등한 세도를 부리던 환관 이보국은 이것이 못마땅하여 숙종에게 말했다.

"고력사는 태상황의 노신으로 태상황이 다시 황제가 되길 바라고

있고, 태상황께서는 매일 성밖 사람들과 왕래하며 주연을 베풀어 백
성들의 인심을 얻고 있습니다. 그래서 폐하를 따르는 조정의 대신들
이 불안해 하고 있습니다. 설령 태상황께서 복위하실 뜻이 없다 하더
라도 그 주위의 사람들이 자신들이 누리던 부귀와 권력을 생각하고
이 일을 추진할 수도 있습니다. 그러니 폐하께서는 이 나라 사직을
위해서라도 태상황을 내궁으로 옮기시게 함으로써 반란의 싹을 미리
없애야 합니다.”

그리고 숙종의 허가도 받지 않고 태상황을 서내(西內) 감로전(甘露
殿)으로 옮기고, 태상황을 호위하는 시위들을 늙고 허약한 병사들로
교체하는 한편, 고력사가 태상황의 시중을 들지 못하도록 했다. 이
일이 있은 지 며칠 후에 고력사는 무주(巫州)로 유배되었다.

숙종의 뒤를 이어 대종(大宗)이 즉위하면서 고력사에게 사면령을 내
렸는데, 이때 그의 나이 79세였다. 현종의 분신이요 그림자였던 고력
사는 오직 다시 한번 용안을 뵙겠다는 일념으로 부지런히 발길을 재
촉했다. 그러나 고력사는 서울로 돌아오는 도중에 현종이 죽었다는
소식을 듣고 통곡을 하다가 피를 토하고 죽었다.

양귀비

비익조를 꿈꾼 여인

당 현종은 정치면에서 태평성대의 극성기를 이루었는데 그의 여인 편력 또한 이에 못지않게 화려하다. 현종의 재위기간에 정식 황후로 책봉된 사람은 오직 왕황후 한 사람 뿐이나 그녀 외에 무혜비, 양귀비, 유화비, 조려비, 양귀빈, 전비, 황보비, 우미인 등 그 수를 헤아릴 수 없을 정도이다. 역사의 기록에 의하면 이들 비빈에게서 태어난 아들이 30명, 딸이 29명, 손자는 수백 명이라 한다.

그러나 구름과 같은 비빈들 가운데 양귀비처럼 현종의 헌신적인 사랑을 받은 사람은 없었다. 그 모든 미녀들이 양귀비의 등장으로 하루 아침에 황제의 총애를 상실하고 말았다.

봄철 싸늘할 때 화청지에서의 목욕을 허락하시니
온천물이 피부 위로 미끄러지며 씻도다
시녀가 부축하여 일으키니 아름답고 힘이 없는 듯하니
이는 새로이 은택을 입었을 때로다
구름같은 머리, 꽃같은 얼굴, 금비녀가 흔들리고
연꽃장막 드리운 따뜻한 곳에서 봄밤을 지새니
봄밤이 너무 짧아 해가 높아서야 일어나고

이로부터 군왕은 정사를 돌보지 않는구나
은총을 입어 잔치에 모시니 한가할 겨를이 없도다
봄에는 봄놀이를 따르고 밤에는 밤대로 독점하더라
(春寒賜浴華淸池, 溫泉水滑洗凝脂, 侍兒扶起嬌無力, 始是新承恩澤時
雲鬢花顔金步搖, 芙蓉帳暖度春宵, 春宵苦短日高起
從此君王不早朝, 承歡侍宴無閒暇, 春從春遊夜專夜)

이 시는 당대의 대문호 백거이가 현종이 양귀비를 알기 시작한 때부터 이별하는 때까지를 서사시의 형태로 노래한 「장한가(長恨歌)」의 한 구절이다. 현종이 양귀비를 위해 특별히 여산(驪山) 화청궁 온천에 대리석으로 된 화려한 욕조를 만들어 양귀비에게 목욕하게 하고 사랑하기 시작하면서 정사를 돌보지 않는 모습을 묘사한 것이다. 이때부터 천하의 명군 당 현종은 오직 한 여자의 미소와 눈물 사이에서 갈팡질팡하는 한 남자가 된다.

양귀비(楊貴妃 : 719~756)는 포주(蒲州) 영락(永樂 : 산서성 永濟) 사람으로 본명은 양옥환(楊玉環)이다. 부친 양현담(楊玄琰)을 일찍 여의고 숙부인 하남부사 양현교(楊玄璬)에게 양육되었다. 어려서부터 뛰어난 미모와 재질로 음률과 가무에 능했다. 한번 그녀의 미소를 본 사람은 다른 곳으로 고개를 돌리지 못하고, 그녀가 춤을 추면 사람마다 자신이 있는 곳이 안간세상인지 신선의 세계인지 가늠하지 못했다고 한다.

당시 현종과 무혜비(武惠妃)의 아들인 수왕(壽王) 이모(李瑁)가 양옥환의 미모에 빠져 구애를 하여 그녀는 17세로 한창 물이 오르기 시작하는 꽃봉오리와 같을 때 수왕의 비가 되었다. 수왕의 사랑 속에 꿈 같은 세월을 보내고 있던 양옥환의 인생에 새로운 길이 전개되었으니 그것은 시아버지인 현종과의 만남에서 비롯되었다.

개원 24년(736), 현종은 총애하던 무혜비가 병으로 떠나자 슬픔에 잠겨 우울한 나날을 보내고 있었다. 비록 후궁에 수많은 미인들이 있었으나 누구도 황제의 사랑을 불러 일으키지 못했다.

그러던 어느 날 현종은 우연히 수왕의 거처로 행차하여 양옥환을 보곤 첫눈에 매혹되었다. 그날부터 현종의 머리 속에는 이 세상 어느 꽃보다 아름다운 양옥환의 모습이 어른거렸다. 하지만 그녀는 자신의 며느리가 아닌가? 이때 예로부터 황제는 무치(無恥)라고 하는 말이 전가의 보도가 되어 젊은 부부 사이를 내리친다.

어느 날 현종은 고력사에게 명하여 양옥환을 여도사(女道士)가 되게 하고 태진(太眞)이라 명했다. 그러나 이것은 그녀를 수왕과 떼어놓고 자기가 독점하고자 하는 현종의 속셈이었다. 여도사가 된 양옥환은 태진궁(太眞宮)이라 개명한 남궁에서 현종을 모시고, 현종은 적적해 할 아들 이모를 위해 위씨(韋氏) 성의 여자를 아내로 삼도록 했다.

여도사 태진에서 낭자(郎子)로, 천소 4년(745)에 다시 귀비(貴妃)로 봉해진 양옥환은 비록 정식으로 황후 책봉을 받지는 않았으나 그 지위는 황후와 다를 바 없었다. 이때 양귀비가 27세, 현종의 나이 61세로 「장한가」에서는 "후궁 가인 3천 명/ 3천 명의 총애가 한몸에……(後宮佳麗三千人, 三千寵愛在一身)"라 표현하고 있다.

양귀비에 대한 현종의 총애로 그녀의 부친은 제국공(齊國公)으로 추존되고, 모친은 양국부인(涼國夫人), 언니들은 한국부인(韓國夫人), 괴국부인(虢國夫人), 진국부인(秦國夫人)으로, 두 사촌오빠는 홍로경과 시어사로 봉해졌다. 그리고 후일 양귀비의 양아들로 자처하던 안록산을 동평군왕으로 봉했다. 이것은 당나라가 이씨 종친이 아니면 왕으로 봉하지 않는 관례를 깬 파격적인 것이었다.

현종의 극진한 총애로 양귀비 집안의 세력은 조정 대신은 물론 왕자와 공주들까지도 함부로 하지 못할 지경에 이르렀다. 그러므로 당시 민간에 "아들 낳았다고 기뻐말고/ 딸 낳았다 슬퍼마라/ 이제 그대는 딸이/ 문호를 빛내는 것을 보리라"라는 노래가 불려졌다고 한다.

어느 봄날 밤, 꽃등 구경을 하기 위한 양씨 일족의 행렬이 거리로 나서자 많은 사람들로 붐비던 화려한 장안성 거리가 삽시간에 개미한 마리 보이지 않을 정도로 텅비었다. 이때 마침 현종의 딸인 광평 공주(廣平公主)와 부마 정창예(程昌裔)도 꽃등을 구경하기 위해 거리 로 나왔다.

당대의 두 세력가의 행렬이 거리에서 마주친 것이다. 양씨 일족의 노비가 광평공주측에게 오만불손한 어조로 길을 비킬 것을 요구하면 서 채찍을 들자 공주가 놀라 말에서 떨어졌다. 일개 노비에게 이런 모욕을 당한 광평공주는 그 길로 궁으로 달려가 현종 앞에서 통곡하 며 자기가 받은 모욕을 하소연했다. 딸의 말을 들은 현종은 즉시 그 노비를 잡아다 거리에서 곤장을 쳐서 죽이도록 명령했다. 당시는 양 씨 일족의 기세가 하늘높은 줄 몰라 백성들도 많은 고통을 받고 있었 던 때였다. 그리하여 이 소식을 들은 백성들도 박수를 치고 후련해 하며 이 일로 그들의 기세가 어느 정도 꺾였으리라 여기고 좋아했다.

그러나 다음 날 아침이 되자 부마 정창예의 관직을 박탈하고 앞으 로 황궁 출입을 금지한다는 새 명령이 전해졌다. 이 소문을 들은 백 성들은 베갯머리에서 통곡한 양귀비의 울음이 현종의 애간장을 녹여 친혈육인 공주와 부마까지도 멀리하게 한 것이라 수군댔다. 이 일은 비단 일반 백성들뿐만 아니라 황족들에게도 큰 영향을 끼쳐 황족들은 양씨 일족의 비위를 건드리지 않도록 더욱 조심해야 했다.

현종의 지나친 총애로 교만해진 양귀비는 현종의 노기를 사서 궁에 서 두 번 쫓겨나기도 했다. 한번은 오래 소원했던 강남의 미인 매비 (梅妃)가 생각난 현종이 그녀의 거처에서 밤을 보내고 있었다. 그들이 달콤한 해후의 밀어를 속삭일 때 뜻하지 않게 파랗게 질린 양귀비가 들이닥친 것이었다. 돌연한 사태에 깜짝 놀란 현종이 양귀비를 달랬 으나 질투에 눈이 먼 그녀가 한바탕 소동을 벌였다. 결국 화가 난 현 종은 고력사에게 양귀비를 사가로 내쫓으라는 명령을 내리기에 이른 다.

홧김에 양귀비를 궁 밖으로 내쫓았으나 현종은 하루도 지나지 않아 그녀가 없는 궁에서는 밥도 먹을 수 없고, 잠도 잘 수 없는 번민에 휩싸이게 된다. 현종이 좌불안석하는 모습을 지켜본 고력사가 직접 귀비의 사가로 가서 그녀를 다시 데려오자, 크게 기뻐한 현종은 그 다음 날 양씨 자매들에게 백만 냥에 달하는 상을 내렸다.

또 한번은 현종이 귀비의 언니와 정사를 벌인 것이 발단이 되었다. 궁궐을 자기 집 드나들 듯하면서 황제와도 스스럼없던 양씨 자매들이었다. 그들은 양귀비만 아니라면 황제의 눈에 들만큼 뛰어난 미모를 갖추고 있었다. 그 중에 괴국부인은 그 음탕함에서도 가히 첫 손가락을 꼽을 만한 여인이었다. 현종이 양귀비의 눈을 피해 괴국부인과 호젓한 시간을 마련한 것이었다. 그런데 공교롭게도 양귀비가 침실로 왔다가 그들의 정사를 목격하게 되었다. 거의 이성을 잃은 양귀비가 현종에게 욕설까지 퍼붓자 노기충천한 현종이 귀비의 퇴궐을 명했다.

그러나 양귀비가 눈에 보이지 않자 현종은 다시 안정을 찾지 못하고 우울증에 빠졌다. 현종이 양귀비를 그리며 그녀의 사가로 선물을 보내자 양귀비는 그 자리에서 자신의 머리카락 한 줌을 잘라 환관에게 전하면서 말했다.

"천첩의 죄는 백 번 죽어도 마땅하거늘 이렇게 선물까지 보내시니 이제 죽어도 여한이 없습니다. 이 머리카락을 이별의 정표로 삼을까 합니다."

양귀비의 머리카락을 받아든 현종은 그녀가 자살할까 두려워 급히 고력사를 보내 다시 궁으로 맞아들여 전보다 더욱 애틋하게 사랑했다.

현종이 이렇게 양귀비와의 사랑놀이에 국고를 탕진하고 정사를 돌보지 않자 환관 고력사가 현종을 대신하여 정치에 관여하는 일이 잦아져 나라가 어치러워졌다. 이때 양귀비의 총애를 등에 업고 갈수록 높아지는 양국충의 세력에 맞서기 시작한 사람이 바로 절도사 안록산이었다.

그러나 안록산은 양국충과의 세력다툼에서 점차 수세로 몰리게 되자 자신의 근거지인 범양(范陽)으로 돌아가 양국충의 토벌을 명분으로 내세워 반란을 일으키니 이때가 천보 14년(755)이다. 반란군은 황하 이북지역을 점거하고 물밀듯이 장안을 향하여 그 이듬 해 6월 8일에는 수도를 방어하는 최후의 거점인 동관(潼關)이 함락되었다. 그러자 6월 13일 새벽을 틈타 현종은 양귀비, 양국충 일족, 태자 부부, 황족과 환관 등과 함께 좌용무대장군(左龍武大將軍) 진현(陳玄)이 지휘하는 2천여 명의 병사들의 호위를 받으며 은밀히 궁을 빠져나와 촉으로 도망갔다.

다음 날 황제의 행렬이 장안 서쪽 약 120리 가량 떨어진 마외파(馬嵬坡)에 이르렀을 때 현종 일행을 호위하던 병사들이 이번 전쟁의 원인이 된 양국충과 나라를 망치게 한 양귀비를 죽여야 한다고 요구했다. 사태가 이에 이르니 현종도 결단하지 않을 수가 없었다. 현종은 침통한 어조로 병사들을 향해 말했다.

"귀비의 일은 짐이 처리하도록 해다오."

현종은 비틀거리며 역사로 들어가더니 양귀비를 힘껏 껴안으며 이별을 고하곤 고력사에게 그녀를 죽이라고 명령했다. 양귀비 또한 비통한 마음으로 하염없이 눈물을 흘리며 목이 메어 말했다.

"폐하께서 무사하시다면 저는 죽어도 여한이 없습니다. 다만 제가 죽기 전에 마지막으로 부처님께 참배할 수 있도록 해주십시오."

그리고 마지막으로 부처 앞에 참배를 올린 양귀비가 현종의 지시를 받은 고력사에 의해 비단으로 목졸려 생을 마감하였으니, 이때 그녀의 나이 38세였다.

하늘을 나는 새가 된다면 암수 한몸이 아니면 날 수 없는 비익조(飛翼鳥)가 되고, 땅 위의 나무가 된다면 두 나무의 가지가 얽혀 하나가 되어 영원히 헤어지지 말자고 소원한 현종과 양귀비의 바램과는 달리 전란의 회오리 속에서 양귀비 홀로 죽음의 길로 떠나니, 세상에 홀로 남은 현종의 고적함을 누가 달래줄 수 있었을까.

안록산과 사사명

똑같은 운명의 반군 수령

당나라 주변 이민족인 회흘(回紇), 남조(南詔), 토번(吐蕃) 등은 그 세력이 강성해짐에 따라 차츰 당을 침략하기 시작했고, 당나라로서는 기존의 소규모 군진(軍鎭)인 도호부로는 감당해 낼 수가 없었다. 이에 작은 군진 여러 개를 병합하여 하나의 대군진을 만들고, 군대사(軍大使), 또는 진수대사(鎭守大使)에게 모든 것을 관리하게 했다.

그리고 당나라는 안서(安西), 북정(北庭), 하서(河西), 삭방(朔方), 하동(河東), 범양(范陽), 평로(平盧), 농우(隴右), 검남(劍南), 영남(嶺南)의 열 군데에 번진을 두었고, 이 번진의 책임자로 절도사를 두어 이들 군대사와 진수대사를 총괄하게 했다.

이들 절도사들은 당나라의 부병제(府兵制)가 모병제로 바뀌면서 그 휘하의 병사들을 사병화하여 병력을 소유하고, 그 지역의 행정권도 장악해 막강한 세력을 가지고 있었다. 당나라의 이런 제도에 따라 각지에서 웅거하고 있던 절도사 가운데 이민족 출신이 몇몇 있었는데, 가장 널리 알려진 인물이 바로 안록산(安祿山 : 757년 사망)이다.

안록산은 영주(營州)에서 호인(胡人)인 부친과 돌궐인인 모친 사이에서 태어난 혼혈아로 본명은 알락산(軋犖山)이라 한다. 이것은 돌궐어로 '군신(軍神)'이라는 뜻이다. 안록산과 함께 유명한 '안사의 난'

을 일으킨 사사명(史思明 : 761년 사망)은 안록산과 동향이며, 그도 또한 호인과 돌궐인의 혼혈로 본명은 췌간(萃干)이고 사명(思明)은 현종이 하사한 이름이다.

이 두 사람은 어려서부터 친구로 그들의 혈통으로 인해 여섯 나라의 언어를 구사할 수 있으며, 용감하고 싸움에 능해 한 핏줄이라 해도 의심할 사람이 없을 정도로 많은 공통점을 갖고 있다.

두 사람은 절도사 장수규(張守珪)의 진영에서 함께 사병 노릇을 했는데 권모술수에 능하고 일단 싸움터에 나가면 물불을 가리지 않고 용감하게 싸워 많은 공을 세웠고, 외국어에 능통하기 때문에 호시랑(互市郎 : 외교관)에 임명되었다. 특히 안록산은 지모와 외교적 수완이 뛰어나 빠르게 승진하여 평로병마사, 영주자사를 거치면서 크게 두각을 나타내었다. 또한 그는 순시하러 오는 중앙의 관리들에게 아낌없이 뇌물을 바쳐 한발한발 황제에게 접근할 기회를 만들어 갔다.

기회가 오면 절대로 놓치지 않고 적절히 이용할 줄 아는 안록산은 마침내 현종의 총애를 얻어 천보 원년(742)에는 평로절도사(平盧節度使), 이듬 해에는 범양절도사(范陽節度使)를 겸하게 되었다. 안록산은 자기의 심복인 유락곡(劉駱谷)을 장안에 상주하게 하고 궁중의 동태를 파악하여 수시로 보고하도록 하는 한편, 현종의 측근에 있는 사람들 하나하나를 찾아다니며 뇌물을 바침으로써 앞날을 위한 길을 닦아 놓았다. 그리고 기회만 있으면 장안으로 가서 현종을 배알하여 자신의 존재를 인식시키곤 했다.

어느 날 안록산이 현종의 부름을 받고 궁중으로 들어가니 현종이 무릎까지 늘어진 그의 배를 가리키며 물었다.

"그대 배 위의 살이 무릎까지 덮을 지경이니 걸을 때는 좌우에서 다른 사람이 부축을 해야 할 것같구나. 도대체 그 뱃속에는 무엇이 들어있는지 이해하기가 힘들구나."

스스로 배의 무게만 300여 근이라고 말하던 안록산은 현종의 말에 지극히 공손한 태도로 대답했다.

"제 뱃속에는 오직 폐하에 대한 충성심만 가득할 뿐입니다."

양귀비와 안록산이 만나게 된 것은 천보 6년(747) 정월이다. 당시 현종은 안록산을 환영하는 뜻으로 문무백관을 홍경궁(興慶宮)으로 소집하여 성대한 연회를 베풀었다. 이 자리에서 현종은 연회의 분위기를 돋우기 위해 불현듯 영감이 떠오른 듯이 안록산과 양귀비 일족간에 결의형제를 맺게 하곤 안록산에게 자유롭게 궁을 드나들 수 있도록 허가했다.

교활하고 꾀많은 안록산이 이 기회를 놓칠리 없었다. 그는 현종에게 한층 더 가까이 가기 위해 아들이 없는 양귀비의 양아들이 되겠다고 청했다. 이렇게 해서 절세의 미인 양귀비와 못생기고 그의 혈통으로 인해 특이한 모습의 안록산이 모자지간이 되었으니 당시 장안에서 떠들썩한 화제가 되었다.

한번은 안록산이 현종과 양귀비 앞에 와서는, 양귀비에게 예를 갖추고 난 후에야 현종에게 인사를 했다. 이 것을 본 현종이 괴이하게 여기며 그의 무례한 행동을 책망하자 안록산은 당당하게 말했다.

"저희 오랑캐 풍습에는 모친이 부친보다 우선합니다."

이 말을 들은 현종은 그때서야 그의 행동을 이해하고 만면에 가득 웃음을 지었다. 안록산은 자유롭게 궁을 드나들며 양귀비의 비위를 맞추느라 온갖 진기한 물건을 선사하고, 종종 오랑캐의 춤을 추어보이기도 했다. 걷는 것조차 힘들어 보일 것같은 거대한 몸집의 안록산이 바람처럼 민첩하고 힘찬 동작으로 춤을 추면 양귀비는 매우 즐거워 하며 총애했다.

한번은 안록산의 생일이 되자 양귀비가 직접 아름답게 수놓은 비단 강보를 만들어 안록산에게 씌워주며 유희를 하곤 했다. 양귀비를 즐겁게 해주는 안록산에 대한 현종의 총애가 날로 높아져 그를 다시 하동절도사(河東節度使)로 봉했다. 안록산 한 사람이 세 지역의 절도사를 겸하고, 그의 휘하 군사가 18만에 이르니 그 수는 당나라 전군의 3분의 1에 해당하는 것이었다.

안록산의 지위가 승승장구하자 이를 가장 못마땅하게 여긴 사람은 바로 양국충이다. 본래 양국충의 성은 장씨(張氏)로, 일찌기 칙천무후의 총애를 받으며 국정을 요리하다 재상 장간지에 의해 살해된 장역지(張易之)의 조카인데, 그의 모친이 양씨(楊氏)에게 개가하면서 그의 성도 바뀌었다. 숙부 장역지를 닮아 인물이 뛰어난 양국충은 술과 도박을 좋아하는 거리의 무뢰한으로 떠돌던 인물이었다.

일찌기 말단 관리로 종군하다 오래지 않아 다시 촉으로 돌아갔다. 이때 검남절도사장(劍南節度使章) 구겸경(仇兼瓊)은 재상 이임보와 반목하고 있었다. 그러므로 구겸경으로서는 현종의 총애를 받는 양귀비 자매와 연줄을 대고자 촉 지방의 부호 선우중통(鮮于仲通)에게 장안으로 가서 알아보도록 부탁했다.

당시 장안에 아는 사람이 없는 선우중통은 구겸경에게 양국충을 소개했다. 자신의 성이 양씨라는 것을 빌미로 당형관계임을 내세우며 양씨 자매를 찾아간 그는 준수한 용모로 그녀들의 호감을 산 후 괵국부인의 정부가 되어 공공연하게 함께 마차를 몰고 거리를 횡행하곤 하여 백성들의 눈총을 샀다.

그 후 양국충은 양귀비의 추천으로 현종을 보좌하다 천보 11년(752)에 재상 이임보가 죽자 고력사의 힘을 빌어 재상이 되었다. 현종은 양귀비에게 미혹되어 정사를 멀리하니 자연 모든 국정의 처리에 있어 고력사와 그의 뜻이 바로 현종의 뜻이었다. 그러므로 양국충에게는 천하가 자신의 것이나 다를 바 없었다.

그러나 이렇게 권력을 휘두르는 양국충을 불안케 한 것은 당나라 최대 군벌인 안록산이 야심을 품고 현종과 양귀비에게 접근하며 자기의 세력을 잠식해 들어오는 것이었다. 그러므로 양국충은 안록산에 대한 경계심을 늦추지 않고, 한편으로는 안록산과 반목하고 있는 농우절도사 가서한과 결탁, 안록산을 타도하고자 했다.

양국충과 안록산의 세력 다툼에 한층 그 깊이를 더한 것은 천보 13년(745)의 일이다. 안록산이 처음 조정에 왔을 때부터 그가 다른 뜻이 있어 자신의 세력을 키우고 있다는 소문이 끊이지 않고 유포되어 정가에 적지 않은 파문이 일어났다. 그러나 안록산에 대한 나쁜 소문에도 불구하고 그에 대한 현종의 총애와 신뢰가 조금도 변화를 보이지 않자, 마음이 조급해진 양국충은 현종에게 안록산을 불러 사실여부를 확인하기를 청했다. 양국충은 안록산이 감히 장안으로 와서 현종을 배알하지 못할 것이라고 생각했기 때문이다.

그러나 예상과 달리 꾀많은 안록산은 현종의 부름에 즉시 달려와 지극히 공손한 태도로 현종에게 예를 올리고, 자신이 오랑캐의 몸으로 이같이 현종의 은혜를 받으니 감격하여 눈물만 흘릴 뿐이라고 말했다. 또한 양국충이 줄곧 자기에게 편견을 가지고 모함하고 있다고 눈물로 호소하며, 자신의 배를 갈라 충성심을 보이겠다고 했다.

한편 양국충은 안록산이 자기의 근거지에서 병력을 키워 반란을 일으킬 준비를 하고 있다고 상소하면서, 아무리 안록산이라 하더라도 이번엔 빠져나가지 못하리라 생각하고 있었다. 그러나 이미 판단의 능력을 상실한 현종는 자신의 억울함을 눈물로 호소하는 안록산의 모습을 보곤 이 일을 흐지부지 매듭지어 버렸다.

호랑이 굴까지 들어갔다 무사히 자기의 근거지로 돌아간 안록산은 이듬 해 11월 황제를 미혹시키는 간신 양국충을 제거하겠다는 명분을 내세워 15만 명의 대군을 이끌고 남하했다. 안록산의 부대가 지나는 주·현의 관리들은 대군이 마을로 들어온다는 소문만 듣고서도 모두 도망가버려 두 달도 못되어 동경이 함락되었다. 안록산의 반란은 즉시 현종에게 보고되었으나 현종은 이를 믿지 않고 말했다.

"또 안록산을 싫어하는 무리들이 만들어 낸 헛소문일 거야."

지덕 원년(756) 1월, 안록산은 이미 낙양까지 함락하였고, 자칭 대연황제(大燕皇帝)라 하고 연호를 성무(聖武)라 했다. 그리고 평소 총애하던 서자 안경은(安慶恩)을 자신의 후계자로 삼으려 했다. 이같은 안록산의 계획에 불만을 품은 장자 안경서(安慶緒)가 부친을 살해하고 연호를 재초(載初)로 고치는 한편, 칙서를 내려 사사명을 범양절도사로 임명했다.

그러나 사사명은 안경서의 명령을 무시하고 당나라에 투항하여 귀의왕(歸義王) 범양절도사가 되었다. 한편 안록산 진영의 내부 불화를 틈타 병력을 재정비한 당군은 절도사 곽자의(郭子儀), 이광필(李光弼)이 낙양과 장안을 수복하고, 안경서는 북쪽으로 후퇴하고 있었다.

건원 원년(758), 숙종은 이광필에게 사사명을 암살하라는 명령을 내렸다. 그러나 이 계획이 누설되어 사사명이 다시 반란을 일으켜 13만 대군으로 당군을 격퇴하였다. 그 이듬 해 3월 사사명은 상주에서 안경서를 죽이고 자신이 등극하여 대연황제라 칭하고, 연호를 순천(順天)으로 바꾸고, 아들 사조의(史朝義)를 회왕(懷王)으로 봉했다.

그러나 사사명은 남을 잘 의심해 측근들을 단지 의심스럽다는 이유로 참살하곤 해서 인심을 잃었고, 또 사조의를 폐하고 사조청(史朝淸)을 후계자로 삼으려고 생각하고 있었다. 그의 이런 심경의 변화를 눈치챈 사조의는 자신의 위치에 불안을 느껴 상원 2년(761) 사사명을 유폐시켰다가 목졸라 죽이고 말았다. 부친을 죽인 사조의가 남은 세력을 규합하여 당군에 저항하려 했으나, 병사들이 따르지 않아 마침내 범양까지 쫓겨간 후 진압됨으로써 8년에 걸친 반란이 평정되었다.

안록산과 사사명은 여러 모로 서로 상통하는 면이 많아 늘 좋은 친구로 지냈었는데, 죽을 때도 후계자 문제로 모두 친아들의 손에 의해 죽으니 이것 또한 그들 두 사람의 이상한 운명이라 할 수밖에 없다.

고선지

달라스 강의 패장(敗將)

당나라 초기 청장고원(靑藏高原)에 할거한 토번의 세력이 강해져 당나라와 서역 통치권을 다투고 있었다. 772년, 토번이 소발율(小勃律)을 통해 안서(安西)로 진공하려고 했다. 토번의 공격을 받은 소발율이 당의 북정도호부(北庭都護府)에 원병을 요청하자 북정도호부는 절도사 장효숭(張孝嵩)을 파견해 토번군을 퇴각시켰다. 그로부터 4년 후 토번이 재차 소발율을 침공하였으나 하서절도사 최희일(崔希逸)에게 대패했다.

두 차례의 공격이 모두 실패로 끝나자 토번의 통치자는 토번의 공주를 소발율의 왕에게 시집보내는 등 적극적인 화친정책을 전개했다. 이에 소발율은 당나라와의 관계를 끊고 토번에게 귀속했으며, 소발율의 뒤를 이어 20여 개의 서역국들이 토번에게 조공을 바쳤다. 그 후 당나라에서는 여러 번 군사를 파병하여 서역과의 관계를 다시 재개하고자 했으나 모두 실패로 끝나고 말았다.

747년, 당 현종은 고선지(高仙芝 : 755년 사망)에게 만여 명의 군대를 인솔하여 소발율을 정벌하도록 했다. 당 태종 이후 당에서는 변경과 소수민족 출신자에 대해서도 차별이나 편견없이 능력에 따라 중용했기 때문에 여러 소수민족들이 당나라의 발전에 많은 공헌을 했다.

이 가운데 고선지 또한 당나라에 사는 소수민족의 한 사람으로 유망한 장수으로서 명성을 떨치고 있었다.

고선지는 고구려 사람으로 그가 12살 되던 해에 부친 고사계(高舍系)가 안서 사진(四鎭 : 龜玆, 干闐, 疏勤, 焉耆)의 장교로 임명되자 부친을 따라가 그 곳에서 기마, 활쏘기를 배우며 무술을 익히고 있었다. 고선지는 호랑이 등에 곰의 허리를 가졌으며, 영준하고 소탈한 모습에 기마와 활쏘기에도 능했다. 『구당서(舊唐書)』에 그는 용감하고 과단성이 있는 문무를 겸비한 뛰어난 젊은 군인이라고 기록되어 있다.

고선지의 부친은 연달아 많은 공을 세웠고, 고선지도 또한 능력을 인정받아 몇 년 후에 장교가 되어 부친과 함께 복무했으니 일찍부터 두각을 나타낸 인물이라 할 수 있다. 후일 현종 개원 말년에 하서절도사의 눈에 들어 안서부도호(安西副都護)로 임명되었고, 여기에서 다시 승진하여 사진의 병마사로 임명되었다.

이제 고선지는 소발율을 정벌하기 위해 출발했다. 고선지가 인솔하는 당군은 구자에서 출발하여 소륵, 파미르 고원을 거쳐, 파미르 강을 건너서 백여 일의 행군 끝에 타슈쿠르칸에 이르렀다. 고선지는 불필요한 손실을 막기 위해 수하를 셋으로 나누어 전진하여 토번 거점의 하나인 연운보(連雲堡)에서 합류하기로 약속했다.

연운보는, 남쪽은 높고 험한 산봉우리가 천연 방벽이 되고, 북쪽은 요새 아래로 파륵천(婆勒川)이 흐르고 있는데, 이 파륵천의 물이 불으면 모든 배들이 건널 수 없었다. 그리고 연운보에는 지세가 험한 요새일 뿐만 아니라 만여 명의 병력이 주둔하고 있었다. 고선지의 삼군이 연운보에 도착한 때는 마침 여름이라 파륵천의 물이 불어 거센 물살이 빠른 속도로 하류를 향하고 있었다.

이에 고선지는 제물을 준비하여 하신(河神)에게 제사지낸 후 병사들에게 3일분의 식량을 주고 강을 건너게 했다. 병사들은 그 강을 건너는 것은 하늘을 오르는 것보다 어렵다고 생각했으나, 고선지의 독려

하에 용감하게 뛰어들어 마침내 파륵천을 건넜다. 무사히 강 건너에 도착한 고선지가 부하들에게 말했다.

"다행히 우리가 물을 건너는 위험한 상황에서 적의 공격이 없었다. 오늘 우리가 무사히 이 강을 건넌 것은 하늘이 우리에게 적을 쳐부수라는 뜻이니 모두들 최선을 다해주기 바란다."

위험한 난관을 무난하게 돌파하자 용기백배한 병사들이 용감히 돌진해 오후가 될 무렵이 적의 요새로 진공해 들어가게 되었고, 밤에는 토번을 완전히 제압하여 죽인 적의 수가 5천 명, 생포된 자가 1천여 명에 달했다.

이때 토번군은 당군이 파륵천을 건널 수 없으리라는 생각으로 아무 방비도 않고 있다가 연운보를 점령당하고 말았다.

고선지는 이 승세를 타고 다시 3일간의 행군끝에 연운보 남쪽의 다르코트령에 도착했다. 다르코트령은 해발 4,576미터이고, 더우기 40리 가량의 절벽을 통과하여 다르코트령 남쪽의 아노월성(阿努越城)을 점령해야 소발율왕의 근거지인 얼다성(孽多城)을 공격할 수 있었다. 고선지가 부하들과 함께 천혜의 이 요새를 돌파하는 전략을 수립하고 있을 때, 아노월성 사람 20여명이 당군에 투항해 왔다. 그들과 만난 고선지는 크게 기뻐하며 병사들에게 말했다.

"이 사람들이 이미 사이하(娑夷河)의 다리를 끊었으니 토번의 공격을 염려할 필요가 없게 되었다. 이때를 이용해 지금 전진한다!"

이 말에 전군의 사기가 충천하였다. 얼다성 밑의 사이하는 물살이 세고 암초가 많아 사람은 물론 배도 지나지 못하는 곳이다. 그러므로 소발율국과 토번은 오직 사이하에 걸린 다리를 통해서만 왕래할 수 있었다. 그러나 이것은 사실 고선지가 병사들의 사기를 진작시키기 위해 부하를 시켜 연출해낸 것이다. 이것은 험난한 산로를 돌파해야 하는 병사들의 심리에 큰 활력을 불어넣었으니, 고선지의 뛰어난 심리전이라 할 수 있다.

고선지의 말을 믿은 병사들은 용기백배하여 재빨리 다르코트령을 넘었고, 다시 3일간의 전진 끝에 아노월성을 공략했다. 그리곤 당군 가운데 날쌔고 용감한 병사들을 가려 뽑아 소발율국으로 파견했다.

한편 소발율국에서는 당군이 이 길을 통해 공격해 온다는 것은 거의 불가능하기 때문에 방비에 조금도 신경을 쓰지 않았다. 그러다 당군이 이르자 소발율국의 병사들은 크게 경악하여 전의를 상실, 저항하지도 못하고 항복했고, 소발율왕과 토번공주는 혼비백산하여 산속의 토굴 속으로 숨었다.

고선지는 먼저 사이하의 다리를 끊고 소발율국 내의 친토번 대신들을 모조리 죽였다. 이때 토번군은 소발율국을 구하기 위해 병사를 파견했으나 이미 다리가 끊겨 구원병이 이르지 못했다. 결국 소발율국왕이 투항하고, 고선지는 왕과 토번 공주 등을 포로로 하여 회군했다.

당 조정에서는 소발율국의 명칭을 귀인(歸人)으로 고치고, 귀인군을 설치하여 천여 명의 병사를 주둔시켰다. 이 승리로 인해 토번의 항복을 받아냈을 뿐만 아니라, 그 동안 토번에게 복속되어 있던 서역의 여러 나라들이 앞을 다투어 당나라에 조공을 바쳤다.

영국의 유명한 탐험가인 스타인은 고선지가 티베트 고원과 다르코트 빙하의 천연 요새를 넘은 것에 찬탄하며, 이것은 나폴레옹이 알프스산을 넘은 것보다 위대하다고 여기고, 이를 기념하기 위한 비문을 세우지 않은 것을 매우 애석해 했다.

이 승리로 의기양양한 고선지는 한 가지 실수를 저질렀다. 그것은 황제에게 승리를 보고하는 편지는 관례에 따라, 절도사가 조정으로 보내야 하는 것인데, 고선지는 부하 왕정지(王廷芝)에게 직접 장안으로 보내라고 명령한 것이다. 그의 이런 행동은 그다지 큰 죄는 아니지만 절도사 몽부(蒙夫)의 노여움을 샀고, 부하의 생사여탈권을 쥐고 있는 절도사 몽부가 이 일을 계기로 고선지를 제거하고자 했다.

그런데 당시 군대 내에는 조정에서 직접 파견하여 군대 내의 동태를 감시하는 감군(監軍)이 있었다. 이 감군은 장군의 신변에서 통솔자와 군대의 모든 동태에 대해 황제에게 보고할 수 있는 권한과 의무를 가지고 있다. 이런 감군은 대개 황제와 특별한 관계에 있는 환관이 담당하고 있었는데, 고선지의 부대에 파견되었던 감군 악원경(楃原景)은 다행히도 정직하고 인정있는 사람이었다. 그는 이 사태를 보고 조정에 직접 상소를 올렸다.

"고선지는 유사 이래로 보기 드문 인재인데, 이제 그의 목숨이 경각에 달렸으니 황상께서 특별히 방안을 마련하여 그를 구해주시기 바랍니다."

악원경의 주청으로 몽부는 황제의 명령에 의해 장안으로 불려갔고, 고선지에게는 그를 대신하여 안서 사진절도사의 직책이 맡겨졌다. 고구려 출신의 고선지는 이제 막강한 병력을 장악하여 당나라에서 서역을 담당하는 인물로 변신한 것이다.

천보 9년인 750년, 고선지는 다시 지금의 우즈베크공화국 내에 있는 갈사국과 석국(石國)을 토벌하기 위해 출정하였다. 석국으로 진입한 고선지가 석국의 왕에게 말했다.

"당신이 직접 우리 황제께 사죄를 청하면 황제께서 당신을 용서할 것이오. 당신 신변의 안전은 내가 보장하겠소."

그러나 고선지의 말을 믿고 장안에 온 석국의 왕은 참수당했고, 이 공로로 고선지는 하서절도사, 우우림군대장군(友羽林軍大將軍)이 되었으며, 밀운군공(密雲郡公)으로 봉해졌다. 같은 해 이를 안 석국의 왕자가 사라센에 도움을 요청했고, 주변의 다른 나라들도 석국과 연합하여 당군을 공격했다.

이 소식을 들은 고선지는 번족과 한족으로 구성된 3만여 명의 병사를 이끌고 출전하여 달라스 지방에서 접전했다. 고선지가 인솔한 당군이 사라센 연합군에게 맹공격을 가하자 그들의 주력부대가 궤멸되면서 후퇴하기 시작했다. 그런데 뜻하지 않게 카를루크군이 나타나 당군을 포위했다. 결국 5일만에 당군은 참패를 당해 많은 병사들이 죽거나 포로가 되어, 살아 돌아온 사람은 겨우 몇천 명에 불과했다.

이때 사라센에 포로로 잡혀간 당군 가운데 종이를 만드는 기술자들이 있었다. 그리하여 이때부터 중국의 제지기술이 사라센을 통해 유럽으로 전해졌다.

그후 안사의 난이 발발하자 고선지는 정토군의 부원수로 임명되어 반란군을 평정하기 위해 출정했다. 그러나 당시 고선지가 인솔한 병사들은 대부분 시정의 무뢰한들을 소집시켜 구성하였기에 훈련이 제대로 되지 않아 전투력이 없었으며 사기도 낮았다. 이로 인해 고선지의 군대는 대패하여 동관(潼關)에서 퇴각할 수밖에 없었다.

그러자 그를 좋지 않게 본 당시의 감관 변영성(邊令誠)이 고선지가 제멋대로 동관에서 퇴각했다고 무고하여 참수당하고 말았다. 고선지는 일생을 통하여 많은 전쟁을 치르었는데, 그 가운데 서역의 소수민족들을 평정한 것은 중국과 서역 사이의 경제·문화 교류에 지대한 공헌을 했다.

왕선지와 황소

반란을 일으킨 사염업자

당나라에서 실시하고 있는 각종 전매법 가운데 줄곧 개선되지 않은 것은 바로 염법으로, 백성들은 많은 돈을 주어야 소금을 살 수 있었다. 사실 정부에서 파는 관염(官鹽)의 가격은 원가의 30배 가까이 되었고, 이런 소금 가격은 백성들의 생활에 큰 부담을 안겨주었으나 살아가는데 필수불가결한 것이기 때문에 울며 겨자먹기로 관염을 구입하고 있었다. 이에 어떤 사람은 위험을 무릅쓰고 몰래 사염(私鹽)을 암거래하기 시작했다.

사염의 거래가 활발해지면서 관염의 판매량이 급격히 줄기 시작했다. 그러자 조정에서는 관염의 가격을 낮추기보다 사염을 뿌리뽑기 위해 관련 법률과 수사망을 강화하는 한편 사염을 팔다 잡히는 사람에게는 가혹한 형벌을 내렸다. 이런 정부의 엄격한 형벌에 궁지에 몰린 사염업자들은 모험을 무릅쓰고 비밀조직을 만들어 더욱 교묘하게 법망을 빠져나갔다.

이 비밀조직이 갈수록 방대해져 가고 철저히 조직화되어감에 따라 사염업자들은 더욱 쉽게 법망을 피해갈 수 있게 되었다. 이를 감지한 조정에서는 수사망을 더욱 강화하여 사염을 통제하는 악순환이 되풀이되고 있었다.

산동성 복주 사람 왕선지(王仙芝 : 878년 사망)는 바로 이런 사염업자로, 그는 각지에서 동지를 규합하여 활발하게 사염을 판매하였다. 당시 당나라는 의종 이후 계속 수재와 한재가 발생하여 백성들은 기아에 허덕이는데, 탐관오리들은 백성들의 형편에는 아랑곳하지 않고 더욱 고혈을 짜내어 향락을 즐기고 있었다. 이를 견디다 못한 백성들이 도둑떼로 변했고, 비밀조직을 가지고 있던 왕선지는 이들을 자기의 휘하로 끌어들여 3천 명 가량의 세력을 형성하고 있었다.

당 의종은 황음무도하고 극도의 사치를 즐겨 이틀이 멀다하고 대연회를 열고, 비빈, 조정 대신들은 물론 500여 명의 악공들과 수많은 수행원들을 대동하고 장안 부근의 여러 이궁을 전전하며 향락을 즐겼다. 또한 미신과 불교에 심취하여 불사를 일으키고, 재를 올리는 등 매일 국고를 탕진하는데 전력을 다했다.

의종이 죽자 그 뒤를 이어 환관들에 의해 희종(僖宗)이 즉위했다. 희종 또한 둘째가라면 서러워 할 정도로 사치를 즐기는 어리석은 황제였다. 그는 환관 전령목(田令孜)을 총애하여 국정을 다 넘겨주다시피 하고 언제나 그와 더불어 축구, 음악, 도박에 빠져 있었다. 거금을 걸고 매일 도박을 하다 이기면 악공들에게 나눠주곤 했는데, 이렇게 쓰는 돈이 하루에 수만 냥에 달했다고 한다.

희종 원년(874)에 한림학사 노휴(盧携)가 보다 못해 상소를 올렸다.

관동지방이 작년에 한재가 들어 수확이 거의 없다시피 했습니다. 그런데 이제 한 겨울인데 백성들은 곡식도 없고 초근목피도 구하기 힘들어 처자식을 팔아 양식을 구하고, 그것도 못하는 사람은 앉아서 죽기만을 기다리는 사태에 이르렀습니다. 여기에 더욱 통탄할 일은 현지의 탐관오리들이 백성을 약탈하여 자신들의 배를 채우기에 급급하고, 차역(差役)의 부담 또한 백성이 식량을 마련할 시간을 빼앗아 살길이 막막합니다. 황상께서 백성들의 고통을 살피시어 탐관오리들을 처단하고 식량을 공급하여 그들을 구제해 주십시오.

그러나 노휴의 애끓는 상소에도 불구하고 희종은 여전히 정사를 돌보지 않고 오직 놀기에만 정신을 팔고 있었다.

이듬 해 정월, 마침내 분노한 백성들이 탐관오리를 주살하고 반란을 일으켰다. 이 반란의 주동세력이 바로 사염업자 왕선지이다. 복주에서 거사한 왕선지는 자칭 천보평균대장군(天補平均大將軍)겸 해내제호도통(海內諸豪都統)이 되었고, 한번 불이 붙자 반란군의 세력은 눈덩이처럼 불어나 파죽지세로 한(漢), 단(鄲), 조(曹) 등의 화북지역을 공략해 나갔다.

황소(黃巢 : 884년 사망)도 사염을 판매하던 사람이다. 황소는 본래 의협심이 강하고 기마와 활쏘기에 능하여 젊었을 때는 관직에 입문하고자 하였으나 매번 과거에 낙방하자 실의하여 포기하고 사염업자가 된 인물이다. 왕선지의 반란이 일어나자 황소가 이에 호응해 건주 3년(876) 6월, 수하의 수천 명을 인솔하고 조주(曹州)로 가서 오래 전부터 알고 지내던 왕선지를 만났다. 황소는 반란군의 부수령이 되어 왕선지와 함께 행동했다.

그 해 9월 왕선지와 황소는 산동, 하남, 호북, 안휘 등 각지에서 탐관오리를 죽이고, 관가의 창고를 약탈하면서 낙양으로 향했다. 도중에 굶주린 유랑 농민들과 비적들을 흡수하여 세력이 날로 커져 당해낼 세력이 없었으며, 막강한 사염의 비밀조직이 뒤에서 여러 가지로 지원해 주었다.

당나라에서는 사태가 심각해지는 것을 보고 이들 반란군들 사이를 이간시키기 위해 왕선지에게는 관직을 주면서 회유했으나, 황소는 무시해 버렸다. 화가 난 황소가 조정의 이간책을 질타하였으나 왕선지는 솔깃해 했다. 이로 인해 왕선지와 황소 사이에는 응어리가 생겨 두 사람은 각각 자기의 길을 걷게 되었다.

건부 5년(878) 2월, 조정에서는 장수 증원유(曾元裕)에게 왕선지의 토벌을 명했다. 황소의 세력과 나뉘면서 많이 약화된 왕선지는 결국 양자강 중류 황매(黃梅)에서 패해 전사했다. 그때 황소는 호주를 공격

334

하고 있었다. 왕선지가 죽자 그의 수하들은 황소의 휘하로 몰려들어 그를 왕으로 옹립하고, 충천대장군(衝天大將軍)이라 불렀다. 그리고 강서의 여러 주를 공략했다.

이듬 해 당군이 공격해 오자 황소는 광주(廣州)로 도망가 광주성을 포위하고는 귀순하는 조건으로 자기를 광주절도사로 임명해 줄 것을 요구했다. 그러나 당나라 조정이 아라비아와의 무역 이익을 희생시키고 싶지 않아 황소의 요구를 거절하자 그는 광주를 공격해 절도사를 생포하였고, 대량 학살을 감행하여 그곳에 사는 아라비아 상인 등 외국 사람들을 살륙하여 이 화를 면한 사람이 하나도 없었다.

황소가 광주에서 다시 북상하여, 광명 원년(880) 11월, 대군을 이끌고 낙양을 공격하자 유수 유윤장이 투항했고, 12월 3일에는 동관을 공략했다. 이 소식을 들은 희종은 한밤중에 환관 전령목과 몇명의 비빈을 대동하고 궁을 빠져나와 사천으로 도망갔다.

희종이 도망간 날 오후에 황소군의 선봉장이 장안으로 입성하자, 좌금오위대장군 장직방이 문무백관을 인솔하고 황소를 영접했다. 입성한 황소는 당나라 황족들은 죽이고 자신이 보좌에 올라 국호를 대제(大齊), 연호를 금통(金統)이라 했다.

이때 다시 성도로 도망간 희종이 번진의 제왕들을 소집하여 황소군의 토벌을 명령했다. 각지 제왕의 군사들이 사방에서 집결하자 황소의 반란군들은 동요하기 시작했고, 마침내 황소의 부하였던 주온(朱溫)이 당나라로 투항했다.

그리고 희종은 돌궐 사타부(沙陀部)의 병력을 끌어들였는데, 이때 사타부군을 인솔한 인물이 이극용(李克用)이다. 『신당서(新唐書)』에 이극용은 "한쪽 눈이 사시로 매우 용감한 자이며, '독안룡(獨眼龍)'이라 불리운다"라는 기록이 있다. 사타부의 병사들은 모두 검은 옷을 입어 '오아군(烏鴉軍)'이라 불렸는데, 이들은 흉맹하고 싸움에 능해 황소군은 그들이 온다는 소리만 들어도 모두 벌벌 떨었다.

중화 3년(883), 황소는 15만 대군을 거느리고 이극용의 3만 5천 명의 기마대와 장안의 북동지방에서 접전하였으나 크게 패했다. 결국 황소는 장안을 버리고 동쪽으로 가서 채주(菜州), 서(徐), 연을 돌파 했고, 이극용은 그의 뒤를 바짝 추격했다. 이듬 해 6월 태산으로 쫓 겨간 황소가 부하의 손에 살해되어 10년에 걸친 반란이 평정되었다.

　황소의 난, 환관의 전횡, 왜구의 침입 등으로 안팎으로 혼란을 겪 으면서 당나라 조정의 위신은 땅에 떨어졌고, 나라는 이미 쇠퇴의 길 로 접어들었으며, 백성들은 당나라가 망하고 새로운 왕조가 들어서기 를 기다리게 되었다.

왕 유

시화 일체의 남종화의 비조

왕유(王維 : 699~761)는 태원(太原) 기(祁) 사람으로 자는 마힐(摩詰)이며, 그가 말년에 역임한 관직 이름을 따라 왕우승(王右丞)이라고 하는 사람도 있다. 왕유는 9세부터 사(辭)를 알고, 시를 짓고, 음악을 작곡하며 연주까지 직접 하는 등 천재성을 발휘하여, 그가 15세에 장안으로 유학갔을 때에 장안의 황족과 귀족들은 그를 초대하려고 서로 경쟁을 벌이고 있었다.

그가 9세 때부터 사를 지었다는 것은 역사가들의 과장일 수도 있다. 그러나 현재 남아있는 그의 문집에 실려 있는 「우인운모장자(友人雲母障子)」, 「과진왕묘(過秦王墓)」는 15세 때의 작품이고, 「낙양여아행(洛陽女兒行)」은 19세 때의 것으로, 어린아이의 작품이라기에는 성숙한 면모를 잘 나타내고 있다.

개원 초 21세 때에 진사가 되었던 왕유는 개원 9년(721) 대악승(大樂丞)으로 임명되었다. 그러나 후일 현종의 노여움을 사서 제주(濟州)의 사창참군(司倉參軍)으로 좌천되었다. 그 후 아내가 세상을 떠나자 그는 재혼하지 않고 더욱 불교의 세계에 심취하며 지냈다.

개원 22년(734), 왕유는 재상 장구령(張九齡)의 추천으로 우습유(右拾遺)로 발탁되었으나 뒷날 장구령이 실세하자 그도 형주장사(荊州長

史)로 좌천되었다. 왕유는 부임지로 가는 길에서 얻은 체험으로 유명한 「송원이사안서(送元二使安西)」를 지었고, 이것에 곡을 붙인 것이 사람들이 즐겨 부르는 「위성곡(渭城曲)」이다.

> 위성의 새벽 가랑비로 대지가 촉촉해지고
> 객사 버들의 푸르름이 더욱 신선하다.
> 그대에게 다시 술을 권함은
> 서쪽 양관을 지난 후엔 옛친구가 없기 때문이다.
> (渭城朝雨浥淸塵, 客舍靑靑柳色新, 勸君更盡一杯酒, 西出陽關無故人)

'위성'이란 지금의 섬서성 함양으로, 당나라 사람들이 손님을 배웅할 때 서쪽으로 30리 가량 나가면 위성에 이르고, 그곳에 위성관이 있다. 양관(陽關)은 지금의 감숙성 돈황현의 서남으로 옥문관과 함께 서역을 드나들 때 반드시 지나야 하는 관문 중의 하나이다.

천보 11년, 다시 문부낭중(文部郎中), 급사중(給事中)을 역임했고, 그의 동생 왕진(王縉)은 시어사(侍御史)가 되어 형제가 나란히 사람들의 존경을 받았으며, 이때가 그로서는 관직생활이 승승장구하던 시기였다.

그러나 좋은 시절은 그리 오래지 않아 천보 14년 안록산의 반란으로 장안이 함락되었을 때 불행하게도 왕유는 반란군에게 잡혔다. 이때 왕유는 약을 먹어 거짓으로 병을 칭하여 절 안에 구금되어 있었다. 그의 재능을 아는 안록산은 그를 낙양으로 데려다 자신의 밑에서 급사중을 맡도록 강요했다.

이 일로 인해 반란이 평정된 후에 왕유는 문책을 당하게 되었으나 동생 왕진의 필사적인 구명운동과 권신 최원(崔元)이 상소를 올리자 숙종도 전란 중에 반란군의 포로로 어쩔 수 없었다는 것과 그의 재주를 감안하여 사면했다. 그리고 후에 태자중윤(太子中允)으로 좌천시키고, 그후 상서우승(尙書右丞)이 되었다.

왕유의 자가 마힐이라는 것에서도 알 수 있듯, 그는 시불(詩佛)이라 불릴 정도로 불교에 심취했다. 왕유 일가는 모두 대조선사(大照禪師)의 사사를 받았으며, 불교에 귀의한 어머니 최씨의 영향을 받아 온 가족이 독실한 신앙을 유지했다. 왕유는 퇴궐한 후에는 홀로 앉아 향을 피우고 참선하고 불경을 읽었으며, 소식(素食)을 하고, 오훈채를 먹지 않았고, 화려한 옷을 입지 않았으며 언제나 승려들과 더불어 담론하는 것을 만년의 즐거움으로 삼았다. 이와 같이 불교는 한유의 사상의 바탕이 되어 그의 시나 사에 불교용어나 불교고사를 인용하는 경우를 볼 수 있으며, 이것이 그의 작품의 특색이라 할 수 있다.

청년 시절 적극적이고 정치에의 포부가 컸던 왕유는 만년에 이르러 정치상의 좌절, 아내의 죽음, 불교의 영향으로 소극적이 되었으며, 불교가 그의 예술정신의 기초가 되었다. 그는 현실에 대해 불만을 가지고 있으면서도 그 속에 어울리려 하지 않았다. 왕유는 이백과 같은 적극적인 낭만정신이 없었고, 두보와 같이 애국애민의 뜨거운 열정도 없이 오로지 불교에 귀의하여 전원으로 은거하여 자연의 아름다움을 탐닉하며 세속의 어지러움을 피하고자 했다.

그러므로 왕유는 사람들과 교제하는 것을 좋아하지 않았다. 정치에 대해서도 흥미를 잃어 장안의 동남쪽 남전현(藍田縣)에 망산장(輞山莊)을 짓고 친한 벗 3, 4명을 불러 음풍농월하며 술을 마시고 전원의 아름다움을 만끽하곤 했다.

그러나 그의 전체적인 시가예술로 볼 때 가장 왕유다운 특색을 지닌 것은 후기의 작품들이다. 그의 만년의 작품들은 아름다운 자연환경 속에서 자연에 대한 뿌리깊은 일체감을 느끼게 하고, 산수를 묘사하는 언어의 표현능력에 있어서도 이미 높은 예술의 경지에 이르렀다. 이로 인해 왕유는 중국 시문학사에 있어서 확고한 자리를 차지하고 있다.

왕유는 시와 음악은 물론 그림에까지 재능을 발휘하여 중국미술사에서 남종화(南宗畵)의 비조로 불리운다. 남종화는 수묵(水墨)과 부드러운 필선(筆線)으로 운치있고 시정(詩情)이 풍부한 산수화를 그려내는 화풍이다. 이것은 종래의 전문적인 화가의 형식과 정교한 색채보다 자유로운 수법이다. 그는 나한상(羅漢像)을 즐겨 그리면서 다른 그림 또한 불교의 영향을 받아 초연하면서도 탈속한 듯한 담백한 화풍을 지녔으며, 자유로운 표현의 경계를 넘나들었다.

그의 이런 화풍은 송나라의 형호(荊浩), 동원(童源), 미불(米芾)을 거쳐 원나라의 왕몽(王蒙), 황공망(黃公望), 오진(吳鎭) 등에 의해 계승되어 중국미술사에 뚜렷한 획을 그었다.

송나라의 대문호 소식은 그의 시와 그림에 대해 찬미하며 말했다. "그의 시를 읊으면 시 가운데 그림이 있고, 그의 그림을 보면 그림 가운데 시가 담겨져 있음을 느낄 수 있다."

왕유의 시화의 영감은 모두 전원생활 속에서 얻어진 산물로 그는 순수한 산수, 더우기 고요함의 아름다움을 추구하였다. 이 고요함의 아름다움을 잘 드러낸 대표작의 하나는 청나라 궁정에서 소장하고 있던 「설경도(雪景圖)」이다. 이것은 깊은 겨울 고요한 강가의 풍경을 그린 것으로, 지상의 작은 집의 지붕과 마른 나무가지 위에는 하얀 눈이 쌓여 있고, 황혼이 곱게 물들어 가는 길에는 어떤 사람이 바삐 집으로 돌아가는 모습을 묘사한 것이다.

이 그림 속을 걸어가고 있는 사람은 왕유 자신인 듯한 착각에 빠져들게 된다. 이것은 자연과 하나된 그의 시정신이 붓끝에 배어 화폭에 옮겨짐으로써 보는 사람에게 깊은 감동을 주기 때문이다. 아마도 동서고금을 통해 이런 그림을 그려낼 수 있는 사람은 왕유를 제외하고는 없을 것이다.

그의 그림으로 「강산설제도권(江山雪霽圖卷)」과 「복생수경도(伏生授經圖)」가 있고, 『화학비서(畫學秘書)』는 산수화의 작법에 관한 저술로 후세에 많은 영향을 끼쳤으며, 시집으로는 「왕우승집(王右丞集)」 6권이 있다. 이렇게 중국 시사에서나 회화에 있어서 빼놓을 수 없는 재능을 발휘한 왕유는 향년 60세로 세상을 떠났다.

이 백

귀양 온 신선

　중국은 물론 한자문화권의 동양에서 누구든 한번쯤 그의 시를 대해 보지 않은 사람이 없을 정도로 유명한 성당(盛唐)의 시인 이백(李白 : 701~762). 낭만적이면서 의협심이 강하고 호방한 성격이 천여 수가 넘는 시를 통해 거침없이 넘쳐흐르던 대시인 이백. 그는 중앙아시아 쇄엽성(碎葉城)에서 태어났다고 한다.

　이백의 자는 태백(太白), 호는 청련거사(靑蓮居士), 또는 적선인(謫仙人)이라고 한다. 적선인은 본래 하지장(賀知章)의 별호였으나 이백을 만난 하지장이 그의 솔직하고 호방한 성격과 시재(詩才)에 감탄하고 이백을 적선인이라고 불렀다. 그는 5세 때에 육갑(六甲)에 통달했고, 10세 때엔 백가(百家)를 보았으며, 15세엔 기서(奇書)을 읽었고, 당시 지은 부(賦)가 사마상여를 능가했다고 한다.

　이백의 선조는 죄를 짓고 수나라 말엽에 서역으로 옮겨가 성을 감추고 살다가 그가 다섯날 때에 부친 이객(李客)이 가족을 이끌고 촉으로 이주하면서 성을 되찾았다고 한다. 상인이었던 이객은 재산이 많아 이백은 평생을 유랑하면서 돈을 물쓰듯이 하며 지냈다.

　또한 그는 검술을 익혀 20세의 혈기가 왕성한 때 사람을 죽였다는 기록이 있고, 귀문관(鬼門關) 입구를 다니며 수라장을 벌이기도 했다.

그리고 도교에 심취해 사천의 산속에 다년간 은거하기도 했다.

개원 13년(725), 25세 때에 이백은 처음으로 양자강으로 가서 초한 (楚漢)과 강남의 명승지를 두루 편력했었는데, 양주에 체류하는 동안 이백은 거금 30여만 금을 쓰기도 했다. 이 여행 중에 이백은 안륙(安陸)에서 과거 좌상을 역임했던 허어사의 손녀를 아내로 맞아 1남1녀 를 두고 약 3년간 안정된 생활을 했다.

그러나 그는 지방의 유명인사로만 만족할 수 없어 관직으로 나갈 길을 모색하기 시작했다. 자신의 포부를 마음껏 펼쳐보고자 생각하던 이백은 장안의 종남산에 머무르며, 하지장, 여양왕 이진(李璡) 등과 친분을 맺었는데, 당시 사람들은 그들을 '주중팔선(酒中八仙)'이라고 불렀다. 이때 이백은 그의 뛰어난 문재와 호방한 기개로 명성을 떨쳤 으나 관직을 얻지는 못했다.

이백은 다시 모든 것을 떨쳐버리고 유랑의 길을 떠났다. 이 여행에 서 산동 조래산(徂徠山)에 은거하고 있던 공소부(孔巢父) 등과 함께 은거해 '죽계육일(竹溪六逸)'이라고 불렀다. 천보 원년742, 강동을 유 람할 때 유씨라는 여자와 재혼했으나 오래지 않아 결별했다. 다시 발 길을 강남으로 돌린 이백은 시인 왕창령(王昌齡)과 사귀고, 절강성 회 계에서 도사 오균(吳筠)을 만나 선술(仙術)을 배웠다. 마침 당시 도교 에 미혹되어 있던 현종이 오균을 조정으로 불렀다. 입조한 오균이 이 백을 현종에게 추천했고, 이로 인해 이백도 장안으로 가니 그의 나이 42세 때의 일이다.

그해 겨울, 현종의 부름을 받고 장안으로 간 이백은 한림대조(翰林 待詔)로 기용되었다. 현종의 부름에 크게 기뻐한 이백은 의기양양하여 "나를 미천하다고 비웃던 사람들이 /뵙기를 청하며 사귀고자 하네"라 고 읊었으며, 현종은 "몸소 금마까지 가서 이백을 마중하고…… 먹을 것을 하사하고, 임금께서 손수 국맛을 본 후 먹였다"고 할 정도로 극 진히 대했다. 그 후 이백은 날마다 현종을 대신하여 문서를 작성하 고, 왕을 모시고 연회에 참석해 시를 읊으며 인생을 만끽하고 있었다.

그러나 이것은 이백이 바라던 관직과는 거리가 먼 일개 궁중시인에 불과한 한직이었다. 이 일은 이백의 능력으로 보아 여유를 부리며 소일삼아 할 수 있는 일이었다. 이백은 현종이 정식 관직을 제수해 줄 것을 기다리고 있었으나 자유분방하고 때론 오만하기까지 한 이백을 못마땅하게 여기던 인물이 있으니, 바로 현종의 분신이라 할 수 있는 고력사이다. 고력사는 왕자나 공주들도 이름을 제대로 부르지 못하고, 조정 대신들도 허리를 굽혀야 할 정도로 막강한 위세를 떨치고 있었다. 그런데 이런 천하의 대환관 고력사에게 만취한 이백이 자신의 신발을 벗기게 한 것이다. 이 일을 괘씸하게 생각하던 고력사는 이백을 제거할 궁리를 하고 있었다.

시험삼아 묻노니 한궁의 누구와 비슷한가
가련한 비연이 새로 단장한 모습과 같구나.
(借問漢宮誰得似, 可憐飛燕倚新粧)

이것은 이백이 양귀비의 아름다움을 한나라의 조비연에 비유하여 읊은 시이다. 그런데 고력사가 이 시를 듣고 양귀비를 부정한 조비연과 비교하는 것은 불경한 일이라고 참언했다. 여기에 양귀비가 가세하자 현종은 이백을 장안에서 내쫓고 말았다.

결국 "천하를 크게 안정시켜 하나같이 맑게 하려는" 이백의 포부는 물거품이 되고, 좌절한 이백은 양, 송, 제, 노 지방을 두루 유람했다. 이때 두보, 고적을 만나 함께 시를 지으면서 때를 잘못 만난 울분을 삭였다. 그리고 남북으로 유람해 산수를 즐기며, 신선과 도사를 찾고 술과 시를 짓는 일에만 소일했다. 이백은 이렇게 약 10여 년간 중국의 넓은 땅을 철새처럼 유람했다.

이백은 항상 자신의 중용을 바랬다. 하지만 현종은 신선사상과 여색에 미혹되어 향락만을 즐기고, 조정의 모든 권한은 재상 이임보가

장악하고 있었다. 이임보는 자신의 자리를 공고히 하기 위해 조금이
라도 능력이 있는 사람은 가차없이 배척, 살해했다. 이렇게 20년간을
지낸 이임보의 뒤를 이은 사람이 양국충이다. 이런 상황 하에서 이백
이 현종의 눈에 띌 리가 없었다. 또 이백의 성격상 그들 권세가에게
허리를 굽히고 아부할 수도 없으니, 자연히 그의 바램과 달리 관직에
의 길은 아득히 멀기만 했다.

천보 14년(755) 11월, 안록산이 양국충을 제거한다는 명목으로 범양
에서 반란을 일으켰다. 낙양이 함락되고 동관이 막히자 이백은 호인
의 복장으로 변장하고 남으로 피난했다. 당시 현종은 태자 이형(李亨)
을 병마원수로 삼아 장안과 낙양을 수복하도록 하고, 영왕 이린(李璘)
을 산남동도·영남·검중·강남서도 등의 절도사로 임명해 장강 유역을
다스리도록 했다. 이때 성왕의 임지인 강남동로·회남·하남 등도 영왕
이린이 맡게 되었다. 이것을 불안하게 여긴 태자 이형이 자기 마음대
로 황제로 즉위하고, 현종을 태상황이라 한 후 정권을 장악했다. 이
미 심신이 혼미해진 현종은 태자의 결정을 그대로 받아들여 태자에게
옥새를 넘겨줬다.

천자의 자리를 계승한 숙종은 영왕 이린이 남쪽을 근거지로 자신에
게 대항할 큰 세력이 될 것을 두려워 해 반란을 진압하기보다 영왕
이린의 세력을 제거하는데 역점을 두었다. 결국 영왕 이린이 제거되
었는데, 당시 이백은 영왕의 참모로 약 2개월간 있었다. 영왕 이린은
이백을 초빙하기는 했으나 중용하지 않아 실망한 이백은 이린의 곁을
떠났다. 그러나 이것이 문제가 되어 이백은 영왕 이린의 일파로 낙인
이 찍혀 옥에 갇혔다.

건원 2년 봄, 이백은 쓰라린 좌절감을 맛보며 야랑(夜郎)으로 유배
길을 떠났다. 그러나 도중에 관내(關內)에 큰 가뭄이 들자 죄인들을
방면한다는 사면령이 내려졌다. 사면된 이백은 동쪽 강릉으로 내려가
강하(江夏), 소상(瀟湘) 등지에 머물렀다. 그리고 상원 2년(761), 이광
필을 따라 동쪽 정벌에 참가했으나 금릉에 이르러 병이 심해 물러나

고 말았다. 그리고 이듬 해인 보응 원년(762)11월, 당도(當塗)에서 향년 61세로 병사했다.

후일 끊이지 않고 샘솟는 시정과 풍류로 시선(詩仙)이라 불리웠던 이백의 죽음을 애석해 한 사람들은 그가 호수 속의 달을 건지려 뛰어들었다고 각색하여 비참한 죽음에 낭만적인 베일 한 자락을 드리웠다. 다음은 이백의 유명한 시 「월하독작(月下獨酌)」으로 자연과 어우러져 술을 마시며 풍류를 즐기는 그의 모습을 엿볼 수 있는 작품이다.

꽃 속에 한 병의 술을 놓고
짝없이 홀로 술을 따라
잔을 들어 명월을 맞이하니
달과 나와 그림자 셋이어라
달은 본래 술을 못하고
그림자는 한갓 내 곁을 떠돌 뿐
봄철 한때를 즐기고자
내가 노래하면 달이 배회하고
내가 춤추면 그림자 흔들리네
깨어서는 같이 어울려 놀고
취한 뒤에는 제각기 헤어지나
영원히 얽힘없는 교유를 맺어
아득한 은하수에서 만나기를 기약하네
(花間一壺酒, 獨酌無相親, 擧盃邀明月, 對影成三人, 月既不解飲, 影徒隨我身, 暫伴月將影, 行樂須及春, 我歌月排徊, 我舞影凌亂, 醒時同交歡, 醉後各分散, 永結無情遊, 相期邈雲漢)

두 보

백년 우환의 시성(詩聖)

　두보(杜甫 : 712~770)의 자는 자미(子美), 호는 소릉(小陵)이며, 만당(晩唐)의 두목(杜牧)과 구별해 보통 노두(老杜)라고도 한다. 그의 조부는 이교(李嶠), 최융(崔融), 소미도(蘇味道)와 더불어 '문장사우(文章四友)라고 불리던 두심언(杜審言)이다. 양양 사람인 그는 후일 하남의 공현(鞏縣)으로 이주했다. 어려서부터 가난한 형편에 그 뜻을 펼 수 없었던 두보는 각지를 떠돌아 다니다 당대의 문장가 이옹(李邕)을 만났다. 이옹은 그의 문재가 뛰어남을 보고 진사 시험을 보도록 추천했으나 급제하지 못하고 그때부터 그대로 장안에 머물러 있었다.

　두보는 과거를 볼 때마다 번번이 낙방했는데, 이것은 그의 재기가 보통 사람과는 다른 특별한 시인이기 때문에 쉽게 인정받지 못했다고 할 수 있다. 이때 두보는 강남의 제, 조나라 지역에서 시를 짓고 사냥을 하는 등 세월을 보냈는데, 그의 초기 작품들은 대부분 이때 완성된 것이다.

　개원 29년(741), 두보는 결혼하여 장안 부근의 수양산에서 부부가 서로 은애하며 행복하게 살았다. 천보 3년(744) 중국 시단에 큰 업적을 남긴 이백과 두보 두 사람이 낙양 부근에서 만났는데, 이때 이백은 두보보다 11세가 많았으며, 평소 그의 명성을 들어 알고 있던 두

346

보는 그를 따라 동으로 여행을 떠나, 시인 고적과 함께 어울리며 술 마시고 시를 지으며 세상을 풍자하며 열정의 나날을 보냈다.

마침 이때 현종이 양귀비를 총애하여 그녀와 더불어 향락에 빠져 정사를 돌보지 않았다. 또 교활하고 아첨만 잘하는 재상 이임보(李林甫)가 정권을 전횡해 황제를 기만하고 백성의 고혈을 빨아먹고 군신들 위에 군림하니, 대당제국의 앞날에 긴 어둠의 그림자가 드리워졌다.

당시 두보의 생활은 말할 수 없이 빈곤하여 귀족이나 고관들의 연회에 불려가 시를 지으면서 얻은 푼돈으로 겨우 입에 풀칠하는 상태였다. 그는 줄곧 관직으로의 진출을 바라다가 43세 때인 천보 10년에 「대례부(大禮賦)」 3편을 지어 현종에게 올렸다. 두보의 글을 본 현종은 재상에게 그의 문장을 시험해 보게 한 후 우위솔부주조참군(右衛率府冑曹參軍)에 임명했다.

그런데 오래지 않아 두보의 시세계에 큰 전환점이 되는 역사적인 사건이 발생했다. 그것은 바로 안사의 난이다. 젊었을 때 낭만적이고 호방한 기상을 노래했던 두보는 장안에서 생활고를 겪으면서 차츰 몽상에서 벗어나 현실에 눈뜨기 시작했는데, 이때 안사의 난이 발발했다.

현종이 촉으로 몽진했을 때 두보는 반란군에게 잡혀 장안에 머물러 있게 되었다. 이때 두보는 전쟁의 참화 속에서 백성들이 겪는 온갖 고통을 생생하게 볼 수 있었고, 그것은 바로 자신의 삶의 한 조각이기도 했다. 전쟁에 강제 동원되어 가족이 생이별을 하고, 다 부서진 집은 더 이상 비바람을 가려 주지 못하고, 물가가 폭등하여 가난한 백성들은 굶어 죽을 날만을 기다리는 처참한 모습은 차마 눈뜨고 보지 못할 광경이었다. 두보의 「영회오백자(詠懷五百字)」 가운데 "붉은 문에는 술과 고기의 냄새가 진동을 하는데/ 길에는 얼어죽은 시신이 있구나(朱門酒肉臭, 路有凍死骨)"라는 구절은 당시의 상황을 생생하게 반영한 것이다.

또한 산에는 시신이 널려져 있고, 강물은 피로 붉게 물들었으나 백성들은 가족이나 친지의 죽음을 슬퍼할 겨를조차 없는 암담한 나날을 보내고 있었다. 이때부터 두보의 시세계는 가족과 개인의 영광을 이룩하고자 하는 좁은 울타리를 벗어나 나라와 백성을 걱정하는 사회성의 색채를 띠게 되면서 보다 폭넓은 내용을 갖추게 되었다.

> 나라는 이미 망했으나 산하는 옛과 같도다
> 도성의 봄날엔 초목만 무성하고
> …………
> 꽃을 바라보며 감회에 젖어 눈물이 흐른다
> 이별의 한으로 새소리에도 놀라고
> 전쟁이 있은 지 삼개월
> 집소식은 만금과 같고
> …………
> 백발 성긴 머리가 더욱 짧아져
> 비녀를 꽂을 수가 없구나
> (國破山河在, 城春草木深, …………, 感時花濺淚, 恨別鳥驚心,
> 烽火連三月, 家書抵萬金, …………, 白頭搔更短, 混欲不勝簪)

「춘망(春望)」이라는 이 시는 그토록 번성하던 나라가 하루 아침에 반란군의 손에 무너진 것을 바라보는 착잡한 심경을 노래한 것이다. 이때의 시로 「춘망」 외에 「대설(對雪)」「애강두(哀江頭) 등이 있다.

그 후 안록산이 아들 안경선에게 살해당한 혼란을 틈타 두보는 장안을 빠져 나와 숙종의 이궁이 있는 봉상(鳳翔)으로 도망갔다. 이때 두보의 충성심을 안 숙종은 그를 좌습유(左拾遺)로 임명했다.

그러나 두보는 자신이 직접 체험한 현실의 모순 속에서 흔들리는 사직과 고통받는 백성들을 구제하기 위해 숙종에게 상소를 올렸다가 이 상소로 숙종이 노하여 목숨이 위태로운 지경에 이르기도 했다. 그러나 오래지 않아 두보의 재능을 아낀 숙종이 그를 방면하여 고향으로 돌아가게 한다.

장안이 수복되고 숙종이 환궁하면서 두보를 다시 불러 들였다. 두보는 오직 혼란한 현실을 걱정하며 나라를 부흥시키기 위한 마음과 정신을 자신의 시에 담아 높은 목소리로 외쳤으나 아무도 그의 시에 귀를 기울이는 사람이 없었다. 더구나 숙종이 정식 황제로 즉위하면서 현종을 보필하던 신하들과 숙종을 옹립한 신하들 사이의 갈등, 환관 이보국의 득세로 조정의 앞날은 암담하기만 했다.

건원 2년(759), 두보는 화주(華州)의 사공참군(司功參軍)이 되었으나 나라에 기근이 들어 관직을 포기하고, 처자를 양육하기 위해 찾아간 곳이 물산이 비교적 풍부하고 안정된 성도이다. 이곳 성도 교외의 완화계(浣花溪)에서 그는 친구들의 도움으로 초당을 지으니, 이것이 바로 완화초당이다. 그 뒤 두보는 성도절도사의 막료로 공부원외랑(工部員外郞)의 관직을 얻게 되었다.

그러나 오래지 않아 성도에서 다시 반란이 일어나 짐도 채 챙기지 못한 채 맨 몸으로 도망가야 했다. 이로부터 8년간은 일정한 주거지 없이 떠돌이 생활을 하며 강릉(江陵), 원상(沅湘), 형산(衡山), 내양(來陽)에 이르렀다.

이때 호북과 호남을 떠다니는 배 위에서 생활하던 그는 끼니가 없어 열흘 가까이 밥을 먹지 못할 정도로 극도의 궁핍에 시달렸다. 그러던중 고을의 현령이 배를 타고 그를 찾아와 고기와 백주(白酒)를 대접하자 오랫만에 먹는 고기와 술에 만취한 두보는 그날 저녁 58세의 나이로 세상을 떠났다.

두보가 시로 묘사하는 제재는 광범위했고, 그 시들의 품격과 기교 또한 변화무쌍하여, 당대의 현실을 꾸밈없이 눈물로 묘사한 그의 작품은 '시사(詩史)'라고 불리기도 한다.

두보의 시로 오늘날까지 남아있는 것은 1,400수 가량이다. 두보의 시는 모든 시체(詩體)를 겸비하고 있는데, 고시(古詩)와 율시(律詩)가 가장 아름다우며 배율(排律)의 일치는 실로 그가 창조한 것이라 할 수 있다. 이런 그의 시풍은 후대 시단에 막대한 영향을 끼쳤으며, 후세 사람들은 그를 '시성(詩聖)'이라 하여 '시선(詩仙)' 이백과 함께 중국 대시인의 한 사람으로 추앙한다.

한 유

고문운동을 편 대문호

　고문이란 중국 고대 문장이라는 뜻이다. 대략 고문이 실시된 시기
는 선진시대(先秦時代 : 춘추전국시대의 秦)부터 시작하여 전한, 신, 후
한에 이르기까지 시대의 문장을 말한다. 위·진 남북조 시대에 병려
문이 극도로 성행하던 때에도 산문의 전통은 중단되지 않고 병려문학
가들은 산문도 겸하여 쓰곤 했다.

　그러나 수·당나라에 이르면서 병려문의 폐해가 날로 심해져 지나
친 수식으로 문장은 내용, 사상을 담지 못하고, 오직 형식주의로만
치달았다. 또 이것은 귀족계급의 무병신음(無病呻吟)의 장식품이 되었
고, 이런 경향은 문학의 타락으로 연결되었다. 그러다 중당(中唐)에
이르러 한유(韓愈 : 768~824)·유종원의 등장으로 본격적인 고문운동
이 일어나기 시작했다.

　이 고문운동을 통해 중국 문학가들의 문장은 병려문의 성율(聲律)과
잡다한 수식이 일소되고, 고대 경전의 문체와 진·한시대의 문장과
같은 소박하고 자유로운 감정을 표현할 수 있는 문장이 성행하기 시
작했다.

　한유와 유종원은 순수한 문학적 정취로 산문을 씀으로써 기존의 고
대 학술저나 조정에서 쓰는 문자들과는 그 정신에 있어서 크게 다른

면모를 보여주고 있다. 동시에 그들의 산문들 가운데는 '증서(贈序)' '잡기(雜記)' '잡설(雜說)' 등과 같이 자신들만의 독특하고 새로운 문체를 창조하였으며, 내용면에 있어서도 자유로와 중국문학에 있어서 새로운 경지를 개척했다.

일반적으로 당나라의 시가는 진자앙(陣子昻)에 의해 한번 변화가 있었고, 두번째는 이백, 세번째는 두보, 네번째 변화를 일으킨 인물이 한유이다. 그 가운데 한유는 소식, 매요신, 구양수, 소식, 왕안석 등과 같은 송나라 시인들에게 지대한 영향을 끼쳤다.

한유의 자는 퇴지(退之)로 등주 남양(南陽) 사람이다. 그의 가문은 대대로 하북 창려(昌黎)에 거주하여 이를 따서 한창려(韓昌黎)라고도 한다. 그의 부친은 조정의 말단 관리직에서 일하다 한유가 3살 때 부모가 모두 세상을 떠나, 그는 형 한회(韓會)의 양육을 받게 되었다. 그러나 11세 때 그를 아끼던 형마저 세상을 떠나자 그 후로는 어진 형수 정씨(鄭氏)의 보살핌을 받으며 성장했다.

한유는 자기 능력에 대한 자부심이 무척 강한 사람으로 24세가 되었을 때 진사가 되었는데, 그의 능력을 인정한 사람이 고관에게 추천서를 써주겠다고 자청했다. 그러나 한유는 이를 단호히 거절하고 이부(吏部)에서 주관하는 시험을 치르었다. 그러나 그는 3년 계속 낙방하여 결국 추천에 의해 사문박사(四門博士)가 되었다. 36세인 정원 19년(804)에 국자감의 국학박사가 되었고 후일 장안으로 불려가 이부시랑(吏部侍郎)의 지위에까지 승진했다.

그러나 강직한 성격을 가진 한유는, 이 기간 중에 독실한 불교신자인 헌종이 두영기(杜英奇)에게 궁신 30명을 인솔해 봉상(鳳翔) 법문사(法門寺)에 있는 불사리(佛舍利)를 가져다 궁중에 안치하라는 명령을 내자 부처는 본래 오랑캐 사람인데 그를 믿고 사리를 궁으로 들여오는 것을 옳지 않다며, 정면으로 반대하는 「불골표(佛骨表)」를 올렸다. 그런데 그 상소문의 문구가 격렬하여 헌종의 노여움을 샀다. 크게 노한 헌종이 그를 사형시키려 하였으나 다행히 그의 재능을 아낀 재상

배도(裵度)가 간언하여 조주자사(潮州刺史)로 좌천되었다.

조주자사로 좌천된 한유는 자신의 처지에 좌절하지 않고 관민을 잘 다스렸고, 이 공로로 다시 조정으로 불려가 국자제주(國子祭酒), 병부시랑(兵部侍郎)을 역임했다. 그가 병부시랑에 재임할 때 진주(鎭州)에서 왕정주가 반란을 일으켜 목종은 한유를 선위사(宣慰使)로 임명했다. 그는 이 임무에서 큰 성과를 올려 마침내 이부시랑으로 승진했다. 한유는 56세인 장경 4년(824)에 세상을 떠났는데, 그가 단약(丹藥)을 먹고 죽었다는 소문이 돌았다. 그러나 이것은 근거가 없는 말이다. 후일 한유는 예부상서(禮部尙書)로 추존되고, 시호를 문(文)이라 했다.

한유는 생전에 적지않은 풍파를 만났으나 죽은 후에는 중국의 문학사에 적지않은 반향을 불러 일으켰다. 이 반향은 두 가지로 살펴볼 수 있는데, 하나는 그가 적극적으로 전개한 고문운동이다. 그는 "문장으로 도를 싣는다(文以載道)"는 것은 결코 화려하고 아름다운 어휘로 이루어질 수 없다 생각하고, 도를 표현할 수 있는 것은 꾸밈이 없는 질박한 언어라고 했다. 한유의 고문운동으로 중국의 산문은 신선한 생명력을 부여받게 되었다.

당나라에서는 안사의 난 이후 새롭게 변화된 사회의식 속에 중소 시민계층에서 과거를 통해 발탁된 신진관료들이 등장하기 시작했다. 이들은 기존의 문벌귀족들에게 대항하였고, 이런 사회적 분위기를 통해 한유가 일으킨 고문운동의 혁신은 이들 신진 관료들의 적극적 호응을 받았다. 당시 이를 옹호하는 사람으로 유종원, 이관(李觀) 등이 있었다.

한유가 일으킨 또다른 반향은 바로 그의 불교를 배척하는 운동이다. 불교를 배척하는 그의 주장은 몹시 강경하여 하마트면 목숨까지 잃을 뻔했다. 그는 왜 이렇게 불교를 배척했는가?

불교는 현실과 일치하지 않는 오랑캐의 종교로 언어가 통하지 않고 의복을 특수하게 입음으로써 군주와 신하, 부모와 자녀가 무엇인지도 모르는 무리라는 것이 한유의 생각이다. 전형적인 유가의 한 사람으로 사람들이 세상을 등지고 출가하는 사태가 빚어지는 것을 우려한 것이다. 그러므로 만약 불교를 배척하지 않으면 불교가 성행했던 위·진 남북조시대와 마찬가지로 나라가 혼란에 빠지고, 군주가 맹목적으로 믿음으로써 민생을 돌보지 않고 어진 신하를 멀리하여 오로지 자신이 진리라고 믿는 것에만 집착한다는 것이다.

한유는 문학 방면에서 시와 문장에 모두 뛰어나지만 그 중에 특히 그의 문장은 유명하다. 그의 문장 가운데 「논불골표(論佛骨表)」, 「제십이랑문(祭十二郎文)」, 「송궁문(送窮文)」, 「제악어문(祭鰐魚文)」, 「상재상서(上宰相書)」, 「답이익서(答李翊書)」, 「여맹동야서(與孟東野書)」, 「사설(師說)」, 「휘변(諱辯)」, 「원도(原道)」, 「원훼(原毀)」, 「쟁신론(諍臣論)」, 「화기(畫記)」, 「진학해(進學解)」와 같은 문장은 한유의 사상을 엿볼 수 있을 뿐만 아니라 언어의 아름다움에 있어서도 그 찬란한 빛이 오늘 날까지 퇴색하지 않고 있다.

그의 저서로는 『창려선생집(昌黎先生集)』 40권, 『창려선생외집(昌黎先生外集)』 10권, 『창려선생일문(昌黎先生逸文)』 1권 등이 있다.

안진경

대서법가의 절개

안진경(顔眞卿 : 709~786)의 자는 청신(淸臣)이며, 임지의 명칭을 따라 안평원(顔平原)이라고도 부른다. 안진경은 역사깊은 문인 가문의 후손으로 그의 5대조 안지추는 육조시대를 대표하는 사대부의 한 사람으로 『안씨가훈(顔氏家訓)』이라는 책을 저술하였으며, 4대조인 안사고는 당나라 초기의 대학자로 반고의 『한서』를 주해했고, 『오경정의(五經正義)』를 편찬하는데 참여했다. 이들 외에도 안씨 가문에서는 많은 학자들을 배출하여 사람들은 누구나 이 가문이 전통있는 학자 집안임을 인정하고 있다.

안진경의 부친은 그가 어렸을 때 세상을 떠나 모친의 가르침을 받으며 성장했다. 그는 끊임없는 격려 하에 학문에만 몰두해, 관대하면서도 강직한 선비정신을 소유한 청년으로 성장했다. 안진경은 28세 때 과거에 급제한 뒤로 중앙과 지방을 두루 다니며 관직을 역임하면서 강직한 성격을 유감없이 발휘했는데, 그의 강직함이 당시 세도가인 양국충의 비위를 거슬려 평원의 태수로 좌천되었다.

천보 14년(755) 안사의 난이 발발하자, 질풍노도와 같이 밀려드는 안록산의 기세에 겁먹은 많은 지방관들은 저항해 볼 엄두도 내지 못하고 피해 숨기에 바빴다.

이때 안진경은 즉시 평원 부근의 다른 고을들과 연합해 의용군을 모집하여 반란군을 토벌할 준비를 갖추고, 이 사실을 조정에 보고했다. 당시 당군은 반란군에게 연일 패하였고, 하북 지방에 소속된 24군 가운데 어느 누구도 분연히 일어나 반란군의 세력을 막을 생각을 하지 않았다. 이런 때에 안진경의 보고를 받은 현종은 크게 기뻐하며 말했다.

"내가 안진경에 대해 알지 못하는데, 그는 이렇게 충성으로 나라를 생각하는구나."

남송의 충신 문천상은 이같은 안진경의 충성심을 칭송하며 시를 지었다.

평원태수 안진경이여
장안의 천자가 그 이름을 모르도다.
(平原太守顔眞卿, 長安天子不知其名)

또한 안진경은 안록산의 신임을 얻어 일개 호조(戶曹)에서 상산군(常山郡)의 태수로까지 승격한 사촌 안고경(安杲卿)에게 밀서를 보내 대의를 밝히고 함께 역적을 토벌하여 천하를 바로잡자고 호소했다. 안진경의 호소에 감동한 안고경은 당군을 향했던 창을 돌려 안록산의 군대와 맞서 싸웠다. 그러자 전혀 예상하지 못한 곳에서 공격을 받은 반란군은 패퇴하기 시작했고, 이에 용기를 얻은 고을들이 하나 둘씩 호응해 마침내 17개 군에 이르렀다.

안진경이 맹주가 된 하북지방의 군사들은 죽음을 무릅쓰고 용감히 돌진했다. 그는 당의 주력부대를 인솔한 삭방(朔方)절도사 곽자희가 이광필과 회동해 안록산의 배후를 공격하는 것을 지원하여 하북, 하동에서 승리했다. 그러나 동관에서 당군이 패배하자 현종은 성도로 도망했다. 그리고 안록산이 장안으로 진입했다는 소식이 들리자 곽자희는 하북의 작전을 포기하고 숙종이 있는 영무(靈武)로 가고, 이광필은 태원으로 병력을 이동했다.

한편 평원을 사수해 잠시 반란군과 대치하던 안진경의 군대는 차츰 사사명의 압력을 받아 고립무원이 되어 끝내는 평원을 포기하고 후퇴하지 않을 수 없었다. 결국 하북의 모든 고을은 다시 사사명의 손에 들어가고 말았다.

757년, 안진경은 숙종에게 불려가 헌부상서(憲部尚書)로 임명되어 황제와 함께 반란군의 손에서 탈환한 장안으로 회군했다. 그후 오래지 않아 사사명의 세력이 내분으로 약화되어 범양으로 패퇴하다 마침내 진압되었다.

건중 4년(783), 평서 안진경에게 좋지 않은 감정을 가지고 있던 재상 노기(盧杞)는 눈엣가시같은 그를 제거하기 위해 숙종에게 진언했다.

"당나라에 적대하여 스스로 왕이 된 이희열을 무력으로 진압하기보다 충직한 안진경을 사자로 보내 그를 설득하는 것이 상책이라 사려되옵니다."

노기의 속셈을 알일 없는 숙종은 그의 말을 옳게 여기고 안진경에게 이희열을 회유하라고 명령했다. 황제의 명령을 받은 안진경은 일신상의 안전은 전혀 고려하지 않고 의로써 이희열을 설득했다. 하지만 이희열은 그의 말을 듣지 않고, 의를 말하는 안진경의 말에 수치스러움을 느껴 오히려 크게 성을 내고는 감옥에 가두었다. 이로부터 약 2년이 지난 후 안진경은 채주(蔡州)의 용흥사(龍興寺)에서 이희열의 부하에게 교살되어 향년 76세로 세상을 떠났다. 그 후 당나라 조정에서는 문충(文忠)이란 시호를 내려 그의 충절을 기렸다.

안진경은 장년시절에 진보적인 사상을 가진 장욱과 함께 공부하였다. 그러나 당시는 마침 현종의 개원. 천보시대로 서법상에 있어서 과거 전통을 고수하는 풍조가 있었고, 이것의 표본되는 인물이 바로 왕희지였다. 이에 안진경은 고리타분한 전통에 반대하고 새로운 서체의 개발에 힘써 왕희지를 상대로 서로 천하를 다투었다.

옛사람들은 이런 안진경의 서법에 관해 다음과 같이 평하고 있다.

점은 마치 막 떨어지는 돌멩이같고, 획은 여름 구름같으며, 갈고리는 금을 굽힌 것과 같으며, 과(戈)는 쏘는 활과 같고, 종횡에는 상(象)이 있으며, 낮고 높은 것에서 빼어난 자태가 있다.

이것은 안진경의 서법이 빼어나 한 점 한 획이 종이를 뚫을 듯한 강렬한 힘을 느낄 수 있으며, 남성적인 강한 기운이 순박함과 혼연되어 웅대한 특색을 가지고 있다는 뜻이다. 그의 이런 서체는, 왕희지와 우열을 다툴만한 성취를 이루었다.

주전충

입으로만 '충효절의'

주전충(朱全忠 : 852~912)의 본명은 주온(朱溫)으로 반란군 황소의 부장이었다. 그러나 사태가 불리해지자 당군에 투항하여 반란군을 토벌하는데 공을 세워, 충성하라는 뜻으로 '전충(全忠)'이라는 이름을 하사받았다. 그러나 20여 년이 지난 후 당나라 300여 년의 기반을 뿌리째 뽑아버린 인물이 바로 주전충이다.

그는 부친을 일찍 여의고 생활고에 시달리다 못해 지주집의 노비로 들어간 모친과 함께 생활하고 있었다. 이런 환경에서 자란 주전충은 교활하고 괴팍한 성질로 동료들간에도 따돌림을 당하고 있었다.

건부 4년(877), 주온과 형 주존은 황소가 일으킨 반란군에 합세하여 당군과 대치하였다. 그러나 당군의 포위망이 점점 좁혀들어와 사태가 불리함을 감지한 그는 재빨리 당군에 투항했다.

주전충의 투항은 황소군에게 큰 타격을 주었다. 조정에서는 투항한 주전충과 터어키계 사타부(沙陀部) 이극용에게 황소를 공격하게 하였고, 이들의 맹렬한 공격을 받은 황소가 도망가다 주전충이 인솔하는 하남지역의 연합군이 그들이 철수하는 길을 봉쇄하여 마침내 황소가 자살함으로써 10년에 걸친 반란이 평정되었다.

그러나 황소의 난으로 인해 황제의 권위는 실추되고 당나라는 겨우

한 지방을 통치하는 세력으로 전락하고 말았다. 이때 당 조정에서는 병권을 쥔 주전충과 함께 황소의 난을 진압하는데 큰공을 세운 하동 절도사 이극용, 장안 서쪽의 봉상절도사 이무정 등 세 사람이 서로 대치하며 천하의 패권을 다투고 있었다.

그러다 천복 원년(901), 주전충은 이극용이 거점으로 하고 있는 태원으로 진군해 군사상의 기선을 장악했고, 그 해 5월 선무절도사, 선의·천평·호국절도사를 겸하여 자신의 지위를 확고히 했다.

당시 훈련되지 않은 말을 타다 말발굽에 채여 급작스레 세상을 떠난 희종의 뒤를 이어 희종의 동생 수왕(壽王) 이엽(李曄)이 소종으로 즉위했다. 22세의 혈기왕성한 나이에 즉위한 소종은 당나라를 다시 부흥시키고자 백성을 안위하며 정무 처리에 전념했다.

그런데 당시 주전충은 재상 최윤과 협력하여 득세하는 환관의 세력을 누르고 있었다. 이에 맞서 환관 유계술은 이런 국면을 타개하기 위해 봉상절도사 이무정과 손을 잡고 소종을 허수아비 황제로 만들었다. 900년 11월, 사냥을 마치고 돌아온 소종은 황제이면서도 제대로 황제의 권리를 행사하지 못하는 한낱 허수아비에 지나지 않는 자신의 처지를 한탄하며 술을 마셨다. 그날 밤, 술에 잔뜩 취한 소종은 칼을 빼들고 환관과 궁녀 10여 명을 죽이고 잠이 들었다. 다음 날 아침, 그가 깨어났을 때 환관 유계술은 이미 금군 천여 명을 인솔해 궁을 포위하고 대신들을 위협하여 소종을 폐위시키는 연명 장에 서명하도록 강요하고, 황태자 이유(李裕)를 즉위시켰다.

재상 최윤이 주전충에게 이 모든 일을 상세히 알렸다. 이에 주전충은 휘하의 군대를 인솔하여 환관의 세력을 모두 제거하고, 소종을 핍박해 낙양으로 천도하게 했다. 이때 주전충은 장안의 모든 목재를 위수(渭水)에 던지고, 궁궐들을 모두 파괴하도록 명령, 장안은 다시 한번 일대 혼란에 빠지게 되었다.

이때부터 소종의 주위에는 몇 명만 빼고 모두 주전충의 부하로 둘러싸여 있었다. 소종이 낙양에 도착하자 주전충은 연회를 베풀어 자신의 승리를 자축했다. 주전충이 연회석상에 들어서자 대부분의 대신들이 기립하여 그를 맞이했으나 몇몇 대신들은 여전히 자리에 앉아 있었다. 이를 본 주전충이 크게 노하여 채찍으로 그들을 사정없이 때리는 횡포를 부리기도 했다.

소종은 당의 부흥을 위해 은밀히 자신의 세력을 키우기에 힘썼으나 결국 904년 8월 주전충에게 살해되고 말았다. 소종을 살해한 주전충은 소종의 막내아들인 13세의 휘왕(輝王)을 애재로 추대하였다. 어린 황제는 완전히 주전충의 꼭두각시로 당나라 300년 역사 최후의 황제가 되었다. 이제 대당제국의 권위와 실세는 주전충이 장악하고, 그는 서서히 제위를 이양받을 야망을 드러냈다.

천우 2년(905), 주전충은 애제를 제외한 소종의 모든 자식들을 죽여 제위를 이어갈 황통을 끊어버리고 말았다. 또한 관료귀족들에 대한 대대적인 숙청작업을 벌였고, 그들 가운데 30여 명의 주요 인물들을 황하의 탁류 속에 던져버리고 말았다. 당시 이진(李振)이라는 사람이 있었는데 과거에 낙방하여 자기가 나아갈 길이 없는 현실을 한탄하다 이 소식을 듣고 말했다.

"그 무리들이 평소 자기들은 청렴결백하다고 말하곤 했는데, 황하의 탁류 속에 던져져 맛이 어떤가 보게 되었으니 참 잘 되었군."

그의 이 말에서 당시 정치에 대한 사람들의 염증을 알 수 있다.

이런 한바탕의 소용돌이 속에서 보수 귀족들의 시대와 당나라가 역사의 흐름 속에서 떠밀려 가고, 자기의 학문과 재능을 세상에 펼칠 수 있는 새로운 시대가 왔다.

천우 4년(907) 4월, 주전충은 마침내 애제를 독살하여 애제의 제위를 찬탈하고 국호를 양(梁)으로 개칭, 자신이 양 태조가 되었으니, 역사에서는 후량이라 불린다. 당나라의 수도였던 장안은 그 동안 많은 전란을 겪으면서 거의 폐허가 되어 주전충은 등극한 후 자신의 근거지였던 변주를 수도로 하여 개봉부(開封府)라 칭했다. 이때 후량이 차지하고 있는 땅은 하남, 산동, 하북, 섬서와 호북의 일부분으로, 가장 넓은 판도를 차지했을 때도 당나라의 4분의 1밖에 되지 않았다.

　그 후 주전충은 국세를 더욱 강력하게 하기 위해 건장하고 유능한 장수가 있으면 양자로 삼아 '부자관계'를 맺어 결속력을 다졌다. 주전충이 유명무실한 당나라의 제위를 찬탈하기 전, 어느 날 그는 가까운 신하들과 함께 말을 타고 대량(大梁 : 지금이 하남성 개봉)성 밖으로 나갔다. 그들이 쉬지 않고 약 4,5십 리를 달렸을 때 길가의 큰 버드나무를 발견했다. 그 버드나무의 그늘은 5,6백명도 앉을 수 있을 정도로 크고 가지가 무성한 나무였다. 주전충은 부하들이 자신을 에둘러 앉자 나무를 바라보며 중얼거리듯 말했다.

　"정말 큰 나무로다."

　말을 마친 주전충이 둘러앉은 부하들에게 시선을 주자 그들은 분분히 일어나 허리를 굽히며 그의 말에 동의했다. 그들의 모습을 본 주전충이 빙그레 웃으며 다시 말했다.

　"이 나무는 아주 좋은 수레바퀴의 재료가 되겠구나."

　그의 말이 끝나자마자 대여섯 명이 황급히 일어나 굽신거리며 말했다.

　"이 버드나무는 수레바퀴로 쓰기에 아주 좋습니다."

　이때 주전충 곁에 있던 경상(敬翔)이 일어나 말했다.

　"이 버드나무가 비록 훌륭하기는 하지만, 수레바퀴를 만들려면 느릅나무를 사용해야 옳습니다."

　그의 말을 듣고난 주전충의 얼굴색이 노기로 푸른기를 띠고, 눈에는 흉광을 내뿜으며 주위를 둘러보았다. 이런 모습을 본 사람들은 경상이 무사하지 못하리라 여기고 감히 숨도 크게 못쉬고 고개를 조아리고 있었다. 이때 주전충이 말했다.

　"버드나무로 어떻게 수레바퀴를 만들 수 있겠는가. 너희들은 모두 순풍에 배몰기를 좋아하는 인물들로 내 세력에 눌려 아부만 일삼아, 내가 갈대로 수레바퀴를 만들 수 있다고 하면 그것도 옳다고 하겠구나. 옛날에 지록위마(指鹿爲馬)라는 말이 있다는 것을 듣고, 그것은 과장된 것이라고 여겼는데 이제 보니 사실이겠구나.”

그리고 버드나무로 수레바퀴를 만들 수 있다는 말에 동의하던 사람들을 끌어내어 그 자리에서 참살했다. 바른 말을 한 경상은 그때부터 주전충의 신임을 얻어 관직이 숭정원사((崇定院使), 병부상서(兵部尚書)와 금란전대학사(金鸞殿大學士)에 이르렀다.

양 태조 주전충은 간교하고 포악하기 이를데 없지만, 자신에게 충성하는 자와 아부하는 자를 가려낼 줄 알고, 한번 신임하면 의심하지 않았다. 그의 이런 점이 패자의 위업을 이루게 한 원인이기도 하다.

황제가 되어 권력을 쥔 주전충의 횡포와 방탕은 극에 달해 마침내 자신이 세운 나라의 멸망을 재촉하는 결과를 가져왔다. 본래 주전충에게는 네 아들이 있었는데, 큰아들 주우유(朱友裕)는 요절하고, 둘째 주우문(朱友文)은 양자이며, 셋째 주우규(朱友珪)는 군영을 따라다니던 기녀에게서 낳은 아들이고, 막내아들은 주우정(朱友貞)이다. 주전충은 이들 가운데 양아들 주우문을 가장 좋아했는데, 그것은 주우문의 아내 왕씨(王氏)의 미모 때문였다.

당시 주전충의 궁에는 많은 비빈이 있었으나, 그는 며느리 왕씨를 총애하여 궁으로 불러들여 시중들게 했고, 그녀의 베갯머리 송사로 여러 아들 가운데 주우문을 가장 총애했다. 이에 불만을 품은 주우규는 자기의 아내 장씨(張氏)에게 시아버지 곁에서 ‘시중’들며 자신이 빼앗긴 총애를 회복하게 했다. 이렇게 두 며느리가 서로 후계자의 자리를 노리며 각축전을 벌였으나 뛰어난 미모의 왕씨가 시아버지를 시중들 기회가 많았고, 이에 따라 재정을 관리하던 주우문을 자신의 후계자로 삼았다. 이에 불만을 품고 있던 주우규는 주우문을 제거할 기회를 노리고 있었다.

주전충이 하동 진군(晉軍)과 싸워 대패한 후 병석에 눕게 되자 왕씨에게 주우문을 부르도록 했다. 곁에서 이를 들은 주우규의 처 장씨가 재빨리 이 소식을 남편 주우규에게 전하자, 주우규가 자신의 심복들을 이끌고 먼저 궁으로 들어가 주전충을 살해하니, 이때가 건화 2년

(912), 그의 나이 60세였다.

주우규는 단칼에 싸늘한 시체로 변한 주전충을 담요로 둘둘 말아 땅에 묻고, 동도(東都)로 급히 사자를 보내 주우정에게 주우문을 죽이라는 명령을 내렸다. 그리고 그로부터 이틀 후 스스로 황제의 자리에 올랐다.

당나라가 멸망한 후 중국은 약 53년간의 격동기를 지냈는데, 역사에서는 이 시기를 '오대십국'이라고 한다. 전국에서 군웅이 할거하며 서로 각축전을 벌이던 이 시기가 일단락되면서 중국은 한발한발 근대 사회로의 길로 들어서게 된다.

풍 도

세기의 부도옹(不倒翁)

오대십국(五代十國)은 당나라에서 송나라로 넘어가는 중국의 역사에 있어서 과도기적 성격을 갖는 '시기이다. 이때의 오대는 중원지역의 후량(後梁 : 907~960), 후당(後唐 : 923~936), 후진(後晉 : 936~946), 후한(後漢 : 947~950), 후주(後周 : 951~960)의 다섯 왕조를 말하여, 십국은 회수 이남에 당 말 9개의 절도사와 산서의 절도사들이 각자 독립하여 세운 나라로 전촉(前蜀 : 891~925), 오(吳 : 892~937), 오월(吳越 : 893~978), 민(閩 : 893~945), 초(楚 : 866~951), 남한(南漢 : 905~971), 남평(南平 : 907~963), 후촉(後蜀 : 926~965), 남당(南唐 : 937~975), 북한(北漢 : 951~979)이다.

후량이 건국되면서 어지러워진 천하를 다시 송나라가 통일할 때까지의 54년간, 나라와 나라가 부침을 거듭하고 이와 함께 많은 사람들이 명멸하는 혼란의 시기에 한 사람이 일생에서 여러 차례 재상으로 임명되는 일은 전 세계의 역사에서도 결코 흔한 일이 아니다.

그러나 풍도(馮道 : 882~954) 는 다섯 왕조(후량, 후진, 요, 후한, 후주), 여덟 성(후당의 장종, 명종, 민제, 후진의 석씨, 요의 야율씨, 후한의 유씨, 후주의 태종, 세종)의 열두 황제 밑에서 벼슬을 했다. 약 30년 가량 관직에 머물면서, 재상의 자리에 있던 기간이 20여 년이니 가히 세계 역사에서 유례를 찾아보기 힘든 부도옹(不倒翁), 즉 오뚝이 인생이라 할 수 있다.

풍도의 자는 가도(可道)로 영주(瀛州) 경성(景城) 사람이다. 그의 부친은 지방의 중소 지주로 하동 태원 일대에서 적지않은 세력을 가지고 있었다. 이로 말미암아 풍도는 진왕의 환관이었던 장승업을 접할 기회가 있었고, 그의 재능을 인정한 장승업의 추천으로 정계에 진출했다. 이때 건국된 지 17년 만에 후량이 진왕(晉王) 이극용의 아들 이존욱(李存勗)에게 멸망되고 후당을 건국했다. 후당의 2대 황제 명종 이사원(李嗣源)은 비록 일개 무장에 지나지 않았으나 문치를 중시하여 많은 문인들을 입조시켰다.

본래 인재를 선발할 때에는 각자의 이해득실에 따라 여러 사람의 의견이 분분하기가 다반사이다. 그러나 명제가 풍도를 재상으로 임명할 때에는 아무도 이의를 제기하는 사람이 없었다. 그것은 풍도가 장종(莊宗) 이존욱을 따라 전쟁터를 다닐 때면 항상 침상을 설치하지 않고 병사들과 함께 초막 속의 마른 풀 위에서 자고 먹으며, 그들의 노고를 위로하는 등 후덕함을 보였기 때문에 다른 관리들에게도 자신의 높은 지위를 빌미로 자신을 특별히 내세우는 적이 없었다.

하루는 어떤 장수가 적으로부터 노획한 미인을 그에게 선물했다. 그러자 풍도는 그 미녀를 다른 방에 재우곤 그녀의 가족을 찾아 돌려보냈다. 이렇게 다른 사람과 경쟁하길 좋아하지 않는 소박하고 온화한 성격이 큰 작용을 하여 재상의 자리에 오른 것이다.

명종이 서거한 후 태자가 즉위하니 그가 바로 민제(閔帝) 이종후(李從厚)로 풍도는 이때도 재상직에 재임하였다. 민제가 즉위한 지 4개월 뒤인 응순 원년(934) 3월에 풍도가 아침 일찍이 입궐하자 태감들이 우왕좌왕하고 궁녀들도 저마다 작은 보따리를 품에 안고 황급히 대궐 밖으로 빠져나가고 있었다.

인사에 불만을 품은 봉상절도사(鳳翔節都使)인 노왕(潞王) 이종가(李從珂)가 황제 주위 간신배들을 제거한다는 명분을 내세워 대군을 인솔하고 장안으로 진격해 왔기 때문이다.

이때 민제는 겨우 50기의 기병을 인솔하고 매부인 석경당(石敬塘)의 부대가 있는 위주로 도망갔다. 이 소식을 들은 풍도는 천궁사(天宮寺)로 가서 백관을 소집했다. 노재상이 직접 사태 수습에 나서자 대신들은 다소 안심하며 모여 대책을 논의하고자 했다. 대신들이 모두 모이자 풍도는 차분한 어조로 말했다.

"여러분께서는 이 사태를 어떻게 해결하면 좋겠습니까?"

"먼저 천자를 찾아야 합니다."

누군가가 이렇게 외치자 풍도가 조용히 말했다.

"천자야 우리 눈 앞에 있지 않소?"

사람들이 풍도의 말뜻을 몰라 오리무중을 헤매고 있을 때, 그는 이미 자신의 뜻을 굳히고 있었다. 민제 이종후는 유약하고 결단력이 없으나 반란을 일으킨 노왕은 병권을 장악하고 싸움에 능한 장수이니 이번 반란의 결과는 불을 보듯 뻔한 일이었다. 이에 풍도는 노왕을 천자로 추대하고자 하는 생각으로 백관을 소집했고, 사태가 이미 기울어졌음을 인식한 백관들도 그의 뜻에 따라 천자가 되어달라는 「권진서(勸進書)」를 들고 노왕을 찾아갔다.

그후 노왕 이종가가 황제로 등극하자 민제는 생포되어 결국 죽었고, 그를 보필하던 재상 풍도는 자신의 생명을 유지하는데 신경쓸뿐 민제를 위해 간언 한 마디 하지 않았다. 그러므로 후세 사람들은 풍도를 염치를 모르는 비열한 사람이라고 비판했다.

그러나 후당은 거란의 지원을 얻은 석경당에 의해 멸망하고, 후진(後晉)이 건국되었다. 후진의 2대 황제 출제(出帝) 개운 3년(946)에 거란의 야율덕광(耶律德光)이 30만 대군을 인솔하고 남하하여 변량(汴梁)을 점령하고 후진을 멸망시켰다. 이때 노중신인 풍도가 황급히 야율덕광을 배알했다. 일찌기 석경당이 풍도를 거란에 사자로 보낸 일이 있었다. 그때 그는 약 두 달간 거란에 억류되었었는데, 그가 충실하고 믿을 만한 사람이라고 본 야율덕광이 풍도를 돌려 보냈었다. 풍도를 본 야율덕광이 물었다.

"무엇 때문에 나를 배알하러 왔소?"

"성(城)도 없고 군사도 없으니 어찌 감히 오지 않겠습니까?"

"당신은 도대체 어떤 늙은이요?"

"재주도 덕도 없는 어리석은 늙은이입니다."

비하하는 풍도의 말을 들은 야율덕광은 파안대소를 하곤 그를 태부(太傅)로 임명했다. 야율덕광의 신임을 얻은 풍도는 자신의 지위를 이용해 암암리에 후진의 관원들에게 큰 화가 미치지 않도록 진력을 다했다. 거란인이 한군(漢軍)의 공격으로 후퇴할 때, 많은 아녀자들을 포로로 끌고 갔다. 이때 풍도는 자신의 사재를 털어 여자들의 몸값을 지불해 구해내 절에 숨겨둔 후 거란군이 완전히 퇴각하자 각자 집으로 돌아가도록 했다. 이런 공로로 거란이 물러간 후 풍도는 다시 후한의 태사로 임명되었고, 후주가 후한을 멸망시킨 후에는 후주의 태사와 중서령이 되었다.

그러나 후주 세종(世宗) 곽영(郭榮)이 즉위하자 북한(北漢)의 유민(劉旻)이 요(遼)와 연합하여 침략해 왔다. 이에 세종이 군신들을 소집하여 말했다.

"내가 나이가 어리고 갓 즉위한 데다, 나라에 국상이 있어 출병하여 싸울 수 없으리라 여기고 유민이 마음놓고 우리를 공격할 것이오. 이것을 노려 내가 직접 병사를 인솔하고 나아가 싸우겠소."

모든 군신들이 그의 말을 옳게 여기고 아무 이견도 제시하지 않고 있는데, 이때 풍도가 일어나서 간언했다.

"폐하께서는 절대 직접 나가시면 안됩니다."

"당 태종께서도 천하를 평정할 때 크고 작은 모든 전쟁에 몸소 출정하셨소. 그러니 나도 직접 나가 그들을 정벌하고자 하오."

"폐하께서 어떻게 당 태종과 비교할 수 있습니까?"

"유민의 무리는 오합지졸에 불과하니, 우리 군대와 맞서는 것은 계란으로 큰 산을 치는 것과 마찬가지일 것이오."

"폐하께서 큰산과 같이 그 기반이 안정되어 있습니까?"

이 말을 들은 세종은 크게 노해 자리를 박차고 일어나 직접 출정하였고, 마침내 큰 승리를 거두고 돌아왔다. 이 일이 있은 후 세종은 풍도를 못마땅하게 여겨 태조 곽위의 묘를 조영하는 일을 완수하도록 명령했다. 그리고 태조의 장례가 끝나자 능란한 항해사가 세찬 파도 사이를 교묘히 헤쳐나가듯 격동의 난세에 처세를 잘하던 부도옹 풍도도 향년 73세로 세상을 떠났다.

풍도가 이렇게 여러 왕조에 걸쳐 높은 벼슬을 하며 목숨을 부지할 수 있었던 원인은 그가 관직에 재임할 때 청렴하고 정직하여 사방에서 보내는 뇌물을 받지 않았으며, 정세의 흐름에 기민했기 때문이다. 또한 그는 부귀한 귀족 출신으로, 행동이 경박한 사람들을 배척하면서 비록 뛰어난 재능이 있으나 가난하고 의지할 데 없어 외로운 사람들의 인심을 얻었다. 혼란 속에서 가난하고 어려운 사람들의 세력을 등에 업고 일어선 새 왕조에서는 자연히 풍도의 인망에 주의하고, 그에게 높은 관직을 주었다.

풍도는 자서전격인 『장락노자서(長樂老自序)』를 저술했는데, 여기에서 자신의 일생을 회고하면서, "집안에 효성하고, 나라에 대해 충성을 하며…"라고 자평했다. 그러나 풍도의 이런 행동은 군신간의 절개를 엄격하게 지키는 송나라의 관념으로 볼 때 불충한 신하의 표본이라 할 수 있다. 풍도는 스스로 나라에 충실하다고 말할 수는 있으나 '주군에게 충성'한다는 신조에는 이르지 못한 인물이다.

5 송·원나라 시대

이 장에 수록된 인물 외에 이 시대의 인물로는 송 태조를 보좌해 송나라의 기반을 다진 조보(趙普), 송 인종을 보좌해 개혁을 단행한 범중엄(范仲淹), 금나라에 대항해 남송을 지킨 종택(宗澤), 『수옥사』를 남긴 여류문인 이청조(李淸照), 『검남시집』『위남시집』을 남긴 문인 육유(陸游), 『가헌사』를 남긴 문인 신기질(辛棄疾), 원나라 건국의 기초를 세운 야율초재(耶律楚材), 『유산문집』『시문자경』을 남긴 문인 원호문(元好問), 주원장을 도와 원나라를 격퇴시킨 명장 서달(徐達), 『오동우』『천뢰집』을 남긴 문인 백박(白樸), 『동리악부』를 지은 문인 마치원(馬致遠), 『삼국지통속연의』『수당연의』를 지은 문인 나관중(羅貫中), 『수호전』을 지은 문인 시내암(施耐菴) 등이 있다.

송 태조와 송 휘종

개국황제와 망국황제

간밤에 마신 술이 채 깨기도 전에 누군가의 부름에 눈을 떠보니 자기의 몸에 황제의 황포가 입혀져 있고, 무릎꿇고 엎드린 부장들이 "천자의 위에 오르십시오"라고 외치는 이런 상황에서 제위에 오른 인물이 바로 송 태조 조광윤(趙匡胤 : 927~976)이다.

후당 장종의 근위장교인 조굉은(趙宏殷)과 두씨(杜氏) 사이에서 태어난 조광윤은 18세 때 하씨(賀氏)와 결혼하였다. 결혼 후에도 일정한 직업을 갖지 못한 그는 여러 나라를 다니며 술과 노름에 빠져 사회의 밑바닥까지 경험하고 있었다. 그러나 인생에 있어서 혹독한 시련은 조광윤에게 강한 인내심을 길러주었다.

어느 날 조광윤은 날이 저물자 양양의 한 절에 하룻밤 묵어가길 청했다. 이때 조광윤을 본 그 절의 스님이 그의 관상을 보고 비범한 인물임을 알고 당시 업도유수(鄴都留守)로 있으면서 후일 후주(後周)의 태조가 된 곽위를 찾아가라고 말했다. 곽위의 수하로 들어가 뛰어난 활약을 한 조광윤을 눈여겨 보던 황태자 곽영(郭榮)이 제위를 계승받자 그에게 근위부대를 맡겼다.

그 해 북한(北漢)의 유숭이 거란군과 함께 후주를 공격하자 조광윤은 세종 시영과 함께 맹활약하여 나라의 기반을 확고히 했다. 오대시대의 뛰어난 명군으로 알려진 세종 시영은 본래 곽위의 처조카로 어려서부터 고모 곽위의 아내의 양육을 받았다. 전쟁으로 두 아들을 잃은 곽위는 시영의 총명함에 그를 양아들로 삼아 성을 곽씨로 고치고 제위를 물려주었다. 제위에 오른 세종은 본래의 성을 회복한 후 대대적인 개혁을 실시하고, 인재를 등용하고 군비를 강화하여 천하통일 위업의 달성을 위해 혼신의 힘을 기울였다. 이때 조광윤은 세종의 신임을 받으며 그를 보좌했다.

그러나 원정 도중 세종이 병이 들고, 마침내 재위 5년만인 39세의 젊은 나이로 세상을 떠나고 겨우 7세의 종훈(宗訓)이 즉위하니 그가 바로 공제(恭帝)이다. 세종은 자신의 죽음에 임박하자 조광윤을 근위대 총사령관으로 임명해 병권을 장악하게 한 후 어린 공제를 잘 보좌해 줄 것을 부탁했다. 이로 인해 조광윤은 나라의 이인자의 지위에 오르게 되었다. 조광윤은 뛰어난 무공과 함께 대장부로서의 기개를 갖추고 있어 그에 대한 부하들의 신망도 매우 높았다.

당시 북방에는 강력한 세력을 가진 거란족이 자주 하북성을 침범해 들어오고, 이제 겨우 7세의 어린 후주 황제는 이 어려운 위기를 타개해 나갈 능력이 없었다. 이런 상황 하에서 조광윤의 심복 조보(趙普)를 중심으로 부장들이 이구동성으로 후주 황제를 폐위하고 조광윤을 추대하자는 모의가 일어난 것이다.

비록 어린 후주를 잘 보필해 달라는 선제의 유지가 아직도 귀에 쟁쟁한 조광윤이지만, 당시의 시대상황을 누구보다도 잘 인식하고 있는 그는 천하가 이미 자신을 택했다는 것을 깨달았다. 이에 개봉으로 돌아가 제위를 선양받고 국호를 송(宋)이라 했다. 개국 황제가 된 조광윤은 폐위된 공제와 황태후를 잘 보살펴 주었다. 본의 아니게 세종의 신임을 저버리게 된 조광윤의 심정은 다음과 같은 야사(野史) 속에 잘 나타나고 있다.

송 황제의 침전 옆의 방 하나는 늘 굳게 닫혀 있었다. 이 방문은 신임 황제가 즉위한 후 들어갈 때만 열린다. 이때 황제는 반드시 글을 모르는 환관 한 사람만 데리고 들어갈 수 있는데, 그곳에는 송 태조의 유훈이 새겨진 석비(石碑)가 비단으로 가려져 있다. 황제는 방으로 들어가 먼저 꿇어앉아 예를 행한 후 비단을 벗겨 비문을 암송한 후 나오는데, 그 내용은 누구에게도 말하지 못하게 되어 있다.

그후 정강의 변이 일어나 금군(金軍)이 변경을 점령하자 이 방의 문이 열려지고 비단이 벗겨졌다. 그때서야 비로소 사람들은 석비에 새겨진 글을 볼 수 있었는데, 거기에는 다음과 같이 내용이 있었다.

시씨(柴氏)의 자손은 죄가 있어도 벌을 주어서는 안되고, 모반의 죄를 범했을 경우에는 옥에 가두고 자진(自盡)하도록 하되, 그 시신을 저자에 내놓지 않도록 한다. 또한 한 사람의 죄로 다른 시씨의 친족을 주살해서는 안된다. 이 맹세를 지키지 않는 자는 하늘이 반드시 죽이리라.

당시 나라를 다스리는데 있어서 가장 시급히 해결해야 할 문제는 바로 당나라 이후 강력해진 절도사의 세력을 약화시키는 것이었다. 이들 절도사들은 강력한 병권을 쥐고 늘 조정을 위협해 언제 불이 붙을 지 모르는 도화선과 같은 존재들이었다.

어느 날 조광윤이 추밀부사(樞密副同) 조보를 불러 물었다.

"당나라 이후 다섯 왕조가 바뀌었으나 전란은 아직도 끊이지 않고 많은 사람이 희생되는데, 이것이 무슨 까닭인지 아는가?"

"그것은 절도사들의 권력이 너무 강력하기 때문입니다. 그들의 병권을 빼앗고 권력을 박탈하며, 그 재산을 몰수한다면 천하는 자연히 태평할 것입니다. 더우기 지금 금군대장군(禁軍大將軍) 석수신(石守信), 왕심기(王審琦)가 병권을 거의 좌우하고 있는 실정인 금군의 세력을 조정하여 균형을 잡아야 하리라 생각됩니다."

"그들은 내 오랜 친구들이라 절대 내게 반란을 일으키지 않을 것이오."

“그 점에 대해서는 저도 잘 알고 있으나 그들은 통수의 재질이 없어 부하들을 다스리지 못합니다. 만일 아랫사람들이 들고 일어나면 그들은 자신의 몸도 제대로 돌보지 못할 것입니다.”

이 말을 들은 조광윤이 크게 깨닫는 바가 있어 궁안에 성대한 연회를 열어 석수신, 왕심기를 비롯한 옛 친구들을 초대하고, 곁에서 시중드는 태감도 물러가게 한 후 말했다.

“나는 천자가 된 후에 오히려 마음이 편안한 때가 없어 매일 잠을 편히 자지 못한다오. 누구든지 황제라는 이 자리를 노리기 때문이오.”

“폐하께서는 어찌 이같은 말씀을 하십니까? 천명이 이미 정해졌는데 누가 감히 다른 마음을 먹겠습니까?”

“그대들을 믿는 나의 마음은 변하지 않았소. 그러나 그대들의 부하가 부귀를 노리고 황포를 그대들에게 입혀준다면 어찌하겠소?”

“저희가 어리석어 그런 문제를 생각해 보지 않았습니다. 폐하께서 저희를 불쌍히 여기시어 살길을 가르쳐 주십시오.”

“인생은 백구가 틈 사이를 지나는 것과 같으니, 그대들은 병권을 내놓고 한직을 머무르며 후손들을 위해 전답이나 사두고, 가희들을 들여 술을 마시고 즐기며 천수를 다하는 것이 어떻겠소. 그리고 짐과 경들이 혼인관계를 맺으면 군신간에 의심이 없고 위아래가 서로 평안하니 좋지 않겠소?”

그 다음 날 그들이 병을 핑계로 병권을 반환하자 태조는 이를 받아들이고, 그들에게 재물을 하사한 후 각 지방의 절도사로 파견했다. 그러나 예전의 절도사와 달리 이들은 직위는 있으나 실질적 권력은 없었다. 이로 인해 당나라 말기에서부터 오대에 이르기까지 끊임없이 천자의 세력을 잠식해 오던 군벌들의 세력이 마침내 해체되는 비운을 맞게 되었다.

예전에는 한 사람의 절도사가 몇 개 주의 행정권을 장악하는 경우가 많았으나 태조는 이를 한 사람이 한 주만을 관할하게 하고, 나머지는 중앙에서 파견한 문인들이 관리하게 하여 중앙과 지방이 직접 연계되는 체제를 구축했다. 또 어떤 지방에 궐원이 생기면 즉시 중앙의 문인을 파견하여 기존의 군벌과 절도사를 대체시켰으니 이것이 바로 송나라의 문치주의이다. 그러나 이렇게 국가의 권력을 중앙집권체제로 변화시킨 것이 후일에 가서 송나라를 멸망시키는 주요 원인이 되었으니 실로 아이러니한 역사의 변천이라 할 수 있다.

나라를 안정시킨 태조 조광윤은 조보의 남진책에 따라, 형남, 후촉, 남한, 남당을 멸망시켰다. 어려서부터 수많은 전쟁을 겪으며 자라온 조광윤은 황제가 된 후에도 무인답게 호탕하고 소박한 면모를 잃지 않으면서 늘 부하들을 후대하였다. 또한 항상 책을 읽으면서 자신의 모자람을 보충하고자 노력하는 뛰어난 황제였다.

천하를 통일하기 위해 동분서주하던 태조 조광윤이 재위 17년만인 976년 변경에서 세상을 떠나자 아우 조광의(趙匡義)가 제위를 계승하니 그가 바로 송 태종이다. 송 태종은 태조가 이룩해 놓은 기반을 바탕으로 눈부신 활약을 하여 북한을 멸망시켜 마침내 오대십국의 분열 상태에 종지부를 찍었다.

이런 송 태조와 북송 멸망 직전의 섬세한 감성으로 예술적 기질이 풍부한 휘종은 좋은 대조를 이룬다.

한 황제가 뛰어남을 천고에 드리우면서도 그 좋지 않은 행적을 만세에 남긴 인물로는 아마 송 휘종(徽宗) 조길(趙佶)뿐일 것이다. 『수호지(水滸志)』를 본 사람들은 휘종을 황음무치하여 정사를 돌보지 않고, 간적 채경(蔡京), 동관(童貫), 양사성(梁師成), 이언(李彦), 주면(朱勔) 등이 정권을 전횡하여 그 부패가 극에 달해 마침내 천하에 큰 난을 불러일으킨 무도한 혼군으로서 기억할 것이다.

그러나 휘종의 그림은 신품(神品)이라고 불릴만큼 중국미술사에 확고부동하게 자리매김된 인물이기도 하다. 그래서 어떤 사람은 이런 재능을 아껴, 만약 그가 황제만 아니었더라면 중국의 미술이 보다 풍부해졌을 것이라고 탄식하고, 또 어떤 사람은 천하의 혼군인 그의 이름만 빼면 미술사가 보다 깨끗하지 않겠는가라고 말하기도 한다. 누가 어떻게 말하든 휘종은 천하가 인정하는 천재적인 화가였다.

신종(神宗)이 죽고 장남 철종(哲宗)이 겨우 10세의 나이로 즉위하여 재위 15년만에 죽었으나 후사가 없었다. 이에 철종의 아우였던 조길이 대통을 이어받았다. 그러나 그는 본래 유약하기만 할뿐 당시의 어려운 상황을 타개해 나갈 인물이 못되었다. 18세의 나이로 즉위한 휘종은 황제가 되었으면서도 정사를 돌보지 않고 오직 자신의 향락세계에 몰입하여, 황태후 향씨(嚮氏)가 전권을 장악하여 모든 국정을 처리해 나갔다. 신법에 반대했던 그녀는 그 기회를 이용하여 보수파 한충언(韓忠彦), 증포(曾布)를 기용한 후 개혁파들을 제거해 나갔다.

그러나 향태후가 병으로 세상을 떠나자 휘종 또한 어쩔 수 없이 직접 국정을 처리하지 않으면 안되었다. 휘종이 복귀하자 다시 대세를 만회할 기회를 얻게 된 개혁파들이 세력 확보에 혈안이 되어 조정은 당쟁의 소용돌이에 휘말리게 되었다. 그러던 어느 날 등순무(鄧洵武)가 휘종에게 말했다.

"한충언은 한기의 아들로 그 부친의 유지를 계승하여 신법을 반대하고 있습니다. 폐하께서는 신종의 아드님이면서 왜 선황의 유지를 반대하십니까?"

그의 말에 일리가 있다고 생각한 휘종은 한충언과 증포를 삭탈관직하고, 채경을 재상으로 삼고 신법을 추진하였다. 채경은 그의 뛰어난 서화로 환관 동관에 의해 휘종에게 소개되고, 일찌기 재상 증포의 눈에 띄어 천거받은 인물이었다.

그러나 이제 채경은 개혁파의 이름으로 정계에 등장하여 보수파는 물론 개혁파 가운데서도 자신과 의견이 같지 않은 인물은 모두 제거해 나가기 시작했다. 또한 채경은 은밀히 매관매직을 일삼으면서 아름다움을 추구하는 휘종의 성격을 더욱 부추겨 정무를 돌보지 않도록 했다.

당시 휘종은 항주에 조작국을 설치해 수천 명의 기술자들에게 황제의 사치품들을 제작하도록 했다. 또 소주에 응봉국을 설치해 각종 화석(花石), 수목 등을 수로를 이용해 수도로 운반해 오도록 했다. 이것들이 너무 커 성문을 통과하지 못하면 성을 뚫고, 다리가 걸리면 다리를 끊는 등 그 폐해가 이루 말할 수 없이 심각한 지경에 달했다.

또한 휘종은 전국의 명화, 공동품을 수집했고, 화원(畵院)을 건축하여 저명한 화가를 초빙해 그림에 재능이 있는 청년들을 양성하는 등, 예술을 장려하여 중국 미술사상 선화시대(宣和時代)라 일컬어지는 황금기를 이룩했다.

만약 휘종이 이들 예술가들에게 사원의 벽면, 혹은 청동이나 대리석상 조각을 하게 했다면, 후세에 다빈치와 미켈란젤로를 후원하여 그들에게 예술에 전념할 수 있게 한 교황 레오 10세와 비교할 만한 인물로 꼽혔을 것이다. 게다가 서양의 미술사보다 400여 년이 앞선 이런 놀라운 업적에 세계의 미술사가들의 찬탄을 받아 길이 역사에 이름을 남길 수 있었을 것이다.

그러나 황제는 이 세상의 생활이라는 것은 하늘이 준 선물에 지나지 않으며, 이에 따라 '항구'하지 않는다는 사상에 빠져 단지 일상생활에서 황제 자신의 아름다움에 대한 추구를 만족시키는 것으로 그치고 말았다. 그러므로 당시의 창작품들은 일시적인 미적 감각과 정신을 표출한 것에 지나지 않았으니, 예술적 가치는 영원한 생명을 가진다는 관점으로 볼 때 실로 애석한 일이 아닐 수 없다.

천하의 주인으로 절세미녀들이 좌우에서 시중들고, 각처에서 진상된 온갖 산해진미를 맛보며, 백옥으로 만든 술잔을 높이 들고 술을 마시며 향락을 즐기는 휘종의 모습에서 그의 예술적 감성으로 인해 역대 어느 황제보다 더욱 향락에 탐닉하는 것을 볼 수 있다.

또한 휘종 측근의 간신들은 궁중에 모의 시장을 설치하고 궁녀들에게 물건파는 좌판을 벌이게 하고, 휘종을 거지로 분장시켜 동냥을 하는 광경을 연출하기도 하여 연회에 참석한 사람들의 웃음을 사기도 하였으니, 이것이 북송 마지막 황제의 여흥 프로그램이었다.

그러나 이런 천편일률적인 궁중에서의 놀이에도 싫증을 느낀 휘종은 궁 밖에서 들려오는 시정 상인들의 떠들썩한 소리와 활기찬 웃음소리에 끌려 미복을 입고 자주 궁 밖으로 나가 놀았다. 그리고 개봉 제일의 명기인 이사사(李師師)에게 반해 밤마다 함께 어우러지며 풍류를 즐기는 등의 염문을 뿌렸고, 이 일은 『선화유사(宣和遺事)』라는 연의(演義)로 기록되기도 했다.

또한 휘종은 호화로운 궁중 밖을 광활한 어화원(御花園)으로 에우르고, 어화원 안에는 강남 시골의 풍경을 그대로 재현, 양정(涼亭) 등 누각을 짓고 각종 진귀한 동물을 사육하여 사냥을 즐기곤 했다. 휘종이 이렇게 극도의 호화로운 생활에 탐닉하고 있을 때 궁 밖의 백성들은 오랜 징병과 요역으로 농사철을 놓치고, 먹을 것이 없어 기아에 허덕이다 못해 여기 저기에서 내란이 일어나고 있었고, 나라 밖에서는 오랜 숙적인 요(遼)가 웅거하고 있었다.

이때 휘종은 북방의 신흥세력인 금나라가 발흥하여 요의 세력이 밀리는 것을 알고 연금멸요책(聯金滅遼策)을 강구한 후 금으로 사신을 보냈다. 이에 금나라는 중경(中京)을, 송나라는 연경(燕京)을 공격하여 요를 멸망시키기로 했다.

그러나 파죽지세로 요군을 격파한 금군과 달리 오랜 문치주의로 약화된 송군은 연경을 공략하지 못했고, 결국 금군이 연경을 함락시켰다. 이 전쟁을 통해 송나라의 무력함을 안 금은 남침을 도모하였다. 이에 놀란 휘종은 제위를 태자 조환(趙桓)에게 물려준 후 자신을 도교의 교주도군태상황제(敎主道君太上皇帝)라 칭하고 용덕궁(龍德宮)에 거처하며 여전히 그림에만 몰두했다.

외적의 침략이 있는 환란 속에 제위에 오르게 된 흠종(欽宗)은 군대를 모집하는 등 사태를 만회해 보고자 했으나 파죽지세로 쳐들어오는 금군을 막기에는 역부족이었다.

정강 2년(1127), 남하한 금군에 의해 수도가 함락되고, 금군은 휘종과 흠종을 퇴위시켜 평민이 되게 하고, 재상 장방창(張邦昌)을 황제로 삼는 한편 국호를 초(楚)로 개칭하게 했으며, 동시에 금나라의 속국이 된다는 조약을 체결한 후 퇴각했다. 이때 휘종, 흠종을 비롯한 황후, 후궁, 고관 수천 명이 포로로 금나라, 끌려가는 사태가 벌어졌으니 역사에서는 이것을 '정강의 변(靖康之變)'이라고 한다.

역사를 살펴보면 망국 황제의 최후는 피살되거나, 스스로 자진하기도 하고, 또는 모욕을 당한 후 살해되기도 한다. 그러나 그들의 마지막 길은 휘종과 흠종에 비하면 행운이라 할 정도로 그들의 행로는 험란했다. 송대의 야사 가운데 『절분록(竊憤祿)』, 『남도록(南渡祿)』, 『남진기문(南燼記聞)』, 『정강몽진록(靖康夢萃祿)』 등은 모두 이들이 포로가 되어 끌려가는 과정과 생활을 기록한 것으로, 남송의 유민들로서는 정말 그런 일이 있었는가 하고 믿기지 않을 정도로 참혹한 것이었다.

정강 2년 3월 18일, 휘종과 정태후(鄭太后), 흠종과 주황후(朱皇后)는 푸른색의 거친 베옷으로 갈아입고 말을 타고 북방으로 끌려가고, 나머지 후궁과 비빈들, 공주, 시녀들은 금군의 전리품이 되어 그들의 처첩이 되거나 노비가 되었다. 비록 초라한 행색이지만 젊고 아름다운 주황후는 흠종이 보는 앞에서 이들을 호송하던 대장에게 농락당하여 피로한 몸에 놀란 마음이 병이 되어 연경에 도착한 지 열흘만에 세상을 떠났다.

그러나 이들은 며느리와 아내를 잃은 것을 슬퍼할 새도 없이 6월 3일 다시 안숙(安肅 : 지금의 하북 徐水)으로 압송되고, 이 행로에서 흠종은 옷을 찢기고 매를 맞은 후 쇠사슬에 묶인 채 끌려갔는데, 때는 무더운 여름이라 오래지 않아 흠종의 상처가 부패하여 사경을 헤매기도 했다. 겨우 운주(雲州)에 이르러 휘종과 흠종은 토굴에 갇혔는데, 병사들은 이들의 자살을 방지하기 위해 다 해져 겨우 몸을 가리고 있던 옷을 벗기고 하루에 한 끼만 주어 간신히 연명하도록 했다.

이렇게 토굴 속에서 겨울을 난 휘종과 정태후, 그리고 흠종은 이듬해 봄이 되자 다시 북으로 압송되어 서강주(西江州)에 이르러 몇 년간은 비교적 안정된 생활을 했다. 그러나 남송의 악비(岳飛)와 한세충(韓世忠)의 활약으로 금군이 계속 패배하자 화가 난 금나라에서는 휘종과 흠종을 다시 칠백리 밖 오늘날의 흑룡강 의란(依蘭)의 오국성(五國城)으로 쫓아보냄으로써 화풀이를 했다.

이번 북행길은 그 어느 때보다도 험난해, 이미 50세가 넘은 정태후가 병으로 쓰러져 일어서지 못하게 되자 흠종이 그녀를 업고 고된 행군을 했으나 결국 세상을 뜨고 말았다.

휘종과 흠종은 오국성에 도착하여 다시 토굴 속에서 기거했다. 그리고 생존을 위해 직접 농사를 지으며 생활하다 결국 다시는 조국으로 돌아가지 못하고 이역만리 황량한 땅에서 생을 마치니, 휘종의 나이 53세 때였다.

이들의 죽음은 오래지 않아 남송의 황제로 즉위한 휘종의 아홉번째 아들 고종 조구(趙構)에게 전해졌다. 이 소식을 들은 고종은 그 동안 행여 그들이 귀국하면 자신의 제위를 넘겨주어야 한다는 생각으로 근심했던 마음의 병이 사라져, 아버지와 형의 시신조차도 요구하지 않았다.

왕안석과 사마광

개혁과 보수의 영수

　송나라는 오대의 격동기를 거친 후 중국을 통일한 왕조로 건국한 후 오대의 혼란을 거울로 삼아 '문(文)'을 숭상하고, '무(武)'를 천시했다. 그리고 군사력으로 반란을 일으킬 만한 여지를 근본부터 제거하는 문치주의를 국책으로 삼았다.

　이로 말미암아 송나라의 군사력은 역대 어느 왕조보다도 약했고, 이것은 대외관계에 있어 새로운 문제를 낳게 되었다. 즉 무력으로 다른 민족들의 침범을 막아내기보다 요나라에 은, 비단, 찻잎 등의 막대한 선물을 주고 형제관계를 맺는 등의 우호적인 방법으로 평화를 유지해 나갔다. 이에 따라 송나라에 대한 북방 민족들의 요구는 해마다 급증하고, 재정상의 부담도 날로 증가했다.

　송나라는 줄곧 국책으로 문치주의를 주장했지만, 냉정한 국제관계의 정세에 따라 금군(禁軍 : 수도를 방위하는 군대)과 상군(床軍 : 지방의 민병으로 지방 토목건설이 있을 경우 동원되기도 함) 등의 군사력을 보다 확대하였다.

　그러나 이미 오랜 세월의 문치주의는 민간에도 이미 만연화되어 군인이 되려는 지원자가 없었다. 이에 조정에서는 부득이 용병제를 채택하였으나, 노병이 많고 병사들의 자질이 낮아 양적인 팽창은 있었으나 질적인 면에서 볼 때는 조금도 개선되지 않았다. 더구나 조정에서는 이들에 대한 엄격한 관리와 훈련을 하지 않아 사실상 유명무실한 군대가 되고 말았다.

당나라 말기에서 오대에 이르기까지 군주 독재체제는 대대로 세습되어 발달했고, 행정상으로는 군사력을 통치의 수단으로 사용하지 않고 우수한 관료지배체제를 강화하였다. 이로 인해 관리의 수가 대폭 증가되었고, 이에 따라 재정의 적자는 날로 심각해지고, 이것은 다시 조세를 증대시키게 되는 원인이 되었다.

한 마디로 말해 송나라의 문치주의가 여기저기에서 구멍뚫리는 현상이 나타나고 있는 것이다. 이렇게 유약한 국력이 드러나게 되자 조정에서는 정치개혁을 해야 한다는 목소리가 높아지며, 젊고 새로운 정치가들이 우후죽순처럼 두각을 나타내고 있었다. 이때 출현한 것이 왕안석의 정치개혁이다.

왕안석(王安石 : 1021~86)은 자는 개보(介甫), 호는 반산(半山)으로 강서 무주 임천(臨川) 사람이다. 당송 8대가의 한 사람인 그는 어려서부터 글읽기를 좋아하고, 한번 읽은 것은 잊지 않는 총명한 소년이었으며, 문장을 쓸 때는 붓의 움직임이 나는 듯하여 사람들은 그 뜻을 의심하나 완성된 문장의 정묘함은 보는 사람을 놀라게 했다.

그는 19세 때 하급관리였던 부친이 세상을 떠나자 할머니와 어머니, 7남3녀의 많은 형제자매들의 생활을 부담해야 했다. 일찌기 그와 교분을 가지고 있던 증공(曾鞏)이 구양수에게 소개하였고, 진사과에 합격하여 회남판관(淮南判官)이 되었다. 조정에서는 왕안석에게 중앙에 있을 것을 요구했으나 그는 대가족을 부양해야 하고, 또한 일반 백성들과 좀더 가까이 접촉하고자 하는 마음에서 이를 거절하고 지방의 부임지로 떠났다. 그의 이런 선택으로 적지않은 경험을 얻었고, 이것은 후일 왕안석이 정치에 참여하여 신법을 실시하는 데 많은 도움이 됐다.

왕안석은 관개수로에 힘쓰고 백성들에게 관청의 돈, 곡물을 융자해

주어 백성들은 그의 덕을 감사하는 칭송이 자자했다. 당시 조정의 세도가인 문언박과 구양수는 왕안석의 능력을 높이 사 그를 도지판관(度支判官)으로 임명해 중앙으로 불러들였다.

왕안석은 중앙으로 올라오자 인종에게 「만언서(萬言書)」를 올려 건의했으나 그의 견해는 황제의 관심을 끌지 못했다. 인종의 뒤를 이은 영종도 개혁을 시도하고자 했으나 뜻을 이루지 못하고 재위 4년만에 죽고 신종(神宗)이 즉위했다.

당시 송나라가 맞고 있는 어려움을 타개하려면 개혁을 해야 한다는 생각을 하고 있던 20세의 젊은 황제는 한기, 구양수 등의 정책이, 이미 돌이킬 수 없이 악화된 재정상태와 사회불안을 개선하지 못하는 것을 보고 새로운 개혁방안을 찾다가 일찌기 「만언서」를 올렸던 왕안석에게 눈을 돌리게 되었다. 이에 강녕부(江寧府)의 왕안석을 불러 한림학사로 임명했다. 신종이 영왕(穎王) 때 한유의 강론을 칭찬하자 한유가 말했다.

"이것은 제 견해가 아니라 제 벗인 왕안석의 주장입니다."

인종 때 조정에서 왕안석에게 '동수기거주(同修起居註)'라는 직책을 내렸으나 그는 번번이 사양하였고, 관리가 왕안석을 따라가 임명장을 받으라고 하자 그는 변소로 가서 숨어 나오지 않았다. 이에 관리가 임명장을 탁자 위에 놓고 돌아가려 하자 왕안석이 황급히 쫓아와 기어이 돌려보내고 말았다. 그는 또 8,9번 사직을 청하는 상소를 올렸으나 받아들여지지 않았고, 모친상으로 강녕의 집에 은거한 후 두문불출하여 영종이 여러 차례 불러도 가지 않았다.

희강 원년(1068), 신임 황제의 개혁의지가 확고하다는 것을 느낀 왕안석은 신종의 부름에 응해 입조했다. 그리고 왕안석은 부재상을 거쳐 이듬 해에는 재상으로 승진하여 신종의 강력한 지지 아래 균수법(均輸法), 청묘법(淸苗法), 면역법(免役法), 방전균세법(方田均稅法), 농전수리법(農田水利法), 시역법(市易法) 등의 신법을 추진해 나갔다.

신법은 농민과 중소상인들의 이익을 보호하여 그들이 지주나 대상인들의 압력을 받지 않도록 힘쓰는 한편, 관호(官戶)와 사원으로부터 도 세금을 거두고, 일반 백성들이 병역을 대신해 바치는 면역전을 올려 국고의 수입을 증대시켰다. 또한 직업이 없는 사람은 국가가 고용해 백성들이 내야 할 역전(役錢)을 탕감해 주었다. 이 외에도 왕안석은 관제, 재정, 경제, 군사, 치안, 교육 등등의 각 방면에서 개혁을 실시했다.

왕안석 신법의 목적은 극도로 악화된 재정을 보충하고 빈약한 상태의 병력을 공고히 하여 봉건전제주의의 통치를 확고히 하고, 나아가 황권을 강화하는 것이다. 그의 이런 개혁이 많은 고관들과 대지주의 이익을 해치게 되자 조정에서는 자연 그의 신법에 반대하는 중신이 등장하게 되었다. 또한 대지주와 대상인들은 "나라가 백성과 이익을 다툰다"고 생각, 온갖 수단과 방법을 동원하여 신법에 반격을 가하기 시작했다.

주위의 여러 압력에도 불구하고 나라를 부강하게 해보겠다는 신념 하나로 자기의 정책을 밀고 나갔지만, 왕안석의 수하들 가운데는 장순과 채확 외에는 별다른 재간이 없는 소인들만 있어 신법을 추진하는 데만 급급하여 대중의 폭넓은 지지를 얻지 못했다. 결국 새로운 법의 실시에 나타나는 일시적인 병폐현상으로 사방에서 원성이 자자했다.

그러나 자기의 신법이 반드시 성공하리라는 굳은 신념으로 일을 추진하던 왕안석은 주위의 반대의견을 철저히 분석, 수렴하지 않고, 그들의 의견을 무시하고 표리부동한 소인들만 대거 중용함으로써 개혁파 내부에 위기를 자초하는 결과를 가져왔다.

희녕 7년(1074), 늦은 봄에 광주사법참군(光州司法參軍) 정협(鄭俠)이 임기가 만료되어 수도로 돌아오면서 자기를 천거했던 왕안석을 찾아왔다. 그때 왕안석은 지난 해 7월부터 하북 일대에서 일어난 한재로 걱정하고 있었다. 정협을 맞은 왕안석은 크게 반가워 하며 물었다.

"정공, 지금 재해지구의 실정은 어떻소?"

"하북의 한재 상황은 매우 심각한데다 관리들의 가렴이 그치지 않으니, 거리에는 노인을 부축하고 어린 것의 손을 잡고 사방으로 밥을 구걸하러 다니는 백성들로 가득합니다. 또한 어쩌다 풍사(風沙)라도 만나면 산채로 모래속에 묻히기도 하고……."

하북지구의 상황을 설명하던 정협은 자신도 모르게 오열하고 있었다. 그의 말을 들은 왕안석은 재해의 심각성과 무자비한 관리들의 횡포에 치를 떨며 말을 잃었다.

"그리고 저는 청묘, 면역, 보갑, 시역법 등의 제법에 동의하지 않습니다. 지금의 상황으로 볼 때 그것들은 아무 효력도 보이지 않고 있습니다."

정협의 말을 들은 왕안석은 한 마디도 하지 않고 침묵하고 있었다.

그로부터 며칠 후 정협은 백성들의 상황을 그린 「유민도(流民圖)」를 신종에게 올렸다. 그 그림에는 쇠사슬에 묶여있는 자, 나무뿌리를 먹는 자, 벌거벗고 있는 자 등등 고통당하는 백성들의 모습이 적나라하게 표현되었다. 그림을 살펴보던 신종은 장탄식을 하곤 상평창(常平倉)에 저장한 식량을 풀어 백성들을 구제하는 한편 대부분의 신법을 폐지하도록 명령했다.

그런데 공교롭게도 신종의 칙서가 하북에 도착한 그 날 많은 비가 내려 백성들은 신법을 폐지하여 하늘의 노여움이 가라앉았다며 환호했다.

이 일로 왕안석은 정치에 회의를 느끼고 재상직을 사임, 강녕부로 물러났다. 그러자 신법을 주도하던 지도자를 상실한 정부에서는 당파간의 이익다툼으로 더욱 혼란에 빠져 통치하기가 어려워졌다. 신종은 다시 왕안석을 불러들여 난국을 수습할 것을 명령했고, 왕안석은 이 일을 마무리지은 후 다시 시골로 내려가 은둔하며 지냈다. 그 후 신종은 왕안석을 서국공(舒國公)으로 봉하고, 원풍(元豊) 3년에는 관문전대학사(觀文殿大學士)가 되었다.

그로부터 10년 후 신종이 죽고 철종이 계승하자 보수파인 문언박, 여공저, 사마광 등이 조정으로 불려 들어갔고, 그들은 황제의 조모인 선인태후를 책동하여 신·구파가 팽팽하게 대립하는 형국에 일격을 가해 마침내 신법은 폐지되고 말았다.

그후 1086년 왕안석은 향년 66세로 쓸쓸히 세상을 떠났다. 조정에서는 그를 태부로 봉하고 시호를 '문(文)'이라 했다. 왕안석의 저서로는 『임천집(臨川集)』백 권과『후집(後集)』80권이 있고, 『주례(周禮)』, 『모시(毛詩)』, 『상서(尙書)』, 『역(易)』, 『좌전(左傳)』, 『효경(孝經)』, 『논어(論語)』 등에 새로운 해석을 부여하였는데, 후세에서는 이를 '신학(新學)'이라 불렀다.

한편 보수파 정치가들 중에서 가장 뛰어난 인물은 사마광(司馬光 : 1019~86)였다. 그의 자는 군실(君實)이며, 협주 하현(夏縣) 사람이다. 그는 어릴 때 친구들과 놀다 한 아이가 물이 가득한 독에 빠지자 돌로 항아리를 깨뜨려 익사 직전의 친구를 구한 일화로 유명한 인물이다. 그는 비록 신동은 아니지만 손에는 항상 책을 들고 다녔고, 한번 책장을 펴면 배고픔과 목마른 것도 모르는 끊임없는 노력형의 인물이었다. 그는 다른 형제들에 비해서는 뒤떨어져 늘 늦게까지 스승 앞에 남아 책을 외우곤 했다.

또한 그는 20세 때 진사 갑과에 급제했는데, 이를 축하하는 연회장에서 다른 사람들은 모두 황제가 하사한 관모를 썼는데 사마광만이 쓰지 않아 사람들의 시선이 그에게 쏠렸다. 그러자 어떤 사람이 그에게 "그대는 왜 황제께서 하사한 관모를 쓰지 않는가?" 묻자, 그는 "나는 본래 대대손손 청백한 집안 출신이라 가난해 호화롭고 사치스러운 것을 좋아하지 않소"라고 무뚝뚝하게 대답했다. 이런 것으로 볼 때 그의 행동은 보통 사람들과는 달랐다.

늘 책을 쓰고 정책을 실시하는 지방관 왕안석과는 달리 사마광의 관직생활은 대부분 황제의 신변에서 간언하는 것을 주로 했다.

송 인종이 비록 40년간을 재위했으나 후사가 없어 여남왕(汝南王) 조윤양의 아들 조서(趙曙)를 양자로 들였다. 그러나 자신의 친아들의 탄생을 기다리기 위해 태자 책봉을 미루자 사마광이 상소하여 태자로 책봉되어 인종 사후 황제가 된 인물이 바로 영종이다. 『통지(通志)』8 권을 쓴 사마광이 이를 영종에게 바치자 크게 기뻐한 황제는 비각(秘閣)을 설치하여 저술을 계속하도록 했다.

비교적 평온한 관직생활을 영위해 온 사마광은 50세 때 격렬한 정치적 동요를 맞이하게 되었다. 그것은 신종이 왕안석을 재상으로 발탁하여 신법을 실시하고 있었기 때문이다. 보수파의 영수로 불리우는 사마광은 신법에 강력하게 반대했으나 그의 의견은 채택되지 않아 정계에서 은퇴해 낙양으로 은거했다. 이 사건은 사마광의 정치생활중 가장 큰 내리막길이라고 할 수 있다.

낙양에서 15년간을 지내던 사마광은 영종의 명에 의해 계속 저술해 오던 『통지』에만 몰두하니, 이 책은 그의 일생 전력을 다 쏟아 편찬한 역사서로 저술을 시작한 지 19년만인 신종 원풍 7년에 완성되었다. 신종은 그것을 『자치통감(資治通鑑)』이라 명명하고 직접 서문을 썼다. 이 책은 후세 사람들에게 최고의 명저 가운데 하나로 꼽히고 있다.

『자치통감』이 완성된 이듬 해인 원풍 8년1085), 신종이 서거하자 나이 어린 철종을 보좌하고 정권을 장악한 선인태후는 명망높은 사마광을 불러 재상으로 임명했다.

그 이듬 해에 선인태후는 모든 제도를 인종 가우시대(嘉祐時代)에 실시했던 것을 근거하여 모역법(募役法)을 폐지하고 차역법(差役法)을 실시했다. 모역법은 사마광이 신종과 여러 번 의논한 끝에 채택한 방안으로 집행하는데 아무 문제가 없어 실행한 것이다. 그러나 사마광도 여러 사람의 주장에 따라 자기 주장을 내세우지 않고 그것을 폐지하고 말았다.

태후가 차역법을 반포하고자 할 즈음에 지방에서는 각종 질문과 지시를 요구해왔고, 사직을 위해 자신을 바칠 각오를 다진 사마광은 밤

낯을 가리지 않고 이 문제를 해결하기 위해 고심하다 왕안석이 죽은 후 오래지 않아 세상을 하직하니 이때 향년 68세이다.

그가 죽은 후 황제는 '문정(文正)'이란 시호와 함께 '忠淸粹德'이란 글을 새긴 비석을 하사하여, 정직하고 충성스러우면서 소박한 행동으로 항상 삼가하여, 은거하고 있는 동안 백성들로부터 초야에 묻힌 참된 재상이라고 따를 만큼 신망이 높았던 그를 기렸다.

그의 저서로는 294권에 달하는 『자치통감』과 『온국문정사마공문집(溫國文正司馬公文集)』 80권, 『속수기문(涑水紀聞)』 16권이 전한다.

동 관

송나라를 멸망시킨 환관

강력한 중앙집권제를 실시한 송나라는 조광윤이 '배주석병권(杯酒釋兵權)'으로 석수신 등의 병권을 박탈하였고, 환관의 발호도 엄격히 통제했다. 그러나 북송 말년에 이르자 점차 환관이 군무를 장악하기 시작했다. 이때 군무를 장악한 대표적인 인물로 신종 때의 환관 이헌(李憲)과 휘종 때의 동관(童貫 : 1126년 사망)을 꼽을 수 있다.

환관 이헌의 휘하에서 황제를 허수아비로 만들고 정권을 장악하는 온갖 방법을 배운 동관은 두뇌 회전이 빠르고 행동이 민첩하여 황제의 얼굴만 보고도 그가 무엇을 원하고 무엇을 싫어하는가를 재빨리 감지하는 능력으로 휘종의 총애를 받았다.

휘종이 항주에 명금국아문(明金局衙門)을 설치하여 서화와 골동품을 대대적으로 수집할 때 동관이 이를 직접 관장·지휘했고, 이로 인해 당시 항주로 좌천되어 있던 당대의 서화가 채경을 알게 되었다. 채경은 뇌물과 각종 향응을 동원해 황제의 총애를 받는 동관과 친분을 맺어 자신의 이름이 황제에게 알려지도록 했다. 동관의 주선으로 다시 중앙으로 불려간 채경은 그 후 재상의 자리에까지 올랐다.

일개 환관의 도움으로 순식간에 '일인지하 만인지상'의 재상직에 오른 채경은 동관과 마치 '낭(狼)'과 '패(狽)'의 관계가 되어 권세를 휘둘렀다. 이때부터 세상 사람들은 이들을 부부관계로 비유하여 채경이 밖에서 재상의 역할을 하니 남자라는 뜻으로 공상(公相), 동관은 안에서 재상과 같은 막강한 권력을 휘두르니 여자로 비유하여 오상(媼相)이라 불렀다.

또한 동관은 보통의 환관들에 비해 날카로운 눈빛과 강철과 같이 단단한 신체를 가지고 있어 서북 방면의 군 통수자가 되어 군대를 통솔하고, 중국과 서장인들이 세운 서하 변경의 섬서 일대를 원정하여 평정하기도 했다.

송나라가 연금멸요책(聯金滅遼策)을 채택하여, 금나라와 동맹을 맺은 것은 동관이 주장한 것이다. 정화 원년(1111), 동관은 사자로 임명되어 요나라로 갈 때, 마식이라는 사람이 부하들을 향해 요나라를 멸망시킬 수 있는 계책을 말하는 것을 우연히 듣게 되었다. 이 말을 들은 동관은 자기가 요나라를 멸망시키는 공을 세우고 싶은 욕심에서 그의 의견을 휘종에게 추천했다. 이렇게 해서 1120년, 북송은 금나라와 '해상맹약(海上盟約)'을 체결하고, 송군은 연경을, 금군은 서경을 공격하여 공동으로 요나라를 멸망시키기로 합의했다.

그러나 금나라가 돌풍과 같은 기세로 서경을 공격, 함락시킬 때까지도 송나라는 방랍의 반란을 평정하느라 정신없었고, 동관은 평정군 장군이 되어 각지를 누비고 있었다. 동관이 반란을 진압한 후 연경을 공격할 때 연경에서는 마침 한인 관료와 거란인 관료 사이에 내분이 일어났다. 이것은 거란인들이 한인을 숙청하고 권력을 장악하려는 계획이 드러나 한인의 불만을 일으켜 정변으로 확대된 것이었다.

이것을 안 동관은 기회가 왔다 여기고 자신이 직접 20만 대군을 이끌고 연경을 향해 돌진했다. 당시 연경을 수비하던 군사들 가운데는 한인과 발해인으로 조직된 상승군이라는 부대가 있었는데, 그들은 전쟁에 대비하지 않고 권력다툼으로 정신없는 조정 대신들을 보고 승세가 없음을 판단하고 송나라로 투항했다. 이 사건은 송나라의 사기를 크게 진작시켜 자신들의 승리를 확신케 했다.

그러나 지나친 자만으로 방심한 송군은 최후의 일전이라는 비장한 각오로 싸움에 임한 요군의 맹렬한 공격으로 철저하게 궤멸되고 말았다. 사태가 이에 이르자 패전의 책임 추궁이 두려웠던 총대장 동관은 몰래 금나라 태조 완안아골타(完顏阿骨打)에게 지원을 요청했다. 일찌감치 서경을 함락시키고 여유만만하게 팔짱을 끼고 관망하던 금군은 이것을 빌미로 성난 파도가 밀려오는 듯한 기세로 연경을 공격해 들어왔고, 요군이 별다른 저항도 못하고 붕괴되자 요나라도 멸망하였다.

이 전쟁으로 송나라 군사력의 무력함을 안 금 태종은 즉위하자마자 즉시 송나라를 향해 맹렬한 공격을 가하기 시작했다. 사기가 저하되어 있던 송군은 금군의 공격에 대항할 방법을 찾지 못하고 있었다. 금군이 남침한다는 소식을 들은 천하의 풍류천자 휘종은 기겁을 하여 정신도 제대로 부지못하는 상태에서 전군의 지휘권을 환관 양방평에게 넘겨주어 여양(黎陽)을 수비하도록 하고, 제위를 태자 조환(趙桓)에게 양위했다. 그리고 자신은 비빈, 동관 등을 데리고 남쪽으로 피난길에 나섰다. 동관은 부하들에게 "너희들이 최선을 다해 영토를 지키고 있으면 내가 황제와 상의해서 금을 막을 좋은 방법을 강구하도록 하겠다"라고 말하곤 도망갔다.

한편 직접 전쟁터로 나가 군대를 지휘해 본 경험이 없던 양방평은 금군이 무서운 기세로 여양으로 다가오자 혼비백산하더니 결국 금군에게 여양을 넘겨주고 말았다. 순조롭게 황하를 건넌 금군은 이듬해 정강 원년(1126) 정월에 개봉성의 포위망을 좁혀오고 있었다. 송나라 장군 이강 등이 죽기를 각오하고 싸웠으나 이미 돌이킬 수 없는 지경에 이르러 중과부적이었다.

결국 송 흠종은 금 5백만냥, 은 5천만냥, 소와 말 1만두, 비단 1만필, 중산·하간·태월 등 세 고을을 금나라에게 떼어주고 신하의 예절로 금나라와 강화를 맺었다.

송나라의 관료, 군인, 백성들은 이런 굴욕적인 강화에 깊은 불만을 표시하고, 태학생인 진동은 이강의 주전론을 지지하는 한편 채경과 동관을 잡아다가 철저히 조사하여 문책해야 한다고 상소했다.

　조정 대신들과 백성들의 요구에 마침내 흠종은 채경을 유배형에 처하고, 동관은 광동성에서 참수되었다. 동관의 수급은 수도로 보내져 저자거리에 달리고 삼족이 멸해졌다. 그리고 다시 유배길을 떠난 채경은 도중에 병이 들어 영원히 돌아오지 못할 길로 들어섰다.

방랍과 송강

북송의 반란군 두목

북송 말엽, 왕안석의 신법당(新法黨)과 이에 반대하는 구법당(舊法黨)의 세력다툼 속에 북송의 정책이 흔들리면서 정치는 더욱 부패해지고 관리들은 백성들을 잔혹하게 수탈했다. 이를 견디다 못한 백성들이 하나의 조직을 형성하여 정부에 반기를 들었고, 이 반란들은 이미 다 썩은 고목과 같던 북송을 내리친 벼락이 되어 북송이 다시 재기할 수 없도록 큰 타격을 주었다.

선화 2년(1120) 11월, 절강의 목주(睦州)에서 방랍(方臘 : 1121년 사망)의 난이 일어났다. 방랍은 목주 청계현(淸溪縣)에서 옻나무를 특산으로 재배하는 가정에서 태어나 성장했다.

당시 북송 전국에서는 극도의 사치에 빠진 휘종의 욕구를 만족시키기 위해 각지의 특산물은 관리들에게 약탈되다시피 했고, 그 폐해는 절강성 서부 산간 방랍의 집에까지 뻗쳤다. 만약 농가에 조금이라도 수확이 있으면 그것은 곧 관가에서 노리는 약탈의 대상이 되었다. 단지 무거운 세금만 부과된다면 그럭저럭 견뎌보겠으나 관청에서는 각종 요역, 사역이라는 명목으로 고을 장정들을 징발해 가서 집집마다는 생업에 종사할 수 있는 사람이 없을 지경에 이르렀다.

그러나 관청의 사역이란 것은 하나의 명목일 뿐 실제 관리들이 원하는 것은 그들을 위협해 뇌물을 바치게 하려는 것이었다. 만약 관리들에게 뇌물을 바치지 않는다면 태형에 처해져 그 사람은 거의 반죽음이 되는 일이 다반사였다. 이로 인해 방랍을 비롯한 대부분의 백성들은 관리들에게 큰 원한을 품게 되었다.

어느 날 관청에서 방랍을 사역꾼으로 징발해 끌고 갔다. 본래 방랍은 비밀리에 조직된 종교결사의 지도자 가운데 한 사람이었다. 당시 이 종교는 조정의 허락없이 민간에서 널리 유포되고 있는 페르시아 마니교의 일파였다. 마니교는 당나라 칙천무후 때에 남해를 거쳐 중국으로 전해졌다. 그들은 살생을 금하기 때문에 채식생활을 하며, 불음(不淫), 단식, 그리고 예배를 소중히 여긴다. 신도들은 굳게 결집하여 서로 도우며, 신에게 제사지내기 위해 남녀를 불문하고 저녁에 모여 밤을 새고 의식을 거행하며, 죽은 사람은 의복을 완전히 벗겨 삼베로 만든 천으로 싸서 매장했다.

채식을 하고 마귀를 섬긴다 하여 이들을 '끽채사마(喫菜事魔)'의 무리라고 했다. 이것은 기존의 유교, 또는 불교의 방식과 달라 조정에서는 이들 종교집단이 전통 미풍양속을 해치는 사교라고 규정하고 엄중한 탄압정책을 폈다. 만약 어떤 사람이 '끽채사마'의 신도라는 것이 발각되면 전재산을 몰수하고 가족들을 변방으로 쫓아냈으며, 고발한 자에겐 몰수한 재산의 절반을 상금으로 주었다.

방랍이 반란을 일으킨 도화선이 된 것은, 자기의 친척 동생 방경과 일족 방세태가 그가 끽채사마의 신도라는 것을 관아에 밀고했다. 이에 일신상의 위험을 느낀 방랍은 마침내 다른 신도들과 단합하여 1120년 11월에 청계현 관청을 장악, 반란의 서막을 열었다. 이를 계기로 그 동안 관청에 수탈당하면서도 아무 저항도 하지 못했던 백성들의 분노가 폭발하여 손에 손에 농기구를 쥐고 반란군에 가담했다.

방랍은 연호를 영락(永樂), 스스로 성공(聖公)이라 하고, 문무백관을 임명하는 한편, 조정에 대한 반란이 하늘의 뜻임을 밝혔다. 당시 피폐된 생활고에 시달리던 강남 일대 백성들과 이미 무리를 지어 하나의 집단을 형성하고 있던 다른 지역 유민들의 호응을 얻어 반군의 세력은 며칠 지나지 않아 십만 명에 달할 정도로 발전했다.

이들은 자기들의 고혈을 빨아먹던 관리들을 죽이고, 관청과 부호들의 창고를 약탈하고 불을 질렀다. 그 해 12월에 반란군은 목주, 흡주, 항주를 점령하고, 이듬 해 2월에는 무주(婺州), 구주(懼洲), 처주(處州) 등을 중심으로 강서·안휘 등 여섯 주의 52현을 점령했다.

강남의 중심도시인 항주마저 반란군에게 함락됐다는 보고를 받은 조정에서는 크게 당황하였다. 이 지역은 국가 재원을 조달하는 중요한 지방이기에 송나라 조정으로서는 반란군의 진압이 한시라도 지체될 수 없는 시점에 이르렀다. 이에 휘종은 백성들의 분노를 달래기 위해 전국 각지에서의 화석 수송을 일시 중단한다는 명령을 내렸다. 그리고 금과 연합하여 요(遼)가 점령한 남경을 탈환하기 위해 준비중이던 환관 동관에게 반란군의 진압을 명령했다.

1121년 3월, 동관은 휘하의 정예군과 화북군사 15만 명을 인솔하고 강남으로 향했다.

그러나 조정에 대한 방랍군의 반감은 극도에 이르렀기 때문에, "관리가 색출되면 마음대로 살륙하고 사지를 절단하였으며, 심장을 꺼내고, 간을 파헤쳤으며, 어떤 사람은 끓이고, 어떤 사람은 화살로 쏘기도 하여 극도로 악랄할 수법으로 가슴 속에 맺힌 한을 풀었다"라고 했으니, 이 기록으로 보아 조정에 대한 백성들의 증오심이 얼마나 깊은지 가히 짐작할 수 있다.

동관은 육해군을 인솔하고 절강으로 남하하여 장장 3년이라는 세월을 소비한 후에야 반란군을 완전히 진압할 수 있었다. 그들이 반란군을 평정하는 과정에서 무고한 많은 백성들도 살륙하여 관군이 소탕한 반란군의 숫자에 합산되었는데, 이때 희생된 사람이 2백만 명에 달한다고 한다.

방랍은 그 해 격렬한 전투 끝에 관군에게 사로잡혔다. 그는 당시 송나라에서 유행하던, 사람을 죽여 횡사자의 영혼에게 제사지내는 습

속에 따라 "배를 갈라 심장을 파내고, 홍건히 흐르는 붉은 피로 전사한 많은 관군들에게 제사지낸다"는 명분으로 잔혹하게 살해되었다고 한다.

방랍의 난이 일어날 즈음 산동 양산박에서는 송강(宋江)을 수령으로 한 36인이 조정에 반기를 들었다. 이들이 바로 중국 고대소설 『수호지』에 묘사된 양산박의 호한 108명 이야기의 유래가 되었다. 36명의 도적을 인솔하는 두목 송강은 산동의 도적으로 양산박의 큰 호수가 있는 이 지역에서 약 1년간을 횡행하였다.

남송 왕칭의 『동도사략(東都事略)』에 의하면 송강과 그 무리가 하삭, 경동에서 횡행하나 수만의 관군도 감히 대항하지 못했다고 한다. 그래서 결국 조정에서는 장숙야를 파견해 송강을 회유, 방랍의 난을 진압하여 자신의 죄를 속죄하도록 했다고 한다.

홍매의 『이견지(夷堅志)』에 송강과 관련된 다음과 같은 고사가 실려 있다.

선화 7년(1128)에 시랑 채거후가 등의 악성 종기로 세상을 떴다. 죽어서 지옥에 간 채거후가 형벌을 받는데 너무 고통스러워 더이상 견디지 못해 자기 처에게 사람을 보내 자신의 말을 전하도록 했는데, 그 내용은 자신이 벌을 받는 것은 운주의 일 때문이니 빨리 공덕을 쌓아 구해달라는 것이었다. 이 말을 들은 채거후의 아내가 통곡을 하며 말했다.

"시랑이 양산박의 5백 명이 투항했을 때 내가 여러 번 만류해도 듣지 않고 그들을 주살하더니 오늘 이 지경이 되었구나."

이 고사가 비록 황당무계한 것이기는 하지만, 송강과 그의 일당이 투항하였으나 모두 주살되었다는 것은 사실일 것이다. 또한 시랑 채거후가 양산박의 호한들을 죽인 것으로 지옥에서 극심한 형벌을 받았다는 것은 당시 송나라 백성들의 조정과, 도둑으로 일컬어지는 송강에 대한 생각을 엿볼 수 있게 한다.

소 식

불운의 대문호

당나라의 한유, 유종원 이후로 승이 달 아래 문을 "두드린다"로 할까, 아니면 "민다"로 할까 하는 문제로 고심하여 '추고(推敲)'의 일화를 남겼던 가도(賈島) 외엔 뛰어난 재능을 가진 사람이 없었다. 그후 송나라에 이르러서야 '당시송문(唐詩宋文)'이라고 불릴만큼 문장의 전성시대를 이루었다.

송나라 때 한유, 유종원 두 대가의 제창으로 성행한 고문이 문장의 중심으로 되었으며, 두 사람과 구양수, 왕안석, 증공, 소순, 소식, 소철 등을 합하여 당송 팔대가라고 일컫는다. 이들 가운데 소식(蘇軾 : 1036~1101)은 자는 자첨(子瞻), 호는 동파(東坡)로 부친 소순, 동생 소철과 함께 나란히 중국문학사에 대문호로서의 명성을 떨쳤다. 소순은 일찍부터 전국 각처로 배움의 길을 찾아다녔기 때문에 집을 비우는 일이 많아 소식 형제는 어려서부터 어머니의 지도 아래 차츰 경서, 역사를 공부하여 대문호가 되었다.

가우 2년(1057), 소식은 21세가 되었을 때 동생 소철과 함께 나란히 진사에 급제하여 앞날이 촉망되는 젊은 학자로 구양수의 사랑을 받았다. 그리고 그 이듬해에 벼슬길로 나가는 마지막 관문이라 할 수 있는 전시(殿試)를 우수한 성적으로 통과하여 그때부터 65세로 세상을 떠날 때까지 줄곧 파란만장한 관직생활을 보냈다.

정계와 문단에 뛰어난 문장으로 명성을 떨친 소식이 구양수의 문하에서 청운의 꿈을 키워나가고 있을 때, 어머니 정씨가 세상을 떠났다. 소식은 모친의 3년상을 입고 난 후 소철과 함께 다시 상경했다. 그때 소식은 대과를 치르어 우수한 성적으로 통과해 첨서봉상부판관사(簽書鳳翔府判官事)가 되어 관계에 진출했다. 그 후 소식의 재능을 아낀 영종(英宗)에 의해 직사관(直史館)으로 영전했다.

그러나 이 기쁨을 채 누리기도 전에 아내 왕불(王弗), 아버지 소순이 세상을 뜨고 말았다. 이에 소식 형제는 다시 부친의 상을 치르기 위해 고향 미주(眉州)로 향했고, 조정에서는 병약한 영종이 세상을 뜨고 개혁에의 꿈에 부풀은 패기만만한 신종이 등극하면서 왕안석이 등용되었다.

그러나 왕안석의 개혁에 불만을 품은 소식은 그의 견해에 반대를 표명하게 되고, 이런 소식이 조정으로 들어오는 것을 꺼려한 왕안석은 신종을 설득하여 개봉의 추관(推官)으로 임명한다. 이로 인해 백성들과 가까이 생활하게 된 소식은 실정에 따른 개혁의 폐해를 더욱 뼈저리게 느끼고, 이런 점들을 상소하여 신법의 폐지를 강력히 주장했다. 이때부터 소식은 사사건건 왕안석의 개혁파와 충돌하였고, 당시 신종의 비호 아래 득세하고 있던 왕안석은 그를 탄핵하였다. 그래서 소식은 항주통판(抗州通判), 밀주지사(密州知事), 서주지사(徐州知事), 호주지사(湖州知事) 등 외직으로 전전했다.

원풍 2년, 왕안석 일파인 어사 이정(李定), 서단(舒亶), 하정언(何正言) 등이 소식이 시문에 의탁하여 신법을 비방했다는 상소를 올려 그는 옥에 갇히게 되었다. 이때 소식의 재능을 아낀 신종이 특별사면하여 정무를 다스리는 실질적 권한이 없고 명목뿐인 양자강 연안 황주(黃州)의 부사로 임명했다.

소식의 뒤를 따라 가족이 황주로 오자 생활이 궁핍하여 아무리 절약을 해도 대가족의 생계를 영위할 수가 없었다. 소식의 딱한 사정을 본 친구 마몽득(馬夢得)이 황주성 동쪽에 있는 땅을 관청에서 빌려 곡식과 소채를 경작하여 생활하도록 배려해 주었다.

백성들에게 농사짓는 법을 배워가며 오래 버려진 땅을 개간한 소식은 이곳을 동파(東坡)라 이름짓고, 스스로 동파거사(東坡居士)라 하며 청빈한 생활을 했다. 이때 그의 아내 또한 양잠을 하여 그럭저럭 생활을 꾸려나갈 수 있었다. 또한 소식은 한적한 날이면 자연을 찾아다니며 솟구치는 울분과 시정(詩情)을 토해내곤 했는데, 인구에 회자하는 유명한 「적벽부(赤壁賦)」는 바로 이때 지은 것이다.

그로부터 3년 후 신종이 재상 왕규(王珪)에게 소식을 불러들여 국사에 참여시킬 뜻을 비추자 왕규는 이를 만류하며 대신 증공에게 관직을 하사하도록 했다. 이에 신종은 소식을 여주(汝州)로 옮기도록 하면서 말했다.

"소식과 같은 인재는 얻기 어려우니 평생토록 등용하지 않을 수 없다."

신종의 칙서를 받아 여주로 향하던 소식은 도중에 생활이 곤궁하니 자신의 전답이 있는 상주(常州) 의흥현(宜興縣)으로 가게 해줄 것을 주청했고, 그의 청이 받아들여져 상주로 발길을 돌리게 되었다.

그 후 오래지 않아 신법을 지지하던 신종이 죽고 철종이 즉위했다. 어린 철종을 도와 보수파를 지지하는 선인태후가 섭정함에 따라 보수파들이 다시 중앙정권을 장악하게 되었다. 이와 함께 소식은 조정으로 불려가 예부낭중(禮部郞中), 기거사인(起居舍人), 중서사인(中書舍人)이 되었다. 하지만 그 동안 정계의 혼탁함을 뼈저리게 체험한 소식이 사퇴하고자 했으나 재상 채확이 이를 받아들이지 않았다.

원우 원년(1086), 소식이 한림학사로 임명되던 해에 보수파와 개혁파의 두 거두인 사마광과 왕안석이 세상을 떠났다. 이 두 사람의 죽음으로 구심점을 잃은 두 세력은 주도권을 놓고 다시 격렬한 당쟁의 소용돌이에 휘말리게 되었다. 이 와중에서 소식은 항주지사로 좌천되고 말았다.

16년 전 그가 항주통판으로 부임했을 때, 당시 서호(西湖)의 3분의 1이 진흙으로 쌓여 있었다. 이제 소식이 다시 항주 땅을 밟아보니 호수의 절반이 쌓여 그 면적이 좁아지면서 물이 조금만 불어도 금새 넘쳐 농사에 큰 피해를 주고 있었다. 이에 소식은 20만 명의 백성들을 동원해 호수물이 원활하게 흐를 수 있도록 하고, 둑문을 만들어 수량을 조절하는 등 수로작업을 했다. 또한 호수 안을 메운 진흙을 파내 남북으로 2,000미터에 이르는 긴 둑을 쌓고, 이 둑을 단단히 하기 위해 버드나무를 심었다. 이에 서호는 수량을 잘 조절할 수 있게 되었고, 후세까지 아름다운 모습을 갖추게 되었다.

항주의 백성들은 소식의 공적을 기리기 위해 그 둑을 소공제(蘇公堤)라 하고, 동파사(東坡祠)를 건립했다. 그러므로 오늘날 서호를 돌아보는 사람들이 당나라의 백낙천이 쌓은 백제(白堤)와 소동파가 쌓은 소공제가 길게 이어져 자연과 아름답게 조화를 이룬 풍경을 볼 수 있게 된 것이다.

원우 6년(1091), 소식은 다시 조정으로 불려가 한림학사 승지로 임명되었으나 몇 개월 안되어 어사 가이(賈易), 어사중승 조군석(趙君錫)이 탄핵하여 영주지사(潁州知事)로 좌천되었다. 이 후로도 조정에서 예부상서, 정주지사(定州知事), 영주지사(英州知事)를 전전했다.

그러나 원우 8년(1093), 철종이 친정을 시작하자 신법을 추진하던 개혁파가 다시 득세하여 보수파들은 하나하나 외지로 밀려났다. 이때 57세의 소동파도 영원군(寧遠軍) 혜주(惠州)로 유배되어 3년을 지낸 후 다시 해남도 창화(昌化)에 거주했다. 창화는 담이(儋耳)의 땅으로 당시로서는 그곳에 거주하는 한인이 극히 드물었고 모든 생활습관과 언어가 달랐다. 이곳에서 소식은 처음에는 관사에서 기거하다 약간의 땅을 사서 담인의 도움을 받아 집을 짓고 살면서 책 쓰는 것을 즐거움으로 삼았다.

원부 3년(1100), 철종이 서거하고 휘종이 즉위하자 시국의 전환에 따라 소동파의 바다 밖 외로운 고도 해남도에서의 귀양살이도 해제되어 본토로 돌아올 수 있게 되었다.

그러나 귀양살이와 오랜 여행의 여독으로 허약해진 소식은 상주로 향하다가 병을 얻어 자리보전을 하게 되었고, 결국 그곳에서 중국문학사의 큰별이 떨어지고 말았다. 이때가 건중정국(建中靖國) 원년으로 소동파의 나이 66세였다.

젊어서부터 유가의 사상으로 인생에 적극적인 태도를 가지고 정계에서 경세의 꿈을 키웠던 소식은, 수없이 부딪친 정치상의 좌절로 그 꿈이 퇴색하여 혼란한 정계를 벗어나 해탈하고 싶어하는 마음의 음영을 짙게 드리우게 했다. 그러므로 그는 장자와 도연명을 좋아하는 한편, 불교와 도교에도 몰두하여 승려와 도사들과 활발한 교류를 가지고 풍류를 즐겼다. 그는 인생과 자연에 심취하면서 자기만의 문학세계 속으로 더욱 깊이 빠져들어 갔다.

이런 정치상의 좌절로 인한 고난의 세월 속에서 지은 그의 시문에 나타난 정신은 조금도 퇴색되지 않고, 동생 소철이 비평한대로 "화려하고도 심오한 시의 경지"를 갖추고 있어, 이전보다 더욱 화려하고 깊이 있으며 아름다운 문체로 찬란한 빛을 발하고 있었다.

그 후 고종 때에 이르러 소식은 태사(太師)로 추존되고, '문충(文忠)'이란 시호가 내려졌다. 오늘날까지 전하는 그의 저서로는 『동파문집(東坡文集)』 60권과 『동파시집』 25권, 『동파사(東坡詞)』 1권, 『구지필기(仇池筆記)』 2권, 『동파지림(東坡志林)』 5권 등이 있다.

악비와 문천상

국난 속의 충신들

악비(岳飛 : 1103~41)는 남송 초기의 명장으로 강대한 금나라가 송나라를 공격한 국난의 위험 앞에 '주전론'을 내세우다 '주화파'인 진회의 모함으로 옥사한 인물이다.

악비의 자는 붕거(鵬擧), 상주(相州) 탕양(湯陽) 사람으로 가장 말단 병사로 시작하여 입신한 명장이며, 민족 영웅의 한 사람으로 추앙받고 있다. 악비의 집안은 대대로 농사를 지으며 살아왔으나 가세가 그다지 넉넉지 않아 그도 어려서부터 일을 하며 생활에 보탬을 했다. 이런 가운데 뛰어난 영웅이 되길 소망했던 악비는 틈틈히 무예, 궁술, 기마를 배우며 신체를 단련하고, 『좌씨춘추』, 『손자병법』, 『오기병법』 등을 공부했다.

선화 4년(1122), 악비가 22세 되던 해에 그는 진정선무(眞定宣撫) 유갑(劉韐)이 하북에서 군대를 모집하자 그의 휘하로 들어갔다. 이곳에서 뛰어난 능력을 발휘한 악비는 오래지 않아 소부대의 대장이 되었으나 부친의 사망으로 고향으로 돌아갔다.

그 후 금(金)의 군대가 두 갈래로 나뉘어 동쪽으로는 송의 수도를 향해 빠르게 진격해 오고, 서쪽으로는 태원을 포위하였다. 이때 나라의 위급함을 본 악비는 다시 병사가 되어 태원의 최전선에서 금병에 대항하여 치열한 전투를 벌였다.

그러던 어느 날, 악비는 소수의 기마병을 인솔하여 금군을 기습하여 대패시켰다. 이 전공으로 악비는 진의부위(進義副慰)로 승진되었으나 후일 금군에게 대패하자 직위가 삭탈되어 고향 상주로 돌아갔다.

그러나 노도와 같이 밀려드는 금병의 기세에 수도까지 빼앗기고, 휘종과 흠종을 비롯한 대부분의 황족과 문무대신 수천 명이 금나라로 끌려간 '정강의 변'이 발생했다. 이때 등장한 황족으로, 금나라의 포로로 잡혀가던 흠종의 동생 강왕(康王)이 탈출하여 대원수가 되어 상주에서 군사를 모집하여 재기를 기도했다. 이에 악비는 가족과 작별하고 종택(宗澤)의 휘하에서 많은 전투에 참가하여 공을 세워 승신랑(承信郎), 병의랑(秉義郎)으로 승진했다.

정강 2년(1127), 철종의 황후로, 왕안석의 신법을 주장하던 개혁파를 몰아낸 맹태후가 남경에서 강왕을 송나라의 천자로 선포하니, 그가 바로 남송 첫번째 황제인 고종이다. 이에 악비도 남경으로 가서, 금을 공격하여 휘종과 흠종을 구하고 잃은 국토를 수복해야 한다는 상소를 올렸다. 그의 이 상소는 당시 정권을 잡고 있던 화친파를 자극하여 삭탈관직되고 말았다. 쫓겨난 악비는 하북초토사(河北招討使) 장소(張所)의 휘하로 들어갔다.

악비를 눈여겨 본 장소는 그의 재능을 인정하여 왕언(王彦)과 함께 북상하도록 명령했다. 그러나 이 원정에서 악비는 왕언과 불화하여 다시 동경유수인 종택의 휘하로 들어갔다.

오래지 않아 금병이 사수(汜水)를 침공하자 종택은 악비에게 금병의 진입을 방어하도록 명령했다. 악비는 죽노도(竹蘆渡)에서 적과 마주하고 한밤중에 3백명의 병사에게 횃불을 켜서 온 산을 밝혀 병사가 많은 것처럼 보이도록 위장을 했다. 멀리서 이 모습을 본 금병은 산이 온통 송군으로 가득하다 여기곤 허둥지둥 퇴각하기 시작했다. 악비는 금병의 대열이 흩어진 틈을 이용하여 기습하여 큰 승리를 거두었다.

이 일로 악비는 통제관(統制官), 도통제(都統制)가 되었다. 그 후 종택이 병사하고 두충(杜充)이 후임자가 되었으나, 두충은 동경을 수비할 뜻이 없었기에 건강(建康)으로 후퇴하여 악비도 그를 따라 갔다.

한편 고종은 송나라의 군사체제를 정비하여 방어체제를 공고히 하기에 힘썼으나 파죽지세로 밀려오는 금군의 공격을 막아내지 못하고 다시 항주로 도망갔다. 이때 금나라의 맹렬한 공격을 꺾은 장군이 바로 악비이다.

건염 3년(1129) 가을, 금병이 건강으로 진격해 오자 두충이 성을 버리고 도망가 송군은 혼란에 빠졌다. 이때 분연히 일어선 악비가 병사들에게 말했다.

"우리는 충성으로 나라의 은혜에 보답하여 이 성을 지켜야 한다. 만약 도망가는 자가 있으면 참수하겠다!"

그의 말에 힘을 얻은 병사들은 다시 대오를 정리하고 사력을 다해 싸울 것을 맹세했다. 그 후 악비군은 광덕에서 적진영에 있는 한인과 내응하여 적군을 물리치고, 의흥에서는 도적떼를 격파하여 백성들이 안심할 수 있도록 했으며, 상주에서는 회군하는 금병을 기습하여 승리를 거두는 등 눈부신 활약을 했다. 악비군은 약 4개월 동안 많은 전략 요충지를 점거하고, 병사들의 사기도 날로 충천하여 마침내 한세충(韓世忠)과 협력하여 건강을 수복했다.

악비가 강남에서 금병에 대항하여 혁혁한 전공을 거두자 조정에서는 크게 기뻐하여 통태진무사(通泰鎭撫使), 강서제치사(江西制置使)를 제수하고, 고종은 '精忠岳飛'라는 깃발을 하사했다.

소흥(紹興) 3년(1133), 양양 6군이 중원을 향한 중요 전략지라는 것을 파악한 악비는 고종의 승인을 얻어 북상하였다. 이 출전으로 악비는 정주(鄭州), 양양, 등주(鄧州), 당주(唐州), 신양군(信陽軍)을 수복했다. 또한 악비는 수복한 지역의 백성들을 안위하여 안심하고 농사 짓도록 함으로써 전쟁으로 피폐해진 백성들의 생활을 안정시켜 나갔다. 이에 고종은 악비를 청원군절도사(淸遠軍節度使)와 무창개국후(武昌開國侯)로 봉하고 악주(顎州)에 주둔하도록 했다.

악비는 한시바삐 북벌하여 끌려간 휘종과 흠종을 모셔오고, 강토를 수복하고자 하는 일념으로 고종에게 상소를 올렸으나 그의 의견은 받아 들여지지 않았다. 또한 이때 고종은 휘종, 흠종과 함께 금나라의 포로로 끌려갔다가 자의적으로 금나라와 평화협상을 하고 풀려난 진회(秦檜)를 재상으로 삼고, 소흥 9년(1139)에 마침내 주전파의 반대를 무릅쓰고, 금나라에 매년 조공을 바치고 칭신(稱臣)하겠다는 화약을 맺었다.

그러나 이렇게 얻은 평화는 잠시뿐이었다. 진회와 연결이 되어 있던 금나라의 권력자 달뢰(撻懶)가 정변으로 밀려나고, 이와 함께 금나라의 대송정책이 바뀌어 화약을 맺은 지 1년만에 다시 남침하였다.

이에 다시 전쟁터로 나서게 된 악비는 금병을 곳곳에서 격퇴하여 채주(蔡州), 영창(潁昌), 진주(陳州), 정주(鄭州), 낙양 등을 수복하고 변경을 삼면으로 포위하였다. 금군의 총사령관인 종필(宗弼)이 만 오천 명의 정예군을 인솔하고 악비를 공격했으나 오히려 패하고, 다시 영창을 공격했다가 악비의 양아들인 악운(岳雲)에게 패해 쫓겨가고 말았다. 악비는 이 승세를 타고 변경에서 45리 가량 떨어진 주선진(朱仙鎭)까지 진격했다.

그러나 악비의 선전으로 용기를 얻은 다른 장수들도 용감히 싸워 송나라의 전세가 유리할 때, 고종은 갑자기 모든 장수들에게 퇴각하라는 명령을 내렸다. 조정의 이같은 명령에 악비는 지금이 금나라를 완전히 패퇴시킬 수 있는 좋은 기회임을 상소했으나 조정에서 내려오는 명령은 똑같은 것이었다. 결국 이로 인해 송군이 갖은 고생을 다해 수복한 영토를 다시 금군에게 넘겨주는 결과를 낳았다.

고종은 왜 이같은 명령을 내렸을까? 그것은 재상 진회가 금나라의 새로운 권력자인 종필(宗弼)과 강화를 맺기로 거의 합의하려는 상태에 있었기 때문이다. 또한 '정강의 변'으로 북방으로 끌려갔던 휘종, 흠종 부자가 죽었다는 소식이 전해짐에 따라 천자로서 고종의 지위가 확고해졌으니 이때를 이용해 정권의 기반을 공고히 해야겠다는 고종의 생각과, 금이 다시 공격해오면 나라를 부지할 수 없을 것이라는 진회의 패배의식이 일치했던 것이다. 금나라로서는 계속되는 패전으로 잠시 휴전함으로써 전세를 만회할 시간이 필요했기에 진회의 강화 요청에 동의했던 것이다.

그러나 이때 송나라와 금나라가 강화하는데 있어 가장 큰 걸림돌은 바로 승승장구하며 금나라를 북방으로 몰아붙이는 악비였다. 이때가 바로 금의 세력을 완전히 뿌리뽑을 수 있는 유일한 기회라고 생각하던 악비는 항주로 회군하지 않고 일단 무창으로 퇴각하여 사태의 추이를 관망하고 있었다.

그러자 고종은 악비와 한세충을 연회에 초대하고, 그 자리에서 한세충을 추밀사(樞密使), 악비를 추밀부사(樞密副使)로 임명하곤 그들의 병권을 빼앗았다. 이때 금나라에서는 악비를 두려워 하여 진회에게 악비의 제거를 요청했다. 이에 강화를 맺기에 급급한 진회는 악비가 금나라 사람들과 함께 반란을 꾸미고 있다고 모함하여 악비와 그의 양아들 악운을 하옥했다.

소흥 11년(1141) 12월, 악비 부자는 감옥에서 비밀리에 죽음을 당했고, 악비가 죽은 다음 해인 소흥 12년 정월에 남송은 금나라와 회하(淮河) 중류를 경계선으로 하여 군신관계로 강화하였다. 역사에서는 금나라와의 전쟁에서 목숨을 걸고 싸우다 억울한 누명을 쓰고 죽은 악비를 구국영웅으로 자리매김하였고, 그를 모신 악왕묘(岳王廟)는 후세 사람들의 참배가 끊이지 않고 있다.

그러나 금나라와의 강화를 체결, 남송이 150여 년간 안정 속에 번영을 누리도록 한 재상 진회는 매국노로서 그 이름이 역사서의 한 모퉁이에 기록되어 있다.

남송시대의 중국 남반부는 아직 한민족의 통치 하에 있었다. 그러나 남송이 멸망하고 전국이 이민족의 지배로 들어간다는 것은 중화민족이라는 강한 자부심으로 그들 외의 모든 민족을 오랑캐라 하던 한인들로서는 참기 어려운 일이었을 것이다. 나라의 운명이 백척간두에 달려 있을 때에 자신의 목숨을 걸고 나라를 위해 투쟁할 만한 인물이 몇이나 될까?

이 위기에 끝까지 투쟁하여 싸울 수 있는 사람은 악비, 그리고 바로 문천상(文天祥 : 1236~82)과 같은 인물일 것이다. 나라의 위기 속에서 이들의 충정과 기개는 더욱 빛나고 역사 속에 남아 민족의 어둠을 밝혀주는 횃불과 같은 존재들이라 할 수 있다.

문천상의 자는 송단(宋端), 또는 이선(履善)이라 하며, 호는 문산(文山)으로 길주(吉州 : 지금의 강서성 吉安) 사람이다. 그는 젊어서 학궁(學宮)에 모셔져 있는 구양수, 양방예(楊邦乂), 호전(胡銓)의 초상을 바라보고, 그들의 시호에 모두 '충(忠)'이 있음을 부러워 하며 말했다.

"훗날 나의 제기(祭器)가 저기에 있지 않으면 장부가 아니리라."

그후 문천상은 20세 때 뛰어난 문장으로 장원급제하여 천자로부터 각종 영예와 특별대우를 받았고, 이에 감복한 그는 나라와 천자를 위해 가시밭길과 불길 속이라도 들어가겠다는 충성심을 다지고 있었다.

당시의 국제정세는 남송과 금나라가 서로 견제하며 앙앙불락하는 사이에 몽고의 세력이 크게 대두되었고, 1234년 몽고의 오고타이에 의해 금나라가 멸망하기에 이르렀다. 1260년, 몽고제국의 5대 황제인 쿠빌라이가 등장하면서 스스로 칭제하고 국호를 '대원(大元)'이라 한 후, 연경을 대도(大都)라 하며 수도로 삼았다.

한편 오랫동안 태평성대를 누리다가 금나라의 멸망으로 원나라와 직접 대치하게 된 남송은 6대 황제 도종(度宗)이 죽고, 그의 아들인 겨우 4세의 조현(趙㬎)이 즉위하니 역사에서는 공제(恭帝) 또는 소제(少帝)라고 한다.

이때 몽고의 총사령관인 백안(伯顏)은 남송으로부터 항복해온 장수에게 우익을 공격하게 하고, 아출(阿朮)을 선봉대장으로 중앙을 돌파하게 하여 양자강 중류의 최대 요충지인 악주를 공격했다. 오랫동안 태평성대를 누려 약화된 군사력을 가진 남송은 사태가 위급함을 느껴 전국에 의용군 결성을 호소했다.

조정의 모병에 호응, 강서지사(江西知事) 문천상은 즉시 사재를 털어 결성한 1만 1천여명의 의용군을 인솔하고 임안으로 달려갔다. 그러나 도중에 몽고군과 격돌하여 대다수의 병사가 죽고, 수십 기의 기병들만 살아 남았다. 그곳은 송나라의 많은 군선들이 정박해 있는 연안이었으나 몽고군에 의해 전부 빼앗겼고, 그들은 이미 남송의 수도 임안(臨安)으로 전진해가고 있었다.

여러 차례 남송을 공격해 오던 원군은 마침내 남송의 수도 임안 교외 고정산(皐亭山)에 있는 명인사(明因寺)에 포진하고 남송의 투항을 기다리고 있었다. 이에 섭정을 하던 태황태후는 군신들을 불러 사태 수습을 하고자 했다.

그러나 조회에 참석한 대신은 겨우 6명에 불과하고 나머지는 일찌감치 도망갔다. 누가 보아도 이미 대세가 기울었다는 것은 불을 보듯 명확했다. 문천상이 남은 병사들을 이끌고 수도에 이르렀을 때 우승상이라는 자리가 그를 기다리고 있었다. 예전에 조정에서 호령하던 대부분의 고관, 중신들이 분분히 도망치자 위급한 상황에서도 나라와 천자를 보호하겠다고 달려온 젊은 정치가를 임명할 수밖에 없었다.

문천상은 태황태후의 명령에 따라 항복문서를 가지고 원군 진영으로 갔다. 명인사 주위는 수풀처럼 늘어선 칼로 살기등등한 데 문천상은 한가로이 절 구경나온 사람처럼 동요없이 원군 통수 백안을 찾아 갔다. 백안을 만난 문천상은 항복하겠다는 말은 한 마디도 하지 않고 도리어 백안을 꾸짖어 말했다.

"우리 남송은 역대 제왕의 정통을 이어받은 나라인데, 북조(北朝)는 우리를 국가로 대하려는 것이오, 아니면 우리의 사직을 훼멸하려는 거요?"

"황상(원세조 쿠빌라이)께서 이미 조서에 분명히 밝히셨듯이, 남송의 사직을 건드리지 않고 백성들도 죽이지 않을 것이오."

"만약 그렇다면 평강(平江)이나 가흥(嘉興)으로 그대의 병력을 물린 다음 다시 의논합시다."

이 말을 들은 백안이 노기띤 눈초리로 문천상을 바라보았으나 그는 아랑곳하지 않고 말했다.

"만약 그대들이 우리 사직을 훼멸하려 한다면 남북의 병화(兵禍)는 이제부터 그치지 않을 것이오. 회(淮), 절(浙), 민(閩), 광(廣) 등이 아직 우리 손에 있으니 승패는 알 수가 없는 것이오."

맑고 카랑카랑한 목소리로 꾸짖는 문천상의 모습을 본 원나라 장수들은 의논 끝에 문천상을 연금시키고 나머지 사자들은 임안으로 돌아가 복명하도록 하자고 했다. 또한 문천상과 함께 사신으로 온 추밀사(樞密使)이자 임안지부(臨安知府)인 가여경(賈餘慶)이, 문천상을 원군의 진영에 남게 해야 태황태후의 항복을 설득할 수 있다고 백안에게 건의했던 것이다.

그로부터 며칠 되지 않아 태황태후와 공제가 항복하고, 백안은 아무 저항없이 임안을 점령할 수 있었다. 백안은 남송의 대신들을 협박하여 '기청사(祈請使)'가 되어 대도로 가서 원 세조를 알현하고 항복 문서를 전달하도록 했다. 이때 6살짜리 황제 소제와 태황태후도 끌려가니 이것이 1274년의 일이다.

문천상과 남송의 고관들이 원병의 호송으로 대도(大都 : 북경)로 압송되는 도중, 그는 감시가 소홀한 틈을 타서 부하 11명을 이끌고 진주(眞州)로 탈출했다. 진주를 지키고 있던 장수 묘재성(苗在成)과 함께 남송의 재건을 맹세한 문천상은 즉시 회동제치사(淮東制置使) 이정지(李庭芝), 회서제치사(淮西制置使) 하귀(夏貴)와 각주와 군의 장수들에게 격문을 보내 인마를 모아 대도로 돌아가는 원군을 공격하자는 편지를 썼다.

그러나 하귀는 이미 원나라에 투항했고, 이정지는 문천상이 원나라의 첩자가 되어 거짓으로 탈출극을 벌인 것이라 의심하고 묘재성에게 문천상을 죽이라고 명령했다. 명령을 받은 묘재성은 차마 문천상을

410

죽일 수도 없고, 그렇다고 감히 명령을 어길 수도 없어 난감한 심정이 되었다. 결국 묘재성은 문천상에게 이정지의 편지를 보여주고 멀리 도망가라고 권유했다. 이에 문천상은 자기가 직접 양주로 가서 이정지를 설득하리라 결심했다.

그들이 양주에 도착했을 때는 날이 아직 밝지 않아 성문 밖에서 문이 열리기를 기다렸다. 그때 백성들이 성문이 열리기를 기다리며, 문천상에게 현상붙은 것에 대해 얘기하면서 욕을 하고 있었다. 곁에서 그들의 말을 듣던 문천상 일행은 서로 쳐다보며 조용히 그 자리를 떠났다.

당시 송군은 일부 성읍만을 지키고 있었을 뿐 대부분의 통행로는 원군에 의해 장악되었다. 문천상과 그 수하들은 모두 이름을 바꾸고 평범한 백성의 차림으로 도망쳤다. 이미 오래 음식을 먹지 못한 이들이 요기를 하려고 밥을 구걸하다 판교(板橋) 일대에서 길을 잃어 원군과 맞닥뜨렸다. 두호(杜滸), 김응(金應) 두 사람은 재빨리 가지고 있던 돈을 모두 원군에게 주고 풀려났으나 장경(張慶)은 화살에 눈을 맞아 중상을 입었다.

이렇게 문천상이 온갖 어려움을 겪으면서도 함께 힘을 규합할 사람을 찾지 못해 애를 태우고 있을 때, 길왕(吉王)과 신왕(信王)이 온주(溫州)에서 조정을 건립했다는 반가운 소식을 들었다. 이에 그들은 즉시 배를 얻어 타고 온주로 향했다.

그 후 길왕이 복주(福州)에서 등극하니 그가 바로 송 단종(端宗)이다. 단종은 문천상을 복주로 불러 추밀사로 임명하고, 민족 부흥의 희망을 싣고 원나라에 대항하는 기치를 높이 세웠다.

상흥(祥興) 원년(1278) 12월, 문천상이 소수의 병사들을 인솔하고 해풍(海豊) 교외의 오파령(五坡嶺)에 집결하여 식사를 하고 있을 때 장홍정(張弘正)을 선봉으로 한 원군의 습격을 받았다. 이미 도망갈 길이 막힌 것을 안 문천상이 자살하고자 했으나 성공하지 못하고 원군에게 사로잡혔다.

　원군의 장수 장홍범(張弘範) 앞에 끌려간 문천상은 무릎을 꿇으라는 원군들의 강요에도 버티고 서 있었다. 문천상의 모습을 보고 있던 장홍범은 직접 그를 결박한 포승을 풀어주고 귀빈 대접을 하며 투항할 것을 권유했으나 문천상의 대답은 한결같았다.

　"내가 자결하여 순절할 수 있도록 칼 한 자루만 주시오."

　그 후 오래지 않아 송나라 최후의 세력이 광동 서남쪽의 애산(崖山) 해역 일대에서 진압되어, 남송 망명정부의 소황제 조병(趙昺)과 대신들이 사로잡혔다. 애산을 격파한 장홍범은 승리를 자축하는 연회를 베풀고 문천상에게 말했다.

　"이제 송나라가 망했으니 우리 황제에게 충성을 바친다면 당신을 승상의 자리에 있도록 내가 힘쓰겠소."

　그러나 문천상은 비통한 모습으로 뜨거운 눈물을 흘리며 대답했다.

　"나라가 망했는데도 이를 구하지 못한 신하로서의 죄가 큰데, 어찌 목숨을 도모하고자 조정을 배신할 수 있겠소."

　끝까지 변하지 않는 문천상의 태도에 감동한 장홍범은 병사들에게 그를 정중히 대도까지 호송하도록 명령했다.

　문천상이 대도의 옥에 갇힌 지 어느새 3년이 흘렀다. 그 동안 원 세조는 그를 특별 대우하고는 자신을 도와 강남을 통치해 줄 것을 제의하며 온갖 회유와 협박을 했으나 끝내 응하지 않자 하옥된 것이다. 그러던 어느 날 옥문이 열리고 다시 원 세조 앞으로 끌려갔다. 문천상은 고개를 들어 대전을 쳐다보고 한번 읍을 할 뿐 꿇어앉지 않았다. 조용한 눈빛으로 그의 모습을 응시하던 세조가 온화한 웃음을 띠며 말했다.

　"만약 그대가 내게 충성하겠다고 한다면 우리 원나라의 재상으로 삼으려 하니 다시 한번 생각해 보지 않겠소?"

　"천상은 이미 송나라의 재상을 지냈으니 어찌 두 성(二姓)을 섬기겠소."

　"재상의 자리가 싫다면 추밀사는 어떻소?"

"내가 바라는 것은 오직 죽음뿐이오. 더 이상 다른 말을 하지 마시오."

문천상의 결심을 돌이킬 수 없다는 것을 감지한 세조는 마침내 그를 사형시키기로 결정했고, 1282년 12월 9일, 북풍이 사납게 몰아치는 날 문천상은 대도의 시시(柴市)에서 형장의 이슬로 사라졌으니, 이때 그의 나이 47세였다.

그후 사람들은 끝까지 충절을 지키다가 죽음을 당한 문천상을 기념하기 위해 그곳에 사당을 세웠다. 문천상이 생전에 쓴 수필이 많이 있었으나 유실되고, 오늘날까지 전하는 것으로는 『문산집(文山集)』 21권과 『문산시사(文山詩史)』가 있다.

주자와 육상산

송나라 시대 이학(理學)의 맞수

주자(朱子 : 1130~1200)의 이름은 희(熹), 자는 원회(元晦), 호는 회암(晦菴)이며, 일반적으로 그의 본적을 무원(婺源)이라고 하나 실제로는 복건성 산간지대인 우계현(尤溪縣)에서 출생·성장했다

주희의 부친 주송(朱松)은 일찌기 시인으로 이름을 날렸고, 유학을 연구하는데 몰두한 이상주의자이며 사훈이부랑(司勳吏部郎)을 역임했었다. 그러나 당시 금과의 주화론을 주장하는 진회에게 반대하여 복건성 우계현의 현위로 좌천되었다. 현위로 부임한 후 정치에 회의를 느낀 주송은 관직을 사퇴하고 우계성 밖 육수봉 아래 정씨초당에 은거했다.

이때 태어난 주희는 어려서부터 총명하여 5살 때에 『효경』을 읽을 정도로 뛰어났다고 한다. 주희가 14세가 되었을 때 주송이 세상을 떠나면서 주희에게 호헌, 유면지, 유자휘 등 세 사람에게 학문을 배울 것을 유언했다. 이에 주희는 세 사람을 스승으로 섬기고 유학을 공부했으며, 후일 스승 유면지의 딸과 결혼했다.

주희는 19세가 되면서 진사로 급제했고, 22세 때부터 천주 동안현(同安縣)의 주부(主簿)를 역임했고, 뒤이어 장사(長沙)의 남악묘(南嶽廟)의 감독관을 자청했다. 이것은 일종의 명예직이기 때문에 임지로

부임할 필요가 없는 직책이었다. 당시 주희는 유학의 정진에 몰두하면서 한편으론 불가의 선(禪)과 노장사상을 깊이 연구하면서 자기 철학의 방향을 탐색하고 있었다.

그러나 주희가 24세가 되었을 때, 정이(程頤)의 3대 제자인 이동(李侗)과의 만남으로 불가와 노장에서의 방황을 청산하고 유학으로 자기 학설의 기초를 굳히게 되었다. 이동의 깨우침으로 자신이 과도하게 정신주의에 치우치는 잘못을 범하고 있다는 것을 발견하곤 현실에 입각한 철학의 세계에 관심을 가진 주희는, 그때부터 10년간 이동의 문하에서 오직 유학의 연구에만 몰두했다.

소흥 32년(1162) 6월, 고종을 대신하여 즉위한 효종은 날로 강대해져가는 금나라 앞에 풍전등화와 같은 나라를 구하기 위해 새로운 정치에 대한 좋은 의견을 구했다.

이에 주희는 불구대천의 원수인 금나라와의 강화 반대, 관념적인 불교와 노장사상을 배척하고 이정(二程 : 정호와 정이 형제)의 학문을 정통으로 삼아 '격물(格物)·치지(致知)·수신(修身)·제가(齊家)'한 후에야 비로소 국가의 일을 논할 수 있다는 상소문을 올렸다.

효종은 주희의 상소에 동의했으나 재상 탕사퇴가 화의를 적극 주장하여 그의 주장은 실현되지 못하고 말았다.

건도 4년, 건녕부(建寧府)에서 기근이 발생하자 지사는 주희에게 대책을 의논하였다. 이에 주희는 부호들이 비축해 둔 식량을 싼값에 사들여 백성들에게 싸게 공급하고, 상평창의 곡식을 방출하도록 건의하여 위기를 넘길 수 있었다. 그후 효종은 주희를 등용하기 위해 6, 7번 시종을 보냈으나 그는 응하지 않고 학문 연구에만 몰두했다.

1175년, 여조겸(呂祖謙)이 주희를 방문했다. 그들은 10여 일을 함께 지내면서 강학회도 열고 근사록(近思錄)도 편찬하면서 서로의 우의를 다졌다. 여조겸이 이 짧은 여행을 마치고 동래로 돌아가려 하자 이별을 아쉬워 하던 주희는 그를 전송한다는 구실로 함께 신주로 유람을 갔다. 이때 주희는 아호사(鵝湖寺)에서 맞수인 육상산(陸象山) 형제와 만나 학문의 토론을 벌였다.

당시 중국 사상계에는 형 정호를 계승한 육상산과 동생 정이를 계승한 주희의 학문이 두 갈래 흐름으로 대립하는 형세를 이루고 있었다. 주희는 우주는 기(氣)와 이(理)의 산물로, 기가 응집할 때 상이한 이에 따라 각기 다른 사물이 존재하니 결국 이가 사물의 본성을 이룬다는 '성즉리(性卽理)'를 주장했다. 이에 비해 육상산은 "우주가 나의 마음이요, 내 마음이 바로 우주이다"라고 하는 '심즉리(心卽理)'를 주장해 서로 사상의 차이를 보였던 것이다. 그러나 이 토론에서 두 사람은 끝내 의견의 일치를 이루지는 못했다. 이것이 바로 유명한 '아호의 회(鵝湖之會)'이다.

주희는 관리들의 심한 부패와 무능함에 염증을 느껴 황제가 여러 번 불러도 응하지 않고 고향에 칩거하며 독서와 저술하는 데에 전심을 다했다. 그러나 그의 나이 51세 때 절강성 동부에 대기근이 들어 백성의 고통이 극심하자 황제의 명에 따라 궁중의 창고를 개방하는 한편 탐관오리들의 개입을 단절하여 곡식이 부당하게 유출되는 것을 방지하고, 농민들과 함께 적극적으로 협력해 마침내 이 기근을 이겨 냈다. 그러나 오래지 않아 영가학파(永嘉學派)인 당중우(唐仲友)의 탄핵으로 다시 관직을 잃게 되었다.

유학이 올바로 서야 나라가 안정될 수 있다고 여긴 주희는 황제에게 주청하여 폐허가 된 백록동서원(白鹿洞書院 : 송나라 4대 서원의 하나)과 악록서원(嶽麓書院)을 복구하고 서원의 규칙을 제정하여 후세 서원의 모형이 되었으며, 교육계의 씨앗이 되었다. 그의 이런 노력에도 불구하고 정학(程學)을 비방하는 사람이 날로 늘어 정학의 거봉인 주희를 공공연하게 탄핵하였으나 그의 학문과 인품을 믿던 효종은 터무니없는 주장들을 조사, 사실 여부를 밝혀 사태를 진정시켰다.

1195년, 영종이 즉위하자 주희는 환장각대제(煥章閣待制) 겸 시강(侍講)이 되어 천자를 가르쳤다. 그러나 조여우(趙如愚)가 재상으로 임명되고, 황제의 인척 권신 한탁주(韓侂冑)가 정권을 농단할 것을 우려한 주희는 황제에게 상소를 올렸다. 이 일로 그는 조여우와 한탁주의 배척을 받아 45일만에 면직되고 말았다. 면직된 주희는 고향으로 돌아갔다. 대유학자 주희가 건양의 고정(考亭)에서 여생을 보내자, 그의 학문을 흠모하는 학자들이 각지에서 몰려와 문하에서 사숙하니, 그곳은 고정서원이라 불리게 되었다.

그러나 정학에 반대하는 사람들은 주희가 조여우과 한탁주의 배척을 받은 기회를 이용하여 그의 학문과 사상을 위학(僞學), 그의 주위에 몰려드는 사람들을 역당(逆黨)이라 하여 탄압하기 시작했다. 마침내 주희의 관직을 삭탈하고, 그의 수제자인 채원정이 유배당했으며, 아울러 주희의 모든 저술이 민간에 유포되는 것을 금지하니 이것이 바로 '경원당화(慶元黨禍)', '경원위학지금(慶元僞學之禁)'이다.

이같은 탄압 속에서도, 주희는 조금도 동요함이 없이 죽림정사(竹林精舍)에서 아직 떠나지 않은 제자들에게 강학을 했다. 그러다 경원 6년(1200) 3월 9일, 주희는 "지향은 굳고, 성정은 격렬해야 한다(志向要堅定 性情要激烈)"는 유언을 남기고 71세의 파란만장한 생애를 마감하고 말았다.

그 해 11월 주희의 시신이 건양현 당석리의 대림곡(大林谷)에 묻혔다. 그로부터 8년 후 황제가 '문(文)'이란 시호를 내리자 사람들은 그를 주문공(朱文公)이라 불렀다. 이종(理宗)에 이르러 신국공(信國公)으로 추존되었다가 다시 휘국공(徽國公)이 되었다. 주희가 죽은 지 41년 후인 1241년에 그의 신주가 학궁(學宮 : 공자묘)에 모셔져 중국 유학사에서 공자 이후 유학의 일인자라는 추앙을 받게 되었다.

주희는 새로운 학문──신유교주의──을 종합 정리하여 일찍기 유가에서 없었던 사변철학과 실천윤리의 체계를 집대성했으며, 그의 저술은 경학(經學), 사학, 문학 등 각 방면에 놀라운 성취를 이루어 모두 419종 405권에 달했다.

그 가운데 가장 위대한 것은 사서의 주석(四書集註)을 완성한 것이다. 1313년, 원나라는 사서를 과거의 기본교재로 채택하면서 주희의 주석을 따르도록 명령했고, 이것은 증국의 근대화로 과거제도가 폐지된 1905년까지 지켜졌다.

육구연(陸九淵 : 1139~92)의 자는 자정(子靜), 호는 상산(象山), 또는 존재(存齋)라고 한다. 그는 무주(撫州) 금계(金溪) 사람으로 주희에 비해 9살이 적지만 주희보다 9년 먼저 타계했다. 그는 넷째 형인 육구소(陸九韶), 다섯째 형 육구령(陸九齡)과 함께 '삼육(三陸)'이라 불리우는 당대의 유명한 학자로 형제들간에 학문에 대한 열띤 토론을 벌이면서 성장했다. 또한 그의 가문은 대대손손 4대가 화목하게 함께 지내 약 200년간 가족의 수가 천 명에 달해 조정에서 '의문(義門)'으로 봉해 세상에 널리 표창하기도 했다.

그러나 조부 때에 이르러서부터 점차 가운이 쇠퇴해지기 시작하여 그의 부친 육하(陸賀)에 이르러서는 생계마저 곤란한 지경에 이르러 약을 팔아 생계를 꾸려나가게 되었다.

육구연이 사상을 깨우친 것은 13세 때부터라고 전해진다. 당시 그는 고서를 열독하면서 책의 '우주(宇宙)'라는 낱말에 이르러 그 말의 뜻이 무엇인지 명백하게 깨닫지 못하다가, 주석의 "상하 사방을 우(宇), 옛부터 오늘에 이르기까지를 주(宙)라 한다"를 읽고 깨닫는 바가 있어 "원래 사람과 천지만물은 우주 가운데 있구나"라고 기재했다고 한다.

육구연은 3세 때에 어머니를 잃어 둘째 형인 구서(九敍) 부부가 그를 양육하여, 비록 가난하지만 온정있고 따뜻한 가정 속에서 자랐다. 그는 4살 때에 아버지를 따라 외출했다가, 천지의 끝은 어떻냐는 질문을 해서 아버지를 당혹하게 했다고 한다. 어려서부터 다른 아이들과 놀기보다 책읽기를 좋아했던 육구연은 8세 때에 『논어』를 읽고는 조리가 없는 것같다고 회의를 품었고, 정이의 말이 맹자보다 못하다고 말했다고 한다.

또한 '우주'의 뜻을 깨달으면서 "우주가 내 마음이고 내 마음이 바로 우주이니 동해에서 성인이 나와도 이 마음과 이치가 같으며, 서해에서 성인이 나와도 이 마음과 이치가 같다……천백 세 위에서 천백세 아래에 이르기까지 성인이 나와도 이 마음과 이치는 역시 다르지 않다"라고 말해, 일찍부터 '심즉리(心卽理)'를 수립했음을 말해주고 있다.

육구연은 소년시절에 송나라가 금나라에게 당한 여러 가지 굴욕에 분노를 느꼈다. 그리하여 그가, 당시 사대부들 사이에서 특수한 기풍의 표시로 길게 기르던 손톱을 자르고 활쏘기와 말타기를 배웠다는 것은 널리 알려진 일화이다.

건도 8년(1171), 육구연은 34세에 진사가 되었는데, 이때 시험관이던 여조겸은 수천 장의 답안지 가운데 그의 문장을 보곤 "마음과 눈이 맑아질 정도로 훌륭한 문장을 보고 첫눈에 강서의 육자정(陸子靜)인 줄을 알았다"라고 말했다. 육구연이 운대산에 자리잡으니 각지에서 그의 문하생이 되기 위해 사람들이 구름처럼 몰려 왔다. 이에 그는 '심즉리'를 가르치며 '본심(本心)'을 계발시키는데 힘을 기울였다.

그로부터 3년 후 여조겸의 주선으로 신주 아호사에서 주희와 만나 학문을 토론하기도 했다. 그 후 각자의 사상에 따라 제자들을 양성하던 두 사람은 육구연이 43세 때에 주희를 방문하여 다시 해후하게 되었다. 학문상의 차이에도 불구하고 육구연의 재능을 아낀 주희는 크게 반기며 함께 배를 타고 풍류를 즐기었다.

또한 주희는 육구연을 백록동서원으로 초청하여 강학을 부탁했다. 이에 육구연은 『논어』의 '군자유어의 소인유어리(君子喩於義, 小人喩於利)'를 제목으로 강연했다. 이 강학에서 많은 사람들이 감동하여 눈물을 흘리고, 주희 또한 크게 느끼는 바가 있어 그의 강학을 기념하는 비를 세웠다.

육구연이 48세가 되었을 때 장작감승(將作監丞)으로 임명되었으나 다른 대신의 반대로 대주 숭도관(崇道觀)의 주관(主管)으로 바뀌었다. 이에 그는 고향으로 돌아가 귀계의 상산(象山) 부근에 강원을 세우고 강학을 열자 그를 따라 산중 강원으로 이주해 온 학생들이 많아, 일설에 의하면 사방에서 그의 이름을 흠모해 몰려든 학자들이 수천 명에 달했다고 한다.

순희 15년(1188), 육구연은 다시 주희와 주렴계(周濂溪)의 『태극도설(太極圖說)』에 관한 논쟁을 했는데, 이것은 중국철학사상 대서특필할 만한 일이었다. 그들이 논쟁한 요점은 『태극도설』 첫머리의 '무극이태극(無極而太極)' 다섯 자로, 상산은 '무극'이라는 두 글자의 존재를 부정하고, 주희는 그것은 없어서는 안될 심오한 의미를 가진 말이라고 했다.

육구연은, 주렴계의 다른 저작인 『통언(通言)』 가운데는 '태극'에 대한 언급이 있지만 '무극'에 대해서는 한 마디도 언급이 없었고, 『역경(易經)』에도 '태극' 또는 '유태극(有太極)' 등의 말은 있으나 '무극' '무태극'이라는 말은 없고, 노자의 말 가운데 무극이라는 글자가 있으니 『태극도설』은 주렴계가 창출한 것이 아니라 도가사상의 산물이라고 보아야 마땅하다고 역설했다.

그러나 주희는, '무극'이라는 표현이 없다면 태극은 하나의 '물(物)'로 변하여 만물의 근본을 상실하게 되니 '무극'이 바로 사물 근원의 자격을 가지고, 반대로 '태극'의 표현이 없다면 '무극'은 공허한 '무(無)'에 빠지게 되니 이것 또한 만물의 근원이 되지 못한다고 했다. 결국 '무극'이란 궁극에 이르러 더 이상 갈 데가 없음을 표시하며, 주렴계가 이 말을 한 것은 아무 것도 없는 가운데 지극한 이(理)가 있음을 나타내기 위해서라고 주장했다.

문헌학상으로 볼 때는 육구연의 학설이 비교적 우세하지만, 철학적인 측면으로 볼 때는 주희의 학설 또한 타당하다. 그러나 상산의 일원론은 날카로운 논리로 주희의 이원론을 압박하여 많은 사람들의 흥미를 끌고 있다.

그 후 육구연은 호북성 형문군지사(荊門軍知事)를 역임하면서 형문에 견고한 성벽을 쌓고 세무 등 각 방면으로 서민생활을 위한 개혁을 하다 1188년 향년 54세로 세상을 떠났다. 그의 저서로는 어록 2권, 연보 1권, 유서 33권 등이 합본된 『육상산전집』 36권이 전해진다.

주희와 육구연은 사상면에 있어서 비록 대립되는 입장이었으나 항상 서로 존경하고 상대방을 중시하는 모습을 보여, 후세에 길이 아름다운 이야기를 남기고 있다.

쿠빌라이

중국을 통일시킨 몽고의 칸

몽고제국의 위대한 통치자로 존경받는 징기스칸에게는 맏아들 주치, 둘째 차카타이, 셋째 오고타이, 넷째 툴루이의 네 아들이 있었다. 징기스칸이 병사하자 몽고의 풍습에 따라 본처의 막내아들인 툴루이가 2년간 감국(監國)이 되고, 부족의 종친회인 쿠릴타이에서 징기스칸의 유언에 따라 셋째인 오고타이를 몽고의 칸으로 선출했다.

그후 오고타이 칸이 죽자 주치의 아들 바투가 볼가강 하류에 킵차크 칸국을 세웠고, 4년에 걸친 오고타이 왕비의 섭정 끝에 몽고제국은 오고타이의 아들 구유크가 계승했다. 그러나 재위 3년도 못되어 구유크가 세상을 떠나자 칸의 자리를 놓고 차카타이파와 오고타이파가 대립했으나 결국 1251년 툴루이의 장남 몽케가 37세 때에 4대 칸이 되었다. 이에 불만을 품은 차카타이파와 오고타이파는 독립을 도모하였다.

그 해에 몽케는 동생 쿠빌라이(1215~94)를 막남한지대총독(漠南漢地大總督)으로 임명하여 막남의 한인지역을 통치하도록 했다. 아시아 지역에 대폭풍을 일으킨 몽고족의 영웅 징기스칸의 손자로 18세가 되었을 때 부친을 잃어, 다른 왕족의 젊은 제왕들이 몽고제국의 휘황한 무대 위에서 활약하고 있을 때 설 땅이 없어 부득이 정치무대의 뒷면에서 묵묵히 방관하고 있을 수밖에 없었던 쿠빌라이는 이때부터 중국의 운명과 굳게 맺어졌다.

수도 캐라코람을 떠나 부임지인 남몽고로 떠나던 쿠빌라이는 막남에 있는 한인 지식인을 막료로 두고, 개평(開平)에 궁을 짓고 성을 쌓았다. 이것은 지금까지의 유목생활 형태에서 정착생활의 형태로 전환한다는 의미이다. 그의 이런 결정은 유목민족 외의 세력들의 신임과 기대를 집중시킨 명석한 통찰력으로 당시 상당한 효과를 가지고 왔다. 또한 한인들의 정치요강을 즐겨 듣고, 오래지 않아 한인계의 유력한 인사들에 의해 유교대종사(儒敎大宗師)로 불리웠으니, 이것은 바로 중국 전통문화의 계승자라는 칭호이다.

그동안 거친 몽고정부의 통치 아래에 있던 한인 백성들은 중국의 상황에 대해 많은 이해를 하려 노력하는 쿠빌라이에게 좋은 인상을 가지게 되었다. 이들 한인 지지자들의 총력을 한몸에 집결시키고 있던 쿠빌라이는 서장, 운남을 자기의 영토로 확장하고, 두 차례에 걸쳐 남송을 침략하는 등 짧은 기간 내에 눈부신 활약을 했다.

1257년, 남송을 공략하기 위해 군사를 일으킨 몽케가 원정지에서 죽자 쿠빌라이는 남송과 화의를 맺고 급히 개평으로 회군한 후 쿠릴타이의 승인을 거치지 않고 스스로 칸이 되었다. 또한 쿠빌라이는 한인 대신 유병충(劉秉忠)의 건의에 따라 중국의 방식에 따라 칭제하고, 『역경』의 '大哉乾元'에서 빌어 국호를 대원(大元)이라 하였다. 여기에서 '元'은 '原'과 같은 의미로 만물의 근본이요, 일의 시작이라는 뜻을 가지고 있다. 또한 연호를 중통(中統)이라 하고, 연경을 대도(大都)라 개명하고 수도로 정하니 이때가 1260년이다.

그리고 중국의 체계에 따라 중서성을 설치하여 정무를 총괄하고, 추밀원은 병권을, 어사대는 사법을 관장하게 했다. 또한 군사제도를 개혁하여 정예군을 뽑아 오위친군(五衛親軍)을 조직하여 중앙집권체제를 더욱 강화하였다. 아울러 "나라는 백성이 근본이고, 백성은 먹는 것이 근본이다(國以民爲本 民以食爲本)"라고 하여 여러 번에 걸쳐 법령을 고쳐 농업생산을 장려하고, 호적과 부역제도를 개선하여 백성들의 부담을 덜어주어 사회경제의 회복과 발전에 힘썼다.

쿠빌라이의 이같은 치적으로 후일 원나라는 세계의 강성한 국가로 발전하게 되었다.

그러나 쿠빌라이의 이같은 행동은 몽고의 전례에 어긋나는 것이었기에 반발을 사게 되었고, 당시 몽고의 국정을 맡고 있던 막내아우 아리크부가가 쿠릴라이를 소집하여 칸위 계승을 승인받았다. 이 일로 반목하게 된 두 사람은 약 1년 반의 세력다툼 끝에 두 진영의 현격한 실력 차이로 마침내 쿠빌라이가 완전한 승리를 획득했다.

그러나 이 승리의 기쁨은 그리 오래가지 않았다. 칸의 계승을 놓고 툴루이파에 내분이 있는 틈을 타 칸 계승권을 빼앗겼던 오고타이파가 차카타이칸국, 킵차크칸국과 연합하여 쿠빌라이에게 반기를 들었다. 이로 인해 방대한 몽고제국이 4분되었고, 그후 약 40여 년간 내전이 끊이지 않다가 원 성종(成宗) 때에야 평정하게 된다.

몽고가 금나라를 멸망시킨 후 남송과 인접하게 된 쿠빌라이는 즉위하자마자 학자이자 정치가였던 측근 학경(郝經)을 사신으로 하여 강화를 요청하는 사절로 남송에 파견했다. 당시 남송의 실권을 쥐고 있던 가사도(賈似道)는 1257년 몽고가 자신과 화의를 맺고 물러간 것을 군사력으로 격퇴시킨 것이라고 보고하여 재상의 자리에까지 오르게 된 사람이다. 그런데 이제 다시 원나라를 개국한 쿠빌라이에게서 사신이 오자 당시의 일이 폭로될까 두려워 사신을 억류한 후, 원나라 휘하에 있는 한인 제후들을 반란군으로 여기고 이들을 토벌하기 위한 군사행동을 감행했다.

또한 송나라는 몽고의 정치에 협력했던 산동의 이단(李瓊)을 부추겨 쿠빌라이에게 반란을 일으키게 했다. 이로 인해 제남이 함락되었고, 원나라의 동남쪽은 큰 혼란이 일어났다. 이단은 금나라 홍오군(紅襖軍)의 영수로 몽고에 투항하여 산동회남행성(山東淮南行省)의 관직을 받은 이전(李全)의 아들이다. 이전이 남송의 양주를 공격하다 죽

424

자 이단이 부친의 관직을 이어받아 세력을 키워온 지 30여 년이 되었다. 이에 새로운 야심이 싹튼 이단은 중서평장정사(中書平章政事)인 장인과 함께 기회를 노리고 있었다. 마침 쿠빌라이가 아리크부가의 난을 평정하는 사이 익도(益都), 제남을 점령하여 반란을 일으켰으나 약 반년 가량 끌다가 진압되었다.

그후 남송이 이번 반란의 막후세력임을 안 쿠빌라이는 크게 노하여 지원 5년(1268) 양양의 공격을 명령했고, 1276년 몽고군은 마침내 남송의 수도 임안으로 입성했다. 이로 인해 중국은 역사상 처음으로 이민족의 지배 아래 놓이게 되었으며, 남송의 여섯 살짜리 황제 공제(恭帝)는 대도로 보내져 영국공(瀛國公)으로 봉해진 후 장성하여 원 세조 쿠빌라이의 사위가 되었다.

이렇게 중국을 통일한 원 세조는 몽고인, 색목인(色目人 : 서역인), 한인, 남인(남송인)으로 신분제도의 등급을 정하여 지배했다. 또한 해외무역은 송나라 때의 성황을 기초로 모든 무역이 더욱 확대되었으며, 외국인들이 원나라에서 벼슬하기도 했다. 그 중에 대표적인 사람은 쿠빌라이 곁에서 17년간 벼슬한 마르코폴로이다. 마르코폴로는 『동방견문록(東方見聞錄)』에, "일본은 풍부한 황금을 가지고 있고, 그것의 광원은 무한정이어서 궁전의 지붕을 모두 황금으로 만들었으며, 이런 상황은 우리의 아연판으로 덮은 교회의 지붕과 마찬가지이며, 궁전 내부의 천장도 귀한 금속으로 덮었고, 많은 방들 사이에는 상당히 두터운 순금으로 만든 탁자와 의자를 설치해 놓았고, 창문도 황금으로 장식했다"고 기록하고 있다.

마르코폴로의 이 기록으로 인해 후일 유럽인들이 동양에의 진출을 꾀하여 신항로를 발견하기도 한다. 당시 쿠빌라이 또한 마르코폴로가 말한 일본의 황금을 얻기 위해 2차례에 걸쳐 파병하여 일본 정벌의 야망을 꿈꾸기 시작했다. 그러나 지원 3년인 1266년, 고려 관리의 안내로 국서를 들고 갔다가 거제도에 이르러 멀리 대마도 해협의 현해탄을 바라보니 "끝이 보이지 않는 바다에 풍랑이 하늘을 찌를 듯"하여 더이상 항해할 엄두를 못내고 돌아오고 말았다.

그 이듬 해 다시 국서의 전달을 시도해, 일본 대재부(大宰府)에 도착한 사신이 국서를 전달하였고, 대재부는 다시 그것을 가마쿠라 막부에, 가마쿠라 막부는 이를 조정에 올렸다. 이때 일본 조정에서 내린 결론은 "회답할 필요도 없다"는 것이었다. 이로 인해 사신은 다시 귀국하여 쿠빌라이에게 상세한 내용을 보고했다.

쿠빌라이가 세번째로 파견한 고려의 사신이 일본으로 갔을 때는 지원 6년(1269) 3월이다. 그들은 귀국할 때 탑이랑(塔二郎), 미삼랑(彌三郎)이라는 두 일본인을 대동했다. 그들은 곧바로 원나라의 수도 대도로 호송되었다. 쿠빌라이는 그들에게 대도의 성대함과 번화함을 보여주고 각종 진귀한 물건을 선물하는 등 융숭한 대접을 한 후 돌려보냈다. 이것은 원 세조 쿠빌라이가 이 두 사람을 통해 일본에 원나라의 풍요로움과 위세를 선전하기 위한 수단이었다. 이 두 사람을 데리고 다시 일본으로 간 고려의 사자는 쿠빌라이가 일본 조정에 보내는 조서와 고려의 조서를 대재부에 전달했으나, 가마쿠라 막부의 강경한 태도는 조금도 변하지 않았다.

그 이듬해인 지원 7년, 원 세조는 정식으로 조양필(趙良弼)을 일본 국신사로 파견하는 한편 일본으로의 출병을 준비했다. 이때 귀화한 고려인 홍다구 등 세 명의 장수가 이끄는 몽고군과 한군이 고려에 둔전(屯田 : 병사가 경작하여 군량을 공급할 수 있도록 하는 주둔지의 땅)을 설치할 계획을 세웠다. 6천여 명의 병사가 먹을 식량을 공급할 만한 둔전을 설치한다면 쉽게 다시 되돌려받기 어려우며, 이것 외에도 소 3천 두, 농기구, 종자, 사료 등을 공급해야 한다는 여러가지 부담이 고려에게 부과되었다. 이것은 전쟁을 치르고 난 후 피폐한 고려를 더욱 궁핍 속으로 밀어넣는 것이었다.

조양필은 일본의 대재부에게 직접 회신을 원나라로 보낼 것을 제의했으나 거절당했고, 일본의 회신을 기다리기 위해 귀국할 수가 없어 자신은 고려에 머무르고, 고려 사절과 12명의 일본인을 대도로 보냈다.

그 해 5월, 조양필이 다시 일본으로 갔으나 맡은 바 임무를 수행하지 못하고 세조를 알현하여 보고서를 올렸는 데, 이 보고에는 당시 대재부에 머물면서 본 견문이 상세히 기록되어 있다. 이 보고를 읽고 난 원 세조는 일본은 결코 황금의 나라가 아니고, 단지 산과 구릉, 나무가 무성한 섬나라가 아닌가 하는 의문이 생겼다.

그러나 대제국의 황제로서 자존심이 상한 쿠빌라이는 지원 11년 3월, 마침내 고려에 주둔해 있던 둔전병들에게 일본을 공격하도록 명령했고, 이 정벌에 참가한 인원은 둔전병 6천 명, 원군 만 오천 명, 고려군 5천 명과 수부 등 잡역에 종사하는 고려인이 약 6천 7백명이었으며, 몽고인 흔도가 총지휘관이 되었고, 부사령관에 홍다구와 중국인 유복형이었다. 그 해 10월, 일본에 도착했으나 병사들이 흩어지고 화살이 부족하여 실패로 끝났다.

1281년, 원 세조는 다시 남송인, 고려인, 한인들로 구성된 10만 병력을 동원해 2차 정벌을 꾀했으나 높은 파도와 거센 풍랑으로 실패하였다. 여전히 일본 정벌의 욕망을 버리지 못한 원 세조는 다시 원정을 준비하고자 했으나 강남을 중심으로 일어난 원나라에 대한 반란으로 이 계획을 포기했다. 원 세조는 비록 일본과 북월(北越)에 대한 원정에는 실패했으나 고려, 남월, 자바, 미얀마 등에서는 자기의 야심을 달성하여, 각 나라에서 파병한 군대의 군비와 병력의 손실을 보충하고 무역방면에서 큰 수익을 올렸다.

그 후 지원 31년(1294) 정월, 재위 35년 동안 수많은 전쟁을 수행해 중국의 이름을 크게 떨친 원 세조 쿠빌라이는 향년 79세를 일기로 세상을 떠났다.

6

명·청나라 시대

이 장에 수록된 인물 외에 이 시대의 인물로는 『송학사난파집』 『한원집』을 남긴 문인 송렴(宋濂), 『동리전집』 『별집』을 남긴 문인 양사기(楊士奇), 『회록당집』을 남긴 문인 이동양(李東陽), 『당육여집』을 남긴 문인 당인(唐寅), 『공동집』을 남긴 문인 이몽양(李夢陽), 『뇌천집』 『별집』을 남긴 문인 귀유광(歸有光), 『창명집』을 남긴 문인 이반룡(李攀龍), 신종을 보좌해 개혁을 단행한 장거정(張居正), 왜구를 물리치는 데 공헌한 명장 척계광(戚繼光), 임진왜란 때 조선에서 활약한 이여송(李如松), 『원중랑집』을 남긴 문인 원굉도(袁宏道), 『초학집』을 남긴 문인 전겸익(錢謙益), 청나라에 항거해 양주를 사수한 명장 사가법(史可法), 『남뢰문정』 『명유학집』을 남긴 황종희(黃宗羲), 『요재문집』 『성세인연』을 남긴 문인 포송령(蒲松齡), 『문목산방시문집』 『시설』을 남긴 문인 오경재(吳敬梓), 『소창산방시문집』 『수원시화』를 남긴 문인 원매(袁枚), 태평천국의 난을 평정하고 신강지방을 개척한 명장 좌종당(左宗棠), 『곡론』 『우어록』을 남긴 문인 왕국유(王國維) 등이 있다.

주원장

황제가 된 걸승

중국 역대 황제 가운데 가장 미천한 신분의 출신은 바로 명 태조 주원장(朱元璋1328~98)이다. 그의 출신이 평민이라는 것으로 인해 고조 유방과 함께 거론하곤 하는 데,　고조가 중산계층의 농가 출신인데 비해 명 태조는 극도로 가난한 소작인의 막내아들로 태어났다.

주원장은 호주(濠州：지금의 안휘성 봉양) 사람이다. 주원장의 부친 주세진(朱世珍)은 아내와 네 남매를 데리고 한 조각 척박한 땅에 몸을 붙이고 그럭저럭 연명하는 소작인이었다.

여기에 다시 주원장이 태어나니 그들의 형편은 이루 말할 수 없이 궁핍했다. 그러므로 주원장도 어려서부터 지주집의 소와 양떼를 돌보며 자신의 끼니라도 벌어야 했다.

그러나 어려서부터 총명하고 포부가 컸던 주원장은 또래들과 놀이를 할 땐 언제나 자신을 '황제'라 부르게 하고 절을 하도록 했다고 한다. 지정 4년(1344), 주원장이 17세가 되던 해 한재와 돌림병의 유행으로 부모와 형제들이 차례로 목숨을 잃고 말았다. 워낙 가난하여 관을 살 돈도 없어 가족의 시신을 그냥 매장한 주원장은 살길이 막막하게 되자 궁여지책으로 부근의 황각사(皇覺寺)로 가서 화상이 되었다.

황각사가 비록 명찰이기는 하나 결코 가만히 앉아 염불만 외우면 밥을 가져다 주는 그런 편안한 곳이 아니다. 주원장은 화상이 된 지 오래지 않아 절에도 식량이 부족하자 회서(淮西)지방을 다니는 탁발승 노릇을 했다.

원나라 말기 천하는 혼란에 빠졌고, 이런 상황 속에서 가난한 백성들의 고통은 이루 말할 수 없이 극심하였다. 이에 백성들은 종교에 의지하여 한 가닥 구원의 손길을 기다렸고, 그들의 희망은 백련교(白蓮敎)의 미륵보살이 현신하여 그들을 구제하는 날을 기다리는 것이었다. 절박한 백성들의 희망이 백련교로 집중되자 백련교는 "오랑캐를 몰아내고 중화를 회복하자(驅逐胡虜, 恢復中華)"라는 구호 아래 반원 투쟁을 전개하는 중심세력이 되었다.

이런 혼란의 틈을 비집고 안휘 북부, 하남 남부와 동부를 떠돌아다니며 3년간 걸승행각을 하던 주원장은 백련교도들의 사상 속에 자신의 새로운 세계를 키워 나가려는 결심을 했다.

백련교의 교주인 한산동(韓山童)이 체포되어 참형을 당해 잠시 주춤하던 이들 세력은, 영주, 서주(徐州), 기주(沂州) 등의 군현을 장악한 후 유민을 끌어들여 그 수는 거의 10만 명에 달했다. 이들은 머리에 붉은 두건을 썼기 때문에 '홍건적(紅巾賊)'이라고도 불렸다. 1352년 호주(濠州)의 지주였던 곽자흥(郭子興)이 거병하자 25세의 야심만만한 주원장은 사찰을 떠나 그의 휘하로 투신했다.

그러나 승복을 입은 주원장은 기괴한 용모로 일시 첩자로 몰려 죽을 뻔한 고비가 있었으나, 그는 자신의 괴이한 관상으로 죽음을 면했고, 또한 두 여자의 보살핌을 받게 되었다. 하나는 곽자흥의 처이며, 다른 하나는 곽자흥의 양녀인 마씨(馬氏)이다. 곽자흥의 처 장씨는 주원장의 기개가 남다르다는 것을 알고 양녀 마씨를 주원장에게 시집보냈고, 주원장은 마씨와 결혼함으로써 정치적 기반이 다져지게 되었다. 마씨는 주원장이 큰 인물이 되리라는 것을 알고 항상 그를 존경했다. 후일 태조가 품위있는 인물이 된 것도 마씨의 공로였다.

곽자흥과 주원장은 전혀 다른 성격의 인물들이어서, 서로 좋은 관계를 유지하다가 때로 곽자흥은 주원장을 의심하여 축출할 구실을 찾기도 한다. 이런 두 사람 사이를 오가며 곽자흥의 의심을 풀어주어 주원장을 돕고, 부하들이 주원장을 따를 수 있도록 뒤에서 내조를 한 인물이 바로 마씨이다.

주원장은 부하들에게 인심이 후해 각지를 공격해 징발해 온 물건들이 있을 때에는 그것을 곽자흥에게 건네주지 않고 모두 부하들에게 골고루 나누어 주었다. 주원장의 이같은 행동으로 곽자흥은 그가 자기의 세력을 넘보려고 한다는 의심을 품고 주원장을 연금시켰다. 그리고 음식의 공급을 일체 금한다는 명령을 내렸다.

그러나 마씨는 남모르게 음식을 나르기 시작했다. 그러던 어느 날 마씨가 부엌에서 뜨거운 호떡을 몰래 가지고 나와 품고 옥으로 가다가 양모 장씨와 맞닥뜨렸다. 장씨는 자신을 보자 크게 당황하는 마씨를 보고 그 연유를 꼬치꼬치 물었다. 결국 마씨는 모든 사실을 털어놓았고, 마씨가 품에 감춘 호떡을 꺼냈을 때 그녀의 가슴은 화상을 입어 벌겋게 익어 있었다. 그날 밤 장씨는 곽자흥을 설득, 주원장을 방면하도록 하여 겨우 목숨을 건질 수 있었다.

또한 마씨는 흉년과 전란 속에서 식량이 부족할 때도 좋은 쌀과 고기가 생기면 그것을 숨겨 두었다가 주원장에게만 주고, 자신은 끼니의 절반은 굶고 절반은 겨우 허기만 면하면서 지내곤 했다. 주원장이 부하들에게 신망을 얻을 수 있었던 것도 마씨의 내조가 아니면 불가능한 일이었다. 그녀는 전란 중에도 주원장의 곁을 떠나지 않으면서 직접 병사들의 옷과 신발을 지어 공급하여 부족한 군자금을 충당하면서 병사들의 사기를 진작시켰다.

그리고 그녀는 주원장이 여러 가지 정책을 실시하는데 있어서도 부족한 것은 채워주고, 지나친 처사에는 제동을 걸기도 하여 후일 명나라의 기반을 다지는데 중요한 역할을 했다. 이렇게 현명하고 어진 마씨의 내조에 힘입어 병사들은 주원장을 위해 충성을 다했고, 주원장 또한 그녀의 의견이라면 무조건 수용하였다.

그후 주원장은 정원(定遠), 저주, 화주(和州)를 공략하여 곽자흥의 세력 가운데 가장 뛰어난 장수로 이름을 날렸다. 이와 함께 곽자흥의 죽음은 그의 위치를 더욱 확고부동하게 했다. 화주에 주둔하고 있던 주원장은 물자의 부족을 느껴 산물이 비교적 풍부한 강남으로 남하하여 남경을 손에 넣고 응천부(應天府)라 개칭한 후 자신의 근거지로 삼아 내실을 다져 나갔는데, 이것이 1356년의 일이다.

곽자흥 휘하의 병사로부터 시작하여 이제 한 지역을 휘어잡은 군벌로 성장한 주원장의 마음 속에는 서서히 천하 제패의 야망이 꿈틀거리기 시작했다. 당시 그가 천하를 향해 나가는 길목을 막아 서 있는 가장 강력한 세력은 강소의 장사성(張士誠)과 강서와 호광(湖廣)에서 세력을 장악하고 있던 진우량(陳友諒)이었다.

1363년, 주원장은 20만 명의 병사를 인솔하고 파양호에서 진우량의 60만 대군과 접전했다. 두 세력은 36일간의 치열한 접전을 벌여 파양호가 붉은 물이 될 정도로 양쪽 모두 인명 피해가 극심했다. 결국 진우량이 비처럼 쏟아지는 화살에 맞아 죽어 승리는 주원장의 차지가 되었다.

이듬해 1월, 주원장은 오왕(吳王)이라 칭하고 좌·우승상과 문무백관을 임명했다. 1367년 9월, 서달(徐達), 상우춘(常遇春)이 소주를 공격하여 장사성을 포로로 하자 그는 목을 매어 죽고 말았다. 이렇게 자기 앞을 막아선 가장 강력한 장애물들을 모두 제거한 주원장은 오래지 않아 복건, 광동, 사천 등을 손에 넣어 남방을 통일할 수 있었다. 그 승세를 타고 북진한 주원장은 산동을 점령하고, 하남, 하북, 동관을 장악한 후 대도로 진입했다.

그리고 이듬 해인 1368년 1월, 응천부에서 즉위하여 국호를 대명(大明), 연호를 홍무제(洪武帝)라 했다. 그로부터 몇 년이 지난 후 태조는 이때의 일을 회상하며 말했다.

"나는 처음에는 향토를 지키겠다는 것뿐이었다. 그러나 양자강을 건넌 후 군웅들이 하는 행동을 보니 백성들로 하여금 여전히 궁핍하게 하는 것뿐이었다. 군웅들 가운데 장사성과 진우량의 세력이 가장 컸었는데, 장사성은 재력을 믿고, 진우량은 그 강대함을 자랑했으나 나는 단지 신의를 신조로 삼아 검소하게 생활했으며, 부하들에게 잘 대해 주었을 뿐이다."

사실상 태조의 이 말은 모두 마황후가 평소 그에게 건의한 것들이고, 주원장은 그녀의 의견을 받아들였다. 그는 항상 부하들에게 살생을 하지 말고, 검약하며, 남에게 이롭게 행동하라는 등의 명령을 내리고, 이를 어기는 사람은 엄벌에 처해 백성들의 인심을 얻었다.

그러나 이런 것들은 천하를 찬탈하기 전의 일이다. 중국의 황제로 즉위한 뒤 주원장은 눈 하나 깜짝 안하고 살륙을 저지르는 독재자로 변했다. 이것은 자신의 지위를 확립시키고 더욱 강화된 독재정책을 관철시키기 위한 것이었다.

주원장은 즉위한 후 이선량(李善良)을 승상으로 삼았다. 이선량은 주원장의 친구로 명나라가 개국하는데 많은 공을 세운 인물이다. 또한 그는 승상이 된 후 자기와 동향인 회서(淮西) 사람들을 많이 등용하여 회서인으로서 관료가 된 사람들의 영수가 되었다.

그런데 이선량의 적극적인 추천에 힘입어 좌승상의 지위에까지 오른 호유용(胡惟庸)이 모반을 일으켰다는 구실로 태조는 중서성을 폐지하여 재상제도를 없애는 한편, 중서성 밑의 6부를 직속으로 삼아 군주권을 더욱 강화했다. 또한 평소 회서인들의 세력이 일파를 이루어 황권을 위협하는 세력으로 자라는 것을 방지하기에 고심했던 태조는 이를 기화로 그와 연루되었던 사람들과 그 일족들을 주살하니, 이때 죽은 사람이 모두 만 오천 명에 달했다.

그로부터 10년 뒤인 홍무 23년(1390), 이선량의 친척 정빈(丁斌)이 죄를 지어 유배가게 되자 이선량은 여러 차례 그의 죄를 사면해 줄 것을 요청했다. 이에 화가 치민 태조는 정빈을 체포하고, 이선량의 동생 이존의(李存義)가 왕년에 호유용과 내통했다 하여 이선량을 비롯한 만여 명의 사람들을 사형에 처했다.

또 3년 후에는 북방과의 싸움에 큰 공을 세운 장군 남옥(藍玉)의 모반이 고발되어 목숨을 잃었고, 이 사건에 연루되어 죽은 사람이 2만여 명에 달했다. 이와 같이 태조는 자기 주변의 충신들을 자신의 손으로 처단하여 한때 그와 함께 큰일을 도모했던 사람들은 찾아볼 수 없게 되었다.

주원장은 일찌기 화상을 지낸 자신의 전력 때문에 '光', '禿(독 : 대머리)'과 같은 글자를 아주 싫어했다. 또한 '홍건군'을 당시의 통치자들이 '賊', '寇'라 불렀기 때문에 '賊', '寇'란 글자에 대해서도 몹시 반감을 가지고 있었다. 그런데 항주의 서일기(徐一夔)가 하례하는 글에 '光天之下, 天生聖人, 爲世作則'이라고 썼다. 이 글을 본 주원장은 '生'은 '僧'의 음을 맞춘 것이고, '光'은 삭발한 것을 가리키며, '則'은 음이 '賊'에 가깝다 하여 즉시 서일기를 사형에 처하라는 명령을 내렸다.

태조는 이와 같은 '문자옥(文字獄)'을 통해 대신들의 사상을 철저히 통제했다. 이것은 글을 쓰지 않으면 안되는 관원들에게 있어서는 실로 음험하고 악독한 탄압수단이 아닐 수 없었다. 이로 인해 주살당한 사람이 수십만 명에 달했다.

한번은 학사 송렴(宋濂)이 조정에 들어가니, 주원장이 어제 술을 마셨는가, 손님이 있었는가, 무슨 음식을 먹었는가 등등 꼬치꼬치 물었다. 이에 송렴은 어제 자신의 집에서 지낸 일들을 하나도 빠짐없이 상세하게 이야기했다. 그러자 주원장이 웃으며 말했다.

"그대는 나를 속이지 않는구나."

그리고 손짓을 하니 한 시종이 그림 한 장을 가지고 왔는데, 그것은 바로 어제 송렴의 집에서 있었던 일을 그린 것이었다. 이같이 주원장은 검교(檢校)라는 관직을 두어 모든 대신들을 감시하고 철저하게 통제했다. 또한 백성들의 교화에도 주의를 기울여 유가사상에 근거하여, "부모에게 효도하고, 윗사람을 존경하며, 이웃과 화목하고, 자손을 가르치면서 자신을 지키며, 분수를 알며, 해서는 안될 일을 하지 않는다"라는 '육론'을 제정하여 매달 정해진 시간에 6차례씩 백성들에게 읽어줄 것을 전국에 명령했다.

한 무제 때에도 오직 유학만을 인정하고 존중했으나 천자에서부터 일개 백성에 이르기까지 전국의 모든 사람들에게 유교사상이 철저히 주입된 시기는 바로 이때이다.

홍무 15년(1382), 명 태조 주원장이 평소 당나라의 장손황후와 버금간다고 자랑하던 마황후가 중병이 들었다. 이미 자신의 죽음을 예감하던 마황후는 태조에게 자신이 죽더라도 치료하던 태의들에게 책임을 묻지 말고, 어진 신하들의 납간(納諫)을 잘 받아들이도록 당부했다. 마황후가 세상을 떠난 후 이를 애통해 하던 태조는 다시 황후를 맞아들이지 않음으로써 그녀에 대한 애정과 신뢰를 보여주었다.

또 10년 후에는 태자 표(標)가 태조보다 먼저 세상을 떠나니, 그 권세가 하늘을 찌를 듯한 인물이었으나 주원장은 여러 차례의 문자옥을 통해 드러난 그의 잔악무도함으로 신하와 백성의 추앙을 받지 못하는 지극히 고독한 군주에 지나지 않았다.

1398년, 늘 배를 곯는 소작인의 아들, 떠돌이 동냥승, 일개 졸병의 신분에서 황제가 되기까지 한 편의 소설과 같이 파란만장한 삶을 산 명 태조 주원장이 70세의 고령으로 세상을 떠나고, 황손 윤문이 제위를 계승했다.

방효유

십족이 몰살된 대유학자

홍무 31년(1398), 명 태조가 세상을 떠나면서 그의 명에 의해 황손 윤문이 혜제(惠帝), 즉 건문제(建文帝)가 되었다. 한편 건문제를 보필하는 측근 방효유(方孝孺), 제태(齊泰), 황자징(黃子澄)은 구새왕(九塞王)이라 불리는 북방의 왕들이 강대한 군사력을 소유하고 있는 것을 우려하여 삭번정책(削藩政策)을 시행해 제왕들의 세력을 숙청하기로 결정했다.

당시 태조의 넷째 아들인 연왕(燕王) 주체(朱棣)는 북경을 근거지로 강대한 군사력을 소유하고 이미 오래 전부터 황제로의 야망을 키워오고 있었다. 그런데 건문제의 삭번정책으로 주왕(周王), 제왕(齊王), 상왕(湘王), 대왕(代王), 민왕(岷王) 등이 실권을 빼앗기고 서인이 되었다. 이제 그 화살이 연왕에게 서서히 다가오고 있었다.

1399년 7월 5일, 연왕 주체는 골육을 이간시키는 간적들을 타도한다는 명분을 내세워 북경에서 먼저 거병했다. 이것이 바로 '정난의 변(靖難之變)'이다.

연왕은 타고난 무인의 기질이 있는 사람이며, 또한 그의 신변에는 도연(道衍)화상의 협조가 있어 연왕은 많은 위험한 고비들을 무사히 넘길 수 있었다. 만약 도연의 도움이 없었다면 연왕은 황제가 되지 못했을 것이다. 당시 건문제를 충성으로 보필하는 사람으로 송렴(宋濂)의 제자 방효유(方孝孺 : 1357~1402)가 있었다.

방효유의 자는 희직(希直), 희고(希古)라고도 하며, 영해(寧海) 사람이다. 어려서부터 학자로서의 뛰어난 재질을 인정받았던 방효유는 일찌기 송렴의 문하에 들어가 명성을 날렸다. 촉의 헌왕이 방효유가 학문이 뛰어나고 현명하다는 소문을 듣고 그를 세자의 스승으로 초빙하였으나, 건문제가 즉위하자 한림시강(翰林侍講)이 되었다. 이듬 해엔 시강학사, 문학박사가 되어 『태조실록(太祖實錄)』 등을 편수하는 총책임자가 되어 건문제의 신임을 받았다.

이렇게 독서와 저술, 그리고 시강 등의 업무를 총괄하고, 건문제를 도와 조정의 모든 조칙을 쓰면서 태평한 나날을 보내던 방효유의 삶이 정난의 변으로 크게 흔들리기 시작했다.

연왕 주체가 황위 찬탈을 위해 공격해 오자 건문제는 신임하던 방효유에게 군대의 지휘를 맡겼다. 그러나 그는 자신이 학자의 몸으로 군대를 지휘하기에 한계가 있음을 느끼고, 태상시경(太常侍卿) 황자징, 병부상서 제태 등에게 병권을 위임했으나 이것이 결정적인 패배의 원인이 되었다. 그들은 원말의 용장으로 이미 연로한 경병문(耿炳文)을 대장으로 삼고 30만 대군을 인솔하게 했다. 첫 접전에서는 비록 주봉양과 구원군 반충이 연왕의 대군에게 격퇴당했으나 전세에는 그리 큰 영향을 미치지 못했다.

그러나 황자징은 이 패배가 장수에게 문제가 있다고 여기고 제태의 의견을 들어보지도 않고 멋대로 노장 경병문 대신 이경융(李景隆)에게 50만 명의 병사를 인솔하여 북경을 포위 공격하도록 했다. 황자징의 이 결정이 조정군 전군의 패배를 가져왔다 해도 과언이 아닐 것이다. 고사에 비유하자면 "조괄을 중용하여 노장 염파를 대신"하게 한 것과 마찬가지라 할 수 있는 큰 실책이었다. 명나라의 이와 같은 실책에 연왕은 크게 기뻐하며 말했다.

"이구강(李九江 : 이경융)은 일개 소인에 불과하다. 그는 병법을 익히지 않았을 뿐만 아니라 진법도 볼 줄 모르는 데, 이런 자에게 50만 대군을 맡긴다는 것은 스스로 무덤을 파는 것과 같다."

이 싸움에서도 승리한 연왕은 1400년 5월, 자신이 직접 군대를 인솔하여 산동, 서주를 향했으나 성용(盛庸), 철현(鐵鉉) 부대에 의해 제남 일대에서 전진하지 못하고 팽팽한 대치상태를 유지하고 있었다. 그 해 12월, 조정군이 화기(火器)를 사용하자 연왕의 부대는 패배의 쓴잔을 마시고 북평으로 회군해야 했다.

이 전쟁 기간 중에 건문제는 조부 태조의 유훈에 따라 엄격하게 환관을 관리하고 있었다. 그러나 건문제와 달리 연왕 주체는 환관들의 재능을 발굴, 중용하여 그들을 우대하는 정책을 폈다. 이런 정책의 차이로 건문제는 역사 속에 패배자로 기록되게 되었다. 건문제의 궁중에서 온갖 궂은 일에 종사하면서도 천대를 받아오던 환관들이 연왕의 진영으로 탈출해 왔다. 그리고 그들은 건문제 진영의 허실과 수많은 정보를 제공했으며, 궁에 남아 있는 환관들의 마음 또한 이미 연왕에게 쏠리고 있었다.

그후 연왕은 승려 도연의 협조와 환관들이 가지고 온 정보를 토대로 전쟁을 준비하여, 1401년 2월 26일 다시 남하하였다. 조정군과의 여러 차례 접전 끝에 연왕군은 마침내 장강을 건너 곧바로 남경성을 향했다. 이때 연왕의 동생인 곡왕(谷王)과 이경융이 금천문(金川門)을 수비하고 있다가 연왕군이 이르자 내응하여 단숨에 남경으로 공격해 들어갈 수 있었다. 마침내 입궁한 연왕의 병사들은 궁인, 태감, 여관을 가리지 않고 반항하는 자들은 닥치는 대로 죽였고, 황자징, 제태 등도 사로잡혀 죽음을 당했다.

그러나 건문제의 종적은 묘연했다. 이에 연왕이 궁인들을 문초하자 어떤 자가 불에 타서 남녀 구분도 어려운 시체 한 구를 가리키며 황제는 이미 스스로 몸에 불질러 자진했다고 말했다. 이 말을 들은 연왕 주체는 얼굴빛이 조금도 변하지 않은 채 거짓으로 통곡을 하며 말했다.

　"이 철모르는 것아, 어쩌자고 이 지경에 이르렀단 말이냐……."
　연왕은 건문제의 죽음으로 이제 더이상 그가 황제가 되는데 거리낄 것이 없게 되자 광명정대하다는 듯이 제위에 오르니 그가 바로 성조(成祖) 영락제(永樂帝)이다. 연왕이 거병하여 북경을 떠나기에 앞서 그의 모사 도연화상이 땅에 엎드려 말했다.
　"신에게 한 가지 청이 있습니다. 남경에 방효유라는 사람이 있는데 그는 품행과 학문이 천하 제일이라 할 수 있습니다. 주군께서 이번 거사에 성공한다 해도 그는 절대로 굴복하지 않을 것입니다. 그러나 절대로 그를 죽여서는 안됩니다. 그를 죽이면 천하의 사대부들이 절대로 굴복하지 않을 것입니다."
　남경을 공략하고 황위에 오른 영락제는 민심을 수습하기 위한 방편으로 옥에 가둔 방효유를 중용하고자 했으나 그는 상복을 입고 대전에서 통곡을 할뿐 응하지 않았다. 이에 영락제는 방효유의 두 제자에게 그를 설득하게 했으나 제자들이 말을 꺼내기도 전에 이미 그들이 온 이유를 알고 있던 방효유는 오히려 심한 꾸지람을 하고 쫓아냈다.
　영락제가 즉위의 조칙을 쓸 명망있는 인물을 물색할 때, 신하들은 조칙을 쓸만한 인물은 오직 방효유뿐이라고 추천했다. 또 어떤 신하는 그가 조칙을 쓴다면 천하의 사대부가 모두 복종할 것이라고 진언했다. 이에 영락제는 다시 방효유를 불러 조정에서 대면하였다. 이때 방효유는 여전히 다 해진 상복을 입고 대성통곡을 하였다. 이 모습을 본 영락제가 그의 곁으로 다가가 위로하며 말했다.
　"너무 괴로워하지 마시오. 나는 다만 성왕을 보좌한 주공을 본받고 싶을 따름이오."
　영락제의 말에 방효유가 물었다.
　"그러면 성왕은 지금 어디에 계십니까?"
　"그는 스스로 자기 몸을 불살라 죽었소."
　"그러면 왜 성왕의 자손을 추대하지 않습니까?"
　"국가의 기틀이 아직 확고하지 않으니 연륜이 있는 사람이 황제가 되어야 하지 않겠소?”

“그러면 왜 성왕의 동생을 추대하지 않습니까?”

결국 할 말을 잃은 영락제는 어좌에 앉아 솟구치는 노기를 누르며 말했다.

“이것은 우리 집안의 일이니 그대가 너무 신경쓰지 않아도 되오.”

영락제가 말을 마치고 손을 흔들자 주위의 한 대신이 먹물과 붓을 가지고 와서 그의 손에 강제로 붓을 쥐어주었다. 그러자 영락제가 말했다.

“천하에 발표하고자 하는 조칙은 그대가 아니면 안되오. 부디 나를 위해 조칙을 써주시오.”

붓을 쥐게 된 방효유는 〈연왕이라는 도적이 제위를 찬탈하다(燕賊奪位)〉라고 쓰고는 붓을 팽개치며 말했다.

“나는 죽어도 당신을 위해 이 조칙을 쓸 수가 없소.”

“네가 죽는 것이 그렇게 쉬운 일같은가? 네 한 몸 죽으면 그만이 겠지만 어찌 너의 구족(九族)을 생각하지 않느냐?”

“구족이 아니라 십족(十族)을 멸한다 해도 나는 당신에게 굴복하지 않을 것이오.”

이 말을 듣고 화가 머리 끝까지 치민 영락제가 칼로 그의 입을 양 귀까지 가르니 흰옷이 온통 피로 물들고 기절했다.

방효유를 회유하여 민심을 수습하려 했던 영락제는 사태가 이에 이르자 생각을 바꿔 그의 일족을 모두 주살하여 자기에게 반항하고자 하는 모든 사대부들을 공포에 떨게 하여 복종하게 하리라 생각했다.

“그가 자기의 십족을 멸해도 두렵다 하지 않았으니, 이제 그의 십족을 멸해 천하에 본보기로 보여주리라.”

또한 영락제는 방효유의 처자를 그가 보는 앞에서 참수하고자 처자를 잡아오도록 명령했다. 그러나 군사들이 그의 집에 들이닥치기 전에 방효유의 아내와 아들들은 이미 대들보에 목을 매고 자살했고, 아직 나이 어린 두 딸만이 오돌오돌 떨며 끌려왔다. 처자가 이미 자살하고 두 딸만 끌려오자 화가 머리끝까지 치민 영락제가 말했다.

"나는 두 딸을 십여 명의 장정들에게 주어 며칠 데리고 즐기다 홍등가로 보내 기생으로 만들리라. 만약 저 아이들이 딸아이를 낳으면 그 애도 기생으로 만들고, 아들을 낳으면 노비가 되게 하리라."

그리고는 방효유의 십족을 멸하도록 명령을 내렸다. 그러나 고대의 '9족'이란 부계의 4촌, 모계의 3촌, 처가의 2촌을 말하지만, 명나라의 형법 규정에 의하면 위로 4대 고조까지, 아래로는 4대 현손, 그리고 방계 3종형제까지 해당한다. 하지만 영락제는 고대의 것을 적용하여 방효유의 본가, 외가, 처가를 모두 포함하여 주살하도록 했으나 1족이 모자라니 명령을 받은 형리들로서는 난감하지 않을 수 없었다. 이에 궁여지책으로 방효유의 제자들을 1족이라 하여 모조리 잡아들였다.

이렇게 잡아들인 사람이 모두 873명에 이르렀다. 영락제는 방효유가 보는 앞에서 한 사람 한 사람 죽이면서 자기에게 충성하겠느냐고 물었다. 만약 방효유가 순응한다면 모든 사람은 죽음의 구덩이에서 벗어날 수 있었다.

그러나 그는 동생의 목이 땅에 떨어질 때 몇 방울의 눈물을 흘렸을 뿐 조금도 굴하지 않아 결국 873명이 모두 참살당하고, 방효유 또한 처참한 죽음을 당하니 그의 나이 45세 때의 일이다.

영락제의 이같은 도살행위는 사람들을 공포에 질려 굴복하게 하기는 커녕 병부상서 철현(鐵鉉)이 간하다가 도륙되었고, 형부상서 포소(暴昭)는 이가 부러지고 다리가 잘려도 굴하지 않았으며, 예부상서 진적(陳迪) 부자는 과형(剮刑 : 참형한 후 살을 발라내는 형)에 처해졌고, 호부시랑 탁경(卓敬)은 삼족이 살륙되었으며, 좌첨도어사(左僉都御史) 경청(景淸)은 가죽을 벗기는 형벌에 처해져 그 피가 강처럼 흐르고 시체가 쌓여 산을 이루었다.

어떤 사람은 세상에서 가장 수치를 모르는 인물들이 바로 황제라고 한다. 황제들은 인륜과 천륜에 어긋나고 차마 눈뜨고는 못볼 참혹한 살륙행위를 저지르면서 위풍당당한 기세로 천하를 호령한다. 그러나 또 그들은 자신이 저지른 일들을 전혀 알지 못하는 듯 백성을 위무하는 자애로운 모습으로 변하니 이것은 통치자가 가지는 양면성이리라. 명 성조 영락제가 저지른 만행을 보면 이 말이 조금도 지나친 것이 아니라는 것을 알 수 있다.

당대의 뛰어난 문장가였던 방효유가 순절한 후 그의 문장을 읽는 사람도 사형에 처해져 그의 글 대부분이 유실되고, 그의 문하생으로 요행히 죽음을 면한 왕넘이 보관했던 유고가 명 선종(宣宗) 이후 조금씩 세상에 전파되었다.

이렇게 세상에 다시 빛을 보게 된 방효유의 유고는 많은 부분이 탈락되었고, 오늘날에는 『손지재집(遜志齋集)』34권이 전한다.

정 화

남양 정벌에 성공한 환관

　명 태조는 환관의 득세로 나라가 혼란에 빠지는 것을 막기 위한 조칙을 남겨 후대의 황제들에게 경계하도록 했다. 그 조칙은 환관과 조정대신의 왕래를 금하고, 환관의 문무대신 직위의 겸직을 허용하지 않으며, 글을 익혀서는 안되고, 국정에 간여할 수 없다는 등의 내용이다. 만약 이것을 어기는 환관이 있으면 이유 여하를 불문하고 즉시 사형에 처해졌다.

　그러나 태조의 이런 정책들은 연왕 주체가 환관들의 도움으로 '정난의 변'을 성공함으로써 모두 물거품이 되고 말았다. 주원장이 환관의 국정 간여를 경고하기 위해 궁궐 앞에 세운 철로 된 비가 6대 영종 때의 환관 왕진에 의해 철거된 것은 환관이 다시 득세한 좋은 예라 할 수 있다.

　성조 영락제는 환관을 대폭 중용하여 자신의 업무를 수행하게 하고, 군대의 통수권을 부여하기도 했다. 이런 일련의 정책 속에 환관들은 성조를 보좌하면서 여러 방면으로 세력을 확대해 나가기 시작했다. 이런 시대를 배경으로 역사의 전면에 등장할 수 있었던 환관으로 정화(鄭和 : 1371~1434)를 꼽을 수 있다.

　환관 정화의 본래 성은 마씨(馬氏)로 '정(鄭)'은 정난의 변에 성공한 후 영락제가 하사한 성이다. 그의 조상은 원나라 군사를 따라 서역으로부터 운남으로 들어왔는데, 이들은 운남성에 거주하며 대대로 회교를 신봉해 오고 있었다.

명 태조 홍무 15년, 아직 나이 어린 소년 정화는 부친상을 당했는데, 그 해 운남성은 명나라의 관할지가 되어 명나라와 관계를 맺게 되었다. 당시 주원장은 목영에게 운남성으로 출병하도록 했다. 이때 12살의 정화는 명나라 군사에게 사로잡혀 거세된 후 꼬마 환관이 되어 연왕 주체를 모시게 되었다. 궁중에서 살게 된 정화는 불교에 귀의하여 보살계를 받고 법명을 복선(福善)이라고 했다. 정화의 이같은 개종은 후일 그가 서양——즉 지금의 인도양 서쪽 일대——의 각국을 다니는데 많은 도움이 되었다. 당시 인도양 각국의 군주나 백성들이 신봉하는 종교는 이슬람교 아니면 불교이기 때문이다.

소년 시절부터 줄곧 연왕을 보필하여 신임을 얻고 있던 정화는 뛰어난 무공으로 연왕이 거사할 때 일반 무장과 똑같은 전공을 발휘하였다. 정화는 다른 환관과 달리 무장에 버금가는 무공과 체격을 갖고 있어 그가 걷는 모습은 마치 호랑이와 같았다고 한다. 성조의 신임과 공로로 정화는 모든 환관을 감독·관리하는 태감(太監)이 되었으며, 이때 그의 성도 마씨에서 정씨로 바뀌게 되었다.

환관 정화는 삼보태감(三保太監) 또는 삼보태감(三寶太監)이라고도 불리는데, 이는 '삼보(三保)'가 환관의 통칭인 데서 오는 것이라고 하는 사람도 있고, 어떤 사람은 정화의 아명이라고도 한다. 또 어떤 사람은 삼보(三寶)는 정화가 남해, 동남아, 남아(南亞) 및 서아(西亞) 등지에서 진귀한 보물을 많이 구해 왔기에 이를 기리기 위해 붙인 것이라고 한다.

태조는 원나라를 제압한 이후 궁핍해진 재정을 다스리기 위해 부득이 내정에 치중했고 대외정책에 대해서는 소극적일 수밖에 없었다. 그러나 성조는 이와 정반대로 대외적인 정책을 과감히 감행하였다. 전쟁을 수행하는 것은 위정자들이 흔히 사용하는 통치수단의 하나이다. 영락제는 정난의 변을 통해 제위를 찬탈한 후 그에 대한 백성들의 분노와 사라진 건문제의 행방에 대한 관심을 남해와의 무역 이익으로 쏠리게 하기 위해 대외정책에 적극성을 보였다. 한편으론 특무기관인 동창(東廠)을 설치하여 사라진 건문제의 행방을 은밀히 추적하기도 했다.

연왕 주체가 정난의 변을 일으켜 남경성으로 진격한 후 가장 먼저 건문제를 찾았으나, 그의 행적이 묘연했다. 그때 어떤 자가 형체를 알아 볼 수 없는 시체를 건문제라고 했으나 그 진위 여부는 아무도 알 수 없었다. 후일 건문제의 행방에 대해 다음과 같은 애기가 전해지고 있다.

건문제가 자살하고자 할 때 태감 왕월(王鉞)이 황급히 만류하여 말했다.

"고황제(高皇帝)께서 붕어하실 때 나무상자 하나를 남기시면서 만약 큰 재난에 부딪치게 되면 즉시 그 상자를 열어보라고 유언하셨습니다. 이제 그 상자를 열어볼 시기인 듯합니다."

즉시 나무상자를 가져다 부수고 열어보니 그 안에는 응문(應文), 응능(應能), 응현(應賢)이란 법명이 쓰여진 도첩(度牒 : 승려의 신분증) 3장이 있고, 세 사람 분의 가사를 비롯한 승려가 갖추어야 할 모든 것과, 백금 십정(十鋌), 그리고 한 통의 편지가 들어 있었다. 편지를 뜯어보니 바로 고황제 주원장의 친필로, 각자 흩어져 귀문(鬼門)과 하수구를 통해 궁을 빠져나가라는 내용이었다. 이를 본 건문제가 길게 탄식하며 말했다.

"이것이 나의 운명인가 보구나."

한림원편수 정제(程濟)가 건문제를 삭발해 주고, 이어서 오왕교(吳王敎)가 응능이 되었으며, 감찰어사 엽희현(葉希賢)이 응현이 되었다. 가사와 장삼을 걸친 건문제가 신락관으로 향하니 8명의 대신이 그의 뒤를 따랐다. 얼마가 지난 후 응능과 응현이 12명의 대신과 함께 도착하니 모두 22명이었다. 이로부터 명나라의 2대 황제 건문제의 망명

446

생활이 시작되었다.

그로부터 39년 후에 운남의 한 절에 있던 화상이 자신이 건문제라고 말했다. 이 보고를 받은 조정에서는 어사와 아직 생존해 있는 건문제 때의 환관을 파견하여 진위를 가리도록 했다. 그 결과 진짜 건문제로 판명되자 그 환관은 차마 이 일을 보고할 수 없어 스스로 목숨을 끊고 말았다. 뜻하지 않은 노환관의 자살로 난감해진 조정에서는 그 사실을 인정하지도 부인하지도 못해 결국 그 화상을 자금성으로 데려다가 연금하였고, 그는 궁 안에서 세상을 떠났다고 한다.

영락제는 당시의 여러 가지 상황에 대한 백성의 관심과 건문제에 대한 유언비어를 차단하기 위해 노력했다. 또한 경제, 외교, 군사, 문화 방면을 더욱 확장하기 위해 대선단을 이용한 남해 원정에 막대한 투자를 아끼지 않았다.

이런 시대를 배경으로 정화는 영락제의 아낌없는 지원과 신뢰에 힘입어 해로를 개척하는 데 전심전력을 다했다.

정화가 영락 3년(1405)부터 선덕 7년(1433)까지 27년간에 걸쳐 남해 방면에서 이룩한 성과는 중국 역사에 있어서 휘황한 빛을 발하여, 그의 일곱 번에 걸친 남해 정벌의 성공은 명나라의 위세를 크게 증진시켰다.

정화의 첫번째 원정은 영락 3년(1405)이다. 정화는 병사 2천 7백여 명을 인솔, 62척이 하나의 거대한 선단을 이루도록 편성하여 금은, 동전, 자기, 비단 등의 물자를 가득 싣고 강소의 유가항(劉家港)에서 출발하니 세계 최강의 선단이라 해도 과언이 아닐 정도로 위풍당당하였다. 이 선단이 계속 남하하면서 나침판과 항해도를 이용한 항해술을 훈련하며 먼저 다다른 곳이 대만의 맞은 편에 위치한 복건(福建) 장락태평항이었다.

장락태평항에서 필요한 인원과 물자를 보충하고, 항해의 안전을 위해 천상성모 마조(媽祖)에게 제사를 지냈다. 그리고 이곳을 출발해 오호문, 대만해협을 거쳐 남해로 진입해 월남 남부의 캄파카에 도착했

다. 이곳은 주나라 때에 월상(越裳)이라고 불리던 곳으로, 금, 은, 주
석, 철이 풍부하고, 백성의 대부분이 어업에 종사하며 오래 전부터
중국과 왕래하며 특산물을 바쳤다. 정화는 7차의 항해 중 5차례 이곳
에 상륙해 외교를 돈독히 하며 특산물 교환, 물자 보충을 했다.

 캄파카에 잠시 머물러 휴식을 취한 후 서남쪽으로 항해한 선단이
도착한 곳이 자바섬이다. 정화 일행이 도착했을 당시 이곳은 동서로
나누어 내전을 벌이고 있었다. 이 내전으로 정화의 부하 백여 명이
살해되기도 했다. 그후 인도네시아의 수마트라, 말레이시아의 말라카
로 갔다. 당시 말라카는 사이암(태국)의 속국이었으나 정화의 외교 노
력으로 명나라로 가서 국가로 정식 승인을 받았다. 그리고 그곳은 정
화 항해무역의 중요한 거점이 되었다.

 정화의 첫번 항해에서 가장 먼 나라는 인도의 서남단의 고리국(지금
의 캘리컷)이다. 이곳에서 고리국 왕과 대신들에게 많은 선물을 주자
고리국 왕이 명 성조에게 금실로 짠 진주와 보석을 장식한 허리띠를
바쳐 사례했다. 그리고 정화가 고리국에 온 것을 기념해 비석을 새워
양국의 우호를 다졌다.

 영락 5년(1407) 9월, 비교적 순조롭게 첫번째 항해를 완수한 정화가
유가항에 도착하자 크게 기뻐한 성조는 모든 원정군에게 상을 내려
치하했다. 첫번째 항해의 성공은 정화에게 큰 용기를 안겨주어 그는
약 한 달 동안 배를 수리하고 물자와 인원을 보강, 그 해 10월 두번
째 항해를 떠났다.

 두번재 항해에서 그는 캄파카, 자바, 말라카, 사이암, 스리랑카 등
많은 나라를 탐방했다. 정화가 사이암에서 현지인에게 도기 굽는 방
법, 소금제조법, 땅을 개간하는 법 등을 가르치자 크게 기뻐한 사이
암 왕은 정화의 와상(臥像)을 만들어 숭상하도록 했다. 또 불교국인
스리랑카에서는 석가모니의 진신사리가 모셔진 와불사를 비롯한 절에
많은 공양을 하고, 한어와 아라비아어, 그리고 타미르어 등 세 가지
문자를 새긴 기념비를 세웠다. 이 비는 지금까지 스리랑카의 수도 콜

448

롬보 박물관에 남아 있다.

영락 7년(1409) 9월, 세번째에는 진랍국(캄보디아 내)을 거쳐 싱가폴, 말라카, 소갈란(인도의 쿠이롱), 스리랑카, 캄파카를 항해했다. 이번 항해에서 정화는 명나라를 무시하던 스리랑카와 전쟁을 벌여 크게 승리를 거두어 중국에 복종하도록 했다. 스리랑카는 정화의 항해에서 중요한 위치를 차지하기 때문에 이번 평정으로 정화는 동남아의 안정을 확고히 했고, 아프리카 각국과의 왕래도 순탄할 수 있게 되었다.

이렇게 여러 차례에 걸친 항해에서 얻은 경험으로 네번째 항해부터는 그 항로가 연장, 확대되었다. 인도의 서쪽으로부터 페르시아만 방면에서 아프리카의 모잠비크 해협의 탄자니아에까지 이르렀다. 또 맬다이브, 소말리아, 예멘의 아든 등도 정화가 항해했던 곳이다.

영락 22년(1424), 명 성조 주체가 죽고 인종이 즉위했다. 성조의 대외정책에 불만을 품던 인종의 정책으로 정화의 항해는 중단될 위기가 처했다. 그러나 인종이 즉위한 지 1년도 못되어 죽고, 선종이 즉위하자 선종은 정화에게 일곱번째 항해를 명령한다. 이때가 선덕 5년(1431)으로, 정화는 이미 육순의 노인이었다.

성조의 서거 이후 오랫동안 항해할 수 없었던 정화는 세찬 풍랑을 헤치며 이역을 누볐던 지난날을 생각하며 새삼 만감이 교차함을 느꼈다. 어쩌면 자신의 마지막 항해가 될지 모르는 이 항해에서 그는 더욱 멀리, 보다 많은 나라를 경유하고자 했다. 이 항해에서 정화는 20여 나라를 순회하고, 사우디아라비아에서는 회교도로서 모하메드 분묘에 참배를 드리는 등 중국과 이슬람국간의 우호가 증진되는 중요한 작용을 했다.

선단이 거센 물결을 가르며 각국을 항해할 때 정화는 자신의 몸이 점차 쇠약해짐을 느꼈다. 선단이 적도를 지나 아프리카 최남단 모잠비크 해협에 이른 후 회항할 때 정화의 병이 더욱 악화되어 자리에서 일어나지 못했다. 선덕 8년(1434) 4월, 배가 인도 남쪽 서해안의 캘리컷에 이르렀을 때 대항해가 정화는 조용히 눈을 감았으니, 그의 나이

62세였다.

당시 정화의 선단은 많을 때는 백여 척에 달했고, 이를 수행한 사람이 연 3만여 명였으며 가장 큰 배의 길이가 44장(丈), 폭이 18장(丈)에 이르렀다고 한다.

정화의 선단은 중국의 자기, 찻잎, 철기, 농구, 비단, 금은 보화의 장식품들을 싣고 각 나라를 다니며 상아, 향료, 보석 등의 진귀품과 바꾸어 가지고 돌아왔다. 이로 말미암아 이 선단을 '보선(寶船)'이라고도 부른다.

정화는 해외에서 돌아올 때마다 황제를 위해 많은 새로운 물건들을 가지고 왔고, 또한 각국의 상인들과도 무역협정을 맺었다. 정화의 항해는 중국인에게 해외진출을 자극하는 계기가 되었다. 그리고 이들이 남긴 『영애승람(瀛涯勝覽)』, 『서양번국기(西洋番國記)』는 각국의 산천, 풍토, 생산품과 생활상태를 소개해 세계의 지리에 대한 지식을 높이는 데 큰 몫을 하였다.

이때는 이탈리아의 유명한 항해가인 콜롬버스가 아직 세상에 태어나기 전이었다. 콜롬버스가 겨우 87명을 세 척의 배에 태우고 바하마 군도에 오른 것이 1492년 10월이었으니, 정화의 원정은 그보다 한 세기 전의 일이다.

정화의 7차에 걸친 항해는 중국 정치·경제와 과학·문화 방면에 중대한 영향을 끼쳤을 뿐만 아니라 전 세계에 명나라의 이름을 널리 떨치는 데에 크게 기여했다. 오늘 날 자바의 중요한 무역항으로 삼보롱(三寶壟), 말레시아의 말라카에 삼보성(三寶城), 태국에 삼보항(三寶港)과 삼보묘(三寶廟), 삼보탑(三寶塔)이 있다. 이 모든 것이 정화의 뛰어난 업적의 흔적으로 남겨진 것이다.

왕양명

실천도덕의 창도자

왕수인(王守仁 : 1472~1528)의 자는 백안(伯安)이고, 절강성 여요현(餘姚縣) 사람으로 흔히 '양명선생(陽明先生)'이라고도 한다. 서한의 왕길(王吉), 서진의 왕람(王覽), 동진의 서성 왕희지의 후예로 그의 부친 왕화(王華)는 이부상서까지 지낸 명문가이다.

술의 명산지로 널리 알려진 소흥에서 성장한 왕양명이 10세가 되었을 때 그의 부친 왕화가 진사로 장원급제하여 가족이 모두 부친을 따라 북경으로 솔가하게 되었다. 그 후 왕양명이 13세 때에 어머니를 잃고 할머니에 의해 양육되었다. 소년시절의 왕양명은 원기왕성하여 책읽기를 싫어하고 무술로 신체 단련에 몰두하였으며, 기마와 활쏘기를 익히는데 정열을 쏟았다.

그러다 한번 문장을 익히는데 취미를 붙이자 밤낮을 가리지 않고 독서에 열중했고, 또한 신선술과 불교에 심취하기도 했다. 이런 다양한 삶의 경험으로 그는 후일 대문학가가 되었으며, 또한 많은 반란을 평정해 그 무공이 명나라 제일이라고 일컬어진 타고난 용병가이다.

왕양명이 18세가 되었을 때, 대학자인 누일제(婁一齊)를 찾아가 송유학인 격물의 학(格物之學)의 가르침을 받고, 학습을 통해 성인이 될 수 있다는 신념을 확고히 갖게 되었다. 누일제와의 만남은 왕양명의 인생관에 막대한 영향을 주었다.

21세의 청년이 된 왕양명은 절강성 향시에 도전했으나 실패로 끝났고, 28세 때에 재도전하여 진사로 급제했다. 29세 때인 1501년, 그는 형부주사(刑部主事)로 임명되어 절강성으로 돌아온 후 양명동(陽明洞)에 집을 지어 그곳에서 조용히 배움에 전념하자 사람들은 그를 양명 선생이라 불렀다.

왕양명이 병부주사(兵部主事)로 임명되었을 때 조정에서는 환관 유근이 국정을 독단으로 처리하는 등 횡포가 극심했다. 무종의 즉위와 함께 하급 환관에서 태감으로 승격한 유근은 내행창(內行廠)을 설립하고, 기존의 동창과 서창을 장악하여 조정 대신들을 감시하고 자신의 뜻에 거역하는 사람은 가차없이 축출했다. 또한 유근은 황제의 명령을 빙자하여 성안에 살면서 일정한 직업이 없는 사람들을 성 밖으로 쫓아내기도 하고, 모든 과부들에게 개가하도록 명령하여 이를 어길 때는 집을 불태우는 등의 횡포를 일삼았다.

강직한 성격의 왕양명이 분개하여 유근을 탄핵했으나 유근의 반격으로 오히려 하옥되었다가 귀주성 용장역(龍場驛)으로 유배되었다. 당시 용장은 소수민족인 요족이 거주하는 미개한 지역으로, 그곳에 거주하는 한인은 중앙에서 유배당한 사람들이었다. 이들은 스스로 집을 짓고 살아야 했는데, 만약 시중드는 사람이 병이 들었을 때에는 자신이 직접 땔감을 주워오고, 물긷고, 하인의 병을 간호해야 하는 형편이었다. 당시 왕양명은 토착민과 말이 통하지 않아 고독한 생활을 하며 끊임없이 풍토병에 시달려 생과 사의 갈림길을 넘나들고 있었다.

이때 왕양명의 뇌리 속은 본래 귀한 신분이었던 사람이 곤경 속에 빠졌을 때 나타나는 변화에 대한 생각으로 가득했다. 만약 성인이라면 어떻게 변할까? 왕양명은 이 문제를 깊이 연구하며 따로 방 한칸을 지어 밤낮을 가리지 않고 들어앉아 명상에 잠겨 있었다. 그러다 어느 날 저녁 문득, "성인의 도는 나의 심성에 있으니, 모든 사물에서 도의 이치를 구하는 것은 잘못된 것"이라는 점을 깨달았다.

452

왕양명은 용장에서의 깨달음 가운데 '심즉리(心即理)'가 진리라는 것을 체득하였기에 성즉리(性即理)라는 주자학을 배척하고 육상산의 학설을 계승하는 입장에 서게 되었다. 이로 인해 후일 그는 육상산과 함께 나란히 '육왕의 학(陸王之學)'이라 불리게 되었다. 다만 육상산은 왕양명의 학설보다 더욱 실천성이 강한 특색을 가지고 있다. 이듬해 그는 귀주서원에서 '지행합일'을 표방하여 역행(力行)을 고취하였다.

흔히 왕양명의 사상은 육상산의 '심즉리(心即理)'의 이론을 계승하여 완성했다고 말해지고 있다. 주희는 만물이 모두 마음(心)을 가지고 있다고 했으나, 왕양명은 만물이 갖고 있는 것은 양지(良知)라고 주장한다. 왕양명은 사람의 양지가 바로 초목, 돌의 양지로, 만약 이것들에게 양지가 없으면 초목은 초목다울 수 없고, 돌도 돌 자체가 될 수 없다고 주장하고 있다. 이와 마찬가지 논리로 하늘과 땅 또한 양지가 없으면 하늘과 땅이 될 수 없다고 생각한다. 그러므로 우주 만물의 구성은 반드시 양지라는 기본 요소에 의거한다는 유심론(唯心論)을 주장하였다.

왕양명은 이 세계의 현상, 물리세계는 모두 나의 마음에서 비롯되는 것이니 만약 나의 마음이 없다면 세계도 존재하지 않는다고 생각한다. 마음은 천지를 주재하는 것이기 때문에 하늘과 땅, 그리고 모든 물체는 사람의 마음에 의한 작용을 떠나서 발전할 수 없으며, 마음의 작용으로 이 모든 것이 온전하게 배양되어 서로를 상하게 하지 않는다는 것이다. 우리 개개인의 마음이 주체가 되어 사물을 인식해야 사물이 사물로서 생성되고, 이런 일체의 인식은 바로 마음에서 일어나는 것이다. 그러므로 마음이 있어야 만물이 생성되고, 비로소 '이(理)'가 있을 수 있다는 것이다.

이렇게 하늘과 땅, 그리고 만물을 인식하려는 목적은 어떻게 하면 마음과 만물, 마음과 이(理), 앎과 행동이 하나가 되게 하느냐 하는 데에 있다. 그리고 이 모든 것을 하나가 되게 하는 방법은 모두 마음으로부터 연유하여 양지(良知)에 이르는 것이다. 양지에 이르면 모든 사물에 감춰져 있는 마음과 이를 깨닫게 되고, 이런 과정 속에서 마음과 사물, 마음과 이, 앎과 행동이 자연스럽게 하나가 된다.

왕양명은 양지는 하늘의 이치[天理]요, 옳고 그름을 가리는 마음[是非之心]이며, 선한 것이라고 생각한다. 그러므로 양지에 이르면 천리가 분명해지고, 옳고 그름이 명확해져서 자연히 착한 일을 하게 된다는 것이다. 즉 천리가 분명하고, 옳고 그름이 분명해짐으로써 부모를 보면 효를 알고, 형제를 보면 우애를 알며, 어린아이가 우물에 빠지려는 것을 보면 측은함을 알게 되는 것이다. 그리고 이 양지는 외부의 사물에서 구하는 것이 아니라 사람의 마음에서 구하는 것이다.

또 왕양명은 양지는 선천적인 능력이기에 누구나 다 있지만 모든 사람이 양지에 이르는 것은 아니라고 말한다. 성인이든 평범한 사람이든 모두 양지가 있으나 평범한 사람은 사사로운 욕심으로 마음이 가려져 양지에 이르지 못하는 차이가 있을 뿐이라고 주장하고 있다.

그러므로 왕양명은 마음을 본체로 삼아 앎을 목적으로 하면서 마지막엔 양지에 이르는데, 이와 같이 양지에 이를 수 있는 사람이 바로 선인, 성인이 될 수 있으며, 이를 근거로 사람의 본성은 선한 것이라고 주장한다.

이렇게 내 마음의 양지에 이르기 위해서는 무엇보다도 진정한 앎에 이르러야 하는데, 앎에 이른다는 것은 모든 것에 대하여 명확히 깨닫는다는 것을 의미한다. 이 깨달음을 통해 앎에 이를 수 있고, 또한 '격물(格物)' 할 수 있는 것이다. 이 양지를 얻어 유지하기 위해서는 '성(誠)'이 있어야 하고, '성'이 있어야 '신독(愼獨)'할 수 있다. 이같이 '신독'으로 사욕을 극복할 수 있는 사람이라면 충분히 하늘의 이치에 따라 순환할 수 있어 양지에 이를 수 있는 것이다.

즉 왕양명이 주장하는 양지란 사사로운 욕심에 얽매이지 않고 자기의 뜻과 바램에 비추어 옳은 것은 옳다 하고, 그른 것은 그르다고 하고, 그것에 따라 일을 행하면 착함이 있다는 것이다. 그리고 사람마다 모두 이와 같을 수 있다면 명예의 훼손, 다른 사람의 비난, 외부의 변화 등에 구애되지 않고 마음속의 평안함을 유지하면서 마음이 흩어지지 않고 한 가닥 양지에 의지하여 생활할 수 있다는 것이다.

왕양명이 이렇게 혼란한 조정에서 멀리 벗어나 자신의 사상체계를 정립해가고 있을 때 환관 유근이 피살되면서 왕양명의 유배를 해제한다는 소식이 전해졌다. 그 후 왕양명은 노릉지현(盧陵知縣)을 거쳐 형부주사, 이부원외랑 등 여러 관직을 역임하였다.

또한 정덕 11년(1516), 왕양명은 강서성, 복건성의 도적들을 토벌하고, 정덕 16년 영왕 주신호가 남창에서 반란을 일으키자 출병하여 진압했다. 이로 인해 그의 명성은 하늘을 찌를 듯했다.

그러나 왕양명의 명망이 날로 높아감에 따라 이를 질투하는 무리들의 음해도 거세어져, 그는 자신의 공적에 따른 예우를 제대로 받지 못했다. 하지만 이미 겉으로 드러나는 명예와 물욕에서 초탈한 왕양명은 이를 개의치 않고 남창에서 학문을 강의하는 데 전심하여 진구천(陳九川), 위량필(魏良弼) 등 우수한 제자를 양성하는데만 열중했다. 무종의 뒤를 이어 세종이 즉위하면서 왕양명을 남경 병부상서로 임명했으나, 그는 이를 사양하고 고향으로 돌아갈 것을 주청했다. 이에 세종은 그의 공로를 감안하여 광록대부(光祿大夫)로 봉했다.

가정 6년(1527), 광서 사전(思田) 오랑캐들의 반란이 일어나자 조정에서는 왕양명을 양광총독(兩廣總督)으로 임명하고 진압하도록 했다. 결국 다시 관직에 들어선 왕양명이 오주(梧州)로 가서 무사히 반란을 평정하고 회군하였다. 그러나 이때 그의 폐병이 악화되었고, 병마와 싸우던 왕양명은 끝내 회복하지 못하고 1528년 향년 57세의 나이로 세상을 떴다. 왕양명이 죽자 목종은 그를 신건후(新建侯)로 추존하고, 시호를 문성(文成)이라 하여 그의 업적을 기렸다.

오늘 날까지 전하여지는 그의 저서로는 『왕문성전집(王文成全集)』 38권이 있다.

위충현

막후의 황제

황제를 가장 가까이서 보필하는 인물은 환관이다. 이들 환관이 황제에게 끼치는 영향은 적지않아, 때로 위기로부터 황제를 구하기도 하고, 또 때론 나라를 망하게 하는 빼놓을 수 없는 요인이 되기도 한다. 강한 독재를 행사했던 명 태조 주원장의 치세기간에는 환관들이 정사에 간여할 여지가 전혀 없었다. 강하고 포악한 황제 밑에서는 몸을 사려야만 목숨을 부지할 수 있는 것이 그들의 운명이다.

그러나 일단 우유부단하고 어리석거나, 또는 나이가 어린 황제가 등극하게 되면 누구보다도 황제 가까이에 있는 환관들의 세력이 하늘을 찌를 듯하고, 조정 대신들도 전전긍긍하게 된다.

명나라에서 환관 득세의 싹이 자라기 시작한 것은 성조 영락제부터이다. 영락제는 환관들을 중용하여 그들의 정사 관여를 허용하고, 군의 지휘권을 맡기고 특무기관인 동창의 책임자로 임명하여 여러가지 치적을 쌓았다. 이때 환관들은 비록 황제로부터 인정은 받았으나 나라의 기틀을 공고히 하기 위해 강한 통솔력을 행사하는 영락제 앞에서는 독단으로 정권을 전횡하지 못했고, 오직 충성을 다해 맡겨진 임무에 충실할 뿐이었다.

이런 시기가 지나고 나라가 안정되면 선조들이 쌓아놓은 치적 위에서 국정은 도외시하고 향락을 탐닉하는 황제, 아무 것도 모르는 철부지 황제가 등장하게 마련이다. 그들의 정치권 등장과 함께 부각되는 세력들이 바로 환관이다.

명나라의 정치를 농단한 환관으로, 진나라 조고와 이름을 나란히 할 수 있을 정도로 간악하기 이를 데 없는 인물로 위충현(魏忠賢 : 1627년 사망)을 꼽을 수 있다. 그는 하북 숙녕(肅寧) 사람으로 본명은 위진충(魏進忠)이며, 후일 희종이 '충현'이라는 이름을 하사하여 개명했다. 그는 본래 시정을 떠돌아 다니던 무뢰한으로 도박을 좋아하여 가산을 탕진하고 생활이 어려워지자 빚을 내서 도박을 하다 빚에 몰리게 되었다. 이에 그는 성을 이씨(李氏)로 바꾸고 거세하여 환관이 되었다.

본래 포악했던 그는 거세한 후로는 신체상의 변화에 따른 정신적 갈등으로 더욱 심하게 변했다. 또한 그는 권력의 가장 가까이에 있으면서도 가장 천시받는 환관이라는 처지에 있기에 더욱 권력의 단맛을 갈망했다. 이에 위충현은 자기에게 이익이 있는 사람에게는 아부하고, 불이익을 가져다 줄만한 사람은 수단과 방법을 가리지 않고 음해하는 처신을 하나씩 배우기 시작했다.

위충현은 처음 궁으로 들어가 명의 14대 황제 광종의 생모 왕씨의 시중을 들었다. 당시 환관 위조(魏朝)가 궁중의 세력을 휘두른다는 것을 안 그는 위조와 결의형제를 맺고, 그후 위조의 추천으로 태감의 직위까지 오르게 되었다. 이미 궁중의 생리를 철저히 익힌 위충현으로서는 어느 때 누가 자신의 도움이 될 인물인가 하는 대세의 흐름을 정확하게 파악하고 있었다. 허약한 광종이 늘 병석에서 일어나지 못하는 것을 본 위충현은 다음 황제가 될 태자 주유교(朱由校)에게 접근할 방도를 모색하기 시작했다.

명나라에는 태감과 궁녀가 짝지어 부부처럼 지내는 것이 일반화되어 있었는데, 이것을 '대식(對食)'이라 한다. 당시 위조는 태자의 유모 객씨(客氏)와 대식관계에 있었다. 이를 안 위충현은 온갖 술수로 객씨에게 접근하여 유혹했고, 결국 위충현에게 반한 그녀는 위조와의 관계를 끊고 위충현과 대식이 되었다. 그리고 그의 예측은 정확하게 맞아들어가 광종이 즉위 1년만에 죽고 태자가 즉위하여 희종(憙宗)이 되었다.

객씨는 황제에게 자기의 정부 위충현을 추천했고, 황제의 신임을 얻게 된 그는 자기의 세력을 점차 확대해 나갔다. 그는 일찌기 그에게 은혜를 베풀었던 왕안(王安)이 방해가 되자 모략하여 죽음의 구렁텅이로 밀어 넣는 일도 서슴지 않았다.

객씨는 18세 때 궁으로 들어와 태자를 양육하며, 때론 욕정으로 달아오른 자신의 가슴에 태자를 품고 한창 농익은 여자의 육체가 주는 쾌락을 가르치기도 했다. 이제 객씨는 황제의 후광을 업고 '봉성부인(奉聖夫人)'으로 봉해져 정부 위충현과 함께 궁안을 활개치고 다녔는데, 그녀의 행동거지는 황제의 여늬 후궁에 못지 않았다.

한편 23세의 젊은 나이로 즉위한 희종은 정사에는 전혀 관심을 갖지 않고 오로지 목공 예술에만 심취하였다. 희종의 취미를 안 위충현은 언제나 희종이 한창 목공에 열중하고 있을 때를 이용하여 서류를 한 아름 안고 가서 처리해 줄 것을 요청했다. 그러면 희종은 이를 귀찮아 하며 그가 알아서 처리하라는 명령을 내렸다. 이로 인해 정사는 자연스레 사례병필태감(司禮秉筆太監) 위충현의 손에서 좌지우지하게 되었다.

그러나 위충현은 본래 일자무식이었다. 이것을 감추기 위해 위충현은 자신의 집무실을 황제의 거실인 건청궁(乾淸宮)에 설치하고는 사례감장 태감 왕체건(王體乾)과 이영정(李永貞)에게 상달된 모든 문건을 읽게 한 후 그 내용을 듣고 말로 지시했다. 왕체건은 위충현보다 상급자이지만 위충현에게 아부를 해야 하는 형편이었다. 이때 위충현의 위세는 황제를 방불케 하여 '막후의 황제'라고 불리게 되었다.

위충현의 세력은 대신들의 생명을 파리잡듯 할 뿐아니라 황비에게도 영향을 미쳐 광제의 총희인 조씨(趙氏)는 위충현의 미움을 사게 되어 마침내 모함을 받아 사약을 받았고, 희종의 후궁 장씨(張氏)를 작은 방에 유폐시키고 음식물을 주지 않아 장씨가 비오는 날 처마 밑으로 떨어지는 빗물을 받아 마시며 연명했으나 그녀 역시 오래지 않아 죽었다. 또 후궁 이씨(李氏)를 궁중에 유폐시켜 음식을 주지 않았으나 그녀는 이런 일이 있으리라는 것을 예측하고 미리 음식물을 저장해 두어 약 반 달 가량을 버티었다. 그녀가 죽지 않자 그 신분을 천민으로 한 후 궁 밖으로 쫓아내고 말았다. 그의 횡포는 이에 그치지 않아 황후가 임신했다는 사실을 알자, 궁녀를 시켜 강제로 낙태시키는 잔혹한 일도 서슴지 않았다.

천계 4년(1624), 위충현의 횡포를 견디다 못한 조정의 대신들이 마침내 그에게 반격을 하기 시작했다. 당시 조정의 요직은 엽향고(葉向高)와 조남성(趙南星)을 위시로 한 동림당(東林黨)이 가장 많이 차지하고 있었다. 동림당이란 13대 신종 때 동림서원을 중심으로 모인 조정의 관리들이 하나의 파벌을 형성하게 된 것이다. 이로 인해 조정은 동림당과 비동림당으로 나뉘어져 당쟁을 일삼게 되었는데, 이것이 명나라를 망하게 한 원인의 하나가 되었다.

이때 양연(楊漣)을 필두로 한 70여 명이 위충현의 횡포에 대해 희종에게 상소를 올려 그의 처단을 강력히 건의하자 막후의 황제로 절대권력을 휘두르던 위충현도 마침내 벼랑에 몰리게 되었다.

그러자 위충현은 직접 희종황제에게 눈물로 자기의 무죄를 호소했고, 객씨 또한 그를 돕자 고지식하고 마음이 여린 희종이 그의 말을 믿어 위기를 모면할 수 있었다. 그 뒤 위충현은 비동림당과 결탁하여 동림당에 대해 강력한 수단을 펴기 시작했고, 양연 등 동림당의 수뇌들을 하옥하고, 동림서원을 철폐하고, 동림당 사람들의 명단을 확인하여 새로 임명될 관리가 동림당과 관계있는가를 살펴 그들을 정치권에 발을 붙이지 못하도록 했다.

위충현은 조정의 안팎으로 그가 하고자 하는 일을 다 이루었으며, 그 과정에서 발생하는 잔혹한 수단은 사람들의 모골을 송연하게 했다. 또한 그는 조정의 요직을 그를 추종하는 무리들로 채워 오호(五虎), 오표(五彪), 십구(十狗), 사십손(四十孫) 등으로 부르고, 어떤 사람이라도 그의 이름을 부르면 즉시 혀를 뽑았다.

그러므로 관직에 오르고자 하는 사람들은 누구나 그에게 잘 보여 입신의 수단으로 삼기에 혈안이 되어 있었다. 천계 6년(1626), 절강순무(浙江巡撫) 반여정(潘汝禎)이 항주 서호에 위충현의 생사당(生祠堂)을 건립하자 이런 풍조가 전국으로 확산되어 충현을 공자와 함께 받들기에 이르렀다.

그러나 희종이 서거하고 희종의 동생인 주유검(朱由檢)이 사종(思宗)으로 즉위하면서 동림당파를 대폭 기용하는 한편 위충현을 봉양(鳳陽)으로 유배시켰다. 위충현은 유배지로 가는 도중 다시 체포령이 내리자 더이상 자기가 살지 못하리라는 것을 깨닫고 목을 매어 자살했다. 사종은 위충현의 시체를 육시하여 그의 수급을 강물에 던지도록 명령, 그 죄상을 천하에 알렸다. 이때 그의 가솔과 그를 따르던 무리들도 모두 자진했고, 위충현의 정부인 객씨도 태형을 받다가 죽었다. 대신들은 이제 세상이 변하리라 여기고 크게 기뻐했다.

그러나 사종은 간신 온체인(溫體仁)이 병부상서 원숭환(袁崇煥)을 모략하는 말을 믿고 원숭환을 극형에 처하는 한편, 재상 전용석(錢龍錫)을 하옥하였다. 또한 조정 대신들을 통제하기 위해 사종은 다시 환관을 총애하여 그들을 감시망으로 이용했고, 당쟁이 끊이지 않았다.

명나라가 이렇게 혼란한 틈을 타 이자성(李自成)이 인솔하는 반란군이 북경을 함락한 숭정 17년(1644), 사종이 매산(煤山)에서 목매어 죽음으로써 명나라가 멸망하였다.

정성공

해적 혈통의 명나라 부흥운동가

숭정제의 자살로 명이 멸망하고, 신종의 손자인 복왕(福王) 주유숭(朱由崇)이 남경에서 봉양총독 마사영(馬士英)의 추대로 제위에 올라 홍광제(弘光帝)가 되었다. 역사에서는 명의 일족과 유신들이 명나라 부흥운동을 전개하기 시작하여 정성공(鄭成功 : 1624~62)이 활동하던 시기까지를 남명(南明)이라 한다.

홍광제는 책읽기를 싫어하고 오직 향락에만 탐닉하는 음탕하고 포악한 인물로 온갖 나쁜 자질은 다 갖추었다고 할만한 인물이다. 그러나 이런 인물이 오히려 막후에서 조정하기 쉽다는 마사영의 속셈으로 황제에 추대되었다. 이로 인해 마사영, 위충현의 잔당인 완대성(阮大鋮)의 전횡으로 명나라 부흥의 길은 갈수록 요원한 상태가 되었다. 홍광 원년(1645)년 5월 19일, 결국 남경이 청군에 의해 공략되고, 홍광제는 포로의 신세가 되었다.

이때 당왕(唐王)이 복주에서 칭제하고 거병한 후, 소흥(紹興)에서 홍광제의 뒤를 이어 감국(監國)으로 황권을 행사하던 노왕(魯王)과 세력다툼을 벌였다. 이 싸움에서 노왕이 패하였고, 그는 하문(廈門)에 주둔하고 있던 당왕의 부하 정성공에게 의탁하게 되었다.

정성공의 부친 정지용(鄭芝龍)은 중국인이고, 모친은 일본인으로 일본 본호(本戶)에서 태어났으며, 본명은 정삼(鄭森)이다. 정지룡은 복건성을 근거지로 한 해적으로 해상에서 막강한 위세를 떨치다가 명나라에 귀순한 후로는 정식 관권을 거머쥔 채 해상권을 장악하여 그의 명성은 복건성 전역에 알려져 있었다.

숭정 3년(1630), 7살 때에 그는 부친 정지룡의 부름을 받아 단신으로 바다를 건너 중국으로 왔고, 21세가 되자 남경 태학(太學 : 대학)에 들어가 당대의 대학자 전겸익(錢謙益)의 사사를 받았다. 당시는 마침 명과 청이 양립하던 혼란기로 남명을 지키기 위해 고군분투하던 사가법(史可法)이 순국하고 남경은 청의 공격을 받아 함락되고 말았다.

이에 정성공은 부친, 숙부와 함께 당왕 주연건(朱年鍵)을 융무제(隆武帝)로 옹립했다. 남명의 대들보라 할 수 있는 정성공은 당왕과 같은 예우를 받았으며, 아울러 명나라의 성(姓)인 '주(朱)'를 하사받고, 이름을 성공(成功)으로 개명했으며, 충효백(忠孝伯)으로 봉해졌다. 이로 인해 후세 사람들은 그를 국성예(國姓爺)라고 불렀다.

그러나 명나라의 부흥을 위해 노력하던 정성공과 달리 그의 부친 정지룡은 자기의 공로를 내세워 정사를 어지럽히고 있었다. 한편 나름대로 항청전(抗淸戰)을 전개하던 황도주(黃道周)와 융무제가 세의 열세로 사로잡히자 정지룡은 재빨리 청나라로 투항했다. 당시 정지룡은 해상무역으로 얻은 막대한 재산을 토지에 투자했고, 이미 명나라의 대세가 기울었다고 느낀 그는 자신의 재산을 보호하기 위해 명나라 부흥운동에서 발을 빼고 청나라에 충성을 맹세했다.

정지룡의 투항으로 크게 타격을 받은 남명의 부흥운동은 결국 1년만에 와해되고, 정성공은 복주가 함락되자 휘하의 수군을 거느리고 해상으로 도망하였으나 그의 모친은 미처 도망가지 못해 청군에게 살해당했다.

여러 어려움에도 불구하고 끝까지 청나라에 항쟁하기로 결심한 정성공은 다시 명나라의 잔존세력을 규합하여 광동 남부에서 거병, 광동을 점거하고 있던 영왕 주유랑(朱由榔)과 연합하여 영력 4년(1650)

에 동족인 정연, 정채를 공략하여 세력을 확장하고, 하문(廈門), 금문도를 토벌한 후 하문을 근거지로 복건 연해에 출몰하며 청군에게 위협을 가했다. 그러자 사태가 심상치 않다고 여긴 청나라에서는 이를 무마하기 위해 그의 부친 정지용을 파견했으나 사태는 조금도 진정되지 않았다.

정성공은 복건 연해를 중심으로 남으로 광동, 북으로는 절강의 온주와 대주 일대까지를 활동무대로 삼는 한편, 일본, 동남아를 배로 왕래하며 해상무역을 하여 군사비용을 충당하였다.

영력 12년(1658), 정성공은 남경을 공격하기로 결심하고 10만여 명의 병력과 300여 척의 군선을 이끌고 하문에서부터 북으로 항해했다. 그러나 도중에 심한 폭풍을 만나 실패하고 회항했다.

이듬해 봄, 정성공은 다시 군대를 재정비하고 양자강을 거슬러 올라가 남경으로 갔다. 당시 청나라에서는 강희제가 통치하던 시기였다. 그러나 청군은 원군과 마찬가지로 해전에 익숙치 않았지만, 대포와 같은 병기를 사용하는 데에는 능숙했다.

청군은 정성공이 남경으로 거슬러 올라오는 것을 저지하고자 양자강을 봉쇄한 후 대포를 뗏목 위에 설치하고 맹렬히 포탄을 퍼부었으나 명군은 안팎을 갑옷으로 완전무장을 하여 청군의 공격에 철저히 대비했다. 전력을 다해 돌진한 명군에 의해 결국 청군의 방어세력이 무너지고 마침내 남경성 부근까지 공격해 들어가 서로 대치하게 되었다.

그러나 이때 명군은 수 차례의 전투에서 거듭 승리를 거두게 되자 청군의 전력에 대해 경시하고 자만에 빠져 결국 참패를 당하고 말았다. 청군은 승세를 몰아 대군을 이끌고 명군의 근거지를 공격하였으나 해전에 미숙하여 패배하였고, 대장군 달소(達素)는 스스로 직무를 완수하지 못했다 여기고 자결했다.

청나라 조정에서는 무력과 회유로도 정성공을 제압하지 못한다는 것을 알고 더이상 아무 이용가치가 없게 된 정성공의 부친 정지용을 죽이고는 연해 다섯 성에 거주하는 주민들을 강제로 내륙으로 30리 가량 이주시켜 정성공 군대의 식량공급을 차단하고자 했다.

한편 광서·광동지방의 구식사(瞿式耜) 등이 조경(肇慶)에서 융무제의 뒤를 이어 계왕(桂王)을 영력제(永曆帝)로 옹립했다. 영력제는 하문, 금문 등지에서 눈부신 활약을 하는 정성공을 연평군왕(延平郡王)으로 봉했다. 이에 청의 세력으로부터 안전한 곳에 자신의 근거지를 만들 필요를 느낀 정성공의 눈길은 대만으로 향했다.

당시 대만은 네덜란드의 식민지였다. 대륙의 정세를 세심하게 정탐하고 있던 네덜란드는 장기(長崎) 방면에서 얻은 정보를 근거로 정성공이 언젠가는 대만을 공격하리라 예측하고 안평성(安平城)을 건립하여 전쟁 준비를 갖추었다.

1661년 정성공은 휘하의 2만 5천 명의 병력을 인솔하고 대만을 공격하여 먼저 안평성을 함락시키고 재빨리 대만성을 포위했다. 그러자 네덜란드는 자바로부터 열 척의 함대를 파견하였고, 청나라 또한 군대를 파견했으나 9개월만에 정성공에게 함락되고 말았다.

오직 명나라 부흥을 목표로 노력해 온 정성공은 네덜란드로부터 대만을 탈환하여 청 공략을 위한 근거지로 삼게 되어 크게 기뻐했다. 그러나 한번 비껴간 운명은 더이상 명나라가 다시 역사의 전면에 나서는 것을 원치 않았다. 명 부흥의 주역 정성공이 대만을 정복한 지 3개월 후 병이 들어 38세의 젊은 나이로 세상을 떠나고 만 것이다. 정성공이 죽은 후 하문에 있던 아들 정경(鄭經)이 정성공의 뒤를 이었고, 정경이 죽은 후 그의 두 아들이 계승했으나 내분으로 세력이 약화되었고, 이를 탐지한 청에 의해 1683년 대만이 공략되었다.

이로써 남명시대가 끝나고 명나라의 부흥을 꾀하던 세력을 모두 진압한 청은 명실상부하게 중국을 통일하는 대업을 성취하게 되었다.

고염무

고증학의 비조

고염무(顧炎武 : 1613~82)는 강소 곤산(昆山) 사람으로 본명은 강(降), 자는 충청(忠淸)이었으나, 청군이 남경을 점령한 후 이름을 염무로, 자를 영인(寧人)이라 바꾸었다. 또 그의 고향에 정림호(亭林湖)가 있고, 그가 그곳에서 기거했었기에 정림선생(亭林先生)이라고도 부른다.

고염무는 아직 강보에 싸인 아기였을 때 숙모 왕씨의 양자가 되었다. 그는 어려서부터 배우기를 좋아하였는데 특별히 역사서를 탐독했고, 현에 있는 학교에 입학해서 귀장(歸莊)과 사귀어 함께 '부사(復社)'에 가입하면서 이름을 날리기 시작했는데, 이때 사람들을 이들을 가리켜 "귀장은 기인, 고염무는 괴인"이라고 평했다. 부사는 정치성이 강한 학술단체로, 이 조직에 참가한 사람들은 대부분 명말의 부패한 정치에 불만을 품고 있던 지식인들이다. 그들은 소주에서 환관의 전횡을 비판하고 조정의 개혁을 요구하며 시위를 벌여 주목을 받았다.

숭정 17년(1644), 이자성이 반란을 일으켜 북경을 공격하여 명나라가 멸망했다. 그 해 5월, 복왕 주유송이 남경에서 명의 명맥을 유지하며 고염무를 병부사무로 임명했으나, 고염무가 그곳에 도착하기 전에 망하고 말았다. 이에 고염무는 종군을 준비하며 「을유사론(乙酉四

論)」을 써서 명말의 농전(農田), 전법(錢法), 군제 등의 폐단을 비판하고, 빨리 법을 고쳐 청군의 남하를 막아야 한다고 주장했다.

　그러나 고염무의 뜻과 달리 사태는 더욱 긴박해져 1645년 남경이 청군에게 점령당하고, 고염무는 귀장과 함께 소주의 반청세력인 하윤이(夏允彝)의 휘하에 들어가 싸웠으나 21일간의 치열한 접전 끝에 패배하고 말았다. 그후 그의 고향이 함락되자 청군은 대학살을 벌여 동생이 죽음을 당하고 생모는 오른팔이 잘려 목숨을 부지하다 오래지 않아 죽었으며, 양모는 단식하면서 고염무에게 "절대로 두 나라를 섬기지 말라"는 유언을 남기고 세상을 떠났다.

　이때부터 고염무는 상인으로 위장하여 10여 년 동안 은밀히 남경, 소주, 진강, 가흥 일대를 분주히 왕래하며 반청세력을 규합하는데 전력을 다했다. 그러나 고염무의 이런 노력은 그를 미워하던 고향 사람의 밀고에 의해 수포로 돌아가고 말았다. 죽음의 벼랑 끝에서 친구들의 도움으로 살아난 고염무는 가산을 정리하여 산동으로 이주했다.

　가족과 나라를 잃고 고향마저 등진 고염무는 중원과 서북의 광대한 지역을 주유하며 당시의 이름난 선비들을 찾아다니며 학문을 토론하고 책을 읽고 쓰는데 몰두했다. 또한 북경에 있는 명나라의 숭정제(崇禎帝)의 사릉(思陵)을 6번, 남경의 효릉을 7번 참배하면서 그곳의 지형을 상세히 고찰하여 『창평산수기(昌平山水記)』를 저술했다.

　고염무는 친구들이 선물한 세 마리의 말과 두 마리 노새에 책을 싣고 마차에 앉아 책을 읽었다. 또 걸을 때면 그 지역의 전답, 수리, 부역, 염법, 광산, 교통 등을 상세히 관찰하고 금석문을 수집하면서 지세와 민생, 역사에 대한 실증적 연구에 종사하여 『천하군국이병서(天下郡國利病書)』 120권을 비롯해 『조역지(肇域志)』, 『음학오서(音學五書)』, 『일지록(日知錄)』, 『금석문자기(金石文字記)』 등을 저술했다.

　강희 17년(1679), 청 조정에서는 고염무에게 관직을 주고자 했다. 그러나 고염무는 "죽는 것 한 가지외엔 갖추지 못한 늙은이가 무엇을 구하겠는가? 만약 계속 벼슬을 하라고 강요한다면 나는 자살할 것이다"라며 일축했다. 그 후에도 청 조정에서는 고염무에게 『명사(明史)』를 편찬하는 일에 참가해 줄 것을 요청했으나 그의 대답은 변함이 없었다.

강희 20년(1681), 고염무는 만년에 그가 정착한 섬서성 화음현에서 산서성 곡옥(曲沃)까지 여행을 하다가 노독으로 중병을 얻었다. 그리고 이듬해 정월 여드레 날에 외출하려고 말을 타다가 떨어져 부상을 입고, 그 다음 날 70세의 나이로 세상을 떠났다.

명·청시대 3대 사상가의 한 사람으로 꼽히는 고염무는 철학, 사학, 지리학과 음운학 방면에 뛰어난 공헌을 했다. 정치 방면에 있어서도 기존의 관념을 뛰어넘어 천하의 권리를 천하 사람들에게 맡겨 황제의 '독치(獨治)'를 '중치(衆治)'로 대체해야 한다고 주장했다. 또한 '망국(亡國)'과 '망천하(亡天下)'를 구별하여, 망국은 역성개호(易姓改號)에 불과하나, 망천하는 사람이 서로를 먹는 것이니 천하를 보존할 줄 알아야 나라를 보존할 수 있으며, 천하 흥망의 책임은 바로 필부(匹夫)의 책임이라고 말한다.

그러나 역사에서 고염무의 가장 뛰어난 공헌은 바로 고증학의 창시라 할 수 있다. 그는 '심성(心性)'의 공리공론으로 명나라 후기의 사상계를 풍미했던 양명학을 비판하고, 일생을 수치를 알고 널리 배우는 것(知恥博學)을 목표로 삼아 자신의 모든 저술을 오직 민생의 이폐(利弊)를 밝히는 경세치용(經世致用)의 학문을 추구하는데 심혈을 기울였다.

그는 이런 사상을 바탕으로, 모든 학문은 사실을 규명하는 것을 표로 한다고 생각하고, 각종 자료의 선후를 판별하는 유변(流辨), 고증, 창신(創新), 실용의 네 가지로 고증학의 방법을 제시했다. 이렇게 고증하는 목적은 옛사람의 뜻을 오해하지 않고, 뒷사람에게 정확한 방법으로 모든 경서를 연구할 수 있도록 하기 위해서이다.

고염무의 저서로는 앞에 언급한 것들 외에 『정림유서(亭林遺書)』 65권이 있는데, 가장 유명한 것이 36권의 『일지록』이다.

팔대산인과 석도

황족 출신의 천재화가

팔대산인(八大山人 : 1626~1705)은 명나라 황족의 후예인데, 그의 본명은 주답(朱耷), 주유유(朱由桜), 주중계(朱中桂) 등 세 가지 설이 있다. 그의 자와 호 또한 전해 내려오는 것이 여러가지가 있는데, 명나라가 망해 유민이 된 후에는 팔대산인이라 불리우고 있다.

청은 중국을 통치하면서 자기네 고유의 풍습에 따라 한민족에 대해서도 변발령을 실시하였다. 이에 반발한 팔대산인은 아예 머리를 삭발하고 출가하여 고향 남창(南昌)의 봉신산(奉新山)으로 들어가 엄격한 도를 수행하는 선승이 되었다. 그래서 그의 그림을 보고 있으면 불교 선의 세계가 배어 있음을 느낄 수 있다.

팔대산인은 출신이 전조의 종실이기에 망한 나라에 대한 향수와 청나라에 대한 울분으로 미친 듯이 노래하고 춤추며 통곡을 하다가, 때론 가가대소를 하는 등의 기행으로 마음 속의 번민을 표출해 냈다. 그가 장년이 되었을 때, 그의 이런 정신분열증세에 따른 기행이 어느 정도 안정을 보이면서 대신 그림에 몰두하기 시작했다.

그는 자연에 대한 깊은 애정으로 산수는 물론 온갖 기화요초와 새를 그리는데 뛰어난 솜씨를 보였으며, 그의 그림은 72, 3세를 경계로 전반부는 꽃과 새, 후반부는 산수를 주로 그려 많은 명품을 창작했다.

현재 대만의 고궁박물관에 남아있는 「사생연화(寫生蓮畫)」는 그의 초목에 대한 애정을 잘 표현하고 있다. 또한 상해 박물관에 소장되어 있는 「산수화훼도책(山水花卉圖册)은 팔대산인의 재화가 넘치는 작품으로 그 묘사는 간결하기 이를 데 없으나 사물의 특징을 남김없이 표현하였다.

팔대산인의 그림 가운데는 「연화도(蓮花圖)」를 많이 발견할 수 있다. 이것은 그가 불교에 귀의한 후 불교를 상징하는 연꽃이 비록 더러운 물에 뿌리를 내리고 있지만 고고한 기품에 조금도 손상을 입지 않고, 오히려 더욱 현란한 아름다움으로 눈길을 끄는 것에 자신의 마음을 투영하고 있기 때문이다. 이런 연꽃에 대한 사랑은 직접 연못을 만들어 연꽃을 기르며 관찰하던 그의 모습에서 잘 드러나고 있다. 또한 그의 「단도(鶉圖)」에 그려진 수리의 형형한 살아있는 듯한 두 눈은 사람의 눈과 흡사하여, 그 눈빛에는 마치 명나라 유민의 굽히지 않는 기개가 숨겨져 있는 것을 느끼게 한다.

팔대산인은 산수화를 그릴 때는 사람을 그리지 않고 단지 정자만 그린다. 이것은 가까운 풍경이기에 마치 화폭을 완전히 점거한 듯한 인상을 주며, 이로 인해 개성있는 대상의 형질을 소홀히 한 표현주의라고 말할 수 있으며, 또한 남화의 특질인 가슴속 깊이 내재한 빼어난 기상을 잘 표현했다는 것이 후세의 평가이다.

팔대산인은 자기의 심혈을 기울인 작품들을 궁핍한 사람이나 천진한 아이들에게 주기를 좋아했지만, 대개는 사람과 사귀는 것을 꺼려하며 늘 자기 세계속에 빠져 들었다. 그러므로 그와 친분이 있는 석도(石濤 : 생몰 미상)와 가끔 편지를 나누는 정도이고, 언제나 고독한 생활을 했다.

그런데 불경을 열심히 배우며 약 13년간 승려생활을 한 팔대산인은 어느 날 마음의 변화를 일으켜 돌연 절을 떠나 머리를 기르고 남창으로 돌아가 모친을 부양하고 결혼생활을 했다.

하지만 현실은 황족으로 태어나 한때 호의호식하고, 승려가 된 후에도 비교적 생활에 구애받지 않았던 그가 헤쳐나가기에는 너무 고달픈 나날들이었다. 일반 평민들과 같이 농사도 짓지 못하고, 장사할 줄도 모르는 그는 밤낮으로 그림을 그려 술 한 잔, 쌀 한 되와 바꾸어 간신히 연명했다고 한다.

석도 또한 명나라 황족 출신의 화승(畫僧)으로 속명은 주약극(朱若極)이다. 그는 명이 망하자 인간사가 모두 덧없음을 뼈저리게 느껴 삭발하고 불교에 귀의하여 법명을 도제(道濟)라고 했다. 일반적으로 흔히 불리우는 석도는 그의 자이고, 그의 많은 호들 가운데 비교적 잘 알려진 것은 청상노인(淸湘老人), 고과화상(苦瓜和尙) 등이다.

석도는 일생을 남창에 칩거하여 나오지 않던 팔대산인과 달리 중국 각지를 두루 유람하여 활달한 성격을 잘 나타내고 있다. 그는 황산(黃山), 여산(廬山), 천대산(天臺山) 등을 다니며 그림을 그렸는데, 그 가운데 황산은 그가 가장 좋아하는 화제(畫題)이기도 하다. 또한 북경에 약 3년 가량 머물면서 문인, 화가들과 교류하다가 마지막으로 양주(揚州)에 정착했다.

현재 미국 보스톤 박물관에 소장된 석도의 「산수화책(山水畫册)」은 명품중의 명품으로 담담한 유채부분은 자기 마음 속의 깊은 경지를 표현하여, 보는 사람이 절로 문인화가의 뛰어난 재질을 느끼게 하고 있다. 또한 높고 험준한 절벽, 우뚝 솟은 산과 계곡은 산수화로서의 특색만이 아니라 풍경 속에서 자연과 사람에 대한 석도의 따뜻한 인정미가 내재된 시선을 충분히 느낄 수 있는 작품이기도 하다.

미술사학자들은 전통의 관점을 배척한 면에서 팔대산인을 높이 평가한다. 그러나 그림 가운데 사람을 그려 넣음으로써 사람과 자연의 어우러짐을 훌륭하게 표현해 냈다는 점에서 석도는 팔대산인을 능가하고 있다고 본다.

팔대산인과 석도 두 사람은 각기 다른 개성과 천재성을 화폭을 통해 잘 표현하고 있다. 팔대산인이 수묵이나 소묘 등의 화훼에서 자신의 특질을 잘 나타내고 있다면, 석도는 남종화풍으로 담채산수화를 그려 독특한 자신만의 그림세계를 구축했다.

그러나 이 두 사람의 공통점은 이들이 기존 문인화의 형식주의에서 벗어나 자유롭고 독자적인 개성의 표현을 이룩했다는 것이다. 이런 화풍으로 인해 그들은 문인 본래의 면목을 회복한 미술가라는 평을 듣고 있다. 석도의 대표작으로는 「여산관폭도(廬山觀瀑圖)」, 「황산도권(黃山圖卷)」 등이 있다.

강희제, 옹정제, 건륭제

청나라 전성기의 제왕들

금(金)은 비록 남송과 몽고의 연합군에 의해 멸망했지만 누르하치와 함께 다시 역사의 전면에 등장하여 주변 부족을 정벌하고 국호를 후금(後金)이라 했다. 누르하치의 뒤를 이어 그의 여덟 번째 아들인 황태극(黃太極)이 칸의 자리에 오른 후 몽고지역을 정벌하고 국호를 다시 청(淸)이라 개칭했다.

그러나 명나라를 정벌하기 위해 적극적인 공세를 펼치던 황태극이 갑작스레 사망하고 겨우 6세인 아들 복임(福臨)이 즉위하니 그가 청 태조 순치제(順治帝)이다. 당시 청은 명을 도와 이자성의 세력을 물리치겠다는 구실로 북경으로 진입했다. 하지만 숭정제의 자살로 구심점을 잃은 명나라가 무너지자 청나라가 그 자리를 메꾸어 나갔다.

청이 중국을 지배한 기간은 268년이었는데, 그 가운데 가장 전성기는 강희제(康熙帝), 옹정제(雍正帝), 건륭제(乾隆帝)가 통치하던 시기라 할 수 있다. 그러므로 역사에서는 이들이 다스리던 시기를 '강옹건시대(康雍乾時代)'라고 불러 한나라 초의 '문경지치(文景之治)', 당나라의 '정관지치(貞觀之治)'와 더불어 중국 봉건사회의 황금시대로 꼽고 있다.

청의 성조강희황제애신각라현엽(聖祖康熙皇帝愛新覺羅玄燁), 즉 강희제(1654~1722)는 중국 역사상 보기 드문 명군으로 직접 서양문자, 역산(曆算), 화학, 물리, 인체해부에 이르기까지 배우기에 힘썼으며, 8세의 어린 나이에 즉위하여 68세에 죽기까지 재위기간이 장장 61년으로 최장수를 기록하고 있다.

순제의 유지에 의해 어린 황제를 보좌하게 된 네 명의 신하 가운데 재상 오배(鰲拜)는 뛰어난 무공으로 주위를 압도하며 자신과 뜻이 다른 대신들을 하나씩 제거해 나가며 어린 황제를 핍박했다. 그는 자신의 지위가 높고 막중함을 빙자하여 병을 사칭하고 종종 조회에 참석하지 않았다.

어느 날 황제가 오배의 집으로 문병을 갔는데, 황제를 호위하던 시위 화탁(和托)은 그의 표정이 평소와 달라 불길한 예감이 들었다. 이에 화탁이 재빨리 황제보다 먼저 오배의 침상으로 가서 이불을 젖히니 이불 속에 숨겨둔 칼이 발견되었다. 이때 강희제는 아무렇지 않은 듯 웃으며 말했다.

"칼을 몸에서 떼지 않는 것은 만주인의 오랜 습관이니 이상할 것 없다."

그러나 이때부터 강희제는 오배를 제거해야겠다고 결심했다. 그날부터 강희제는 힘이 좋고 날렵한 10여 세 가량의 귀족 자제 20여 명을 선발해 그들과 함께 매일 포고(布庫 : 씨름)를 연습하기 시작했다. 이런 황제의 모습을 보고 누구보다도 기뻐한 사람은 바로 오배였다. 황제가 책읽기를 좋아하지 않고 이런 유희에 빠진다면 그만큼 자기가 자유롭게 정권을 전횡할 수 있기 때문이다. 그러므로 오배는 황제의 이 새로운 흥미거리를 부추기며 때론 그들에게 자신이 직접 포고의 기술을 가르치곤 했다.

어느 날 오배가 입궁하자 소년들이 우르르 달려들더니 그의 허리를 껴안고 다리를 끌어당기며 희희낙락하였다. 오배가 소년들과 함께 나뒹구는 모습을 본 황제 또한 박장대소하며 몹시 즐거워 했다. 그러자 더욱 흥이 난 오배는 여러 소년들을 상대로 포고를 하기 시작했다.

그러나 오배는 소년의 수가 워낙 많은데다 함부로 전력을 다할 수 없어 마침내 땅에 쓰러지게 되었다.

오배가 땅에 쓰러지자 소년들은 더욱 즐거워하며 포승을 가져다 꽁꽁 묶었다. 소년들에 의해 묶인 오배가 땅에 꿇어앉자 그때까지 희희낙락하며 놀이를 즐기던 황제의 얼굴에서 웃음이 사라지고 병풍 뒤에서 이부시랑이 나오더니 오배의 죄를 조목조목 열거하며 그를 하옥한다는 포고문을 읽었다.

강희제는 이렇게 해서 오랜 골치거리였던 재상 오배를 제거하고 친정을 하여 정치쇄신을 단행하니 이때 그의 나이 15세였다. 이때부터 강희제는 중국의 통일이라는 목표를 향해 혼신의 힘을 기울여 나갔다.

당시 남방에는 평서왕(平西王) 오삼계(吳三桂)가 운남, 평남왕(平南王) 상가희(尙可喜)가 광동, 정남왕(靖南王) 경정충(耿精忠)이 복건에 할거하고 있었는데, 이들을 '삼번(三藩)'이라 했다. 이들은 명나라의 장수들로 청나라를 건국하는데 많은 공을 세운 사람들이다. 삼번은 체제상으로는 중앙에 예속되어 있으나 실제로는 중앙의 명령을 따르지 않고 멋대로 군대를 양성하고 관리를 임명하며 세금을 거두어 유용하는 등 그 횡포가 날로 심했다.

1673년 12월, 청나라가 자신들을 제거하려 한다는 것을 안 이들은 가장 강력한 세력을 갖고 있는 오삼계를 중심으로 '삼번의 난'을 일으켰다. 이로 인해 장강 이남의 전역이 병화에 휩싸이게 되었다. 강희제는 직접 청군을 인솔, 8년에 걸친 전쟁을 통해 삼번의 난을 평정해 항상 근심거리였던 지방 군웅을 제거하여 강력한 중앙집권체제를 갖추게 되었다.

또한 강희제는 정성공이 죽고 세력이 크게 저하된 대만을 귀속시키기 위한 계획을 진행하여 1683년, 팽호(澎湖)를 공략한 후 그 해 6월 대만을 청으로 귀속시키는 쾌거를 올렸다. 그 뒤로도 강희제는 오랫동안 만주족의 고향이라 할 수 있는 흑룡강 유역을 빈번히 침략하던 제정 러시아와 네르친스크 조약을 체결해 아르군 강과 야불로노이 산맥을 국경선으로 정하여 내륙으로 진출하려는 러시아를 막고 통상을 했으며, 천산북로의 몽고족인 갈이단(葛爾丹)의 반란을 직접 평정하여 중국 전역의 대통일을 이루었다.

강희제는 무력을 통한 통일정책뿐만 아니라 사서오경, 시부, 서예, 그림 등 다방면에 걸쳐 한족문화를 배우기에 힘썼다. 그러므로 강희제가 거처하는 곳은 사방이 서적으로 둘러싸여 있다는 기록에서 그의 노력을 엿볼 수 있다. 강희제가 이렇게 열심히 공부한 것은 한족의 문화는 한족을 다스리기 위한 하나의 매개물이기 때문이다. 비교적 문화수준이 낮았던 청나라로서 문화민족이라는 자부심이 강한 한민족을 지배하기 위해서는 실로 막대한 노력을 기울여야 했다. 한족들에게 황제가 학문을 좋아하고, 함께 논함에 손색이 없는 인물이라는 것을 과시함으로써 그들을 심정적으로 굴복시켜야 했다. 이것을 잘 나타낸 것이 바로 다음의 일화이다.

강희제는 종종 남순(南巡)을 했는데, 그 주목적은 강남 사대부들과 교제하면서 민심을 수습하기 위한 것이었다. 그런데 한족의 사대부들과 어울리기 위해서 기본적으로 갖추어야 할 소양이 바로 문장, 서예, 그림 등이다. 문장과 필체가 갖추어져 있다면 한족 사대부들의 호감을 쉽게 얻을 수 있기 때문이다. 그러므로 강희제는 남순 기간에 평소 열심히 공부한 것을 유효적절하게 활용하였다. 그는 특히 편액을 자주 썼는데, 일반적으로 편액이 걸리는 곳은 현관, 대청과 같이 사람들의 눈에 잘 띄는 곳이기 때문이다.

어느 날 강희제가 항주의 영은사(靈隱寺)에 갔더니 그 절의 지주가 편액을 써줄 것을 청했다. 강희제는 여늬 때와 다름없이 쾌히 승락하고 붓을 잡고 글을 써내려가기 시작했다.

그러나 그는 영은사의 '靈'자를 반쯤 써내려 가다 글쓰기를 멈추었다. 옆에 있던 고사기(高士奇)가 보니 '靈'자의 윗부분인 '雨'자가 너무 커서 글자의 균형이 맞지 않게 된 것이다. 결국 새 종이로 바꾸어 다시 쓰고자 했으나 획수가 많은 첫 글자를 잘 조화시켜 쓰려니 당혹감을 느끼지 않을 수 없었다. 이때 고사기가 재빨리 손바닥에 '雲林' 두 글자를 써서 먹을 가는 시늉을 하면서 강희제에게 슬쩍 보여주었다. 그것을 본 강희제가 민첩하게 붓을 휘둘러 '雲林寺'라고 쓰니 필력이 십분 돋보여 누가 봐도 고개를 끄덕일 정도가 되었다. 이때부터 영은사는 운림사로도 불리웠다.

고사기란 인물은 한족으로 그 문장과 서법이 뛰어나 강희제가 남순할 때마다 수행하여 편액에 어떤 글을 써야 운치있고 강희제가 쉽게 쓸 수 있는가를 고려하여 조언하곤 했다고 한다. 이것은 이른바 강희제의 필묵외교라 할 수 있다. 강희제의 이 필묵외교는 한족 사대부들의 반만주투쟁을 가라앉히는데 적지 않은 공헌을 했다.

또한 강희제는 자신이 직접 민정을 시찰하면서 탐관오리들을 삭탈관직하고, 순치제 때에 한족은 5품 이상의 관직에 오를 수 없도록 한 것을 개선하여 만주족과 한족의 일체화를 꾀했다. 그리고 박학홍유과(博學鴻儒科)를 개설하여 우수한 한족의 사대부를 선발해『명사(明史)』와『고금도서집성(古今圖書集成)』을 편찬했다. 강희제는 이렇게 한족 사대부를 흡수하기 위해 많은 노력을 기울였으나, 다른 한편으론 문자옥이라는 수단으로 이들을 잔혹하게 통제하기도 했다.

그리고 강희제는 서양 선교사들을 가까이 하면서 역법, 천문, 수학, 의학 등에 관심을 가지고 직접 공부하기도 했다. 이런 그의 관심으로『신제영대의상지(新制靈臺儀象志)』,『강희영년역법(康熙永年曆法)』,『수리정온(數理精蘊)』이라는 책들이 간행되었으며, 서양의『기하학원리(幾何學原理)』,『인체해부도(人體解剖圖)』등이 한어와 만주어로 번역되었다. 또한 자신이 직접 농작물에 막대한 피해를 주는 황충을 연구하여『포황설(捕蝗說)』을 저술하기도 했다.

1722년 11월 13일, 강희제가 세상을 떠나고 넷째 아들인 윤정(胤禎)이 즉위하니 그가 바로 옹정제(雍正帝 : 1678~1735)이다. 강희제의 오랜 재위기간으로 말미암아 옹정제는 45세가 되어서야 제위에 오를 수 있었다. 옹정제는 혼란을 수습하고 나라를 통치하는데 천부적 자질과 강한 신념으로 대담한 개혁을 단행하여 청나라를 강성하게 한 인물이다. 만약 옹정제가 없었다면 여러 차례 남순까지 감행하며 한족을 회유하고자 애쓴 강희제의 모든 노력이 수포로 돌아가고, 건륭제 또한 강희제와 옹정제가 이루어 놓은 건실한 치적을 바탕으로 자신의 뜻을 펼칠 수 없었을 것이다. 그만큼 옹정제는 '강옹건시대'를 이룩하는데 없어서는 안될 명군이었다.

강희제에게는 35명의 아들이 있었다. 그런데 장자는 후궁의 소생이라 태자가 되지 못하고, 둘째인 윤잉(允礽)이 태자로 책봉되었다. 하지만 다른 아들들도 황위 계승을 놓고 은밀히 태자를 모해하여 자신의 세력을 키우고 있었다. 이런 암투 속에서 태자 윤잉은 폐위와 복위를 거듭하던 끝에 결국 폐위되어 함안궁에 유폐되고 말았다.

이런 사건으로 누가 태자가 되건 다른 형제의 비방과 모해를 면하기 어렵다고 느낀 강희제는 대신들에게 태자를 책봉하는 문제를 거론하지 못하도록 했다. 그리고 건청궁에 걸린 '正大光明'이라고 쓴 편액의 뒤에 황위를 계승할 사람의 이름을 적어두고, 황제가 붕어한 후에만 그 편액을 개봉할 수 있도록 했다. 이렇게 함으로써 황자들간에 태자위를 놓고 비일비재하던 암투를 가라앉힐 수 있었다. 그후 강희제가 죽고 개봉된 편액 속에는 넷째 아들인 윤정의 이름이 씌어 있었다.

윤정은 학문을 좋아하고, 걸음을 걸을 때는 다른 사람의 그림자를 밟지 않고 개미로 피해갈 정도로 문약한 사람이었다. 그러나 일단 황제가 되자 과감하게 개혁을 단행하고 제위를 찬탈하려는 동생 윤사(允禩)와 윤당(允禟)의 반란을 제압하고, 병권을 장악하여 대권을 공고히 했다.

강희 말년에 법망이 문란해지고 관리들이 부패하여 백성들을 갈취하여 민란이 발생하는 등 그 폐해가 점차 심각성을 드러냈으나 강희제는 그것에 대해 그다지 큰 관심을 기울이지 않았다. 이런 어려운 시기에 황제가 되어 친정하게 된 옹정제는 강한 자신감과 포부로 "관리의 기강과 풍기의 퇴폐로 인한 폐해가 송나라 이래로 점점 증가하여 이제는 더이상 손을 써볼 수도 없을 지경에 이르렀으니, 이제 짐은 혼신의 힘을 다해 천년의 악습을 고치겠다"고 다짐했다.

그러면 옹정제는 어떻게 관리의 악습을 개혁했는가?

옹정제는 먼저 각 지방관에게 매년 겨울의 적설량, 봄과 여름의 강우량, 보리와 양잠의 생산현황, 한재나 홍수의 유무, 추수량, 곡식 가격을 보고하게 했다. 아울러 벼슬이 높고 낮은 관리에 따라 다른 노선을 통해 보고하도록 하여 이것을 옹정제 자신이 직접 비교, 검토하여 행정상의 허실을 밝혔다. 그리고 문관이 부지사(府知事), 무관이 총병관(總兵官)으로 임명되어 임지로 떠나기 앞서 반드시 궁으로 불려들어가 옹정제를 알현하였다. 이때 황제는 그들에게 각자의 임무에 따른 훈시를 했다. 이렇게 훈시를 받은 관리들은 임지에 도착하자마자 황제 알현시에 받은 훈시를 다시 복명해야 했다.

또한 중앙정부의 관리와, 총독·순무와 같은 지방 요직에 있는 관리들에게 내각의 문서를 송달하여 이에 대한 자기의 의견을 황제에게 직접 보고하도록 하는 주접(奏摺)제도를 확대했다. 주접을 올릴 수 있는 관리계층이 확대되자 옹정제는 더욱 광범위하고 정확한 정보를 얻을 수 있었으며, 이런 정보를 통해 지방관리의 행동을 낱낱이 파악할 수 있었다.

그리고 옹정제는 황제에게 올려지는 모든 문건을 관리들이 먼저 검열을 하던 예전의 관례를 폐지, 모든 문건이 밀봉된 상태로 직접 자기에게 전달되도록 했다. 옹정제는 이렇게 올라온 문건들을 일일이 검토하여 그 문건의 내용에 적합한 칙령을 내렸으며, 만약 특별한 명령이 있을 경우에는 문건의 공백에 붉은 글씨로 써서 그 문건을 제출한 사람에게 돌려주었다. 이 붉은 색으로 씌어진 황제의 친필이 유명한 옹정제의 '주비유지(硃批諭旨)'이다. 옹정제는 간단명료한 글로 관리들을 격려하거나 꾸짖고, 때론 추궁하여 자신이 언제나 그들의 모든 행동에 관심을 가지고 주시하며 파악하고 있음을 알려 백성들을 함부로 수탈하지 못하도록 했다.

그러므로 옹정제가 검토한 문건에는 언제나 주비유지로 가득하다. 이런 유지들은 후대의 황제가 다스리는데 참고하게 하고자 요점을 가려 뽑아 출판하기도 했다. 이것을 인쇄할 때에도 신하가 올린 주접의 원문은 검은색으로, 황제의 주비는 붉은색으로 했다. 이것을 엮은 것이 『옹정주비유지(雍正硃批論旨)』로 총 120여 권에 달하는 방대한 양이니 정사에 전력을 다하는 옹정제의 태도는 오늘날에도 많은 사람들의 경탄을 자아내게 한다.

또한 옹정제는 중국의 변방지역인 광서, 사천, 귀주와 운남 등지의 소수민족에 대한 통치를 강화하기 위해 운귀총독(雲貴總督) 악이태(鄂爾泰)의 건의를 받아들여 '개토귀류(改土歸流)'를 실시했다. 지금까지 중국에서는 변방지역을 직접 통치하기가 어려워 그 지역 사람을 사관(土官 : 문관직), 토사(土司 : 무관직)로 임명하여 관리하도록 했다. 이런 정책으로 중국은 명목상으로만 변방지역을 통치하고, 실제로 그들 소수민족은 중국에 예속되지 않고 자유롭게 자기들의 풍속습관을 그대로 유지하며 지내고 있었다.

그런데 이들 사관, 토사들의 횡포가 날로 극심하여 현지 주민들을 수탈할 뿐만 아니라 어떤 때는 조정에서 임명한 관리가 다스리는 지역을 침범하고, 외지에서 오는 행인, 사신들을 공격하기도 했다. 그러므로 청나라는 회유와 무력으로 사관과 토사를 삭탈관직하고 조정에서 임명하는 관리를 파견했는데, 이것이 바로 개토귀류 정책이다. 이 일로 인해 중국은 명실상부한 통일을 이룩했고, 중앙집권체제가 더욱 공고해졌다.

옹정제는 늘 새벽 4시면 일어나 7시가 되면 정무를 처리하고, 대신이나 외국사신들을 접견하고, 저녁 7, 8시 가량이면 취침하고, 어떤 때는 밤에도 책상에 앉아 주접을 처리하기도 했다. 이렇게 그가 하루에 처리하는 주접은 적어도 2, 30장에서 많으면 5, 60장이었다.

　짐은 신체제를 행하기로 뜻을 세워 천하를 거느리고…… 짐이 대
신을 접견하거나 혹은 정무를 지휘하느라 무척 바쁘다. 또한 하루
의 마음을 안정시키지 못해 어떤 때는 밤에도 열심히 일한다.

　강희제는 정치에 싫증을 느꼈을 때 아름다운 강남의 풍경을 보기
위해 남순(南巡)이라는 명목으로 수차례 멀리 소주, 항주에까지 유람
하기도 했다. 건륭제는 강희제보다 더 분방하게 각지를 돌아다녔으나
옹정제가 재위기간에 가장 멀리 간 곳은 북경 근교 서산의 별장으로,
그곳에서 과도한 정무에 지친 머리를 잠시 식힐 뿐이었다.
　이렇게 옹정제는 재위 13년 동안 오로지 정무에만 심혈을 기울이고
역대 황제들과 같이 주색을 탐하는 일이 없었다. 고지식하고 융통성
이 없다고 할 수 있을 정도로 오직 정무에 열중했던 옹정제는 마침내
1735년 8월 21일, 57세의 한창 나이에 과로로 세상을 떠났다.
　역사의 기록에 의하면 옹정제는 8월 20일 낮에도 정무를 처리했는
데, 저녁에 병이 들어 다음날 아침에 세상을 떠났다고 한다. 돌연한
옹정제의 죽음으로 인해 어떤 사람은 그의 사인을 중풍이라고 하고,
어떤 사람은 옹정제가 평소에 불교, 도교, 미신 등을 믿으면서 장생
약(長生藥)을 먹어 중독되어 죽은 것이라고도 한다.
　또 민간에서는 여사랑(呂四娘)의 칼에 맞아 죽었는데, 여사랑이 그
의 머리를 베어 갔다고 한다. 그러나 이것은 중화민국 초기에 허세영
(許世英)이라는 사람이 지은 「옹정검협도(雍正劍俠圖)」에서 유래된 소
문에 불과하다. 어떤 사람은 이 말의 신빙성을 증명하기 위해 『요재
지이(聊齋誌異)』의 「협녀(俠女)」편의 주인공이 바로 여사랑이며, 그녀
는 옹정제 때 문자옥으로 죽은 여류량(呂留良)의 딸이라고 한다. 그러
나 『요재지이』의 저자 포송령(蒲松齡)은 옹정제가 등극하기 전에 이미
죽었으니 이것은 전혀 앞뒤가 맞지 않는 소문일 뿐이다.

옹정제의 뒤를 이어 황위를 계승한 사람은 고종(高宗) 홍력(弘曆)으로 그가 바로 건륭제(乾隆帝 : 1711~99)이다. 건륭제는 강희제와 옹정제가 이룩한 탄탄한 기반 위에 자신의 치적을 순조롭게 쌓고, 온갖 부귀와 함께 최장수 재위를 기록한 행운의 황제이다. 중국의 역대 천자들 가운데 한 무제의 재위기간이 55년, 양 무제와 명 만력제가 48년, 명 가정제가 45년, 당 현종이 44년이고, 청 강희제의 재위기간은 무려 61년에 달한다.

그러나 건륭제는 즉위한 지 60년 후에 제위를 가경제(嘉慶帝)에게 물려주고 자신은 상황(上皇)이 되어 약 4년간을 지냈다. 그러므로 건륭제의 실제 재위기간은 64년이라 할 수 있다. 또한 강희제는 8세의 어린 나이로 즉위했기 때문에 처음 수년간은 친정을 하지 못했으나 건륭제는 25세에 즉위하여 천하를 호령했으며, 강희제가 68세로 생을 마감한 것에 비해 그는 88세로 장수를 누렸다.

건륭제의 치세 때에는 전국의 경지면적이 순치(順治) 말년에 비해 3분의 1이 증가했고, 건륭 말기의 중국 인구는 3억을 돌파했으며, 상업도 번성하여 자본주의의 맹아가 싹트기 시작했다.

강희제, 옹정제와 마찬가지로 건륭제도 지식인들을 회유하기 위해 많은 노력을 기울였으며, 이들을 모아 사상 통제를 위해 고서 편찬에 주력했고, 반청(反淸)의 내용이 있는 서적은 그 문장을 삭제하거나 불태워 버렸다. 이런 의도로 강희제 때에는 『강희자전(康熙字典)』, 『패문운부(佩文韻府)』가 편찬되었고, 『고금도서집성(古今圖書集成)』 1만권은 옹정제 때에 완성되었다. 건륭제 때에는 당시의 유명한 학자들이 동원되어 15년에 걸쳐 『사고전서(四庫全書)』를 완성했다.

그러나 만약 조금이라도 반청 사상·행위가 있다고 여겨지면 문자옥을 통해 가차없이 처단했다. 이로 인해 강희 때에는 '명사안(明史案)', '남산집안(南山集案)'을, 옹정제 때는 '주본안(朱本案)', '서정수필안(西征隨筆案)' '시제안(試題案)', '여류량안(呂留良案)', '통감론안(通鑑論案)'이 있었고, 건륭제 시기에는 내각학사 호중조(胡中藻), '양주 동대거인(東臺擧人) 서술기(徐述夔), 강서거인 왕석후(王錫候) 등과 같은 크고 작은 70여 건의 문자옥이 있었다.

무수히 많은 사람들의 생명을 앗아간 이 문자옥이라는 것은 실로 어처구니 없는 제왕들의 살인행위에 지나지 않았다.

건륭제 때의 내각학사 호중조의 사건을 보면 그가 지은 『견마생시초(堅磨生詩抄)』에 '일파심장륜탁청(一把心脹淪濁淸)'이라는 구절과 그가 쓰려는 제목 '건삼효부상용설(乾三爻不象龍說)'이 건륭제의 비위에 거슬린 것이다. 청나라의 국호 '淸'자 위에 '濁'자를 쓴 것은 무슨 의도냐? 또한 '乾三爻不象龍說'에서 '乾隆'은 나의 연호인데 '隆'자와 '龍'자는 발음이 비슷하니 그것은 결국 나의 연호를 훼손하려는 것이 아니냐? 이런 건륭제의 노기로 호중조가 참수당한 것은 물론 그의 친족들이 죽고, 호중조의 스승으로 이미 오래 전에 사망한 악이태의 묘가 파헤쳐졌으며, 그의 아들 악창(鄂昌)이 일찍기 호중조와 내왕했다는 이유로 자진하게 했다.

일찍기 스스로를 무예의 일인자라고 자부하여 자기를 '십전무공(十全武功)', '십전노인(十全老人)'이라 부르던 건륭제는 그의 자부심에 걸맞게 무공 방면에서도 뛰어난 활약을 보였다. 두 차례에 걸친 '회갈이의 역(淮葛爾之役)'을 평정하고, 회강(回疆), 대금천(大金川), 소금천(小金川), 곽이객(廓爾喀), 미얀마, 안남의 역 등을 평정함으로써 중국 변방 수비와 소수민족의 수용에 큰 공적을 세우는 한편 동아시아 전역을 중국의 세력범위 안에 두고 통치할 수 있게 했다.

건륭제는 자주 남순을 했는데, 그가 한번 남순할 때마다 막대한 비용이 지출되었다. 옹정제의 치적으로 이루어진 풍부한 재정을 바탕으로 건륭제는 자기가 하고 싶은 것에는 돈을 아끼지 않았다.

그는 남순할 때에는 미리 관리를 파견하여 도로를 정비하게 하고 행궁을 세우곤 했다. 그 결과 북경에서 항주까지 왕복 6천리의 연도에 건설된 행궁이 30여 개, 개울이 있는 곳에는 돌다리를 놓고, 돌과 황토로 도로를 포장하고, 자신이 지나가는 길 30리 이내에는 공복을 입은 지방관리가 어가를 맞이하고, 백성들은 길가에 부복하고 있어야 했다. 또한 강에 어주(御舟)를 띄우면 병사 3,600여 명이 여섯 조로 나누어 배를 끌고, 앞에는 어전대신 등의 관병이 길을 열고 뒤에는 군기처 등의 관원들이 수행하면서, 강의 양안에는 기병이 배와 보조를 맞추어 행군하며 언제라도 명령을 수행할 준비를 하고 있었다.

또한 머무는 곳마다 여관(女官)과 관료들에게 주연을 베풀고 상으로 관병에서부터 관리들에 이르기까지 모든 사람들에게 은 한 두 냥에서 다섯, 여섯냥씩 하사하곤 했다.

건륭제는 이렇게 화려한 규모의 남순 6번 외에 오대산으로의 순행이 5번, 곡부(曲阜)에 가 제사지낸 것이 5번, 천진으로 순유한 것이 2번, 숭산(嵩山) 등정이 1번, 피서하기 위해 열하(熱河)에 간 것이 여러 차례이니 그가 쓴 비용은 상상하기가 힘들 정도이다. 이렇게 한도 끝도 없는 건륭제의 낭비로 인해 청나라는 점차 쇠퇴하기 시작했다.

건륭제와 더불어 청나라의 쇠퇴에 더욱 박차를 가한 인물이 있으니 그는 바로 건륭제의 총신 화신(和珅)이다. 화신에 대한 건륭제의 총애는 유별났는데, 그들 사이의 기이한 인연에 대한 다음과 같은 이야기가 전해지고 있다.

어느 날 건륭제가 급하게 행차하려 할 때 해가리개가 보이지 않았다. 몹시 화가 난 건륭제는 "이것이 누구의 허물이냐(是誰之過歟)"라고 물었다. 이때 낭랑한 목소리로 "전수자부득사기책(典守者不得辭其責)"이라고 대답하는 사람이 있었다. 이 말을 들은 건륭제는 깜짝 놀랐다. 건륭제가 말한 '是誰之過歟'는 『논어』 「계씨(季氏)」편에 나오는 말이고, 건륭제의 물음에 대답한 말은 바로 주희의 주석이기 때문이다. 하찮은 시종들 가운데 인재가 있다고 생각한 건륭제는 그와 대화를 나누면서 문득 한 여자의 얼굴이 떠올랐다.

옹정제 때 일이 있어 잠깐 입궁했던 건륭제는 우연히 옹정제의 후궁 하나가 거울 앞에서 구름처럼 풍성하고 윤기있는 머리를 빗어 틀어올리는 모습을 보게 되었다. 고혹적인 몸매와 꽃같은 얼굴을 보고 잠시 넋을 잃던 건륭제는 자기도 모르게 장난기가 발동해 살짝 그녀의 뒤로 가서 손으로 두 눈을 가렸다. 깜짝 놀란 후궁이 무의식중에 들고 있던 빗으로 힘껏 자기의 뒤를 내리치자 공교롭게 건륭제의 앞이마가 찍혀 상처가 났다.

그 다음 날 예전과 다름없이 건륭제가 모후에게 문안을 드리는데, 그의 앞이마에 난 상처를 본 황후가 그 연유를 캐물었다. 이리저리 핑계를 대던 건륭제는 황후의 끈질긴 추궁에 하는 수없이 전후사정을 털어놓았다. 그러자 황후는 그녀가 황자(皇子)를 희롱했다며 자진하라는 명령을 내렸다. 건륭제가 그녀를 위해 변명을 하면 할수록 황후의 노기는 더욱 심해졌고, 마침내 그 후궁은 목을 매어 죽고 말았다.

자신의 장난으로 인해 꽃다운 여자가 죽자 극도로 상심한 건륭제는 자기의 서재로 돌아가 무릎을 꿇고 그녀를 위해 기도했다.

"내 잘못으로 그대가 죽었으니 그대가 다시 태어나 20년 후에 만날 수 있다면 반드시 모든 것을 그대와 나누겠소. 만약 내가 이를 어긴다면 천지신명이 나를 벌하실 거요."

그런데 오늘 이목이 청수한 화신이라는 인물을 만난 건륭제는 어딘지 모르게 그가 그때의 그 후궁같다는 느낌이 들었다. 더욱 공교로운 것은 그의 나이를 꼽아보니 그녀가 죽은 햇수와 같고, 화신의 목에는 목을 매달은 흔적인 듯한 붉은 줄이 있었다.

다음날 건륭제는 화신를 황궁시위(皇宮侍衛)로 임명했고, 그후 십년도 못되어 그는 군기대신(軍機大臣)과 내무부대신(內務府大臣)을 겸직하게 되어 일인지상 만인지하의 지위를 누리며 정무를 휘둘렀고, 그의 아들은 건륭제의 열 번째 딸 화효공주(和孝公主)를 아내로 맞이했다.

그러나 건륭제가 죽은 지 3일만에 대신들이 분분히 화신을 처벌해야 한다는 상소를 올렸다. 그에 대해 못마땅하게 생각하던 가경제는 그의 죄 20여 항목을 발표하고 하옥한 후 자진하도록 했다. 화신이 죽은 날 그의 전 재산이 몰수되었는데, 의류만도 담비가죽옷이 1,502

벌, 다른 동물의 가죽옷이 1,243벌, 비단옷을 비롯한 의류가 5,316벌에 달했다고 한다. 또한 그의 집에서 나온 백은이 8억 냥이 넘었는데 당시 청나라 한 해 수입이 대략 7천냥이었으니 그 어마어마한 규모를 가히 짐작할 수 있으리라. 그러므로 인종 가경제 때 민간에는 "화신이 쓰러지니 가경제가 배부르다"라는 말이 유행했다고 한다.

어쨌든 이런 어마어마한 재산을 형성하기까지 화신이 저질렀으리라 짐작되는 부정을 상상해 보면 청나라의 쇠퇴에 그는 빼놓을 수 없는 인물일 것이다.

일찌기 건륭제는 재위 초에 향을 피우고 하늘에 제사를 지내며 만약 재위 60년이 된다면 제위를 후계자에게 양위하겠다고 맹세했다. 그러므로 은밀히 자신의 후계자를 물색해 두었으나 두번이나 후계자로 염두에 두었던 아들들이 요절했다. 그리하여 세번째로 정한 열다섯 번째 아들인 가친왕(嘉親王) 옹염(顒琰)에게 제위를 물려주고 자신은 태상황이 되었으니 이때가 1796년 정월이다. 태상황으로서 모든 정사를 잊고 더욱 사치와 쾌락에 탐닉하던 건륭제가 1799년 병이 들어 죽으니, 그의 나이 88세였다.

임칙서

아편전쟁의 도화선

　임칙서(林則徐 : 1785~1850)의 자는 소목(少穆), 원무(元撫)이고, 만년에는 호를 준촌노인(竣村老人)이라 했으며, 복건 후관(侯官) 태생이다. 그의 부친은 과거급제하는 것을 목표로 열심히 공부했으나 안질로 인해 학업을 중도에 포기하고 시골에서 아이들을 가르치면서 궁핍한 생활을 영위하고 있었다.

　그러나 그는 자기가 이루지 못한 꿈을 아들에게 성취하게 하고자 당시의 대학자인 서건학(徐乾學)에게서 아들의 이름을 받아 '칙서(則徐 : 서건학을 본받으라는 뜻)'라고 지었다. 임칙서는 이런 부친의 기대를 저버리지 않아 12살 때 부시(府試)에서 1등을 하고, 19세 때는 거인(擧人)이 되었다. 그후 가경 16년(1811)에 과거에 급제하였으니 그의 나이 26세였다.

　당시 급제자는 모두 237명인데 임칙서는 7등이라는 우수한 성적으로 급제하여 순탄하게 벼슬길로 들어서게 되었다. 이때부터 한림원의 각 부서를 두루 거치며 약 7년간을 북경에 머물렀다. 임칙서는 한림원에 근무하게 된 것을 크게 기뻐하며, 한시도 쉬지않고 수많은 장서 속에 묻혀 중국의 정치연혁과 경세치용의 학문 연구에 몰두했다.

　그후 임칙서는 호주 농민의 반란을 진압하여 황제의 호감을 샀고,

486

다시 절강염운사, 강소안찰사, 강소순무 등을 역임했다. 임칙서가 강소순무가 되었을 때에 양강총독 도주와 의기투합하여 자신의 역량을 발휘할 수 있었다.

임칙서가 벼슬하던 때 청나라는 은(銀)의 부족으로 백성들의 생활이 곤란한 지경에 이르렀다. 그 원인으로 가장 중요한 것은 영국과의 아편무역으로 인한 것이었다. 당나라 때 조공품의 한 품목으로 중국에 들어오기 시작한 아편은 황실, 고관, 급기야는 민간의 부유층에까지 급속히 확산되어 있는 상태였다. 중국의 풍부한 물산, 더우기 비단, 찻잎, 자기 등을 구입하던 영국은 물건값을 은으로 지불했다.

그러나 영국에서 중국의 물건을 애호하는 왕실, 귀족들의 수요로 중국에 지급하는 백은이 해마다 증가했다. 당시 영국에서는 산업혁명이라는 역사의 전환기를 맞이하여 많은 자본이 필요하게 되었다. 결국 영국은 은의 유출을 막기 위한 방편으로 인도에 면직물을 팔고 원료를 수입하는 인도에서 아편을 가져다 중국에 넘기고, 중국에서는 차와 비단을 수입하기 시작했다. 또한 지금까지 동인도회사가 중국과의 교역을 독점했었는데, 이것이 폐지되자 많은 영국 상인들이 이윤이 높은 아편무역에 손을 대기 시작했다.

이런 여러 가지 원인으로 결국 중국의 아편 수입량이 총수출량을 초과하자 중국 은의 해외유출이 급격히 증가하게 되었다. 이것은 은본위제도를 실시하고 있는 중국의 경제에 큰 타격이 되었다. 차츰 사태의 심각성을 인식하게 된 청나라 조정에서는 이때부터 아편을 금지한다는 명령을 내리고 강력한 규제를 펼치기 시작했다.

그러나 이미 아편에 중독된 사람들은 수단과 방법을 가리지 않고 아편 구입에 혈안이 되어 조정의 정책은 아무 실효를 거두지 못하고 말았다. 아편문제가 청나라 조정이 가장 시급하게 처리해야 할 현안으로 등장하자 도광제(道光帝)는 대신들에게 이에 대한 대응책을 제안하도록 했다.

이때 호광총독(湖廣總督) 임칙서가 도광제에게 「조진아편금연소(條

陳鴉片禁煙疏)」를 올리며 이미 상주된 황작자(黃爵滋)의 엄금론을 옹호하면서 구체적이고 강경한 방법을 제시하였다. 그의 의견은 즉각 황제에게 받아들여졌고, 황제는 그를 흠차대신(欽差大臣)으로 봉하고 광동으로 파견하여 아편 흡연을 근절시키도록 했다.

도광 19년(1839), 광동에 도착한 임칙서는 먼저 주도면밀한 계획을 세운 후 비밀리에 광동에서의 아편문제에 관한 실정을 조사했다. 이에 아편의 밀수, 흡연장의 개설과 영국 선박이 아편을 운반한다는 등의 정보를 입수했다. 그리고 아편 금령을 선포함과 동시에 아편 판매상들은 3일 내에 그들이 소유한 아편을 가져오고, 외국 상인들은 앞으로 영원히 중국에 아편을 팔지 않겠다는 약속을 하라고 요구했다.

그러나 외국 상인들로서는 많은 이익이 보장되는 사업을 하루아침에 포기한다는 것은 거의 불가능에 가까운 일이었다. 외국 상인들은 이에 대한 대책을 세우고, 그의 금령을 저지하기 위해 영국 무역감독관 엘리옷이 직접 광동으로 와서 임칙서의 명령을 무시하고 아편 판매상들을 비호했다. 이에 임칙서는 아편을 피우는 사람 외에 그들에게 기구나 설비를 제공하는 사람에게도 엄벌을 내리는 한편, 중국과 영국의 무역을 전면 중지시키고 군대를 파견하여 영국 상관(商館)을 포위했다.

영국 상관이 포위되어 식량이 떨어져도 구입할 수 없게 되자 상인들은 어쩔 수 없이 자신들이 갖고 있던 아편 20,238상자를 넘겨주었다. 1839년 6월 3일, 임칙서는 몰수한 아편을 호문(虎門) 모래사장에서 소각시켰는데, 당시 이 아편을 소각하는데 20여 일이 걸렸다고 한다.

이 사건으로 양국이 팽팽하게 긴장되어 있는 상태에서 영국의 한 수병이 중국인을 살해하는 사건이 발생했다. 이에 임칙서는 살인한 영국 수병의 인도를 요구했으나 무역감독관 엘리옷은 이를 거절했다. 이 분쟁을 계기로 영국은 자국 상인들의 이익을 더욱 확대하고자 전쟁을 선포, 1840년 6월, 엘리옷을 총사령관으로 임명하고 원정군을 광동에 파견했다.

이미 무력충돌이 발생할 것을 예측하고 있던 임칙서는 바다를 방어하는 데 전력을 기울였고, 전쟁 초기에 허약한 정규군을 재조직하고 의용군을 모집하여 유격전으로 크게 승리를 거두었다.

처음 접전에서 패배한 영국은 작전을 바꾸어 광동을 포기하고 연해를 따라 북상해 대고(大沽)를 공격하여 북경을 위협했다. 그러자 크게 놀란 청 조정에서는 영국과 협상해야 한다는 평화론이 분분하자 황제는 중론에 따라 임칙서를 해임하자 영국군은 광동으로 철수했다.

이듬해인 도광 21년(1841), 임칙서는 아편전쟁을 일으킨 책임을 물어 삭탈관직당하여 신강으로 유배되고, 직예총독(直隷總督) 기선(琦善)이 영국측과 홍콩의 할양, 배상금 6백만 원 지급, 국교 평등을 골자로 한 협약을 체결하기로 결정했다.

그러나 이 협약안이 조정에서 받아들여지지 않자 기선은 협약 체결 장소에 나타나지 않았다. 그러자 마침 체결하기로 한 내용에 만족하지 못했던 영국이 재차 거병하여 홍콩, 하문(厦門), 영파(寧波), 진강(鎭江)을 거쳐 남경으로 향했다.

사태가 다급해지자 청 조정에서도 어쩔 수 없어, 상해, 영파, 하문, 복주, 광주의 개항, 홍콩의 할양, 배상금 2천만 원 지급, 영국인의 자유무역 허가 등을 골자로 하는 남경조약이 체결되고, 이로써 아편전쟁은 종식되었다. 이 때가 1842년 8월이다. 이 남경조약으로 중국은 처음으로 외국과 불평등조약을 맺게 되었고, 그 후 이런 불평등조약이 꼬리를 물게 되었다.

한편 신강에서 3년간의 유배생활 끝에 사면된 임칙서는 다시 중용되어 섬감총독(陝甘總督) 대리, 섬서순무, 운귀총독 등을 역임하였다. 그가 운귀총독(雲貴總督)으로 있을 때 한족과 회교도 사이에 일어난 분쟁을 공정하게 처리하여 많은 백성들의 존경을 받아 그가 운남을 떠날 때에는 많은 사람들이 그와의 이별을 아쉬워 하였다.

도광 30년(1850), 태평천국의 난이 일어나자 조정에서는 은거하며 요양중이던 임칙서를 흠차대신으로 임명해 난을 진압하도록 했다. 그러나 광동성에 이르러 임칙서는 지병에 행군으로 인한 피로가 겹쳐 급서하고 말았다.

임칙서는 원래 천부적 자질을 갖춘 정치가로, 아편문제로 영국과 협의하는 과정에서 중국도 새롭게 변화되어야 한다는 것을 깨닫게 되었다. 그는 지금까지의 편협한 중화사상에서 벗어나 서양 근대문명에 대해 배워야 할 것이 많다는 것을 알고, 원덕위 등 막료들에게 외국의 역사와 지리를 연구하게 하는 한편, 외국의 동태를 알기 위해 신문, 잡지, 서적의 수집과 번역을 적극적으로 지원하여 『사주지(四洲志)』, 『화사이언(華事夷言)』 등을 편찬했다.

또한 국제법에 관한 책을 번역했는데, 그 가운데 상업허가증을 발급받는 법을 이용하여 상대의 상품거래를 봉쇄·금지시킴으로써 나라의 주권을 지키는데 온힘을 기울이기도 했다. 임칙서의 이런 업적은 중화사상에서 깨어나지 못한 채 아편의 연기 속에서 허우적대던 당대의 권력층들 속에서 시대를 꿰뚫어보고 앞서가는 선구자의 면모를 보여주어 후일 중국 근대화에 많은 영향을 끼쳤다.

서태후

철의 여인

청나라에는 3년마다 팔기(八旗 : 만주족의 군대조직)의 여자들 가운데 수녀(秀女)를 뽑아 입궁시키는 제도가 있었다. 청 문종(文宗) 혁저(奕詝) 함풍황제(咸豊皇帝) 때 만주 팔기 가운데 양황기인(鑲黃旗人) 혜정(惠征)의 딸 엽혁나랍씨(葉赫那拉氏)가 수녀로 뽑혀 궁으로 들어갔다.

엽혁나랍씨의 집안은 대대로 관료를 지내 비교적 풍족하게 생활하여 그녀는 어려서부터 좋은 교육을 받을 수 있었다. 더우기 그녀는 총명하여 만주어와 한어에 정통하고, 『시경』과 『서경』 등의 경서와 악기, 서법, 그림을 배웠다.

또 부친을 따라 강남에 거주했기 때문에 북방에서 생장한 대부분의 팔기 여자들과 달리 남방 소녀들 특유의 부드러움과 영민함을 가지고 자신을 치장하기 좋아했다. 또한 천부적으로 빼어난 그녀의 미모는 보는 사람을 매혹시키기에 부족함이 없었다.

그러던 어느 날 엽혁나랍씨가 수녀로 뽑혀 입궁하게 된 것은 어려서부터 당의 칙천무후를 흠모하여 그녀와 같이 대권을 쥐고 국가를 다스려 보고 싶다는 야망을 키우고 있던 엽혁나랍씨에게는 하늘이 준 좋은 기회였다. 기회가 오면 놓치지 않을 자신이 있던 그녀는 꿈에 부풀어 황제의 은총을 입을 날만 기다리고 있었다.

그러나 갓 들어온 수녀가 궁 안의 많은 비빈들에 둘러싸인 황제의 눈에 띄는 기회란 극히 드물어 대부분의 꽃다운 청춘들은 궁의 한 구석에서 이제나 저제나 하다가 중년을 맞이하는 경우가 비일비재했다. 아무리 자신의 미모와 재능에 자부심이 강하고 권력에의 야망을 꿈꾸고 있는 엽혁나랍씨라도 궁에 들어간 지 이미 여러 달이 지났으나 황제의 그림자조차 볼 수 없는 상황에서는 별 도리가 없었다.

이런 경우 평범한 여자들은 자신의 운이 없음을 한탄하며 세월만 보내지만, 의지가 굳고 총명한 엽혁나랍씨는 황제를 모시는 태감에게 뇌물을 주고 황제의 행적을 살피기 시작했다. 그후 그녀는 하루도 빠짐없이 황제가 자주 지나가는 길목에서 부드럽고 달콤한 강남의 노래를 부르며 나날을 보냈다.

그녀의 정성에 하늘이 감복했는지, 어느 날 그 길을 지나던 함풍황제가 그녀의 노래를 듣게 되었다. 결국 곱게 단장한 그녀는 황제의 앞으로 불려갔고, 만주족같지 않은 그녀의 뛰어난 미모와 우아하고 부드러운 자태는 황제를 첫눈에 반하게 하기에 충분했다. 이제 황제의 귀는 더이상 그녀가 부르는 강남 노래를 듣지 않았고, 오로지 그녀의 아리따운 얼굴만 바라볼 뿐이었다.

· 그 날부터 황제는 꿈인 듯 환상인 듯한 사랑놀이에 빠져 헤어날 줄을 몰랐다. 그리고 함풍 2년(1852), 엽혁나랍씨는 난귀인(蘭貴人)으로 봉해졌고, 함풍 4년에는 의빈(懿嬪), 함풍 6년에는 함풍황제에게 유일한 아들인 재순(載淳)을 생산함으로써 의비(懿妃)로 봉해졌으며, 그 이듬 해에는 의귀비(懿貴妃)로 격상되었다. 궁중에서 그녀의 지위는 황후보다 한 단계 낮지만, 다음 제위를 물려받을 황자의 모후라는 것으로 볼 때 그녀의 위치는 이미 황후를 멀리 앞서고 있었다.

황제의 은총을 한 몸에 받게 된 의귀비는 여자는 정사에 간여할 수 없다는 청나라의 규칙을 의식하며 용의주도하게 조금씩 정무를 배웠다. 어쩌다 황제가 정무에 관한 문제를 언급하게 되면 조심스럽게 자기의 의견이나 계책을 지나가는 말처럼 흘리곤 했다. 이런 일이 거듭되면서 함풍황제는 의귀비가 뛰어난 정치적 감각이 있음을 발견하고 차츰 일이 생기면 그녀의 의견을 물어 시행하는 경우가 많아졌고, 때론 서법에 능한 그녀에게 공문을 쓰게 하는 일도 있었다.

이에 따라 의귀비는 조정의 실력자가 누구인지, 어떤 제도가 있는지, 나라 안팎의 정세가 어떤 지를 알게 되었고, 그녀는 새로운 사실을 알 때마다 그것을 잘 기억해 두었다.

그런데 당시 영국은 애로우호 사건으로, 프랑스는 선교사 살해사건을 빌미로 연합하여 대고(大沽)와 천진을 함락시켰고, 러시아와 미국의 중재로 천진조약을 체결했다. 그 후 함풍 10년(1860), 비준서 문제로 마찰이 생기자 연합군이 다시 북경을 함락시켰다. 이때 함풍황제는 열하로 몽진하고 함풍황제의 이복동생 공친왕(恭親王) 혁흔(奕訢)의 주도로 북경조약이 체결되어 사태는 마무리되었다. 하지만 이듬해 7월 17일 황제가 열하에서 31세의 젊은 나이에 세상을 떠났다.

이에 태자 재순(載淳)이 겨우 6세의 나이로 즉위하여 목종 동치황제(穆宗同治皇帝)가 되었고, 황후는 성모태후(聖母太后), 황제의 생모 의귀비는 모후태후(母后太后)라 불리웠다. 그 후 다시 이들을 구별하기 위해 명호에 따라 자안황태후(慈安皇太后), 자희황태후(慈禧皇太后)로 개칭했다. 그러나 흔히 자안황태후가 자금성내 동쪽의 종수궁(鍾粹宮)에 기거하기에 동태후(東太后), 자희황태후는 서쪽 저수궁(儲秀宮)에 기거하여 서태후(西太后 : 1835~1908)라고 불렀다.

그러나 여자는 국정에 간여하지 못한다는 청조의 규칙으로 인해 어린 황제는 함풍황제의 유지에 따라 숙순(肅順), 재환(載垣) 등 대신들의 보필을 받으며 국정을 처리하고 있었다. 자신의 일생의 꿈이 눈앞에 다가왔음을 감지한 서태후가 서서히 야망의 날개를 펴기 시작했다. 그녀는 북경에 있는 혁흔과 공모하여 이들 대신들을 먼저 북경으로 돌아가게 하고, 자신과 동태후와 황제의 출발을 지연시켰다.

아무 것도 모르고 황제보다 한 발 앞서 북경으로 돌아가던 8명의 대신들은 그날 밤 태후의 밀명을 받은 순친왕(醇親王) 혁환(奕譞)의 습격으로 모두 황천길을 걷게 되었다. 역사에서는 이것을 열하의 정변, 혹은 신유정변이라고 한다. 정변에 성공한 두 태후는 어린 황제를 위해 성대한 대관식을 거행하고, 연호를 동치(同治)라 한 후 수렴청정을 실시했다.

이것은 명목상으로는 두 태후의 수렴청정이었으나 실제로는 서태후가 정사를 좌우하고 있었다. 동태후는 여자는 재주가 없는 것이 덕이라는 교육을 받으며 자라 글자도 제대로 깨우치지 못하고 있었다. 그래서 신하들이 올리는 모든 문서는 서태후가 먼저 열람한 후 동태후에게 그 뜻을 설명하고서 태후를 비롯한 다른 대신들의 의견에 따라 정사를 처리했다.

이렇게 정무를 처리하는 과정에서, 서태후는 대신 개개인에 대해서나 전반적인 국정문제에 있어서 대신들과의 질의응답에 매우 해박한 지식과 정연한 논리로 자기의 의견을 개진하였다. 이로 인해 서태후는 어떤 일에는 동태후가 행사할 수 있는 모든 권한을 위임받았고, 정치권력도 점차 서태후의 손으로 이동되기 시작했다.

함풍황제 문종이 죽었을 때 서태후는 27살의 한창 나이였기에 권력, 물질, 정욕 등 모든 방면에 있어 그 표현이 상당히 강렬하였다. 만약 누구라도 그녀의 욕망을 저지하려고 한다면 자기의 친자식조차 장애물로 여길만큼 참지 못했다. 그래서 어린 목종 또한 엄격하고 냉혹한 모후보다 동태후에게 더욱 친근감을 느끼고 있었다.

서태후가 이렇게 독단으로 정권을 장악할 수 있었던 것은 그 동안 정책적으로 억눌려 왔던 환관들의 공헌을 빼놓을 수 없을 것이다. 이들 환관들은 서태후의 눈과 귀가 되어 궁중 내의 모든 정보를 수집하고, 그녀의 손발이 되어 온갖 악행을 자행했다. 또한 서태후는 그들의 충성에 대한 신뢰의 표시로 환관의 지위를 격상시켰다.

1887년, 조정의 대신들이 이홍장의 북양해군 열병식에 참가했을 때, 서태후의 총애를 받고 있던 환관 이연영(李蓮英)이 서태후를 대신하여 참가할 정도로 막강한 위세를 과시하기도 했다.

동치 11년(1872), 이미 성년이 된 목종이 자신의 비로 호부상서 숭기(崇崎)의 딸인 아로특씨(阿魯特氏)를 간택하자 시랑(侍郎) 봉수(鳳秀)의 딸을 황후로 삼으려던 서태후는 이에 불만을 품고 온갖 명목으로 이들 부부의 사이를 떼어놓으려 했다. 어느 날 서태후는 목종을 불러 말했다.

"황후가 아직 젊으니 독서를 많이 하여 예의를 배우는 것이 필요하오. 그러니 황제는 오늘부터 황후를 번거롭게 하지 마시오."

목종은 모친의 분부를 거역할 수 없으나 마음 속에는 늘 사랑하는 황후를 그리워하며 번민했다. 이때 한 환관이 목종에게 말했다.

"이렇게 지내는 것은 황제의 옥체에도 좋지 않은 영향을 끼칠 수 있으니 거리로 나가 기분전환 하시는 것이 어떻는지요. 황상께서 원하신다면 제가 극락세계와 같은 곳으로 모시겠습니다."

그가 말하는 극락세계와 같은 곳이란 바로 시중의 홍등가였다. 목종은 미복 차림으로 자주 그곳을 드나들다 마침내 매독에 감염되고 말았다. 황제를 진찰한 태의(太醫)들은 황제에게 어떻게 이런 화류병이 생겼는지 이해하지 못해 속수무책이었다. 결국 그들은 서태후에게 황제의 병이 천연두라고 보고해 서태후의 말에 따라 치료를 진행시켜 자기들의 책임을 면하고자 했다. 그리하여 매독을 천연두로 둔갑시켜 치료를 하니 병세가 더욱 악화되어 나날이 심해졌다. 병세가 악화되자 서태후가 목종의 병실로 달려왔으나 그녀가 근심한 것은 아들의 안위가 아니었다. 서태후가 목종에게 물었다.

"황후가 아직 오지 않았소?"

서태후는 황후가 아직 목종의 병실에 가지 않았다는 것을 묻고 병문안을 한 후 노기등등하여 황후의 거실문을 박차고 들어가 말했다.

"네가 아직 황상을 병문안 가지 않았다고 하는데, 그래도 네가 남의 아내라고 할 수 있느냐?"

"황상을 만나도 좋다는 어마마마의 허락이 없어 감히 가지 못하고 있었습니다.”

“네가 나한테 말대답을 하는 거냐?”

서태후는 말을 마치자마자 황후의 두 뺨을 때리고는 긴 손톱을 보호하는 금초(金硝)로 황후의 여린 피부를 할퀴니 깊이 패인 상처에서 흐르는 피가 그치지 않았다. 그로부터 며칠이 지난 뒤 목종이 세상을 떠나니 동치 13년(1874), 황제의 나이 겨우 19세였다.

동치제 목종이 후손이 없이 죽었으니 청나라의 법도상 황제와 가장 가까운 혈족으로 황제의 아랫대가 황위를 계승하게 되어 있었다. 이럴 경우 태황태후가 되는 서태후가 정사를 간여하기란 더욱 어려워지게 된다. 이에 서태후는 순친왕 혁환의 아들 재첨(載湉)을 추천했다. 누가 감히 서태후의 결정에 이의를 제기할 수 있겠는가? 이렇게 해서 덕종(德宗) 광서제(光緖帝)로 즉위한 재첨은 이제 겨우 4살이며, 서태후는 동태후와 함께 다시 수렴청정을 했다. 당시 목종비 의황후는 서태후의 핍박에 항거하여 단식하다 목종이 죽은 지 백일이 못되어 세상을 떠났는데, 이때 황후는 황자를 잉태하고 있었다.

광서제를 즉위시킨 후 서태후의 세력이 강대해지자 서태후는 동태후조차 안중에 두지 않고 전권을 휘두르기 시작했다. 서태후가 점차 안하무인격으로 전권을 휘두르자 광서 7년(1881), 동태후는 함풍제가 서거하기 전에 자신에게 남긴 유조(遺詔)를 서태후에게 보여 주었다. 그 유조를 본 서태후의 얼굴이 갑자기 창백해지면서 땅에 꿇어 앉아 머리를 조아리고 눈물을 흘리며 용서를 청했다.

서태후가 본 함풍제 유조는 만약 서태후가 정사에 간여하려 한다면 동태후는 그녀의 발호를 막아 언제라도 죽일 수 있다는 내용이었다. 사태가 여기에 이르니 아무리 천하의 서태후라도 자기 목숨의 생사여탈권을 쥐고 있는 동태후 앞에 어떻게 대항할 수 있겠는가? 본래 성품이 온화하고 남을 의심할 줄 모르는 동태후는 진심으로 회개하는 듯한 서태후의 모습을 보고 앞으로 더욱 근신할 것을 명령하며 용서했다.

그런데 그로부터 오래지 않아 궁 안에서 동태후가 갑자기 서거했다는 소식이 전해졌다. 친왕, 군기대신들이 급히 궁으로 들어가니 서태후가 눈물을 흘리면서 궁녀들에게 염을 하게 하고 있었다. 본래 후비(后妃)가 죽으면 친왕과 군기대신들이 약제(藥劑)를 비롯한 모든 것을 검사하고, 그 후비의 사가식구들에게 알려야 염을 할 수 있었다.

그러나 서태후는 이런 모든 절차를 무시한 채 동태후의 시신을 황급히 염을 해버리고 만 것이다. 이로 인해 궁 안팎에서는 동태후가 독살되었다는 소문이 무성하게 떠돌았으나 이것을 증명할 만한 증거가 없었다.

이제 아무 것도 거리낄 것이 없게 된 서태후는 광서제가 독립된 생각이나 행동을 하지 못하도록 철저하게 통제하여 매일 아침 자신에게 반드시 문안을 드리게 하고 모든 일을 보고하게 하는 한편, 자신의 심복인 태감 이연영을 황제 곁에 두고 일거수 일투족을 감시하게 했다. 또한 광서제를 보다 철저하게 감시할 수 있는 권한을 주기 위해 이연영에게 번왕(番王)이라는 탁호를 내리기까지 했다.

이렇게 광서제의 정신과 육체를 철저하게 통제한 서태후는 자기 형제인 계상(桂祥)의 딸을 광서제의 황후로 간택하여 광서 15년(1889)에 혼례식을 거행했다. 광서제가 이미 혼례까지 치룬 성인이 되자 서태후는 어쩔 수 없이 수렴청정을 거두어야 했다. 하지만 국가의 실질적 권한은 여전히 태후의 손에 있고, 황제는 꼭두각시에 불과했다. 황제의 명령은 막후에 버티고 있는 서태후의 윤허가 없으면 아무 것도 실행될 수 없었고, 환관들은 물론 대신들도 서태후의 명령에만 귀를 기울이고 있을 뿐이었다.

광서 20년(1895), 청일전쟁이 발발하자 광서제는 스승 옹동화와 같은 일부 뜻있는 사람들의 지지를 받아 전력을 다해 싸워 전쟁의 승리를 통해 자신의 위상을 높여 보고자 했다. 그러나 서태후는 겉으로는 광서제가 싸우겠다는 것을 허락했으나 이 일이 광서제 득세의 기회가 될 것을 우려하여 주화파를 조종하여 당시 군사와 외교를 책임지고 있던 이홍장(李鴻章)에게 병력을 움직이지 말도록 명령을 내렸다.

또한 서태후는 청일전쟁이 일어난 해에 해군의 군비를 원명원(圓明園)을 보수하는데 유용하여 노후화한 중국의 군함을 개선하는 것을 방해했다. 결국 사태는 불을 보듯 명확하여 청군은 크게 패하여 일본에게 대만과 요동반도를 할양하고, 막대한 배상금을 지불하기로 한 마관조약(馬關條約)을 체결함으로써 전쟁은 종결되었다.

전쟁의 패배로 크게 자극받은 광서제는 강유위(康有爲), 양계초(梁啓超), 담사동(譚嗣同) 등을 등용해 유신변법(維新變法)을 시행했다. 그러나 이 신법으로 불이익을 당하게 된 수구파들이 서태후에게 호소했다. 결국 이들의 주청을 빌미로 서태후는 다시 수렴청정을 선포하고 개혁파들을 몰아낸 후 광서제를 영대(瀛臺)에 감금하고, 광서제와 진비(珍妃)의 궁인, 친광서제 태감들을 살해하거나 궁 밖으로 쫓아내 그들을 고립무원의 지경으로 몰아 넣었다.

한편 당시 의화단(義和團)이 창궐해 반양운동(反洋運動)을 전개하면서 북경으로 진입하자 조정에서는 이들을 무마하기 위해 합법적인 지위를 부여했다. 조정의 인정을 받게 된 의화단의 반양운동이 더욱 기세를 떨치자 열강들은 자국의 공사관을 보호한다는 명목으로 연합하여 군대를 북경으로 진입시켰다. 이 사태로 서태후는 평민의 옷으로 바꿔입고, 광서제, 황족, 대신들과 함께 서안으로 피난길을 떠났다. 이런 난리통에도 서태후는 평소 눈엣가시같았던 광서제가 총애하는 진비를 물이 마른 우물 속에 밀어넣고 돌로 메꾸는 것을 잊지 않았다.

그 후 중국은 4억 5천만 냥의 배상금을 지급하고, 열강 군대의 주둔을 인정하는 것을 골자로 하는 신축조약(辛丑條約)을 체결하고 서태후는 다시 북경으로 돌아왔다. 이때 서태후는 광서제를 다시 영대에 감금하고 토목공사를 벌여 원명원을 중수하면서 자신의 능을 건립하는데 박차를 가했다.

광서 34년(1908) 가을, 광서제가 병이 들었을 때 서태후 또한 이질이 그치지 않아 병상을 떠날 수가 없었다. 그 해 10월 21일 황후가 영대로 황제를 문병갔을 때 광서제는 이미 오래 전에 죽어 있어, 광서제가 언제 세상을 떠났는지 아는 사람이 없었다. 황후가 즉시 서태후에게 황제가 서거했음을 알리자, 서태후는 당황하는 기색도 없이 그저 웃기만 할 뿐 이었다.

그리고 다음날 서태후도 향년 73세로 세상을 떠났다.

홍수전

실패한 농민혁명가

태평천국의 난은, 아편전쟁으로 중국 제도의 여러 가지 모순이 드러난 가운데 기독교 사상의 영향을 받은 불우한 지식층과 유민들이 중국의 근대화라는 새로운 시대로의 도약을 꿈꾸며 일으킨 반봉건 혁명이다.

중국 광동성에는 대대로 살아 온 본토 사람과 외지에서 온 객가인(客家人)이 있었는데, 이들은 북방 이민족의 남침으로 하북에서 피난해 온 사람들이었다. 객가인들의 생활 형태는 농사를 주로 하였으나 농사짓기에 알맞는 비옥한 땅은 이미 본토인들에 의해 경작되어 있는 상태라 그들은 산간의 편벽한 곳에 자리잡을 수밖에 없었다. 일부 자작을 하는 소농민이 있다 해도 그들이 삶의 뿌리를 내리기는 결코 쉽지 않은 일이었다. 이에 따라 그들은 명나라 말기 이후 생활고로 해외로 이민하는 사람이 점차 증가하고 있었다.

이들 빈궁한 한족들이 가난과 관청의 수탈에서 자유롭기 위해서는 과거에 합격하여 관직으로 나아가는 길뿐이었다. 그래서 그들은 자신의 친인척 가운데 뛰어난 아이가 있으면 공동으로 돈을 모아 학문을 가르쳤다. 이렇게 친인척의 모든 희망을 걸머지고 오직 공부에만 몰두해야 하던 인물 가운데 홍수전이 있었다.

홍수전(洪秀全：1814~64)의 본래 이름은 홍인곤(洪仁坤), 아명은 홍화수(洪火秀)로 광동성 화현(花縣)에서 태어나 어린 시절부터 어려운 가세를 돕기 위해 두 형과 함께 농사일을 배우고 있었다. 그런데 그의 총명함을 알게 된 친척들의 도움으로 6세가 되던 해부터 글을 배울 수 있었다.

가난과 멸시에서 탈출할 수 있는 길은 오직 과거에 급제하는 길뿐임을 누구보다도 잘 아는 홍수전은 열심히 공부하여 16세가 되면서부터 여러 번 과거를 보았다. 그러나 그때마다 홍수전에게 돌아온 것은 낙방이라는 고통스러운 잔이었고, 그는 심한 좌절감에 시달리게 되었다.

낙방한 후 고을 아이들을 가르치며 세월을 보내던 홍수전은 23세가 되었을 때 3번 연달아 과거를 응시했으나 결과는 마찬가지였다. 결국 실의에 빠진 홍수전은 근 두 달간을 병석에 눕게 되었다.

그러던 어느 날 홍수전은 불가사의한 꿈을 꾸게 되었다. 꿈에서 그는 하늘나라 사람에게 영접되어 하늘로 올라가 아름다운 궁전에 사는 금발에 검은 옷을 입은 천부(天父)를 배알했다. 천부는 그에게 칼 한 자루를 주면서 요마(妖摩)를 주살하라고 하고, 천형(天兄)은 그에게 적을 물리칠 수 있는 방법을 가르쳐 주었다. 마침내 홍수전이 하계의 요마를 소멸하고 궁전으로 돌아가자 천녀(天女)들이 그를 열렬히 환대하였다. 그가 천상을 떠날 때 천부는 그를 태평천왕(太平天王)으로 봉하고, 수전(秀全)이라는 이름을 하사했다.

그로부터 6년 후, 홍수전이 29세가 되던 해 어느 날 그는 서가에서 7년 전 광주 거리에서 선교사에게 받은 기독교 입교서인 『권세양언(權世良言)』을 보게 되었다. 그 글을 읽고 난 홍수전은 크게 경악했다. 그가 몇 년 전 꿈속에서 만난 천부는 여호와, 대형은 예수이고, 자신은 천부의 둘째 아들로 세상을 구제하는 사명을 가지고 지상에 파견된 것이라고 생각했기 때문이다.

홍수전은 자신의 깨달음을 친구인 풍운산(馮雲山), 사촌동생 홍인간

(洪仁玕) 등에게 말하고 그들과 함께 우상들을 철거하고 새로운 신앙에 몰두하기 시작했다. 이런 홍수전의 태도는 그곳 보수파 인사들의 반발을 일으켜 마침내 아이들을 가르치던 학당이 폐쇄되고 그는 실직하고 말았다.

보수파의 공격을 받자 홍수전은 풍운산과 함께 광서지역을 다니며 약 5개월 동안 선교활동을 했다. 그러나 그들의 활동은 많은 사람들의 의혹을 사게 되어 홍수전은 혼자 광동의 집으로 돌아갔다. 하지만 풍운산은 자형산(紫荊山)에서 새로운 신앙조직인 배상제회(拜上帝會)를 창립한다.

그런데 처음 순수한 종교집단으로 시작한 이 배상제회의 모임에 그동안 삶의 뿌리를 잃고 다른 집단에 의해 이리저리 쫓겨 다니던 객가인들과 소작농, 광부, 숯쟁이, 유민(流民)들이 가입하면서 새로운 성격을 띠기 시작했다.

도광 25, 26년(1845~46) 경에 홍수전은 『원도구세가(原道救世歌)』를 완성했다. 이 책에서 그는 상제와 그 아들에 대해 설명하면서 사람은 누구나 정치·경제적으로 평등해야 한다고 언급하고, 신선, 공자, 맹자, 청황제는 염라요(閻羅妖), 관리와 군대를 요도(妖徒), 귀졸(鬼卒)이라 하며 타도해야 할 대상이라고 주장했다. 이것은 전통 중국의 권위를 완전히 부정하면서 만주족 정부를 비판함으로써 한족의 단결을 자극하는 것이었다.

1847년, 홍수전이 자형산의 배상제회에 합류할 때 배상제회의 회원은 이미 2천여 명에 달할 정도로 교세가 확장되었다. 홍수전은 자신의 종교적 체험과 사상으로 신도들을 교육시키고 체계적인 이론을 세우는 데 전력을 기울이며, 자신을 태평천왕대도군왕전(太平天王大道君王全)이라 한 후 태평천국의 건설을 주장했다. 이들은 가진 재산을 모두 바치고, 하느님의 자녀로 평등한 형제자매라는 구호 아래 태평천국이 건설되기까지 누구나 정결한 생활을 해야 한다며 부부의 동거도 금지했다.

이 때 농부 출신의 양수청(楊秀淸)과 소조귀(蘇朝貴)가 성령과 예수의 영이 자신들에게 강림했다고 주장하며 많은 계시를 내리고 교단의 새로운 지도자로 등장했다. 이외에 위창휘(韋昌輝), 석달개(石達開)도 배상제회 내에서 자기 무리를 통솔하는 지도자가 되었다.

당시 광서성에서는 계속된 재해로 유민들이 날로 증가했고, 이들 굶주린 백성들은 각지에서 비밀결사조직인 천지회(天地會)의 지시로 봉기해 청나라 군대와 무장 충돌하는 사건이 발생했다. 이 일을 계기로 함풍 원년(1851) 12월 10일, 홍수전의 38세 생일을 기해 태평천국의 성립을 선포했다. 또 그들은 청나라를 토벌하고 명나라를 부흥한다는 기치를 내걸고 전쟁을 선언했으며, 자신들을 태평군(太平軍)이라고 했다.

이때 가담한 사람이 만여 명에 달했고, 그들이 여러 지방을 거치면서 그 숫자는 급속히 증가했다. 기아에 시달리는 백성들에게는 그들이 내세운 종교에의 신앙보다 먹을 것과 입을 것을 해결해 준다는 것이 가장 큰 유혹이었다. 이들은 청나라 전통 머리 모양인 변발을 하지 않고 머리를 길러 장발적(長髮賊) 또는 발비(髮匪)라고 불렸으며, 복장도 한족의 전통복장을 입어 만주족과 구분했다.

홍수전은 이렇게 많은 무리가 따르게 되자 체계화·조직화할 필요를 느껴 「주례(周禮)」를 바탕으로 홍수전이 천왕(天王), 양수청은 동왕(東王), 소조귀는 서왕(西王), 풍운산은 남왕(南王), 위창휘를 북왕(北王), 석달개를 익왕(翼王)이라 하고, 각왕 밑에는 자신들의 막료를 두었다. 이들 가운데 가장 정치적 감각이 뛰어난 동왕 양수청이 실질적 통수권을 가졌고, 천왕 홍수전은 점차 명목상의 교주가 되어 갔다.

그 후 태평군은 겹겹이 포위한 청나라 군대를 뚫고 호남성으로 진격했는데, 그 세력은 마치 구르는 눈덩이처럼 갈수록 커져 이듬 해엔 무창, 한양 등 양자강 중류 유역의 요충지가 함락되었다. 이때 태평군은 2백만 명에 달했고, 수륙 양군이 양자강 연안을 따라 남경을 공격해 정부군과 치열한 전쟁을 벌였다.

태평군은 지하도를 파서 성벽을 돌파할 것을 기도했으나 청나라 또한 참호를 파서 지하도를 방어했다. 남경에 주둔해 있던 3만 명의 청군은 결사의 항쟁을 했으나 함풍 3년 2월 11일, 태평군에 의해 함락되었다. 홍수전은 이곳을 천경(天京)이라 하고 수도로 삼아 정착했다.

그러나 정착이 가져다 준 안정 속에서 태평천국은 지도층의 내분과 기존 왕조와 다를 바 없는 봉건화에 빠졌다. 홍수전은 옥새를 만들고, 중인들에게 만세를 부르게 하고, 천왕으로서의 권위를 과시하고자 미녀 18명을 뽑아 후궁으로 삼는 등 중국의 역대 제왕과 같은 생활방식을 추구하기 시작했다.

이것은 다른 지도부들간에도 거의 마찬가지였다. 그들은 백성들에게는 절제와 금욕을 설교하며, 의식주에 필요한 것과 예배할 때 바칠 약간의 돈을 주고 자신들은 공동의 돈으로 사치를 즐겨 신앙의 열정과 평등사상은 이미 희박해졌다. 그러므로 요마의 타도라는 목표를 향해 전진하던 이들 태평군의 종교적 결집은 약화되고, 지도층간의 내분이 나타나기 시작했다.

또한 남왕 풍운산과 서왕 소조귀가 잇달아 전사하고, 집행부의 실권은 동왕 양수청에 의해 장악되었다. 그는 외국사절을 혼자 접견하고, 행정상의 결재도 단독으로 처리하고 있었고, 어떤 때는 성령의 지시를 빙자하여 여러 사람 앞에서 천왕 홍수전의 사생활을 꾸짖기도 했다. 정치적 역량이 부족한 홍수전은 홍수전대로 종교적 환각에 빠져 정치에 대해서 더이상 관심을 갖지 않게 되었다.

홍수전이 정치에 무관심하자 자연히 동왕의 독재가 날로 현격해졌다. 1856년 9월, 양수청의 독재에 불만을 품은 북왕 위창휘가 동왕이 베푸는 연회에서 동왕을 살해하고, 동왕부의 가족과 부하 수천 명을 살륙하는 사건이 발생하기에 이르렀다.

그러나 천왕 홍수전은 사건을 제대로 수습하지 않았고, 이 소식을 듣고 크게 노한 익왕 석달개가 무창에서 달려와 북왕을 문책하려 했다. 위기를 느낀 북왕은 즉각 익왕부를 습격하여 석달개의 모친, 처자 등을 비롯한 수십 명을 살해하자, 기습을 당한 익왕은 간신히 도망을 갔다. 그리고 북왕은 그 여세를 몰아 익왕을 천경으로부터 축출시켰다. 옛 동료의 손에 가족을 잃은 익왕이 호북에 있던 부하를 인솔하여 청군에게 향했던 창을 천경으로 돌려 진격하자, 천왕 홍수전은 그때서야 북왕과 그의 가족, 부하들을 참수했다.

이 사건으로 태평천국을 일으킨 주요 인물들 가운데 남은 사람은 무능력하고 아무도 믿지 못하게 된 천왕과 익왕뿐이었으나, 체제에 회의를 느낀 익왕 석달개는 홍수전의 부름에도 불구하고 천경에서 이탈하여 독자적인 행동을 취했다. 이때 홍수전의 휘하에는 유능한 군사지도자로 진옥성(陳玉成), 이수성(李秀成)이 있어 그럭저럭 청군의 공격을 막아내며 태평천국을 겨우 지탱해 나가고 있었다.

이렇게 태평천국의 위세가 약화되고 홍수전이 더욱 미신 속으로 빠져 들어갈 때 나타난 인물이 홍인간이다. 그는 초기 홍수전이 배상제회에 몰두할 때 그의 영향을 받았으나 당시 나이가 너무 어려 봉기에 참가하지 못했다. 그후 홍인간은 홍콩으로 가서 개신교 선교사에게서 정식 교리를 공부하고 전도사가 되어 천경에 나타난 것이다. 역사의 큰 흐름으로 볼 때 그의 등장은 태평천국에게 다가온 새로운 전기라고 할 수 있다.

홍수전은 온갖 위험을 무릅쓰고 천경으로 온 홍인간을 반가이 맞이하여 간왕(干王)으로 봉하고 모든 실권을 넘겨주다시피 했다. 서구 교육을 받은 홍인간은 자신의 종교적 입장과 근대화로 넘어가는 세계 속의 중국의 위치를 잘 인식하고 있는 인물이었다. 뜻하지 않게 막중한 임무를 맡은 홍인간은 먼저 백성들에게 기도를 하게 함으로써 신앙면에서의 단결을 꾀하는 한편, 홍수전에게 「자정신편(資政新編)」을 제출하여 정치적 개혁을 도모했다.

「자정신편」은 서양 자본주의 정신과 경제제도에 따라 태평천국을 개혁해야 한다는 주장을 싣고 있었다. 이에는 광산의 채굴, 기간산업의 개발, 기차와 선박 제조, 은행의 설립, 화폐의 발행에 관한 제반

사항에 대한 내용이 언급되어 있었다.

그러나 홍인간의 이런 개혁에 무엇보다 필요한 것은 그 지지세력이었다. 당시 영왕(英王) 진옥성은 간왕에게 협조를 아끼지 않았으나, 충왕(忠王) 이수성은 새로이 등장한 홍인간에 대해 불만을 품고 그의 개혁안을 따르지 않았다. 이수성은 당시의 위급한 상황에도 불구하고 번번이 독자적인 행동을 취했다.

결국 태평군의 군사력을 통솔하여 청군을 방어하던 진옥성과 이수성의 불협화음은 태평군의 약화를 가져왔고, 마침내 증국번이 인솔하는 청군이 안경을 점령하여 영왕 진옥성이 죽고 말았다.

또한 천경 내부에서는, 홍수전의 아들과 홍수전의 두 형 홍인발(洪仁發), 홍인달(洪仁達)은 간왕의 개혁이 자신들의 세력에 영향을 미치자 그를 모함하여 실권을 빼앗았다. 천왕 홍수전은 더이상 현세의 일에 관여하지 말라는 '하느님의 명령'에 따라 정치권의 막후로 숨어버리고, 개혁을 추진하고자 하던 홍인간은 더이상 힘을 발휘하지 못했다.

증국전(曾國筌)이 군대를 이끌고 태평천국을 맹렬히 공격할 때, 홍수전은 군대로 식량 보급로를 차단하고 모든 사람에게 감로(甜露)로 기아를 막으라고 명령하고 자신이 먼저 실행했다. 그러나 그 자신이 천경이 함락되기 한 달 전인 동치 2년(1864) 6월 1일 병들어 죽으니, 이때 그의 나이 51세였다.

1864년 7월 19일 천경이 함락되자, 유천왕(幼天王)으로 등극한 홍수전의 아들은 소수 병력으로 청군의 포위망을 뚫고 간신히 탈출했다. 간왕 홍인간, 충왕 이수성은 청군에게 잡혀 죽었고, 청군은 천경의 남녀노소를 불문하고 대학살을 자행하니 이때 죽은 사람이 10만여 명이라고 한다.

이로써 14년에 걸쳐 18개 성의 6백여 성진(城鎭)을 휩쓸었던 대규모 농민운동이 역사의 어둠 속으로 퇴장했다. 그러나 태평천국의 난은 민족주의 혁명이면서 중국 근대화 혁명운동에 막대한 영향을 끼쳤다.

각지로 흩어진 태평천국의 무리와 그들의 사상에 동조하던 세력들이 비밀결사를 조직해 반청운동을 전개하며, 후일의 중국 혁명운동에 크게 공헌하게 되었다.

또 별볼일 없었던 한족의 지위가 크게 향상되었고, 회군, 상군과 같은 군벌이 등장하는 계기가 되면서 이들 세력의 확장과 함께 중국의 경제상태는 날로 악화되어 가고 있었다.

증국번과 이홍장

중국 근대 군벌의 원조

남경에서 세력을 확장시켜 나가던 태평천국의 난을 평정시킬 수 없었던 청 조정은 전통 유가사상을 기반으로 고을의 자위를 위해 조직된 향용(鄕勇)을 이용하였다. 이때 두각을 나타낸 인물이 증국번(曾國藩 : 1811~72)이다.

증국번의 자는 척생(滌生), 호는 백함(伯涵)으로, 호남성 상향현(湘鄕縣)의 부유한 농가에서 태어난 한인(漢人)이다. 청 선종(宣宗) 도광 18년, 27세가 되던 해에 전시(殿試)에서 2등으로 급제하였다. 그로부터 증국번은 한림학사, 내각학사, 11년 후엔 중앙 6대 행정관리의 하나인 예부시랑(禮部侍郞)에 임명되었으니 이때 나이 38세였다.

함풍 2년(1852), 모친의 상(喪)을 당해 전통 상례에 따라 고향에 있던 증국번은 함풍제의 명령에 의해 단련(團練)을 조직해 태평군을 토벌하는 지방관을 돕게 되었다. '단(團)'이란 향단(鄕團)과 족단(族團)으로 나누어지며, 지역과 혈연관계를 통해 태평군이 침투하지 못하도록 감시하고, '연(練)'은 지방의 자체 방어를 위해 조직된 것이다.

함풍제는 이와 같은 명령을 호남 외에도 안휘, 강소, 직예, 하남, 산동, 절강, 산서, 귀주, 복건 등의 각 지방에 하달하고 향촌자위대 감독관을 임명했는 데, 증국번이 그의 고향 호남의 감독관으로 임명된 것이다.

황제의 명령에 따라 증국번은 태평천국이 내걸고 있는 교리와 상반된 입장에 있는 중국 전통교육을 받은 지식층들을 모아 상군(湘軍)을 조직했다. 그는 향신들의 후원과, 청나라 정부로부터 과거급제 자격과 직함의 매매를 허가받은 후 그것을 판 돈으로 의용군을 자치적으로 운영해 나갔다. 이때 그의 휘하에 들어온 사람으로 좌종당(左宗棠), 팽옥린(彭玉麟), 안휘성 출신의 이홍장 등이 있었다. 증국번은 이렇게 구성된 상군을 지휘했는데, 육군 13영(營) 6천 명, 수군 10영 5천 명을 백 척 가량의 민간 어선을 동원하여 호북으로 진군했다.

그러나 이것이 태평천국과 10년에 걸친 격전의 시작인 줄 어찌 짐작했으랴.

당시 태평군은 이미 호북성 무창(武昌)을 점령하고 있었고, 증국번은 상군을 인솔하고 호남성 장사(長沙)로 갔다. 증국번은 장사에 도착한 후 지금까지 관행처럼 행해지던 관리들의 수탈을 막고 "돈을 요구하지 말고, 죽기를 두려워 하지 말라"는 것을 표방하여 철저하게 치안을 개혁하고 민심을 안정시켜 나갔다. 이런 일들로 그는 '증체두(曾剃頭)'라고 불리게 되었다.

함풍 4년(1854), 증국번은 '토오비격(討奧匪檄)'을 발포하고 상군을 인솔, 태평군과 첫 접전을 벌였으나 상군의 패배로 끝났고, 정항에서도 참패했다. 이에 부끄러움과 격분을 참지 못한 증국번은 자살하고자 물에 뛰어 들었으나 수행원에 의해 끌어 올려졌다.

1854년 5월 1일, 상담(湘潭)에서의 전투에서 증국번의 의용군이 승리를 거두었고, 그 해 7월에는 악주(岳州)에서의 승리로 태평군을 약화시켰다. 그리고 무창을 탈환하여 증국번과 상군의 이름은 중국 전역에 걸쳐 널리 알려지게 되었다.

그러나 다음 달 태평군 석달개의 전략으로 수군이 야간기습을 받아 상군은 강풍에 떨어지는 꽃잎처럼 힘없이 무너지고, 증국번이 탔던 지휘선마저 불에 타버려 그도 도망치는 수밖에 없었다. 증국번은 두 차례의 실패에 크게 좌절해 자결을 하려고 생각하기도 했다. 그러나 이미 남창을 점거하고 있던 증국번은 외부로부터의 지원없이 고립된 채 오직 "전통에 의해 교육된 중국사회가 태평천국의 교육을 받는다는 것은 불가능하다"는 확고한 신념으로 2년을 버티었다.

함풍 7년(1857), 증국번은 부친의 상을 당하여 고향으로 돌아가는 도중에 태평천국의 유력한 무장이 내분을 일으켜 점차 쇠퇴해진다는 소식을 듣고 미래에 대해 더욱 낙관적인 태도를 가지게 되었다. 부친의 상을 치른 증국번은 다시 군대로 돌아와, 이듬 해 태평군과 접전했다. 이때 상군의 중견장군 70여 명이 죽었고, 이 싸움으로 증국번은 동생 증국화(曾國華)를 잃고 말았다.

당시 청나라 조정에서는 한인인 증국번에게 실권을 부여하는 것에 대해 주저하였지만, 안으로는 태평천국의 난, 밖으로는 애로우호 사건으로 인한 외세의 압박이 조여오는 다급한 상황 속에서 하는 수없이 그를 양강(兩江 : 강소, 안휘, 강서성)총독 겸 강남군무 흠차대신으로 임명했다. 이때 태평천국의 수도 천경도 그의 행정구역에 속하게 되었다. 이로 인해 증국번은 자신의 힘으로 태평천국을 타도하겠다는 결심을 새로이 다지게 되었다.

함풍 10년(1870) 9월, 안경(安慶)이 태평군과의 전세를 역전시킬 수 있는 중요한 지역이라는 것을 깨달은 증국번은 총력을 기울여 이곳을 집요하게 공략했다. 안경은 천경의 입구에 있는 요지이기 때문에 전투에서는 반드시 점령해야 하는 지역으로, 위로는 양자강을 거슬러 올라가고 아래로는 천경을 탈취할 수 있는 요충지인 것이다. 결국 태평천국군은 상군의 끊임없는 공격을 견디지 못하고 증국번의 동생 증국전에게 안경을 내주고 말았다.

이때부터 전세는 크게 역전되기 시작했다. 증국번은 상군을 세 방면으로 나누어 증국전에게는 강을 따라 천경을 공격할 것을 명령하고, 이홍장과 그의 회군은 서쪽으로 이동하여 소주 탈환을 목표로 진군하고, 좌종당은 남쪽 절강에서 작전을 수행하며 태평군의 주요 보급지를 탈환하도록 했다.

한편 당시 태평천국의 난을 방관하던 열강들은 태평천국체제가 더 이상 발전할 가망이 없다고 보고 청나라 조정을 지원하기 시작했다. 이런 추세에 따라 외국인 용병부대가 모집되었고, 이들은 이홍장의 휘하에서 중국 내전에 참가했다.

동치 원년(1863), 상군은 태평군의 청년 무장 진옥성을 잡아 참수하고, 이듬 해 다시 석달개를 참수하는 한편 이홍장이 소주를 수복했고, 이듬 해에는 좌종당이 항주를 탈환하는 쾌거를 올렸다.

1864년 7월 19일, 증국전 휘하의 상군 주력부대가 천경을 맹렬히 공격하여 마침내 천경의 문이 열렸다. 상군이 천경으로 진격했을 때 태평천국의 난을 일으킨 천왕 홍수전은 이미 사망한 후였다. 천경이 함락되자 천경에서는 상군에 의해 대학살이 자행되었다. 증국번이 상주한 문서에 당시 천경 내에서의 처절한 광경을 엿볼 수 있다.

성을 샅샅이 뒤져 반란군을 사흘간 10만 이상을 죽이고…… 태평군의 지도자 절반 이상이 전사하고 나머지는 개천에 투신하거나 분신자살했는데, 그 수가 3천여 명에 달했으며, 불은 사흘 밤낮으로 타올랐다…….

이런 학살이 일어나게 된 것은 태평군의 광신적인 항거와 항복을 용납하지 않았던 증국번의 결정에 의한 것이다. 결국 증국번은 대대적인 살륙으로 자신이 옹호하는 유교 전통사상에 반항하는 무리들이 다시 일어설 여지를 모조리 없앤 셈이었다. 이로 인해 증국번의 이름은 중국 전역에 모르는 사람이 없게 되었다.

태평천국의 난을 평정하는 과정에서 서양문물에 대한 인식을 새롭게 한 증국번은 이홍장, 좌종당과 더불어 공친왕의 지지에 힘입어 자강(自强), 양무(洋務)운동을 추진하였다. 또한 유학생 용굉(容閎)의 건의로 미국의 기계를 사들여 상해에 병기(兵器), 조선(造船)을 주로 제조하는 강남제조총국(江南製造總局), 금릉기기국(金陵機器局), 복주선정국(福州船政局)을 세웠다.

이 군수공장은 근대 공장이 중국에 설립되는 출발점이 되었고, 일본보다 시기적으로 앞서 있었다. 그리고 서양을 알기 위해서는 언어 습득이 중요하다고 인식하여 동문관(同文館)이 설치되기도 했다. 또한 증국번은 대포를 갖춘 서양 전함을 구입하기에 힘썼으나 상군과 회군이 강력해지는 것을 두려워 한 조정에서 이를 무산시키고 말았다.

동치 9년(1870), 천진에서 교안(敎案)사건이 일어났다. 당시 천진에 있는 천주교회 인자당(仁慈堂)에서 유괴한 어린아이를 사들인다는 유언비어가 돌아 분노한 천진의 민군과 사대부들이 인자당 앞에서 소요를 일으켰다. 그러자 청나라가 이들을 진압하는데 힘을 쓰지 않는다고 생각한 프랑스 영사 퐁따니에가 교회 앞에서 이 일을 처리하고 있던 천진의 지현(知縣) 유걸(劉傑)에게 총을 쏘았다. 비록 지현 유걸은 무사했으나 그의 노복이 영사의 총에 맞아 죽었다. 그러자 분노한 백성들이 영사 퐁따니에를 비롯한 신부, 수녀, 서양 상인과 부인 등 20명을 죽이고 교회에 불을 지른 것이다.

조정에서는 증국번을 천진으로 파견하여 사건의 진상을 조사하도록 했다. 증국번이 조사한 결과 당시 인자당에 있던 백오십여 명의 아이들은 가족에 의해 맡겨진 아이들이라는 것이 판명되었다. 결국 증국번은 선동자를 처벌하고 프랑스에 사과를 해야 한다고 보고했다.

그러나 조정 대신들은 증국번의 이 보고에 크게 반발했다. 특히 내각중서 이여송(李如松)은 서양인들에 대한 백성들의 분노가 이미 극도에 달했으니 이 기회를 이용하여 북경에 있는 서양의 영사관을 철폐해야 한다고 주장했다. 갑론을박 끝에 서태후는 결국 이여송의 의견에 따라 각지의 조정군에게 전쟁에 대비한 태세를 갖추도록 지시했다. 하지만 영국, 프랑스를 비롯한 서방 7개국이 교안사건에 대한 청나라의 미온적인 태도에 강력히 항의하자 겁먹은 청은 다시 증국번을 파견하여 사태를 원만하게 해결하도록 했다.

512

이렇게 해서 증국번은 사망자의 가족들에게 금 46만 냥을 배상하고, 북양대신 숭후(崇厚)를 프랑스로 보내 사죄하고, 이 일에 가담한 백성 24명을 사형시키고 25명을 유배시키는 것으로 사건을 마무리지었다. 증국번의 이런 조처는 조정 내외의 강력한 반발을 샀다. 그는 호남 동향회(同鄕會)에서 제명되고, 그가 쓴 호남회관의 편액이 부서지는 사태까지 벌어졌다. 후일 증국번은 이 일이 자신의 일생 가운데 가장 가슴아픈 일이었다고 회고하고 있다.

증국번은 태평천국의 난을 평정함으로써 청 황실 중흥의 최대 공신이 되어 의용후(毅勇侯)로 봉해졌고, 동치 11년(1872) 향년 61세로 병들어 세상을 떠난 후 태부(太傅)로 추존되었으며, 문정(文正)이란 시호를 받았다.

이홍장(李鴻章 : 1823~1901)의 자는 자불(子黻), 호는 소전(少筌)이며, 만년에는 스스로 의수(儀叟)라 했다. 그는 안휘 노주(盧州) 합비(合肥) 사람으로 증국번을 도와 태평천국을 타도하여 청의 군사력을 장악한 후 청말의 정치를 움직인 인물이다.

그의 부친 이문안(李文安)은 증국번과 같은 해에 진사가 되어 친분을 맺었다. 1945년, 이홍장은 과거에서 떨어져 크게 좌절하고 있었다. 그러자 그의 부친은 그를 당시 한림원 시강학사로 있던 증국번 밑에서 공부하도록 했다. 그때부터 이홍장은 증국번을 스승으로 섬기고 노력한 끝에 도광 27년(1847), 24세의 나이로 과거에 급제했다. 이때부터 그의 전도가 순탄하였으며, 태풍처럼 중국 전역을 강타한 태평천국의 난은 그의 인생에 새로운 기회를 안겨주었다.

함평 43년(1853), 이홍장은 황제의 명을 받고 태평천국에 대항하기 위해 고향으로 돌아가 향용을 조직했다. 고된 전투를 몇 년 치르고 난 후 부친과 아내를 잃고 실의에 빠진 그는 안휘를 떠나 상군의 지휘자인 스승 증국번의 휘하로 들어갔다.

증국번을 도와 상군 조직과 운영에 대한 실무능력을 쌓고 전투경험을 얻은 이홍장은 1862년 2월, 증국번의 명령에 따라 상해를 수비하기 위해 노주로 갔다. 이홍장은 그곳에서 증국번이 상군을 조직했던 방식에 따라 7천여 명을 모집하여 회군(淮軍)을 조직했다.

청 조정은 회군을 인솔하여 상해에 도착한 이홍장을 강소순무(江蘇巡撫) 서리로 임명하고, 그가 이끄는 회군과 현대 소총으로 무장한 외국인 용병 상승군(常勝軍)이 한 달만에 태평군을 격퇴시키자 정식 강소순무로 임명했다. 이홍장은 승세를 타고 복산진(福山鎭), 태창(太倉), 곤산(崑山) 등지의 공략에 성공했다. 이 과정에서 회군은 4만여 명으로 늘어났으며, 그는 오구통상대신(五口通商大臣)을 겸하게 되었다.

동치 2년(1863) 10월, 이홍장은 소주 공략을 독려하기 위해 황급히 소주로 갔다. 소주를 지키고 있던 태평군의 충왕 이수성과 모왕(慕王) 담소광(譚紹光)이 의외로 완강히 버티고 있어 회군은 한 발도 앞으로 나가지 못하고 있는 형세였다. 이홍장이 20여 문의 서양 대포를 가져다 성벽을 무너뜨리면 그들은 재빨리 그곳을 메꾸곤 하여 좀처럼 틈을 보이지 않고 있었다.

이때 총병 정학계(程學啓)가 이홍장에게 면담을 요청했다. 청학계는 항복한 태평군의 장수인데, 옛 친구 왕안조가 납왕(納王) 고영관(郜永寬)이 투항하겠다는 소식을 가지고 온 것이다. 정학계의 보고를 받은 이홍장은 고영관이 이수성과 담소광의 수급을 바친다면 가족의 안전은 물론 재산을 그대로 유지할 수 있게 해주겠다고 약속했다. 왕안조의 보고를 받은 고영관은 태평군 군사회의를 열어 투항하는 자는 생명과 재산을 안전하게 해주겠다는 이홍장의 약속을 전달했다.

이 말을 들은 담소광이 최후까지 싸우겠다고 선언하자, 이미 그것을 예상하고 있던 왕안조가 불시에 칼을 뽑아 담소광을 찔렀다. 그때 충왕 이수성은 전날 이미 몇몇 수하를 인솔하고 단양(丹陽)으로 도망 간 상태였다.

12월 4일, 고영관, 왕안조 등 8명의 태평군 장수들은 모두 머리를

514

깎고 성문을 열어 이홍장에게 담소광의 수급을 바쳤다. 활짝 열린 소주성으로 입성한 이홍장은 즉각 8명의 항장들을 체포하여 사형시켰다. 그러나 고영관의 명령을 따르지 않던 2만여 명의 태평군들은 사력을 다해 포위망을 뚫고 탈출해 목숨을 부지할 수 있었다.

이렇게 해서 10여 년에 걸쳐 중국 본토 18개 성 가운데 16개 성을 흔들었던 태평천국의 난은 평정되는 국면으로 접어들었다.

그 후 증국번이 창설한 상군이 점차 쇠퇴해 가고, 이홍장의 회군이 상군을 대체하면서 더욱 강력한 군사력으로 되어 이홍장은 조정에서도 함부로 할 수 없는 군벌세력으로 등장했다. 이홍장이 47세가 되었을 때에는 스승 증국번의 뒤를 계승하여 직예총독 겸 북양대신(北洋大臣)이 되어 25년간 역임했다. 그리고 이홍장은 상해를 근거지로 군대의 장비를 근대화시켜고 병력을 증강하여 회군은 청나라 최대 최강의 육군이 되었다.

또한 이홍장은 서양인들과 교류하고 있는 관료, 지식인, 상인들과 사귀면서 그들을 통해 자연스레 각국의 외교관들과 접촉하면서 서구 문물에 대해 새롭게 인식하게 되었다. 이때부터 이홍장은 청나라 외교를 독점하는 한편 서서히 양무운동을 추진했다. 그는 병기를 수입하여 회군의 군사력을 강화하고, 무기의 국산화를 꾀하는 한편 아울러 이런 사업의 범위를 확대하여 광산, 운수, 방직 등의 발전을 꾀했다.

그리고 영국 해군이 세계 최강이라는 것을 알고 그와 같은 강력한 해군을 갖기 위해 북양해군을 편성하는 데 심혈을 기울였다. 이에 광서 14년(1888), 독일에서 제조한 정원(定遠), 진원(鎭遠) 두 주력함대를 중심으로 22척의 북양함대를 건조해 동양 최강의 함대를 휘하에 두게 되었다. 이렇게 되자 육군인 회군 외에도 해군 북양함대가 모두 이홍장의 통솔하에 놓여 있었고, 자연히 이홍장의 지위는 떠오르는 태양처럼 나날이 높아지고 있었다.

그러나 중국의 이런 양무운동은 서양의 과학기술만 배우고 자신들의 사상개혁에는 힘쓰지 않는 지도자들의 인식부족과, 서태후를 중심으로 한 수구파들의 강한 반발, 부패한 정치, 교안사건 등을 통해 나타난 백성들의 서양에 대한 감정 등으로 점차 한계를 드러내고 있었다. 또한 중국인들 가운데 양무운동을 추진해 나갈만한 인재를 찾지 못해 외국인을 고용하여 그들의 계혁계획에 의존하고 있는 상태였으며, 이런 실정은 외교방면에서도 마찬가지였다.

소위 개혁을 추진한다는 이홍장도 사상면에서는 중국 전통의 수구적인 색채가 농후하여 근대화라는 역사의 흐름을 주도해 나가기에는 어려움이 많았다. 당시의 이런 상황으로 개혁은 하나의 구호에 불과할 뿐 허장성세에 지나지 않았다. 중국의 양무운동이 실패했다는 것을 가장 여실히 보여준 것은 바로 청일전쟁에서의 패배였다.

당시 한반도에서는 조선의 문호개방을 강압하고 점차 그 세력을 확장해 나가던 일본이 대륙에의 야욕을 드러내자 일본과 청은 한반도의 동학농민전쟁을 계기로 전면적인 전쟁에 돌입하였다. 그러나 이 전쟁에서 육지는 청나라 회군이 흘린 피로 물들었고, 바다에서는 이홍장이 온갖 심혈을 기울여 이룩한 북양함대가 하루 아침에 궤멸되었다. 청 조정에서는 이홍장에게 패전의 책임을 물어 삭탈관직하였으나 일본측에서 이홍장을 강화사절로 보내줄 것을 요구하였다.

일본 마관(馬關)에 도착해 일본측과 담판을 짓던 이홍장은, 순조롭지 않은 조약에 관한 생각에 몰두하며 영빈관을 향해 걷고 있었다. 순간 이홍장의 귀에 두 발의 총성이 들리는 듯하더니 그의 눈에서 흐르는 피로 앞가슴이 흥건히 젖었다. 한 일본 낭인이 이홍장의 암살을 기도한 것이다. 비록 생명에는 지장이 없었으나 총알 하나가 이홍장의 왼쪽 광대뼈를 뚫고 왼쪽 눈 아래에 박힌 중상이었다.

이 일이 각국을 자극하고, 자신들의 이익에 영향을 미칠까 우려한 일본 수상 이등박문, 외상 육오종광(陸奥宗光)이 즉각 달려와 사죄하고, 천황은 어의를 보내 직접 치료하게 하는 등 법석을 떨었다.

이런 한바탕의 소란 끝에 중국과 일본은 중국이 요동반도, 대만과 부속 섬들을 일본에 할양하고, 배상금 2억 냥을 지불하며, 호북의 사시(沙市), 사천의 중경, 강소의 소주, 절강의 항주(抗州)를 개방하는 한편 각 연안에 일본의 공장을 설치한다는 것을 골자로 하는 마관조약(馬關條約)을 체결했다. 하지만 오래지 않아 이 조약은 러시아, 프랑스, 독일의 간섭으로 요동반도의 할양이 최소되고, 배상금은 3억 냥으로 늘어났다.

그후 이홍장은 직예총독 겸 북양대신이라는 직위를 박탈당하고 조정으로 들어가게 되었다. 이 일로 비록 그의 세력이 약화되었다고는 하나 이홍장은 여전히 청나라 조정이 열강과 외교를 진행하는 중심인물이었다. 마관조약으로 요동반도를 일본에게 넘겨주게 될 위기에서 각국의 간섭으로 이를 모면하게 된 청나라는 이에 보답하는 의미로 이홍장을 러시아 황제 니콜라이 2세의 대관식에 파견해 하례하도록 했다.

1896년 3월 28일, 상해에서 프랑스 배를 타고 러시아로 향했던 외교사절 이홍장은 러시아에서의 임무를 완수한 후 네덜란드, 벨기에, 프랑스, 영국, 그리고 미국을 순방하고 귀국했다. 약 반년 동안의 해외순방은 이홍장이 서양문명을 직접 보고 체험하는 계기가 되었다.

이 체험을 통해 중국의 개혁을 더욱 뼈저리게 느낀 이홍장은 강유위와 양계초가 추진하고자 하는 변법을 돕고, 후일 그들의 정책이 실패로 돌아간 후 개혁파를 뿌리뽑으라는 서태후의 명령에도 그들을 비호하였다. 또한 광서제가 친정을 할 수 있도록 하라는 서양인들의 요청에 격노한 서태후가 열강에 선전포고를 하자, 그녀의 명령을 무시하고 성선회, 유곤일, 장지동 등과 함께 동남호보(東南互保)를 맺어 중국 전역이 전쟁의 소용돌이에 휘말리는 것을 막았다.

결국 열강과의 전쟁이 역부족이라는 것을 깨달은 서태후는 광동에 있던 이홍장을 화의전권대신으로 임명하고, 속히 북경으로 와서 열강과의 화의를 주선하도록 했다. 하지만 이홍장은 서태후의 잇달은 요청에도 불구하고 정세의 흐름을 주시하며 상해에 머무르다 8개국 군대가 의화단을 완전히 궤멸시킨 후에야 러시아 군대의 보호를 받으며 입경했다.

무모한 서태후의 선전포고로 청나라는 이듬 해인 1901년 9월 7일, 열강과 신축조약(辛丑條約)을 맺었고, 이때 이홍장이 청의 대표로 협정에 조인했다. 이 조약으로 청나라는 자국의 공사관을 보호한다는 명분으로 열강의 병력이 주둔하는 것을 인정하게 되었다. 또한 청이 지불해야 할 배상금이 4억 5천만 냥, 사죄사절단 파견, 의화단 사건의 책임자 처벌과 외국으로부터 무기와 탄약의 수입 금지 등의 조항이 있었다.

그리고 이홍장은 그로부터 두 달 후인 11월 7일에 병사했다.

강유위

100일 유신의 지도자

  중화사상에 젖어 변화하는 세계 속에서 깊은 잠의 늪에 빠진 호랑이 노릇을 하던 중국의 일각에서도 개혁을 외치는 목소리가 있었다. 그 가운데 한 사람이 강유위(康有爲 : 1858~1927)이다.

  강유위의 자는 광하(廣廈), 호는 장소(長素)로 광동 남해현(南海縣) 사람이다. 그는 광동의 석학 주차기(朱次琦)의 예산초당(禮山草堂)에서 글을 배우고, 후에 춘추공양학의 태두이며 근대 중국의 학자 가운데 일인자로 꼽히는 요평(廖平)에게서 공양전(公羊傳)을 배운 후 스스로 서양의 정치 법률을 공부하면서 차츰 정치개혁 사상에 눈을 뜨기 시작했다.

  또한 그는 당시 홍콩과 상해 등지를 유람하며 서양문물과의 접촉을 통해 서양문화에 대한 새로운 시각을 가지게 되었다. 결국 개혁하지 않으면 열강의 침입으로 중국은 식민지로 전락하게 된다고 생각한 강유위는 광서 19년 변법을 주장하는 상소를 올렸다.

  그러나 그의 이 외침은 메아리없는 소리가 되었고, 그는 다시 광동으로 돌아가 만목초당(萬木草堂)을 열어 후학을 양성하고 양계초(梁啓超) 등과 교류하며 유신운동을 고취해 나갔다. 이 기간에 그는 『신학위경고(新學僞經考)』, 『공자개제고(孔子改制考)』를 지어 유학 정통파를 공격하고, 어떻게 하면 난세로부터 태평한 시대로 들어갈 수 있는가 하는 내용의 『대동서(大同書)』를 지어 변법론의 이론을 정립해 나갔다.

광서 21년(1895년), 북경에서 열리는 경시(京試)를 보러간 강유위는 일본과 체결된 마관조약에 반대하는 「만언서(萬言書)」를 작성해 과거를 보려던 천 삼백여 명의 응시자들과 연명하여 상소를 올렸다. 이것을 '공거상서(公車上書)'라고 한다. 이 공거상소에서 강유위는 부국(富國), 양민(養民), 교민(敎民)을 주장했다. 이것은 마관조약을 철회하고 수도를 섬서성으로 천도해 외세에 대항하고, 철도의 설치, 주전(鑄錢)과 기계공업, 광산의 개발 등으로 나라를 부강하게 하고, 농업, 공업, 상업을 장려해 백성을 부양하며, 학당을 설립하고 유학을 장려해 백성을 가르쳐야 한다는 것을 골자로 하고 있다.

강유위의 이 상소가 황제의 손에 들어가 황제는 그의 주장에 깊은 공감을 표시했다. 당시 진사로 급제한 강유위는 공부주사(工部主事)로 임명되었으나 부임하지 않고 다시 상소를 올려 변법을 주장하였으며, 뛰어난 인재의 선발을 강조하며 민심을 모아야 한다고 주장하였다. 다른 한편으로는 세계 정세에 대해 알지 못하던 당시의 지식인들을 계몽하였다.

이런 강유위의 변법 자강운동은 광서황제의 스승인 옹동화(翁同龢), 장지동(張之洞) 등의 중앙과 지방의 많은 명사들의 호응 속에 일간지 「중외신문(中外新聞)」에 발표되었다. 강유위의 이런 활동에 힘입어 자강변법의 기세는 날로 활기를 띠어 강학회(强學會)를 설립했다. 또한 상해에 강학회 분회를 설립하면서 「강학보(强學報)」를 발간해 자강운동을 전국으로 확산시켜 나갔다.

그러나 이 자강운동은 서태후의 의심을 샀고, 이듬 해 강학회는 강제 해산되고 말았다. 광서 23년(1899), 독일이 교주만(膠州灣)을 점령하는 사건이 발생하자 강유위는 다섯 번째 상소를 올렸는 데, 이것의 내용은 중국도 러시아나 일본과 같이 개혁하자는 것이었다.

그러나 상소는 광서황제에게 올려지는 도중 강탈당해 이듬 해에야 황제의 손에 들어가게 되었다. 이 상소를 본 옹동화가 강유위를 격찬하자 황제는 강유위를 불러 세계 변화에 대처하는 정책에 대한 그의 의견을 물었다. 이때 그는 자기의 저서인 『일본변정고(日本變政故)』, 『러시아 피터 대제 변정기』를 올렸다. 또한 강유위는 명치유신을 모범으로 개혁의 국책을 확립하고, 개혁의 근본은 제도국(制度局)의 설립에 있음을 상정했다.

강유위의 상소를 보고 황제는 그의 개혁에의 열정과 민감한 위기의식에 깨닫는 바가 있어 변법에의 결심을 굳히고 강유위를 중용하고자 했다. 그러나 황제는 수구파의 거두인 공친왕(恭親王)의 저지를 받아 그 뜻을 이루지 못하고 말았다. 그 후 오래지 않아 공친왕이 병으로 세상을 떠나자 황제는 즉시 자강변법을 진행하기로 결단을 내렸다. 이렇게 해서 마침내 강유위는 중국의 부흥을 꿈꾸며 자신이 직접 변법을 시행할 수 있게 되었다.

광서 24년(1898) 6월 11일, 황제가 명정국시(明定國是)의 조서를 반포하면서 강유위의 주도로 본격적인 혁신정치가 단행되었다. 개혁은 제도국을 설치하는 한편 중복된 기관의 철폐, 상공업의 장려, 팔고문(八股文)의 폐지, 외국 유학의 장려, 학교의 설립, 신문의 창간, 군대의 근대화 등등 다방면에 걸친 것이었다.

그러나 당시 개혁세력들을 불안하게 한 것은 막강한 권력을 행사하고 있는 서태후의 존재였다. 그들은 자신들을 뒷받침해 줄 만한 군대가 없었기 때문이다. 이런 불안 속에서 개혁의 시계가 쉴 새 없이 돌아가고 있을 때, 홧김에 황제에게 친정을 허락하고 정치의 막후에 앉게 된 서태후는 개혁이 시작된지 4일이 지나자 다음과 같은 세 가지 명령을 하달했다.

첫째 옹동화의 호부상서직을 삭탈하고, 둘째 3품 이상의 신임 대신은 반드시 서태후에게 와서 감사의 인사를 드리게 했으며, 셋째 병부상서 영록(榮祿)을 직예총독 겸 북양대신으로 임명하라는 것이었다.

이것은 황제의 오른팔격인 옹동화를 면직시켜 개혁의 진행을 방해하고, 신임 대신들에게 권력이 여전히 자신의 손에 있음을 확인시키는 한편, 영록에게 북경 일대의 모든 병력을 장악하게 함으로써 언제든지 자신의 뜻에 따라 움직일 수 있도록 하기 위한 것이었다.

누가 감히 그 명령을 거역할 수 있겠는가? 이 일로 서태후는 다시 뒷전에 앉아서도 광서황제가 시행하는 개혁정책을 상세히 알게 되었다. 이런 어려운 상황 하에서 신정이 시작되고, 강유위는 신정의 참모장이 되어 유광제(劉光弟), 양예(楊銳)와 제자인 양계초, 임욱(林旭), 담사동 등과 함께 의욕에 찬 변법을 실시하였다. 강유위의 계속된 상소에 따라 광서황제도 새로운 조칙을 선포했다. 더우기 입헌정치제도를 창건하고, 제도국을 설립하여 헌법을 제정하며, 의회를 개설하는 것이 강유위 변법의 중심 과제였다.

이때 강유위의 개혁으로 가장 심각한 타격을 입은 사람들은 바로 이미 썩을대로 썩은 전통 보수파 관료들이다. 그들은 서태후에게 찾아가 개혁의 부당함을 눈물로 호소했다. 이것은 다시 친정할 기회를 노리던 서태후에게는 더없이 좋은 구실이었다. 당시 궁중에서는 서태후가 황제를 폐위하고 개혁파를 체포하려 한다는 소문이 파다했다. 이 소식을 들은 황제는 사태의 심각성을 감지하고 강유위 등 개혁파들에게 대책을 강구하도록 지시했다. 사태가 이 지경에 이르니 강유위가 심혈을 기울여 추진하던 개혁은 한낱 모래 위에 지은 누각에 불과하게 되었다. 결국 강유위를 비롯한 개혁파는 고민 끝에 원세개(袁世凱)에게 도움을 청하기로 했다.

당시 원세개는 북양삼군(北洋三軍)의 핵심 인물로 천진에 군대를 주둔시키고 있으면서 강학회 조직의 후원자로 막후에서 혁신파와 긴밀한 관계를 맺고 있었기 때문이다. 강유위는 원세개를 자기 편으로 끌어들인다면 영록의 군대와 맞설 수 있으리라 생각하고, 그에게 자신들의 비밀계획을 토로하며 협조를 구했다. 결국 원세개의 동의를 받아낸 강유위가 황제에게 그를 추천하자 광서제는 그를 북경으로 불러

들여 병부시랑에 임명하는 한편 군사 훈련에 전념하도록 했다.

이 일은 황제 측근에 심어둔 서태후의 심복들에 의해 서태후에게 보고되었고, 영록은 재빨리 군대를 파견하여 천진에서부터 북경에 이르는 모든 길의 경계를 강화했다. 또한 황제의 일거일동은 모두 서태후와 영록에게 보고되었다. 이미 사태가 불리함을 안 황제는 강유위에게 몰래 밀서를 보내 각자 살길을 도모하도록 부탁했다. 황제의 밀서를 받아 든 강유위는 남해회관(南海會館)에서 양계초, 강광인, 담사동 등과 대책을 모색했으나 속수무책이었다. 그러자 담사동이 원세개를 찾아가 황제를 구해줄 것을 요구했다.

1898년 9월 20일, 담사동의 요청을 흔쾌히 수락한 원세개는 광서제를 찾아가 배알했다. 이 자리에서 황제는 원세개에게 자신이 신정을 해나갈 수 있도록 잘 보호해 달라고 간절한 부탁을 했다. 황제를 배알하고 나온 원세개는 광서제와 서태후의 권력을 나름대로 가늠해 보곤 황급히 천진으로 돌아간 후 영록에게 모든 사실을 폭로했다.

9월 21일, 병력을 동원한 서태후가 광서황제를 영대에 연금시키고 다시 친정을 선포하니, 이 사건을 역사에서는 무술정변(戊戌政變)이라 한다. 추상같은 서태후의 불호령에 강유위를 비롯한 개혁파의 체포가 하달되었으나 강유위와 양계초는 영국과 일본의 도움으로 이미 국외로 탈출했다. 이때 담사동, 양예, 유광제, 임욱, 양심수, 강광인 등이 잡혀 북경 채시(菜市)에서 참수당했다. 후일 사가들은 이들을 '무술육군자(戊戌六君子)'라고 했다. 이들 가운데 담사동은 서태후의 체포령을 미리 알고도 누군가가 피를 흘리지 않으면 유신을 이룰 수 없다고 하면서 도피하지 않았다고 한다.

한편, 황제의 연락으로 미리 몸을 피할 수 있었던 강유위는 영국 함대를 타고 홍콩으로 갔다. 이때부터 강유위는 자신의 호를 갱생(更生)이라 하고 16년간의 망명생활을 시작했다. 다시 일본으로 간 강유위는 양계초와 함께 뜻을 같이 할 동지들을 규합하여 보황회(保皇會)를 조직, 황제를 구할 방도를 강구했으나 광서제의 죽음으로 뜻을 이루지 못했다. 그리고 일본은 청조의 항의를 받아들여 강유위에게 일본에서 떠날 것을 요구했다. 이에 강유위는 캐나다로 유랑길을 떠나고, 다시 유럽, 미국 등지를 전전했다. 이때의 유랑생활을 저술한 것이 『유럽 12국 여행기』이다.

1912년 1월 1일, 중화민국이 수립된 후 고국으로 돌아온 강유위는 호(滬)에 거주하며 원세개의 부름에도 응하지 않았다. 그러나 그는 내심으로 다시 청나라를 부흥시키고자 하는 마음이 있었다.

1917년, 원세개의 병사로 부총통이었던 여원홍(黎元洪)이 총통이 되면서 총리 단기서(段祺瑞)를 해임했다. 이 조처에 불만을 품은 단기서가 천진에 독군단참모처(督軍團參謀處)를 설치하자 여원홍은 안휘독군(安徽督軍) 장훈(張勳)을 북경으로 끌어들여 그의 세력을 견제하고자 했다. 그런데 장훈이 갑자기 국회를 해산시키고 청제의 복위를 추진했다. 그리고 이 사건의 배후인물이 바로 강유위라는 것이 밝혀져 그는 재빨리 천진을 떠났다.

후일 정부의 사면을 받은 강유위는 빛바랜 개혁에의 꿈을 회고하며 중국을 유람하며 세월을 보냈다. 1927년 2월, 강유위는 천진으로 가서 중국의 마지막 황제 부의(溥儀)의 생일을 하례했다. 그런데 갑자기 병이 들어 그 해 3월 21일 청도(靑島)에서 세상을 하직하니, 이때 그의 나이 70세였다.

두보를 좋아해 두보의 모든 시를 한 자도 빠뜨리지 않고 암송할 수 있었다던 강유위. 그는 중국의 근대 격동기에 한 시대를 가늠할 만한 웅대한 꿈을 가슴에 품었으나 그 꿈은 고작 103일간의 일장춘몽으로 끝나버리고 만 불우한 영웅이라 할 수 있다.

오늘날 그의 『남해시집(南海詩集)』과 『유럽 12국 여행기』가 전한다.

원세개

역사의 흐름을 바꾸려던 야심가

원세개(袁世凱 : 1859~1916)는 하남성의 명문인 원보중(袁保中)의 넷째 아들로 태어났으나 숙부 원보경(袁保慶)의 양자가 되었다. 그는 어려서부터 과거를 보려 했으나 병법을 좋아하고 공부에는 별다른 진전을 보지 못해 향시에서도 번번이 실패했다. 비록 큰 꿈을 가지고 있으나 정계에 진출할 기회를 얻지 못한 원세개는 실의에 잠겨 있었다.

그러나 이런 원세개에게 마침내 천재일우의 기회가 서서히 다가오기 시작했다. 광서 6년(1880), 21세의 혈기왕성한 원세개는 이홍장의 막료인 경군총령(慶軍總領) 오장경(吳長慶)의 휘하로 들어갔다.

당시 한반도에서는 유사 이래 처음인 외국에의 문호개방과 근대화 추진으로 진통하고 있었다. 그러다 광서 8년인 1882년, 민씨 정권은 일본인 교관의 지도 아래 훈련시키고 있던 신식군대 별기군을 우대하고, 구식 군대들에 대해서는 부당한 대우를 했다. 그리하여 구식 군대의 군인들이 크게 반발하여 일본공사관과 개화세력을 공격하는 봉기가 발생하니 이것이 임오군란이다. 이 봉기로 대원군이 재집권하고, 개화정책 추진기관이던 통리기무아문을 폐지, 삼군부의 설치 등으로 보수세력이 강화되었다.

이때 조선 내에 거주하는 일본인을 보호한다는 구실로 일본이 파병할 기미가 보이자 명성황후의 요청을 받은 청나라가 오경장을 조선으로 파견하고 원세개도 그를 따라 한반도로 들어왔다. 결국 임오군란은 청나라의 개입으로 대원군이 청으로 끌려가면서 실패로 끝났고, 이를 계기로 청나라는 조선에 대한 간섭을 더욱 강화했다. 그리고 원세개는 조선에 상주하며 조선 군대를 훈련시켰다.

한편 보수세력의 강화로 신변이 위협을 느낀 개화파들이 일본의 지원약속을 받은 후 우정국 개국 축하연 때 보수파 요인들을 살해하고 개화당 정권을 수립했다. 이것이 바로 1884년의 갑신정변이다. 김옥균, 박영효를 비롯한 개화파들은 14개조의 개혁요강을 통해 청에 대한 사대를 폐지할 것을 천명했다. 그러나 이 갑신정변은 청나라의 개입으로 '3일천하'로 막을 내리게 되었는데, 이를 진압한 인물이 바로 원세개이다. 그 후 원세개는 이 일로 이홍장의 주목을 받게 되었다.

한편 한반도에서 세력을 강화해 나가던 일본이 차츰 야욕을 드러내 마침내 일본과 청나라 사이에 한반도에서의 주도권을 가지고 신경전을 벌이다 동학농민전쟁을 계기로 청·일전쟁이 발생했다. 이 싸움에서 청나라는 크게 패하여 마침내 이홍장의 위세가 쇠퇴했다. 이때 원세개는 교묘하게 영록과 관계를 맺고 마침내 새로 창건하는 육군의 총책임자로 임명되어 육군 창설에 종사하게 되었다. 이 육군은 중국 최초의 독일식 군대로 가장 강력한 정예부대라고 일컬어지고 있다. 그 후 이 부대는 쟁쟁한 군벌 영수를 많이 배출해 내어 모든 사람들의 관심을 끌었다.

광서 24년(898), 무술정변이 발생했을 때 혁신파는 원세개의 협조를 바라고 있었으나 그는 오히려 혁신파의 비밀정보를 영록에게 누설했다. 결국 서태후는 군대로 혁신파를 진압하고 마침내 신정이 붕괴되었다.

또한 당시 중국에서 제국주의의 침략이 날로 심해지자 산동 일대의 의화단(義和團)을 중심으로 반양교운동(反洋敎運動)이 전개되었다. 그러자 열강 각국은 원세개를 산동순무로 임명해 의화단을 진압할 것을 강력하게 요구했다. 원세개의 주력부대에 쫓긴 의화단은 직예의 의화단, 농민들과 합세하여 북경으로 밀려들었다. 의화단의 세력이 만만치 않다고 느낀 서태후는 이들을 무마하기 위해 합법적인 지위를 부여했다. 조정의 조치는 의화단이라는 활활 타오르는 불길 속에 기름을 부은 셈이 되어 그들은 '부청멸양(扶淸滅洋)'의 구호를 외치면서 반제국주의 운동을 전개했다.

한편 의화단이 진압되기는 커녕 더욱 확산되는 것을 우려하던 열강이 서태후에게 정권을 광서황제에게 이양하라고 요구하자, 크게 노한 서태후는 열강과의 전쟁을 선포하기에 이르렀다. 이때 의화단은 정부군과 함께 북경에 주재하고 있던 외국공관을 포위하여 공격했다. 이 사건이 바로 유명한 '북경의 55일'이다.

이때 산동순무 원세개는 이홍장 등과 함께 조정의 열강에 대한 선전포고를 반대하고, 상해에 주둔하고 있는 각국 영사들과 '동남호보장정(東南互保章程)'을 체결하면서 의화단 세력을 저지하기에 힘썼다. 이 사건은 결국 오스트리아를 비롯한 8개국 연합군이 북경으로 진입하여 의화단을 진압함으로써 막을 내렸고, 중국은 다시 한번 그 나약함을 드러내었다.

마침내 서태후는 이홍장을 열강과 화의하기 위한 전권대신으로 임명하였다. 그러나 오래지 않아 이홍장이 세상을 떠나자 열강의 요구에 의해 원세개가 직예총독과 북양대신의 요직을 맡아 장지동과 함께 청나라의 중심인물이 되었다. 이때가 광서 27년(1901), 그의 나이 43세일 때이다. 원세개는 북양신군(北洋新軍)을 편성하고, 이 군대는 원세개가 이홍장의 뒤를 이어 강력한 세력을 확보하는 데 기반이 되었다.

광서 34년(1908), 광서황제의 뒤를 이어 서태후가 세상을 떠나고 선통제(宣統帝)가 즉위하였으나 실권은 순친왕이 장악하고 있었다. 순친왕은 원세개의 세력이 날로 커지는 것에 불안을 느끼고 마침내 이듬해 1월, 그를 면직시켰다.

그러나 1911년 10월 10일, 무창에서 신해혁명이 폭발하자 조정은 이를 진압하기 위해 원세개를 다시 불러들여 내각총리로 임명하고 전권을 위임했다. 이에 원세개는 주북경 영국공사인 존 조르단에게 혁명군과의 중재를 요청하여, 상해에서 원세개가 파견한 당소의와 혁명군 대표 오정방이 남북회의를 가지게 되었다.

한편 혁명군들은 조직을 통일하기 위해 손문을 초대 임시대통령으로 선출했다. 1912년 1월 1일, 손문은 남경에서 대통령으로 취임하여 중화민국을 수립했다. 그리고 1912년 2월, 손문은 원세개에게 선통제를 퇴위시킨다면 대통령직을 양보하겠다고 제의했다.

일찍부터 야심을 키워오던 원세개는 손문의 제의를 수락해 선통제를 퇴위시킴으로써 실질적인 청나라의 역사가 끝나고 원세개는 2대 임시대통령으로 추대되었다. 대통령이 된 원세개는 혁명군 세력의 기반인 남경으로 가지 않고 북경에서 취임함으로써 정부조직을 북경으로 옮기게 했다. 그 결과 혁명군 세력이 와해되고 구관료 세력이 새롭게 부상할 수 있는 계기가 되었다.

또한 1913년 1월, 국민의회의 선거 결과 국민당이 다수를 차지하는 새 내각이 구성되게 되자 원세개는 자기의 세력을 방패삼아 정권을 주도해 나가면서 국민당 영수 송교인(宋敎仁)을 암살했다. 그리고 국회의 승인도 받지 않고 일본, 영국, 러시아, 독일, 프랑스 등에서 차관을 들여와 자기의 정치자금으로 유용했다.

이같은 원세개의 책동에 반대하여 2차 혁명이 발발했다. 그러나 원세개는 무력으로 혁명세력을 진압하고, 국회를 해산해 임시정부의 내각제를 총통제로 바꾸어 정식 대통령으로 취임했다. 또한 신헌법을 이용하여 독재권력을 강화해 가면서 국민대표대회를 소집했다. 1915년 12월 12일 원세개는 공화제를 폐지하고 칭제(稱帝)와 홍헌(洪憲) 원년을 선언했다.

그러나 원세개의 이런 행동은 내외의 강력한 반발을 불러 일으켰고, 마침내 원세개를 반대하는 운동이 전국으로 확산되었다. 전 운남

도독 채악은 스승 양계초와 함께 '원세개 칭제'의 취소를 요구하며 군사행동을 감행했고, 귀주, 광서, 광동, 절강, 강서 등지에서도 지역독립을 선언하고 원세개를 공격했다.

이같은 거센 반발에 당황한 원세개는 1915년 3월 22일, 칭제를 취소하고 대통령의 지위를 고수하고자 했다. 그러나 각계에서 원세개의 축출을 요구하는 목소리가 가라앉지 않자 울화병을 얻어 그 해 6월 5일에 세상을 떠나니, 이때 그의 나이 57세였다.

손 문

중국혁명의 아버지

손문(孫文 : 1866~1925)은 광동성 향산현 취형촌(翠亨村)에서 태어났으며, 자는 제상(帝象), 초장(稍長)이고, 호는 일선(逸仙)이며, 후일 일본에서 중산초(中山樵)라는 가명을 사용한 후 중산(中山)이라고 부른다. 손문의 부친은 일찌기 농사를 짓다가 중년에 이르러 마카오로 건너가 봉제를 했다. 그 후 말년에는 다시 농사를 지으면서 장사도 했다. 어릴 때에 동네 노인들로부터 홍수전의 태평천국 이야기를 들으며, 그것이 실패한 것에 애석함을 느끼던 손문은 은연중에 혁명에의 꿈을 키워나가기 시작했다.

손문은 13세가 되던 해에 일찌기 호놀룰루로 이민하여 성공한 형을 찾아갔다. 거대한 여객선을 타고 끝없는 망망대해를 지나 서양 문명의 세계로 떠난 손문의 가슴은 서양의 문명에 대한 동경과 배움에의 열망으로 가득찼다. 그는 하와이에서 아이란 학교에 입학하여 본격적인 영어 공부를 했다. 그로부터 3년 후 우수한 성적으로 졸업한 후 오아후 기독교 학교에 입학하여 성경과 미국 역사를 공부했다. 이때 손문은 종교에 대한 눈을 뜨게 되고, 아울러 미국이라는 거대한 나라를 이끌어 가는 민주주의라는 제도에 몰입하기 시작했다.

그러나 중국 전통에 대한 신념을 가지고 있던 형은 한창 감수성이 예민한 동생이 서양문화에 깊이 빠져들 것을 염려하여 본국으로 돌려 보냈다. 하지만 이미 자유와 문명세계의 실상을 체험한 손문은 고국으로 돌아와, 청조 관리들의 온갖 비리가 만연하고, 백성들은 흙으로 만든 북제(北帝) 숭배에 빠져 있는 것을 보고 빨리 중국이 개화되어야 한다는 것을 뼈저리게 느끼게 되었다.

그러던 어느 날 고향 사람들의 북제 숭배를 못마땅하게 여기던 손문이 북제의 팔을 꽉 쥐자 그 팔이 부서지고 말았다. 이 사건은 보수적인 작은 마을을 발칵 뒤집어 놓아 그를 추방해야 한다는 소리가 높아졌다. 결국 손문은 다시 고향을 등지고 홍콩으로 가서 공부를 하는데, 이때 미국인 목사 렌하거를 만나 함께 인생의 문제를 토론하다 크게 감명을 받아 세례를 받는다.

손문은 20세가 되었을 때 퀸 대학에 입학하고, 그 해 4월에는 부친의 명령에 따라 노모정(盧慕貞)과 결혼해 슬하에 아들 손과와 두 딸을 두었다. 그리고 손문은 그로부터 30년 후 그녀와 이혼하고 비서인 송경령(宋慶齡)과 재혼한다.

1887년, 광주 박제의원(博濟醫院) 부설 의대에서 공부하던 손문은 홍콩 서의서원(西醫書院 : 지금의 홍콩대학 의학부)에 입학하여 수석으로 졸업했다. 이곳에서 손문은 삼합회(三合會)에 가입해 반만비밀결사(反滿秘密結社)의 지도자인 정사량(鄭士良)과 막역한 사이가 되고, 또한 그의 인생에서 빼놓을 수 없는 영국인 스승 닥터 켄틀리와의 인연을 맺었다.

당시 청나라는 월남에서 프랑스와의 전쟁에 참패해 월남은 중국의 영역을 벗어나 프랑스의 식민지가 되었다. 이때 손문은 냉혹한 국제사회에서 중국의 힘이 점차 약화되는 것을 보고 혁명을 통해 나라를 다시 일으켜야 한다는 것을 절실히 깨달았다.

우수한 성적으로 의대를 졸업한 손문은 중국인으로는 최초로 마카오에 병원을 개업하는 한편 흥중회(興中會)에 가입하여 본격적인 구국운동을 전개하려고 했다. 그러나 그는 포르투갈 의사들의 질시로 광동으로 이전하게 된다. 손문은 26세가 되었을 때 청일전쟁이 발생하여 정국이 위기로 치닫는 것을 보고, 의술로써 사람을 구하는 것을 포기하고 본격적인 정치활동에 뛰어든다.

당시 정치계의 거물 이홍장은 손문의 모교인 서의서원의 명예위원이었다. 손문의 스승은 종종 이홍장을 서양문화를 이해하는 대정치가라고 칭찬하곤 했다. 이에 손문은 이홍장이 나라의 장래를 위해 큰일을 할 인물로 기대하고, 청일전쟁 직전에 그에게 자신의 개혁안을 보냈다. 그것은 명치유신 이후의 일본 근대화를 모범으로 삼아 정치를 개혁하고, 인재 배양, 농업 장려, 공업과 광업의 진흥, 교통과 운수를 개발해 산업혁명을 해야 한다는 것을 골자로 하는 것이었다. 그러나 이홍장은 아예 회신도 보내지 않았다.

마침내 이홍장에게 개혁을 기대한다는 것은 한계가 있다는 것을 깨달은 손문은, 청일전쟁이 발발하자 다시 하와이로 가서 화교들을 중심으로 홍중회를 조직해 조국 개혁운동의 견인차가 되도록 하는 한편 혁명자금을 조달했다.

당시 청 조정이 청일전쟁의 패배로 그 무능함을 드러내자 열강은 서서히 중국 내에서 자국의 이권을 노리기 시작하고, 혁명을 꿈꾸는 젊은이들의 발걸음은 더욱 바빠지기 시작했다. 1895년 1월, 홍콩으로 돌아온 손문은 홍콩 홍중회를 설립하고, 오직 혁명만이 쓰러져가는 조국을 구할 수 있다는 신념으로 광주에서의 무장봉기를 계획했다.

그러나 이 거사는 실패를 두려워 한 주기(朱祺)의 자수로 미수에 그쳐, 손문의 오랜 친구이자 협력자인 육호동을 비롯한 혁명군들이 체포되었고, 손문은 변장을 해서 무사히 일본으로 탈출한 후 하와이로 발길을 돌렸다. 이듬 해에 손문은 미국을 경유하여 대서양을 횡단해 런던으로 갔다. 마침 그곳에서 서의서원 시절의 스승 켄틀리를 만나 여러모로 많은 도움을 받았다.

그러나 일시 부주의하여 런던에 있는 청나라 공사관에 잡혀 강제 송환되어 사형에 처해질 지경에 이르렀다. 그러나 켄틀리는 중국의

532

젊은 혁명가가 공사관에 연금되어 있다는 사실을 언론을 통해 폭로하고, 이 보도가 나가자 청 공사관은 마침내 여론의 화살에 못이겨 감금한 지 10일만에 손문을 석방하고 말았다.

한 차례 큰 위기를 모면한 손문은 그 후 서구의 정치, 법률, 군사, 농업, 광산 등의 각 방면을 폭넓게 연구하는 한편 유럽을 여행하며 서양국가의 근대적 제도를 직접 체험했다. 이 기간의 체험은 후일 그가 삼민주의를 정립하는데 큰 영향을 끼쳤다.

1900년, 의화단 사건으로 8개국 연합군이 결성되자 이때가 혁명을 성공시킬 수 있는 절호의 기회라 여기고 급히 귀국해 혜주(惠州)에서 2차 거사를 시도했다. 그러나 이 거사는 무기공급의 실패로 성공하지 못하고, 그 동안 손문에게 호의적이었던 일본정부가 이토오 내각으로 바뀌면서 중립을 선언하고, 중국혁명에 대한 일본인들의 지원을 전면 금지시켰다.

이에 손문은 세계를 일주하며 중국의 실상을 호소하기로 결심하고 미국을 거쳐 유럽으로 발길을 돌린다. 1905년 여름, 러일전쟁으로 들끓고 있는 일본으로 돌아온 손문은 민족·민권·민생의 삼민주의를 역설하여 많은 사람들의 호응을 얻는다. 손문이 주장하는 '민족'이란 외세에 업악되어 있는 청나라를 타도하여 민족주의적인 한족 국가의 건립을 의미하며, '민권'은 국민의 권리가 보장되는 민주주의 정치체제를 뜻한다. 또 '민생'이란 국민이 안정된 생활을 영위할 수 있도록 하는 경제정책이다.

또한 그는 당시 일본에 있는 광복회, 화흥회, 흥중회 등의 혁명단체들을 통합하여 중국동맹회를 결성하고, "오랑캐의 구축, 중화의 회복, 민국의 창립, 지권의 평균(鷗除撻虜, 恢復中和, 創立民國, 平均地權)"을 이념으로 내세운다.

중국동맹회는 총재 손문의 지휘 아래 1907년 2월 19일에 조주에서 황강(凰岡)사건, 6월 2일 혜주에서 칠여호(七女湖)사건, 9월에 흠염(欽廉)사건, 12월에 진남관(鎭南關)사건, 1908년 4월에 운남 하구사건,

1910년에 광주 신군(新軍)사건과 황화강(黃花岡) 사건 등을 전개했으나 모두 실패로 끝났다.

그러자 양계초가 「신민총보」에서 혁명당의 총수인 손문이 사람들을 계속 죽음으로 몰아넣고 자신은 고루거각에서 편안히 즐기고 있다면서 그의 거듭된 실패를 비판했다. 이에 손문은 조직의 활동을 다른 동지들에게 맡기고, 자신은 군자금 조달과 대외선전을 위해 세계여행을 떠났다.

손문이 프랑스, 뉴욕, 캐나다 등지를 돌고 있을 때, 동맹회 사람들은 최후의 일전을 치를 각오로 다시 거사를 준비하고 있었다. 혁명군들은 사천, 복건, 필리핀, 안남, 일본 등지에서 속속 홍콩으로 집결하고, 일본과 사이공에서 무기를 구입해 홍콩을 거쳐 광동으로 반입했다.

1911년 3월 29일, 160여명의 혁명군은 황흥의 지휘 하에 총독의 관저를 습격했으나 이미 정보를 입수한 총독 장명기는 사람은 물론 관저의 물건 하나 남기지 않고 깨끗이 철수한 채 혁명군을 기다리고 있었다. 이 사건으로 혁명군의 정예 가운데 살아남은 사람은 몇명에 불과했다. 그러나 철저하게 실패한 이 거사는 전국을 동요시켜, 혁명에 소극적이던 사람들이 적극성을 띠게 되어 후일 신해혁명을 성공시키는 중요한 계기가 되었다.

당시 호남, 호북, 사천, 광동성에서는 민간인들이 자력으로 철도를 부설하기 위해 주식을 판매하며 건설에 착수했다. 그러나 청 조정에서 아무런 보상도 없이 갑자기 철도 국유화를 선포했다. 이 선포에 그동안 조정에 불만을 품고 있던 민간인들이 크게 반발해 대규모 시위를 벌이자 당황한 조정은 무창에 주둔하고 있던 군대를 파견하고자 했다. 그런데 무창의 군대 내에는 이미 오래 전부터 혁명군의 세력이 침투해 봉기할 기회를 기다리고 있었다.

1911년 10월 10일, 혁명군들은 보수파 군인들을 죽이고 총독 관청을 장악해 호북군정부를 조직했다. 이 소식은 순식간에 중국 전역으

534

로 퍼졌고, 이에 각지에서는 무창혁명에 호응해 두 달도 채 못되어 13개 성이 독립을 선포했다.

한편 손문은 콜로라도에서 신문을 보고 무창에서의 혁명이 성공했다는 것을 알았다. 이 소식을 확인한 손문은 급히 뉴욕과 런던으로 가서 청나라에 대한 차관을 중지할 것을 요청한 후 닥터 켄틀리의 집을 방문했다. 이때 그는 켄틀리의 집으로 온 전보를 통해 자신이 총통 물망에 올랐다는 것을 알았다.

그 해 12월 25일, 손문은 상해에 모습을 나타냈고, 그로부터 4일 후에 각성의 대표자회의에서 임시 대통령으로 선출되고, 1912년 1월 1일 남경에서 취임하여 중화민국의 수립을 선포했다. 그러나 손문이 비록 총통의 자리에 올랐으나 청 정부를 타도하기 위해서는 당시의 실력자인 원세개의 힘이 필요했다.

결국 손문은 원세개에게 그가 청 황제를 퇴위시키면 대통령의 자리를 양보하겠다는 교섭을 하자, 새로운 야망에 부푼 원세개는 황제를 퇴위시키고 새 대통령으로 등장한다. 마침내 청나라가 망하고 진시황 이후 약 2천년을 이어져 내려온 황제 한 사람의 제국이 무너지고 공화정권이 들어선 것이다.

그러나 일단 권력의 최고위에 오른 원세개는 국회를 해산하고 홍헌제제(洪憲帝制)를 선포하여 황제로의 등극을 꾀했다. 손문은 원세개의 군주제에 반대하고 의회정치를 실시하기 위해 1914년 6월 23일, 동경에서 중화혁명당을 결성했다. 중화민국 5년(1916), 원세개가 사망하자 손문은 일본에서 귀국하여 중화혁명당 본부를 상해로 옮겼다.

1919년 10월 10일, 손문은 중화혁명당을 중국국민당으로 개칭하는 한편 군정부(軍政府)를 국민정부로 고치고 총수가 됐다. 그런데 정국은 원세개가 죽고 난 후 국내의 군벌들이 서로 세력다툼을 벌여 온갖 만행을 자행하며 백성을 약탈하는 무정부사태에 돌입했다. 이에 손문은 북벌을 단행했으나 뜻하지 않게 진형명의 반란으로 가까스로 광동을 빠져나와 홍콩을 거쳐 상해로 갔다.

1921년 1월 1일, 상해 국민당은 다시 조직을 개편하면서 손문의 민족·민권·민생주의를 중요 정책으로 채택, 추진해 나갔다. 또한 그 해 장개석을 본영참모장으로, 담연개를 북벌토적군 총사령관으로 임명하여 계속 북벌을 진행시키고 있었다.

1924년 1월 20일, 손문은 광주에서 제1회 국민당 전국대표자회의를 개최하고, 그해 11월 13일 자신이 직접 동지들을 인솔하여 광동을 떠나 북상했다. 그러나 천진에 이르러 병을 얻어 잠시 머물다가 회복되지 않은 몸을 이끌고 북경으로 갔다. 이 여행에서 손문은 쉬지 않고 유세를 하며 국민을 계몽하는 한편 군벌들과 협정을 맺고자 노력했다.

그러나 그때까지 간장질환으로 여겼던 손문의 병이 악성 간암으로 판명되었다. 당시 손문의 측근들은 의사는 물론 기도사와 무당까지도 불러들여 그의 병을 치료하고자 했으나 아무 효과도 보지 못하고 1925년 3월 12일 향년 60세로 세상을 떠났다.

이로써 제국주의를 타도하고 열강의 이권다툼 속에서 반식민지 상태로 침잠해 들어가는 조국을 건지기 위해 평생을 바쁜 걸음으로 다니던 손문의 발길이 영원한 휴식을 취하게 되었다. 손문은 자신의 유해를 북경 자금산에 묻어달라고 유언했다. 그후 1928년이 되서야 북벌군이 북경으로 진입했고, 1929년 5월 29일, 그의 유해가 북경 자금산으로 이장되었다.

손문의 저서로는 『삼민주의』, 『건국대강』, 『오권헌법』, 『손문학설』, 『실업계획』, 『민권초보』, 『군인정신교육』, 『전폐혁명』 등과 연설문집이 있다.

□ 참고문헌

〔국 내〕
이춘식·신승하, 『중국통사』, 한국방송통신대학, 1990
진순신, 『이야기 중국사』, 시대정신, 1992
曾谷文雄(이원섭 역), 『불교개론』, 현암사, 1979
토오도오 교순·시오이리 료오드(차차석 역), 『중국불교사』, 대원정사, 1992
김수영 편저, 『백낙천·소동파』, 신태양사, 1974
최대림 역해, 『순자』, 홍익신서, 1991
한국역사연구회, 『한국역사』, 역사비평사, 1993
김희영 외편, 『이야기 중국사』, 청아출판사, 1986
정현우, 『창업과 수성』, 어문각, 1987
馮友蘭(정인재 역), 『중국철학사』, 형설출판사, 1993
王樞之(문홍주 역), 『손문전』, 한림출판사, 1983
조병한 편저, 『태평천국과 중국의 농민운동』, 인간사, 1981
허문순 역해, 『손자병법』, 일신출판공사, 1992
장기근·이석호 역해, 『노자·장자』, 삼성출판사, 1979
김학주 역해, 『묵사』, 명문당, 1989
이가원 감수, 『맹자』, 홍익신서, 1992
郭沫若(임효섭·황선재 역), 『이백과 두보』, 까치, 1992
노태준 역해, 『고문진보』, 홍익신서, 1992

538

〔중 국〕

方立天, 『중국불교와 전통문화』, 상해 : 인민출판사, 1988

程羲 편저, 『중국풍운인물』, 성광, 1981

二月河, 『옹정황제·구왕탈적』, 문예, 1991

余邵魚, 『동주열국지』, 지양, 1986

尹福庭, 『이홍장』, 군사과학출판사, 1991

文史知識 編輯部 편, 『중국인물지』, 중화서국, 1985

何應忠 외 8인 편저, 『중국고대명장전』, 광서 : 인민출판사, 1988

王雲五·傅緯平 편, 『중국도교사』, 대만 : 상무출판사, 1988

李玲九·李顯深, 『중국역대황제』, 제남, 1992

楊蔭深 편저, 『중국문학가열전』, 대만 : 중화출판사, 1991

黎建球, 『중국백위철학가』, 동대도서공사, 1988

華正書局 編輯部, 『중국문학발전사』, 화정서국, 1990

馮俊科, 『제왕치국책』, 중국 화교, 1991

李沛誠, 『중국역대개혁자』, 호남, 1991

張雲風 편저, 『중국후비대관』, 삼진, 1990

褐金芳 , 『고대환관군체의 문화고찰』, 인민교육, 1992

인물로 보는 중국사

지은이 | 강용규
펴낸이 | 양해경
펴낸곳 | 학민사

등록번호 | 제10-142호
등록일자 | 1978년 3월 22일

주소 | 서울시 마포구 대흥동 150-1번지(121-809)
전화 | 02-716-2759, 702-3317
팩시밀리 | 02-703-1495
홈페이지 | http://www.hakminsa.co.kr
이메일 | hakminsa@hakminsa.co.kr

1판 1쇄 | 1994년 6월 25일
2판 2쇄 | 2006년 12월 5일

ISBN 89-7193-145-4(03910), Printed in Korea

중국 당나라 시인들의 삶과 詩

자연과 산수를 노래했던 왕유, 술과 달의 시인 이백, 민중의 고난을
시로 폭로했던 두보 등 중국 당나라 시인들의 파란만장한 삶과 가려
뽑은 그들의 시 100수, 그리고 이 시들을 이해하는데 열쇠가 되는
관련 이야기 100편이 흥미진진하게 펼쳐진다.

김준연 지음 값 13,500원

학민사

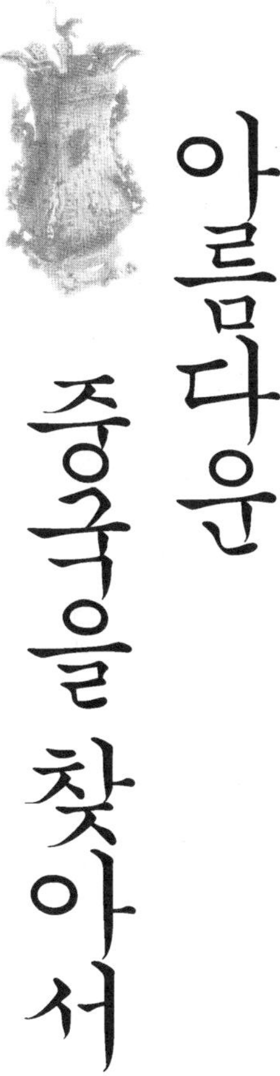

황봉구 지음 값 10,000원

황봉구 시인의 대륙문화산책

지금까지 중국, 중국문화를 소개하는 숱한 여행안내서들과 담론집들이 출간되었지만, 중국을 '알자' 는
일방통로적 객체화만 앞설 뿐 중국을 이해하면서 중국에게 따스한 정으로 접근하는 책들은 없었다. 이
책은 이러한 점들을 지양하고, 사대사상이나 모화사상의 관점이 아니라 우리의 오래된 역사 속에
녹아들어 왔던 공통의 문화감각을 그 발원지 중국에서 찾아 확인하는 감동을 준다.
단체관광의 '단골코스' 에 산재해 있는 건조물보다는 5천년 중국사의 중심에서 중국 민중의 삶을
관류해온 유형 무형의 문화유산과 생활상을 소개하면서, 우리에게 거대한 이웃나라 중국의 가능성을
예측하게 해준다.

학민사

황당한 일본 日本

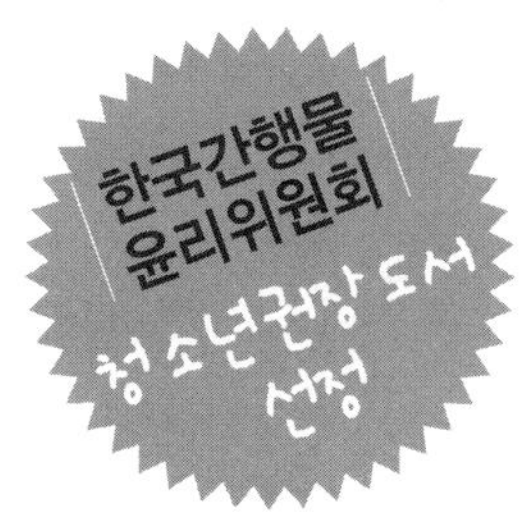

글 최천기
신국판 272쪽 | 가격 12,000원

일본의 일본에 의한 일본을 위한 황당무계한 이야기

일본이 세계 문화의 중심이라는 허장성세, 일본 민족이
세계에서 가장 우수한 민족이라는 과대망상,
그리고 이 허장성세와 과대망상을 정당화시키기 위한
역사의 왜곡과 날조의 정신 병력을 캔다.

학민사